Ekklesiologie der Volkskirche

T V Z

Praktische Theologie im reformierten Kontext

herausgegeben von Albrecht Grözinger, Stefan Huber, Gerrit Immink, Ralph Kunz, Andreas Marti, Christoph Morgenthaler, Félix Moser, Isabelle Noth, David Plüss und Thomas Schlag

Bd. 14 – 2016

Die Reihe «Praktische Theologie im reformierten Kontext» versammelt Arbeiten aus der praktisch-theologischen Forschung, die in der konfessionellen Kultur der Reformierten verankert sind. Der reformierte Kontext ist einerseits Gegenstand empirischer Wahrnehmung und kritischer Reflexion und andererseits das orientierende Erbe, aus dem Impulse für die zukünftige Gestaltung der religiösen Lebenspraxis gewonnen werden. Er bildet den Hintergrund der kirchlichen Handlungsfelder, prägt aber auch gesellschaftliche Dimensionen und individuelle Ausprägungen der Religionspraxis.

David Plüss, Matthias D. Wüthrich, Matthias Zeindler (Hg.)

Ekklesiologie der Volkskirche

Theologische Zugänge in reformierter Perspektive

T V Z

Theologischer Verlag Zürich

Publiziert mit freundlicher Unterstützung der Reformierten Kirchen Bern-Jura-Solothurn und der Reformierten Landeskirche des Kantons Zürich.

Bibliografische Informationen der Deutschen Nationalbibliothek
Die Deutsche Nationalbibliothek verzeichnet diese Publikation in der Deutschen Nationalbibliografie; detaillierte bibliografische Daten sind im Internet über http://dnb.dnb.de abrufbar.

Umschlaggestaltung
Simone Ackermann, Zürich,
unter Verwendung einer Fotografie von Andreas Hoffmann (Ausschnitt) aus der Serie «Krethi & Plethi. Christliches und Nachchristliches in Zürich», 1999 © Evangelisch-reformierte Landeskirche des Kantons Zürich und Katholische Kirche im Kanton Zürich

Druck
ROSCH BUCH GmbH, Schesslitz

ISBN 978-3-290-17852-9

www.tvz-verlag.ch

Inhalt

V. Programme und Praxisformen von Volkskirche in der Schweiz

VI. Zur Theologie der Volkskirche

Einleitung

David Plüss, Matthias D. Wüthrich, Matthias Zeindler

1 Welche Zeit der Volkskirche?

Die Volkskirche, bemerkt Eberhard Jüngel ironisch, ist «die Kirche des Volkes, das nicht zur Kirche geht».[1] Das Bonmot bringt pointiert vieles auf den Punkt, was für den Begriff «Volkskirche» in jüngerer Zeit charakteristisch geworden ist. Als erstes äussert sich in der Bemerkung die Frage, wie legitim der Begriff (noch) ist: Bezieht sich die Rede von der Volkskirche nicht auf eine kirchliche Realität, die es als solche nicht mehr gibt, ja, die es möglicherweise nie gegeben hat? Verbirgt sich in dem Begriff nicht eine Behauptung von der Kirche, die durch deren Realität nicht gedeckt ist? Jüngels Bonmot ist zweitens ein Beispiel dafür, dass der Begriff «Volkskirche» seit einiger Zeit schon seine Selbstverständlichkeit verloren hat. Ob man zur jetzigen Zeit bestimmte Kirchen sinnvollerweise noch als Volkskirchen bezeichnen könne, darüber wird animiert gestritten. Unabhängig davon, ob man den Begriff für die heutige ekklesiologische Diskussion noch für tauglich hält, muss doch jede Auseinandersetzung mit ihm bei der Tatsache beginnen, dass er in Frage gestellt wird – in Frage gestellt auf dem Hintergrund neutestamentlicher Kirchenverständnisse, in Frage gestellt angesichts einer modernen pluralistischen Gesellschaft oder einer weit fortgeschrittenen Säkularisierung. Wer heute Kirchen als «Volkskirchen» bezeichnet, steht in der Pflicht, die Berechtigung seines Begriffsgebrauchs zu begründen.

Die Bemerkung von Eberhard Jüngel enthält aber noch einen dritten Hinweis, und zwar den, dass das Wort «Volkskirche» sich auf eine spannungsvolle kirchliche Realität bezieht. Auf die Realität nämlich, dass dieser Kirche eine grosse Zahl von Mitgliedern angehört, die am kirchlichen Leben nicht oder nur sporadisch partizipieren. Wer von der Volkskirche spricht, spricht damit unwillkürlich von divergierenden, oft auch konflikthaften Vorstellungen von Kirchlichkeit. Die Rede von der Volkskirche muss immer auch eine Rede sein, in welcher dieses Spannungsfeld thematisiert und bearbeitet wird.

Seit Friedrich Schleiermacher in einem deutlich emanzipativen Sinne von der Volkskirche als einer vom Volk getragenen Kirche – im Unterschied zur National- und Staatskirche – gesprochen hat, eignet dem Begriff stets auch eine unübersehbare Emphase. Diese Dimension hat er bis in die gegenwärtigen Diskussionen hinein behalten, und zwar bei seinen Befürwortern ebenso wie bei seinen Gegnern. Wenn Johann Baptist Metz schon 1980 lapidar feststellt: «Die Volks-

1 Eberhard Jüngel, Anfechtung und Gewissheit des Glaubens, oder wie die Kirche wieder zu ihrer Sache kommt, München 1976, 49.

kirche als Betreuungskirche ‹für das Volk› hat ihre gesellschaftliche Zukunft hinter sich»[2], dann wird damit nicht nur mit deutlichen Worten diese bestimmte Form von Kirchlichkeit verabschiedet, sondern ebenso deutlich die – für Metz weit evangeliumsnähere – Option für eine «nachbürgerliche Basiskirche» mündiger Christen artikuliert.[3] Nicht weniger emphatisch klingt auf der Gegenseite Eilert Herms, für den das Proprium der Volkskirche darin besteht, «durch ihre Struktur die Bedingungslosigkeit des Evangeliums darzustellen» – womit die Volkskirche zur eigentlich wahren ekklesialen Verwirklichungsform der Frohen Botschaft von Gottes freier Gnade erklärt wird.[4] Beide Positionen machen auf ihre Weise deutlich, dass «Volkskirche» bis in die Gegenwart ein ekklesiologischer *Programm*begriff geblieben ist.

Allerdings nicht *nur* ein Programmbegriff, und in der Regel wird die Diskussion deshalb auch nicht im soeben zitierten hohen Ton geführt. Im Gegenteil, die Diskussion dreht sich zu einem guten Teil um die Frage, inwiefern der Volkskirchenbegriff auch ein analytischer und deskriptiver sein könne, brauchbar zur Beschreibung und zum Verstehen einer spezifischen Form von Kirchlichkeit. Zwischen blosser Ablehnung und Zustimmung spricht Kristian Fechtner von der «späten Zeit der Volkskirche», um damit kenntlich zu machen, dass dem Begriff zwar nach wie vor ein Potenzial der Wirklichkeitserfassung eignet, dabei aber bewusst bleiben muss, dass es sich bei der intendierten Wirklichkeit um eine sich transformierende Gestalt dessen handelt, was zu anderen Zeiten mit dem Begriff bezeichnet worden ist.

Die Herausgeber dieses Buches stehen zunächst weder auf der einen noch der andern Seite. Ob von der Volkskirche in einem deskriptiven oder einem normativen Sinne zu reden sei und ob diese Rede überhaupt noch in einem sinnvollen Bezug zur gegenwärtigen kirchlichen Realität stehe, das sind für sie vielmehr gerade zentrale *Fragen*, denen sich ein Buchprojekt dieser Art zu stellen hat. Sie werden dabei durchaus von der Überzeugung geleitet, dass es für einen Abschied von dieser Rede noch zu früh und eine gründliche Auseinandersetzung mit ihr deshalb durchaus an der Zeit ist. Mehr noch: Die regelmässig wiederkehrende Diskussion um Recht und Unrecht des Begriffs «Volkskirche» lässt es geradezu geboten erscheinen, zu versuchen, sie mit einem breit angelegten Studienband ein Stück vorwärts zu bringen.

2 Johann Baptist Metz, Jenseits bürgerlicher Religion. Reden über die Zukunft des Christentums, München/Mainz 1980, 116.

3 Ebd.

4 Eilert Herms, Kirche – Volkskirche, Landeskirche, Nationalkirche, Staatskirche, Freikirche, Konfessionskirche, in: Bernd-Michael Haese/Uta Pohl-Patalong (Hg.), Volkskirche weiterdenken. Zukunftsperspektiven der Kirche in einer religiös pluralen Gesellschaft, Stuttgart 2010, 49–65.57.

2 Interdisziplinarität und interner Diskurs: Aufgabe und Ziel des Bandes

In seinem Legislaturprogramm 2012–2015 hielt der Synodalrat der Reformierten Kirchen Bern-Jura-Solothurn als erstes Ziel fest: «Wir sind und bleiben Volkskirche.» Mit dieser Zielformulierung stand und steht die Leitung der reformierten Berner Landeskirche nicht allein, im Gegenteil, es spiegelt sich in ihr das nach wie vor verbreitete Selbstverständnis der meisten schweizerischen Landeskirchen,[5] und dasselbe gilt für die Kirchen in Deutschland. Viele dieser Kirchen sind in ihrem Territorium keine Mehrheitskirchen – waren es entweder nie oder haben diesen Status in den letzten Jahren und Jahrzehnten verloren. Damit ist schon klar, dass die Zielformulierung «Volkskirche» nicht mit einem kirchlichen Dominanzanspruch verwechselt werden darf, der sich als vollmundig und realitätsfremd selbst disqualifiziert. Was aber ist dann gemeint, mit der Feststellung, Volkskirche zu sein und es auch bleiben zu wollen? Als Herausgeber meinen wir, dass beide Fragehinsichten vor allem eine Aufgabe zu theologischer Reflexion sind. Dieser Aufgabe wollen sie sich zusammen mit den in diesem Buch versammelten Autorinnen und Autoren stellen.

Damit ergibt sich als *Ziel* des vorliegenden Bandes, v. a. im Blick auf die reformierten Kirchen in der Schweiz, die Bedingungen aufzuklären, unter denen das Postulat der Volkskirchlichkeit theologisch sinnvoll nachgesprochen werden kann. Dazu bedarf es der Erhellung des Phänomens «Volkskirche», wie seiner praktischen und theoretischen Konzeptualisierungen in Geschichte und Gegenwart.

Dass aus dieser Aufgabe theologischer Reflexion ein derart umfangreicher Band resultiert, liegt in der Komplexität des Gegenstands begründet. Es wurde erwähnt, dass bereits der Status des Begriffs «Volkskirche» unterschiedlich beurteilt werden kann. Weiter liegt auf der Hand, dass die religionssoziologischen Bedingungen gegenwärtiger Kirchlichkeit geklärt und verschiedene Ausprägungen von Volkskirchlichkeit erhoben werden müssen. Sodann kommt eine Diskussion des Volkskirchenbegriffs nicht ohne eine Aufhellung seiner historischen Herkunft aus, die zwar Anfang des 19. Jahrhunderts beginnt, für die sich aber in früheren Epochen bereits Vorformen finden. Der Schwerpunkt der historischen Analyse wird aber auf der spezifischen Modernität der Rede von der Volkskirche liegen. Mit «Volkskirche» wird zudem eine institutionelle Grösse bezeichnet, die auch juristisch gefasst werden kann und muss. Unter den theologischen Disziplinen ist es in erster Linie die praktische Theologie, in der die entsprechenden Diskussionen in den letzten Jahrzehnten geführt worden sind. Zu einer angemessenen Verständigung über die kirchliche Gemeinschaftsgestalt «Volkskirche» nicht

5 Vgl. dazu den Beitrag in Teil I von Christina Aus der Au sowie den Beitrag in Teil III von Christian R. Tappenbeck in diesem Band.

weniger gefordert, ist aber die systematische Theologie, die im vorliegenden Band das umfangreichste Kapitel verantwortet.

Schon diese kurze Anzeige macht deutlich, dass das Unternehmen einer Ekklesiologie der Volkskirche nur in einem interdisziplinären Zugang sinnvoll an die Hand genommen werden kann; interdisziplinär ist dieser Band dabei sowohl durch den Einbezug aussertheologischer Disziplinen als auch dadurch, dass in ihm exegetische, historische, systematische und praktische Theologie gleichberechtigt ineinandergreifen.

Die Vielstimmigkeit schliesst eine Einheitsposition bereits im Ansatz aus. Das Buch will nicht nur eine interdisziplinäre Erschliessung des Phänomens «Volkskirche» und seiner Konzeptualisierungen bieten, es stellt in sich selbst einen mehrperspektivischen, pluralen Reflexionsvorgang dar, der der inneren Pluralität und Diskursivität von Volkskirchen entspricht. Insofern ist der interne Diskurs Programm: Eine der Einsichten, die sich den Herausgebern im Laufe ihrer Arbeit aufgetan hat, ist die, dass die innere Diskursivität ein unveräusserliches Moment einer sich als Volkskirche verstehenden Kirche ist – zu den Existenzbedingungen der Volkskirche gehört, dass sie von innen her immer wieder in Frage gestellt wird. Eine *unité de doctrine* in einem Buch zur Volkskirche widerspräche demzufolge sich selbst, wäre nicht – volkskirchlich.

3 Der Weg des Gesprächs: Überblick über die Kapitel

Kapitel I: Gegenwartsanalysen/Empirie der Volkskirche: Das Phänomen Volkskirche ist kontingent. Es stellt eine institutionelle Antwort auf die religions- und machtpolitischen Herausforderungen der jeweiligen gesellschaftlichen Verhältnisse dar. Auf diesem Hintergrund muss die Volkskirche darauf hin befragt werden, ob und in welcher Weise sie die geeignete institutionelle Antwort auf die gegenwärtigen religionskulturellen Transformationsprozesse darstellt. Im zweiten Kapitel soll deshalb einerseits die religionskulturelle Grosswetterlage aufgrund religionssoziologischer Studien rekonstruiert und andrerseits die volkskirchliche Situation der Schweizer Kirchen wie auch der Kirchen in Deutschland dargestellt werden.

Kapitel II: Geschichte der Volkskirche: Der Begriff Volkskirche, es wurde erwähnt, ist seit Friedrich Schleiermacher belegt. Bereits hier zeigt sich, dass der Begriff Transformationsprozesse protestantischen Kirchentums in der Moderne verarbeitet. Das Kapitel stellt die verschiedenen Profilierungen dar, die der Begriff bzw. das Konzept Volkskirche in der Moderne erfahren hat und wie es ekklesiologisch reflektiert wurde. Gleichzeitig wird – zumindest epochenbezogen über die Moderne hinaus gedacht: Eingangs werden Öffentlichkeitsdimensionen von Kirche mit Hilfe von historischen Erkundungen in der Alten und neuzeitlichen Kirche seit der Reformation nachgezeichnet, danach werden in einer institutionentheoretischen Sicht historisch relevante Organisationsformen von Kirche erörtert. Das Kapitel schliesst mit einem Versuch, Volkskirche unter postmodernen Bedingungen weiterzudenken. Die Ideologieanfälligkeit des Volkskirchenkonzepts wurde immer wieder wahrgenommen und angemahnt; darum klären die Beiträge mit der inhaltlichen Profilierung auch seine jeweils intendierte und tatsächliche Funktion: Welcher status quo wurde mit ihm legitimiert, welche kirchliche Reform zu initiieren versucht, welches ekklesiale oder ekklesiologische Defizit aufgearbeitet oder verdeckt?

Kapitel III: Volkskirche und Kirchenrecht: Der Begriff der Volkskirche ist kein juristischer, und Kirchen mit einem volkskirchlichen Selbstverständnis sind rechtlich unterschiedlich verfasst. In diesem Kapitel wird in einer Durchsicht durch kirchliche Erlasse erhoben, wo und in welcher Weise volkskirchliches Selbstverständnis kirchenrechtlich fassbar wird. Weiter wird das Spannungsfeld zwischen staatlichem und kircheninternem Kirchenrecht ausgeleuchtet und nach den spezifischen juristischen Problemstellungen gefragt, die sich aus diesem Spannungsverhältnis ergeben.

Kapitel IV: Praktisch-theologische Modelle von Volkskirche und deren theologische Implikationen: Das Kapitel stellt prominente praktisch-theologische Kirchentheorien der letzten vierzig Jahre vor und fragt nach deren Relevanz für die volkskirchliche Gegenwart. Die historische und sachliche Spannweite reicht von Ernst Langes Bestimmung von Volkskirche als «institutionalisiertem Widerspruch» bis hin zu Michael Herbsts Konzept einer missionarischen Volkskirche.

Kapitel V: Programme und Praxisformen von Volkskirche in der Schweiz: Nach den Konzepten werden in einem nächsten Schritt Aktualisierungsgestalten von Volkskirche vorgestellt. Die verschiedenen Formen werden beschrieben sowie historisch und soziologisch kontextualisiert. Exemplarisch werden dabei die phänomenale Breite und die Konturen volkskirchlicher Praxisformen in der reformierten (Deutsch-)Schweiz deutlich. Dabei zeigt sich auch das den Praxisformen zugrunde liegende und handlungsleitende Verständnis von Volkskirche und so die – wiederum typisch volkskirchliche – Pluralität der Konzeptionierungen von Volkskirche.

Kapitel VI: Zur Theologie der Volkskirche: In einem systematisch-theologischen Kapitel wird versucht, anhand unterschiedlicher ekklesiologischer Fragestellungen eine differenzierte theologische Annäherung an das Konzept Volkskirche zu erarbeiten. Dazu gehören biblische und reformationsgeschichtliche Einsichten sowie Überlegungen zum Status der Rede von Volkskirche, Reflexionen zur Präsenz Christi in der Volkskirche, der Problematik ihrer Grenzen, aber auch ihres Verhältnisses zu anderen gesellschaftlichen Subsystemen bis hin zu ihrer Verortung in einem multireligiösen Kontext. Schliesslich soll auch Kritik am Konzept der Volkskirche vergegenwärtigt werden, und zwar in ihrer härtesten Gestalt, wie sie von Søren Kierkegaard formuliert wurde.

Kapitel VII: Perspektiven für ein zukunftsfähiges Modell von Volkskirche: In einem Schlusskapitel unternehmen es die Herausgeber, auf der Basis der vielstimmigen Beiträge des Bandes in einer Reihe von Thesen ein sozialwissenschaftlich verantwortetes und theologisch hinreichend facettenreiches Konzept von Volkskirche zu skizzieren. Dieses soll die Tragfähigkeit eines reflektierten volkskirchlichen Selbstverständnisses auch für eine Kirche der näheren Zukunft erweisen.

Der unabgeschlossenen Form des Buches, mit welcher es Diskurse anstossen und nicht abschliessen will, entspricht sein *Titelbild*. Was es mit der «Kirche im Dorf» (die auch die Kirche in der Stadt sein kann) auf sich hat, muss heute als durchaus offen gelten. Beides, was unter dem Begriff «Volkskirche» zu verstehen sein könnte und welche Zukunft die damit bezeichnete kirchliche Gestaltung hat, sieht sich der Kontroverse ausgesetzt. Die Volkskirche steht nicht klar vor Augen, sie liegt im Dunst. Selbst die Frage, ob es mit den Beiträgen dieses Bandes gelingen wird, den Dunst etwas aufzulösen, wird am Ende vermutlich keine eindeutige Antwort finden. Es könnte aber sein, dass sich diese Uneindeutigkeit dem zur Debatte stehenden Phänomen als zutiefst entsprechende Uneindeutigkeit herausstellt und die unabschliessbare Diskussion als die für die Volkskirche typische Sprachform. Die «Kirche im Dorf» des Titelbildes steht nicht bloss zufällig im Dunst. Als Volkskirche steht sie grundsätzlich im Dunst. Abschliessende Klarheit kann deshalb nicht das Ziel dieses Buches sein. Wohl aber, den Nebel etwas zu lichten und der geneigten Leserin die faszinierende Vielgestaltigkeit und Komplexität des Phänomens wie des Programms «Volkskirche» vorzuführen und damit etwas von seiner Stärke wie auch seiner Zeitgemässheit bewusst zu machen.

Bereits im Oktober 2015 ist, ebenfalls bei TVZ, in der Reihe «denkMal» ein Band zum Thema Volkskirche erschienen: Claudia Kohli Reichenbach/Matthias Krieg (Hg.), Volkskirche und Kirchenvolk. Ein Zwischenhalt. Beide Publikationen, das «kleine» und das «grosse» Volkskirchenbuch, sind parallel und in gegenseitiger Absprache entstanden, zum Teil von demselben Herausgeberkreis. Entsprechend sind die zwei Bücher nicht als Konkurrenz, sondern als sich ergänzende Beiträge in einer aktuell sehr dringlichen Diskussion zu verstehen. Mit ihren unterschiedlichen Formaten, Gattungen und Adressatenkreisen sollen sie dazu beitragen, diese Diskussion in Theologie und Kirche möglichst breit zu führen.

Wir danken den Autorinnen und Autoren, die sich auf das komplexe Unternehmen dieses Buches eingelassen haben. Wir danken den studentischen Hilfskräften Manuela Grossmann und Sophie Glatthard für die arbeitsaufwändigen Layoutarbeiten sowie Frau Stephanie Zellweger-Tanner für das zuverlässige Lektorat. PD Dr. Johannes Stückelberger hat uns bei der Wahl eines passenden Titelbildes unterstützt. Die Finanzierung des Werkes haben die Reformierten Kirchen Bern-Jura-Solothurn und die Reformierte Landeskirche des Kantons Zürich übernommen. Zu grossem Dank verpflichtet sind wir ausserdem dem Theologischen Arbeitskreis im Bereich Theologie der Reformierten Kirchen Bern-Jura-Solothurn, wo die ersten Ideen zu diesem Buch entwickelt worden sind.

I. Volkskirche in der Gegenwart

Säkularisierung und Individualisierung

Volkskirchliche Perspektiven in der gegenwärtigen Umwälzung der religiösen Landschaft

Stefan Huber

Das heutige Territorium der Schweiz wurde im 7. und 8. Jahrhundert christianisiert. Es folgten rund 800 Jahre, in denen die römisch-katholische Kirche ein Monopol für die Regulation religiöser Deutungsmuster und Praktiken innehatte. Sie war Volkskirche in dem Sinn, dass sie für das ganze Volk zuständig war. Dieses Monopol zerbrach mit der Reformation zu Beginn des 16. Jahrhunderts. An seine Stelle trat ein Duopol: Je nach Region wurde die Regulation des Religiösen entweder von der römisch-katholischen Kirche oder einer reformierten Landeskirche organisiert. Beide Kirchen waren Volkskirchen im oben definierten Sinn. In diesem volkskirchlichen Setting war die römisch-katholische Kirche für gut 450 Jahre Juniorpartnerin, da sie nur etwa 40% der schweizerischen Bevölkerung betreute, während die reformierten Landeskirchen für rund 60% der Bevölkerung zuständig waren. Diese über Jahrhunderte stabile Grundstruktur löst sich seit den 50er Jahren des 20. Jahrhunderts mit zunehmender Geschwindigkeit auf. 2014 – also kurz vor den 500-jährigen Jubiläum der Reformation – ist der Anteil der Reformierten auf rund 25% geschrumpft (Quelle BfS)[1]. Der Bevölkerungsanteil der römisch-katholischen Kirche ging auch zurück, doch mit rund 38% hat sie im ehemaligen Duopol die Rolle der Seniorpartnerin übernommen. Zu christlichen Kirchen insgesamt bekennen sich im Jahr 2014 noch rund 69% der schweizerischen Wohnbevölkerung. 23% gehören keiner Konfession an, zu anderen Religionsgemeinschaften zählen sich etwa 7% der Wohnbevölkerung (darunter 5% zum Islam).

Dieser kurze Ausflug in die Geschichte kontrastiert mit den aktuellen Zahlen der Religionsstatistik und soll die Dramatik und den epochalen Status des gegenwärtigen Transformationsprozesses des religiösen Feldes in der Schweiz verdeutlichen. In seiner religionsstrukturellen Dynamik ist dieser Prozess durchaus mit den Zäsuren, die durch die Christianisierung im 7./8. Jahrhundert und die Reformation im 16. Jahrhundert gesetzt wurden, vergleichbar. Dadurch verändern sich auch die religionsstrukturellen Bedingungen für ein volkskirchliches Selbstverständnis in dramatischer Weise. Dabei ist zu beachten, dass der Transformationsprozess noch anhält und die Konturen einer relativ stabilen neuen

1 Auch alle folgenden prozentualen Angaben zur Mitgliederstärke von Kirchen und Religionsgemeinschaften sowie zu ihren Ausländeranteilen basieren auf Angaben des schweizerischen *Bundesamts für Statistik* (BfS).

Religionsstruktur noch nicht absehbar sind. Insbesondere die reformierten Kirchen befinden sich gewissermassen noch im «freien Fall». In Genf, einem der historischen Zentren der Reformation, bekennen sich 2014 nur noch 10% zu ihr. In Basel beträgt der Anteil der Reformierten immerhin noch knapp 17%. Auf der anderen Seite ist jedoch in Basel die allgemeine Dechristianisierung am weitesten fortgeschritten: 46% gehören keiner Konfession an und 11% einer nicht-christlichen Religionsgemeinschaft (darunter über 8% dem Islam).

Im Folgenden vertiefe ich in exemplarischer Weise einzelne Dynamiken der gegenwärtigen religionsstrukturellen Umbruchprozesse in der Schweiz und lote darin vorhandene volkskirchliche Spielräume aus. Dabei orientiere ich mich an den religionssoziologischen Konzepten der Säkularisierung und Individualisierung und gehe daneben auch auf markttheoretische Überlegungen ein. Da die aus der Markttheorie sich ergebenden Prognosen empirisch nur mittel- und langfristig überprüfbar sind, haben sie für den vorliegenden Beitrag keinen konstitutiven Status. Aufgrund der Heterogenität der empirischen Befunde sowie der Vielfalt und Dynamik der religiösen Akteure werde ich schliesslich zu der These kommen, dass der Ausgang des Transformationsprozesses noch weitgehend offen ist. Für Volkskirchen öffnen sich dabei neue Perspektiven.

1 Säkularisierung

Säkularisierungstheoretische Konzepte[2] verbindet die Grundthese, dass Religion im Prozess der Modernisierung zunehmend an sozialer und individueller Bedeutung verliert. Das müsse nicht zwangsläufig zu einem restlosen Verschwinden religiöser Institutionen, Praktiken und Vorstellungen führen. Doch ein dramatisch fortschreitender Bedeutungsverlust des Religiösen scheint in dieser Perspektive unvermeidbar. Dabei wird der Fokus auf religiöse Institutionen und Prozesse der Tradierung und der Sozialisation religiöser Inhalte und Praktiken gerichtet. In empirischen Untersuchungen werden dafür vor allen Indikatoren wie Kirchenmitgliedschaft, Gottesdienstteilnahme, Glaube an traditionelle religiöse Vorstellungen, die Befolgung religiöser Vorschriften im Alltag sowie Indikatoren zur religiösen Sozialisation bemüht. In Bezug auf die Schweiz gehe ich vertieft auf die Entwicklung der Zugehörigkeit zu Kirchen und Religionsgemeinschaften (Abbildung 1) sowie die Teilnahme an Gottesdiensten römisch-katholischer und reformierter Kirchen (Abbildung 2) ein.

Die linke Seite von Abbildung 1 veranschaulicht die seit dem 16. Jahrhundert stabile Struktur des Duopols von reformierten und römisch-katholischen Kir-

2 Vgl. Detlef Pollack, Säkularisierungstheorie, Version: 1.0 (2013) https://docupedia.de/zg/ Saekularisierungstheorie?oldid=85955 (Zugang: 12.2.2016); Gert Pickel, Säkularisierung, Individualisierung oder Marktmodell? Religiosität und ihre Erklärungsfaktoren im europäischen Vergleich, Kölner Zeitschrift für Soziologie und Sozialpsychologie 62, 2010, 219–245.

chen. Wie bereits erwähnt, betrug dieses Verhältnis etwa 60 : 40 zu Gunsten der Reformierten. Eine erste Verschiebung der Gewichte ist seit den 50er Jahren des 20. Jahrhunderts beobachtbar. Durch Migrationsbewegungen aus überwiegend römisch-katholischen Herkunftsländern (insbesondere Italien) nehmen die prozentualen Anteile der Katholiken zu und der Reformierten ab. 1980 ergibt die Volkszählung, dass erstmals seit der Reformation wieder mehr Katholiken als Reformierte in der Schweiz leben. Doch zusammen repräsentieren die beiden grossen Kirchen 1980 noch rund 92% der Schweizer Wohnbevölkerung. Zu diesem Zeitpunkt kann immer noch davon gesprochen werden, dass sie bezüglich ihrer Bevölkerungsanteile «Volkskirchen» sind. Seit den 80er Jahren nimmt jedoch das Tempo der Umgestaltung des religiösen Feldes rapide zu. Die Bevölkerungsanteile der Reformierten schrumpfen kontinuierlich und mit zunehmender Geschwindigkeit. Allein von 2000 bis 2014 nimmt ihr Bevölkerungsanteil um 8,4% auf 25,5% ab. Seit den 90er Jahren befindet sich auch die katholische Kirche in einem – allerdings etwas flacher verlaufenden – Schrumpfungsprozess. Von 2000 bis 2014 nimmt ihr Bevölkerungsanteil um 4,4% auf 38,9% ab. Auf der anderen Seite steigen die Bevölkerungsanteile anderer Kirchen und Religionsgemeinschaften. 2014 erreichen sie 12,4%. Am stärksten ist die Wachstumsdynamik bei den Konfessionslosen. 1970 betrug ihr Bevölkerungsanteil nur 1,2%. Seitdem nimmt ihr Anteil mit steigender Tendenz zu. Besonders rasant verläuft diese Dynamik seit der Volkszählung im Jahr 2000. In den 14 Jahren bis 2014 hat sich ihr Anteil mehr als verdoppelt – er stieg von 11% auf 23%.

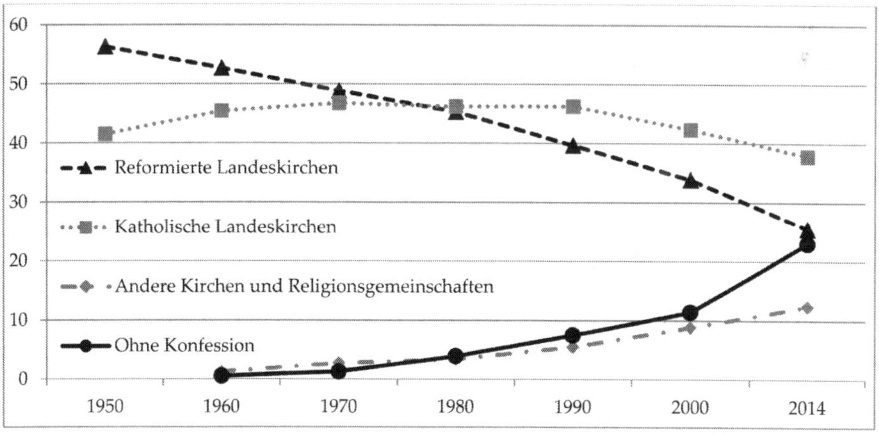

Abbildung 1: Entwicklung der religiösen Zugehörigkeit von 1950 bis 2014 (Anteile in Prozent der Wohnbevölkerung; Quelle: eigene Berechnung auf der Basis von Volkszählungsdaten des BfS).

Der teilweise dramatische Rückgang bei den beiden grossen Landeskirchen sowie das zum Teil explosionsartige Anwachsen der Gruppe der Konfessionslosen bestätigt die Grundannahme der Säkularisierungsthese. Die traditionellen religiösen Anbieter verlieren an Einfluss. Dies gilt insbesondere für die reformierten Kirchen, deren Bevölkerungsanteil sich in den letzten 60 Jahren mehr als halbiert hat. Auf der anderen Seite haben sich die Konfessionslosen als eine stark wachsende Gruppe mit einer säkularen Identität etabliert. Sie werden bei der weiteren Entwicklung des religiösen Feldes in der Schweiz eine zentrale Rolle spielen. Dabei ist insbesondere die Frage relevant, ob Konfessionslosigkeit und Säkularität notwendigerweise auch zu einem Verschwinden religiöser und spiritueller Praktiken und Deutungsmuster führen. Gegen die Säkularisierungsthese spricht das kontinuierliche Anwachsen minoritärer Kirchen und Religionsgemeinschaften. Zwar können sie die Mitgliedschaftsverluste der beiden traditionellen religiösen Duopolisten nur zum Teil kompensieren. Ihre kontinuierliche Stärkung führt jedoch zu einem Anwachsen der Vielfalt religiöser und spiritueller Angebote. Aus der Perspektive markttheoretischer Ansätze[3] sollte diese Pluralisierung des religiösen Angebots mittelfristig zu einem Anwachsen der Religiosität in der Bevölkerung und der Mitgliedschaft in religiösen Organisationen führen. Aus diesem Grund ist es theoretisch denkbar, dass die Gruppe der Konfessionslosen wieder schrumpft. Aufgrund der Vielfalt der religiösen Anbieter und ihrer relativ grossen Freiheitsgrade bei der Gestaltung ihres Angebots ist es schwierig abzuschätzen, welche Marktanteile die konkurrierenden religiösen Anbieter mittelfristig erobern werden. Auf jeden Fall haben die beiden Volkskirchen ihre beherrschende Stellung verloren. Sie sind nur noch Akteure auf einem pluralen religiösen Feld. Damit stehen sie nicht zuletzt auch vor der Herausforderung, ihre volkskirchliche Identität neu zu definieren.

Die Bevölkerungsanteile der verschiedenen Kirchen und Religionsgemeinschaften geben Auskunft über ihr relatives gesamtgesellschaftliches Gewicht. Demgegenüber kann die Entwicklung der Gottesdienstteilnahme innerhalb einzelner Kirchen als ein Indikator für ihre innere Stärke und Handlungsfähigkeit angesehen werden. Aus säkularisierungstheoretischer Perspektive ist auch in dieser Hinsicht ein Rückgang und damit eine Schwächung der Kirchen als institutionelle Akteure auf dem religiösen Feld zu erwarten. Die empirischen Befunde zeigen diesbezüglich ein differenziertes Bild. Insbesondere ist zwischen den Entwicklungen der römisch-katholischen und der reformierten Kirchen zu unterscheiden.

3 Vgl. Laurence Robert Iannaccone, Introduction to the Economics of Religions, Journal of Economic Literature 36, 1998, 1465–1495; Rodney Stark, Economics of Religion, in: Robert A. Segal (Hg.), The Blackwell Companion to the study of Religion, Malden MA 2006, 47–67.

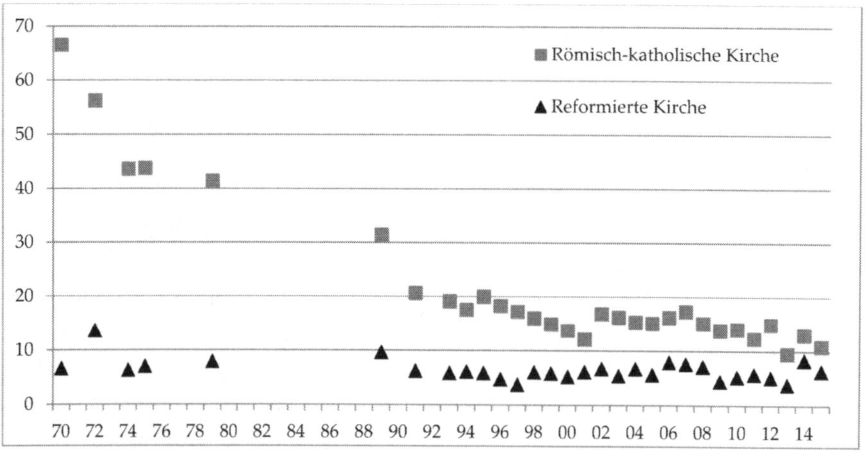

Abbildung 2: Entwicklung der wöchentlichen Gottesdienstteilnahme bei der römisch-katholischen und reformierten Kirche von 1970 bis 2015 (jährliche Anteile in Prozent der jeweiligen Kirchenmitglieder; Quelle: eigene Berechnung auf der Basis von 64 repräsentativen Studien).

Wie Abbildung 2 dokumentiert, ist bei der römisch-katholischen Kirche ein Zusammenbruch der traditionellen katholischen Gottesdienstkultur beobachtbar. Zu Beginn der 70er Jahre des 20. Jahrhunderts besuchten noch 66% aller Katholiken und Katholikinnen mindestens einmal in der Woche einen Gottesdienst. Die Validität der Messung aus dem Jahr 1970 wird durch Gallup Zahlen aus dem Jahr 1968 gestützt, die auf die schweizerische Gesamtbevölkerung bezogen sind. Die römisch-katholische Kirche konnte das für ihre Identität zentrale Sonntagsgebot bei der überwiegenden Mehrheit ihrer Mitglieder durchsetzen. Damit gewann sie eine sehr breite Resonanz. Doch bereits Mitte der 70er Jahre bricht dieser Anteil auf etwa 42% ein. Bis zu Beginn der 90er Jahre sinkt die wöchentliche Gottesdienstteilnahme weiter auf rund 20% ab. Der Schwund erfolgt nicht mehr so rasant wie zu Beginn der 70er Jahre, doch das Resultat bleibt dramatisch: In den 20 Jahren von 1970 bis 1990 verliert die römisch-katholische Kirche rund drei Viertel ihrer regelmässigen Gottesdientbesucher/innen. Die allgemeine Gültigkeit des Sonntagsgebots ist zu einer Option geworden, die von weniger als einem Fünftel der Katholiken und Katholikinnen gewählt wird. Daher kann von einem Zusammenbruch der katholischen Sonntagskultur gesprochen werden. Damit war eine massive Schwächung der Resonanz, Handlungsfähigkeit und traditionellen Identität der römisch-katholischen Kirchen verbunden. Danach stabilisiert sich die Gottesdienstteilnahme. Seit Mitte der 90er Jahre sinkt sie nur noch in einem geringen Umfang. Gleichwohl zeichnet sich die Tendenz einer Angleichung an die Prozentzahlen des Gottesdienstbesuchs bei den reformierten Kirchen ab. Diese Tendenz ist mit der traditionellen katholischen Identität, die auf die Heilige Messe zentriert ist, nur schwer zu vermitteln. Die katholische

Kirche steht damit vor der enormen Herausforderung, eine neue Identität zu entwickeln.

Im Kontrast zur Abwärtsdynamik im katholischen Bereich zeigt sich bei den reformierten Kirchen eine erstaunliche Konstanz. Der Anteil von reformierten Gottesdienstbesucher/innen schwankt von 1970 bis 2015 meist zwischen 5% und 7%. In den letzten Jahren ist sogar ein Trend nach oben beobachtbar. Dieser Befund ist in mehrfacher Hinsicht aufschlussreich. Zunächst dokumentiert er die geringe Relevanz der sonntäglichen Gottesdienstteilnahme in der reformierten religiösen Kultur. Damit verbunden ist die im Vergleich zur traditionellen katholischen religiösen Kultur wesentlich geringere Resonanzfähigkeit kirchlicher Akteure und des institutionellen Apparats. Beides hängt mit unterschiedlichen theologischen Akzenten zusammen – insbesondere mit der reformierten Wertschätzung der «Freiheit des Christenmenschen», woraus nicht zuletzt auch die Betonung der Autonomie des Einzelnen gegenüber kirchlichen Amtsträgern und Vorgaben folgt. Im Prinzip passt dieses Konzept bestens in den Kontext einer modernen Religionskultur und sollte kirchliche Wachstumspotenziale enthalten. Im Kontext der Säkularisierungsthese ist die jahrzehntelange Konstanz der Gottesdienstteilnahme hochgradig irritierend. Theoretisch wären nicht nur ein Rückgang der reformierten Bevölkerung, sondern auch massive Auflösungstendenzen der traditionell ohnehin schwach ausgeprägten Gottesdienstkultur zu erwarten gewesen. Aufgrund des Rückgangs der Mitgliedschaftszahlen ist eine Konstanz bei dem Anteil der Reformierten, die an Gottesdiensten teilnehmen, mit einem Rückgang bei den absoluten Zahlen der reformierten Gottesdienstteilnehmer/innen verbunden. Gleichwohl bleibt der Sonntagsgottesdienst für den Kern der Mitglieder reformierter Landeskirchen ein wesentlicher Bezugspunkt. Damit gehen Vergemeinschaftungsprozesse und eine innere Stabilisierung der reformierten religiösen Kultur einher. Darin sind Potenziale für neue Angebote enthalten.

2 Individualisierung

Individualisierungstheoretische Konzepte[4] verbindet die Grundthese, dass Religiosität in der Moderne nicht verschwindet, sondern lediglich ihre inhaltliche Gestalt verändert. Dabei wird von anthropologischen Überlegungen ausgegangen, in denen die Unausweichlichkeit von Transzendenzerfahrungen und der Auseinandersetzung mit der Frage nach dem Sinn des Lebens betont wird. Dadurch sei eine von traditionellen religiösen Institutionen unabhängige und strukturell unversiegbare Quelle religiösen Erlebens und Verhaltens gegeben. Ergänzend wird auf soziologische Individualisierungstheorien zurückgegriffen, in denen die

4 Vgl. Paul Heelas/Linda Woodhead, The spiritual revolution: why religions giving way to spirituality, Malden MA 2005; Hubert Knoblauch, Populäre Religion. Auf dem Weg in eine spirituelle Gesellschaft, Frankfurt a. M. 2009.

Modernisierung als Prozess zunehmender Selbstbestimmung des Individuums thematisiert wird. In religiöser Hinsicht führe dies zur «Abnabelung» von religiösen Institutionen und begünstige den Aufbau «hybrider» und teilweise auch «fluider» religiöser Identitäten, die sich weitgehend unabhängig von institutionellen Normierungsversuchen entwickeln. Der Individualisierung der Religiosität wohnt damit auch eine Tendenz zu ihrer Pluralisierung inne. Der entscheidende Unterschied zu säkularisierungstheoretischen Ansätzen liegt in der Annahme einer unversiegbaren anthropologischen Quelle von Religiosität. Daher wird grundsätzlich nicht mit einer Auflösung des Religiösen gerechnet, sondern mit seinem konstanten Fortbestand, wenn auch in sich verändernden Gestalten. Dieser Gestaltwandel ist für die Ausbildung neuer volkskirchlicher Identitäten sowohl Herausforderung als auch Chance.

Zur exemplarischen Konkretisierung individualisierungstheoretischer Konzepte gehe ich im Folgenden darauf ein, wie sich in der Schweiz der Glauben an ein transzendentes Prinzip (Abbildung 3) und die Häufigkeit des Nachdenkens über den Sinn und Zweck des Lebens (Abbildung 4) im Lauf der Zeit verändert haben. Dabei können auch konkurrierende Prognosen der Säkularisierungs- und der Individualisierungstheorie empirisch gegeneinander getestet werden. Zumindest in Bezug auf den Glauben an ein transzendentes Prinzip müssen säkularisierungstheoretische Ansätze zwingend mit einem Rückgang im Zeitverlauf rechnen. Demgegenüber sollte dieser Glaube aus individualisierungstheoretischer Perspektive konstant bleiben – wobei sich allerdings zumindest zum Teil seine Gestalten verändern und ausdifferenzieren sollten.

In den meisten repräsentativen religionssoziologischen Studien wird mit Ausnahme des Religionsmonitors der Bertelsmann Stiftung kaum nach Transzendenzerfahrungen gefragt. Da der Religionsmonitor erst seit 2007 durchgeführt wird, sind auf seiner Basis noch keine Längsschnittbeobachtungen über einen längeren Zeitraum möglich. Daher konkretisiere ich die Individualisierungsthese nicht auf der Basis der Entwicklung von Transzendenzerfahrungen, was theoretisch am nächsten läge, sondern auf der Basis des Glaubens an ein transzendentes Prinzip. Dabei gehe ich davon aus, dass sich die Konstanz von Transzendenzerfahrungen in einer relativen Konstanz des Transzendenzglaubens spiegelt. Dafür ist es notwendig, einen weiten Begriff des «Glaubens» und eines «transzendenten Prinzips» zugrunde zu legen. In diesem Sinn wird im Folgenden der Begriff «Glaube» nicht in einem christlichen Sinn als «vertrauensvolle Überantwortung an Gott» verstanden, sondern lediglich als ein «für plausibel halten». Dieser weite Glaubensbegriff beinhaltet keine weitergehende Bestimmung der Beziehung des Individuums zur Transzendenz. Daher kann dieser Glaubensbegriff auch Momente des Zweifelns und der kritischen Selbstreflexion beinhalten. Aus traditioneller christlicher Perspektive werden Glaubenszweifel eher als ein Defizit wahrgenommen, da dies als eine Abnahme des Vertrauens in den gnädigen Gott erscheint. Demgegenüber sind aus individualisierungstheoretischer Perspektive

Zweifel an der Art und Gestalt der Transzendenz eher der Normalfall, da das individuelle Transzendenzkonzept in relativ autonomer Weise erarbeitet und validiert werden muss. Der Begriff des transzendenten Prinzips ist aus individualisierungstheoretischer Perspektive ebenfalls möglichst weit zu fassen. Er umfasst unter anderem theistische, deistische, pantheistische, spiritistische und astrologische Konzepte der Transzendenz.

Die am weitesten in die Vergangenheit zurückreichende Längsschnittbeobachtung ist mit der Frage «*Glauben Sie an Gott?*», die mit ja oder nein beantwortet werden konnte, möglich. Diese Frage wurde in der Schweiz 1968 in einer Gallup-Umfrage gestellt sowie leicht abgewandelt («*Glauben Sie oder glauben Sie nicht an Gott?*») in den Befragungen des World Value Survey (WVS) von 1988 und 1996 sowie des European Value Survey (EVS) von 2008. Damit kann ein Zeitraum von gut 40 Jahren untersucht werden. Aus individualisierungstheoretischer Perspektive ist dieser Indikator jedoch in zweifacher Hinsicht mangelhaft. Erstens ist das Stichwort «Glauben» mit all seinen kirchlichen Konnotationen prominent. Ein Glaube mit Zweifeln kommt nicht vor. Daneben schwingen auch bei «Gott» als dem zweiten Kernkonzept der Frage traditionelle christliche Konnotationen mit. Daher wird mit diesem Indikator nicht nur die subjektiv empfundene Plausibilität eines transzendenten Prinzips erfasst, sondern auch die Zustimmung zur kirchlichen Normierung der Gestalt dieses Prinzips und des subjektiven Verhältnisses zu ihm. Aus individualisierungstheoretischer Perspektive sollte die Plausibilität eines transzendenten Prinzips konstant bleiben und zugleich seine kirchliche Normierung zurückgehen. Beide Voraussagen können auf der alleinigen Basis dieses Indikators nicht differenziert analysiert werden.

Bei den Befragungen des International Social Survey Project (ISSP) von 1999 und 2009 wurde der Glaube an ein transzendentes Prinzip sowohl in Bezug auf den Modus des Glaubens als auch in Bezug auf die Gestalt des transzendenten Prinzips differenziert erfasst. Die Basisfrage lautete: «*Bitte geben Sie nun an, welche der folgenden Aussagen Ihren Glauben an Gott am ehesten zum Ausdruck bringt*». Darauf folgten sechs Aussagen, in denen unterschiedliche Angebote zum Konzept der Transzendenz und zum Modus des Glaubens gemacht werden:

1. Ich weiss, dass es Gott wirklich gibt und habe daran keinen Zweifel.
2. Obwohl ich Zweifel habe, meine ich, dass ich doch an Gott glaube.
3. Ich bemerke, dass ich manchmal an Gott glaube, manchmal nicht.
4. Ich glaube nicht an einen persönlichen Gott, aber ich glaube, dass es irgendeine höhere geistige Macht gibt.
5. Ich weiss nicht, ob es einen Gott gibt, und glaube auch nicht, dass es möglich ist, dies herauszufinden.
6. Ich glaube nicht an Gott.

Von diesen sechs Aussagen können die ersten vier in dem weiter oben definierten weiten Sinn als Glaube an ein transzendentes Prinzip interpretiert werden. Daher wird die Zustimmung zu ihnen in Abbildung 3 zu einem Gesamtwert aufsummiert. Dieser Wert bringt zum Ausdruck, wie verbreitet der Glaube an ein transzendentes Prinzip unabhängig von dem Modus des Glaubens und dem Konzept der Transzendenz ist. Davon ausgehend kann durch den Vergleich mit den Zustimmungsraten zu der WVS- und EVS-Frage zum Glauben an Gott analysiert werden, wie sich die Plausibilität eines transzendenten Prinzips und die kirchliche Normierung dieser Plausibilität im Längsschnitt entwickeln.

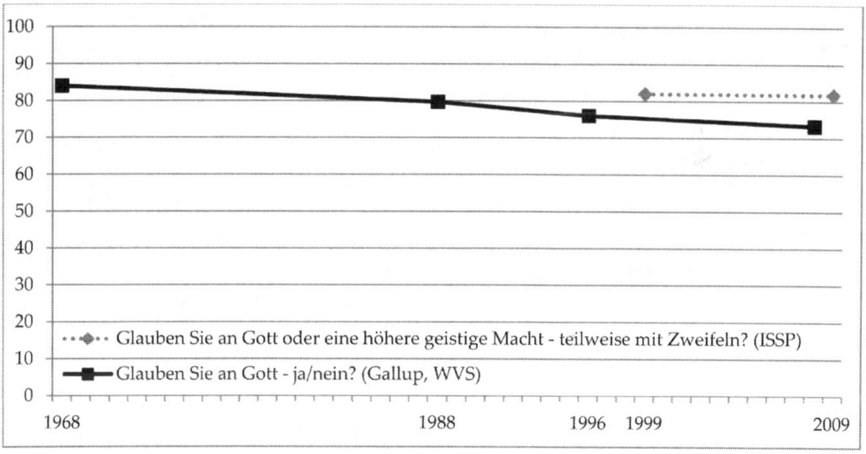

Abbildung 3: Prozentualer Anteil der schweizerischen Wohnbevölkerung, die an ein «transzendentes Prinzip» glaubt, nach Erhebungsjahr und Studie (Quelle: eigene Berechnungen auf der Basis der Daten von Gallup, des WVS und EVS sowie des ISSP).

Wie Abbildung 3 zeigt, nimmt die bekenntnisförmige Zustimmung zum Glauben an Gott in den 40 Jahren von 1968 bis 2008 um etwa 11% von 84% auf 73% ab. Aus individualisierungstheoretischer Perspektive spiegelt sich darin der Rückgang des normativen Einflusses der beiden christlichen Volkskirchen. Dieser Rückgang ist jedoch nicht so dramatisch, wie er aus säkularisierungstheoretischer Sicht hätte vermutet werden können. Immerhin bringen auch im Jahr 2008 fast drei Viertel der schweizerischen Wohnbevölkerung ihren Glauben an ein transzendentes Prinzip in einer Semantik zum Ausdruck, die mit den normativen Vorgaben der beiden Volkskirchen kompatibel ist. Zugleich belegen die Daten des ISSP, dass bei einem weiten Glaubens- und Transzendenzbegriff der Glauben an ein transzendentes Prinzip in den letzten 10 Jahren konstant von etwa 82% der schweizerischen Wohnbevölkerung geteilt wird. Die Kernannahme der Säkularisierungstheorie, dass sich mit dem Rückgang des Einfluss traditioneller religiöser Institutionen auch der Glaube an Transzendentes sukzessive auflöse, wird folglich durch die empirischen Befunde nicht bestätigt. Vielmehr stützen die Befunde die individualisierungstheoretische Annahme des Gestaltwandels des Religiösen. Für Volkskirchen folgt daraus, dass in der Bevölkerung ein Reden über Transzendenz und Transzendentes grundsätzlich resonanzfähig bleibt. Dabei können sie sich jedoch immer weniger auf die Anschlussfähigkeit traditioneller Sprachangebote verlassen. Vielmehr müssen sie versuchen, mit der autonomen religiösen Produktivität der Subjekte ins Gespräch zu kommen. Dafür könnte ein «dienendes» Selbstverständnis der Volkskirchen hilfreich sein.

In individualisierungstheoretischer Perspektive setzt der Glaube an Transzendentes nicht nur Transzendenzerfahrungen voraus, über die Personen unausweichlich stolpern, sondern auch das Interesse, sich mit derartigen Erfahrungen auseinanderzusetzen, sie zu deuten und in konsistenter Weise in ein Weltbild einzufügen. Ein indirekter Indikator für dieses Interesse ist die Frage, wie oft *über den Sinn und Zweck des Lebens nachgedacht* werde, die seit 1988 regelmässig im WVS gestellt wird (vgl. Abbildung 4). Bei dieser Frage handelt es sich um einen indirekten Indikator, da Sinnfragen weder mit Transzendenzerfahrungen gekoppelt noch notwendigerweise im Horizont der Transzendenz bearbeitet werden müssen. Gleichwohl kann angenommen werden, dass mit der Häufigkeit des Nachdenkens über Sinnfragen auch die Bereitschaft wächst, sich mit Transzendenzerfahrungen auseinanderzusetzten. In diesem Kontext ist zu beachten, dass die Beschäftigung mit Sinnfragen und Transzendenzdeutungen sowohl von relativ stabilen Persönlichkeitsmerkmalen (z. B. Empathie oder Neurotizismus) als auch von situativen Faktoren (z. B. Krankheit oder kritische Lebensereignisse) beeinflusst wird. Das heisst, manche Personen neigen dazu, sich verstärkt mit Sinn- und Transzendenzfragen auseinanderzusetzen und manche Lebenssituationen fordern derartige Fragen geradezu heraus.

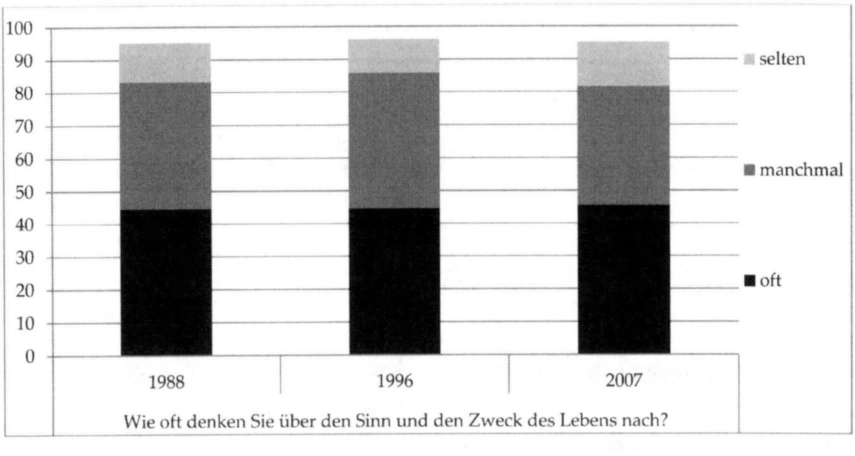

Abbildung 4: Häufigkeit des Nachdenkens über den Sinn und Zweck des Lebens (Prozentuale Anteile der schweizerischen Wohnbevölkerung; Quelle: eigene Berechnungen auf der Basis der Daten des WVS)

Die in Abbildung 4 dargestellten Befunde zeigen, dass über 20 Jahre hinweg (von 1988 bis 2007) jeweils rund 95% der schweizerischen Wohnbevölkerung angeben, sich mit Fragen zum Sinn und Zweck des Lebens zu beschäftigen. Selbst die Anteile der einzelnen Antwortkategorien verändern sich kaum. Etwa 45% antworten mit «oft», rund 39% mit «manchmal» und rund 12% mit «selten». Die hohe Konstanz der Antwortmuster ist ein starker empirischer Beleg für die «säkularisierungsresistente» Relevanz der Sinnfrage. Damit dürfte auch ein grundsätzliches Interesse an der Deutung und weltanschaulichen Integration von Transzendenzerfahrungen verbunden sein. An beide Aspekte – sowohl Sinnfragen als auch die Interpretation von Transzendenzerfahrungen – können Volkskirchen dauerhaft anknüpfen.

3 Chancen und Perspektiven für Volkskirchen

Abschliessend stellt sich die Frage, welche Chancen und Perspektiven sich den Volkskirchen angesichts der gegenwärtigen tiefgreifenden Transformationsprozesse des religiösen Feldes eröffnen. An einigen Stellen wurden bereits einige Überlegungen angestossen. Sie sollen nun ergänzt und systematisiert werden.

Zunächst ist nochmals zu unterstreichen, dass infolge der tiefgreifenden Säkularisierungsprozesse die traditionelle Form der Volkskirche, die ein Monopol für die Regulation religiöser Deutungsmuster und Praktiken besass, in der Schweiz der Vergangenheit angehört. Die römisch-katholischen und reformierten Kirchen sind auf dem religiösen Markt nur noch partikuläre Anbieter, die mit zahlreichen anderen Angeboten konkurrieren. Sie repräsentieren damit nicht mehr das ganze Volk. Wollen sie gleichwohl mit dem Konzept Volkskirche operieren, dann muss dieses Konzept mit neuen Inhalten gefüllt werden. Insbesondere stellt sich die Frage, wie sie als partikulare religiöse Anbieter gleichwohl für das ganze Volk da sein können. Meiner Ansicht nach ist dies möglich, wenn partikulare Kirchen (oder auch andere Religionsgemeinschaften) ein konsequent dienendes Selbstverständnis entwickeln. Dies erforderte, dass sie sich nicht nur für sich selbst, ihre Mitgliedschaft und zu gewinnende neue Mitglieder, als zuständig betrachten, sondern prinzipiell bereit sind, allen Menschen in uneigennütziger Weise zu dienen.

Die unter der Überschrift «Individualisierung» dargestellten empirischen Befunde belegen, dass trotz fortschreitender Säkularisierung der Glaube an Transzendentes sowie die Auseinandersetzung mit Sinnfragen konstant in der überwiegenden Mehrheit der Bevölkerung verbreitet ist. Daraus folgt, dass im ganzen Volk ein stabiles Bedürfnis nach der Deutung von Transzendenz und Transzendenzerfahrungen vorhanden ist, und damit ist ein allgemeiner Gegenstand gegeben, auf den sich ein dienendes Selbstverständnis von Volkskirchen beziehen könnte.[5]

5 Mit einer derartigen Ausrichtung von Theologie und Kirche korrespondiert auch Wilhelm Gräbs kulturhermeneutisches Konzept von Theologie, vgl.: Wilhelm Gräb, Wahrnehmen und Deuten, in: Albrecht Grözinger/Georg Pfleiderer (Hg.), «Gelebte Religion» als Programmbegriff Systematischer und Praktischer Theologie, Zürich 2002, 43–63.

Volkskirche in der Deutschschweiz

Christina Aus der Au

Unter «Volkskirche» versteht man in der Schweiz traditionellerweise die katholischen und die evangelisch-reformierten Landeskirchen. Bis vor wenigen Jahrzehnten bekannte sich ungefähr je die Hälfte der Schweizer Bevölkerung zur Mitgliedschaft in einer der Landeskirche und so blieb das Verständnis «Volkskirche = Kirche des Volkes = Mehrheitskirche» lange Zeit unhinterfragt. Im Jahr 2012 gehörten aber nur mehr 38,2% (42,3%) der Schweizer Wohnbevölkerung über 15 Jahre der römisch-katholischen und nur noch 26,9% (33,9%) der evangelisch-reformierten Landeskirche an (in Klammern die Zahlen für 2000).[1] Demgegenüber sind 21,4% (11,2%) als konfessionslos gemeldet. Der Anspruch, mit einer christlichen Konfession «das Volk» in seiner Mehrheit zu vertreten, ist also zumindest quantitativ nicht mehr haltbar. Qualitativ wird allerdings häufig noch damit argumentiert, dass das christliche Gedankengut nach wie vor die Basis sei für die schweizerische (wenn nicht gar abendländische) Kultur und ebenso Grundlage und Garant für breit geteilte Werte. So könnten die beiden Kirchen trotz schwindender Mitgliederzahl als Repräsentantinnen einer mehrheitsfähigen christlichen Tradition und somit weiterhin als Volkskirchen betrachtet werden.

Der Begriff der Volkskirche gilt aber oft auch synonym für die strukturelle Form der Landeskirchen. Damit sind in der Schweiz die öffentlichrechtlichen Religionsgemeinschaften gemeint, die dem Staat gegenüber bestimmte Rechte und Pflichten haben. So dürfen sie Steuern erheben und haben erleichterten Zugang zu öffentlichen Einrichtungen wie Schulen, Spitälern und Gefängnissen. Umgekehrt wird von ihnen eine demokratische Organisationsform gefordert,[2] die Anerkennung der Religionsfreiheit und Transparenz, was die Finanzen anbelangt. Ausser in den Kantonen Genf und Neuenburg gilt dies in der gesamten Schweiz für die römisch-katholische und die evangelisch-reformierte Kirche, in den Kantonen Zürich, Bern, Luzern, Solothurn, Baselland, Baselstadt, Schaffhausen, St. Gallen und Aargau darüber hinaus für die christkatholische Kirche und in den Kantonen Bern, Freiburg, Baselstadt und St. Gallen zudem auch für die Israelitische Gemeinde. Das Gegenstück dazu sind die Freikirchen, die sich privatrecht-

1 Bundesamt für Statistik, http://www.bfs.admin.ch/bfs/portal/de/index/ themen/01/05/blank/key/religionen.html (Zugang: 2.12.2014).

2 Dieser Anforderung kommt die Römisch-katholische Kirche in der Schweiz mit Hilfe einer organisatorischen Doppelstruktur nach: Ihre kirchlich-hierarchische Struktur (Pfarreien) richtet sich nach dem Kirchenrecht, ihre staatskirchlich-demokratische Struktur (Kirchgemeinden) nach dem Staatskirchenrecht. Nur in dieser letzteren Struktur ist sie demokratisch legitimiert und öffentlichrechtlich anerkannt.

lich als Vereine organisieren – so wie es in Genf und Neuenburg auch die Evangelischen und die Katholiken tun.

Die Bezeichnung «Volkskirche» kann aber neben diesen formalen und organisatorischen Aspekten auch eine theologische Aussage beinhalten: Kirche ist dann nicht in erster Linie Kirche des Volkes, sondern Kirche für das Volk. So schreibt etwa Christoph Morgenthaler: «Volkskirche ist nicht dort, wo ein ganzes Volk zu ihr gehört, sondern dort, wo sie zu einem ganzen Volk gehört und dessen Gemeinwohl im Sinn hat.»[3] Sie versteht sich dann, so Thomas Schlag, auch in einer säkularisierten Gesellschaft und unabhängig von ihrer staatskirchlichen Anbindung als öffentliche Akteurin im Sinne einer «öffentlichen Kirche als zivilgesellschaftlich relevante, intermediäre Institution, die sich ihrer Artikulations- und Handlungsverantwortung bewusst ist und diese auch von der Grundlage ihres ekklesiologischen Selbstverständnisses her auszuüben versteht».[4]

Es gibt daneben allerdings noch ein weiteres theologisches Verständnis von Volkskirche, das spezifisch schweizerisch zu sein scheint. In den Diskussionen der so genannten «Zürcher Disputation», die in den 1980er Jahren einen gross angelegten Versuch gesamtkirchlicher Reflexion darstellte, fand der Zürcher Theologe Robert Leuenberger einen gemeinsamen Nenner aller Diskussionsparteien:

> «Er liegt in der Entkonfessionalisierung der Kirche, wodurch diese zum Erfahrungsraum für religiöses Erleben ohne dogmatische Kontur zu werden im Begriffe ist. Als solcher steht sie der Gesellschaft nicht in konfessorischer Eigenart gegenüber, sondern vertritt über den religiösen Erlebnisraum hinaus höchstens noch ethisch-kritische Grundsätze, die sich von den Zielen bestimmter politischer Parteien nicht unterscheiden. Die Volkskirche wird zu einem integrierten Religionsinstitut innerhalb der demokratischen Gesellschaft.»[5]

Heinz Rüegger formuliert es zwanzig Jahre später noch pointierter:

> «In den reformierten Volkskirchen der (v. a. deutschen) Schweiz darf theologisch so gut wie alles kritisch hinterfragt werden. Es darf fast alles in ihnen geglaubt, vertreten und gelehrt werden. Bloss eines ist weitgehend tabu: die kritische theologische Hinterfragung des Konzeptes der mehr oder weniger grenzenlos offenen Volkskirche.»[6]

3 In denkMal 8, Zürich 2015 (in Vorbereitung).

4 Thomas Schlag, Öffentliche Kirche. Grunddimensionen einer praktisch-theologischen Kirchentheorie, Zürich 2012, 13.

5 Robert Leuenberger, Paradigmawechsel in der Volkskirche?, Theologische Zeitschrift 43, 1987, 85–91, 90.

6 Heinz Rüegger, Volkskirche oder Bekenntniskirche? Herausforderungen an die traditionellen Volkskirchen im Übergang zu einer neuen, stärker missionskirchlich geprägten Situation, Zeitschrift für Mission 29, 2003, 58–69, 58.

1 Swiss made. Die Reformierten[7]

Die Schweizer Reformierten anerkennen kein Bekenntnis für verbindlich, verweigern sich einer einheitlichen Liturgie, feiern das Abendmahl nur an den höchsten Feiertagen, kriegen Gänsehaut beim Gedanken an einen Bischof und halten das «selber Denken»[8] für den Kernbestand ihres Profils. So lauten jedenfalls ein paar nicht ganz unbegründete Vorurteile gegenüber den Reformierten in der Schweiz. Tatsache ist, dass sie vor allem föderalistisch organisiert sind, das heisst von Kanton zu Kanton verschieden, und so kann in diesem Sinne auch nur mit Vorbehalt von *den* Schweizerischen Reformierten gesprochen werden.

Diese Heterogenität ist allerdings ihrerseits wieder bezeichnend für die schweizerische Ausprägung der reformierten Tradition insgesamt, welche historisch bedingt stark von einer kleinräumigen Gemeindeorganisation beeinflusst ist. Dies hat nicht nur den Kirchenordnungen, sondern auch der theologischen Ausprägung des Schweizer Reformiertentums ihren eigenen Charakter gegeben. So ist die Deutschschweizer Kirchenlandschaft in zwanzig Landeskirchen gegliedert, die jeweils ihre eigenen Kirchenordnungen haben. Gut reformiert ist dabei die Verankerung einer presbyterial-synodalen Gemeindeleitung, die auch Nicht-Ordinierten und Nicht-Theologinnen auf der Ebene der Kirchgemeinde wie auch kantonal Anteil an der geistlichen Leitung zuerkennt.[9] Kern und Herzstück des Glaubenslebens und für die Menschen ‹Kirche im eigentlichen Sinn› ist dabei die parochiale Kirchgemeinde. Deren Kompetenzen und Selbstverständnis grenzen dabei in einigen Kantonen fast schon an eine kongregationalistische Auffassung, in welcher die Autonomie der einzelnen Kirchgemeinde oberste Priorität hat.[10]

Im Gegenwind gesellschaftlicher «Megatrends»[11] wie z. B. dem Individualismus, der Pluralität von Lebensformen und einer säkularen Konkurrenz wird allerdings gegenwärtig gesamtschweizerisch um einige Eckpunkte des reformierten Kircheseins in einer Art und Weise gerungen, die das traditionell schweizerische, radikal föderalistische Kirchenverständnis herausfordert. Ich möchte dies im Folgenden an den Stichworten «Lebenswelten» und «Profil» festmachen.

7 So der Untertitel zum «Porträt» der Reformierten auf dem Webportal ref.ch: http://www.ref.ch/die-reformierten-kirchen/portraet/ (Zugang: 28.10.2014).

8 So das Schlagwort der Plakataktion einiger Kantonalkirchen im Jahr 2000, vgl. http://www.medienheft.ch/uploads/media/k15_RickenbacherIwan_01.pdf (Zugang: 24.2.2015).

9 So heisst es z. B. in den Anmerkungen zur Thurgauer Kirchenordnung: «Aus dem der Kirchenverfassung zugrunde liegenden Prinzip der ‹gemeinsamen Gemeindeleitung› ergibt sich, dass nicht nur die organisatorischen und administrativen, sondern auch die geistlichen Belange von der Kirchenvorsteherschaft als Ganzer zu verantworten sind»:http://www.evang-tg.ch/uploads/ media/Revision_der_Kirchenordnung_Vorlage.pdf, 9 (Zugang: 4.1.2015).

10 Nicht ohne Grund finden sich in der Weltgemeinschaft Reformierter Kirchen auch viele Gemeinschaften mit «congregational» im Namen, vgl. http://wcrc.ch/de/mitgliedskirchen/ (Zugang: 3.12.2014).

11 Vgl. Jörg Stolz, Die Zukunft der Reformierten, Zürich 2010.

2 Die Vielfalt der Lebenswelten

Das Modell der traditionell parochialen Kirchgemeinde ist vor dem Hintergrund nicht nur der schwindenden Mitgliederzahlen und Finanzen, sondern auch der veränderten Mobilität und neuen Bedürfnissen der Menschen ins Wanken geraten. Neben der traditionellen Kirchgemeinde entstehen Profil- und Identitätsgemeinden, in denen sich Menschen mit gemeinsamen Interessen und Frömmigkeitsstilen versammeln. Kleinere Gemeinden schliessen sich zusammen und präsentieren gemeindeübergreifende oder gesamtstädtische Angebote, oder sie fusionieren, um ihre Infrastrukturkosten zu teilen.

Dies ist nicht nur eine Herausforderung der Organisationsentwicklung, sondern auch eine politische, eine psychologische und nicht zuletzt eine ekklesiologische und theologische Herausforderung. Es ist nicht dasselbe, ob man wie bisher aufgrund des Wohnortes Mitglied in einer bestimmten Kirchgemeinde ist oder sich im Zusammenhang mit einer bestimmten Frömmigkeitspraxis, eines bestimmten Bekenntnisses oder einer bestimmten kirchlichen Organisationsstruktur seine Gemeinde auswählt. Die Gemeindezugehörigkeit – und damit ein wesentliches Element der konkreten christlichen Existenz – wird von etwas, das einem als Element des konkreten Zur-Welt-Kommens zufällt, zu etwas, das man zusätzlich zu seiner alltäglichen Existenz nach den eigenen Bedürfnissen und Vorlieben wählen kann.

Damit werden die Präferenzen und Lebenswelten der Gemeindeglieder zu einem wichtigen Aspekt der Ekklesiologie. Es ist deswegen kein Zufall, dass es vor allem religionssoziologische Publikationen waren, welche in den letzten Jahren auf grösste Aufmerksamkeit nicht nur der Medien, sondern auch der kirchlich Engagierten gestossen sind. Die Ergebnisse der empirischen Studie «Jede(r) ein Sonderfall? Religion in der Schweiz»[12] aus dem Jahre 1993 markierte dabei nur den Anfang. Nach den Analysen, welche Jörg Stolz im Auftrag des Schweizerischen Evangelischen Kirchenbundes zur Zukunft der Reformierten durchgeführt hatte und die mit Schlagworten «kleiner, ärmer, älter» bekannt geworden sind,[13] befassten sich einige Kirchgemeinden und Kantonalkirchen selber mit den soziologischen Milieustudien. So beauftragte die Zürcher Kirche das Heidelberger Institut SINUS Markt- und Sozialforschung GmbH, eine Studie über die lebensweltlichen, religiösen und kirchlichen Orientierungen im Kanton Zürich durchzuführen. Ausgangspunkt waren Fragen wie: Was glauben die Mitglieder der reformierten Zürcher Landeskirche und was haben sie für Vorstellungen von Religion und Kirche? Wie verhalten sich diese Vorstellungen zu ihren sonstigen Wert- und Lebenshaltungen? Und wie lassen sich die Antworten auf diese Fragen für die Gestaltung der kirchlichen Angebote nutzen? Die Ergebnisse dieser Studie

12 Alfred Dubach/Roland Campiche (Hg.), Jede(r) ein Sonderfall? Religion in der Schweiz. Ergebnisse einer Repräsentationsbefragung, Zürich/Basel 1993.

13 Stolz, Die Zukunft der Reformierten (Anm. 11).

sind in zwei Bänden zusammengefasst; neben der detaillierten Darstellung steht auch eine Orientierungshilfe mit Interpretationen und Praxishilfen zur Verfügung.[14] Die vorläufig letzte Publikation in dieser Hinsicht untersucht die Formen von Religiosität und Spiritualität bei Kirchenmitgliedern und findet hier vier Formen[15] des Glaubens bzw. des Unglaubens vor: die traditionell bzw. freikirchlich Institutionellen, die Alternativen, die Säkularen und die Zweidrittelsmehrheit der Distanzierten.

Auch solchen Studien durchaus kritisch gegenüberstehende Theologen wie der Zürcher Praktische Theologe Thomas Schlag halten fest, dass

> «(m)it den Ergebnissen der Studie […] unbedingt ernst zu machen [sei], weil Menschen – Gott sei Dank – nach wie vor nach dem suchen, was sie unbedingt angehen könnte. Sich solchen je eigenen Sehnsüchten und individuellen Anliegen zu verweigern, wäre für alle Beteiligten von fataler Konsequenz. Die schliesslich entscheidende Konsequenz aus dieser lebensweltorientierten Studie ist, in theologischer Praxis wie Forschung zu fragen, was Menschen künftig für ihre eigene und gemeinsame Lebensführung von Kirche erwarten dürfen und erwarten können.»[16]

Die hoffnungsvolle Wende der Kirchen hin zur religionssoziologischen Perspektive ist keine schweizerische Spezialität. Mit der nötigen theologischen Reflexion begleitet, ist sie auch kein Grund zur Sorge. Es gibt nämlich dadurch «nicht zwei oder mehr Prinzipien, an denen sich die neue Ordnung zu orientieren hätte: den Auftrag zur Evangeliumsverkündigung *und* die Wünsche ihrer Mitglieder, Mitarbeiterinnen und Mitarbeiter *und* die Erwartungen und Ansprüche anderer».[17] Dass die Kirche ihrem Auftrag verpflichtet ist, steht nicht zur Debatte. Wohl aber markiert der Blickwechsel hin zu den konkreten Menschen im besten Falle die praktische Konsequenz einer Volkskirche, die ihrem Auftrag nachzukommen hat, in alle Welt zu gehen und nicht nur *dem Volk*, sondern allen Völkern[18] das Evangelium Jesu Christi zu verkünden. Mit einer lebensweltsensiblen Reflexion ihrer Voraussetzungen und dem entsprechend kreativen Umgang mit ihrer insti-

14 SINUS Markt- und Sozialforschung GmbH, Lebenswelten. Modelle kirchlicher Zukunft, Sinusstudie, Zürich 2012.

15 Stolz spricht von «Gestalten», vgl. Jörg Stolz u. a., Religion und Spiritualität in der Ich-Gesellschaft. Vier Gestalten des (Un-)Glaubens, Zürich 2014.

16 Thomas Schlag, Theologie praktisch, in: Roland Diethelm u. a. (Hg.), Lebenswelten. Modelle kirchlicher Zukunft. Orientierungshilfe, Zürich 2012, 21–24, 24.

17 Ingolf U. Dalferth, Was nicht zur Debatte steht, in: Jan Bauke/Matthias Krieg (Hg.), Die Kirche und ihre Ordnung, Zürich 2003, 63–65, 63.

18 Zur Differenzierung zwischen dem einen Volk Gottes (bleibend: Israel) und den Völkern Gottes (deren Vielfalt ebenso bleibend ist), aus denen sich Kirche konstituiert, vgl. die Vorträge von Klaus Wengst und Christina Aus der Au: http://www.zh.ref.ch/handlungsfelder/bs/spiritualitaet/lebenstil/cccc (Zugang: 29.12.2014).

tutionellen Verfasstheit[19] ermöglicht Kirche, dass alle Menschen in der je ihnen eigenen Art, dem ihnen je eigenen Mass an Nähe und Distanz an ihr partizipieren können. Sie bleibt dann in diesem Sinne Volkskirche.

3 Die Suche nach dem Profil

Ein solcher Pluralismus entspricht dem Schweizerischen Reformiertentum, und die empirischen Analysen haben nur bestätigt, was die Schweizerinnen und Schweizer immer schon wussten: Letztlich müssen wir selber denken und selber glauben.

Dem gegenüber stehen allerdings immer wieder aufkommende Bestrebungen, in dieser divergenten, um nicht zu sagen disparaten Kirchen- und Glaubenssituation die Kirche als die eine Kirche Jesu Christi auch sichtbar zu machen. Eine besonders öffentlichkeitswirksame Variante ist es, dafür den Schweizerinnen und Schweizern einen reformierten Bischof, bzw. eine Bischöfin vorzuschlagen.[20] Dies ist nicht übermässig revolutionär, kennen doch z. B. auch die methodistische Kirche und die polnische sowie die ungarische reformierte Kirche ein Bischofsamt. Auch in den reformierten Kirchen Deutschlands fungiert eine Person als oberste Kirchenleitung, wenngleich diese nicht Bischof, sondern Präses, Präsident oder General- bzw. Landessuperintendent genannt wird.

Das Anliegen hinter dem schweizerischen Vorschlag ist allerdings ein doppeltes: Zum einen zielt er auf das Amt einer gesamtschweizerischen Kirchenleitung, also nicht nur auf kantonaler bzw. landeskirchlicher und auf kommunaler Ebene, sondern auch auf nationaler Ebene. Dabei geht es nicht um den Begriff, wohl aber um die Funktion einer Episkopé, die auf allen Ebenen der Kirche angestrebt werden soll. Ein theologischer Leitungsanspruch muss dann aber nicht nur auf der Ebene der Kirchgemeinde, sondern auch auf der Ebene der Kantonalkirche und des Kirchenbundes wahrnehmbar und theologisch begründet werden.

Die reformierten Kirchen haben in der Reflexion der Frage nach geistlicher Leitung tatsächlich Nachholbedarf. Das theologische Nachdenken über Amt und Ämter in der Kirche hat sich 2012 in einem Lehrgespräch der Gemeinschaft Evangelischer Kirchen in Europa (GEKE) niedergeschlagen, und dort wurde – gut calvinistisch – festgehalten, dass die Ämter der Kirche im dreifachen Amt Christi gründen, dem priesterlichen, dem prophetischen und dem königlichen.[21] Neben dem Dienst an Wort und Sakrament und dem Dienst der Diakonia gibt es auch den Dienst der Episkopé, die in den lutherischen Kirchen mit dem Bischofsamt, in

19 Dies betrifft die angstfreie Reflexion der kirchlichen Organisationseinheiten ebenso wie das theologische Nachdenken über das Wesen von Kirchenmitgliedschaft.

20 Vgl. dazu Lukas Kundert, Die evangelisch-reformierte Kirche. Grundlagen für eine Schweizer Ekklesiologie, Zürich 2014.

21 http://www.cpce-assembly.eu/media/pdf/Unterlagen/7-Amt-Ordination-Episkope.pdf, § 39 (Zugang: 31.12.2014).

den reformierten Kirchen mit dem Ältestenamt verknüpft wurde. Letzteres ist explizit kein Amt eines Einzelnen, sondern einer Gemeinschaft von Menschen, die «die allgemeine Verantwortung für das Leben und die Mission einer bestimmten Gemeinde tragen».[22] Hiermit wird nochmals explizit ins Bewusstsein gerufen, dass es nicht nur darum gehen kann, zu steuern oder zu führen, sondern in dieser Funktion vor allem zu dienen. Zudem darf in der Schweiz die Frage nach einer vertikalen Leitungsstruktur nicht isoliert von den horizontalen Leitungsebenen gesehen werden. Wenn sich ein Episkopat, in welcher Form auch immer, als Dienstleisterin der Kantonalkirchen verständlich machen will, setzt dies voraus, dass sich die unteren Ebenen tatsächlich an dieser Dienstleistung orientieren und von ihr etwas erwarten. Das braucht eine neue Kultur der Leitung, der Beauftragung und der Dienstleistung, die nur durch eine partizipative Einbindung der Gliedkirchen und der Basis wachsen kann.[23]

Zum anderen aber geht es beim Vorschlag für einen Bischof um die öffentliche Erkennbarkeit der Schweizerischen Reformierten und um einen eindeutigen Ansprechpartner auf dieser Ebene für andere Kirchen und politische Instanzen. Vorbild ist hier die Evangelische Kirche Deutschland, deren Ratsvorsitzende für eine politische und mediale Sichtbarkeit der Evangelischen Kirche stehen. In der Schweiz sind es manchmal die Kirchenratspräsidenten der Kantone, häufiger aber einzelne Pfarrerinnen, die in der Öffentlichkeit das Gesicht der reformierten Kirche darstellen.[24] Zu politisch-ethischen Fragen erscheinen Stellungnahmen des Schweizerischen Evangelischen Kirchenbundes, zu denen sich die Kantonalkirchen dann wiederum in Eigenverantwortlichkeit verhalten können.

Es ist sehr umstritten, ob eine einzelne Person die reformierten Kirchen der Schweiz angemessen vertreten könne. Auch wenn ein definierendes Lehramt überhaupt nicht zur Diskussion steht, wird doch befürchtet, dass die theologischen Überzeugungen einer einzelnen Person – schlimmer noch: der Glaube einer einzelnen Person – als offizielle Lehre wahrgenommen werden könnte. Die Weigerung, sich auch nur annähernd auf etwas verpflichten zu lassen, was nicht als das Ureigene angesehen wird, hat auch historische Wurzeln. Seit dem Apostolikumsstreit im 19. Jahrhundert sind die Schweizer reformierten Kirchen bekenntnisfrei. Jedem Pfarrer, jeder Pfarrerin ist seither freigestellt, ob und welches Bekenntnis sie im Gottesdienst, aber auch bei Taufe oder Ordination sprechen will.[25] Diese Freiheit ist Programm geworden. 2009 hat eine gesamtschweizeri-

22 Lukas Vischer (Hg.), Das Amt der Ältesten in den reformierten Kirchen heute, in der reformierten Tradition, im biblischen Zeugnis, Bern 1992, 15.

23 Damit ist z. B. gemeint, dass Angebot und Erwartungen wechselseitig kommuniziert werden und deren Abgestimmtheit immer wieder geprüft wird.

24 Einer der bekanntesten in der Deutschschweiz ist Pfr. Ernst Sieber, der gerade nie ein Leitungsamt innehatte, sondern sich als eigenständiger Querdenker profiliert.

25 Vgl. Rudolf Gebhard, Umstrittene Bekenntnisfreiheit. Der Apostolikumsstreit in den Reformierten Landeskirchen der Deutschschweiz im 19. Jahrhundert, Zürich 2003.

sche Initiativgruppe eine Sammlung von Glaubensbekenntnissen zusammengestellt mit der Absicht, eine Diskussion um ein reformiertes Bekennen anzuregen. 2010 wurde eine breit angelegte Vernehmlassung gestartet, deren Auswertung 2012 in einen Vorschlag zur Weiterarbeit hätte münden sollen. Heute findet sich auf der entsprechenden Homepage lediglich der Hinweis: «Während der *Vernehmlassung Bekenntnis* sind viele Projekte und Texte entstanden. Lassen Sie sich davon inspirieren! Sie weisen Wege, den christlichen Glauben heute in Worte zu fassen und miteinander zu teilen.»[26]

Dies ist bezeichnend für das Selbstverständnis der reformierten Kirchen in der Schweiz, welches bis in seine innersten Fasern hinein von Subsidiarität geprägt ist. Dieser Grundsatz hat biblische Wurzeln, rät doch der Schwiegervater von Mose diesem, nicht alles selber zu entscheiden, sondern zu delegieren.

> «Du aber suche dir aus dem ganzen Volk tüchtige, gottesfürchtige Männer aus [...]. Und setze diese über sie als Vorgesetzte von je tausend, hundert, fünfzig und zehn. Und sie sollen dem Volk jederzeit Recht sprechen; und jede grosse Sache sollen sie vor dich bringen, jede kleine aber selbst entscheiden.» (Ex 18, 21f).

Die Reformierten haben dies dann geradezu zum Prinzip erhoben. Oft zitiert wird dabei auch die Kirchenordnung, die in der Synode von Emden 1571 verabschiedet wurde:

> «Keine Gemeinde soll über andere Gemeinden, kein Pastor über andere Pastoren, kein Ältester über andere Älteste, kein Diakon über andere Diakone den Vorrang oder die Herrschaft beanspruchen, sondern sie sollen lieber dem geringsten Verdacht und jeder Gelegenheit aus dem Wege gehen.»[27]

Diese antihierarchische Einstellung ist bei den Schweizer Reformierten zum «selber Denken»[28] geronnen. Allerdings ist gerade vor diesem theologischen Hintergrund dem ökumenischen Anliegen Nachdruck zu verleihen, dass die Unterschiedlichkeit nicht in Verschiedenheit mündet und immer wieder die gemeinsame Bezogenheit auf Christus bewusst vollzogen wird. «Beide Seiten, das Insistieren auf dem eigenen Unverzichtbaren und die offene Suche nach dem Verbindenden, gehören zur ökumenischen Zielvorstellung einer ‹Einheit in Verschiedenheit›».[29]

26 www.kirchenbund.ch/de/themen/ref-credoch/bekenntnisse (Zugang: 31.12.2014).

27 Dieter Perlich, Die Akten der Synode der niederländischen Gemeinden, die unter dem Kreuz sind und in Deutschland und Ostfriesland verstreut sind, gehalten in Emden, den 4. Oktober 1571, in: Evangelisch-Reformierte Kirche in Nordwestdeutschland (Hg.), 1571 Emder Synode 1971. Beiträge zur Geschichte und zum 400jährigen Jubiläum, Neukirchen 1973, 49.

28 So das Schlagwort der Plakataktion einiger Kantonalkirchen im Jahr 2000, vgl. http://www.medienheft.ch/uploads/media/k15_RickenbacherIwan_01.pdf (Zugang: 24.2.2015).

29 Matthias Zeindler, Das Amt der Kirche und die Ämter in der Kirche, in: Jan Bauke/Matthias Krieg (Hg.), Die Kirche und ihre Ordnung, Zürich 2003, 67–76, 76.

4 Einheit in Verschiedenheit

Die reformierte Kirche in der Schweiz hat kein bekanntes Gesicht. Das beklagen einige, die daraus schliessen, dass sie auch kein Profil habe.[30] Vor dem Hintergrund der Diskussion um die Volkskirche ergeben sich allerdings einige interessante Parallelen zur politischen und kulturellen Schweiz, die in dieser Hinsicht eine andere Sichtweise eröffnen könnten.

Das Schweizer Volk bezieht nämlich seine Einheit weder aus seiner Geographie noch aus seiner Blutsverwandtschaft noch aus seiner kulturellen Einheitlichkeit – im Gegenteil! Die Schweiz «bildet weder ethnisch noch sprachlich oder religiös eine Einheit»,[31] sondern ist eine Willensnation. Was sie zusammenhält, ist der gemeinsame Wille ihrer Bewohnerinnen und Bewohner zu politischer Freiheit, Stabilität und Wohlstand.[32] Die Einheit der Schweiz ist somit keine substanzielle, sondern eine prozedurale Einheit. Sie muss unter sich wandelnden Bedingungen immer wieder gewollt und errungen werden, sie ist nicht garantiert, sondern hängt ab vom Wollen ihrer Bürgerinnen und Bürger. Der Schweizer Botschafter und ständige Vertreter beim Europarat, Paul Widmer, hat dazu in einem sehr lesenswerten Essay[33] zwei Minimalbedingungen benannt, die erfüllt sein müssen, um eine Willensnation zu erhalten: Zum einen die hohe Eigenverantwortung der Gemeinden und Kantone, der hohe Respekt vor der Gemeindeautonomie, welcher die Nation – so Widmer – in einem antizentralistischen Affekt zusammenkitte. Zum anderen eine bestimmte politische Kultur, die sich «in Bürger-Engagement, Selbstverantwortung, einem Hang zu Konsensverfahren und einer zurückhaltenden Aussenpolitik»[34] ausdrückt.

Auch die Schweizer evangelisch-reformierten Volkskirchen bilden weder in Sachen Liturgie und Bekenntnis noch in Sachen Lebenswelt oder Frömmigkeitsstil eine Einheit. Sie sind stark von einem antizentralistischen Affekt getrieben und leben von freiwilligem Engagement, einem Hang zu Konsens und einer zurückhaltenden Aussenpolitik. Ihre Einheit muss immer wieder gewollt und errungen werden. Sie sind zwar keine Willenseinheit, wie der Schweizerische Evangelische Kirchenbund in der Diskussion um seine Verfassung im Jahr 2013 erfahren hat.[35] Das Einssein der Kantonalkirchen gründet theologisch gesehen nicht auf

30 So z. B. Josef Hochstrasser, Autor des Buches «Gottfried Locher: Der ‹reformierte Bischof› auf dem Prüfstand» (Bern 2014), in: www.aargauerzeitung.ch/aargau/kanton-aargau/ehemals-katholischer-pfarrer-die-reformierte-kirche-hat-kein-gesicht-128552653 (Zugang: 4.1.2015).

31 Erläuterung zum Schweizerischen Bundesstaat auf der offiziellen Homepage: http://www.admin.ch/org/polit/index.html?lang=de (Zugang: 3.1.2015).

32 Vgl. dazu prägnant Kaspar Villiger, Eine Willensnation muss wollen. Die politische Kultur der Schweiz: Zukunfts- oder Auslaufmodell?, Zürich 2009.

33 NZZ vom 27.1.2011, http://www.nzz.ch/aktuell/startseite/willensnation-schweiz-1.9237274 (Zugang: 4.1.2015).

34 Ebd.

35 Vgl. http://www.kirchenbund.ch/sites/default/files/media/pdf/themen/verfassungsrevision/sek_verfassung _vorentwurf_kommentiert_deutsch_web.pdf (Zugang: 24.2.2015).

einem gemeinsamen Interesse und hängt nicht vom Wollen ihrer Mitglieder ab, sondern von der Zusage und dem Wollen Gottes. Aber gerade auf dieser Grundlage könnten sie mit grösserer Gelassenheit die Tugenden einer Willensnation leben: Föderalismus und Eigenverantwortung. Nicht der gemeinsame Wille zu Freiheit und Wohlstand, sondern das gemeinsame Vertrauen auf die Zusage Gottes ist ausreichend für eine Einheit, die sich nicht inhaltlich, sondern performativ vollzieht – nicht aufgrund einer gemeinsamen Verpflichtung auf bestimmte Texte, sondern im unaufhörlichen diskursiven Bezug auf dasjenige, was sie trägt. Dazu gehört ein respektvoller Umgang mit Minderheiten und Andersdenkenden ebenso wie eine entspannte Gelassenheit hinsichtlich institutioneller Formen des Kircheseins.

Der Heidelberger Katechismus antwortet auf die Frage 55: «Was verstehst du unter der Gemeinschaft der Heiligen? Erstens: Alle Glaubenden haben als Glieder Gemeinschaft an dem Herrn Christus. Zweitens: Darum soll auch jeder seine Gaben willig und mit Freuden zum Wohl und Heil der anderen gebrauchen.»[36] Die Ex-Zentrizität der geglaubten Einheit – Gemeinschaft haben an Christus – und die Individualität der gelebten Einheit – Engagement gemäss der eigenen Begabungen – verbinden sich hier wunderbar im Bekenntnis einer Volkskirche, bei der jeder und jede in ihrer eigenen Art willkommen ist, weil Gottes Zusage allen Völkern gilt.

Damit sind natürlich die finanziellen und strukturellen Probleme der Institution Kirche nicht gelöst. Aber es gibt gute theologische Gründe dafür, bei der Arbeit daran nicht nur in Richtung Zentralisierung und Vereinheitlichung weiterzudenken, sondern auch strukturell kleinere und selbstorganisierte Einheiten zuzulassen und mit Menschen von sehr unterschiedlichen Frömmigkeitsstrukturen und Visionen gemeinsam fröhlich Kirche zu leben.

36 Text der überarbeiteten Auflage von 2012, http://www.heidelberger-katechismus.net/8055-0-227-50.html (Zugang: 24.2.2015).

Die Situation der reformierten Kirchen in der Westschweiz im Lichte des von Alexandre Vinet vertretenen Konzepts des volkskirchlichen «Multitudinismus»[1]

Félix Moser

1 Einführung

Multitudinismus (franz. «multitudinisme») ist ein Metabegriff, mit dessen Hilfe von theoretischen und praktischen Standpunkten aus ein ekklesiologisches Konzept entworfen wird. Die Überlegungen zum Begriff behandeln gewöhnlich folgende Punkte: die Beziehungen der Kirche zur Gesellschaft und zum Staat, die Eigenart des Auftrags einer Kirche gegenüber anderen gemeinnützigen Einrichtungen, der Status der Kirchenmitglieder – in diesem Zusammenhang auch die Bedeutung der Taufe – und schliesslich die Funktion und die Bedeutung eines gemeinsamen Glaubensbekenntnisses. Aus diesen verschiedenen Aspekten geht hervor, dass das Konzept des *volkskirchlichen Multitudinismus*, von dem im Folgenden die Rede sein soll, keine bestimmte Organisationsform von Kirche beschreibt, sondern eine Haltung, die sich auf Theologie und Praxis kirchlicher Organisationen auswirkt.

Der vorliegende Beitrag greift zuerst auf die historischen Ursprünge dieses Metabegriffs bei Alexandre Vinet zurück. Anschliessend soll gezeigt werden, wie sich die Organisation der Volkskirchen in der Westschweiz im Hinblick auf die Mentalitätsgeschichte sowie auf die pfarramtlichen Strategien gewandelt hat. Dazu werden wir unsere Aufmerksamkeit auf die Spannung zwischen der Aufgabe des Gemeindeaufbaus und dem Dienst an der gesamten Bevölkerung richten. Zuletzt werden wir zu zeigen versuchen, wie sich der spannungsvolle Auftrag der Volkskirche in der Gegenwart erfüllen lässt.

2 Das Konzept des volkskirchlichen Multitudinismus

Alexandre Vinet (1797 – 1847), der zuerst französische Sprache und Literatur in Basel und dann Praktische Theologie an der Lausanner Akademie lehrte, führt uns mitten in eine zentrale Problematik der Volkskirche hinein. Denn er war es, der den Begriff des «multitudinisme» in die französischsprachige Praktische

1 Ich danke Herrn Laurent Knepfler für die deutsche Übersetzung dieses Textes.

Theologie eingeführt hat.[2] Er hat sich für eine Volkskirche für alle eingesetzt. Gleichzeitig – und erstaunlicherweise – ist er mit glühender Polemik für die Trennung von Kirche und Staat eingetreten. Vinet hat damit nicht nur die Situation der Waadtländer Kirche nachhaltig geprägt, sein Verständnis der Volkskirche offenbart zugleich auch das gegenwärtige, unserer Meinung nach nicht zu schlichtende Spannungsverhältnis zwischen einer volkskirchlich ausgerichteten Kirche und einer Kirche, die sich stark christlich profiliert.

Das Besondere am Standpunkt dieses Theologen ist, dass er zwei Fragestellungen, die für gewöhnlich als verknüpft gelten, scharf trennt. Die erste betrifft die Beziehungen zwischen Kirche und Staat, die zweite die Ausgangslage einer Kirche, die jedem – «ohne Ansehen der Person» (Röm 2,11; Apg 10,34) – offen stehen möchte. Der *volkskirchliche Multitudinismus* zeichnet sich für Vinet dadurch aus, dass die Dienste der Kirche ohne Vorbedingung angeboten werden, zugleich aber unabhängig von den staatlichen Organen. Vinets Standpunkt ist teilweise durch die geschichtliche Situation und das kirchliche Umfeld zu erklären: Einerseits trat er als eifriger Verfechter eines festen Glaubensbekenntnisses auf, das zur Gründung der freien evangelischen Kirche im Kanton Waadt führte, andererseits distanzierte er sich immer wieder von einem allzu strengen Legalismus, den die Erweckungsbewegung des Genfer Réveil oft vertrat. Vinet setzte sich für die Beibehaltung des *Zweiten Helvetischen Bekenntnisses* von 1566[3] ein. Die Aufgabe dieses Bekenntnisses führte zu seinem Austritt aus den Pfarrkollegien von Lausanne und Vevey.

Es lässt sich auch erkennen, dass Alexandre Vinets theologischer Standpunkt mehrere Facetten aufweist. Zunächst ist für Vinet das Festhalten an der Glaubensfreiheit kennzeichnend: Sie ist gleichsam der Eckstein seiner Theologie. So schreibt er: «Die Glaubensfreiheit ist nicht lediglich ein Menschenrecht, sie gehört als dringende Notwendigkeit zur Natur des Menschen.»[4] Dann ist auch daran zu erinnern, welche Bedeutung der Autor dem ersten Teil seines Essays «Über die Darlegung religiöser Überzeugungen» beimass. Dieser Essay ist seine Antwort auf die Preisfrage: «Ist es für jeden Menschen eine Pflicht, sich um die Bildung einer religiösen Überzeugung zu bemühen und seine Worte und Taten stets danach zu richten?»[5] Vinet trat darin nicht nur für Toleranz ein, er wollte sie auch gesetzlich verankert sehen.

2 Das Konzept lässt sich bei Vinet ab 1839 finden; vgl. Bernard Reymond, Origine et Evolution du multitudinisme, Multitudinisme hier aujourd'hui demain. Travaux et débats du Colloque organisé par l'Institut Romand de pastorale les 7 et 8 décembre 1987 à l'Université de Lausanne, 6.

3 Vgl. hierzu den Aufsatz von Gabriel Mützenberg, Vinet et le Réveil, in: Doris Jakubec/Bernard Reymond (Hg.), Relectures d'Alexandre Vinet. L'âge d'homme, Lausanne 1993, 171–184.

4 Alexandre Vinet, Essai sur la manifestation des convictions religieuses, Lausanne/Genève/Neuchâtel/Vevey/Montreux/Berne 1928, 3.

5 Ebd., VII.

Zum besseren Verständnis von Vinets Haltung ist daran zu erinnern, dass sein Gegenspieler Henri Druey einen politischen Radikalismus vertrat. Druey provozierte eine Machtprobe, als er alle Waadtländer Pfarrer anwies, am 3. August 1845 eine Proklamation von der Kanzel zu verlesen, die dem Volk empfahl, der neuen kantonalen Verfassung zuzustimmen.[6] Nach mehreren Wendungen ging die Auseinandersetzung mit einem vorhersehbaren Ende aus: Von 180 Pfarrern traten 145 aus Protest zurück und wurden von der damaligen Regierung aus dem Pfarramt entlassen. Die entlassenen Pfarrer durften fortan nicht mehr in der Staatskirche arbeiten. Eine Kirchenspaltung war somit unausweichlich und führte 1847 zur Gründung der Freien Waadtländer Kirche (Eglise évangelique libre du canton de Vaud), die sich erst 1966 wieder mit der Landeskirche vereinigte. Die meisten Kirchgänger blieben trotz des Rücktritts ihres Pfarrers in der Landeskirche. Vor dem Hintergrund dieses historischen Szenarios ist es verständlich, dass es in Vinets Augen der Landeskirche an Mut zum Bekenntnis religiöser Überzeugungen fehlte. Andererseits aber grenzt er sich von der Erweckungsbewegung des *Genfer Réveil* ab, deren theologische Schwächen er moniert – besonders bezüglich der Predigt, die er als Predigt «ohne geistliche Nahrung»[7] bezeichnet.

Angesichts dieser historischen Verortung lässt sich das Wesen der Volkskirche im Sinne Vinets anhand folgender Merkmale präzisieren:

- Volkskirchlicher Multitudinismus ist für Vinet zunächst ein theologischer Begriff und erst dann eine soziologische Tatsache. Der Begriff hat einen biblischen Beiklang und definiert den Auftrag der Kirche. Diese soll sich an Christus und den Jüngern orientieren, die aufgerufen waren, sich um die «Menge» (französisch: «multitude»[8]) zu sorgen – um jene Menge, derer Christus sich erbarmte (Mt 9,36). Die Trennung von Staat und Kirche hebt die volkskirchliche Ausrichtung der Kirche nicht auf. Das Evangelium soll allen verkündet werden, und alle haben das Recht auf Anerkennung und Hilfe durch die Jünger Christi.
- Das zweite Merkmal des Multitudinismus ist die Ablehnung jeglichen Machtmissbrauchs. Niemand darf sich anmassen, den Menschen ins Gewissen zu schauen. Niemand darf sich anmassen, den Glauben eines anderen zu beurteilen und zu bewerten. Die multitudinistische Volkskirche verweist auf eine

6 Bernard Reymond, A la découverte d'Alexandre Vinet. L'âge d'Homme, Lausanne 1990, 109.

7 Mützenberg, Vinet et le Réveil (Anm. 3), 181. Selbstverständlich distanziert sich Vinet ebenfalls von den zeitgenössischen katholischen Denkern wie Lamenais oder Joseph de Maistres. Genau wie seinen Glaubensgenossen war ihm der Katholizismus sowohl auf institutioneller als auch auf doktrinaler Ebene ein unerfreuliches Beispiel. Dabei ist zu bemerken, dass der Westschweizer Katholizismus jener Zeit ein besonders autoritäres, doktrinäres und konservatives Gesicht zeigte. Vgl. dazu Reymond, A la découverte (Anm. 6), 64.

8 Bezeichnend ist, dass Vinet die Bibel in der Übersetzung des Neuenburger Reformators Osterwald (1663–1747) las. Darin wird das Wort «multitude» (Vielzahl, Menge) im Sinne von «foule» (Menge, Menschenmenge, Volk) verwendet.

Auffassung des Menschen, der in seiner Gesamtheit, also auch in seinem geistlichen Leben, Achtung verdient. Jeder Mensch ist frei und seine persönliche Beziehung zu Gott seine ureigene Angelegenheit. Dieses Einmischungsverbot für Kleriker ist von Vinets Auffassung der religiösen Erfahrung her zu erklären. Religiöse Erfahrung, so Vinet, geschieht ohne die normative Einmischung eines anderen Mittlers als der das Gewissen leitenden Schrift.

- Das dritte Merkmal des volkskirchlichen Multitudinismus nach Vinet besteht in seinem Verständnis der Konversion. Echte Freiheit setzt Wahlfreiheit voraus, und diese Freiheit ist in einem Staat, wo man als Christ geboren wird, nicht gegeben. Vinet toleriert in diesem Zusammenhang sogar den Atheismus.
- Das vierte Merkmal fällt in den Bereich der Ekklesiologie: Vinet versucht das Risiko der Sektiererei mit ihren zwei Gefahren, einerseits dem Bruch mit der Zivilgesellschaft und andererseits dem Rückzug und der Abkapselung in einer abgesonderten Gruppe, zu bannen. Er fordert eine freie Zugehörigkeit zur Kirche, die, wenn sie wirklich frei sein will, auch die Beitrittsverweigerung gestatten muss. So fragt er rhetorisch: «Ist eine Gemeinschaft, die nicht die Freiheit gewährte, nicht Mitglied zu sein, eine echte Gemeinschaft? Bedeutet, dass die einzelnen Menschen trotz der Unmöglichkeit, den Kreis zu schliessen, beteiligt sein wollen, und weil sie es sein wollen, meine ich, dass sie es sind.»[9] Dieses Zitat verdeutlicht den doppelten Kampf, den dieser Praktische Theologe führte: Er verwirft sowohl ein Christsein per Geburt als auch ein sektiererisches Christentum.

Auch wenn jeder Kanton seinen eigenen geschichtlichen Hintergrund hat,[10] musste sich jede Kantonalkirche mit der Frage der Beziehung zum Staat beschäftigen. Die eben dargestellte Theorie des Multitudinismus und die Pietismus-Wellen haben indirekt die Kirchenkultur aller Kantonalkirchen in der Romandie beeinflusst. Daher habe ich mich entschieden, bei der Präsentation der gegenwärtigen Kirchen der Westschweiz das Augenmerk darauf zu richten, wie *Erbauung der Gemeinde* und *Dienstleistungen für die gesamte Bevölkerung* ineinander greifen. Zum besseren Verständnis ist es im Folgenden allerdings hilfreich, das Selbstverständnis der Kantonalkirchen dem Staat gegenüber und die Funktion, die der Staat ihnen zuspricht, darzustellen.

9 Vinet, Essai (Anm. 4), 532.

10 Besonders zu Neuchâtel vgl. Gottfried Hamman/Michèle Robert, De Guillaume Farel à nos jours. Eglises et communautés religieuses du pays de Neuchâtel, Hauterive 1993, bes. 220–249. Zu Genf vgl. Michel Grandjean/Sarah Scholl (Hg.), L'Etat sans confession. La laïcité à Genève (1907) et dans les contextes suisse et français, Genève 2010.

3 Volkskirche in den Kantonalkirchen: Unterschiede und gemeinsamer Hintergrund

Wie erwähnt, haben die anerkannten Kirchen der Westschweiz eine grundsätzlich multitudinistische Kultur. Jedoch hat jede Kantonalkirche ihr eigenes Gesicht, das von der Kantonsverfassung einerseits und den ihr jeweils grundgelegten Statuten andererseits geprägt ist.

Bei der Lektüre der verschiedenen Kantonsverfassungen fällt eine durchgehende Konvergenz auf, die man übersehen könnte, weil sie in unseren Breiten selbstverständlich zu sein scheint: In allen Verfassungen wird die Glaubensfreiheit und die freie Ausübung der Religion festgehalten.[11]

Was die Beziehungen zwischen Kirche und Staat betrifft, weisen die Kantonsverfassungen jedoch beträchtliche Unterschiede auf. Die Kantone Genf[12] und Neuenburg[13] weisen in ihren Verfassungen darauf hin, dass der Staat bekenntnisneutral ist, und präzisieren, dass die Kirchen gemeinnützige Einrichtungen sind. Die anderen französischsprachigen Kantone und die französischsprachigen Teile der zweisprachigen Kantone (nämlich die Kantone Waadt,[14] Wallis,[15] Freiburg[16] sowie Bern,[17] Jura[18] und Solothurn,[19] welche über eine kantonsübergreifende Kirche verfügen[20]) erkennen die Kirchen als «öffentlich-rechtliche Körperschaften» an. Die semantischen Unterschiede haben gravierende Folgen für die kantonalen Kirchenfinanzen. Die Evangelisch-reformierte Kirche des Kantons Neuenburg und die Protestantische Kirche Genfs müssen ihre Finanzen ohne Kirchen-

11 Siehe Bundesverfassung der Schweizerischen Eidgenossenschaft vom 18. April 1999 (Stand am 9. Februar 2014), Artikel 15, Glaubens- und Gewissensfreiheit.

12 Siehe http://www.ge.ch/legislation/rsg/f/s/rsg_a2_00.html, (Zugang: 29.5.2014), bes. Artikel 3. Die Texte sind vom 14. Oktober 2012 datiert.

13 Siehe http://www.admin.ch/opc/fr/classified-compilation/20010589/201309230000/131.233.pdf, (Zugang: 29.5.2014), bes. Artikel 1, 97 und 98. Text vom 24. September 2000 datiert.

14 Siehe http://www.admin.ch/opc/fr/classified-compilation/20030172/201303110000/131.231.pdf, (Zugang: 29.5.2014), bes. Artikel 170. Text vom 14. April 2003.

15 Siehe http://www.admin.ch/opc/fr/classified-compilation/19070006/200806120000/131.232.pdf, (Zugang: 29.5.2014), bes. Artikel 2. Text vom 8. März 1907.

16 Siehe http://www.admin.ch/opc/fr/classified-compilation/20042129/index.html, (Zugang: 29.5.2014), bes. Artikel 141. Text vom 16. Mai 2004.

17 http://www.admin.ch/opc/fr/classified-compilation/19930146/index.html, (Zugang: 29.5.2014), bes. die Punkte 1 und 2 der allgemeinen Grundsätze. Text vom 6. Juni 1993 datiert.

18 Siehe http://www.admin.ch/opc/fr/classified-compilation/19770054/index.html#a8, (Zugang: 29.5. 2014), bes. Artikel 130. Text vom 20. März 1977 datiert.

19 Siehe http://www.admin.ch/opc/fr/classified-compilation/19860122/index.html, (Zugang: 29.5.2014), bes. Artikel 53. Text vom 8. Juni 1986 datiert.

20 «Nach der Gründung des Kantons Jura schlossen sich 1980 die reformierten Kirchen der Kantone Bern und Jura zu einem Synodalverband zusammen.» Siehe http://www.refbejuso.ch/fr/structures/sur-trois-cantons.html (Zugang: 29.5.2014).

steuer bestreiten.[21] Sie sind also ständig gezwungen, das finanzielle Gleichgewicht ihrer Institutionen im Blick zu haben.[22] Bei den anderen Kirchen werden die Pfarrgehälter vom Staat übernommen.

Was die Finanzen angeht, kann festgehalten werden, dass wegen der kantonalen Sparpläne alle Kirchen der Westschweiz gezwungen sind, ihre Strukturen umzubauen. Und in der Tat müssen sie sich alle die gleichen Fragen zum Verhältnis von Zweck und Mitteln stellen: Wie lassen sich schwindende Finanz- und Personalressourcen am besten einsetzen? Die Frage der Zusammenlegung mehrerer Aufgaben, zum Beispiel der kirchlichen Medienpräsenz, führte die Evangelischen Kirchen der Westschweiz dazu, ein gemeinsames Reflexionsgremium einzurichten. So wurde die CER, *Conférence des Eglises Romandes,* mit Sitz in Lausanne gegründet. Der Zweck dieses Gremiums ist, die «gemeinsame Verkündung des Evangeliums und die Ausstrahlung des reformiert-christlichen Glaubens in der Westschweiz und im Tessin zu fördern».[23] Insbesondere hat die CER ein evangelisches Aus- und Fortbildungsamt aufgebaut, das einerseits mit der Ausbildung der Pfarrer beauftragt ist und andererseits französischsprachige Ausbildungsprogramme wie die Bibelausbildung «*Evangile et culture*» organisiert.

Trotz aller juristischen und finanziellen Unterschiede und auch jener, die auf lokale Bräuche zurückzuführen sind, scheint es mir, dass alle sogenannten «Traditionskirchen» eine starke Verankerung in der Gesellschaft genossen. In der Tat hatten die Kirchgemeinden dank der traditionellen Kirchenkultur eine grosse Nähe zu den meisten Einwohnern eines Ortes. Die Symbiose zwischen Aufgabe und Funktion der Pfarrpersonen sowie der Anerkennung der Rolle der Kirche durch den Staat führte im harmonischen Nebeneinander mit anderen Institutionen zu fruchtbaren Wechselwirkungen zwischen Kirche und Schule, Kirche und Spitälern oder Haftanstalten sowie zu einer vom Staat anerkannten diakonischen Arbeit (unter anderem in den evangelischen Sozialzentren). Nun befindet sich diese Form kirchlicher Präsenz jedoch auf dem Rückzug. Es lohnt sich, im Folgenden eine kurze Genealogie der Kultur der volkskirchlichen Traditionskirchen zu zeichnen, um diese Entwicklung zu erfassen.

21 Gewiss helfen ihnen die staatlichen Stellen beim Erheben der fakultativen Kirchensteuer, die von den auf der Steuererklärung als evangelisch ausgewiesenen Personen oft nur teilweise oder überhaupt nicht entrichtet wird.

22 Dazu kommt, dass diese vom Staat getrennten Kirchen von der Bevölkerung weiter als Kanntonalkirchen betrachtet wurden, was diese Kirchen dazu gezwungen hat, die Öffentlichkeit über die tatsächliche rechtliche und finanzielle Situation zu informieren. Andererseits konnten die Neuenburger und Genfer Kirchen bisher (unter anderem durch Frühverrentung) Entlassungen vermeiden, mussten aber Strukturreformen durchführen, um den Personalstand zu verringern. Diese Massnahmen sind noch nicht abgeschlossen.

23 Siehe http://www.refbejuso.ch/fileadmin/user_upload/Downloads/KES_KIS/9/91-410_Statuts_CER_2011.pdf, (Zugang: 29.5.2014), vom 9. November 2001.

4 Genealogie der volkskirchlichen Kultur in der Westschweiz

In der Entwicklung des Verhältnisses der Kirche zur volkskirchlichen Kultur lassen sich drei Etappen erkennen. Genaue Zeitangaben sind nicht möglich, da die Veränderungen sehr langsam erfolgt sind.

4.1 Erste Etappe: Volkskirche als fruchtbare Liaison in der Kirchgemeindenkultur

Das Volkskirchentum erzeugte etwas, das Liliane Vogé «*La civilisation paroissiale*»[24] nennt: Es entstand eine Symbiose zwischen den örtlichen Kulturen und den ortsansässigen Kirchen. Es kann daran erinnert werden, dass eine zeitliche und örtliche Einheit diese Kirchgemeindenkultur kennzeichnet. Auch wenn man die Widerstände gegen die Kirche und den unvermeidlichen Verdacht der Heuchelei, der mit dieser Symbiose einherging, nicht unterschätzen darf, muss man sich doch bewusst sein, in welchem Masse diese das kulturelle und geistliche Leben unserer Dörfer und Stadtquartiere prägte. Die Kirchenmitglieder wurden nicht nur von und in der Kirche getauft, konfirmiert, verheiratet und bestattet, sie wurden im katechetischen Unterricht und den Gottesdiensten während ihrer Kindheit auch gebildet und durch Pfarrbesuche zu Hause oder im Spital getröstet und gestärkt. Diese Gemeindekultur war von Ort zu Ort verschieden, hatte ihre eigenen lokalen Bräuche – wie vielerorts zum Beispiel das Kirchgemeindefest (die «kermesse paroissiale») – und die Kirche beteiligte sich auch an den örtlichen Festen und Bräuchen. Angesichts dieser Verflechtung von Christentum und lokalem Leben bin ich versucht, von einer fruchtbaren Liaison zu sprechen, in dem Sinn, dass die Verkündung des Evangeliums von der Verwurzelung in der örtlichen Kultur abhängig war. Fruchtbar war diese Liaison, weil dank dieser starken Inkulturation Generationen von Einwohnern einen Kontakt zum Christentum hatten. Die örtliche Kultur und das Christentum waren durch diese oft kaum als solche erkannte Liaison gekennzeichnet. Diese Epoche der fruchtbaren Liaison erlebte seit Mitte der siebziger Jahre einen rapide fortschreitenden Niedergang.

4.2 Zweite Etappe: die ärgerliche Liaison

Unter dem Einfluss der dialektischen Theologie, insbesondere von Karl Barth, der auch in der Westschweiz eine starke Resonanz hatte, wurden die Bedingungen der Liaison aufgrund der Unterscheidung von Religion und Offenbarung in Frage gestellt. Zu dieser verständlichen, theologisch begründeten Ablehnung gesellte sich kirchlicherseits Verärgerung, weil immer mehr Kirchenmitglieder kirchliche Handlungen als eine Dienstleistung betrachteten, auf welche sie ohne Gegenleistung Anspruch hätten. Die Liaison wurde nicht mehr verstanden und etliche

24 Vgl. Liliane Voyé, Belgique: crise de la civilisation paroissiale et recompositions du croire, in: Grace Davie/Danièle Hervieu-Léger (Hg.), Identités religieuses en Europe, Paris 1996, 195–213, bes. 205.

Pfarrer und Kirchenvorstände sahen immer widerwilliger zu, wie Gemeindeglieder, die sich nicht zum christlichen Glauben bekannten, immer öfter eine regelmässige Teilnahme am kirchlichen Leben verweigerten. Die örtlichen Bräuche traten vor die christlichen Traditionen. Da die religiöse Praxis nicht mehr von einem Netz von Symbolen getragen wurde, verlor sie bei einem Teil der Bevölkerung an Bedeutung. Diese Welle der Entkirchlichung hat den christlichen Glauben kulturell ins Abseits gedrängt. Auch die evangelische Theologie geriet immer mehr ins Abseits, da sie von grossen Teilen der Bevölkerung als voreingenommen und unwissenschaftlich betrachtet wurde.

Ebenso ist die gegenwärtige Entwicklung der theologischen und religionswissenschaftlichen Fakultäten ist aufschlussreich: Die theologische Fakultät Neuchâtel ist am 31. Juli 2015 geschlossen worden – dabei wurde sie doch erst 1982 kantonalisiert. Das Lehrangebot der theologischen und religionswissenschaftlichen Fakultät Lausanne legt den Schwerpunkt auf religionsübergreifende Themen und Methoden und drängt die hergebrachten theologischen Fächer zurück. Die Theologische Fakultät Genf hat konsequent in den Fernunterricht und die ökumenische Forschung investiert, wobei sie die engen Kontakte zum Ökumenischen Rat der Kirchen und den französischen – evangelischen und katholischen – Fakultäten pflegt. Hinzu kommt, dass die immer stärker werdenden evangelikalen Strömungen das akademische Monopol der Pfarrerausbildung in Frage stellen, vorläufig jedoch noch ohne Erfolg.

Die Epoche der ärgerlichen und unstabilen Liaison dauert bis heute an. Seit der Mitte der 1990er-Jahre bröckeln jedoch auch die für sie typischen Dynamiken ab.

4.3 Dritte Etappe: die angefochtene Liaison

Die traditionellen Kirchen haben ihre Monopolstellung verloren und befinden sich *de facto* in der Situation eines gesellschaftlichen Teilsystems.[25] Da die fruchtbare Liaison der Kirchgemeindenkultur in Frage gestellt wurde, mussten die Kirchen ihre Präsenz in der Gesellschaft neu überdenken. Hinzu kam, dass neue Lebensformen – besonders die exponentiell gesteigerte geographische Mobilität und die zuvor ungeahnte Flexibilisierung der Arbeitszeit – die Kirchen zwangen, ihre Strukturen umzugestalten und neue räumliche Aufteilungen einzuführen. In vielen Kantonalkirchen musste infolgedessen auch der Auftrag der Kirchen grundsätzlich neu bestimmt werden. Das Projekt «EREN 2003» hat eine Harmonisierung der katechetischen Lehrpläne im Kanton Neuenburg ermöglicht und eine neue Ausbildung für Jugendlagerleitungen angestossen. Im Kanton Waadt wurde durch das Projekt «Eglise à venir» (1995–2005) eine Strukturanpassung von 158 auf 84 Kirchgemeinden und eine Neubestimmung der Pflichtenhefte der

25 Siehe Jörg Stolz/Edmée Ballif, Die Zukunft der Reformierten. Gesellschaftliche Megatrends – Kirchliche Reaktionen, Zürich 2010, 29–35.

Pfarrpersonen vorgenommen. Dabei wurde nicht nur wirtschaftlich argumentiert, sondern es wurden vermehrt Schwerpunkte bei der Jugendarbeit und der Krankenhausseelsorge gesetzt.[26] Im selben Zeitraum hat die Genfer Reformierte Kirche eine Neuordnung ihrer Kirchgemeinden gemäss bestimmter Zielgruppen durchgeführt – so werden heute etwa in der Fusterie, einem von Handelsgesellschaften und Banken geprägten Quartier Genfs, über Mittag musikalische Andachten angeboten.

Zudem hat die Wahrnehmung des religiös und kulturell pluralen Umfeldes die Kirchen dazu veranlasst, eine neuartige Unternehmenskultur aufzubauen. Diese zeichnet sich durch folgende Merkmale aus:

- Die Instrumente der Statistik werden intensiv in Gebrauch genommen, um die Effizienz und Ressourcen-Einsparung zu steigern. Der Spargedanke gilt nicht allein den Finanzen, sondern auch dem Gesamtmanagement. Dies führt zur Zusammenlegung von Kirchengemeinden und zur regionalen Zusammenlegung mancher Aufgaben.
- Die Einführung von Qualitätsstandards setzt voraus, dass die Dienstleistungen der Kirche markttauglich sein müssen.
- Moderne Techniken der analytischen Buchhaltung und des Managements werden übernommen. Dies zeigt sich u. a. auch an einem neuen Vokabular: In den meisten französischsprachigen Kantonalkirchen heisst der für die Pfarranstellung verantwortliche Kirchgemeinderat neu «responsable des ressources humaines (Leiter Human Ressources)». Der Wandel in Richtung Unternehmenskultur führt dazu, dass eine Relativierung der Autonomie der Werte und Kompetenzen in Kauf genommen wurde. Mit der Professionalisierung lassen sich kirchliche Aufgaben durch gesamtgesellschaftlich akzeptierte Kompetenzen redefinieren.

Diese Entwicklungen sind zum Teil legitim und unausweichlich. Mit Dietrich Bonhoeffers Worten könnte man sagen, dass die Kirche in einer Welt der «vorletzten Dinge»[27] arbeitet und vollständig in diese Welt integriert ist. Die Übernahme der Unternehmenskultur führt jedoch klammheimlich zu einem neuen Verständnis von Volkskirche, das die Haltung des *Multitudinismus* tendenziell zu vernachlässigen droht. Unter dem Druck der Effizienzkriterien und der statistischen Erfassung laufen die Kirchen Gefahr, die Menge («multitude») mit einer bestimmten Anzahl an Menschen zu verwechseln. Dieses Missverständnis, das Volkskirche auf Zählbarkeiten reduziert, beurteilt die Tätigkeit der Kirche nach dem Massstab ihres quantifizierbaren sozialen Erfolgs. Aus diesem Grunde soll

26 Ich danke Frau Pfarrerin Anne Lepper Son, welche mit einer Arbeit über Kirche und Management promoviert, für diese Hinweise.

27 Vgl. Dietrich Bonhoeffer, Ethik, in: Ilse Tödt/Heinz Eduard Tödt/Ernst Feil/Clifford Green (Hg.), DBW 6, Gütersloh 2006, 143f.

dieser Beitrag mit einigen Betrachtungen zum doppelten Auftrag der Kirche abgeschlossen werden.

5 Entscheidung zur Volkskirche und Teilnahme der Gläubigen am Aufbau der Kirche

5.1 Eine falsch verstandene volkskirchliche Ausrichtung

Die Volkskirche sollte die Standards und Kriterien der Konsumgesellschaft nicht ohne Weiteres übernehmen. Das Evangelium ist keine Ware und die Kirchenmitglieder, auch die potenziellen, können nicht ausschliesslich als Kunden betrachtet werden. Ein zugkräftiger Titel «Wie verkauft man Gott, um neue Gläubige zu werben?»[28] zeigt, welche Absurditäten hier möglich sind: Gott kann nicht «verkauft» werden. Allein die Wortwahl beweist, wie sehr die schlichte Übernahme von Strategien der neoliberalen Konsumgesellschaft theologisch unsinnig ist. Die Kirchen brauchen sich zwar nicht zu scheuen, neue Erkenntnisse einer effizienten Kommunikation anzuwenden; ihr Streben nach mehr Präsenz in der Öffentlichkeit ist legitim. Sie dürfen sich jedoch nicht durch soziologische Analyseinstrumente bannen lassen. Dadurch würden sie vergessen, dass sie auf etwas gegründet sind und ihre Legitimität aus etwas beziehen, was ihnen nicht als soziologische Grösse immanent ist. Die Kirchen vertreten nicht sich selbst, sie verweisen auf den Gott Jesu Christi; sie sind sich nicht selbst Zweck. Ihr Ziel ist nicht ihr eigenes Fortbestehen. Sie versuchen Zeugen des Reichs Gottes zu sein. In diesem Sinne verweist die Kirche auf «mehr als notwendige»[29] Sachverhalte: Glaube und Vertrauen, Anerkennung und Dankbarkeit, Geschwisterlichkeit, selbstlose Liebe, eine andere Werteskala als die des Wettbewerbs und der Leistung.

Eine weitere Verwirrung kommt von einer falschen Verbindung von Gottes Gnade und dem kirchlichen Angebot. Wenn die Volkskirche sich allzu sehr nach dem Modell Anbieter und Verbraucher richtet, hat sie ihre Funktion als Weckruferin zugunsten derjenigen einer selbstverständlichen Dienstleistung verloren. Eine einseitige Auslegung der Gabe (im Sinne einer Gnade Gottes, die unmittelbar an die kirchlichen Dienste weitergereicht wird) versetzt den Kirchenvertreter und den Empfänger in eine peinliche Lage: Nichts erwarten, nichts verlangen, nichts fordern – ist dies nicht auch eine Art von herablassender Liebe, gar von Verachtung? Auch die Kirche muss immer wieder lernen, sich in die Lage einer Erwartenden, Verlangenden, Empfangenden zu versetzen.

28 http://protestinfo.ch/201404036865/6865-comment-vendre-dieu-pour-attirer-les-fideles.html#.U4ne-CiyuQs (Zugang: 5.6.2014).

29 Vgl. Eberhard Jüngel, Gott als Geheimnis der Welt. Zur Begründung der Theologie des Gekreuzigten im Streit zwischen Theismus und Atheismus, Tübingen 2001, 30.

5.2 Unterwegs zu einer erhofften Kirche

Die Statuten der reformierten Kantonalkirchen haben somit durchaus ihre Berechtigung. In der Tat wenden diese Statuten die Gefahr einer uneingeschränkten Angleichung an die postmoderne Unternehmenskultur ab. Die theologische Substanz der Statuten kann eine grosse mobilisierende Kraft haben. Genau wie die Bürger- und Menschenrechte sind die anvisierten Ziele zwar (noch) nicht erreicht, aber diese Texte sind Kompass und Rahmen. Die Statuten der Westschweizer Reformierten Kirchen erinnern übereinstimmend daran, dass die Kirche ihren Ursprung und ihre Ausrichtung in Jesus Christus findet. Sie bestehen auf der doppelten Mission der Kirche: einerseits der notwendigen liturgischen Dimension des kirchlichen Handelns, welche aus der Kirche eine spezifische Versammlung macht. So hält etwa die Waadtländer Reformierte Kirche fest: «Die Kirche ist eine Gemeinschaft des Gebets (‹communauté de prière›), des gegenseitigen Teilens und der Hoffnung, welche sich um Christus versammelt in der Verkündigung des Wortes und der Feier der Sakramente.»[30] Andererseits wird auch die Haltung des *Multitudinismus* bestätigt: «Die Kirche empfängt von Christus den Auftrag, das Evangelium in Worten und Taten zu bezeugen. Sie erfüllt diesen Auftrag […] gegenüber allen ohne Unterscheidung. Sie anerkennt, dass alle Getauften für diesen Auftrag verantwortlich sind gemäss ihren von Gott empfangenen Talenten (‹charismes›).»[31]

Folglich fordern uns alle Statuten der Westschweizer Reformierten Kirchen im Lichte des Priestertums aller Gläubigen auf, eine partizipative Kirche zu werden, die die Gaben und Mitarbeit aller fordert und fördert. Wohl eine Utopie, aber in einer Kirche, die weiss, dass sie immer unterwegs und immer neu zu reformieren ist, eine *notwendige Utopie*. Unsere Kirchen leben nicht nur von Strukturreformen und Anpassungen, sondern auch von der Kirche, die geglaubt und erhofft wird.

30 Déclaration d'ouverture du règlement général d'organisation de l'Eglise évangelique réformée du Canton de Vaud, du 31 août 2007, Artikel 3 (Übersetzung d. Verf.).

31 Ebd., Art. 5 und 6.

Volkskirche in Deutschland

Uta Pohl-Patalong

Gibt es in Deutschland (noch) eine Volkskirche? Diese Frage wird kontrovers und durchaus auch emotional diskutiert. An ihr zeigen sich unterschiedliche Wahrnehmungen und Deutungen der Situation der (evangelischen) Kirche und unterschiedliche (Ideal-)Bilder von ihr. Dabei kann nicht immer klar zwischen der europäischen Gesamtsituation und der spezifisch deutschen Situation unterschieden werden, so dass manches hier Ausgeführte sicher auch auf die Schweiz zutrifft; soweit es möglich ist, soll jedoch hier auf die deutschen Besonderheiten fokussiert werden.

1 «Volkskirche» in der Diskussion

In Deutschland wird das Konzept «Volkskirche» für die gegenwärtige Gestalt der Kirche mit zwei unterschiedlichen Begründungsmustern kritisch befragt. Aus inhaltlich-theologischen Gründen kann ein Abschied von der Volkskirche gefordert bzw. begrüsst werden, da sie zu wenig christliches Profil zeige und eine distanzierte, «laue» Mitgliedschaft fördere, die sich auf die formale Zugehörigkeit und gelegentliche Teilnahme beschränke. In dieser Argumentationslinie wird der «Volkskirche» entweder die «Bekenntniskirche» oder die «Beteiligungskirche» gegenübergestellt, die auf einer klaren Entscheidung für das Christsein beruht und/oder den regelmässigen Kontakt zu und das Engagement in ihr voraussetzt. Diese Argumentation war bis in die 1990er Jahre vorrangig, ist aber auch heute zu finden.[1]

Seit dem kirchlichen Krisenbewusstsein der 1990er-Jahre richtet sich die Kritik und Skepsis jedoch stärker auf die Realitätstauglichkeit des Begriffes. In Kirche und Theologie, vor allem aber in den Feuilletons wurde immer wieder ein «Ende der Volkskirche» proklamiert. Der Satz «Die evangelische Kirche ist keine Volkskirche mehr – sie repräsentiert nicht die Mehrheit eines multikulturellen, in weiten Teilen atheistischen Volkes»[2] fasst die Debatte prägnant zusammen. Die Diagnose ist klar: Der Mitgliederschwund der Kirche und ihre sinkende gesellschaftliche Relevanz verändern den Charakter der Kirche in einem Masse, dass es nicht mehr gerechtfertigt scheint, sie als wirkliche «Volkskirche» zu bezeichnen. Dies kann dann im Weiteren bedauert oder – wie es zumindest feuilletonistisch

1 Vgl. beispielsweise https://aktuell.evangelisch.de/artikel/86871/zulehner-die-zeit-der-volkskirche-ist-vorbei (Zugang: 20.8.2014).

2 So Dirk Pilz in der BZ vom 29.10.2009, http://www.berliner-zeitung.de/archiv/das-ende-der-volkskirche,10810590,10676036.html (Zugang: 20.8.2014).

öfter geschieht – begrüsst werden: Wahlweise als Ende eines unangemessenen kirchlichen Hegemonialanspruchs oder aber wiederum als Chance zur Rückkehr zu den wirklichen Aufgaben der Kirche mit einem geschärften christlichen Profil und engagierterer Mitgliedschaft. Hier wird dann häufig mit dem Gegenbegriff «Minderheitenkirche» operiert, während mit «Volkskirche» etwa assoziiert wird «eine Kirche, die das ganze Volk repräsentiert».

Ein solches Verständnis erscheint jedoch keineswegs als zwingend und wird in den wissenschaftlichen Diskursen in Deutschland eher selten verwendet, und auch hier ist der Begriff noch durchaus nicht geklärt. Unterschieden werden muss bereits zwischen Volkskirche als Beschreibung einer Realität von Kirche (bzw. deren Bezweiflung wie in dem obigen Beispiel) und als Konzept, als Idee des Charakters von Kirche.[3] Nach Letzteren ist die Frage nach der Volkskirche nicht quantitativ – mit Prozentzahlen der Bevölkerung – zu beantworten, sondern kirchentheoretisch als Frage, wie sich Kirche verstehen und gestalten soll.

So versteht beispielsweise Reiner Preul als entscheidendes Merkmal einer «Volkskirche», dass sie potenziell für alle Menschen offen ist und keine Zugangsbarrieren jenseits ihrer Glaubensinhalte errichtet. Sie muss so gestaltet sein, «dass alle, wirklich alle, in ihr sein und sich in ihr heimisch fühlen *könnten*, sofern sie nur ein positives Verhältnis zur Sache oder Botschaft der Kirche haben – unabhängig von ihrem Bildungsstand, ihrer sozialen Situation, ihrem Geschlecht, ihrem Alter, ihrem Gesundheitszustand, ihrer ethnischen Zugehörigkeit, ihrer sexuellen Präferenz, ihrer politischen Ausrichtung, ihrer ästhetischen Vorlieben und was es sonst an Unterscheidungsmerkmalen geben mag, die in ausserkirchlichen Zusammenhängen durchaus relevant sein können. Für die Nähe oder Ferne eines Menschen zu seiner Kirche darf es nur ein einziges Kriterium geben, sein Verhältnis zur Sache der Kirche: wie nah oder fern er sich dieser Sache fühlt.»[4] Das Gegenbild zur Volkskirche wäre dann eine Kirche, die sich einseitig an bestimmte gesellschaftliche Gruppen wendet. Dies erscheint mir allerdings nicht als ausreichendes Distinktionsmerkmal für die Frage, ob sich eine bestimmte Gestalt von Kirche als Volkskirche bezeichnen lässt, denn die wenigsten Kirchen sind programmatisch nur für bestimmte gesellschaftliche Gruppen offen. Allerdings gibt es durchaus faktische Abschliessungen, indem beispielsweise bestimmte Teilnahmeformen oder -muster vorausgesetzt werden, die manchen Bevölkerungsgruppen sehr viel näher liegen als anderen.

Möchte man zu einem realistischen Bild kommen, ob das Konzept von «Volkskirche» noch der Realität der Kirchen in Deutschland entspricht, müsste man zumindest mit einem vorläufigen Verständnis von «Volkskirche» operieren, das dann vor dem Hintergrund empirischer Befunde präzisiert werden kann.

3 Vgl. Reiner Preul, Die soziale Gestalt des Glaubens. Aufsätze zur Kirchentheorie (Marburger Theologische Studien Bd. 102), Leipzig 2008, 42f.

4 Ebd., 43.

Dabei erscheint es sinnvoll, nicht einer der klassischen Alternativen zu folgen, die als mögliches Verständnis von «Volkskirche» genannt wurden und werden (Kirche «durch das Volk», Kirche «hin zum Volk», Kirche «eines Volkes», Kirche «für das Volk», Kirche im Blick auf das «Volksganze»[5]), sondern verschiedene Aspekte zusammenzustellen, die zumeist in der aktuellen Diskussion um den Begriff genannt werden, und damit mehrperspektivisch vorzugehen. Als solche Aspekte schlage ich vor:

- Ein relativ grosser Teil der Bevölkerung ist Kirchenmitglied oder hat eine – wie auch immer geartete – Beziehung zur Kirche. Das «relativ gross» ist dabei bewusst vage gehalten. Es kann, muss aber durchaus nicht «weit überwiegend» bedeuten. Dennoch erscheint es mir sinnvoll, einen Gegensatz zur «Minderheitenkirche» aufrechtzuerhalten, die nur einen geringen Teil der Bevölkerung interessiert.
- Kirchlicherseits werden unterschiedliche Teilnahmeformen und Mitgliedschaftslogiken akzeptiert und eröffnet, die von den Kirchenmitgliedern auch genutzt werden. In der pluralen und milieudifferenzierten Gesellschaft wird erst damit gewährleistet, dass dem «ganzen Volk», also allen gesellschaftlichen Gruppen die Chance zur Mitgliedschaft und zur Partizipation eröffnet wird. Damit sind auch unterschiedliche Grade von Nähe und Distanz möglich, die individuell bestimmbar sind und nicht von der Institution vorgegeben werden. Dieses Kriterium wird in der Regel weder von «Bekenntniskirchen» noch von «Beteiligungskirchen» erfüllt.
- Die Kirche lebt jedenfalls zum Teil von dem «Gewicht des Gewohnten»[6]. In die Volkskirche wächst man traditionellerweise hinein. Charakteristisch sind die Kindertaufe, Familie und Schule sowie der Konfirmationsunterricht als zentrale Sozialisationsinstanzen für die nächste Generation. Wichtige Bezugspunkte im Jahres- und Lebenslauf bilden die grossen christlichen Feste, insbesondere das Weihnachtsfest, sowie die Kasualien.
- Die Kirche besitzt gesellschaftliche Relevanz. Sie richtet sich nicht nur nach innen, sondern versteht sich ausgerichtet auf das «Volksganze», nämlich auf die Gesellschaft und alle in ihr lebenden Menschen. Sie begreift es als ihre Aufgabe, sich (auch in der weltanschaulich pluralen) Gesellschaft als eine für Religion zuständige Institution kenntlich zu machen und sich zu religiösen, aber auch zu politischen, sozialen, ökonomischen und kulturellen Fragen zu äussern. Ein Gegenbild zu dieser offenen und öffentlichen Ausrichtung wäre die ausschliesslich oder vorrangig auf ihre Mitglieder ausgerichtete Kirche.

5 So Wolfgang Huber, Welche Volkskirche meinen wir?, in Wolfgang Huber (Hg.), Folgen christlicher Freiheit. Ethik und Theorie der Kirche im Horizont der Barmer Theologischen Erklärung, Neukirchen-Vluyn 1983, 131–145; ähnlich Wilfried Härle, Art. Kirche. Dogmatisch: TRE Bd. XVIII,1989, 306.

6 Reiner Preul, Kirchentheorie, Berlin/New York 1997, 182.

Gefragt werden soll nun, wie sich die Situation der beiden grossen Kirchen in Deutschland hinsichtlich dieser Kriterien darstellt. Dabei soll sowohl die empirische Perspektive der Kirchenmitglieder als auch der kirchentheoretische Blick auf den Charakter der Kirche – vorrangig der evangelischen – zu Wort kommen.

2 Kirchenmitgliedschaft in Deutschland

Die für die europäische Vormoderne charakteristische enge Verknüpfung von Gesellschaft, Staat, Religion und Kirche gestaltete sich in Deutschland seit der Reformation als ein zahlenmässig fast ausgeglichenes Nebeneinander der beiden grossen Konfessionen. Seit dem Augsburger Religionsfrieden 1555 musste die Bevölkerung eines Herrschaftsgebietes der Konfession des Herrschers folgen oder aber auswandern («cuius regio, eius religio»). So wurden bestimmte Gebiete evangelisch, andere katholisch geprägt, was sich in den konfessionellen Verhältnissen bis in die Gegenwart deutlich zeigt. Die evangelische Kirche war bis zum Ende des Deutschen Reiches 1919 Staatskirche, der deutsche Kaiser ihr Oberhaupt.

Seit 1847 wurde in dem damals grosse Teile der heutigen Bundesrepublik umfassenden Preussen der Kirchenaustritt prinzipiell möglich. Allerdings wurde dieser zunächst wenig wahrgenommen, die formale Zugehörigkeit zur Kirche blieb weitgehend erhalten und auch die kirchliche Sitte der Kasualien wurde weiterhin praktiziert.[7] Im Laufe des 19. Jahrhundert lockerte sich jedoch die kirchliche Bindung in Teilen der Bevölkerung, sowohl in der entstehenden Arbeiterschaft als auch im Bürgertum. So ging der Gottesdienstbesuch in manchen Regionen stark zurück.[8] Im Laufe des 20. Jahrhunderts erfolgten mehrere grosse Kirchenaustrittswellen:[9] in der Weimarer Republik (v. a. unter der sozialistisch geprägten Arbeiterschaft), im Nationalsozialismus, in Westdeutschland im Gefolge der 68er-Bewegung in den späten 60er- und 70er-Jahren und noch einmal Mitte der 90er-Jahre mit der Einführung des «Solidaritätszuschlags» für die neuen Bundesländer nach der Wiedervereinigung. In der – weitgehend evangelisch geprägten – DDR führte die repressive Politik seit den 50er-Jahren noch zu wesentlich höheren Kirchenaustrittszahlen als in der BRD. Interessanterweise bewirkte dies jedoch keine grundlegende Veränderung des («volkskirchlichen») mehrheitlich an sporadischen Kontakten orientierten Teilnahmeverhaltens.[10]

7 Thomas Nipperdey, Religion im Umbruch. Deutschland 1870–1918, München 1988, 118f.

8 In Berlin lag dieser 1872 bei 2% der evangelischen Kirchenmitglieder und auch im ländlich geprägten Schleswig-Holstein (Plön) 1913 bei 3,5% (in Bayern 1906 allerdings noch bei 23%). Vgl. Nipperdey, Religion im Umbruch (Anm. 7), 119.

9 Vgl. Eberhard Hauschildt/Uta Pohl-Patalong, Kirche (Lehrbuch Praktische Theologie), Gütersloh 2013, 94ff.

10 Dies war die Überraschung der ersten gesamtdeutschen EKD-Mitgliedschaftsuntersuchung, vgl. Klaus Engelhardt, Fremde Heimat Kirche, in: Hermann von Loewenich/Peter Steinacker (Hg.), Die

Gegenwärtig gehören nach Angaben der Bundeszentrale für politische Bildung (Zahlen von 2011) in Deutschland knapp 60% der Bevölkerung einer der beiden grossen Kirchen an. Diese verteilen sich fast zu gleichen Teilen auf die evangelische und die katholische Kirche. Ca. 33% haben keine Religionszugehörigkeit. Muslime machen knapp 5% der Gesamtbevölkerung aus, dann kommen die orthodoxen Christen mit 1,5%, kleine christliche Religionsgemeinschaften mit 1%, Buddhisten mit 0,3%, Juden und Jüdinnen mit 0,25%, Hindus mit 1,2%.[11]

Konkret sind diese Zahlenverhältnisse allerdings zwischen Stadt und Land, Nord- und Süd-, vor allem aber zwischen Ost- und Westdeutschland unterschiedlich verteilt. In den ostdeutschen Bundesländern sind fast 75% konfessionslos, während dies in den westdeutschen auf knapp 25% zutrifft.[12] Entsprechend unterschiedlich ist das kirchliche Selbstverständnis: Während die Landeskirchen im Osten Deutschlands sich bereits seit den 1990er-Jahren weitgehend als «Minderheitenkirchen» begreifen[13], halten die westdeutschen Kirchen bislang überwiegend am Selbstverständnis als Volkskirche fest.

Diese Ansicht wird gestützt dadurch, dass weit mehr Menschen als formal einer Kirche angehören, Kontakte zur Kirche pflegen und eine positive Beziehung zu ihr unterhalten. So besucht eine nicht unerhebliche Zahl konfessionsloser Kinder und Jugendlicher konfessionelle Kindertagesstätten und Schulen. Besonders in Ostdeutschland engagieren sich viele Menschen finanziell und tatkräftig für den Erhalt von Kirchen, besonders im ländlichen Raum, ohne dass sie einer Kirche angehören. Auch darüber hinaus pflegen Nichtkirchenmitglieder nicht selten den Kontakt zu kirchlichen Einrichtungen und Angeboten, manchmal verbunden mit einer Mitgliedschaft in einem gemeindlichen Förderverein.

3 Akzeptanz und Förderung unterschiedlicher kirchlicher Sozialformen und Mitgliedschaftslogiken

Hinsichtlich der Sozialformen und damit verbunden auch des erwarteten Mitgliedschaftsverhaltens zeigt sich in Deutschland gegenwärtig ein ambivalentes Bild.

Kirchlicherseits ist einerseits sowohl quantitativ als auch im Blick auf die rechtlichen Bestimmungen die Sozialform der Ortsgemeinde dominant, die bestimmte Teilnahmeformen nahe legt und eine spezifische Erwartung an das Teil-

dritte EKD-Erhebung über Kirchenmitgliedschaft, Gütersloh 1997, 304. Sie wird auch durch die neueste Studie wieder bestätigt, vgl. EKD (Hg.), Engagement und Indifferenz. Kirchenmitgliedschaft und soziale Praxis. Die fünfte EKD-Erhebung über Kirchenmitgliedschaft, Hannover 2014, 16.

11 Vgl. http://www.bpb.de/nachschlagen/zahlen-und-fakten/soziale-situation-in-deutschland/ 145148/ religionszugehoerigkeit (Zugang: 21.8.2014).

12 Vgl. EKD, Engagement und Indifferenz (Anm. 10), 16.

13 Vgl. beispielsweise Helmut Zeddies (hg. im Auftrag des Kirchenamtes der EKD), Minderheit mit Zukunft. Zwischenbilanz und Anregungen zur Weiterarbeit in den Kirchen, Hannover 1996.

nahmeverhalten von Kirchenmitgliedern beinhaltet. Dies gilt – mit einigen Unterschieden in der Organisation – für die beiden grossen Kirchen. Evangelischerseits wurde diese Form durch das Gemeindekonzept der sog. «Gemeindebewegung» geprägt, die sich Ende des 19. Jahrhunderts als Reaktion auf die zunehmende Entkirchlichung der Bevölkerung (s. o.) entwickelte.[14] Sie begriff die kirchliche Gemeinde als «Hort der Liebe» in der anonymisierten Grossstadt, die die verloren gegangene dörfliche Gemeinschaft unter christlichem Vorzeichen ersetzen sollte. Möglichst viele der nominell evangelischen Kirchenmitglieder sollten durch die Verbindung von christlicher Lehre und diakonischem Handeln, vor allem aber durch neu geschaffene Freizeitangebote angesprochen und zu einer aktiven Teilnahme an kirchlichen Angeboten bewegt werden. Der persönliche Kontakt zum Pfarrer und der Gemeindeglieder untereinander wurde theologisch relevant und mit dem Gedanken christlicher Gemeinschaft zentral. Die Teilnahme an den kirchlichen Angeboten wurde damit zum Kriterium für den christlichen Glauben.

In verschiedenen Öffnungsbewegungen wurde diese Sicht mittlerweile relativiert. Die Kirchenreformbewegung in den 1960er- und 1970er-Jahren versuchte einerseits eine Öffnung der Ortsgemeinde beispielsweise durch das Konzept der Regionalisierung zu erreichen, die die Milieuverengung überwinden sollte und mehr und andere Menschen als bisher ansprechen sollte.[15] Gleichzeitig forcierte sie nichtparochiale Handlungsfelder und Arbeitsformen wie Akademien, Frauenwerke, überregionale Jugendarbeit usw. Mit diesen verband sich meist die Akzeptanz eines sporadischen Teilnahmeverhaltens und «distanzierter» Mitgliedschaft. Theologisch erfuhren die «distanzierten» Kirchenmitglieder eine Aufwertung nicht zuletzt durch die seit 1972 im Zehnjahresrhythmus durchgeführten Kirchenmitgliedschaftsuntersuchungen der EKD.[16] Diese zeigte die ideell verbundene und sporadisch (z. B. lebenszyklisch bei Kasualien oder jahreszyklisch an Weihnachten, Erntedank usw.) aktivierte Form von Kirchenmitgliedschaft als statistische «Normalform» evangelischer Kirchenmitgliedschaft in Deutschland auf, die mit einer grundsätzlichen Wertschätzung der Kirche und einem Selbstverständnis als «gutes Kirchenmitglied» verbunden ist (s. u.).

In den 1980er-Jahren allerdings erfolgte – möglicherweise nicht zuletzt bedingt durch eine gewisse «Experimentiermüdigkeit» – eine Rückbesinnung auf

14 Vgl. Uta Pohl-Patalong, Ortsgemeinde und übergemeindliche Arbeit im Konflikt. Eine Analyse der Argumentationen und ein alternatives Modell, Göttingen 2003, 97ff.

15 Ebd., 110ff.

16 Vgl. Helmut Hild (Hg.), Wie stabil ist die Kirche? Bestand und Erneuerung. Ergebnisse einer Umfrage, Gelnhausen 1974; Johannes Hanselmann/Helmut Hild/Eduard Lohse (Hg.), Was wird aus der Kirche? Ergebnisse der zweiten EKD-Umfrage über Kirchenmitgliedschaft, Gütersloh 1984; Klaus Engelhardt/Hermann von Loewenich/Peter Steinacker (Hg.), Fremde Heimat Kirche. Die dritte EKD-Erhebung über Kirchenmitgliedschaft, Gütersloh 1997; Wolfgang Huber/Johannes Friedrich/Peter Steinacker (Hg.), Kirche in der Vielfalt der Lebensbezüge. Die vierte EKD-Erhebung über Kirchenmitgliedschaft, Gütersloh 2006. Die aktuelle Studie legt den Akzent allerdings stärker auf die kerngemeindlich Engagierten, vgl. EKD, Engagement und Indifferenz (Anm. 10), 9.

die traditionelle Ortsgemeinde und die Erwartung eines regelmässigen Kontaktes zu ihr.[17] Die nichtparochialen Angebote bestanden mehrheitlich weiterhin, blieben jedoch im überwiegenden kirchlichen (und auch gesellschaftlichen) Bewusstsein eine «Ausnahme» neben der kirchlichen «Normalform» Ortsgemeinde. In den finanziellen Debatten seit den 1990er-Jahren fielen diese teilweise überproportional den Sparbemühungen zum Opfer, weil sie als verzichtbare Ergänzung zur kirchlichen Grundform galten. Gleichzeitig jedoch erfuhren die «distanzierten» Kirchenmitglieder und ihre Bedürfnisse neue Aufmerksamkeit in der Erkenntnis, dass sie die finanzielle Hauptlast gegenüber den ca. 13% der «kerngemeindlich» Engagierten tragen.[18] Auf wissenschaftlicher Ebene wurde die Teilnahmeform «Kirche bei Gelegenheit» reflektiert und theologisch überwiegend legitimiert.[19] In den letzten Jahren haben sich zudem als «Kirche bei neuen Gelegenheiten»[20] neue Gemeindeformen entwickelt, für die überwiegend – bis auf die «missionarischen Gemeinde» – auch auf Dauer ein sporadisches Teilnahmeverhalten den Normalfall darstellt. Ob diese kirchlicherseits künftig akzeptiert, gefördert oder zurückgedrängt werden, ist zur Zeit noch offen.

Diese Gemengegelage mit ihren inhärenten Spannungen ist für die Gegenwart kennzeichnend. Die Gleichzeitigkeit einer Pluralität von Sozialformen neben einer dominanten Organisationsform, die faktische Bandbreite von Mitgliedschaftslogiken neben einer deutlich positiveren Bewertung kerngemeindlich gelebter Mitgliedschaft sowie die gelebte Varianz von Teilnahmeformen neben der teilweise immer noch bestehenden Erwartung kontinuierlichen Kontaktes ergibt die für die Gegenwart typische Konstellation einer «typisch volkskirchlichen» Varianz von Mitgliedschaftslogiken und Teilnahmeformen bei gleichzeitiger Skepsis ihr gegenüber.

Diese Ambivalenz gilt auch für das faktische Teilnahmeverhalten der Kirchenmitglieder. In den Kirchenmitgliedschaftsuntersuchungen zeigt sich die Dominanz einer «mittleren Verbundenheit»: Die Antwortmöglichkeit «etwas verbunden» wurde bis 2002 am häufigsten von allen fünf Möglichkeiten angekreuzt. Zwischen 1972 und 2002 nahm der Prozentsatz dabei kontinuierlich zu: 1972 waren es 31%, 1982 32%, 1992 (West) 35%, 2002 (West) 37%, in Ostdeutschland waren die Zahlen ähnlich: 33% 1992 und 37% 2002.[21] In der aktuellen Studie geht diese Zahl erstmals und gleich deutlich zurück und liegt bei 25%,

17 Vgl. Pohl-Patalong, Ortsgemeinde und übergemeindliche Arbeit (Anm. 14), 125ff.

18 Auf diese Zahl kommt die aktuelle Mitgliedschaftsuntersuchung der EKD, vgl. EKD, Engagement und Indifferenz (Anm. 10), 9.

19 Michael Nüchtern, Kirche bei Gelegenheit, Stuttgart 1991.

20 Vgl. Uta Pohl-Patalong, Kirche bei neuen Gelegenheiten, in: Ralph Kunz/Thomas Schlag (Hg.), Handbuch Kirchen- und Gemeindeentwicklung, Neukirchen-Vluyn 2014, 198–207.

21 Kirchenamt der EKD (Hg.), «Weltsichten – Kirchenbindung – Lebensstile.» Vierte EKD-Erhebung über Kirchenmitgliedschaft. Kirche – Horizont und Lebensrahmen, Hannover o. J. 2005, 14 (West) bzw. 30 (Ost).

während die Angaben zu stärkerer und geringerer Verbundenheit gestiegen sind.[22] Diese Gruppe der Kirchenmitglieder zeichnet sich dadurch aus, dass sie mehrheitlich mit grosser Selbstverständlichkeit Kirchenmitglieder sind und nicht daran denken auszutreten, jedoch nur geringen Kontakt zur Organisation, ihren Vertreterinnen und Vertretern sowie ihren Veranstaltungen halten. Sie pflegen damit «keine intensive Bindung an die Kirche», sondern folgen «partialinklusiven Mustern», die «im Widerspruch zu den ausdrücklichen Normen der Organisation stehen».[23] Ob sich die gegenwärtige Tendenz, sich klarer als eng oder kaum mit der Kirche verbunden zu fühlen, fortsetzt und was dies im Blick auf den volkskirchlichen Charakter in Deutschland bedeutet, kann zum jetzigen Zeitpunkt nicht entschieden werden. Nicht auszuschliessen scheint mir, dass sich weniger die innere Haltung der Kirchenmitglieder als die Kommunikation der Kirche gewandelt hat, die im Zuge von «Profilbildung» die Kirchenmitglieder zu einer stärkeren Positionierung zu ihr drängt.

Interessant ist in dieser Hinsicht noch ein Blick auf die Gottesdienstteilnahme. Einerseits sind die ohnehin seit dem 19. Jahrhundert niedrigen Teilnahmezahlen in den letzten Jahren noch einmal zurückgegangen und liegen gegenwärtig bei durchschnittlich 3,7% an dem «normalen» Zählsonntag Invokavit. Andererseits ist die Prozentzahl der den Gottesdienst mindestens einmal monatlich besuchenden Kirchenmitglieder in den letzten Jahren gestiegen und der Besuch «aussergewöhnlicher» Gottesdienste (Weihnachten, Open-Air-Gottesdienste, Gottesdienste nach gesellschaftlich aufwühlenden Erlebnissen) hat zugenommen.

4 Konstituierung von Kirche durch Gewohnheit und selbstverständliches Hineinwachsen

Auch hinsichtlich der Frage, ob und wie weit die Kirchenmitgliedschaft und der Kontakt zur Kirche in Deutschland sich durch ein mehr oder weniger selbstverständliches Hineinwachsen bildet und wie sehr sich die Kirche durch «Gewohnheit» und «Brauchtum» konstituiert, zeigen sich widersprüchliche Tendenzen.

Einerseits unterliegt selbstverständlich auch das Verhältnis zur Kirche den spätmodernen Signaturen Individualisierung und Subjektivierung, so dass das Individuum die entscheidende Instanz auch hinsichtlich der Kirchenbindung ist. Andererseits lässt sich empirisch zeigen, dass die familiäre Sozialisation ein ausserordentlich prägender Faktor für das Verhältnis zur Kirche im Erwachsenenal-

22 Gegenwärtig geben 15% der evangelischen Kirchenmitglieder an, «sehr verbunden» zu sein, 28% fühlen sich «ziemlich verbunden», 25% «etwas verbunden» und 18% «kaum verbunden» und 14% «überhaupt nicht verbunden». (EKD, Engagement und Indifferenz (Anm. 10), 87). 2003/4 lagen die Anteile noch bei 14%, 24%, 36%, 19% und 7%.

23 Jan Hermelink, Praktische Theologie der Kirchenmitgliedschaft. Interdisziplinäre Untersuchungen zur Gestaltung kirchlicher Beteiligung, Göttingen 2000, 260.

ter ist.[24] Befragt nach den Gründen, warum man Mitglied in der (evangelischen) Kirche ist, wird die auf Konventionalität zielende Antwort «weil es sich so gehört» in der aktuellen Mitgliedschaftsuntersuchung sogar häufiger genannt als in den vergangenen Jahrzehnten.[25] Nach wie vor werden mehr als 90% der evangelischen Jugendlichen konfirmiert.[26]

Die Inanspruchnahme von Kasualien wird hingegen gegenwärtig stärker mit subjektiver, inhaltlich gefüllter Motivation begründet als in früheren Jahrzehnten.[27] Hier ist interessant, dass die bekundete Bereitschaft, die eigenen Kinder taufen zu lassen bzw. sich kirchlich trauen zu lassen, deutlich höher ist als die tatsächlich vollzogenen Kasualien, deren Inanspruchnahme gegenwärtig zurückgeht.[28] Das «Gewicht des Gewohnten» scheint im Bewusstsein stärker verankert zu sein als im tatsächlichen Handeln. Was das für die Frage nach der «Volkskirche» in Deutschland bedeutet, wird sich in den nächsten Jahren oder Jahrzehnten zeigen.

Diese Ambivalenz entspricht dem Diskurs zum Charakter der Kirche zwischen Institution und Organisation, der seit einigen Jahren praktisch-theologisch virulent ist. Mit dem Begriff der Institution verbindet sich eine Vorstellung von Kirche als selbstverständlichem Bestandteil der Gesellschaft mit klar definierten Aufgaben für diese.[29] In sie wächst man selbstverständlich hinein und sie wird von Traditionen und Selbstverständlichkeiten geprägt, mit denen sie Individuen von ihren individuellen Handlungssteuerungen entlastet. Wird Kirche hingegen als Organisation verstanden, muss sie sich ihrer Ziele und Zwecke vergewissern und diese kommunizieren. Sie entwickelt ein Profil als evangelische Kirche und grenzt sich in diesem von anderen ab. Sie muss sich um die Pflege ihrer Mitglieder und die Gewinnung neuer Mitglieder kümmern und konkurriert mit anderen Organisationen um gesellschaftliche Aufmerksamkeit und Zustimmung. Nachdem in den Anfängen der Debatte praktisch-theologisch überwiegend eine Bewegung von der Institution hin zur Organisation identifiziert wurde, wird die Situation gegenwärtig stärker als – produktives – Nebeneinander beider Logiken gedeutet.[30]

24 Vgl. EKD, Engagement und Indifferenz (Anm. 10), 10 und 82.

25 Vgl. EKD, Engagement und Indifferenz (Anm. 10), 17.

26 Vgl. Wolfgang Ilg/Friedrich Schweitzer/Volker Elsenbast i. V. m. Matthias Otte, Konfirmandenarbeit in Deutschland. Empirische Einblicke – Herausforderungen – Perspektiven. Mit Beiträgen aus den Landeskirchen (Konfirmandenarbeit erforschen und gestalten 3), Gütersloh 2009, 15.

27 Vgl. EKD, Engagement und Indifferenz (Anm. 10), 18.

28 Vgl. ebd., 18.

29 Vgl. ausführlicher Hauschildt/Pohl-Patalong, Kirche (Anm. 9), 157ff. sowie Jan Hermelink, Kirchliche Organisation und das Jenseits des Glaubens. Eine praktisch-theologische Theorie der evangelischen Kirche, Gütersloh 2012, 103ff.

30 Vgl. Hauschildt/Pohl-Patalong, Kirche (Anm. 9), 216ff.

5 Gesellschaftliche Relevanz von Kirche

Die Entwicklung des Verhältnisses von Kirche und Gesellschaft in der Moderne wurde lange als gesellschaftlicher Relevanzverlust von Religion und Kirche gedeutet. Dieses spiegelt sich praktisch-theologisch wider in der Konstruktion des Säkularisierungstheorems, nach dem Religion und Kirche parallel zur Modernisierung an gesellschaftlicher Bedeutung verlieren. Bezüglich Religion ist dies in Deutschland überwiegend vom «Pluralisierungstheorem» abgelöst worden, nach dem sich die Formen von Religion wandeln, ihre Präsenz in der Gesellschaft jedoch nicht abnimmt. Dies wird jedoch in der gesellschaftlichen Wahrnehmung und manchmal auch in der Wissenschaft einer sinkenden Relevanz von Kirche entgegengesetzt. Für diese gibt es in der Tat Anhaltspunkte wie den Mitgliederschwund (s. o.), den Verlust des religiösen Deutungsmonopols, die zunehmende Konkurrenz bei Ritualen oder den Bedeutungsverlust kirchlicher Feiertage (beispielsweise ist der Buss- und Bettag seit 1995 in Deutschland kein gesetzlicher Feiertag mehr).

Aber auch hier gibt es gleichzeitig Indikatoren, die auf eine bleibende Bedeutung der Kirche für die Gesellschaft oder sogar auf ihre erhöhte Relevanz schliessen lassen. Verglichen mit anderen Institutionen – in die in der Spätmoderne insgesamt das Vertrauen rückläufig ist – ist die gesellschaftliche Akzeptanz der Kirchen vergleichsweise hoch. Auch in gesellschaftlich relevanten Fragen, zumeist im ethischen Bereich, wird die Kirche in Deutschland in Öffentlichkeit und Politik als Gesprächspartnerin gesucht. In den aktuellen Debatten um Anfang und Ende des Lebens oder um Fragen der Zukunft der Menschheit wird nach einem Beitrag der christlichen Religion gefragt und diese als relevante Stimme wahrgenommen. So wurden beispielsweise in die 2011 nach dem Reaktorunfall in Fukushima einberufene Kommission, die über den Atomausstieg beraten sollte, Vertreter der evangelischen und der katholischen Kirche berufen.

6 «Volkskirche» in Deutschland?

Auf allen Ebenen zeigt sich gegenwärtig ein ambivalentes Bild zur Frage, ob für die kirchliche Realität in Deutschland sinnvoll der Begriff «Volkskirche» verwendet werden kann. Die Befunde scheinen mir nicht eindeutig genug, um sich von dem Begriff und dem dahinter stehenden Konzept zu verabschieden und die damit verbundenen Stärken gesellschaftlicher Relevanz und breiten Anknüpfungsmöglichkeiten aufzugeben. Ebenso wenig scheint mir jedoch ein Grund zur Annahme beruhigender und nicht zu hinterfragender volkskirchlicher Selbstverständlichkeiten gegeben, die die grossen Kirchen in Deutschland in den nächsten Jahrzehnten verlässlich tragen würden. Die Kirchen in Deutschland sind im Umbruch – wohin genau, wird sich zeigen.

Volkskirche aus römisch-katholischer Perspektive

Judith Könemann

1 Verständnis und Bedeutung des II. Vatikanischen Konzils

Die katholische Theologie und Kirche greifen deutlich weniger, als dies in der protestantischen Theologie und Kirche der Fall ist, auf ein historisch wie theologisch elaboriertes Konzept von Volkskirche zurück. Dies macht schon ein Blick in die einschlägigen Lexika[1] deutlich. Bis zum II. Vatikanischen Konzil wurde der Begriff im katholischen Kontext kaum verwendet und firmierte vor allem im protestantischen Bereich. Die theologische Diskussion über die pastorale Gestalt der Kirche wird im katholischen Raum – spätestens seit dem II. Vatikanischen Konzil – denn auch weniger über Konzept und Begriff der Volkskirche geführt, auch wenn die katholische Kirche in den deutschsprachigen Ländern über lange Zeit als Volkskirche verstanden wurde und teilweise noch wird, als vielmehr über die Theologie der Gemeinde und unterschiedliche Gemeindekonzeptionen und -modelle. Im Folgenden sollen deshalb, ausgehend vom Begriff der Volkskirche und seiner Verwendung im katholischen Kontext und unter Berücksichtigung des durch das II. Vatikanische Konzil in den Vordergrund gerückten Begriffs des «Volkes Gottes», der nachvatikanisch entstehenden Gemeindetheologie und ihrer Verbindung zum Begriff der Volkskirche nachgegangen und die kritische Auseinandersetzung mit dieser Theologie angesichts gegenwärtiger Herausforderungen sowie aktuelle Ansätze skizziert werden.

Volkskirche beschreibt katholischerseits in einem ersten Sinne die möglichst grosse Deckungsgleichheit zwischen der Zugehörigkeit zur katholischen Kirche (Mitgliedschaft) und der Gesellschaft in einem bestimmten Land, z. B. Deutschland oder der Schweiz. Dabei sind Begriff und Verständnis von Volkskirche in der zweiten Hälfte des 20. Jahrhunderts, sicher nicht zuletzt aufgrund der Brechung jeden völkischen Gedankens durch die Erfahrungen des Nationalsozialismus, vielleicht aber auch aufgrund der auf Rom hin orientierten Zentralität wie des weltkirchlichen Charakters der katholischen Kirche, vor allem aus pragmatischen Gründen an den nationalen Grenzen orientiert, da auch die Kirchen nach wie vor national als Katholische Kirche in Deutschland oder der Schweiz verfasst sind. In diesem Sinne korrespondiert das katholische Verständnis von Volkskirche durchaus mit dem Verständnis, wie es bei Johann Hinrich Wichern grundgelegt ist.[2] Im Zuge der Re-Christianisierungsbemühungen nach dem Zweiten Welt-

1 Martin Hein/Norbert Mette, Art. Volkskirche, in: LThK, 3. Aufl. Bd. 10, 862–864; Wolfgang Huber/Henning Schröer, Art. Volkskirche, in: TRE Bd. 35, 249–262.; Martin Hein/Wilhelm Hüffmeier/Reiner Preul, Art. Volkskirche, in: RGG 4. Aufl. Bd. 8, 1184–1187.

2 Vgl. Huber, Volkskirche (Anm.1), 250.

krieg in den 50er-Jahren sollte das Volk wieder deutlich im christlichen Glauben beheimatet werden und ging es der katholischen Kirche darum, ihre öffentliche gesellschaftliche Rolle und Bedeutung zu sichern. Dieses war am ehesten möglich, wenn sie Volkskirche im Sinne einer möglichst grossen Deckungsgleichheit zwischen Bevölkerung und christlichem Glauben, hier katholischer Provenienz, war. Seinen historischen Anhaltspunkt findet dieses in grossen Teilen bis heute geltende territorial-flächendeckende volkskirchliche Versorgungsprinzip im Konzil von Trient (1545–1563), auf das die Zuordnung eines jeden katholischen Gläubigen zu einer Pfarrei zurückgeht. Dieses Prinzip fand dann auch kirchenrechtlichen Niederschlag in can. 374 § 1 CIC: «Jede Diözese oder andere Teilkirche ist in verschiedene Teile, d. h. Pfarreien, aufzugliedern», und in can. 515 § 1 CIC: «Die Pfarrei ist eine bestimmte Gemeinschaft von Gläubigen, die in einer Teilkirche auf Dauer errichtet ist und deren Seelsorge unter der Autorität des Diözesanbischofs einem Pfarrer als ihrem eigenen Hirten anvertraut wird.»

In der vorkonziliaren Kirche der 50er-Jahre waren die Gläubigen jedoch nach wie vor die Objekte der kirchlichen Seelsorge, insofern stand – auch dies ähnlich wie bei Wichern[3] – die Versorgung des Volkes mit Heilsgütern durch die Kirche im Vordergrund. Volkskirche ist in diesem Sinne eine versorgende Kirche oder, stärker formuliert, eine Betreuungskirche. Äussere Kennzeichen dieses volkskirchlichen Charakters sind in der Regel die Selbstverständlichkeit der Kindertaufe, geregelte finanzielle Unterstützung, im deutschsprachigen Raum vor allem durch die staatlich organisierte Kirchensteuer gewährleistet, und die Gewährung von Privilegien wie dem Status als Körperschaft öffentlichen Rechts, die Durchführung von bekenntnisgebundenem und konfessionellem Religionsunterricht an öffentlichen Schulen oder die Existenz von Fakultäten bekenntnisgebundener Theologien (kath./ prot.) an staatlichen Universitäten. Als innere Kennzeichen können die Übereinstimmung mit den Glaubensinhalten der katholischen Kirche, die Akzeptanz religiös begründeter Werte und Normen, die regelmässige Praxis der kirchlichen Handlungsvollzüge – also die Mitfeier von Liturgie und Sakramenten – und auch Formen der Volksfrömmigkeit gelten, also insgesamt die Akzeptanz der lebensgeschichtlich-ordnenden Bedeutung der Kirche für das Individuum.

Gesellschaftliche Wandlungsprozesse führten mit der allmählichen Auflösung des so genannten katholischen Milieus zu einer ersten Entflechtung dieses gerade skizzierten volkskirchlichen Charakters in den 60er-Jahren.[4] Eine entscheidende Bedeutungserweiterung des Begriffes der Volkskirche erfolgte durch das II. Vatikanische Konzil. Indem dieses den Begriff des «Volkes Gottes» zu einem seiner Leitbegriffe erhob und die Metapher des der Geschichtlichkeit und Gefährdungen

3 Vgl. ebd., 250.

4 Vgl. Karl Gabriel, Christentum zwischen Tradition und Postmoderne, Freiburg 1992; Urs Altermatt, Katholizismus und Moderne, Zürich 1991.

ausgesetzten, durch die Geschichte pilgernden Volkes Gottes dem bis dahin geltenden Kirchenbild der societas perfecta gegenüberstellte, verortete das Konzil die Kirche in der Tradition des Exodus und rückte sie in der Tradition der Solidarität Gottes an die Seite der Armen, an die Seite des Volkes (LG 8, 9). Ferner wird mit dem Begriff des Volkes Gottes die allen Glaubenden gemeinsame «wahre Gleichheit» beim Aufbau des Reiches Gottes hervorgehoben (LG 32), die ihren Ausdruck in der Teilhabe am prophetischen, priesterlichen und königlichen Amt Jesu, zusammengefasst im gemeinsamen Priestertum aller Gläubigen, findet. Damit wird die Verantwortung des ganzen Gottesvolkes für die Heilssendung der Kirche hervorgehoben (Kirche als communio), was gegenüber der alleinigen Verantwortung des Pastors mit den Gläubigen als Objekten seiner Seelsorge in der vorkonziliaren Kirche einen Paradigmenwechsel darstellt, wodurch gleichzeitig der einzelne Gläubige in den Mittelpunkt der Aufmerksamkeit gerückt und als Subjekt seines Glaubens verstanden wird.

2 Gemeindetheologie im Nachgang des Konzils

Dieser Gedanke des Volkes Gottes und der communio und die damit einhergehende Anerkennung der Subjektivität der Gläubigen auch in Angelegenheiten des Glaubens führte nun mit Blick auf die Praktische Theologie zu einer neuen Bestimmung derselben: Sie wurde zu einer wissenschaftstheoretisch eigenständig verorteten wissenschaftlichen Disziplin und firmierte nicht länger als Anwendungswissenschaft der Systematischen Theologie,[5] eine Tatsache, die parallel und im unmittelbaren Nachgang zum Konzil zunächst zur Rezeption des bis dahin in der katholischen Kirche nicht beheimateten Begriffs der Gemeinde und zur Entstehung einer eigenen Gemeindetheologie führte.[6] Der, mit der Theologie des Volkes Gottes, durch das Konzil grundgelegte und vollzogene Paradigmenwechsel findet praktisch-theologischen Ausdruck insbesondere in der Rezeption des Begriffs der Gemeinde, der dem Begriff der Pfarrei gegenübergestellt wird.[7] Dieser Begriff wird in Deutschland auch von der Würzburger Synode aufgegriffen und die Gemeinde gegenüber der Pfarrei als die nicht rechtlich, sondern als personaler Zusammenschluss von an Jesus Christus glaubenden Menschen verstanden. So definiert die Synode Gemeinde folgendermassen: «Die Gemeinde ist an einem

5 Vgl. Ferdinand Klostermann/Rolf Zerfass (Hg.), Praktische Theologie heute, München 1974.

6 Vgl. Ferdinand Klostermann, Prinzip Gemeinde, Wien 1965; Ferdinand Klostermann, Wie wird unsere Pfarrei eine Gemeinde? Wien 1979; vgl. Henry Fischer/Norbert Greinacher/Ferdinand Klostermann, Die Gemeinde. Pastorale Handreichung für den pastoralen Dienst, Mainz 1970.

7 In der Schweiz ist die Rezeption dieses Begriffes etwas schwächer ausgefallen und er hat sich nicht in gleichem Masse wie in Deutschland durchgesetzt. Davon zeugt auch der Umstand, dass vielfach von Pfarrgemeinde gesprochen wird. Dies gilt allerdings nicht für die damit verbundene Theologie, die in gleichem Masse rezipiert und umgesetzt wurde. Im Folgenden ist entsprechend, wenn von Gemeinde gesprochen wird, immer die Pfarrgemeinde gemeint.

bestimmten Ort oder innerhalb eines bestimmten Personenkreises durch Wort und Sakrament begründete, durch den Dienst des Amtes geeinte und geleitete, zur Verherrlichung Gottes und zum Dienst an den Menschen berufene Gemeinschaft derer, die in Einheit mit der Gesamtkirche an Jesus Christus glauben und das durch ihn geschenkte Heil bezeugen.»[8]

Die in der Folge entstehenden Gemeindekonzeptionen grenzen sich deutlich von dem noch stark vorkonziliar geprägten volkskirchlichen Modell der Versorgung ab und setzen demgegenüber auf die Aktivierung und Beteiligung der Gläubigen, auf die «Verlebendigung» der Gemeinden. Paradigmatisch findet dies seinen Ausdruck in der Formulierung Ferdinand Klostermanns: «Unsere Pfarreien müssen zu Gemeinden werden.»[9] Dies führte Ende der 60er- und in den 70er-Jahren innerhalb der praktischen Theologie zu einer intensiven und kontrovers geführten Diskussion um die Frage nach «Pfarrei oder Gemeinde», die ihren Ausdruck nicht zuletzt in der Kontroverse zwischen dem von einigen Theologen vertretenen Modell der «Gemeindekirche» als einer Kirche der Freiwilligkeit und der bewussten Entscheidung als notwendiger Alternative zum volkskirchlichen Modell fand. Ferner blieben die gesellschaftlichen Veränderungen und die damit verknüpften Entkirchlichungsprozesse nicht ohne Auswirkungen auf die Diskussion um die angemessene Konzeption von (Pfarr-)Gemeinde und führten dann Ende der 80er- und zu Beginn der 90er-Jahre zu der kontrovers geführten Debatte zwischen dem Modell kooperativer Pastoral auf der einen und dem Konzept der Sozialpastoral auf der anderen Seite. Allen Modellen und den damit verbundenen Kontroversen gemeinsam ist der Ausgangspunkt, dass die Sozialform der Gemeinde eine, wenn nicht die eigentliche Ausdrucksform der (gemeinschaftlichen) Praxis des christlichen Glaubens ist.[10]

Das Modell der «Gemeindekirche», das vor allem auf Ferdinand Klostermann, Karl Rahner und Norbert Greinacher[11] zurückgeht und sich in erster Linie gegen ein vorkonziliares Modell der Volkskirche wendet, in dem Zugehörigkeit zur Kirche selbstverständlich und weitgehend unreflektiert erfolgt, versteht mündiges Christsein vor allem als bewusste Entscheidung für dieses Christsein und rückt damit das Entscheidungsmoment als notwendiges Element des christlichen Lebens in den Vordergrund. Im Hintergrund steht die Erfahrung erster deutlich

8 Gemeinsame Synode der Bistümer in der Bundesrepublik Deutschland, Neuausgabe der Offiziellen Gesamtausgabe I, Beschluss: Die pastoralen Dienste in der Gemeinde, 581–636 Pkt. 2.3.2, 605.

9 Fischer/Greinacher/Klostermann, Die Gemeinde (Anm.6), 15.

10 Vgl. dazu Norbert Mette, wenn dieser schreibt: «…dass Gemeinde als kirchlicher Sozial- und Praxisgestalt eine epochale Bedeutung zukommt und dass darum für die Zukunft der Kirche viel davon abhängt, ob es gelingt, die Zielvorstellung einer ‹mündigen Christengemeinde› im kirchlichen und gesellschaftlichen Leben umzusetzen.» Norbert Mette, Einführung in die katholische Praktische Theologie, Darmstadt 2005, 117.

11 Vgl. Norbert Greinacher, Zielvorstellungen kirchlicher Gemeinde von morgen, in: Norbert Greinacher, Gemeindepraxis. Analysen und Aufgaben, München 1979, 126–141; ferner Karl Rahner, Strukturwandel der Kirche als Aufgabe und Chance, Freiburg 1972.

wahrnehmbarer Entkirchlichungsprozesse, die, so die Vertreter dieses Modells, das Ende der Volkskirchen andeuteten, so dass in dieser «Diasporasituation» – so die Formulierung von Karl Rahner – das Christsein viel klarer und kompromissloser gelebt werden könne, nicht zuletzt deshalb, weil jeder Druck gesellschaftlicher Konvention, wie er einer Volkskirche zu eigen sei, entfalle. Gleichzeitig bedürfe die Kirche gerade angesichts des mit dem Ende der Volkskirche einhergehenden Verlustes gesellschaftlicher und öffentlicher Selbstverständlichkeit eines bewussten, entschiedenen und engagierten Christseins, um auch weiterhin gesellschaftlich wie öffentlich wahrgenommen zu werden. Binnenkirchlich fand die Realisierung dieses mündigen Christseins Ausdruck in einem Verständnis christlicher Existenz, das insbesondere auf Partizipation, Emanzipation und Engagement setzte und Gemeinde in diesem Sinne als lebendige Gemeinde, als Gemeinschaft verstand, in der sich möglichst viele Menschen engagieren, und in der den anonymen Strukturen der vorkonziliaren Pfarrei die Vertrautheit persönlicher Beziehungen, die Erfahrbarkeit der im Glauben verbundenen Beziehungen gegenübergestellt wurden. Zugehörigkeit sollte keine Frage der Konvention mehr sein, sondern Ausdruck der bewusst getroffenen freiwilligen Entscheidung. Theologisch wurde dieses Modell vor allem biblisch rückgebunden, mit einer starken Orientierung am Handeln Jesu und seiner Hin- und Zuwendung zu den Armen.[12]

Das Modell der Gemeindekirche hat teilweise bis heute deutliche Kritik provoziert. Diese richtete sich erstens auf die negative Sichtweise der Volkskirche als reiner Konventions- und Traditionskirche und damit eng verknüpft auf die starke Betonung der bewussten Entscheidung. Der Hauptvorwurf unterstellte denn auch ein elitäres Denken und Elitebewusstsein der «Entschiedenen» und einen quasi dogmatischen Zwang zum Engagement.[13] Ein zweiter Kritikpunkt richtete sich auf den Abgesang auf die Volkskirche und damit auf die Frage nach Zugehörigkeit, die in dieser Entscheidungskirche über den Grad des Engagements geregelt würde, was jedoch zu Exklusionsprozessen gegenüber denjenigen führe, die zur Kirche ein eher distanzierteres Verhältnis pflegten, ohne jedoch ihre Kirchenbindung oder religiöse Praxis aufzugeben. Zudem werde die Tatsache, dass es immer Menschen gebe, die religiös praktizierend seien, ohne sich jedoch in der Ge-

12 Vgl. Greinacher, Zielvorstellungen (Anm.11); auch darin kann eine Abkehr von der vorkonziliaren Bestimmung von Kirche und Pfarrei gelesen werden, die diese fast ausschliesslich dogmatisch bestimmte.

13 Vgl. die ausführliche und deutliche Kritik von: Herbert Haslinger, Handbuch der Praktischen Theologie Bd. 2, Mainz 2000, 287–290 und: Herbert Haslinger, Lebensort für alle. Gemeinde neu verstehen, Düsseldorf 2005, 84–91. Vgl. ferner die Kritik vor allem am Zwang zu Gemeinschaft und Engagement von: Rainer Bucher, Die Gemeinde nach dem Scheitern der Gemeindetheologie. Perspektiven einer zentralen Sozialform der Kirche, PTHI 28, 2008, 66–90.

meinde engagieren zu wollen oder ihre bewusste Entscheidung öffentlich leben zu wollen, zu wenig ernst genommen.[14]

Als Modell einer Entscheidungskirche hat sich das Modell der Gemeindekirche nicht durchgesetzt,[15] allerdings sind wesentliche Elemente des Modells wie Partizipation und Engagement von Gläubigen in der Gemeinde, die Einführung pastoraler Berufe für Laien (-theologInnen), die hohe Aktivität in Gruppen und Gremien, die Bedeutung personaler (Vertrauens-)Beziehungen, letztlich das Diktum der «lebendigen Gemeinde», zu wesentlichen Charakteristika der nachkonziliaren Gemeindetheologie geworden und so in die nach wie vor weiterbestehenden volkskirchlichen Strukturen integriert worden.

Die Frage nach Entscheidung und Optionen bestimmt auch die zweite Kontroverse innerhalb der Diskussionen um die Gemeindekonzeptionen. Diese Kontroverse zwischen «kooperativer Pastoral» und «Sozialpastoral» kreiste dabei letztlich um die Frage nach der grundlegenden Ausrichtung der Pastoral und insbesondere um die Frage, welcher Stellenwert der sozialen und damit diakonischen Dimension in der Pastoral zukommen soll.[16] Wie schon in der ersten Kontroverse stand auch hier nicht nur die Frage nach der Gemeinde, sondern letztlich die Frage nach der gesamten Ausrichtung der Kirche im Hintergrund. Grundlage dieser Kontroverse stellen die bis Ende der 80er- und Anfang der 90er-Jahre fortgeschrittenen Entkirchlichungsprozesse mit der innerkirchlich inzwischen massiv spürbaren Konsequenz des Priestermangels dar. Angesichts dessen setzt das Modell, anknüpfend an den im II. Vatikanum betonten «communio-Gedanken», auf eine stärkere Zusammenarbeit sowohl innerhalb der Gemeinden zwischen Priestern und haupt- wie ehrenamtlichen MitarbeiterInnen als auch zunehmend zwischen den Gemeinden, was spätestens zehn Jahre später zu den auch formalen Zusammenschlüssen zu Pfarrverbünden, Gemeindeverbünden oder pastoralen Räumen führte.[17] Die Kritik seitens des Modells der Sozialpastoral, für das vor allem die Namen Hermann Steinkamp und Norbert Mette stehen,[18] richtet sich weniger gegen die Forderung nach Kooperation als vielmehr auf die unkritische Übernahme etablierter Strukturen – hier stand zum einen die Struktur des traditionellen katholischen Amtsverständnisses im Zent-

14 Vgl. Karl Lehmann, Chancen und Grenzen der neuen Gemeindetheologie, in: Internationale katholische Zeitschrift «Communio» 6, 1977, 51–53.

15 Aus dieser Diskussion hervorgegangen ist die «Integrierte Gemeinde», die sich als eine solche Entscheidungskirche versteht und in den 80er-Jahren viel Aufmerksamkeit auf sich zog, als zwei bekannte Theologen ihre Lehrstühle zugunsten eines Lebens in dieser Gemeinde aufgaben.

16 Vgl. Mette, Einführung Praktische Theologie (Anm.10), 125.

17 Verweis: Sekretariat der Deutschen Bischofskonferenz (Hg.), «Mehr als Strukturen ...» Neuorientierung der Pastoral in den (Erz-)Diözesen. Ein Überblick, Arbeitshilfen, Nr. 216, Bonn 2007.

18 Vgl. Hermann Steinkamp, Sozialpastoral, Freiburg 1991; vgl. Hermann Steinkamp, Solidarität und Parteilichkeit, Mainz 1994; vgl. ferner Norbert Mette/Ludger Weckel/Andreas Wintels (Hg.): Brücken und Gräben. Sozialpastorale Impulse und Initiativen im Spannungsfeld von Gemeinde und Politik, Münster 1999.

rum, an dem sich vor allem der Konflikt um die Gemeindeleitung entzündet, und zum anderen die Struktur der flächendeckenden Pastoral, die nach wie vor einer volkskirchlichen Struktur folgt. Kritisiert wurde einerseits, dass diese Strukturen als solche nicht hinterfragt, sondern durch vermehrte Kooperation ausschliesslich verwaltet würden.[19] Andererseits wurde dem Modell und der bisherigen Pastoral entgegengehalten, diese sei «überwiegend binnenkirchlich (ekklesiozentrisch) fixiert»[20] und auf das (Seelen-)Heil des Einzelnen ausgerichtet und damit viel zu individualistisch.[21] Demgegenüber wurde das befreiungstheologisch inspirierte Konzept der Sozialpastoral betont, das gegenüber der kritisierten individualistischen Verengung und mit Berufung auf die Reich-Gottes-Botschaft fordert, nicht nur den Einzelnen, sondern alle Menschen in den Blick zu nehmen, vor allem die Armen und Bedrängten, und dementsprechend das soziale und politische Engagement für Solidarität, Gerechtigkeit und Nachhaltigkeit als wesentlichen Teil des ureigensten Tuns der Kirche auch im pastoralen Handeln der Gemeinden viel stärker auszuweisen und zu verwirklichen. Im Hintergrund steht hier das Modell der Basisgemeinden in Lateinamerika als Gemeinden des persönlichen Engagements, die in ihrem politischen Engagement und ihrer Betonung von Veränderung auch auf struktureller Ebene deutlich über eine binnengemeindliche und auch individuelle Perspektive hinausgehen. Beide Konzepte seien – so Norbert Mette – nicht miteinander zu vermitteln, da die kooperative Pastoral wie die herkömmliche vor allem prinzipiengeleitet und die Sozialpastoral kontextbezogen und optionengeleitet sei.[22]

Die Veränderung oder Auflösung der klassischen volkskirchlichen Strukturen liegt beiden Debatten zugrunde, und auch, wenn in der derzeitigen Debatte um die künftige strukturelle und inhaltliche Ausrichtung der Pastoral letztlich von einer Auflösung dieser Strukturen ausgegangen wird, bleibt die Frage, wie es trotz des Rückgangs gelingen kann, öffentlich präsent zu bleiben, und zwar sowohl für die einzelnen Menschen als auch in der Gesellschaft insgesamt.

Das II. Vatikanische Konzil und die im Nachgang entstehende Gemeindetheologie führten dazu, dass pastoral die (Pfarr-)Gemeinde zum eigentlichen Ort gelebten Christseins wurden. Andere Orte traten demgegenüber eher in den Hintergrund oder waren aufgrund der doch nach wie vor starken volkskirchlichen Struktur noch nicht im Blick. Dies hat sich in der aktuellen Debatte um die Gestalt der Kirche in der gegenwärtigen westeuropäischen Gesellschaft deutlich verändert.

19 Vgl. Mette, Einführung Praktische Theologie (Anm. 10), 126.
20 Ebd., 127.
21 Vgl. ebd., 127.
22 Vgl. ebd., 128.

3 Die gegenwärtige Debatte um die Pastoral

Im Zentrum der gegenwärtigen Diskussion um die Zukunft der Pastoral und damit auch der Kirche steht neben der Frage nach dem angemessenen Gemeindemodell vor allem die Frage nach der Angemessenheit der Sozialform Gemeinde als solcher. Letztlich (noch) an der Sozialform Gemeinde festhaltend, kreist die in den vergangenen Jahren geführte Debatte um die Frage nach der Notwendigkeit der territorialen Verortung von Gemeinde oder der Auflösung der territorialen Bindung.

Paradigmatisch für die beiden Positionen können hier zum einen Jürgen Werbick als vehementer Verteidiger des Territorialprinzips[23] und zum anderen die Vertreter der «Lebensraumorientierten Seelsorge» (LOS)[24] genannt werden, die anknüpfend an die Sinus-Milieus für eine Schwerpunkt- und Profilbildung in den Gemeinden plädieren, so dass nicht mehr alle Angebote in einer Gemeinde vorgehalten werden und sich die Pastoral stärker an den jeweiligen in der Gemeinde angesiedelten Milieus orientiert. Im Hintergrund stehen zum einen die massiven Um- und Restrukturierungsprozsse in fast allen deutschsprachigen Diözesen in den vergangenen fünfzehn Jahren und damit verbunden die Frage, wie viel Überschaubarkeit, wie viel Beheimatung «vor Ort» die Pastoral braucht und wie das Bedürfnis danach gesichert werden kann. Ein Angebot, Überschaubarkeit und Beheimatung gerade in den pastoralen Grossräumen zu sichern und gleichzeitig aktives Gemeindeleben zu fördern, ist der Versuch, das in den Kirchen des Südens in Asien und Afrika entstandene Konzept der «Kleinen christlichen Gemeinschaften» (KCG) für unseren pastoralen Kontext fruchtbar zu machen und zu inkulturieren.[25]

Über die Sozialform (Pfarr-)Gemeinde und auch über die konfessionellen Grenzen hinaus gehen derzeit aus dem anglophonen Raum rezipierte Ansätze wie die der «Liquid church» oder der «Fresh Expressions»[26], die unabhängig von gemeindlicher Sozialform Kirche eher als Netzwerk verstehen und Modelle von Kommunikations- und Passantenpastoral in den Vordergrund rücken. Diese Ansätze wollen der veränderten religiösen Gegenwartslandschaft und religiösen Privatisierungs- wie Pluralisierungsprozessen stärker Rechnung tragen, als es die klassischen Gemeinden vermögen. Verflüssigung von Strukturen, Nachfrage nach Gelegenheitskontakten, Möglichkeiten zu situativen Intensivkontakten, Gast-

23 Vgl. Jürgen Werbick, Warum die Kirche vor Ort bleiben muss, Donauwörth 2002.

24 Vgl. dazu die informative Website: http://www.bistummainz.de/pfarreien/dekanat-mainz-stadt/los/index.html (Zugang: 30.12.2014); Alfred Dubach, Lebensraumorientierte Seelsorge in der Stadt St. Gallen. Inhaltliche Leitvorstellungen, Schweizerisches Pastoralsoziologisches Institut 2003; vgl. Michael Ebertz/Bernhard Wunder (Hg.), Milieupraxis. Vom Sehen zum Handeln in der pastoralen Arbeit, Würzburg 2009.

25 Vgl. ausführlich dazu die Website: http://kcg.missio-blog.de/ (Zugang: 30.12.2014).

26 Vgl. http://www.freshexpressions.org.uk/ und auch http://www.freshexpressions.ch/ (Zugang: 30.12.2014).

freundschaft, Anonymität und Spontaneität erhalten hier eine positive Konnotierung.[27] Die Grenzen kirchlicher Sozialräume sollen so zugunsten einer sozialräumlichen Weitung überschritten werden und pastorale Arbeit wird stärker im Feld der Säkularität verortet. Ekklesiologisch bedeutet dies zum einen die Umstellung einer Orientierung an den Bedürfnissen der Sozialform zu einer Orientierung an den pastoralen Aufgaben und zum anderen die Abkehr von der Zentrierung auf die Kerngemeinde zugunsten einer Struktur als Netzwerk unterschiedlichster pastoraler Orte.[28]

Jenseits einer volkskirchlichen Struktur bewegen sich auch pastorale Ansätze, wie sie etwa in der französischen Kirche, z. B. in der Diözese Poitiers, zu finden sind. Der Entkirchlichungsprozess ist hier so weit vorangeschritten, dass eine flächendeckende Pastoral nicht mehr möglich ist und Pastoral sich dort ereignet, wo verschiedene Menschen bereit sind, sich für die pastoralen Belange zu engagieren. Diese werden dann vom Bischof für ihre Aufgabe beauftragt und sind in einer bestimmten Region präsent. Pastoral existiert dort, wo Menschen willens und bereit sind, ihren Glauben nicht ausschliesslich privat, sondern in Gemeinschaft mit anderen zu leben.[29] Gleichermassen jenseits einer volkskirchlichen Struktur und in enger Verbindung zum Ansatz in Poitiers ist auch die «pastoral d'engendrement» ausgestaltet, der es explizit darum geht, kein neues pastorales Konzept zu sein, sondern vielmehr eine Haltung. Diese Haltung weitet die Grenzen der klassischen pastoralen Orte, in dem es ihr vor allem darum zu tun ist, den Zusammenhang von Leben und Evangelium zuzulassen, der sich an jedem Ort ereignen kann. Pastoral stellt diesen Zusammenhang nicht her, sie entfaltet ihn auch nicht, sondern sie schafft «nur» Bedingungen dafür, dass sich dieser Zusammenhang ereignen kann. In diesem Sinne versteht sie sich als «zeugende» Pastoral.[30]

27 Vgl. Reiner Bucher, … wenn nichts bleibt, wie es war. Zur prekären Zukunft der katholischen Kirche, Würzburg 2012, 186–192.

28 Vgl. ebd., 171; ferner Michael Schüssler, Liquid church als Ereignis-Ekklesiologie. Über Verflüssigungsprozesse in Leben, Lehre und Kirche, in: PThI 34, 2015, Heft 1 (im Druck).

29 Vgl. näher dazu: Reinhard Feiter/Hadwig Müller (Hg.), Was wird jetzt aus uns Herr Bischof? Ermutigende Erfahrungen der Gemeindebildung in Poitiers, Ostfildern 2009.

30 Reinhard Feiter/Hadwig Müller (Hg.), Frei Geben. Pastoraltheologische Impulse aus Frankreich, Ostfildern 2012.

II. Geschichte der Volkskirche

Volkskirchlichkeit und Volkskirche – Impulse aus der älteren Kirchengeschichte

Katharina Heyden

Der Begriff Volkskirche ist eng mit dem deutschen Protestantismus verbunden. Schleiermacher, der die «Volkskirche» erstmals zum Gegenstand ekklesiologischer Reflexion machte, bezeichnete damit bekanntlich nicht eine in Vergangenheit oder Gegenwart real existierende Gestalt von Kirche, sondern eine Zukunftsvision.[1] Seither wurde der Begriff zumeist präskriptiv zur Bezeichnung von (deutschen protestantischen) Visionen und Zukunftsvorstellungen, weniger deskriptiv zur Beschreibung konkret auffindbarer Gestalten von Kirche verwendet.[2] Eignet er sich vor diesem Hintergrund überhaupt als heuristische Kategorie für die Beschreibung historischer Kirchengestalten?

Ein Blick in die Geschichte kirchenhistorischer Forschung scheint zunächst eine negative Antwort auf diese Frage nahezulegen: Ein quellensprachliches Äquivalent zum Begriff existiert nicht, und auch die Forschung ist fast ausnahmslos ohne ihn ausgekommen (wozu neben der konfessionellen Prägung des Begriffs vermutlich auch das Fehlen eines Äquivalents in anderen Sprachen beigetragen hat[3]). Es gibt jedoch mit dem kürzlich verstorbenen katholischen Theologen und Publizisten Rudolf Hernegger und dem protestantischen Kirchenhistoriker Peter Gemeinhardt zwei prominente Ausnahmen, die in mehrfacher Hinsicht aufschlussreich sind für den Diskurs um die Volkskirche.

Im Folgenden wird von diesen beiden Entwürfen ausgehend (1) und in Auseinandersetzung mit ihnen nach heuristischen Kriterien zur Bestimmung von Volkskirchlichkeit und Volkskirche gefragt (2), die sodann auf die Christentumsgeschichte angewendet (3) und schliesslich mit dem heutigen Diskurs um die Volkskirche ins Gespräch gebracht werden (4) sollen.

Die Untersuchung bewegt sich dabei in einem heuristischen Zirkel, der mit dem eingangs skizzierten Befund zur Begrifflichkeit unweigerlich gegeben ist: Da «Volkskirche» kein quellensprachlicher Begriff ist, müssen die Kriterien, anhand

1 Vgl. Friedrich D. E. Schleiermacher, Die christliche Sitte, In: Hermann Peiter (Hg.), Christliche Sittenlehre. Vorlesung im Wintersemester 1826/27. Nach größtenteils unveröffentlichten Manuskripten Schleiermachers und seiner Hörer, Berlin 2011. (Schleiermachers Schrift «Die christliche Sitte» wurde 1843 posthum herausgegeben).

2 Zur Begriffsgeschichte siehe Andreas Leipold, Volkskirche. Die Funktionalität einer spezifischen Ekklesiologie nach 1945, Göttingen 1997, 11–51 sowie Wolfgang Huber, Art. Volkskirche I: TRE, Bd. 25, 2003, 249–254; auch der entsprechende Eintrag in RGG[4] 8, 2005, 1183–1187 kommt ohne einen Abschnitt zur historischen Dimension von Volkskirche aus.

3 Die beiden Ausnahmen – das dänische «folkekirche» und der Begriff «iglesia popular» in der lateinamerikanischen Befreiungstheologie – sind für die historische Forschung irrelevant.

derer das entsprechende Phänomen in der Geschichte aufgespürt werden kann, erst erhoben werden. Man landet dabei zwangsläufig in der Spätantike, weil die beiden einzigen Forschungsbeiträge zum Thema genau auf diese Zeit fokussieren. Dieser Zirkel sei mit einem Hinweis auf Heidegger legitimiert, der in einer Reflexion über den hermeneutischen Zirkel formulierte: «Das Entscheidende ist nicht, aus dem Zirkel heraus-, sondern in ihn nach der rechten Weise hineinzukommen.»[4] Richtig in den Zirkel hineinzukommen – das bedeutet in diesem Fall: ihn so abzuschreiten, dass dabei ein Erkenntnisgewinn sowohl im Blick auf die Kirchengeschichte als auch für den heutigen Diskurs um Volkskirche entstehen kann.

1 Beschreibung und Bewertung der «Volkskirche» in der kirchenhistorischen Forschung

Rudolf Hernegger hat in seinem 1963 erschienenen Werk «Macht ohne Auftrag. Die Entstehung der Staats- und Volkskirche» im Rahmen einer Verfallsgeschichte den «Bund zwischen Kirche und Staat» seit Konstantin als Geburtsstunde der Volkskirche beschrieben.[5] Unverkennbar ist die negative Bewertung des Phänomens, das der ehemalige Franziskanerbruder mit deutlich polemischer Intention im Blick auf die ekklesiologischen Diskussionen seiner eigenen Zeit – das Werk erschien, während das Zweite Vatikanische Konzil tagte – mit dem Begriff «Volkskirche» bezeichnet. Die Wesensmerkmale der Staats- und Volkskirche sind Hernegger zufolge: (1) die numerische Identität von Staatsvolk und Kirchenvolk, (2) die Übernahme paganer Religiosität in das Christentum, (3) die strukturelle Unfähigkeit zur Christianisierung des Kirchenvolks, (4) der Versuch der Verchristlichung des äusseren Rahmens der Gesellschaft (Gesetze, Institutionen usw.) als Kompensation für den mangelnden Glauben der Massen und (5) die Ausprägung und Propagierung einer herrschaftserhaltenen Ideologie. Hernegger zufolge haben die Charakteristika (2)-(5) auch den Niedergang der Staatskirche überlebt, so dass zu seiner Zeit immer noch eine Volkskirche mit eben jenen Wesensmerkmalen existiert habe. Für ihn war die «volkskirchliche Struktur das grösste Hindernis bei einer eventuellen Neuausrichtung der Kirche»,[6] die in den Jahren des Konzils lebhaft diskutiert wurde. Die ebenso schlichte wie starke Begründung für dieses Urteil lautet: «Die Staats- und Volkskirche ist nicht eine Realisierung der christlichen Botschaft.»[7]

4 Martin Heidegger, Sein und Zeit, Tübingen 1926, 153.

5 Rudolf Hernegger, Macht ohne Auftrag. Die Entstehung der Staats- und Volkskirche, Olten/Freiburg 1963, 422.

6 Ebd., 437.

7 Ebd., 437.

Ganz anders tönt es, wenn der Göttinger Kirchenhistoriker Peter Gemeinhardt in unserer Zeit von «Volkskirche» spricht.[8] Auf der Grundlage der Erkenntnisse der neueren Forschung zur Spätantike, die die Postulate einer «konstantinischen Wende» und einer damit einhergehenden «Hellenisierung des Christentums» ebenso infrage stellen wie die Beurteilung dieser Entwicklung als Dekadenzgeschichte, charakterisiert Gemeinhardt – freilich ohne expliziten Bezug auf Hernegger – die Kirche der Spätantike in positivem Sinn als «Volkskirche». Während Hernegger die Volkskirche als «eine Folge des Bundes des Staates mit der Kirche» beschreibt, betont Gemeinhardt die Differenzen: Anders als in Armenien sei das Christentum im Römischen Reich niemals wirklich Staatskirche geworden, typisch und geradezu überlebenswichtig sei vielmehr eine spezifische Distanz bei gleichzeitiger Nähe der Kirche zum Staat gewesen. «Die Überlebensfähigkeit des Christentums hing letztlich daran, dass aus der Jesusbewegung und der Märtyrerkirche keine Staatskirche, [...] aber auch keine ‹Freikirche›, [...], sondern eine Volkskirche wurde, und zwar eine plurale Volkskirche».[9] Die beiden wesentlichen Merkmale dieser Volkskirche sind nach Gemeinhardt zum einen die Präsenz im öffentlichen Raum und zum anderen die Offenheit für verschiedene Formen der Partizipation. Beides habe der christlichen Kirche das Potenzial und die innere Flexibilität verliehen, in den germanischen Reichen des Frühmittelalters zur «vielgestaltigen Landeskirche»[10] zu werden. Aus dieser Beobachtung leitet Gemeinhardt nun auch Konsequenzen für die Gegenwart ab, wenn er am Schluss seiner Göttinger Antrittsvorlesung resümiert: «Aus der Perspektive der Spätantike scheint es, als hingen Leben und Überleben (der Kirche) in erster Linie an der Verständigung darüber, in welchem Sinne Kirche heute Volkskirche sein kann, d. h. Offenheit und Pluralität akzeptieren, besser noch bejahen und konzeptionell gestalten [...] will».[11] Auch hier verbirgt sich also, wie bei Hernegger, hinter der deskriptiven Verwendung des Begriffs ein präskriptives Interesse. Während aber der ehemalige Franziskanerbruder Hernegger in der Zeit des Zweiten Vatikanischen Konzils durch seine historische Arbeit zeigen wollte, dass die Volkskirche nicht alternativlos ist, sieht der Protestant Gemeinhardt in der Volkskirche zu Beginn des dritten Jahrtausends diejenige Kirchengestalt, die einer pluralistischen Gesellschaft entspricht.[12]

8 Die einschlägigen Beiträge sind jüngst zusammengefasst erschienen als erster Teil des Bandes Studien und Texte zu Antike und Christentum 90: Peter Gemeinhardt, Die Kirche und ihre Heiligen. Studien zu Ekklesiologie und Hagiographie in der Spätantike, Tübingen 2014.

9 Gemeinhardt, Kirche (Anm. 8), 45.

10 So Gemeinhardt, Kirche (Anm. 8), 30.

11 Gemeinhardt, Kirche (Anm. 8), 46. Damit fügt sich Gemeinhardt in die Reihe der (meist protestantischen) Theologen ein, die mit dem Begriff der Volkskirche einen *status quo* legitimieren wollen, dazu vgl. Huber, Volkskirche (Anm. 2), 249f.

12 Siehe besonders Gemeinhardt, Kirche (Anm. 8), 47–69.

2 Volkskirchlichkeit und Volkskirche: Präzisierungen und Kriterien

So unterschiedlich diese beiden Beurteilungen von Volkskirche auch sein mögen – eine kritische Zusammenschau der erwähnten Merkmale kann unter Einbeziehung «klassischer» Definitionen von Volkskirche doch zu einer Charakterisierung führen, die auch von heuristischer Relevanz ist. Zunächst scheint eine Differenzierung angebracht: Anders als bei Schleiermacher bezeichnet Volkskirche in den historischen Beschreibungen nicht die institutionelle Verfasstheit der Kirche, auch nicht in erster Linie ihr Verhältnis zum Staat, sondern bestimmte Struktur- und Organisationsmerkmale. Beide, Hernegger und Gemeinhardt, beschreiben die Unterscheidbarkeit von Staats- und Volkskirche, wenn auch mit entgegengesetzter These zur Genese der «Volkskirche»: Hernegger bezeichnet sie als Folge der Staatskirche, die aber auch nach dem Ende der Staatskirche unter anderer Verfassungsform erhalten bleibt; nach Gemeinhardt ist die Kirche bereits Volkskirche gewesen, *bevor* die institutionelle Verbindung von Kirche und Staat besiegelt wurde – was der historischen Wahrheit gewiss näherkommt. Diese Differenzierung sollte auch sprachlich präzise wiedergegeben werden, und zwar mittels der Unterscheidung zwischen «Volkskirchlichkeit» und «Volkskirche». Charakteristisch für Volks*kirchlichkeit* sind folgende Aspekte:

- Pluralität im Blick auf sozialen Stand, Bildung und Geschlecht sowie ethnische und kulturelle Herkunft der Mitglieder (Kirche aus dem Volk);
- Pluralität im Blick auf Partizipationsformen sowie Lebens- und Frömmigkeitsstile der Mitglieder[13] (Kirche durch das Volk);
- öffentliche Präsenz und Sichtbarkeit sowie aktive Teilnahme an gesellschaftlichen Diskursen, damit einhergehend eine Orientierung an der Mehrheit der Gesellschaft, auch wenn diese faktisch noch nicht oder nicht mehr gegeben ist[14] (Kirche für das Volk).

In einer Volks*kirche* tritt zu diesen Merkmalen noch hinzu

- eine gegenüber dem Staat autonome Verfassung der Kirche[15] sowie
- die Reflexion, positive Begründung und Gestaltung der innerkirchlichen Pluralität durch die zeitgenössischen, kirchenpolitisch massgeblichen theologischen Eliten.

13 Diesen Aspekt betonte Ernst Troeltsch, der Volkskirche als Ort der Ausbildung religiöser Individualität verstanden wissen wollte, vgl. Huber, Volkskirche (Anm. 2), 251f.

14 Mit diesem Aspekt ist das volksmissionarische Anliegen Johann Hinrich Wicherns ebenso aufgenommen wie die vor allem in jüngster Zeit stark gemachte Legitimierung der Volkskirche als «Betreuungskirche», vgl. Huber, Volkskirche (Anm. 2), 250.

15 Dies ist für Schleiermacher das wesentliche Charakteristikum der Volkskirche im Unterschied zur Staatskirche.

Legt man diese Kriterien an, so muss in der Tat die Spätantike als diejenige Epoche in den Blick treten, in der die christliche Mehrheitskirche (*ecclesia catholica*) am ehesten als Volkskirche in Erscheinung getreten ist, während eine gewisse «Volkskirchlichkeit» die Christentumsgeschichte zumindest Westeuropas seit dem 3. Jahrhundert und bis heute begleitet. Daher soll nun anhand der oben genannten Kriterien ein Bild von der «Volkskirche» der Spätantike skizziert werden, wie es sich im Blick auf die ekklesiale Gestalt und die ekklesiologische Reflexion darstellt.

3 Volkskirchlichkeit und Volkskirche in der Spätantike

3.1 Die ekklesiale Gestalt der Kirche in der Spätantike: Pluralität und Öffentlichkeit

Die Pluralität im Blick auf sozialen Stand, Bildungsniveau und Geschlecht (1) hatten die christlichen Gemeinden von Anfang an von den Synagogengemeinden geerbt, aus denen sie hervorgegangen sind. Die Vorstellung, wonach das frühe Christentum eine Religion von törichten Weibern und ungebildeten Handwerkern gewesen sei, ist durch die neuere Forschung als polemisches Konstrukt entlarvt worden, das zuerst von Nichtchristen als Argument gegen das Christentum und dann bisweilen auch von Christen zugunsten einer Idealisierung ihrer eigenen Frühgeschichte gebraucht wurde.[16] Die christlichen Gemeinden setzten sich von Anfang an aus Mitgliedern aller Gesellschaftsschichten zusammen – anders wäre die rasante Ausbreitung der neuen Religion im Römischen Reich auch nicht zu erklären.[17] Im Unterschied zu manchen religiösen Vereinen und Mysteriengemeinschaften, aber in Kontinuität mit den Synagogen war das Christentum in der Zusammensetzung der Gemeinden schlicht ein Spiegel der Gesellschaft.[18] Mit der Selbstdefinition als «Volk aus allen Völkern»,[19] die man als die ekklesiologische Pointe aus der Verselbständigung der Christen aus dem Judentum in den ersten beiden Jahrhunderten bezeichnen könnte, war auch die Pluralität der ethnischen Herkunft schon sehr früh zum Programm erhoben worden. Die Verengung des Volksbegriffs im neuzeitlichen Diskurs um die Volkskirche auf ein gentilizisches Verständnis entbehrt vor diesem Hintergrund jeder historischen Grundlage. Auch

16 Siehe z. B. Minucius Felix, Octavius 36, 3.

17 Vgl. die Einzelstudien von: Jörg Trelenberg, Pluriformes Christentum im heidnischen Karthago. Entdeckungen in Tertullians Schrift De spectaculis, in: Friedrich Schweitzer (Hg.), Kommunikation über Grenzen, Gütersloh 2009, 432–453; Wolfgang Wischmeyer, Von Golgatha zum Ponte Molle. Studien zur Sozialgeschichte der Kirche im dritten Jahrhundert, Göttingen 1992; Hanns Christof Brennecke, Ecclesia est in re publica (Optatus III 3). Das Christentum in der Gesellschaft an der Wende zum «Konstantinischen Zeitalter», Neukirchen-Vluyn 1992, 209–239.

18 Vgl. Brennecke, Ecclesia est in re publica (Anm. 18), 70f.

19 So etwa bei Justin, Dialogus cum Tryphone 119, 3.

in den mittelalterlichen Territorial- und Landeskirchen hat *populus* nie diese Konnotation, sondern bezeichnet entweder die gesamte Bevölkerung eines Gebietes oder die Gruppe der Laien als Gegenüber zum Klerus.[20] Im Frühmittelalter, erstmals greifbar während der sog. «Karolingischen Renaissance», bildet sich die «christliche Gesellschaft» heraus, die dann die Geschichte zumindest Westeuropas (mit Ausnahme der arabisch beherrschten Gebiete Spaniens und Siziliens) über Jahrhunderte prägen sollte. Nun erst recht spiegelte sich in der Kirche die soziale Pluralität der jeweiligen Gesellschaft – mit allen Problemen, die damit im Blick auf die christliche Botschaft in einer Feudalgesellschaft einhergingen.

Die Partizipationsweisen am kirchlichen Leben sowie christliche Lebens- und Frömmigkeitsstile (2) waren in der römischen Kaiserzeit vermutlich noch recht uniform – jedenfalls sollten sie es nach dem Willen der Theologen sein. Die Invektiven beispielsweise eines Tertullian gegen die zu lasche, zu wenig eindeutige, zu wenig engagierte Lebensweise der Christinnen und Christen Karthagos lassen, wenn auch ungewollt und eher nebenbei, erkennen, welche Vielfalt es in den christlichen Gemeinden tatsächlich gegeben hat.[21] Zum expliziten Thema ekklesiologischer Reflexion wurde diese Vielfalt aber erst mit dem massenhaften Zustrom in die christlichen Gemeinden im 4. Jahrhundert. Zwar bildeten sich schon im 2. Jahrhundert Ämter heraus, die auf eine gewisse Strukturierung des kirchlichen Lebens (und damit auch auf eine institutionalisierte Abstufung der Partizipation) hindeuten. Aber die Grundpfeiler – mehrjähriges Katechumenat für Taufanwärter, wöchentliche Teilnahme an der Eucharistie und ein strenges, klar reglementiertes Ethos für Getaufte – waren im Vergleich zu späteren Zeiten von hoher Verbindlichkeit. Das Phänomen des Taufaufschubs, häufig bis ans Lebensende, zeigt, dass viele Sympathisanten die lebenspraktischen Konsequenzen einer «Vollmitgliedschaft» in der Kirche scheuten.[22] Die Diskussionen über die Möglichkeit einer mehrfachen Busse, die vor allem nach Christenverfolgungen aufflammten, beweisen, dass die Toleranz im Blick auf die unterschiedlich stark ausgeprägte Identifikation ihrer Mitglieder innerhalb der christlichen Gemeinde zumindest keine Selbstverständlichkeit war.[23] Für die ersten drei Jahrhunderte lässt sich sagen: Eine Pluralität an Lebensstilen und Frömmigkeitsformen hat es innerhalb der Gemeinden immer gegeben, aber sie wurde von den Theologen aus-

20 Zum Begriff «Volk» vgl. aus Andreas Merkt, «Volk». Bemerkungen zu einem umstrittenen Begriff, in: Heike Grieser/Andreas Merkt (Hg.), Volksglaube im antiken Christentum, Darmstadt 2009, 17–27.

21 Jörg Trelenberg hat dies in seinem Aufsatz: Pluriformes Christentum (Anm. 17), exemplarisch gezeigt.

22 Zum Taufaufschub siehe Holger Hammerich, Taufe und Askese. Der Taufaufschub in vorkonstantinischer Zeit, Hamburg 1994; Eduard Nagel, Kindertaufe und Taufaufschub. Die Praxis vom 3.–5. Jahrhundert in Nordafrika und ihre theologische Einordnung bei Tertullian, Cyprian und Augustinus, Frankfurt 1980.

23 Zur Busse in der Antike siehe Giovanni Palmitessa, La penitenza nell' esperienza ecclesiale dei primi secoli, Ricerche teologiche 21, 2010, 179–210.

schliesslich als Problem angesehen und durch synodale Bestimmungen zurückgedrängt.

Dies änderte sich erst (und auch nur vorübergehend) seit der Mitte des 4. Jahrhunderts. Mit der Legalisierung durch das Galerius-Edikt 311 und das Mailänder Edikt zwei Jahre später war das schon seit längerem salonfähige Christentum nun auch ungefährlich geworden – das Martyrium als letzte Konsequenz des Bekenntnisses fiel weg[24] –, ja es konnte sogar karrierefördernd erscheinen: «Macht mich zum Bischof von Rom, und ich werde augenblicklich Christ!» soll der Senator und Inhaber traditioneller Priesterämter Vettius Agorius Praetaxtus gegenüber Papst Damasus geäussert haben.[25] Der Zustrom in die christlichen Gemeinden hatte zur Folge, dass Uniformität und Eindeutigkeit des Christlichen nicht nur noch weiter aufgeweicht, sondern auch explizit in Frage gestellt wurden. Überall wurden plötzlich Klagen von Theologen über «Halbchristen» (Χριστιανοὶ ἐξ ἡμισείας, *semichristiani*) laut, die nicht nur an den christlichen Eucharistiefeiern, sondern auch an Synagogengottesdiensten oder paganen Kulten teilnahmen.[26] Andere nahmen für sich ein (auch heute wieder attraktiv scheinendes) Christentum ohne Kirchenmitgliedschaft in Anspruch, wie der angesehene Rhetor und Philosoph Marius Victorinus, der dem Mailänder Bischof Simplicianus im Vertrauen bekannte: «Du sollst wissen, dass ich schon Christ bin», aber dessen Aufforderung, sich zum Beweis in die Kirche zu begeben, mit der rhetorischen Frage parierte: «Also machen Wände Christen?»[27] Wieder andere konnten sich einfach nicht endgültig zwischen den verschiedenen religiösen Optionen entscheiden, die ihnen ihre Umwelt bot.

Auf der anderen Seite, vielleicht sogar in bewusster Opposition zu diesen Entwicklungen, erlebten aussergemeindliche asketische und monastische Bewegungen im 4. Jahrhundert Konjunktur, deren Integration in die Kirche den Autoritäten nicht weniger Mühe bereitete als die der «Halbchristen».[28] Das Austarieren des innerkirchlichen Gleichgewichts angesichts dieser Pluralität, das Ringen um Integration möglichst vieler Lebens- und Frömmigkeitsstile sowie das Defi-

24 Diesen Aspekt betont Brennecke, Ecclesia est in re publica (Anm. 18) sehr stark.

25 So berichtet Hieronymus, Contra Iovinianum 8: *Facite me Romanae urbis episcopum, et ero protinus Christianus.* Selbst wenn es sich um eine Diffamierung seitens Hieronymus' handeln sollte, spiegelt diese Unterstellung den «Zeitgeist» wider. Vgl. auch Sulpicius Severus, Chronicon 2, 32, 3 (CSEL 1/SC 441).

26 So zum Beispiel Johannes Chrysostomos, der in seinen Predigten Adversus Iudaeos den Begriff «Halbchristen» (Χριστιανὸς ἐξ ἡμισείας) prägte; Ambrosius, In Lucam 7, 28;Ambrosius, Epistula 72, 8; Gaudentius, Sermo 4, 13–1; Maximus von Turin, Sermo 61c, 4; Augustinus, Sermo 260.

27 Diese Geschichte überliefert Augustinus in seinen Confessiones 8, 2, 4.

28 Zum Problem der Integration des Mönchtums in die Kirche im 4. Jahrhundert siehe Marcella Forlin Patrucco, Bishops and Monks in Late Antique Society, Zeitschrift für antikes Christentum 8, 2004, 332–345; James E. Goehring, Ascetics, society, and the desert: studies in early Egyptian monasticism, Harrisburg 1999.

nieren von Grenzen waren Signa der Christentumsgeschichte in der Zeit nach der Legalisierung des Christentums bis zum Untergang des Römischen Reiches.

Im Frühmittelalter gestaltete sich diese Vielfalt auf ganz andere Weise und wurde ekklesiologisch kaum reflektiert. Es gab nun viele lokale Christentümer in den unterschiedlichen Territorialkirchen, die jeweils eigene Liturgien und Bräuche ausprägten. Innerhalb jeder einzelnen Kirche war man auf eine gewisse Uniformität bedacht. Gregor der Grosse begnügt sich in einem Brief an den Bischof der Angelsachsen, Augustinus, zu Beginn des 7. Jahrhunderts damit, die Pluralität zu konstatieren und Anweisungen zu geben, wie in positiver Weise damit umzugehen sei. Augustinus möge aus den einzelnen Kirchen dasjenige auswählen, was fromm, gottesfürchtig und ordnungsgemäss sei, es in ein Buch bringen und es in den Herzen der Engländer zur bleibenden Gewohnheit hinterlegen.[29] In der Konsequenz dieser Anweisung entstand neben der römischen und gallischen eine weitere Territorialkirche mit ganz eigenem Gepräge. Die Vielfalt bezog sich nicht mehr auf die Zustände innerhalb einer Kirche, sondern wurde gewissermassen in die grosse *ecclesia catholica* ausgelagert, deren einzelne «Landeskirchen» im Blick auf Lebens- und Frömmigkeitsstile sowie die Partizipationsvielfalt der Mitglieder im Vergleich zur Spätantike sehr uniform waren.

Was die öffentliche Sichtbarkeit und Beteiligung an gesellschaftlichen Diskursen (3) betrifft, so vermitteln die Quellen aus den ersten Jahrhunderten ein ambivalentes Bild. Zwar wiesen die Apologeten den Vorwurf, die Christen entfernten sich bewusst aus der römischen Gesellschaft und träfen sich «in den hintersten Winkeln» zu geheimen Versammlungen, mit aller Vehemenz zurück und betonten ihre Loyalität zum Staat und die Beteiligung der Christen am öffentlichen Leben. Gleichzeitig aber wiesen die Theologen ihre Gemeinden in Predigten und polemischen Schriften an, Distanz zu der vom Götzendienst geprägten römischen Gesellschaft zu halten. Diese Ambivalenz zwischen Weltverachtung und Weltverantwortung ist ein ganz typisches Merkmal des frühen Christentums – und war für die paganen Zeitgenossen in ihrer Dialektik wohl schwer zu begreifen.

Die häufig anzutreffende Vorstellung indes, dass erst mit Konstantin das Christentum im Römischen Reich sichtbar geworden sei, hält dem Quellenbefund ebenso wenig stand wie das weiter oben erwähnte Klischee von der Kirche der Armen. Spätestens unter Kaiser Galienus (253–260 n. Chr.) entstanden die ersten Kirchenbauten – das berühmteste Beispiel ist die Hauskirche von Dura Europos, die Platz sowie unterschiedliche Nutzungsräume für etwa 70 Personen bot. Die Formulierungen im Edikt des Galerius von 311 und in der Mailänder Vereinbarung von 313, wonach die Kirchen und Gebäude den Christen «zurückgegeben» (*reddi*) und die Arbeiten am Wiederaufbau nicht behindert werden sollen, lassen ahnen, dass die syrische Grenzstadt kein Einzelfall war. Besonders im Osten des Reiches dürften um die Jahrhundertwende zahlreiche als Kirchen erkennbare

29 Gregor der Grosse, Epistula 11, 56a 2.

Gebäude die Stadtbilder mitgeprägt haben. Konstantins monumentale christliche Basiliken wiederum waren wohl bewusst in den Aussenbezirken zuerst der Stadt Rom (Lateran, S. Costanza) und seit 325 des Reiches (Palästina) platziert – «in der Mitte der Gesellschaft» war das Christentum in der ersten Hälfte des 4. Jahrhunderts noch nicht angekommen, und der religionspolitisch klug kalkulierende Kaiser hütete sich davor, durch seine Baupolitik einen anderen Eindruck zu erwecken. Die Integration des Christentums in das Reich, nicht die Christianisierung des Römischen Reiches und schon gar nicht eine christliche Reichskirche war sein Ziel.[30] Wie gross der Einfluss der kirchlichen Autoritäten auf Konstantin und die öffentliche Meinung gewesen ist, kann man nur mutmassen. Euseb von Caesarea zeichnet in seinen Werken das Bild von einem Kaiser, der in intensivem und harmonischem Austausch mit christlichen Bischöfen und Theologen stand, ihr tatsächlicher Einfluss auf die Religionspolitik des Kaisers dürfte jedoch beschränkt gewesen sein.[31] Konstantins religionspolitisches Kalkül zeigte sich eben auch darin, dass er selbst zwar beherzt in die Belange der Kirche eingriff, sich aber von ihren Vertretern nicht in seiner Politik beeinflussen liess.

Dieser Aspekt von Volkskirchlichkeit kommt erst in Theodosianischer Zeit wirklich zum Tragen: Das Episkopat des Ambrosius von Mailand ist in weiten Teilen von dem – mal mehr, mal weniger erfolgreichen – Bemühen geprägt, der Kirche am Kaiserhof und im Senat eine gewichtige Stimme zu verleihen. Bereits die Apologeten waren mit dem Anspruch aufgetreten, vor Kaisern zu sprechen – aber ob es jemals einem von ihnen gelungen ist, seine Bitten für das Christentum vor den Herrschern vorzutragen, ist mehr als ungewiss. Auch traten sie (ob nun real oder in literarischer Fiktion) als Bittsteller vor den Kaiser. Ambrosius hingegen griff kraft bischöflicher Autorität aktiv in die politischen und gesellschaftlichen Diskurse ein – am berühmtesten ist die Affäre um die Wiederaufstellung des Victoria-Altars in der römischen Kurie[32] – und scheute sich im Zweifelsfall auch nicht, den vom Bischof unbeirrt handelnden Kaiser vorübergehend zu exkommunizieren.[33] Theodosius freilich, der noch minderjährig an die Macht gekommen war und sich von diversen Einflüssen erst «freistrampeln» musste, eignete sich nicht als weltlicher Vollstrecker kirchlicher Interessen: die Autonomie von Staat und Kirche blieb bis zum Untergang des Römischen Reiches bestehen. «Der Staat

30 Zu diesem Verständnis von einer integrativen Religionspolitik Konstantins vgl. jüngst Martin Wallraff, Sonnenkönig der Spätantike. Die Religionspolitik Konstantins des Großen, Freiburg 2013.

31 Zum Verhältnis von Konstantin und Eusebius vgl. Timothy D. Barnes, Constantine and Eusebius, Cambridge 1981; Wallraff, Sonnenkönig (Anm. 30), 35–51.

32 Eine Dokumentation dieses Streits bietet Richard Klein, Der Streit um den Victoriaaltar, Darmstadt 1972, vgl. auch Klaus Rosen, Fides contra dissimulationem, Jahrbuch für Antike und Christentum 37, 1994, 29–36.

33 So im Konflikt um das Massaker in Thessaloniki im Jahr 390, vgl. dazu Hartmut Leppin, Theodosius der Große. Auf dem Weg zum christlichen Imperium, Zürich 2003, 153–168.

ist mitnichten in der Kirche, aber die Kirche im Staat»[34]. Dieses Zitat drückt den Öffentlichkeitsanspruch der katholischen Kirche im 4. und 5. Jahrhundert präzise aus. Die Rede von einer «Staatskirche» dagegen hat in dieser Zeit nur für Armenien, im östlichen Imperium allenfalls in Justinianischer Zeit und in Westeuropa bei Karl dem Grossen ihre Berechtigung.

3.2 Ekklesiologische Reflexionen: Euseb und Augustinus

Als unterscheidende Merkmale der Volkskirche im Vergleich zur allgemeinen Volkskirchlichkeit wurden oben neben der autonomen Verfassung der Kirche (4) die Reflexion, positive Begründung und Gestaltung der innerkirchlichen Pluralität durch die kirchenpolitisch massgeblichen theologischen Eliten (5) genannt. Beides ist nun in der Tat in besonderer Weise im 4. und 5. Jahrhundert gegeben. Dies soll anhand von zwei Bischöfen veranschaulicht werden, von denen der eine (Eusebius von Caesarea) zu Beginn des 4. Jahrhunderts das Ideal dieser Pluralität, und der andere (Augustinus von Hippo) ein Jahrhundert später ihre Wirklichkeit ekklesiologisch reflektiert haben.

Eine ekklesiologische Reflexion über die öffentliche Sichtbarkeit und die Pluralität der Kirche ist in eindrücklicher Weise in der sog. Kirchweihrede gegeben, die Euseb von Caesarea höchstwahrscheinlich zur Wiedereinweihung der Basilika in Tyros im Jahr 314 vor Ort gehalten und die er fast 20 Jahre später als furios-triumphalen Abschluss ans Ende seiner monumentalen *Historia ecclesiastica* gestellt hat.[35] In dieser Rede verbindet der Theologe und Kirchenpolitiker die Feier der neuen Sichtbarkeit der Kirche mit Reflexionen über ihre innere Pluralität, indem er die Basilika als Abbild der (irdischen) christlichen Gemeinde interpretiert, welche wiederum ein Abbild des Heiligtums der Seelen im Himmel sei. Dabei werden die verschiedenen architektonischen Elemente der monumentalen Basilika den unterschiedlichen inneren Entwicklungsstufen der Gemeindeglieder zugeordnet, die wie die Bauelemente unterschiedliche Funktionen in der Gemeinde haben und alle gemeinsam den «Tempel des Herrn» bilden, von dem wiederum die aus Steinen gebaute Kirche nur ein Abbild ist. In diesem Bau, so führt Eusebius aus, habe der Logos jedem Mitglied den seinen Möglichkeiten entsprechenden Platz zugeteilt: «in Gerechtigkeit baut er, und teilt das ganze Volk gemäss den Fähigkeiten jedes einzelnen ein».[36] Man kann diese Rede als ekklesiologische Reflexion und theologische Bestätigung innerkirchlicher Vielfalt interpretieren. Euseb zeichnet ein idealisiertes Kirchenverständnis, in dem alles wohl geordnet ist. Die Partizipation steht freilich nicht im Belieben des religiösen

34 Optatus von Mileve, Contra Parmenianum Donatistam 3, 3.

35 Vgl. dazu ausführlich Katharina Heyden, Die Sakralisierung der christlichen Basilika in Eusebs Kirchweihrede für Tyros, in: Peter Gemeinhardt/Katharina Heyden (Hg.), Heilige, Heiliges und Heiligkeit in spätantiken Religionskulturen, Berlin 2012; 85–109.

36 Eusebius von Caesarea, Historia ecclesiastica 10, 4, 63.

Subjekts. Es kommt hier vielmehr darauf an, dass jeder Einzelne die ihm aufgrund seiner Möglichkeiten zugewiesene Funktion erkennt und gut erfüllt. Dass dieses Idealbild nicht immer der Realität in der Kirche entsprach, hatte Eusebius in den neun, der Kirchweihrede vorausgehenden Kapiteln seiner Kirchengeschichte, ausführlich geschildert.

Im weiteren Verlauf des vierten Jahrhunderts traten, wie oben gezeigt wurde, freilich auch die (zumindest vielen Theologen) unangenehmen «Nebenwirkungen» der partizipatorischen Pluralität zutage und stellte die Theologen vor die Aufgabe, eine Ekklesiologie der Pluralität zu entwickeln, die nicht nur der Meinungsvielfalt unter Christen, sondern auch der «volkskirchlichen» Realität standhielt.

Eine positive theologische Deutung der oftmals (auch von ihm selbst) negativ erlebten Pluralität aber hat erst Augustinus als Bischof von Hippo entwickelt. Bei ihm tritt die Hausmetaphorik hinter der Rede von der Kirche als Volk Gottes zurück – wobei *populus* die gesamte (katholische) Christenheit bezeichnet, die sich in den vielen *populi*, den Ortsgemeinden, versammelt.[37] In seiner vor allem in Auseinandersetzung mit den Donatisten, die eine «Kirche der Reinen» zu sein beanspruchten, errungenen Ekklesiologie wird die Vorstellung von der *ecclesia catholica* als *permixta ecclesia* bzw. *corpus permixtum*[38] zum Schlüsselbegriff. Augustinus sieht die Kirche als «Ort der Vergebung, Zeit der Umkehr, Raum der Reifung» für alle Gläubigen.[39] So formulierte er bereits im Jahr 390 in seiner kleinen Werbeschrift *De vera religione* im Blick auf die katholische Kirche: «So lädt sie die einen ein, schliesst andere aus, lässt die einen hinter sich, geht anderen voraus, allen aber gibt sie die Möglichkeit, an Gottes Gnade teilzuhaben, seien sie nun bekehrt oder gebessert oder wiederhereingeholt oder zugelassen. Die Fleischesmenschen in ihr aber – also diejenigen, die fleischlich leben und empfinden – duldet sie (*tolerat*) wie Spreu, die beim Getreide der Schutz sind, bis dieses sich von der Hülle löst.»[40] Im Hintergrund dieser propagierten «Toleranz» innerhalb der Kirche steht der eschatologische Vorbehalt, wonach erst am Ende der Zeiten sichtbar werden wird, wer die wahren Bewohner der Gottesbürgerschaft sind. Im irdischen Volk Gottes dagegen ist nicht auszumachen, wer zugleich auch Bürger

37 Vgl. Ernst Dassmann, Die eine Kirche in vielen Bildern, Stuttgart 2010, 159; zur Kirche als Volk Gottes bei Augustinus vgl. die Seiten 183–188 aus: Joseph Ratzinger, Volk und Haus Gottes in Augustins Lehre von der Kirche, in: Gerhard Ludwig Müller (Hg.), Gesammelte Schriften, Bd. 1, Freiburg u. a. 2011, 41–418. (Besonders interessant sind auch die Seiten 412–414.) Stellennachweise für die Hausmetaphorik bei Augustinus bietet Jean Gaillard, Domus Dei, Dictionnaire de spiritualité ascétique et mystique, Bd. 3, 1957, 1151–1567; eine systematische Analyse Ratzinger, Volk und Haus Gottes (Anm. 37), 244–260, 318–337.

38 Für diesen Begriff vgl. Augustinus, De doctrina christiana 3, 45; De moribus ecclesiae catholicae 1, 34, 76; De vera religione 6, 10; De baptismo 4, 9, 13 u.ö.

39 Pamela Bright, Ekklesiologie und Sakramentenlehre, in: Volker Henning Drecoll (Hg.), Augustin-Handbuch, Tübingen 2007, 506–518, 514.

40 Augustinus, De vera religione VI 10, 31f.

der himmlischen Stadt ist, denn die beiden Bürgerschaften sind in dieser Weltzeit miteinander vermischt, bis sie beim letzten Gericht entwirrt werden.[41] Gern verwendete Augustinus zur Illustration der innerkirchlichen Vielfalt das Bild vom Garten, in dem manche Pflanzen schwach, andere in ihrer Reife bereits fortgeschritten seien – Aufgabe und irdische Existenzberechtigung der Kirche sei es, alle diese Pflanzen zu beschützen, sie gewissermassen bis zur Ernte am jüngsten Tag zu pflegen.[42]

Es gibt jedoch – ein in der protestantischen Augustinus-Rezeption oft marginalisierter Aspekt – innerhalb dieser *massa* der Kirchenmitglieder eine Gruppe, die durch einen besonders intensiven christlichen Lebenswandel heraussticht. Das sind die Mönche, Asketen und Heiligen. Sie haben eine identitätsstiftende und stabilisierende Funktion für die Gesamtkirche, weil sie das Ideal der metaphysischen Kirche schon irdisch verwirklichen und ihm damit eine weltzeitliche Realität verleihen.[43]

Augustins Definition der Kirche als *massa permixta* ist die programmatische Legitimation der faktischen Pluralität an Frömmigkeits- und Lebensstilen sowie Partizipationsformen innerhalb der spätantiken Kirche. Die Bejahung dieser Vielfalt ist das Ergebnis bitterer Auseinandersetzungen des Bischofs mit den Ansprüchen der donatistischen «Freikirche». Sie «funktioniert» nur in Verbindung mit einer ausgeprägten Eschatologie, durch die der Blick auf Ewigkeit hin geweitet wird. Die faktische Pluralität innerhalb der irdischen Kirche wird also durch einen erkenntnistheoretischen Skeptizismus begründet: Weil Menschen nicht wissen können, ob und wie sich die in der Weltzeit sichtbare Pluralität auch im Himmel darstellt, müssen sie die Vielfalt in der irdischen Kirche liebend aushalten.

4 Fragen und Impulse für den heutigen Diskurs aus der Spätantike

Die Bejahung der Volkskirche ist in historischer Perspektive weniger ein ekklesiologisches Programm als vielmehr das Ergebnis einer theologischen Auseinandersetzung mit kontingenten kirchlichen Realitäten, die den Vorstellungen und Wünschen der Theologen erwiesenermassen nicht immer entsprachen. Wenn eingangs gefragt wurde, ob sich der Begriff «Volkskirche» zur Beschreibung historischer Gestalten von Kirche eigne, so stellt sich als Ergebnis der Bewegung im gedanklichen Zirkel die Gegenfrage: Eignet sich «Volkskirche» (noch) als Programm- oder Leitbegriff? Diese Frage kann und soll nicht allein auf der Grundlage historischer Forschung beantwortet werden. Andererseits muss und soll die Beschäftigung mit der Spätantike auch nicht ohne Impulse für den heutigen

41 Augustinus, De civitate dei 1, 35.

42 Vgl. Augustinus, De baptismo 5, 3, 8.

43 Vgl. Roger Haight, Christian Community in History. Volume I: Historical Ecclesiology, New York/London 2004, 246.

Diskurs um Volkskirche enden. Damit dies sachgerecht geschieht, müssen zunächst die grundsätzlichen Unterschiede zwischen der kirchlichen Situation im heutigen Westeuropa und in der Spätantike wahrgenommen werden. Zum einen war das Christentum in der Spätantike ein städtisches Phänomen, während volkskirchliche Strukturen heute eher noch auf dem Land zu finden sind. Zum anderen blickt die Kirche heute auf eine Vergangenheit als Mehrheitskirche mit enormem gesellschaftlichen Einfluss zurück, die den Befürwortern der Volkskirche häufig als so etwas wie ein «goldenes Zeitalter» erscheint. Auch spätantike Theologen neigten dazu, die Vergangenheit der Kirche zu idealisieren. Aber diese Vergangenheit glänzte nicht, weil das Christentum in dieser Zeit Mehrheits-, sondern weil es Minderheitsreligion war und daher noch in «reiner» Form strahlen konnte (so jedenfalls die rückblickende Konstruktion der Theologen im 4./5. Jahrhundert – dass die Wirklichkeit differenzierter war, sollte deutlich geworden sein). In der Spätantike waren eben nicht der Schwund, sondern der rasante Zuwachs an Mitgliedern und die entsprechenden Konsequenzen das «Problem», das die Theologen im kirchlichen Leben und in der ekklesiologischen Reflexion zu bewältigen hatten.

Es gibt aber andererseits auch zahlreiche Strukturanalogien zwischen der heutigen und der spätantiken Situation der Kirchen: die Existenz in einer pluralen Gesellschaft, die verbreitete Suche nach individueller Religiosität, kirchliche und konfessionelle Vielfalt, der Einfluss orientalischer Religionen auf die Frömmigkeit der Menschen, unklare Kriterien für Kirchenmitgliedschaft sowie die spezifische Nähe bei gleichzeitiger, theologisch begründeter, Distanz der Kirchen zum Staat. Angesichts dieser Analogien ist es durchaus berechtigt und sinnvoll, einige Anfragen und Impulse aus der Spätantike in den heutigen Diskurs einzubringen.

Die wichtigste Aufgabe, vor der die Volkskirche heute wie in der Antike steht, ist es, Vielfalt zu pflegen und zugleich Einheit zu wahren. Dieser Aspekt kann nach aussen und nach innen hin reflektiert werden: Nach aussen ist danach zu fragen, wie die Pluralität als Ausweis der inneren Stärke der Kirche vermittelt werden kann. Gerade protestantische Kirchen sind heute immer wieder dem Vorwurf ausgesetzt, profillos zu sein, sich zu selten und zu wenig eindeutig zu gesellschaftlichen Themen zu positionieren. Nach innen gewendet lautet die Frage, worin eigentlich das Gravitationszentrum einer Kirche besteht, was die stabile Mitte ist, um die alle Pluralität sich dreht und ohne die es keine Dynamik gäbe. Für die Spätantike hat Peter Gemeinhardt mit Recht betont, dass «die Heiligenverehrung […] komplementär zur pluralen Grundstruktur der antiken Volkskirche» gehörte.[44] Die Märtyrer und ihre spätantiken Nachfolger – Mönche, Asketinnen, Bischöfe – galten als Garanten der Heiligkeit der pluralen Kirche. Sie hatten eine stabilisierende und zugleich dynamisierende Funktion. Die Integration des Mönchtums und asketischer Bewegungen in die *ecclesia catholica*

44 Gemeinhardt, Kirche (Anm. 8), 44.

bei gleichzeitiger Ablehnung der Forderung, diese Lebensform allen Kirchenmitgliedern aufzuerlegen, war im Blick auf die weitere Christentumsgeschichte wohl die wichtigste Herausforderung, die die Kirche im 4. und 5. Jahrhundert zu bewältigen hatte. Wer oder was übernimmt heute diese Funktion eines geistlichen Gravitationszentrums? Das in den letzten Jahren beständig steigende Interesse an monastischen Traditionen und kommunitären Lebensformen innerhalb und ausserhalb der Kirchen weist auf ein in der heutigen Gesellschaft bestehendes Bedürfnis nach Intensivformen religiösen Lebens hin. Haben solche Formen und Personen einen angemessenen Platz in der etablierten Kirche? In welchem Verhältnis stehen die Gemeinschaften zu den Ortsgemeinden und zur Gesamtkirche – und zwar in der Praxis wie auch in der ekklesiologischen Reflexion?[45]

Angesichts der vielen von Mönchen und Nonnen angestossenen Reformen in der Kirchengeschichte ist auch zu fragen, ob und wie eine (zumal protestantische) Volkskirche wirklich *semper reformanda* sein kann. Garantiert die Pluralität eine Anpassungsfähigkeit an neue historische Zustände, wie Gemeinhardt es für die spätantike Kirche konstatiert, oder ist, wie Hernegger behauptet, eine Volkskirche *per se* strukturell reformunfähig? Neutralisieren sich die Mitglieder in einer pluralen Volkskirche gegenseitig, oder führt die Vielfalt, wie Schleiermacher und Troeltsch es erhofften, zu gegenseitiger Bereicherung und zum Gedeihen der Kirche? Gelingt es, die Verkündigung so zu gestalten, dass das ganze Volk, sowohl «einfache» als auch hochgebildete Gläubige, davon angesprochen und angerührt werden?

Mir scheint, dass es angesichts dieser Fragen vor allem einer eschatologie-sensiblen Ekklesiologie bedarf, wenn innerkirchliche Pluralität bejaht werden, die Kirche aber gleichwohl nicht einfach eine religiöse Verdopplung der Zivilgesellschaft sein soll. Die Einsicht der Christen, dass sie nicht *von* dieser Welt, aber *in* ihr leben,[46] muss *für* die Welt durchbuchstabiert werden – und zwar so, dass dabei auch *über* diese Welt hinaus gedacht wird. Ob die Volkskirche für diese Aufgabe die am besten geeignete Gestalt von Kirche ist, darauf gibt die Kirchengeschichte keine eindeutige Antwort. Aber der Blick auf die spätantike Volkskirche mag gezeigt haben, wo die Möglichkeiten und Gefährdungen dieser spezifischen Kirchengestalt liegen.

45 Für die Schweiz wird dieses Thema in dem Band Alfred Aeppli/Hans Corrodi/Peter Schmid (Hg.), Kirche im Miteinander von Ortsgemeinden, Kommunitäten und Bewegungen. Leuchtfeuer und Stolpersteine, Zürich 2011 zumindest in Ansätzen verhandelt.

46 Vgl. schon Tertullian, Ad martyres 2: *ubi sitis in saeculo, qui extra saeculum estis.*

Von der Reformation bis zum Ende des 18. Jahrhunderts

Martin Sallmann

Die unterschiedlichen Konzepte von «Volkskirche», die ihren Ursprung im Deutschland des 19. Jahrhunderts haben, implizieren jeweils eine bestimmte Zuordnung der zwei Grössen «Volk» und «Kirche». Im 16. Jahrhundert hatte der Begriff «Volk» eher eine pejorative Konnotation und benannte die Unterschicht.[1] Für die Gesamtheit der Bevölkerung der Eidgenossenschaft gab es im ausgehenden Spätmittelalter keine gängige übergreifende Bezeichnung. Vielmehr wurden bestimmte Teile der Gesellschaft nach ihren besonderen Funktionen benannt. Die zeitgenössische Vorstellung von drei Ständen, den Geistlichen als Lehrstand, den Adligen als Wehrstand sowie den Bauern und Handwerkern als Nährstand, ist aber zu differenzieren: Unter den Geistlichen gab es die ganze Spannbreite vom armen Leutpriester bis zum adeligen Domherren. Der Adel stand in Konkurrenz mit Städten und Klöstern. Vermögende Grossbauern oder erfolgreiche Kaufleute verdrängten adelige Familien. Vielfalt prägte schliesslich den dritten Stand, dem der grösste Teil der Bevölkerung angehörte. Neben Bauern und Handwerkern waren es Taglöhner, Gesinde, Wandernde, Bettler, Arme. Alle drei Stände waren zwar voneinander abhängig, doch begründete die Dreiständelehre vor allem die Herrschaft von Geistlichkeit und Adel über den dritten Stand.

Schon im Mittelalter setzte die Veränderung der Herrschaftsausübung ein, die sich im ausgehenden Spätmittelalter fortsetzte: Die lehensrechtlich strukturierte Gesellschaft, in der die Besitzer von Grund und Rechten die Herrschaftstitel an Vasallen verliehen, ging über in eine Landesherrschaft, in der ein Fürst, eine adelige Familie oder eine Stadt die Herrschaftstitel für ein bestimmtes Territorium möglichst in einer Hand zu konzentrieren versuchten. Die Landesherren strebten auch kirchliche Rechte wie die administrative Verwaltung von Klöstern oder die Besetzung von Pfarrstellen an.

Das kirchliche Leben durchdrang sowohl vor als auch nach der Reformation den Alltag der Bevölkerung. Das irdische Leben des einzelnen Menschen war geprägt von der Sorge um das Seelenheil. Die Kirche war die zentrale Institution, die den Gläubigen dieses Heil vermittelte. Mit der Entwicklung zum frühneuzeitlichen Territorialstaat änderte sich allerdings die Stellung der Kirche als eigene, überstaatliche Grösse. Während die Kirche im Alltag der Bevölkerung massgebend blieb, verschob sich mit der Reformation die Zuordnung von weltlicher

1 Martin Honecker, Art. Volk: TRE, Bd. 35, 2003, 191–209, (193).

Obrigkeit und Kirche, die längerfristig auch den Bezug zwischen der Bevölkerung eines Territoriums und ihrer Kirche beeinflusste. Im Folgenden sollen daher diese Veränderungen zwischen der Kirche, der das religiöse Leben der Gläubigen anvertraut war, und der weltlichen Obrigkeit, welche die territoriale Herrschaft ausübte, dargestellt werden.

1 Die Zuordnungen von Kirche und weltlicher Obrigkeit in der Reformation

1.1 Die Rolle der weltlichen Obrigkeiten bei der Einführung der Reformation

Für die Einführung der Reformation spielten die weltlichen Obrigkeiten der unterschiedlichen Stände der Eidgenossenschaft eine ausschlaggebende Rolle. In der Beurteilung der ersten Zürcher Disputation 1523 warf der Zürcher Rat dem zuständigen Bischof zu Konstanz vor, er sei untätig geblieben und habe nichts zur Lösung der anstehenden kirchlichen Probleme beigetragen, weshalb der Rat diese Disputation einberufen habe. Huldrych Zwingli sollte mit seiner Predigt wie bisher fortfahren. Die Geistlichen der Stadt und auf der Landschaft wurden angewiesen, allein das zu predigen, was sie mit der Schrift belegen könnten.[2]

Nach langem Zögern berief auch in Bern der Rat für den Januar 1528 eine mehrwöchige Disputation ein und ordnete nach der Disputation umgehend die Abschaffung der Messe und die Ausräumung der Kirchen an.[3] Die städtische Bürgerschaft wurde am 2. Februar mit einem Eid darauf verpflichtet, der Obrigkeit in geistlichen und weltlichen Angelegenheiten zu folgen.[4] Keine Woche später veröffentlichte der Rat das Reformationsmandat, für das Zwingli einen Entwurf geschrieben hatte.[5] In der Einleitung übernahm die Obrigkeit ausdrücklich die Verantwortung für die weltlichen Angelegenheiten und auch für den rechtschaffenen christlichen Glauben. Die folgenden dreizehn Artikel skizzieren die Grundzüge der erneuerten Kirche.[6]

Auch in Basel und Schaffhausen, die als wichtige Städteorte im Jahr 1529 folgten, waren es schliesslich die Räte, welche die Reformation einführten. Die Beispiele zeigen, dass die weltlichen Obrigkeiten bewusst in die Zuständigkeiten der geistlichen Obrigkeiten eingriffen, um kirchliches und gesellschaftliches Le-

2 Emil Egli/Georg Finsler/Walther Köhler u. a. (Hg.) unter Mitwirkung des Zwingli-Vereins in Zürich, Huldreich Zwinglis sämtliche Werke. Bd. 1–21, Berlin u. a., 1905–1913, CR 88–108 = Z I-XXI, (Z I 546, 3–547, 23); Emil Egli (Hg.), Actensammlung zur Geschichte der Zürcher Reformation in den Jahren 1519–1533, Zürich 1879, Nachdruck Aalen 1973, 114f.

3 Bernische Kirchensynode/Rudolf Steck/Gustav Tobler (Hg.), Aktensammlung zur Geschichte der Berner-Reformation 1521–1532, Bern 1923, 610f.

4 Steck/Tobler Aktensammlung (Anm. 3), 625.

5 Zwingli sämtliche Werke (Anm. 2)Z VI/I 499–508.

6 Steck/Tobler, Aktensammlung (Anm. 3), 629–634.

ben zu gestalten. Es entwickelte sich in der Folge eine enge Zuordnung zwischen weltlicher Obrigkeit und Kirche in den evangelischen Ständen.

1.2 Die enge Verbindung zwischen Kirche und weltlicher Obrigkeit in Zürich und Bern

In den «Auslegen der Schlussreden» führte Zwingli eine grundlegende ekklesiologische Differenzierung ein: Zum einenbezeichne der Begriff Kirche («kilchen oder gemeind») die Gemeinschaft («gemeinsame») aller Gläubigen, die auf Jesus Christus vertrauten. Verstreut über die ganze Erde seien die Glieder dieser Kirche durch den Geist Gottes verbunden. Allein Gott kenne diese allgemeine Vereinigung aller Christen. Zum anderen aber benenne Kirche auch die einzelne Versammlung («zemenversamlungen») vor Ort, die Pfarreien oder Kirchgemeinden («pfarren oder kilchhörinen»), die von ihrer Grösse her an einem Ort zusammenkommen könnten, um gemeinsam Gottes Wort zu hören. Diese lokalen Kirchen seien Glieder der einen allgemeinen Kirche Jesu Christi.[7] Inhaltlich ist Zwinglis Definition der Kirche von Jesus Christus her verfasst, denn dem Artikel über die Kirche gehen die Artikel über Christus voraus. Christus sei das Haupt der Kirche, alle, die im Glauben an ihn lebten, seien Kinder Gottes und Glieder der Kirche. Weil diese Kirche die allgemeine Versammlung aller Christen sei, wurde sie auch die katholische genannt. Und weil die Christen aus Christus heraus rechtschaffen seien und gerecht handelten, wurde sie auch als Gemeinschaft der Heiligen bezeichnet.[8] Damit war auch die römische Kirche als erste Gegnerin angegriffen, denn die Betonung Jesu Christi als einziges Haupt der Kirche richtet sich gegen den Anspruch des Papstes, zudem fällt Katholizität nicht einfach der römischen Kirche zu, sondern meint die Universalität der Kirche Christi, und Heiligkeit schliesslich kommt der Kirche nicht durch den Klerus zu, sondern durch das Leben und Handeln aus Christus.

Knapp fünf Jahre später setzten die Zehn Berner Schlussreden, die Berchtold Haller und Franz Kolb in enger Rücksprache mit Zwingli für die Berner Disputation verfasst hatten, mit der theologische Definition der Kirche ein und entfalteten die Grundlagen der Reformation in den ersten drei Thesen: Die erste These hält fest, dass die christliche Kirche aus Gottes Wort geboren und Jesus Christus ihr alleiniges Haupt sei, womit sie zugleich implizit den Papst als Haupt der römischen Kirche verwirft. Die zweite These fordert die Begründung der kirchlichen Gebote im WortGottes und weist damit die kirchliche Tradition als Mittel der göttlichen Offenbarung neben der Heiligen Schrift zurück. Die dritte These bindet dann das Heil an Jesus Christus und lehnt alle Verdienste aufgrund guter Werke als Mittel zur Erlangung der Seligkeit ab. Aus dieser reformatorischen Grundlage heraus behandeln die folgenden Thesen die kontroverstheologischen

7 Zwingli sämtliche Werke (Anm. 2), Z II 56, 15–58, 33.
8 Zwingli sämtliche Werke (Anm. 2), Z II 59, 1–61, 21.

Themen wie Messe, Heiligenverehrung, Fegefeuer und Totendienst, Bilderverehrung und Priesterehe.[9] Deutlich wird die zentrale Stellung sichtbar, die das theologische Verständnis von Kirche für die Reformatoren hatte. Die Kirche sollte aus den gegebenen Strukturen, die durch Papst, Bischöfe und die kirchliche Tradition geprägt waren, befreit und allein an Christus und die Heilige Schrift gebunden werden.

Mit Blick auf die Exkommunikation Martin Luthers und der möglichen Verurteilung seiner selbst betonte Zwingli in den «Auslegen der Schlussreden», dass nicht eine einzelne Person den Bann auferlegen könne, sondern allein die Kirche, die Gemeinschaft, in welcher der zu Bannende lebe, zusammen mit dem Pfarrer.[10] Wichtig war zudem, dass die Exkommunikation öffentliche Vergehen in der Kirche wie Ehebruch betrifft.[11] Zwingli konnte ausdrücklich festhalten, dass die Vollmacht der Exkommunikation nicht der weltlichen Obrigkeit, sondern der ganzen Kirchgemeinde zukomme.[12] Diese Differenzierung kommt noch bei der Einführung der Ehegerichtsordnung in Zürich 1525 zum Ausdruck: Bei Ehebruch war der Pfarrer für den Bann, die weltliche Obrigkeit aber für die Bestrafung an Leib und Gut zuständig.[13] Darin spiegelt sich der Umstand, dass das Zürcher Ehegericht das bischöfliche Konsistorium in Konstanz ersetzte, das als geistliches Gremium geistliche Angelegenheiten behandelte. Das Zürcher Ehegericht aber wurde von der weltlichen Obrigkeit eingesetzt, die zugleich Rekursstelle war.[14] In den folgenden Jahren entwickelte sich das Ehegericht immer mehr zum Sittengericht, das nicht nur auf das eheliche Zusammenleben, sondern auf das sittliche Verhalten der Bevölkerung insgesamt achtete.[15] Eine eigene kirchliche Behörde, die den Ausschluss vom Abendmahl gehandhabt hätte, konnte sich in Zürich nicht ausbilden. Vielmehr bewährte sich die enge Zusammenarbeit zwischen geistlicher und weltlicher Gewalt im Ehe- und Sittengericht.[16]

Nach der katastrophalen Niederlage im Zweiten Kappeler Krieg 1531 wurden nicht nur in Zürich,[17] sondern auch in Bern Stimmen laut, die den Einfluss

9 Steck/Tobler Aktensammlung (Anm. 3), 518–521 (521 Schlussreden); Wilhelm HeinrichNeuser, Berner Thesen von 1528, in: Heiner Faulenbach/Eberhard Busch (Hg.), Reformierte Bekenntnisschriften. Bd. 1/11523–1534, Neukirchen-Vluyn 2002, 197–205 (203–205).

10 Zwingli sämtliche Werke (Anm. 2), Z II 276, 25–28 (Artikel 31).

11 Zwingli sämtliche Werke (Anm. 2), Z II 286, 28f. (Artikel 32); 287, 26–288, 14.

12 Zwingli sämtliche Werke (Anm. 2), Z III 879, 24–26.

13 Zwingli sämtliche Werke (Anm. 2), Z IV 186/187 (Punkt 4).

14 Zwingli sämtliche Werke (Anm. 2), Z IV 182 und 183 (Punkt 2).

15 Egli, Actensammlung (Anm. 2), 451–453, 712–714.

16 Ulrich Gäbler, Huldrych Zwingli. Eine Einführung in sein Leben und sein Werk, München 1983, 3. Aufl. Zürich 2004, 95–97; Walther Köhler, Zürcher Ehegericht und Genfer Konsistorium. Bd. 1, Das Zürcher Ehegericht und seine Auswirkungen in der deutschen Schweiz zur Zeit Zwinglis, Leipzig 1932, 142–175, 184–203.

17 Ulrich Gäbler, Heinrich Bullinger, in: Martin Greschat (Hg.), Gestalten der Kirchengeschichte. Bd. 6, Die Reformationszeit II, Stuttgart u. a. 1981, 197–209 (197–199).

der Pfarrerschaft auf das politische Geschehen kritisierten.[18] Die Frage der Zuordnung von weltlicher Obrigkeit und Kirche war für die zweite Synode in Bern 1532 wesentlich und hinterliess tiefgreifende Spuren im Berner Synodus. In der zweiten Vorrede werden Auftrag und Befugnis und damit auch die Begrenzung der weltlichen Obrigkeit für den Gottesdienst in aller Deutlichkeit angesprochen.[19] Die Aufgabe einer christlichen Obrigkeit sei es, Lehre und Leben des Evangeliums bei den Untertanen zu erhalten und zu befördern. Allerdings steht es der weltlichen Obrigkeit nicht zu, auf die Gewissen zu dringen oder Gebote und Verbote zu erlassen, welche die Gewissen beschweren. Jesus Christus allein sei Herr der Gewissen. Soweit aber äusserlich der freie Lauf der Gnade durch die weltliche Obrigkeit als Mithelferin Gottes gefördert werden kann, soll sie ihre «göttliche Regierung» nicht unterlassen.[20] Der äussere Rahmen für die Verkündigung des Evangeliums ist also der christlichen Obrigkeit anheimgestellt, nicht aber die Verkündigung selbst, die den Pfarrern vorbehalten ist, und schon gar nicht das Einwirken auf das Gewissen, das allein Jesus Christus zusteht. Trotzdem wird die Konkretion dieser äusseren Aufsicht mit engem Bezug auf die Inhalte beschrieben: Förderung der gesunden Lehre, Abwehr von Irrtum und Verführung, Unterbindung von Gotteslästerung und öffentlicher Sünde in Gottesdienst und Leben, Schutz von Wahrheit und Ehrbarkeit.[21] In der ersten Vorrede äussert sich die weltliche Obrigkeit zu den Ergebnissen der Synode, stimmt diesen offiziell zu und übernimmt damit auch die Aufgabe, über die Kirche und ihre Pfarrer zu wachen.[22] Die Differenzierung der Aufgaben zwischen weltlicher Obrigkeit und Pfarrer einerseits und deren enge Verbindung andererseits werden im Akt der obrigkeitlichen Inkraftsetzung der Ergebnisse der Synode sichtbar. Am letzten Tag der Synode legte eine Delegation der Pfarrer im Namen der Synode die Ergebnisse dem Rat vor mit der Bitte, diese zu genehmigen und in Kraft zu setzen. Die zweite Vorrede geht auf diesen Akt der Unterbreitung der Synode-Akten zurück, die erste Vorrede ist die positive Antwort des Rates.[23] Mit der Drucklegung, der Veröffentlichung der zwei Vorreden und den Hoheitszeichen des Standes Bern auf dem Titelblatt wurden die Ergebnisse der Synode öffentlich bekanntgegeben.

18 Hans Rudolf Lavater, Die «Verbesserung der Reformation» zu Bern, in: Gottfried Wilhelm Locher (Hg.), Der Berner Synodus von 1532. Edition und Abhandlungen zum Jubiläum 1982, Bd. II, Studien und Abhandlungen, Neukirchen-Vluyn 1988, 35–117 (55–61).

19 Gottfried Wilhelm Locher (Hg.), Der Berner Synodus von 1532. Edition und Abhandlungen zum Jubiläum 1982, Bd. I, Edition, Neukirchen-Vluyn 1984, 7–11 (7).

20 Locher, Der Berner Synodus (Anm.19), 7f.

21 Locher, Der Berner Synodus (Anm.19), 8f.

22 Locher, Der Berner Synodus (Anm.19), 2–6.

23 Lavater, Die «Verbesserung der Reformation» zu Bern (Anm.18), 112–115.

Nach dem Zürcher Vorbild war auch in Bern schon 1528 ein städtisches Chorgericht geschaffen und ausgebildet worden.[24] Obwohl Berchtold Haller neben der obrigkeitlichen Strafgewalt den Bann als kirchliche Strafe befürwortet hatte und die Strafgewalt des Berner Chorgerichts als eine zweifache, nämlich als Strafgewalt der Obrigkeit und als Banngewalt der Kirche, charakterisieren konnte, ging die kirchliche Selbständigkeit ganz im Chorgericht als obrigkeitlicher Institution auf.[25] Die Stellung des Banns war zwar im Vorfeld der zweiten Berner Synode zwischen Basel, Bern und Zürich im Gespräch, doch wird im Berner Synodus im Zusammenhang mit dem Abendmahl nur noch festgehalten, dass man sich mit dem Chorgericht begnügen und auf eine zusätzliche Bestrafung mit dem Bann verzichten wolle.[26] Kirche und Obrigkeit können zwar noch unterschieden werden, sind aber eng ineinander verwoben. Die Ausübung der kirchlichen Strafgewalt im Bann ging ganz in die obrigkeitliche Institution des Chorgerichts über.

Während in Basel sich die Zuordnung von Kirche und weltlicher Obrigkeit längerfristig wie in Zürich und Bern entwickeln sollte, auch wenn Johannes Oekolampad der Kirche einen eignen Raum für ihr spezifisches Handeln hatte sichern wollen, konnte sich in Genf mit dem Konsistorium ein kirchliches Gremium etablieren, das mit Kirchenzucht und Bann eine kirchliche Rechtsprechung handhaben konnte. Grundsätzlich aber waren in Zürich, Bern, Basel und Genf bei allen Unterschieden weltliche Obrigkeit und Kirche doch eng miteinander verbunden. Die Bevölkerung von Stadt und Landschaft gehörte der Kirche an und unterstand der Herrschaft der weltlichen Obrigkeit. Ein Gegenmodell entwickelte sich im Kreis der Schweizer Täufer.

1.3 Die Abgrenzung der Schweizer Täufer von der weltlichen Obrigkeit

Noch während der zweiten Zürcher Disputation im Oktober 1523 kam es zu einer bezeichnenden Auseinandersetzung: Anhänger Zwinglis hielten vehement fest, dass die Entscheidung über die Ausräumung der Kirchen und die Umwandlung der Messe nicht in der Kompetenz des Rates liege, weil die Unrechtmässigkeit dieser Ordnungen schon feststehe, denn der Geist Gottes urteile. Die Zuständigkeit der weltlichen Obrigkeit in kirchlichen Angelegenheiten wurde damit nicht nur von den Anhängern der traditionellen Kirche bestritten, sondern auch von Anhängern Zwinglis selbst in Frage gestellt. Der Konflikt zwischen Zwingli und den späteren Täufern entspann sich nicht an der Taufe oder am Konzept der Kirche, sondern an der Frage der Autorität der weltlichen Obrigkeit. Erst im wei-

24 Köhler, Zürcher Ehegericht und Genfer Konsistorium (Anm. 16), 308–328.

25 Köhler, Zürcher Ehegericht und Genfer Konsistorium (Anm. 16), 353–356; Ulrich Gäbler, Die Kontroverse um das Verhältnis von Kirche und politischer Obrigkeit in der Schweizer Reformation: ThZ, Bd. 51, 1995, 213–223 (216–218); vgl. Lavater, Die «Verbesserung der Reformation» zu Bern (Anm.18), 46f.

26 Locher, Der Berner Synodus (Anm.19), 39.

teren Verlauf des Machtkampfes kam es zur Verweigerung der Taufe von Neugeborenen, dann zur erneuten Taufe von Erwachsenen und schliesslich zur Gründung einer Gemeinde der Täufer in Zollikon 1525.[27]

Ein alternatives ekklesiologisches Konzept zeigt sich erst in den Schleitheimer Artikeln von 1527.[28] Bezeichnenderweise ist darin weder der Kirche noch der Gemeinde ein eigener Artikel gewidmet, aber implizit geht es um die wahrhafte Gemeinschaft unter Brüdern und Schwestern. Der Anlass der Zusammenkunft in Schleitheim und der Vereinbarung der Artikel war die Bedrohung der Gemeinde durch unterschiedliche Auffassungen über Glauben und Leben in Gemeinden der Ostschweiz.[29] Die Artikel legen den einzigen Zugang zur Gemeinde in der Taufe fest, die erst auf eine vierfache Voraussetzung hin gespendet wird: Die Täuflinge müssen über die Busse und die Veränderung des Lebens unterrichtet sein, auf die Vergebung der Sünden durch Christus vertrauen, sie müssen in der Auferstehung Christi wandeln wollen sowie die Taufe selbst begehren und von der Gemeinde fordern.[30] Wer der Gemeinde durch die Taufe angehört, aber trotzdem den Anforderungen an den Lebenswandel der Gemeinde nicht entspricht, zuweilen ausgleite, in eine Verfehlung und Sünde falle, der solle zweimal heimlich, beim dritten Mal öffentlich vor der Gemeinde zurechtgewiesen werden. Zum Abendmahl sind daher nur zugelassen, die sich «vorhin [...] in einem lib Christi, das ist in die gmein Gottes, an welcher Christus das hopt ist, namlich durch den touff» vereinigt haben. Das Abendmahl versammelt die wahrhaft Gläubigen, die Anteil haben am Kelch des Herrn, nicht am Kelch des Teufels, die Anteil haben am Licht, nicht an den toten Werken der Finsternis, die Christus folgen, nicht dem Teufel und der Welt, und die aus der Welt zu Gott berufen sind.[31] Dieses dualistische Weltbild führt dazu, dass sich die Gemeinde von der Welt absondert. Dazu gehören auch die Verweigerung von Waffen, Eid und weltlichen Ämtern.[32]

Auf dieser Linie werden dann auch die Strafgewalt der Obrigkeit und die Strafgewalt der Gemeinde voneinander getrennt. Das Schwert, das die Obrigkeit führt, ist zwar eine Ordnung Gottes, aber sie liegt doch ausserhalb der Vollkommenheit Christi. Die Obrigkeit straft die Bösen und schützt die Guten. In der Vollkommenheit Christi dagegen wird allein der Bann gebraucht, um diejenigen zu ermahnen und auszuschliessen, die gesündigt haben.[33] Beide Strafgewalten sind zwar legitim, gehören aber zwei voneinander getrennten Bereichen an, der Welt und der Gemeinde. Dieses Konzept der Kirche, das die wahrhaft Gläubigen

27 Gäbler, Huldrych Zwingli (Anm. 16), 74f., 113f.

28 Heinold Fast, Quellen zur Geschichte der Täufer in der Schweiz. Bd. 2, Ostschweiz, Zürich 1973, 26–36.

29 Fast, QGTS II (Anm. 28), 28.

30 Fast, QGTS II (Anm. 28), 28.

31 Fast, QGTS II (Anm. 28), 29.

32 Fast, QGTS II (Anm. 28), 29–34.

33 Fast, QGTS II (Anm. 28), 31.

in der Vollkommenheit Christi sammelt und nichts mit der Welt zu tun hat, lässt sich nur aus der Situation der Verfolgung verstehen. Es ist ein Gegenmodell zur Kirche, die grundsätzlich alle Mitglieder der Gesellschaft von Geburt an auch als Mitglieder der kirchlichen Gemeinschaft verstand.[34]

2 Die pietistische Kritik an den etablierten Kirchen

In den evangelischen Ständen der Eidgenossenschaft waren schliesslich Kirche und weltliche Obrigkeit zu Magistratskirchen verflochten. Diese förderten ein konfessionell geprägtes christliches Gemeinwesen in einem territorial umschriebenen Herrschaftsgebiet. Die oberste Aufsicht in den Kirchen kam letztlich den weltlichen Obrigkeiten zu. Diese symbiotische Verbindung wurde nicht nur von aussen durch das Täufertum radikal abgelehnt, sondern wurde Ende des 17. Jahrhunderts auch innerhalb der Kirchen selbst zunehmend kritisiert.

Die Veräusserlichung der etablierten Kirche, die zusammen mit der Obrigkeit den äusseren Gottesdienst wahrte, die rechte Lehre an den Hohen Schulen und in den Predigten anstrebte sowie das sittliche Leben über die Chorgerichte kontrollierte, wurde beklagt, weil ein wahrer Gottesdienst der Gläubigen, erbauliche Predigten für die Seelen und eine vertiefte Frömmigkeit mit einem entsprechenden Lebenswandel kaum sichtbar werde. Auch die Abendmahlspraxis wurde kritisiert, weil alle dazu verpflichtet seien und Kirchenzucht nicht wirklich geübt werde. Die Anhänger der pietistischen Bewegung besuchten den Gottesdienst nicht mehr in der Parochie, zu der sie gehörten, sondern gingen zu Predigern, die ihrer Überzeugung entsprachen. Es entstanden Konventikel, die sich unter der Woche auf Bauernhöfen oder in Stadthäusern trafen. Erbauungsbücher wurden gelesen, Gebete gesprochen, Lieder gesungen, über geistliche Angelegenheiten gesprochen. Auch die Bibel konnte gelesen und besprochen werden, Prediger konnten auftreten. Die Konventikel wurden zur Konkurrenz der öffentlichen Gottesdienste. Das Monopol des ordentlichen Gottesdienstes, in dem der für die Parochie zuständige Pfarrer die Bibel auslegte, wurde deutlich relativiert. In Bern intervenierte die Obrigkeit mit einer Zensurliste für Bücher, mit einem Verbot gegen das «Predigtgeläuf», mit Massnahmen gegen die Konventikel. Eine Untersuchungskommission kam schliesslich zum Ergebnis, dass die pietistische Bewegung eine ernsthafte Gefahr für die Einheit der Kirche, die Orthodoxie der Lehre und den gesellschaftlichen Frieden sei. Nach langer Untersuchung fand in Bern ein Prozess statt, der harte Urteile aussprach und mit Verbannung, Amtsenthe-

34 Hans-Jürgen Goertz, Die Täufer. Geschichte und Deutung, München 1988, 15–24, 95–100.

bung und Bestrafung von Pfarrern und Laien endete. Amtsträger und Bevölkerung der Stadt mussten mit einem «Assoziationseid» dem Pietismus entsagen.[35]

Schon bei den Täufern liess sich beobachten, dass erst der verlorene Machtkampf um die Autorität in kirchlichen Angelegenheiten zur Verweigerung in gesellschaftlichen und kirchlichen Angelegenheiten führte. Die Verwerfung der Taufe, die Verweigerung des Eides, die Absage an obrigkeitliche Ämter, die Absonderung von der Gesellschaft standen nicht am Anfang, sondern waren das Ergebnis der Ablehnung und der zunehmenden Repression durch die weltliche Obrigkeit. Eine vergleichbare Entwicklung zeigte sich bei der pietistischen Bewegung. In Bern versuchten die massgebenden Theologen der pietistischen Bewegung vor dem Prozess ihre Anliegen als innerkirchliche Erneuerung zu verstehen und zu beschreiben. Sie anerkannten die Heilige Schrift, das Zweite Helvetische Bekenntnis, den Berner Synodus und den Heidelberger Katechismus als Grundlage des Glaubens. Ausdrücklich lehnten sie eine Trennung wie bei den Täufern ab. Auch gegenüber den Konventikeln waren sie zurückhaltend und hielten fest, dass sie weder dazu geraten und noch selbst daran teilgenommen hätten. Ausdrücklich bestätigten sie auch den Gehorsam gegenüber der von Gott eingesetzten Obrigkeit.[36] Schwierig für die Obrigkeit wurde die Angelegenheit, als Exponenten des Pietismus ihre Kritik nicht nur intern in den Gremien äusserten, sondern den Schritt an die Öffentlichkeit vor die Gemeinden wagten.[37] Zwar hatte die Obrigkeit schon zuvor gegen die pietistische Bewegung Massnahmen ergriffen. So wurden bei Theologieprofessoren Thesen gegen den Pietismus in Auftrag gegeben, die Zensur von Büchern auf der Tagsatzung der evangelischen Orte angeregt oder der Besuch des Gottesdienstes ausserhalb der eigenen Parochie verboten.[38] Gewichtiger war die Untersuchung gegen die Konventikel, für die eine Kommission eingesetzt wurde und die in die Untersuchungen und den eigentlichen Prozess gegen die Pietisten münden sollte.[39] Nach dem Prozess in Bern 1699 mit seinen drakonischen Strafen kam es zu einer Radikalisierung der pietistischen Bewegung, die sich nicht nur in Bern, sondern auch in der übrigen Deutschschweiz und der Westschweiz beobachten lässt.[40] Es sollte beinahe eine Generation dauern, bis die pietistische Bewegung durch integrierende Persönlich-

35 Rudolf Dellsperger, Der Pietismus in der Schweiz, in: Martin Brecht/Klaus Deppermann (Hg.), Geschichte des Pietismus. Bd. 2, Der Pietismus im achtzehnten Jahrhundert, Göttingen 1995, 588–616 (591–593).

36 Rudolf Dellsperger, Arbeiten zur Geschichte des Pietismus. Bd. 22, Die Anfänge des Pietismus in Bern, Quellenstudien, Göttingen 1984, 133.

37 Dellsperger, Arbeiten zur Geschichte des Pietismus (Anm. 36), 108f.

38 Dellsperger, Arbeiten zur Geschichte des Pietismus (Anm. 36), 72f., 78ff.

39 Dellsperger, Arbeiten zur Geschichte des Pietismus (Anm. 36), 86.

40 Dellsperger, Der Pietismus in der Schweiz (Anm. 35), 594–601.

keiten wie Samuel Lutz in Bern, Daniel Willi in Graubünden oder Hieronymus Annoni in Basel wieder in die Kirchen integriert werden konnten.[41]

Die pietistische Bewegung suchte, darin vergleichbar mit den Täufern, die Gemeinschaft der wahrhaft Gläubigen. Je nach den kirchenpolitischen und gesellschaftlichen Umständen strebte sie dieses Ziel innerhalb oder auch ausserhalb der etablierten Kirchen an. Im Unterschied zu den Reformbemühungen der etablierten orthodoxen Kirchen, welche die gesamte christliche Kirche und damit zugleich das christliche Gemeinwesen zu erreichen suchten, sammelte die pietistische Bewegung die Gleichgesinnten in Konventikeln innerhalb oder ausserhalb der Kirchen. Während die Pietisten an der reformatorischen Lehre festhielten und diese ihrer Vollendung zuführen wollten, kritisierten sie die enge Zuordnung zu den weltlichen Obrigkeiten und deren Einfluss auf kirchliche Angelegenheiten. Dadurch entwickelte sich ein neues Bewusstsein für die Differenz zwischen Kirche und bürgerlicher Gemeinschaft.

3 Die aufklärerische Kritik an den religiösen Verhältnissen

Das enge Zusammenspiel zwischen weltlicher Obrigkeit und Kirche wurde durch aufklärerisches Denken in der Schweiz des 18. Jahrhunderts kaum in Frage gestellt. Vielmehr veränderten sich durch die aufklärerische Kritik die theologischen Inhalte und die kirchliche Praxis. Der Anspruch der orthodoxen Theologie, die Offenbarung Gottes aus der Heiligen Schrift abzuleiten und darzulegen, wurde durch eine natürliche Theologie kritisiert, die alles enthalte, was dem Menschen zum Heil notwendig sei, nämlich Gottes Sein, Verehrung Gottes, sittliches Leben, Glaube an die Unsterblichkeit. Menschliche Vernunft und Offenbarung Gottes standen im engen Zusammenhang.

Die historische Betrachtung des biblischen Kanons führte zu einer kritischen Überprüfung der biblischen Schriften, der dogmatischen Lehren und der kirchlichen Bekenntnisse. Ziel der Neologen war ein «vernünftiges Christentum»: Die einfache biblische Lehre Jesu sollte durch die historisch-kritische Auslegung der biblischen Schriften freigelegt und die wesentlichen Inhalte des christlichen Glaubens verständlich dargelegt werden. Die kirchliche Praxis sollte auch dem einfachen Mitglied zugänglich und nachvollziehbar sein. So wurden beispielsweise die biblischen Erzählungen der Wunder natürlich erklärt und auf das sittliche Leben hin ausgelegt. Die christliche Religion sollte die menschliche Natur unterstützen und veredeln.

Pfarrer, die dem aufklärerischen Denken zuneigten, beschäftigten sich neben der Theologie auch mit anderen Wissensgebieten wie Mathematik, Naturwissenschaften, Musik, Geschichte, Philosophie oder Pädagogik. Sie engagierten sich zunehmend auch in Vereinen, die nicht einem theologischen oder kirchlichen

41 Dellsperger, Der Pietismus in der Schweiz (Anm. 35), 601–607.

Zweck dienten wie naturforschende, ökonomische, patriotische, literarische, moralische oder gemeinnützige Gesellschaften.[42] Die Kirche war in das staatliche Gemeinwesen eingegliedert und diente dem Zweck der allgemeinen Gemeinnützigkeit. Wie die weltliche Obrigkeit dem leiblichen und moralischen Wohlergehen der Bevölkerung verpflichtet war, so sollte die Kirche diese Bestrebungen von ihrer Seite durch Bildung der Bevölkerung und Erziehung der Jugend unterstützen. Die Kirche sollte mit Blick auf das ewige Heil das tugendhafte, sittliche und gehorsame Leben der Bevölkerung fördern und damit der weltlichen Obrigkeit zudienen, die ihrerseits für Recht und Ordnung sorgt. Weil die Kirche dem staatlichen Gemeinwesen dient, schützt und erhält sie die weltliche Obrigkeit.[43]

Für Hans Heinrich Corrodi, Professor für Naturrecht und Sittenlehre in Zürich,[44] galt das Ideal des selbständigen Denkens der mündigen Person auch für die religiösen Belange. Weil es aber auch Unmündige gab, die Lehrer benötigten, lag der Zweck der Kirche darin, diese zu bilden und anzuleiten. Die Kirche wurde zur religiösen Schule der Unmündigen und die Pfarrer waren ihre Lehrer. Da der Zweck der Kirche in der Förderung der Religionserkenntnis lag und damit dem Zweck des Staates diente, der die Wohlfahrt der bürgerlichen Gesellschaft und insbesondere Erziehung und Kultur förderte, teilte Corrodi dem Staat die Aufsicht über die Kirche zu. Der Staat habe sogar das Recht, Reformen der Lehre vorzunehmen, wo es den Bedürfnissen der Religionsgesellschaft entspreche und deren Einwilligung vorhanden sei.[45]

Noch in der Umbruchepoche der Helvetik konnte Johann Samuel Ith, Pfarrer und Professor für Philosophie in Bern,[46] an der engen Verbindung zwischen Kirche und Staat festhalten. Wahre Religion gründe auf Vernunft und Moralität und fördere daher alle menschlichen Institutionen, die nach Vernunft und Moralität aufgebaut seien. Religion sei für den Staat unverzichtbar, denn staatliche Gesetzgebung setze Gerechtigkeit voraus, Gerechtigkeit Moralität und Moralität schliesslich setze Religion voraus. Wo aber Religion sei, da müsse eine Kirche sein, die für die moralische Formung der Menschen und der Gesellschaft unerlässlich sei. Der Staat wache durch die Gesetzgebung über die äussere Freiheit der Gesellschaft, während die Kirche die innere Freiheit und Moralität durch Erziehung, Belehrung und Überzeugung fördere. Der Staat schützt und erhält daher

42 Paul Wernle, Der schweizerische Protestantismus im XVIII. Jahrhundert. Bd. 2, Die Aufklärungsbewegung in der Schweiz, Tübingen 1924, 397.

43 Wernle, Der schweizerische Protestantismus im XVIII. Jahrhundert (Anm.42), 439, 504.

44 Wernle, Der schweizerische Protestantismus im XVIII. Jahrhundert (Anm.42), 194–198, 416–424; Simone Zurbuchen, Hans Heinrich Corrodi: HLS Bd. 3, 2004, 493.

45 Hans Heinrich Corrodi, Ueber Toleranz, in: Heinrich Steiner (Hg.), Beytra[e]ge zur Befo[e]rderung des vernu[e]nftigen Denkens in der Religion. Heft 13, Winterthur 1790, 208–260 (211–213, 250–253); Wernle, Der schweizerische Protestantismus im XVIII. Jahrhundert (Anm.42), 512f.

46 Martin Bondeli, Schwabe Philosophica. Bd. 2, Kantianismus und Fichteanismus in Bern, Zur philosophischen Geistesgesichte der Helvetik sowie zur Entstehung des nachkantischen Idealismus, Basel 2001, 23–152; Rudolf Dellsperger, Johann Samuel Ith: HLS, Bd. 6, 2007, 721.

die Kirche, die der wahren sittlichen Religion dient und Aberglaube und Fanatismus abwehrt.[47] Staat und Kirche bezeichnen für das Schweizer Volk als deren Mitglieder unterschiedliche Funktionen, so dass die «Schweitzerische Kirche wirklich nichts anders ist, als eben das Schweitzer-Volk in seinen religio[e]sen Verha[e]ltnissen, welches in seiner politischen und bu[e]rgerlichen Verbindung der Schweitzer-Staat genennt wird.»[48]

4 Ausblick

Im Überblick zeigt sich, dass sich die reformierten Kirchen der Eidgenossenschaft nach der Reformation zu Magistratskirchen entwickelten, was sie bis zum Ende des AncienRégime blieben. Die Täufer entwickelten ein alternatives Modell, das die Kirche als Gegenüber zur bürgerlichen Gesellschaft konzipierte, doch konnten sie sich mit ihren reformatorischen Vorstellungen nicht durchsetzen. Diese Linie der Kritik an der Symbiose zwischen Kirche und weltlicher Obrigkeit wurde von den Pietisten aufgenommen, welche die wahrhafte Gemeinschaft der Gläubigen innerhalb und ausserhalb der etablierten Kirchen umzusetzen versuchten. Während die Pietisten am überkommenen Bestand der Lehre festhielten und die Verbindungen der Kirche zur weltlichen Obrigkeit kritisierten, kritisierte und veränderte die moderate aufklärerische Bewegung die theologischen Inhalte und die kirchliche Praxis, hielt aber an der engen Zuordnung von Kirchen und weltlichen Obrigkeiten fest. Die Ausdifferenzierung der Aufgaben und Zuständigkeiten zwischen Kirche und Staat wurde erst durch die politische und gesellschaftliche Zäsur der Französischen Revolution ausgelöst, die in der Schweiz in die Helvetik mündete. Im 19. Jahrhundert fiel die konfessionelle Geschlossenheit der Territorien, Rechtsgleichheit und die Niederlassungsfreiheit führten zur konfessionellen Durchmischung der Gesellschaft, die Kultusfreiheit ermöglichte auch der Minderheitskonfession die öffentliche Ausübung des Gottesdienstes. Es entstanden Kirchgemeinden, die sich an die staatlichen Gemeindemodelle anlehnten, auf kantonaler Ebene entwickelten sich selbständige Landeskirchen.[49]

47 Paul Wernle, Der schweizerische Protestantismus in der Zeit der Helvetik 1798–1803. Bd. 1, Der Aufstieg der Revolution in der Eidgenossenschaft, Zürich u. a. 1938, 315.

48 Johann [Samuel] Ith, Ueber das helvetische Kirchenrecht zur Ero[e]rterung der Frage: Was liegt der helvetischen Centralregierung in Ansehung des Religions- und Kirchenwesens ob?, Bern 1802, 14.

49 Dieter Kraus, Jus ecclesiasticum. Bd. 45, Schweizerisches Staatskirchenrecht. Hauptlinien des Verhältnisses von Staat und Kirche auf eidgenössischer und kantonaler Ebene, Tübingen 1993, 53–61.

Organisationsformen von Kirche und Gemeinde im Wandel der Zeiten

Thomas Schlag

1 Einleitung

Die äussere Gestalt kirchlicher Gemeinschaft ist weder biblisch eindeutig vorgegeben noch durch ein einziges kirchenrechtliches Ordnungsprinzip bestimmt oder theologisch ein für alle Mal eindeutig festgelegt. Kirche kann in ihrer Organisationsform grundsätzlich nur plural gedacht werden, weil sie in ihrer Entwicklungsgeschichte immer schon plurale Manifestationen erfahren hat und erfährt. Da Kirche und die in ihr agierenden Menschen in einer sich permanent entwickelnden Deutungsgeschichte stehen, von der Menschen einerseits geprägt sind, die sie andererseits aber auch selbst prägen, kann man Kirche per se nicht als statische, unverrückbare Grösse verstehen. Zudem steht sie, mindestens nach reformatorischem Selbstverständnis, eben nicht als ein «Anderes» der Welt gegenüber, sondern ist in ihrer sichtbaren Gestalt Teil des Weltganzen und nimmt daran auf spezifische Weise mit ihren Inhalten, Ansprüchen und Visionen Anteil.

An den verschiedenen Sozialgestalten und Organisationsformen von Kirche und Gemeinde, die sich durch die Geschichte hindurch entfaltet haben, zeigt sich eine kaum überschaubare Interpretationsbreite des kirchlichen und theologischen Selbstverständnisses. Zugleich manifestiert sich in den verschiedenen Erscheinungsformen die Bezugnahme auf die gesellschaftlichen Verhältnisse und auf die individuellen Bedürfnisse derjenigen, die kirchliche Gemeinschaft bauen, jeweils neu entwickeln und gestalten.

Von dorther spiegelt die Entwicklungsgeschichte von Kirche in reformatorischem Sinn sowohl die Möglichkeit als auch die Notwendigkeit einer die äusseren Verhältnisse und Bedingungen genauestens wahrnehmenden kirchenleitenden Praxis wider. Die immer wieder laut werdende Klage über eine vermeintlich pure Zeitgeistorientierung der Kirche – die sich interessanterweise gerade dann vehement äussert, wenn eine bestimmte kirchliche Praxis dem Gusto des Kritikers widerspricht – ist hingegen verfehlt. Denn Kirche vermag sich überhaupt nur in Orientierung an den je geistigen und geistlichen Verhältnissen ihrer Gegenwart plausibel zu manifestieren. Die flexible Gestalt und Ausgestaltung von Kirche ist keineswegs als desorientierte Angleichung an die Weltverhältnisse oder als konzeptlose Anpassung an individuelle Präferenzen zu verstehen, sondern als sachgemässes Eingehen auf die je aktuellen Rahmenbedingungen und Erfordernisse der gesellschaftlichen Verhältnisse und Lebensgeschichten, in deren Zusammenhang Kirche und Gemeinde sich zeigen und positionieren.

Eine solche kluge und flexible Wahrnehmung äusserer Bedingungsfaktoren stellt keineswegs erst ein typisch modernes Phänomen dar: Vielmehr bestand im Blick auf die Geschichte der Kirche und ihrer Gemeindebildungen von Beginn an ein überaus hohes Bewusstsein dafür, auf dem Markt der religiösen Optionen so zugänglich wie nur denkbar zu sein und im besten Fall mit einem attraktiven Gegenprogramm aufwarten zu müssen bzw. sich als die einzige oder wenigstens doch bestmögliche aller denkbaren religiösen Vollzugsmöglichkeiten anzupreisen. Insofern haben durch die kirchliche Verlaufsgeschichte hindurch die jeweiligen Angebotsformen auch sehr unterschiedliche Gestalt angenommen. Aber das prinzipielle Programm einer allezeit konkurrenzbewussten Kirche macht zweifellos ein wesentliches Grundcharakteristikum dieser Entwicklungsdynamik und ihrer Formenvielfalt aus. Deshalb ist für eine Volkskirche, die zukunftsfähig sein will, der historische Rückblick ausgesprochen sinnvoll: Denn die Modelle der Vergangenheit sind keinesfalls per se abzuschreiben, sondern bilden wichtige Orientierungsmarken für eine zeitgemässe praktisch-theologische, kirchentheoretische Reflexion und Ausgestaltung kirchlicher Praxis.

2 Grundbegriffe

Schon die Vielfalt der mit «Gemeinde» verbundenen Begriffe und Begriffsverständnisse macht die Pluralität dessen deutlich, was damit gemeint sein kann:[1] So kann Gemeinde als die horizontal-soziologische Gemeinschaft derer verstanden werden, die durch Nutzniessung eines gemeinsamen Gutes untereinander verbunden sind. Sie bezeichnet eine bestimmte Gemeinschaft, aber auch den Gemeinschaftsbesitz einer Gemeinde als lokaler, geographisch abgegrenzter *communio*: Gemeinde meint hier das Gebiet oder den gemeinsamen Dorfgrund, der allen gehört und z. B. als Allmende oder Dorfwiese den rechtlich gemeinsamen oder gemeinsam nutzbaren Besitz für die gemeinsame Geselligkeit ausmacht.[2] Ein weiterer Grundbegriff, nämlich der der Parochie (παροικία), hat ursprünglich ebenfalls einen horizontal-soziologischen Sinn: Seit dem 3. Jahrhundert wird er vor allem für die Diözese als bischöflichen Sprengel verwendet, im 4. und 5. Jahrhundert wird er zur Bezeichnung für die einzelne, selbstständige Gemeinde, den Amtsbezirk oder das «Kirchspiel», dem ein Geistlicher (Parŏchus) vorsteht, gebraucht. Schon ab dem 4. Jahrhundert kam es in der Folge der Entstehung des

1 Vgl. dazu Christian Möller, Gemeinde I: TRE, Bd. 12, Berlin/New York 1984, 316–325; Wolfgang Grünberg/Horst Albrecht, Gemeinde. 2. Praktisch-theologisch, in: Erwin Fahlbusch (Hg.), EKL 2, Berlin 2003, 48–50; Jean-Paul Rouleau, Gemeinde. 3. Soziologisch, in: Erwin Fahlbusch (Hg.), EKL 2, Berlin 2003, 56–57; Dietrich Ritschl, Gemeinde. 4. Systematisch-theologisch, in: Erwin Fahlbusch (Hg.), EKL 2, Berlin 2003, 57–62 sowie zu den historischen Organisationstypen Jan Hermelink, Kirchliche Organisation und das Jenseits des Glaubens. Eine praktisch-theologische Theorie der evangelischen Kirche, Gütersloh 2011, 125–173.

2 Vgl. Louis Carlen, Allmende: LexMA, Bd. 1, München/Zürich 1980, 439–440.

germanischen Eigenkirchenwesens zur Herausbildung von Parochien als eigenen Gemeindegebieten, was seinerseits zur Abhängigkeit der Diözesen und Parochien von einem Fürsten oder Gutsherrn führte – damit war bereits die Grundfigur des späteren, sich seit der Reformationszeit entwickelnden landesherrlichen Kirchenregiments vorbereitet.

Entsprechend dem griechischen Sinn der παροικία als «Nebenwohnerschaft» bzw. Fremde, spielt diese Begrifflichkeit aber zugleich auf die Selbstbezeichnung der Christengemeinden als der Fremdlinge in dieser Welt an, die als Fremde (Diaspora) ohne Bürgerrecht sind. Dadurch wurde der geographisch-territoriale Begriff gleichsam metaphorisch überhöht. Kirche ist hier Christusgemeinde im Glaubenssinn, d. h. in vertikaler Hinsicht theologisch personale Glaubensgemeinschaft mit Christus und zugleich in horizontaler Hinsicht Gemeinschaft mit dem Nächsten.[3] Lebensprinzip der Ekklesia ist der im Geist gegenwärtige Herr. Kirche stellt die Inkarnation Jesu Christi selbst dar.[4] Folgerichtig verbindet sich mit diesem Gemeindeverständnis in Bezugnahme auf die neutestamentliche ἐκκλησία die Leitvorstellung der παροικία als vertikal-ekklesiologischer Dimension der Christusgemeinschaft mit gottesdienstlich-sakraler Natur. Durch die Zeiten hindurch wird für dieses tiefere Verständnis von Gemeinde auf die christologische Metapher vom «Leib Christi, den die Gemeinde darstellt» (Röm 12) oder auf die pneumatologische Metapher von der Sammlung der Menschen als «Tempel des Heiligen Geistes» (1Kor 6,19) zurückgegriffen.

Die organisatorische Vollzugsmitte der sichtbaren Gemeinde ist von Beginn an der Gottesdienst und das daraus hervorgehende Hilfehandeln. Zugleich ist ἐκκλησία damit kritischer Gegenpol zu einer lediglich in sich ruhenden und stabil verfassten Institutionskirche.

Gemeinde zeichnet sich folglich von Beginn an als eine eminent theologisch grundierte, territorial manifeste und zugleich auf das Leben bezogene plurale Grösse aus, nämlich als μαρτυρία im Sinn der bezeugenden und bekennenden Gemeinschaft, als διακονία im Sinn der Dienstgemeinschaft untereinander sowie als κοινωνία im Sinn der gemeinschaftlichen Teilhabe an Wort und Sakrament und damit als transzendentaler Christusgemeinschaft, die ihrerseits durch den Vollzug einer gemeinsamen λειτουργία miteinander immer wieder neu verbunden ist.

3 Reformatorische Entwicklungen

Mit der Reformation entwickelte sich von einer neuen ekklesiologischen Deutungsgeschichte her und zugleich vor dem Hintergrund des germanischen Eigenkirchenwesens eine spezifische Struktur territorialen Kircheseins, die wesentlich

3 Vgl. Emil Brunner, Dogmatik. Band 3: Die christliche Lehre von der Kirche, vom Glauben und von der Vollendung, Zürich 1960, 35f.; Emil Brunner, Das Missverständnis der Kirche, Zürich 1988, 62.

4 Vgl. Brunner, Dogmatik (Anm. 3), 45.

von den kontextuell-territorialen Herrschaftsformen geprägt wurde. Begründet wurde hier eine kommunal gestützte Gemeindestruktur, die sich inhaltlich-strukturell vom römisch-katholischen Parochial- und Episkopalverständnis abgrenzte. Luthers Gemeindebegriff bezog sich auf die Gemeinschaft derjenigen, die auf das verkündigte Wort Gottes hören und beim Abendmahl sowohl vertikale wie horizontale Gemeinschaft miteinander erleben. Von einem territorial-zentralistischen Kirchenbegriff unterscheidet sich Luthers theologisches Verständnis dabei ebenso wie von allen Vorstellungen einer deinstitutionalisierten schwärmerischen Geistgemeinschaft. Für eine reformatorische Theologie ist folglich festzuhalten: «Die reine Lehre [...] ist [...] ein Element der Ekklesia, aber nicht diese selbst. Ebenso leiden alle Versuche der postreformatorischen ‹Sekten› unter dem Missverständnis, dass die Ekklesia des Neuen Testamentes imitierbar sei.»[5]

Jedenfalls leben die reformatorischen Organisationsformen der Kirche von Beginn an nicht von der strikten Entweltlichung, sondern im Gegenteil von der intensiven Zusammenarbeit zwischen Kirche und den politischen Gestaltungsmächten: In Zürich und Genf übernahmen die deckungsgleiche Bürger- und Christengemeinde im Magistrat der Städte die Aufgabe, über den Glauben zu wachen und den Predigt- und Sakramentsdienst pfarramtlich wahrnehmen zu lassen. Calvin legte in der Gemeindeordnung von 1542 die «Ordonnances Ecclésiastiques» fest, indem er die «Pasteurs», «Docteurs», «Anciens» und «Diacres» als reformierte Ämter hervorhob. Das herausragende Charakteristikum dieser, wenn man so will, theologisch-antizentralistischen und territorial-horizontalen Gemeindereformation bestand somit zum einen in der Integration der Obrigkeit, sei es in Form der deutschen Fürsten, wie etwa die Geschehnisse um den Augsburger Religionsfrieden von 1555 zeigen, oder in Form der Magistrate und Stadtverwaltungen in den schweizerischen Städten. Dies bedeutete konkret, dass alle Bewegungen, die aus Sicht der Reformatoren der gemeinsamen *κοινωνία* widersprachen, mit grösster Härte eben auch der politischen Mächte zu verfolgen waren. Zum anderen eröffnete sein Kirchenverständnis ganz neue Möglichkeiten der kritischen Teilhabe an der Entwicklung der je konkreten Gemeinde und Kirche.

Aus diesen reformatorischen Wurzeln entwickelten sich in der Folgezeit sehr unterschiedliche Formen eines landesherrlichen Kirchenregiments im Sinn eines Territorialprinzips mit kommunalen Basisorten,[6] wobei diese eben immer die Grundhoffnung auf eine sich je neu manifestierende Gemeinschaft der Gläubigen in sich trugen und zum Vorschein brachten.

Von diesen politischen Wurzeln aus ist es im Lauf der Jahrhunderte und im Blick auf die territoriale Präsenz reformatorischer Kirchen zu sehr unterschiedli-

5 Brunner, Missverständnis (Anm. 3), 121.

6 Vgl. Martin Heckel, Religionsbann und landesherrliches Kirchenregiment, in: Hans-Christoph Rublack (Hg.), Die lutherische Konfessionalisierung in Deutschland, Gütersloh 1992, 130–162.

chen Formen gekommen: So zeigt sich – und dies durchaus bis heute – in Zentral- und Nordeuropa ein Typus landeskirchlicher Volkskirchen, insbesondere in Staaten mit einer geschichtlich bedingten Vorherrschaft einer Konfession wie etwa in Skandinavien oder mit konfessionell bestimmten Teilbildungen wie in den Staaten Zentraleuropas. In diesem Fall ergibt sich Zugehörigkeit nicht einfach durch bewusste, aktive und freiwillige Zustimmung, sondern zentral ist hier eine im Wesentlichen durch die Taufe erworbene und territorial verortete Mitgliedschaftsstruktur, die institutionell-bürokratisch durch die kirchliche und staatliche Hierarchie und ihre verbeamteten Amtsträger verwaltet wird. Vor allem ausserhalb Europas entwickelten sich hingegen lokal basierte, eher selten regional strukturierte Kirchengemeinden im Sinne von Kongregationalgemeinschaften, mit dem Ergebnis der Verbreitung unterschiedlichster selbstständiger Gemeinden und Organisationseinheiten.

Beiden historisch gewachsenen Organisationsformen von Kirche ist gemeinsam, dass jeweils der Anspruch auf eine für das ganze Volk offen stehende kirchliche Gemeinschaft erhoben und deshalb für den je spezifischen Kontext eine möglichst passgenaue, attraktive Form von Kirchesein geschaffen wurde. Diese Kontext- und Konkurrenzsensibilität zeigt sich auch im weiteren Verlauf neuer Kirchen- und Gemeindebilder bzw. -bildungen:

4 Entwicklungslinien des 19. Jahrhunderts

Friedrich Schleiermacher hat mit seinen Forderungen an ein geordnetes Kirchenregiment der Organisierbarkeit von christlicher Religiosität im Protestantismus für das 19. und 20. Jahrhundert die weitere Richtung vorgegeben:

Schleiermachers Grundauffassung kirchenleitenden Handelns brachte in der Konsequenz eine starke Relativierung der äusseren Organisationsstruktur und ihrer staatstragenden Elemente für und in Preussen mit sich. Er forderte die Entflechtung von paternalistisch-preussischem Staat und der Kirche und damit auch indirekt ein Ende der staatstragenden Bedeutung der evangelischen Kirche für Preussen, deren Problematik sich für ihn in der zentralistischen Agendenreform Friedrich Wilhelms III. und dessen versuchter Zusammenführung der lutherischen und reformierten Konfession zu einer Kirchenunion in Preussen manifestierte. Seine Forderung nach Zurückdrängung des politischen Einflusses im Rahmen des Summepiskopates, das er als Verderben der Kirche bezeichnet, basierte auf seinem Verständnis von Kirche als Priestertum aller Getauften. Die *ecclesia visibilis* ist für ihn vornehmlich kirchenleitendes Handeln eines mit Ordnung und gesetzgebenden Kompetenzen versehenen Sozialgefüges, das zwar zeitlich ist, das Ewige geordnet vermittelt, dabei aber presbyterial-synodal legitimiert wird. Damit beschreibt er eine sich selbst nach eigenen Prinzipien steuernde Kirche, unter Absehung des bis dahin geltenden landesherrlichen Kirchenregimentes. Kirche solle weiterhin als gesellschaftliche Kraft eine intensive Beziehung zum Staate unterhalten, aber ihre geistlichen Angelegenheiten für sich allein regeln. Er forderte also die vollkommene Lösung einer Verbindung zwischen Thron und Altar, um die Freiheit religiöser Verkündigung von jeglichen politischen und moralischen Bevormundungen sowie der daran ausgerichteten Auswahl der angepassten und unkritischen Geistlichen nach dem Prinzip der staatstragenden Beamtentreue mit Dienstherrenrecht zu vermeiden: «Hinweg also mit jeder solchen Verbindung zwischen Kirche und Staat! – das bleibt mein Catonischer Ratsspruch bis ans Ende, oder bis ich es erlebe, sie wirklich zertrümmert zu sehen. – Hinweg mit allem, was einer geschlossenen Verbindung der Laien und Priester unter sich oder mit einander auch nur ähnlich sieht!»[7] Dies kam dann auch in den presbyterial-synodalen Kirchenordnungen seit 1835 zum Ausdruck.[8] Diese bildeten die Vorbilder für sämtliche nachfolgenden Kirchenverfassungen in den Provinzial- und Landeskirchen und führten zu einem Schub der frühen Parochialisierung moderner Prägung: Die Kirchenmitgliedschaft wurde vermittels der Taufe territorial an den Wohnsitz geknüpft.

Seit dieser Zeit haben die Kirchgemeinden in Form territorialer Parochialgemeinden mit ihrem exekutiv-kirchenadministrativen und legislativ-synodalen Überbau auch in verfassungsmässiger Hinsicht Einzug in das kirchliche System in Deutschland, Österreich und der Schweiz gehalten. Im reformierten Sinn eines presbyterial-synodalen Prinzips bildete dabei die Kirchgemeinde basisdemokratisch die Grundlage, auf der sich das evangelische Kirchesein gleichsam bis heute «bottom-up» aufbaut. Im lutherischen Sinn formierte sich Kirche mit synodal-partizipativen Strukturen stärker in staatsanalogem Sinn, was rechtlich und faktisch zu stark episkopal-administrativen Prinzipien der Kirchenleitung führte.

Zugleich zeigte sich aber der preussische Staat des 19. Jahrhunderts gegenüber allen Reformansätzen, die die politischen Gegebenheiten sowie die territorial-parochiale Grundstruktur infrage stellten, immun. Dies führte im weiteren Verlauf dazu, dass alternative christlich motivierte Bewegungskräfte oftmals nur jenseits der vorgegebenen Amtshierarchien und territorialen Zuständigkeiten zur Entfaltung kommen konnten. Es galt immer dann, wenn einzelne Personen aus einer bestimmten christlichen Gewissenshaltung heraus eigenständige Formen des Gemeindeseins entwickelten: man denke hier nur an das evangelische Vereinswesen seit dem 19. Jahrhundert oder die vielfältigen diakonischen Neugründungen, die sich in Bezug auf den Begriff der «Volkskirche» sehr viel stärker auf den Aspekt «Volk» und «Gemeinde» als auf den Begriff «Kirche» konzentrierten.

7 Friedrich Schleiermacher, Über die Religion. Reden an die Gebildeten unter ihren Verächtern, Göttingen 1991, 153.

8 Vgl. Wolf-Dieter Hauschild, Gemeinde. IV. Kirchengeschichtlich: RGG, Bd. 3, Tübingen 2000, 613.

Dass Religiosität und Kirchlichkeit nicht verschwanden, aber «den veränderten Lebensumständen der Menschen entsprechend, ein neues Gepräge und neue Formen»[9] entwickelten, macht der weitere Fortgang deutlich:

Die Personalgemeinde als typische Form der Kirchengemeinde des 19. Jahrhunderts, die sich im Zuge der industriellen Revolution zur urbanen Megagemeinde entwickeln konnte, wurde von Emil Sulze heftig kritisiert. In seiner Schrift «Die evangelische Gemeinde» von 1891 wollte er die Gemeinden zu vereinsweise untergliederten Kleinzentren umbauen, in denen ein Pfarrer für maximal 5000 Gemeindeglieder zuständig sein sollte. Kirche sollte auf einem primär seelsorglich ausgerichteten Territorial- und Pfarramtsprinzip gründen. Mit seinen Forderungen setzte eine Bewegung in der verfassten Kirche ein, die das gesamte 20. Jahrhundert durchzog und sich auch in den gegenwärtigen Diskussionen widerspiegelt: Die Durchsetzung des territorialen Wohnortprinzips sowie die Zuständigkeit einer Pfarrperson für eine definierte Seelenzahl.

5 Einschneidende Erfahrungen des 20. Jahrhunderts

Konterkariert wurde dieser kirchliche Bewegungsaufbruch allerdings nicht nur durch die Beharrungskräfte und das staatlich-kirchliche Autoritätsgefüge des deutschen Kaisertums, sondern nur wenige Jahre später auch durch die massiven Zentralisierungs-, Vereinheitlichungs- und Entmündigungsstrategien des nationalsozialistischen Regimes. Die Grundkritik an den hierarchischen Gegebenheiten und dem allzu engen Verhältnis zwischen Kirche und Staat, die schon im 19. Jahrhundert angebracht wurde, kam erneut ins Spiel: Gegen die fatalen Auswüchse des völkischen Bündnisses von Partei und Kirche wurde wenigstens punktuell mutig Gegenposition bezogen. Dies verband sich in ekklesiologischer Hinsicht mit der grundsätzlichen Anfrage an die Legitimität staats- und parteihöriger Kirchenleitungen. Dietrich Bonhoeffers kommunitäre Perspektive eines «Gemeinsamen Lebens» und seine Grundkonzeption der «geistlichen Leiterschaft» stehen exemplarisch für ein Gemeindeverständnis, das sich dezidiert antiinstitutionell und im Sinne eines gemeinsamen bekennenden und brüderlichen Bewegungsgeistes konstituierte und manifestierte.[10] Das hierarchisch fundierte Territorialprinzip wurde durch einen vom Konventgedanken geprägten neuen Sinn für den Kern jeder christlichen Gemeinschaft, der nur durch Jesus Christus selbst gelegt sein konnte, geprägt. Das von Bonhoeffer eingeforderte neue Leben im Geist Jesu

9 Gerald Kretzschmar, Mitgliederorientierung und Kirchenreform. Die Empirie der Kirchenbindung als Orientierungsgrösse für kirchliche Strukturreform, PTh 101, 2012, 153.

10 Vgl. Gerhard Ludwig Müller/Albrecht Schönherr (Hg.), Gemeinsames Leben / Das Gebetsbuch der Bibel, Dietrich Bonnhoeffer Werke, Bd. 5, Gütersloh 2008, 13–103.

Christi als Gemeinde existierend[11] stellte alle falschen Macht- und Absolutheitsansprüche weltlicher wie kirchlicher Instanzen grundsätzlich infrage.

Die Erfahrungen der Bekennenden Kirche bestimmten wenigstens im Bereich des deutschen Protestantismus die Kirchenstrukturen und Gemeindebilder der Nachkriegszeit. Den beiden grossen Volkskirchen wurde in der Zeit nach 1945 auch eine hohe Bedeutung für die Ausformung neuer Wertehaltungen in der jungen deutschen Republik sowie für die demokratische Orientierung der Menschen in den neuen Verhältnissen zugemessen. Dieser monopolhafte Deutungsanspruch liess sich allerdings nur bis spätestens in die späten 1950er Jahre hinein aufrechterhalten. Dies hatte zugleich seine Auswirkungen über das Nachdenken passgenauer Gemeindestrukturen:

Joachim Matthes gelangt zu dem Schluss, dass vor allem die bis 1945 territorial gebundene Monokonfessionalität zu einer niedrigen formalen Kirchenbindung geführt habe, was er als Milieuverengung des volkskirchlichen Systems charakterisiert. Eine wichtige Folge aus dieser Entwicklung sah er in einer für die Gesellschaft und für den Staat wichtigen werteorientierenden Stellung der Kirchen. Diese werde sich jedoch künftig – an dieser Stelle schliesst Joachim Matthes an H. Richard Niebuhr an – aufgrund der weiterhin abnehmenden Kirchenbindung noch deutlicher ausdifferenzieren, so dass auch für Westeuropa ein kongregationalistisches Kirchengemeindesystem die Folge sein werde.[12] Eine «Krisis der Volkskirche» machte Mitte der 1970er Jahre Jürgen Moltmann aus: Diese sei aber als Chance für die Kirchengemeinde und damit für einen im Sinne von Joachim Matthes und H. Richard Niebuhr konsequent durchgeführten Kongregationalisierungsschubes zu betrachten. Nach Moltmann fehlt es der Volkskirche am Volk. Die vorfindliche «Betreuungskirche» sei durch die individuelle Mobilität der Menschen in ihren überkommenen parochialen Strukturen ineffektiv geworden. Auf die beruflich geprägten Lebenskonzepte der Menschen wisse sie nicht mehr angemessen zu antworten. Dem könne nur eine Reform, die aus der Kirchengemeinde selbst komme, entgegenwirken. Moltmann übertrug hierbei seine Erfahrungen aus den lateinamerikanischen Basisbewegungen und einer Theologie der Befreiung auf die europäischen Kirchen. Die Unwirksamkeit der Reformbewegungen von oben zeige laut Moltmann, dass die Erneuerung der Kirche ausschliesslich aus der Kirchengemeinde erfolgen könne. Da Moltmann, ebenso wie zuvor schon Trutz Rendtorff, den Volkskirchenbegriff als einen Integrationsbegriff für sich wandelnde gesellschaftliche Diskursprozesse deutete, hielt

11 Vgl. Joachim von Soosten (Hg.), Sanctorum Communio. Eine dogmatische Untersuchung zur Soziologie der Kirche, Dietrich Bonnhoeffer Werke, Bd. 1, Gütersloh 2005.

12 Vgl. Joachim Matthes, Kirche und Gesellschaft, Reinbek bei Hamburg 1969, 125–137.

er noch an diesem fest, wenngleich mit grosser Sympathie für die denominationellen Kongregationalkirchen in Übersee.[13]

Karl-Fritz Daiber wies aus soziologischer Perspektive darauf hin, dass sich das territoriale Parochialprinzip zunehmend abbaue oder durch verschiedene soziologisch bestimmbare Umwelteinflüsse starken Veränderungen unterworfen sei.[14] Damit verflüssige sich auch die alte, auf territoriale Übersichtlichkeit und Zuständigkeit angelegte Allianz – und dies mit der Konsequenz, dass sich der staatsanaloge Aufbau der institutionellen Seite der Kirche so zukünftig nicht mehr abbilden lassen werde, und ihr ein Wiedererstarken neuer Gemeindeformen mit hoher emotionaler Nähe zu den Menschen entgegentrete.

Eine andere Art von Anpassungsreaktion an die sich ausdifferenzierenden Verhältnisse stellen die seit den 1960er Jahren stark etablierten Funktionskirchen und kirchlichen Einrichtungen dar, seien es Evangelische Akademien, Beratungseinrichtungen oder auch einzelne kirchliche Ämter mit starkem Dienstleistungscharakter. Damit wurde und wird durchaus erfolgreich versucht, der Interessen- und Bedürfnisvielfalt der Mitglieder durch gleichsam übergemeindliche Angebotsstrukturen im wahrsten Sinn entgegenzukommen, und es entstanden dann oftmals an dritten Orten, jenseits der klassischen territorialen Gemeinde, ganz neue Gemeindeformen auf Zeit, die sich in vielen Fällen längst zu wichtigen Orientierungsinstanzen und auch zivilgesellschaftlich wirkmächtigen Einflussgrössen entwickelt haben.

6 Aktuelle Entwicklungen und Folgerungen

In jüngster Zeit zeigt sich durch die Etablierung weiterer punktueller christlicher Gemeinschaftsformen auf Zeit – man denke hier nur an Stadtklöster oder Angebote des Pilgerns –, dass sich diese Vielfalt weiter vergrössert. Welche Folgen diese zunehmende Vielstimmigkeit öffentlicher kirchlicher Präsenz für eine organisierende kirchenleitende Tätigkeit und auch für das gemeinsame Verständnis bzw. die «corporate identity» von Volkskirche mit sich bringt, ist allerdings noch weitgehend offen.

Kristian Fechtner stellt für die Gegenwart fest: «Die ererbte Kirche und Kirchlichkeit schrumpft und steckt nun in alten Begriffen der Volkskirche wie eine Greisin, der die Kleider um den kleiner gewordenen Leib schlottern.»[15] Zwar vermag man mit ihm im Volkskirchenbegriff durchaus noch eine «wirklichkeitserschliessende Kraft»[16] zu erkennen. Aber generell ist festzuhalten, dass der Be-

13 Vgl. Jürgen Moltmann, Offene Kirche oder Doppelstrategie? Die Krisis der Volkskirche als Chance der Gemeinde, EK 9, Berlin 1976, 82–85.

14 Vgl. Karl-Fritz Daiber, Gemeinde. VI. Ethisch und VII. Praktisch-theologisch: RGG, Bd. 3, 614ff.

15 Kristian Fechtner, Späte Zeit der Volkskirche. Praktisch-theologische Erkundungen, Stuttgart 2009, 15.

16 Ebd., 16.

griff der Volkskirche zu einem Konglomerat verschiedenster Deutungsvarianten geworden ist. Damit können neue Gemeindeformen und Bewegungen nicht mehr einfach in diesen integriert oder gar unter ihn subsumiert werden: Der Begriff des «Volkes» besitzt ebenso wenig wie der Begriff der «Kirche», wie noch im 19. Jahrhundert, eine selbstverständliche Sinnhaftigkeit für den einzelnen. Oftmals erscheint er tatsächlich nur noch als Hülle eines vergangenen «Jahrhunderts der Kirche». In verschiedenen aktuellen Analysen wird deutlich, dass die Kirche als Grossorganisation in sich weiter ausdifferenzierenden Lebenswelten zu einer mehr und mehr partikulären Grösse wird.[17]

Sie hat ihr Monopol für die religiöse Deutung der Wirklichkeit verloren, in der die Menschen leben.[18] Der Veränderungsprozess, in dem sich das (Selbst-)Bewusstsein des Individuums in den westlichen Gesellschaften derzeit vorfindet, ist geprägt von der Transformation bisheriger Bindekräfte wie Herkunft und Tradition, so dass das Individuum auf seine Eigenverantwortung zurückgeworfen wird.

Damit aber gewinnt Kirche als öffentliche intermediäre Organisation gerade durch die Vielfalt möglicher neuer Gemeindeformen eine eigene neue Rolle. Möglicherweise sind es gerade solche ganz neue, vom Gemeinschafts- und Bewegungsgedanken her geprägte christlichen Kleingebilde, die eine vermittelnde Orientierung zwischen den Welten zur Verortung des Einzelnen in unterschiedlichen rollenbezogenen gesellschaftlichen Feldern auf den individuellen Lebenslauf bezogen anzubieten vermögen[19]: Wenn Menschen «von der Kirche zunächst nicht einen Raum ideeller Selbstverwirklichung, sondern Beistand für ihre Selbstbehauptung gegen mächtige Imperative der Arbeitsorganisation, die wesentliche Lebensformen gefährdet und untergräbt»[20], erwarten, dann bringt dies lokal vor Ort ganz neue Herausforderungen für das gemeindliche Leben und eine neue Vorstellung von *ἐκκλησία* und *κοινωνία* mit sich. Und was spricht eigentlich dagegen, dass eine überzeugende und lebensrelevante Angebotspraxis vor Ort nicht sogar die klassische kirchengemeindliche Arbeit wieder in ganz neuem Licht erscheinen lassen kann?

17 Vgl. etwa Hubert Knoblauch, Populäre Religion. Auf dem Weg in eine spirituelle Gesellschaft, Frankfurt a. M./New York 2009; Eckhard Bieger, Pastoral im Sinus-Land. Impulse aus der Praxis/für die Praxis, Berlin 2008; Jörg Stolz/Edmée Ballif, Die Zukunft der Reformierten. Gesellschaftliche Megatrends – kirchliche Reaktionen, Zürich 2010.

18 Vgl. Wilhelm Gräb, Kirche als Ort religiöse Deutungskultur, in: Wilhelm Gräb (Hg.), Lebensgeschichten, Lebensentwürfe, Sinndeutungen. Eine praktische Theologie gelebter Religion, Gütersloh 1998, 86.

19 Vgl. auch Fechtner, Späte Zeit der Volkskirche (Anm. 15), 37–44, 66–70.

20 Fechtner, Späte Zeit der Volkskirche (Anm. 15), 68.

Kybernetische Achsenzeit

Die Entwicklung der Volkskirche im 19. und 20. Jahrhundert

Ralph Kunz

1 Volkskirche und Kirchenvolk

1.1 Von volkstümlich bis völkisch

Die reformierten Kirchen der Schweiz haben ihre Wurzeln in der Reformation, die in den Städten der alten Orte der Eidgenossenschaft – vorab in Zürich, Bern, Basel, Schaffhausen und St. Gallen – je eigene Landeskirchen ausbildete. Aus diesen Landeskirchen wurden später Kantonalkirchen bzw. öffentlich-rechtliche Körperschaften, die je nach Ort mehr oder weniger lose mit dem Staat verbunden blieben. Der Begriff «Volkskirche» muss vor diesem grösseren historischen Hintergrund gesehen werden, ist aber mit dem Hinweis auf die Geschichte der Kirche im Vis-à-vis zum Staat nicht hinreichend beschrieben. Volkskirche steht für einen Komplex, der weiter reicht und tiefer greift als die Rechtsgestalt der Landeskirchen.[1]

Tatsächlich deckt die geschichtliche Erbschaft der Verbindung von Ort, Kirche und Bekenntnisstand nur einen Teil dessen ab, was mit ‹Volkskirche› gemeint ist. Als im 19. Jahrhundert aus dem Kirchenvolk eine Volkskirche wurde, boomte das Volkstümliche. Vom Arbeitervolk über Volksmärchen und Volkskunde bis zur Volksmusik und Volkswohlfahrt wurde ‹Volk› zur Chiffre und zum Platzhalter einer Sozial-, Macht- und Kulturgrösse, die im 19. Jahrhundert Hoffnungen und Ängste auf sich geladen hatte. Im Strudel der kommunistischen und nationalsozialistischen Revolutionen des 20. Jahrhunderts avancierte das Volk zum Kampfbegriff: sei es in Gestalt des internationalen Proletariats, sei es als vaterländische oder völkische Nation.

Die romantische Aufladung, die sozialistischen Signale an die Völker und die ideologische Instrumentalisierung des Völkischen sind auch an den Deutschschweizer Kirchen nicht spurlos vorbei gegangen. Die Kirchen wirkten in den grossen Umbrüchen als Treibende oder Getriebene, mitunter auch als hintertreibende und umtriebige Akteure mit.

1 Zum geschichtlichen Hintergrund vgl. Rudolf Pfister, Kirchengeschichte der Schweiz. Von 1720 bis 1950, Bd. 3, Zürich 1985. In Kapitel 2 und 3 dieses Beitrags sind Textteile übernommen und überarbeitet aus: Ralph Kunz, Kybernetik, in: Christian Grethlein/Helmut Schwier (Hg.), Praktische Theologie. Eine Theorie- und Problemgeschichte, Gütersloh 2007, 607–684.

1.2 Scheineinheit

Die Ablösung von Staat und Kirche, die in den Umwälzungen der Französischen Revolution begonnen hatte, setzte sich in den liberalen Revolutionen Mitte des 19. Jahrhunderts fort. Schon bei einer flüchtigen Betrachtung der Zeit zwischen 1850 und 1950 lässt sich beobachten, wie gespalten und zerrissen das ‹Volk› war. Auch die Volkskirche stand für eine Einheit, die mehr Wunsch als Wirklichkeit war. Näher auf diese theologischen, kulturellen und gesellschaftlichen Wechselwirkungen einzugehen, die sich in der Geschichte der Richtungen zeigt, würde nur schon für die Zürcher Landeskirche den Rahmen dieses Beitrags sprengen.[2] Es geht darum, den grossen Bogen zu sehen und sich auf die «kybernetischen Achsenzeiten» zwischen 1850 bis 1950 zu konzentrieren. Diese 100 Jahre lassen sich in Phasen unterteilen.[3] Ihr Abschreiten lässt jenen Prozess besser verstehen, der zur Gestalt der Volkskirche, wie wir sie heute kennen, geführt hat. Für das 19. Jahrhundert sind diese Phasen mit den Namen von Friedrich Daniel Ernst Schleiermacher, Carl Immanuel Nitzsch und Friedrich Niebergall verbunden (2). Für das 20. Jahrhundert lassen sich weitere Entwicklungsphasen mit den Namen Karl Barth und Emil Brunner verbinden (3). Der Beitrag schliesst mit einer kurzen Diskussion der ungelösten Aufgaben der Volkskirche, wie sie sich im Lichte einer Betrachtung ihrer Achsenzeiten geschichtlich und theologisch erschliessen lassen (4).

2 Kirche und Kybernetik im 19. Jahrhundert

2.1 Am Anfang war die Revolution

Friedrich Daniel Ernst Schleiermacher vollzog als erster die «theologische Wende zur sozialkulturellen Lebenswelt christlicher Religion», wie dies Volker Drehsen auf den Punkt brachte.[4] Sein Beitrag zur Idee der Volkskirche lässt sich nur recht nachvollziehen, wenn man sein Verständnis von Kirchenleitung berücksichtigt. Den Hintergrund bildete der grosse Umsturz Ende des 18. Jahrhunderts – die Revolution.

Schleiermacher wurde rund zwanzig Jahre vor der Französischen Revolution geboren und starb 1834, kurz vor der (in Deutschland) gescheiterten bürgerlichen

2 Vgl. dazu Paul Schweizer, Freisinnig-Positiv-Religiössozial. Ein Beitrag zur Geschichte der Richtungen im Schweizerischen Protestantismus, Zürich 1972.

3 Den Begriff «Achsenzeit» verwende ich bildlich und nicht analytisch. Er spielt auf den geschichtsphilosophischen Ordnungsbegriff von Karl Jaspers an. Dieser verstand darunter die Zeitspanne von 800 bis 200 v. Chr. – eine Phase, in der in unterschiedlichen Kulturen epochale geistige Entwicklungen stattgefunden haben.

4 Vgl. Volker Drehsen, Neuzeitliche Konstitutionsbedingungen der praktischen Theologie. Aspekte der theologischen Wende zur sozialkulturellen Lebenswelt christlicher Religion, Gütersloh 1988, 93.

Revolution.[5] Er erlebte also die Revolution als junger Mann und hielt sie für die «erhabenste That des Universums» und wünschte sich auch die Kirche als eine «vollkommene Republik»[6]. Tatsächlich begann Anfang des 19. Jahrhunderts eine Zivil- und Bürgergesellschaft Konturen anzunehmen. Schleiermacher widmete sein Leben dem Anliegen, den epochalen gesellschaftlichen Umbruch als Chance für eine Kirchenreform zu nutzen. Politisch und kirchenpolitisch ging es ihm um das Recht der Mitbestimmung. Wie die Bürger im Staat sollen die Gläubigen in der Kirche mitreden.

Wenn die Kirche nicht mehr länger durch den Staat regiert wird, stellt sich die Frage, wie das Kirchenregiment neu organisiert werden könnte. Schleiermacher ist zwar von der Utopie einer staatsunabhängigen Kirche im Laufe der Zeit abgekommen, aber das Anliegen, auch in der Kirche die Ideale der Freiheit, Brüderlichkeit und Gleichheit zu realisieren, ist geblieben. Er setzte sich gegenüber dem preussischen König für eine Presbyterial-Synodalverfassung der Kirche ein. Diese Reformen blieben zwar in den Anfängen stecken, aber die Saat war gesät.[7] Die Kirche *im* Staat soll im profilierten Sinne des Wortes *Volkskirche* werden.[8]

2.2 Die Gestaltung des Gottesbewusstseins

Entscheidend für die Volkskirchentheologie war die religiöse Begründung ihrer Leitung. Die Notwendigkeit der Kirchenleitung ergibt sich nämlich aus der Aufgabe der Gestaltung des Gottesbewusstseins und nicht aus einem politischen Mandat. Dieses Bewusstsein hat sich nach Schleiermacher in der Geschichte manifestiert. Es ist für ihn freilich das allgemein religiöse und allen gemeinsame Bewusstsein. Das unverwechselbare Eigene des evangelischen Glaubens kommt durch Bildung dazu. Was sich nach theologischen Spitzfindigkeiten anhört, ist wichtig für die Begründung der volkskirchlichen Frömmigkeit. Das Religiöse und nicht das Christliche im Sinne einer Lehre ist ihre Voraussetzung.

Kirchenleitung ist bei Schleiermacher sehr weit gefasst: Einerseits ist damit modern gesagt die Steuerung der Organisation und andererseits sind die leitenden Tätigkeiten in den einzelnen Gemeinden im Blick, also Liturgie, Predigt, Unterricht und Seelsorge. Die institutionell gebundenen und durch das Amt definierten Formen der Leitung werden *Kirchenregiment* und *Kirchendienst* genannt. Neben

5 Wilhelm Gräb, Praktische Theologie als Theorie der Kirchenleitung. Friedrich Schleiermacher, in: Christian Grethlein/Michael Meyer-Blanck (Hg.), Geschichte der Praktischen Theologie. Dargestellt anhand ihrer Klassiker, Leipzig 1999, 67–110, 68ff.

6 Ebd., 71f.

7 Erst 1919, in der Weimarer Reichsverfassung, sollte die evangelische Kirche in Deutschland als «Körperschaft des öffentlichen Rechtes» ihre äussere Gestalt und Leitung in eigener Kompetenz verantworten. Vgl. dazu Steffen Flessa/Traugott Jähnichen, Auf dem Weg zu einer «Kirchenbetriebslehre». Impulse für eine Weiterentwicklung der Organisations- und Verwaltungsstrukturen kirchlichen Handelns, PTh 94, 2005, 196–216, 197.

8 Zu Schleiermachers Volkskirchen-Ekklesiologie vgl. Eberhard Hübner, Theologie und Empirie. Prolegomena zur Praktischen Theologie, Neukirchen-Vluyn 1985, 23ff.

den gebundenen gibt es auch die ungebundenen Formen der Einwirkungen. Nicht nur das Amt, sondern auch die einzelnen Mitglieder sind als freie Gläubige dazu berufen, mitzubestimmen. Laien und Theologen unterscheiden sich nicht durch Rang oder Grad, sondern durch ihre Funktion. Theologen zeichnen sich lediglich durch grössere Methodenkenntnisse aus. Für Schleiermacher ist das «Priestertum aller Gläubigen» ein Leitprinzip des Christentums.

Das «kybernetische Charisma» Schleiermachers erschliesst sich aber über die Leitformel seiner Praktischen Theologie, der «lebendigen Circulation des religiösen Interesses».[9] Ihr Ausgangspunkt ist im Gegensatz zwischen Produktiven und Rezeptiven in der Gemeinde gegeben. Allerdings wird klerikale und pastorale Profession um der Leitung des «Priestertums aller Gläubigen» willen in seine Grenzen eingewiesen.[10] Kommunikation wird so zum «Leitbild» für den Kirchendienst. Schleiermacher kann insofern als Begründer einer pastoralen Kybernetik gelten, als er aus der «Rumpelkammer aller möglichen Amtserfahrungen und Amtsvorschriften [...] ein[en] vornehme[n] Organismus innerlich verbundener Handlungsweisen aus dem Prinzip der evangelischen Heilsgemeinde»[11] geschaffen hat. Das Anliegen, die Leitung religiös zu begründen, legte das Fundament für die Praktische Theologie.[12]

2.3 Carl Immanuel Nitzsch als Schüler und Kritiker Schleiermachers

Carl Immanuel Nitzsch kann als wichtigster Schüler und Kritiker Schleiermachers gelten.[13] Für sein Verhältnis zum grossen Vorbild ist eine Aussage in der Einleitung seiner Praktischen Theologie bezeichnend: Schleiermachers Werk sei «ein Grundriss, der beinahe in jedem Satze Räthsel der Vergangenheit löset und neue der Zukunft aufgibt.»[14] Um das vermutete theoretische Defizit Schleiermachers auszugleichen, müsse die Praktische Theologie es selbst unternehmen, «auf dem Grund der Idee der christlichen Kirche und des kirchlichen Lebens durch Verständnis und Würdigung des gegebenen Zustandes zum leitenden Gedanken aller kirchlichen Amtstätigkeiten zu gelangen.»[15]

Hier wird eine entscheidende Weichenstellung vorgenommen: Während bei Schleiermacher die Einheit der theologischen Praxis in Bezug auf «eine bestimmte Glaubensweise durch die Beziehung auf das Christentum» gegeben ist, betont

9 Vgl. Christian Möller, Lehre vom Gemeindeaufbau, Göttingen 1990, 18ff.

10 Gerhard Rau, Pastoraltheologie. Untersuchungen zur Geschichte und Struktur einer Gattung praktischer Theologie, Gütersloh 1970, 189ff.

11 So das Urteil von Otto Baumgarten, Art. Praktische Theologie: RGG, Bd. 4, Tübingen 1913, 1720–1722.

12 Vgl. Gerhard Ebeling, Studium der Theologie, Tübingen 1977, 129.

13 Vgl. Alfred Jäger, Konzepte der Kirchenleitung für die Zukunft. Wirtschaftsethische Analysen und theologische Perspektiven, Gütersloh 1993, 107.

14 Carl Immanuel Nitzsch, Praktische Theologie, Bd. 1: Einleitung und erstes Buch. Allgemeine Theorie des kirchlichen Lebens, Bonn 1847, 30.

15 Ebd., 31.

Nitzsch die vermittelnde Rolle der Kirche für den Glauben. Denn «[s]o wie das Reich Gottes sich in Christus zur Kirche und durch diese vermittelt, vermittelt sich christliches Leben zum kirchlichen durch dasselbe. Die kirchliche Ausübung ist diejenige, durch welche sich der christliche Glaube in und an der Menschenwelt bestätigt.»[16]

Die wichtigste Konsequenz dieser Grundlegung ist die stärkere Stellung der Kirche vor dem religiösen Individuum. «Das Subjekt der kirchlichen Ausübung des Christentums ist der ersten Potenz nach weder der einzelne Christ als solcher noch der Kleriker, sondern eben die Kirche.»[17] Die Modifikation von Schleiermachers Konzept lässt sich anhand seines Aufrisses der Praktischen Theologie gut ersehen. Das Fundament bildet die praktisch-theologische Kirchentheorie. Ein zweiter Teil führt die Regeln der Tätigkeitsbereiche in der Kirche auf, indem zwischen gemeindefördernder Erbauung und gemeindeleitender Ordnung unterschieden wird. Zur Erbauung gehören didaktisch fundierend die Predigt und der Unterricht, feierlich fundierend der Gottesdienst und konservierend die Seelsorge.

2.4 Kirche als eine Sozialgestalt sui generis

Nitzsch forderte in seiner Praktischen Theologie, dass man die Kirche als *selbständig* handelnde Einheit nicht aus der philosophischen Theologie ableiten könne. Denn wie Religion niemals nur eine Idee sein kann, so müsse das Christentum als «die vollendete Thatsache der Religion» angesehen werden. Nitzsch schliesst weiter, «so *muss* sie auch Kirche werden, und *nur* aus dem Grunde kann sich ein selbständiges Dasein und ein wirklicher Organismus der Theologie ergeben.»[18] Für Nitzsch ist entsprechend klar, dass Kirche als einzig mögliches Mittel der Konkretisierung des Reiches Gottes bekannt sein muss. Denn «[d]as Reich Gottes hat in dieser Welt keine andre Pforte des Eingangs und des Zugangs als die Kirche selbst [...] und keinen anderen Weg als die wesentliche Selbstbewegung und Selbstbethätigung der christlichen Gemeine.»[19]

Die Verbindung mit dem Reich Gottes lässt erahnen, welche Konsequenz die spätere, konsequente Vermittlungstheorie aus diesem Gedanken ziehen konnte. So sieht Richard Rothe in der Kirche nur eine vorläufige Form christlich fundierter Sittlichkeit, eine Form, die sich in eine Gesellschaft von freien und mündigen Subjekten auflöst. Während bei Nitzsch die Verkirchlichung der Gesellschaft im Blick ist, sieht Rothe das Ziel in der Selbstauflösung der Kirche in die Gesellschaft.

Es geht um das rechte Verhältnis dieser Grössen. Wenn die Kirche zwischen Reich Gottes und Christentum tritt, wird sie «actuoses Subject». In dieser Zwi-

16 Ebd., 12f.
17 Ebd., 22.
18 Ebd., 4.
19 Ebd., 14.

schenstellung ist die Kirche weder identisch mit dem Reich Gottes noch mit Staat oder Gesellschaft, aber sie übernimmt die Rolle der Vermittlerin. «Je reiner sich die Kirche vom Reiche Gottes unterscheidet, je inniger sie sich mit ihm als seinem Grunde und Zwecke vereinigt, desto weniger ist sie dem Staate, dem ganzen Cultur- und Naturleben gegenüber von tödlichen Trennungen und Mischungen bedroht.»[20] Diese Zwischenstellung macht die Eigenart und Einzigartigkeit der Sozialform Kirche aus, die sie von anderen zivilgesellschaftlichen Akteuren wie zum Beispiel Bewegungen, Vereinen oder Parteien unterscheidet.

In der Frage, wie die Wirkung Nitzschs einzuschätzen ist, sind sich die Praktischen Theologen der Gegenwart nicht einig.[21] Volker Drehsen sieht sehr viel Innovationspotenzial in Nitzschs Entwurf.[22] Er deutet Nitzschs Denken als «Ausdruck eines innertheologischen Entideologisierungsprogramms».[23] Nicht ein dogmatisch eng gefasster Kirchenbegriff, sondern der aktuelle Wirklichkeitsbezug seien die Kennzeichen dieses Ansatzes.[24]

Man kann Nitzschs Ansatz auch anders deuten. Wenn die Kirche eine Sozialgestalt *sui generis* ist, die sich weder aus einer allgemeinen oder staatlich verordneten Religiosität ableiten lässt, rückt das Volk als *theologische Grösse* in ein neues Licht. Zwischen dem Reich Gottes und dem Christentum ist Zwischenraum für das *Volk Gottes*.

2.5 Friedrich Niebergall und die Gemeindebewegung

Die grossen gesellschaftlichen Umbrüche in der zweiten Hälfte des 19. Jahrhunderts liessen stärker die Leitungs- und Entwicklungsaufgaben der Kirche in den Blick kommen. Dass ausgerechnet die Massen des Volkes im traditionellen Gemeindesystem nicht mehr erreicht werden konnten, machte die Frage der *Organisation* von Seelsorge und Erziehung immer drängender. Der Untertitel von Friedrich Niebergalls 1918 erschienenem Lehrbuch bringt dies deutlich zum Ausdruck. Er versteht Praktische Theologie als «Lehre von der kirchlichen Gemeindeerziehung auf religionswissenschaftlicher Grundlage». Der Begriff Volkskirche gewinnt eine neue Bedeutung.

Die neue Prominenz des *Gemeindebegriffs* ist symptomatisch. In seiner Lehre nimmt Niebergall Impulse der sogenannten Gemeindebewegung auf. Dies verdankt er ausdrücklich dem «begeisterten Propheten Sulze», der «in einem langen gesegneten Leben» das Ideal der Gemeinde verkündigt habe.[25] Um es zu realisieren, müsse aber stärker von der *gegebenen Gemeinde* aus gedacht werden. Des-

20 Ebd., 351.

21 Vgl. dazu Peter Bloth, Praktische Theologie. Grundkurs Band 8, Stuttgart/Berlin/Köln 1994, 30ff.

22 Drehsen, Praktische Theologie (Anm. 4), 136ff.

23 Ebd., 141.

24 Ebd., 143.

25 Friedrich Niebergall, Praktische Theologie. Lehre von der kirchlichen Gemeindeerziehung auf religionswissenschaftlicher Grundlage, Tübingen 1918, 268.

halb propagierte Niebergall den empirisch «religionswissenschaftlichen» Ansatz.[26] Aus heutiger Sicht ist das Auffällige daran der breite Raum, den die «religiöse Seelen- und Volkskunde» im Grundlagenband einnimmt.[27]

Der fortschrittsfreundliche Ton gehört zum Tenor der liberalen Theologie der Jahrhundertwende.[28] Er äussert sich auch in einem ausgesprochenen Bildungsoptimismus. Es komme alles auf die Erziehung an, «die geduldig ein hohes, aber erreichbares Ziel fest im Auge, an den Gliedern der Gemeinde arbeitet».[29] In Nitzschs Formel des «actuosen Subjects» erkennt Niebergall den Anfang einer «langsam siegreichen» Erkenntnis. Die Selbstbestätigung der Kirche lasse sich nicht auf die Tätigkeit des Amtes beschränken, sondern umfasse die Gemeinde als *congregatio sanctorum*.[30] Dies hat die Konsequenz, dass die Gemeinde nicht nur durch das Amt erbaut wird.[31] Für Niebergall läuft dieser Fortschritt auf den Gedanken einer zunehmend mündigen Gemeinde hinaus.[32] Denn die Gemeinde, die «als möglichst selbständige und selbsttätige Grösse» in Erscheinung tritt, ist *das* «Leitbild»[33] einer Kirche, die nahe beim Volk dient, vom Volk getragen und im Volk verankert ist.

2.6 Kybernetische Achsenzeit der Volkskirche – ein Zwischenfazit

Dass sich die deutschschweizerischen Landeskirchen im 19. Jahrhundert nicht wie in Holland oder Schottland in unterschiedliche Bekenntnisgemeinschaften aufspalteten, hat verschiedene Gründe. Wichtig war der Einfluss der Vermittlungstheologie,[34] mit deren Hilfe mehrheitsfähige Kompromisse gefunden werden konnten. Genauso entscheidend war die synodale Organisation der Kirchen, die eine demokratische Aushandlung der divergierenden Ansichten und Gesinnungen erlaubte.

Im Blick auf die Entwicklung ist es angebracht, das letzte Viertel des 19. Jahrhunderts und das erste Viertel des 20. Jahrhunderts als «kybernetische Achsenzeit» zu bezeichnen. Die wichtigsten Impulse der Kirchen- und Gemeindeentwick-

26 Ebd., 31ff.

27 Ebd., 31ff.

28 Vgl. dazu Bloth, Praktische Theologie (Anm. 21), 59ff. Siehe auch Lars Emmersleben, Kirche und Praktische Theologie. Eine Studie über die Bedeutung des Kirchenbegriffes für die praktische Theologie anhand der Konzeptionen von Carl Immanuel Nitzsch, Carl Adolf Gerhard von Zezschwitz und Friedrich Niebergall, Berlin/New York 1999, 187ff.

29 Niebergall, Praktische Theologie (Anm. 25), 1.

30 Ebd., 4f.

31 Ebd. 4f.

32 Ebd., 5.

33 Ebd., 6.

34 Vgl. dazu die Studie von Markus Baumgartner, Ins Netz verstrickt. Beobachtungen zum Denkmuster des sogenannten Vermittlungstheologen Alexander Schweizer, Bern 1991; Emidio Campi/Ralph Kunz/Christian Moser, Alexander Schweizer (1808–1888) und seine Zeit, Zürich 2008.

lung, die in der zweiten Hälfte des 20. Jahrhunderts wieder aufgegriffen wurden, entstehen in dieser Phase.

Alfred Niebergall vertritt den «Aufbruch zum Menschen» und die «Nähe zum Volk». Das ekklesiologische Programm, das sich mit diesem Ansatz verknüpft, hiess damals wie heute «Volkskirche». Aber wie schon der Begriff der Volksmission deckt das ganze Programm der Gemeindebewegung auch einen Zwiespalt zwischen dem Kirchenvolk und der Bevölkerung auf. Die Kirchen haben im 19. Jahrhundert die Massen – die Arbeiter – verloren. Damit ist auch eine entscheidende Problemstelle der praktischen Ekklesiologie in dieser Phase benannt. Was «Volkskirche» meint, wurde in den folgenden Jahren zur kybernetischen Schlüsselfrage. Wie Bloth feststellt, hat «schon in den Jahren vor und während des Ersten Weltkrieges [...] wohl keine theologische Frage ein solches Echo ausgelöst wie die sog. Kirchenfrage.»[35] Ein wichtiger Grund war in Deutschland die Neuorganisation der Kirche in der Weimarer Verfassung.[36] 1919 war mit dem Ende des landesherrlichen Regimes auch die rechtliche Grundlage für die synodal geleitete Kirche gegeben. Der Staat erkannte die selbständige Rechtsgestalt der Kirche an – ein Schritt, der in der Schweiz schon früher erfolgte.

Welche Konsequenzen diese neue Rechtsgrundlage für die Gestalt der Kirche hatte, war aber nicht geklärt. Soll die Volkskirche Staatskirche bleiben? Ist sie Bekenntniskirche? Wie verhält sie sich gegenüber den entkirchlichten Massen? Folgt sie einem sozialen oder einem radikal-liberalen Kurs?

Eine wichtige Stimme war die von Otto Dibelius. Die 1926 erschienene Schrift «Das Jahrhundert der Kirche» war auch ein Manifest des neu erwachten kirchlichen Selbstbewusstseins.[37] Nach 1919 war eine Neuordnung des Kirchenwesens nötig. Ein interessantes Dokument der darüber in Deutschland geführten Diskussion erschien im selben Jahr unter dem Titel «Revolution und Kirche».[38]

3 Theologische Kybernetik zwischen den Zeiten

3.1 Die Kirchenkritik der Dialektischen Theologie

Für die Schweiz hatten die Entwicklungen in Deutschland sowohl theologisch wie politisch direkte Folgen. 1919 formulierte Karl Barth in seinem Tambacher Vortrag «Der Christ in der Gesellschaft» den vehementen Einspruch der dialektischen Theologie gegenüber Volksmission und einer religiösen Verwertung der sozialen Frage und leitete mit seiner Kritik eine neue Phase ein.[39] Er kritisierte die

35 Niebergall, Praktische Theologie, (Anm. 25), 64.

36 Ebd., 56.

37 Zur kritischen Auseinandersetzung mit Dibelius vgl. Manfred Josuttis, Unsere Volkskirche und die Gemeinde der Heiligen. Erinnerungen an die Zukunft der Kirche, Gütersloh 1997, 11ff.

38 Bloth, Praktische Theologie (Anm. 21), 71.

39 Zum Folgenden vgl. Bloth, Praktische Theologie (Anm. 21), 72–82.

Bemühungen der Gemeindebewegung als Versuch, die Gesellschaft zu klerikalisieren, und ging mit den Protagonisten hart ins Gericht: «Lasst uns eine neue Kirche errichten mit demokratischen Allüren und sozialistischem Einschlag! Lasst uns Gemeindehäuser bauen, Jugendpflege treiben, Diskussionsabende und musikalische Andachten veranstalten! [...] Lasst uns mit einer neuen Begeisterung den alten Weg gehen, der mit dem Liebespietismus der inneren Mission beginnt und mit tödlicher Sicherheit mit dem Liberalismus Naumanns endigen wird.»[40]

Barths fundamentale Opposition mag aus heutiger Sicht destruktiv wirken.[41] Es wird verständlicher, wenn seine «Kirchenschelte» gerade nicht als alternatives Programm, sondern als eine *radikale* Kritik, die *alles Handeln* in Frage stellt, gelesen wird. Nicht das Handeln *für* die Kirche, die für Barth «Religion an sich» ist, sondern die Einsicht in die Göttlichkeit Gottes soll das Handeln *in* der Kirche leiten. Es scheint, die dialektische Theologie postuliere das *Ende* der Kirchenleitung im Namen Gottes, weil Gott nicht als ein «Ding an sich betrieben und gepflegt werden kann».[42] Gleichzeitig wird aber auch der Anfang der Kirche erkennbar, dessen Wiederentdeckung für die Leitung der Kirche letztlich zur produktiven Triebfeder wurde. Die theologische Kritik der Kirche will nicht zerstörerisch sein, sondern den Aufbau einer Kirche in die Wege leiten, die Gott und nicht die Kirche als Fundament anerkennt. Am deutlichsten wird die Konsequenz dieser Umstellung bei der Predigt. An der Versammlung der «Freunde der Christlichen Welt» im Oktober 1922 formulierte Barth seine Kernthese: «Das Wort Gottes ist die Aufgabe der Theologie.»[43]

3.2 Gottes Wort baut Kirche

Die Aufgabe, von Gott zu reden, bringt, wenn Gott selbst sein Wort sprechen soll,[44] die Kirchenleitung in eine Verlegenheit, die Barth als «Not» beschreibt. «Wenn einmal alle Kämpfe gegen eine alte oder für eine neue Kirche äusserlich so gegenstandslos werden, wie sie es innerlich vielleicht ohnehin sind, wenn all der darauf verwendete Ernst frei wird für ernsthaftere Gegenstände, rückt einem die wesentlichste Not der Theologie nur um so grimmiger zu Leibe.»[45] Denn Men-

40 Karl Barth, Der Christ in der Gesellschaft. Eine Tambacher Rede, Würzburg 1920, 8 (hier zit. aus Bloth, Praktische Theologie (Anm. 21), 74).

41 Jedenfalls trifft der Vorwurf hier nicht zu, wie Bloth, Praktische Theologie (Anm. 21), 74 zu Recht betont.

42 Barth, Der Christ in der Gesellschaft (Anm. 40), 16.

43 Karl Barth, Das Wort Gottes als Aufgabe der Theologie, in: Albrecht Beutel, u. a. (Hg.), Homiletisches Lesebuch. Texte zur heutigen Predigtlehre, Tübingen 1989, 42–58, 42ff.

44 Ebd., 49: «Von Gott reden würde heissen, Gottes Wort reden, das Wort, das nur von ihm kommen kann, das Wort, dass Gott Mensch wird [...] Das zu sagen, dass Gott Mensch wird, aber als Gottes Wort, wie es eben wirklich Gottes Wort ist, wäre unsere theologische Aufgabe.»

45 Ebd., 43.

schen können nicht von Gott reden.[46] Kirchliche Programme, die, um der Not auszuweichen, diakonische oder seelsorgliche Tätigkeiten einfordern, erkennen diese Situation nicht und verfehlen die eigentliche Not wie den ureigenen Auftrag der Kirche. Ob die Kirche nach rechts oder links drifte, sei völlig gleichgültig. Sie steuere auf jeden Fall in die falsche Richtung, wenn sie versuche, Menschen religiös zu erreichen. Für ihre Existenz brauchen die Zeitgenossen keine solche Unterstützung.[47]

3.3 Kirchenkampf in Deutschland

Mit dem Ende der Weimarer Republik und Hitlers Machtübernahme trat die theologische Debatte um das rechte Verständnis von Kirche wiederum in eine neue Phase. Aus dem Streit um die Kirche wurde der Kampf in der Kirche für die wahre Kirche. Innerhalb weniger Jahre hat sich die Situation radikal verändert. Unter den Bedingungen «einer extremen Geschichte» hat die Diskussion eine neue Richtung genommen. Die Gestaltung und Leitung der Kirche wurde zu einem Politikum und zu einer Bekenntnisfrage zugleich. Impulse der praktischen Ekklesiologie, die stärker die Volksmission betonten, wurden in den Hintergrund gedrängt, weil die bekennende Kirche sich gegen die Vormacht des Völkischen wehren musste. Der Eingangssatz in Heinrich Vogels Essay zur Frage «Wer regiert die Kirche?» illustriert diesen Sachverhalt treffend: «Die Frage nach dem Regiment der Kirche ist über uns gekommen wie der Dieb in der Nacht.»[48]

Nach dem Krieg ist ein geschärftes Bewusstsein der *kritischen Funktion* der Theologie für die Leitung der Kirche geblieben. Das Kirchenvolk kann in einen Widerspruch zur Sendung des Volkes Gottes geraten, der die Entscheidung – einen *status confessionis* – erzwingt. Ein Zitat aus Martin Fischers hellsichtigen Ausführungen zu Theologie und Kirchenleitung fasst die zentrale Lehre aus dieser Krise zusammen:

> «Theologie ist kein intellektueller Luxus, ohne den man predigen und Kirche leiten könnte. Die Theologie ist nicht so etwas wie ein luftiger Überbau über anderweitig zu findender und sichernder Kirchlichkeit, sondern in ihr geht es um Verkündigung und Wahrheit und damit um Glauben und Kirchenleitung […] Wer die Kirche als fromme Partei

46 Ebd., 43: Barth spricht seine Amtskollegen auf ihre *Berufssituation* indirekt an, wenn er sagt: «Über unsere *Situation* möchte ich mich mit Ihnen unterhalten, und das sollte möglich sein, gleichviel ob wir so oder anders empfinden.»

47 Ebd., 45.

48 Heinrich Vogel, Wer regiert die Kirche? Über Amt, Ordnung, Regiment der Kirche, TEH 15, 1934, 3.

zur Erhaltung weltanschaulicher Bestände des christlichen Abendlandes selber zu retten unternimmt, muss den überlegenen Herrn durch ungeeignete fremde Hilfe ersetzen.»[49]

3.4 Emil Brunners Verständnis der Volkskirche

Rudolf Sohm, auf den Fischer anspielt, vertrat vor dem Krieg eine institutionskritische Ekklesiologie. Er führte das in Nitzschs Konzept angelegte Selbstverständnis der Kirchenleitung konsequent weiter. In der Wahrnehmung fast aller ‹Wort-Gottes-Theologen› wurde diese Weiterführung als eine fatale Fehlentwicklung angesehen – mit einer Ausnahme. Es lohnt sich auf Brunner einzugehen, weil sich an seiner Person und in seiner Kirchenlehre eine Weiterentwicklung des Volkskirchengedankens ablesen lässt, der für die zweite Hälfte des 20. Jahrhunderts die Debatten dominieren sollte.

Bezeichnend und prägend war das Zerwürfnis mit Barth. Dazu ist es schon während dem Zweiten Weltkrieg gekommen. Bekannt geworden ist das schroffe Nein Barths auf Brunners Versuch, für das Glaubensgespräch einen sogenannten Anknüpfungspunkt zu behaupten. Die beiden stritten aber damals auch schon über das Verständnis der Volkskirche. In einer Schrift mit dem Titel «Um die Erneuerung der Kirche», die 1934 erschien, legte Brunner seinen Standpunkt dar. Es enthält u. a. einen Vortrag vor dem Zürcher Pfarrverein. Die Schlussworte, die auf Otto Dibelius Bezug nehmen, sind ein eindrückliches und prophetisches Zeugnis Brunners:

> «Man hat vom Jahrhundert der Kirche gesprochen in einer volltönenden Weise, die wir nicht billigen können […] Unsere Schweizer Kirche, die nicht wie die deutsche das harte Glück hat, um ihre Existenz ringen zu müssen, schläft noch den Schlaf der letzten Jahrhunderte. Sie ist noch nicht ganz zur neuen Verantwortung erwacht. Sie sieht noch nicht, wie die Welt sich von ihr emanzipiert hat, wie illusionär ihre überlieferten Begriffe von der Einheit von Volk und Kirche sind. Uns aber, die wir den Namen Hirten führen, geziemt es zuerst, zu erwachen und zu merken, welche Stunde es geschlagen hat.»[50]

Im selben Büchlein veröffentlicht Brunner einen zweiten Vortrag, in dem er die Gruppenbewegung, eine innerkirchliche Bewegung, die die Kirche beleben und nicht ersetzen will, «als Frage an die Kirche» vorstellt. Die Bewegung reagiere auf den Kirchenhochmut und sei das rechte Mittel, mit dem Gott die wahre Erneue-

49 Martin Fischer, Theologie und Kirchenleitung, EvTh 21, 1961, 49–68 (56f.). Die Rede wurde anlässlich des 25-jährigen Jubiläums der Kirchlichen Hochschule Berlin am 31. Oktober 1960 gehalten.

50 Emil Brunner, Die Kirche als Frage und Aufgabe der Gegenwart. Vortrag im Kantonal-Zürcherischen Pfarrerverein am 28. Mai 1934, in: Emil Brunner (Hg.), Um die Erneuerung der Kirche. Ein Wort an alle, die sie lieb haben, Bern/Leipzig 1934, 6–31,(31).

rung schenke, von der die Wort Gottes-Theologie nur spricht.[51] Die Volkskirche war für Brunner eine Scheinkirche: Sie sei lediglich eine historische Ausbildung des Christentumsgedankens, deren einzige theologische Berechtigung darin bestehe, Raum und Gelegenheit für die Mission des Volkes zu bieten.

Barth hatte wenig Verständnis für diese Töne. Der Kirchenkampf war auf einem ersten Höhepunkt. Ein Tag nach dem Vortrag Brunners vor der Zürcher Pfarrerschaft begann in Barmen die Bekenntnissynode. Barth engagierte sich in diesem Kampf gegen die Deutschen Christen. Die Anliegen Brunners waren – wenn man auf die Zwischentöne achtet – gar nicht so weit entfernt von dem, was in Barmen bekannt wurde. Aber Brunners Ekklesiologie war gleichsam entpolitisiert. Seine Anliegen waren auch Barth nicht ganz fremd, jedoch in seinen Augen zum gänzlich falschen Zeitpunkt geäussert. Es war nicht der Kairos, um an die Volksmission zu erinnern.

Um die unterschiedlichen Positionen besser zu verstehen, ist es hilfreich, noch einmal zurückzublenden. Barth und Brunner hatten Hermann Kutter und Leonhard Ragaz als gemeinsame Lehrer, die ihnen die soziale Frage nahe brachten. Wie dramatisch die Situation war und wie eng die Konflikte in der Kirche mit der Spaltung des Volkes zusammenhingen, lässt sich aus der historischen Distanz kaum noch ermessen. Im Schlüsseljahr 1919 veranlasste die Schweizer Bundesregierung die Mobilmachung. Man stand kurz vor einem Bürgerkrieg. Die Gewerkschaften riefen zum Generalstreik auf. Auch in Zürich standen die Zeichen auf Sturm, als Leonhard Ragaz aus Protest gegen die Haltung der Regierung seine Professur für Praktische Theologie niederlegte. Er wollte und konnte nicht länger Mitglied einer Universität sein, die von Soldaten bewacht werden musste. Der Nachfolger von Leonhard Ragaz hiess Emil Brunner. Er sollte mit seinem Ansatz zu einem der vehementesten und profiliertesten Kritiker, aber auch Erneuerer der Volkskirche werden.

Dafür kann sein Buch *Das Missverständnis der Kirche* stehen.[52] In diesem ekklesiologischen Manifest wird die Gemeinde als *ekklesia* des Neuen Testaments kategorial von der Kirche als Organisation unterschieden. Brunner lehnte zwar auch hier die Volkskirche nicht prinzipiell ab, aber er drängte darauf, dass die kirchlichen Institutionen der Gestaltwerdung der Ekklesia als Christusgemeinschaft im Glauben und Bruderschaft in der Liebe dienen und sie nicht hemmen sollten.

3.5 Der Gemeindeaufbau als Anfrage an die Volkskirche

1983 veröffentlichte Fritz Schwarz eine Theologie des Gemeindeaufbaus, die im Wesentlichen auf Brunners Ekklesiologie fusst und die – notabene schon in den

51 Emil Brunner, Die Gruppenbewegung als Frage an die Kirche, in: Um die Erneuerung der Kirche (Anm. 50), 32–51, bes. 44f.

52 Emil Brunner, Das Missverständnis der Kirche, Zürich 1951.

1930er-Jahren ausgeführten – Überlegungen zu einer innerkirchlichen institutionskritischen Bewegung konsequent in ein Programm umsetzt. Brunner, der in seiner Studienzeit in Oxford das erweckliche Christentum erlebte, hatte eine Nähe zum Pietismus und zugleich ein universales und weniger kontinentales Verständnis von Kirche. Das stimmte ihn gegenüber dem Erbe der Volkskirche skeptisch, liess ihn aber andererseits ein Kirchenverständnis favorisieren, das auf der Gemeinde als sichtbarer *congregatio sanctorum* basierte. Das Missverständnis der Kirche ist so gesehen von einem Missverständnis der Gemeinde begleitet. Diese ist nach Brunner kein Ideal. Eine überzogene Institutionskritik, wie sie Brunner im Gefolge von Rudolf Sohm zeitweise übt, fällt nun aber leicht in dieses Missverständnis.

Interessanterweise hatte die «alte» Volkskirche – provoziert durch Kreise, die auf grössere Einheit und mehr Bekenntnis drängten – noch einmal ein Comeback, weil sie seit den 1970er-Jahren zum Hort und Ort der modernen Vielfalt und Offenheit avancierte. Für die Gemeindeaufbaubewegung der 1980er-Jahre wurde wiederum Volkskirche zunehmend zum Reizwort. In dieser Auseinandersetzung steht der Gemeindeaufbau dem Lob der Vielfalt in der Volkskirche eher kritisch gegenüber und sieht in der Wirkung der Megatrends Individualisierung und Pluralisierung eine Gefährdung der Gemeindeidee.

4 Die ungelösten Aufgaben der Volkskirche

Wenn man die gegenwärtige Lage der Kirche in ihrem geschichtlichen Zusammenhang der hier so benannten Achsenzeit betrachtet, empfiehlt sich, sowohl zur überzogenen Kritik wie auch zum Lob der pluralitätstauglichen Volkskirche eine gewisse Distanz zu halten.

Gemeindeaufbau und offene Volkskirche bilden keinen einander ausschliessenden Gegensatz. Ein Entweder-Oder ist mit Blick auf die strukturellen Herausforderungen der Volkskirche nicht weiterführend. Auch in dieser Beziehung lehrt einen die Geschichte Gelassenheit. Der Problematik der falschen Alternative wurde schon vor fast vierzig Jahren mit der simplen, aber griffigen Formel *Doppelstrategie* begegnet. Die so genannte «missionarische Doppelstrategie» war ein Konzept, das 1982 in Bückeburg vorgestellt und von der Generalsynode der VELKD beschlossen wurde. Mit den beiden Schlagworte «Öffnen» und «Verdichten» war das Ziel gemeint, einerseits Menschen in ihrem Christ- und Kirche-Sein zu festigen und (neu) sprachfähig für den Glauben zu machen, andererseits Menschen erstmalig oder erneut und in grosser Weite den Kontakt mit der Kirche und ihrer Botschaft zu ermöglichen.[53]

53 Eine gute Zusammenfassung (und kritische Würdigung) des Konzepts findet sich bei Michael Herbst, Missionarischer Gemeindeaufbau in der Volkskirche, Stuttgart 1987, 228–243.

Seit der Mitte des 20. Jahrhunderts hat die Frage der Weiterentwicklung der Organisation eine dramatische Zuspitzung erfahren. Ist die Rede von einer Volkskirche noch berechtigt, wenn dereinst nur noch eine Minderheit der Bevölkerung Mitglieder einer der beiden Grosskirchen sein werden? Der Hinweis auf die demokratische Verfassung und die öffentlich-rechtliche Körperschaft reicht nicht, um den Anspruch einer Kirche im Namen des Volkes zu legitimieren. Dass die Formel «Mixed Economy» aus dem Kontext der *Freshex*-Bewegung in der Englischen Kirche[54] das Potenzial einer Konsensformel hat, die derselben kybernetischen Logik wie die Doppelstrategie folgt, ist kein Zufall. Signalisiert diese Formel doch einen radikaleren Pluralismus, der – bei Lichte betrachtet – einige grundlegende Prinzipien der Volkskirche partiell aufhebt, ohne sie deswegen ganz zu verabschieden.

Es scheint, dass die nächsten Jahrzehnte ein dynamisches Nebeneinander von traditioneller Ortsgemeinde und neuen Gemeindeformen bringen werden. Das kann aber nicht darüber hinwegtäuschen, dass die tiefen Gräben, die sich in den Auseinandersetzungen der Achsenzeiten aufgetan haben, mit solchen pragmatischen Kompromissen noch nicht überwunden sind. Insofern mahnt die Geschichte auch zur Vorsicht.

54 Als kirchenpolitische Formel geprägt von Erzbischof Rowan Williams hat «Mixed Economy» in der Freshex-Bewegung auch den Rang eines theologischen Konzepts. Siehe http://www.freshexpressions.org.uk/guide/about/mixedeconomy (Zugang: 23.8.2014).

Volkskirche in der Moderne

Impulse aus den ekklesiologischen Konzeptionen Ernst Troeltschs, Trutz Rendtorffs und Eilert Herms'

Thomas Wabel

Die Analysen der volkskirchlichen Situation, die Ernst Troeltsch, Trutz Rendtorff und Eilert Herms in unterschiedlichem zeitgeschichtlichen Kontext vornehmen, sind für wissenschaftliche Theologie wie für kirchenleitendes Handeln einflussreich geworden. Je unterschiedlich adressieren sie die Herausforderungen durch eine sich wandelnde Situation der Religion in der Moderne – bei Troeltsch in der Auseinandersetzung mit dem religiösen Individualismus, bei Rendtorff in Gestalt eines Christentums ausserhalb der Kirche, bei Herms in der Frage nach dem Beitrag der Kirche für eine christliche Gesellschaftstheorie. In je unterschiedlicher Weise bearbeiten sie dabei eine Spannung zwischen Verfestigung und Dynamisierung, institutioneller Stabilität und einer produktiven Labilisierung, die zum einen daraus resultiert, dass eine klare Selbstverortung der Kirche im Gegenüber zur Gesellschaft nicht mehr durchgehalten wird, zum anderen der Kirche von innen her daraus erwächst, dass der Glaube vorfindliche Strukturen übersteigt.

1 Kirche – Sekte – Mystik: Ernst Troeltsch

Troeltschs bekannte Typisierung von Kirche, Sekte und Mystik erwächst aus dem Ineinander von zeitdiagnostischer und historischer Betrachtung. Was er in seiner Gegenwart als «kirchenfeindlichen Individualismus»[1] beobachtet, ist ihm nicht nur Indiz des Gegensatzes, in dem sich die «dogmatische Gedankenwelt der Kirche» zum «modernen Denken» befindet[2], sondern weist auch auf strukturelle, dem Christentum innewohnende Ursachen hin. «Kirche», «Sekte» und «Mystik» sind Typologien, die «bis heute auf jedem Konfessionsgebiet nebeneinander» auftreten; die «gegenseitige[] Durchdringung [dieser] drei soziologischen Grundformen» zu einer befriedigenden Gestalt von Kirche betrachtet er als wichtigste theologische Zukunftsaufgabe seiner Zeit[3].

Die Volkskirche als «Massenkirche» und «Heilanstalt» bringt in ihrer Geschichte zwei Gegenbewegungen hervor: Stellt die *Sekte* als bewusste «Vereini-

1 Ernst Troeltsch, Religiöser Individualismus und Kirche (1910/1911), in: Ernst Troeltsch (Hg.), Gesammelte Schriften, Bd. 2. Zur religiösen Lage, Religionsphilosophie und Ethik, 1922, Aalen 1962, 109–133, 110.

2 Troeltsch, Religiöser Individualismus (Anm. 1), 115, vgl. Ernst Troeltsch., Die Soziallehren der christlichen Kirchen und Gruppen, in: Gesammelte Schriften, Bd. 1, Tübingen 1912, 974. 981.

3 Troeltsch, Soziallehren (Anm. 2), 967 und 982.

gung [...] aufgrund wirklicher Christlichkeit»[4] eine alternative Form der *Vergemeinschaftung* dar, so entspringt die *Mystik* (von Troeltsch auch als «(mystischer) Spiritualismus» bezeichnet) «der reinen inneren Dialektik des christlichen *Gedankens*»[5]. Sie hat nicht soziologische Gegebenheiten zum Ursprung, sondern drängt auf die Unmittelbarkeit und Innerlichkeit des religiösen Erlebens.[6] Anders als die Kirche, die gerade als *Volkskirche* auf die machtförmige Durchsetzung christlicher Sitte angewiesen ist, anders auch als die Sekte, die kompromisslos nach innen strenge Lehr- und Sittenzucht walten lässt, ist für die Mystik die Organisation nur sekundär relevant.[7]

Macht so der mystische Spiritualismus die Bindung an eine dauerhafte Organisation nur schwer möglich, so ist doch mit ihm eine dauerhaft wirksame Dimension des Christlichen bezeichnet. Der Typus der Mystik wird für Troeltsch zur Folie seiner eigenen Erwartungen an eine gleichermassen intellektuell verantwortete wie innerlich lebendige, unmittelbar erlebbare Religiosität.[8]

Freilich sieht Troeltsch diesen Typus in einem «tragischen Widerspiel der Kräfte» zwischen der drohenden Verfestigung der Gemeinschaftsbildung auf der einen und der Gefahr eines «relativistischen Individualismus» auf der anderen Seite[9]. Doch gerade als labiles Grenzphänomen, das im Gegensatz zu einem allzu ungebrochenen «innerweltlichen Optimismus» steht und selbst zu keiner «Massenwirkung und [...] Gesamtorganisation» fähig ist[10], wird die Mystik *innerhalb der Volkskirche* wichtig. Im gegenseitigen Bezogensein von «Mystik» und «Kirche» kann «die zum Dogma erstarrte Geschichte in die lebendige Bewegung [...] des Geistes» zurückgeführt werden[11].

4 Troeltsch, Religiöser Individualismus (Anm. 1), 112f.

5 Troeltsch, Soziallehren (Anm. 2), 364ff. und 961 – meine Hervorhebung.

6 Ebd., 960 und 850.

7 Ebd., 971–974. Damit, dass die Mystik keine eigenständige Sozialform ausbildet, hängt zusammen, dass Troeltsch erst im Verlauf der Arbeit an den *Soziallehren* zur Identifikation dieses Typus gelangt. Ursprünglich sieht er die Sozialformen des Christentums durch «Anstaltskirchen» (Kirche) und «Freiwilligkeitskirchen» (Sekte) vollständig beschrieben. Siehe: Soziallehren (Anm. 2), 375; Religiöser Individualismus (Anm. 1), 112 und 114. Im Vortrag zum religiösen Individualismus (1910, erschienen 1911) ist der Rückzug in das «Reich des Mystischen» Ausdruck von «historischen Kräfte[n]», die «die *andere Seite* neben dem Kirchengedanken darstellen» und auch die Sekte umgreifen. Siehe: Ebd., 114 – meine Hervorhebung.

8 Troeltsch, Soziallehren (Anm. 2), 970: «Der Spiritualismus» hat «allein eine eigentlich wissenschaftliche [...] religionsphilosophische Theologie erzeugt». Ebd., 936: «Meine eigene Theologie ist sicherlich spiritualistisch [...]». Vgl. Troeltsch, Religiöser Individualismus (Anm. 1), 115 sowie Troeltsch, Soziallehren (Anm. 2), 858. 870 u.ö. Ausführlich dazu siehe Trutz Rendtorff, «Meine eigene Theologie ist spiritualistisch». Zur Funktion der ‹Mystik› als Sozialform des modernen Christentums, in: Friedrich W. Graf/Trutz Rendtorff (Hg.), Ernst Troeltschs Soziallehren. Studien zu ihrer Interpretation, Gütersloh 1993, 178–192.

9 Troeltsch, Soziallehren (Anm. 2), 972.

10 Ebd., 974.

11 Ebd., 867f. Die «Mystik» speist sich aus dem «Gegensatz des objektivierten Dogmas und Kultes», auf den sie zugleich angewiesen bleibt (ebd., 868).

So wirkt der Typus der Mystik labilisierend auf die «Kirchlichkeit» des Protestantismus: Er beruht auf der «sich von selbst durchsetzende[n] Macht des Geistes» und rechnet auch ausserhalb des verfassten Christentums mit Christi Gegenwart[12]. Dennoch hebt er die Kirche nicht auf. Denn im Gegensatz zur Sekte erhebt der mystische Spiritualismus nicht den Anspruch, «wahre Kirche» zu sein, sondern ist eine «Sondergruppierung» *innerhalb* der Kirchen, die sich auf die «rein persönliche Gemeinschaft der Mitteilung und Erbauung der Seelen» richtet[13].

Troeltschs Haltung zur Volkskirche ist also ambivalent. Einerseits ist sie die einzige Organisationsform, die «eine Volksreligion [...] zu umhegen» vermag; andererseits bedingt dies eine «Herabminderung der christlichen Idee auf das Niveau praktischer Möglichkeiten und Durchschnittlichkeiten» – Kirche in diesem Sinne ist «Volks- und Massenanstalt»[14]. Hinzu tritt die zeitliche und soziale Bedingtheit kirchlicher Organisation. Nur in Zeiten eines «Zusammenhangs [...] mit der ungebrochenen Einheit der Weltanschauungs-Instinkte grosser Völkergruppen ist [...] der ungebrochene Kirchentypus [...] innerlich angemessen»; wo eine solche Einheit zerfällt, steht die Kirche in der Gefahr der «Vergewaltigung der wirklichen Lebensströmungen»[15]. Weil diese (katholische) Strategie dem Wesen des protestantischen Selbstverständnisses nicht entspricht, muss die protestantische Kirche auf den Verlust von Selbstverständlichkeiten[16] anders reagieren. Troeltsch erhofft daher eine «elastisch gemachte[] Volkskirche», die den religiösen Individualismus mit dem «Gemeingeist» zu versöhnen vermag[17]. Hier zeigt sich der Einfluss Schleiermachers. Auch die Metaphern des «Lebendigen», der «Anregung» sowie der «Bewegung des Gefühls», die die Wirkung der Mystik auf die verfasste Kirche bezeichnen,[18] sind von Schleiermachers Metaphorik geprägt.

Möglich wird solche Elastizität, wenn die «innere Lebendigkeit», welche aus der «Ehrlichkeit und Wahrhaftigkeit» des Eingeständnisses resultiert, «selber Suchende» zu sein, eine überindividuelle Grundlage in der Volkskirche findet[19].

12 Ebd., 861f. und 865f.

13 Ebd., 866 und 868.

14 Ebd. 980 und 973 u.ö.

15 Ebd. 981.

16 Diesen zeigt die «Verwandelung der Staatskirchen in Volkskirchen» ebenso wie der Übergang kirchlicher Funktionen «an Schule, Literatur, Staat und Vereinswesen» (ebd., 982).

17 Ernst Troeltsch, Die Kirche im Leben der Gegenwart (1911), in: Ernst Troeltsch (Hg.), Gesammelte Schriften, Bd. 2. Zur religiösen Lage, Religionsphilosophie und Ethik, 1922, Aalen 1962, 91–108, 105f.

18 Troeltsch, Soziallehren (Anm. 2), 864ff. und 858 u.ö. Vgl. Ernst Troeltsch, Schleiermacher und die Kirche, in: Max Apel (Hg.), Schleiermacher. Der Philosoph des Glaubens. Sechs Aufsätze, Berlin 1910, 9–35; Arie L. Molendijk, Ernst Troeltsch über Friedrich Schleiermachers Auffassung von der Kirche, in: Ulrich Barth u. a. (Hg.), Aufgeklärte Religion und ihre Probleme. Schleiermacher – Troeltsch – Tillich, Berlin/Boston 2013, 365–381.

19 Troeltsch, Religiöser Individualismus (Anm. 1), 122f.

Wie die Volkskirche also auf die je neu sich ereignende Transzendierung des kirchlichen Christentums in der Erfahrung von Unmittelbarkeit und Lebendigkeit des Glaubens angewiesen ist, so bleibt auch die Mystik angewiesen auf die Rückbindung an das verfestigende, objektivierende Element der Kirche.

Auch wenn Troeltschs begriffliche Trias von Kirche, Sekte und Mystik in ihrer Zeitbedingtheit[20] die Differenziertheit gegenwärtiger Erscheinungsformen christlicher Religiosität gewiss nicht zu erfassen vermag, lassen sich doch seiner Analyse wichtige Impulse für gegenwärtige Herausforderungen der Volkskirche entnehmen. Unabhängig davon, ob diese Herausforderungen vorwiegend in der Individualisierung, der Säkularisierung, der religiösen Pluralisierung oder der Transformation des Religiösen gesehen werden[21], liegt der bleibende Ertrag von Troeltschs Zugang darin, Kirche als Volkskirche von der bleibenden und irreduziblen Spannung zwischen überindividuell vorgegebenen Strukturen und der immer neuen Verflüssigung dieses Vorgegebenen zu verstehen. Gerade indem die protestantische Volkskirche ihre Strukturen als Ausdruck eines Kompromisses auf vielerlei Ebenen versteht und sie fortlaufend transzendiert und relativiert, wird Kirche als Gemeinschaft *des Geistes Christi* erfahrbar. Wie die «Mystik» als eigenständige Sozialform keinen Bestand hat, sondern sich als innere Alternative zur verfassten Kirche aus dieser heraus entwickelt, so ist diese Kirche umgekehrt auf das gegenläufige und labilisierende Moment der «Mystik» innerlich angewiesen. In dem spannungsvollen Ineinander dieser beiden Momente gestaltet sich die Wirklichkeit evangelischer Volkskirche.

2 Modernität der Volkskirche: Trutz Rendtorff

Die spannungsvolle Wahrnehmung protestantischer Volkskirche steigert sich in Trutz Rendtorffs Diagnose eines *Christentums ausserhalb der Kirche*.[22] Die vielfach beklagte «Unkirchlichkeit» begreift er als eine «spezifische Form protestantischer Christlichkeit», die «sich […] nicht durch die Identifikation mit dem kirchlichen Leben bestimmen lässt», die aber die Institution Kirche «als Bezugspunkt für die Definition der eigenen Lebensorientierung im Blick behält»[23]. Um ein Christentum *ausserhalb* der Kirche handelt es sich freilich nur aus der Binnensicht von Kirche und Theologie – die «nur einen Bruchteil der […] Wirklich-

20 Vgl. Arie L. Molendijk, Zwischen Theologie und Soziologie. Ernst Troeltschs Typen der christlichen Gemeinschaftsbildung; Kirche, Sekte, Mystik, Gütersloh 1996, 148ff.

21 Vgl. Thomas Wabel, Die nahe ferne Kirche. Studien zu einer protestantischen Ekklesiologie in kulturhermeneutischer Perspektive, Tübingen 2010, 16ff.

22 Trutz Rendtorff, Christentum ausserhalb der Kirche. Konkretionen der Aufklärung, Hamburg 1969.

23 Ebd., 17; Trutz Rendtorff, Theorie des Christentums. Historisch-theologische Studien zu seiner neuzeitlichen Verfassung, Gütersloh 1972, 146.

keit des Christentums» erfasst[24]. Das «Christentum ausserhalb der Kirche» erweist sich als Begleiterscheinung eines durch die Kirche hervorgerufenen Gegensatzes zwischen Kirche und Gesellschaft. Wo «kirchliche Theologie» unverbunden neben einer «öffentlichen Theologie» steht, gelingt es nicht, an der «Verfremdung» des Traditionsbestandes eine «neue Allgemeinheit zu entdecken»[25].

Folgerichtig entwickelt Rendtorff keine Kirchen-, sondern eine *Christentumstheorie*. Aus der abendländischen Geschichte sind Gemeinsamkeiten zwischen Kirche und Gesellschaft erwachsen, die es rechtfertigen, von einer «verborgene[n] Christlichkeit unserer Gesellschaft» zu sprechen[26]. Diese These fusst auf einer komplexen Überlagerung von Selbstreferenzialitäten. «Die[] Welt der modernen emanzipativen Gesellschaft» ist, so Rendtorff, «in ihrem eigenen dialektischen Prozess unlöslich mit der Geschichte des Christentums» als ihrem Bezugsrahmen verbunden – doch auch umgekehrt sind «Wandel und Veränderung, wie sie sich im Verhältnis zum Christentum auslegen», dessen «innerste[r] Natur gemäss»[27]. Daher gilt es für die Kirchen, «sich selbst zu transzendieren und die Spannung von Kirche und Christentum in sich selbst […] aufzunehmen»[28]. Einerseits ist also das Christentum Anlass wie Indikator des Selbstreflexivwerdens des neuzeitlichen Bewusstseins; andererseits wird die Kirche in ihrer Unterscheidung vom Christentum ihrerseits zur Selbstreflexion genötigt, die «an die Stelle von positiv gemeinten […] Selbstverständlichkeiten» tritt[29].

Scheinbar klare Innen-Aussen-Relationierungen geraten so in Bewegung. Nicht die Spannung zwischen «Kirche» und «Welt», sondern die zwischen «Kirche» und «Christentum» ist die Leitdifferenz für eine Kirche als Volkskirche angesichts der Herausforderungen der Moderne.[30] Die Aufgabe der Kirche innerhalb der Gesellschaft verändert sich damit einschneidend. Die Vorstellung, Kirche müsse sich «nach ‹aussen› […] auf die ‹Welt› und in diesem Sinne zur ‹Gesellschaft›» wenden, ist laut Rendtorff «ein Syndrom von Vorstellungen […], das durch eben dieses Bewusstsein, sich nach ‹aussen› zu wenden, zusammengehalten ist» – während tatsächlich «die ‹Weltlichkeit› der heutigen Bewegung christlicher Praxis […] nur eine neue Gestalt ihrer Christlichkeit» sei.[31]

Hier zeigt sich, wie Rendtorff die durch Troeltsch herausgearbeitete Spannung von volkskirchlicher Stabilität und deren von innen her erwachsender Labi-

24 Rendtorff, Christentum (Anm. 22), 7.

25 Ebd., 33 und 51. Ansprüche an Form und Intensität kirchlicher Beteiligung (ebd. 27) sowie die Differenz von «kirchlicher Frömmigkeit» und «modernem Denken» (ebd., 53 und 47) bringen die vielerorts beklagte «Säkularisierung erst faktisch hervor[]» (ebd., 23).

26 Ebd., 24–27 und 33–35.

27 Rendtorff, Theorie des Christentums (Anm. 23), 156.

28 Ebd., 149.

29 Ebd., 9 und 8.

30 Ebd., 140.

31 Ebd., 153 und 156.

lisierung aufgreift. «[I]m Begriff der Volkskirche» ist eine «bleibende Spannung» zwischen der Kirche des Glaubensbekenntnisses und der Kirche, «die sich durch ihre Glieder bestimmt weiss», angelegt.[32] Die «Masse der Kirchenglieder» sind nicht «Kirchenchristen» im Sinne der amtlichen Kirche. Zugleich ist Kirche als Volkskirche auf die historisch kontingenten Bedingungen angewiesen, in denen sie existiert.[33]

Auch Rendtorff erkennt in einer Gestalt christlichen Lebens, die sich kirchlichen Vorgaben und Erwartungen nicht fügt, eine Chance. «Die Distanz zur Kirche und ihrer Lehre verhilft der christlichen Aufklärung gerade zu einer besseren, weiteren und freien Einsicht in das Christentum.»[34] Das aus dieser Analyse erwachsende Potenzial nicht durch die vermeintlich eindeutige Alternative zwischen «Christen und Nichtchristen» zu verspielen, es vielmehr in der Akzeptanz «sehr verschiedene[r] Grade[] der Kirchlichkeit» zu nutzen, ist laut Rendtorff Kennzeichen protestantischer Volkskirche.[35] Troeltschs Zielvorstellung einer «elastisch gemachten Volkskirche» findet ihre Entsprechung in Rendtorffs Forderung einer «Kirche als bewegliche und innerlich freie Volkskirche».[36] Zugleich wird hier sichtbar, inwiefern Rendtorff über Troeltsch hinausgeht. Fragt dieser nach einer *inneren Alternative*, die das Christentum selbst zur (Volks-)Kirche bereithält, so sucht Rendtorff diese Alternative ausserhalb der Kirche, im «verborgenen Christentum», dessen Gegensatz zur kirchlichen Frömmigkeit durch die Kirche erst hervorgebracht wird.

Eine vermeintlich klare Identitätsbestimmung von «Kirche» durch ihre Selbstabgrenzung gegenüber der «Gesellschaft» unterläuft Rendtorff konsequent. Auch die theologische Beobachterperspektive relativiert er, indem er deren Selbstbezüglichkeit zugleich als Selbstbeschränkung und Anlass zur (Selbst-)Kritik fasst.[37] Hierin liegt die produktive Herausforderung seines Zugangs für die Volkskirche der Gegenwart. Kritisch zu hinterfragen ist dagegen Rendtorffs Deutung der Neuzeit, die sich in der «kritischen [...] Selbstauslegung des Christentums» entfalte, so dass sich der «strukturelle[] Charakter dieser Welt» darin erweise, eine

32 Trutz Rendtorff, Theologische Probleme der Volkskirche, in: Wenzel Lohff/Lutz Mohaupt (Hg), Volkskirche – Kirche der Zukunft? Leitlinien der Augsburgischen Konfession für das Kirchenverständnis heute, Hamburg 1977, 104–131, 115f.

33 Ebd., 115f. und 129.

34 Rendtorff, Christentum (Anm. 22), 14.

35 Ebd. 27 – vgl. ebd. 15.

36 Daher kritisiert Rendtorff die «Redogmatisierung der protestantischen Theologie nach Troeltsch» als «unkirchlich[]». Siehe Rendtorff, «Meine eigene Theologie» (Anm. 8), 192. Die Analysen von Troeltschs Situation und Rendtorffs eigener Gegenwart überlagern sich hier – Indiz dafür, dass Rendtorff in der Kirche seiner Zeit Troeltschs Ausblick als «praktisch vollzogen» erkennt (ebd. 191).

37 Rendtorff, Theologische Probleme (Anm. 32), 112–114; vgl. Martin Laube, Theologie und neuzeitliches Christentum. Studien zu Genese und Profil der Christentumstheorie Trutz Rendtorffs, Tübingen 2006, 576f.

«Welt der Folgen des christlichen Glaubens» zu sein.[38] Zwar wird hier nicht der Gesellschaft eine latente Christlichkeit aufgeredet,[39] doch fragt sich, wer der Adressat solcher Überlegungen ist. Als kritische Anfrage an das Selbstverständnis der Kirche ist die Überschreitung institutioneller Binnensicht hilfreich; als christliche Gesellschaftstheorie lässt dieser Zugang dagegen Christentum und moderne Gesellschaft nahezu als koextensiv erscheinen. Die notwendige Partikularität der Kirchen und der Vielzahl ihrer Konfessionen bleibt damit unzureichend beleuchtet. Indem er die Einsicht in die historische Kontingenz von Kirche und Christentum in eine Theorie mit umfassendem Geltungsanspruch überführt,[40] gerät Rendtorffs Ansatz in die Gefahr einer hochreflektiert gestalteten Selbstimmunisierung, die seinem Anliegen gerade zuwiderläuft. Sofern er aber festgefügte Identitätszuweisungen in Zweifel zieht, stellt Rendtorffs Entwurf dagegen einen bleibenden Anspruch an das Selbstverständnis von Volkskirche dar.

3 Daseinsgewissheit und Ordnung der Kirche: Eilert Herms

Herms nimmt die Situation des weltanschaulichen Pluralismus zum Ausgangspunkt seiner Analyse des Protestantismus. In einer pluralistischen Gesellschaft braucht es die Kirche als Institution der Weitergabe gewissheitsstiftender Lebenseindrücke.[41] Sofern die Kirche diese stabilisierende Funktion übernimmt, ist sie «Kirche für die Welt».[42]

Auch nach innen wirkt die Kirche in ihrer Ordnung stabilisierend. Obwohl er den Protestantismus als Pluralismus aus Prinzip versteht,[43] rechnet Herms nicht damit, dass sich je individuelle Modifikationen von Christsein in dauerhafte Spannung zur institutionalisierten Kirche begeben und so eigene und neue Formen der Vergemeinschaftung erzeugen könnten. «Nur in der geschichtlich vorgefundenen leibhaften Erwiderungsgestalt der Christusgemeinschaft, ihrer leibhaften Ordnung und Form, ist es überhaupt möglich, ‹mit Ernst› Christ zu sein».[44] Kirche als Institution mutet denen, die ihr angehören, zu, die in ihr geltenden Regeln «in ihr eigenes Wollen» zu übernehmen.[45] Auch da, wo – wie in den Freikir-

38 Rendtorff, Theorie des Christentums (Anm. 23), 11 und 158.

39 Wie Laube zu Recht betont. Siehe Laube, Theologie und neuzeitliches Christentum (Anm. 37), 564 und 569.

40 Rendtorff, Theologische Probleme (Anm. 32), 129. Historische Kontingenz und ein universalisierendes Verständnis von Volkskirche laufen dabei ineinander. «[D]ie Volkskirche als Institution der Freiheit [ist] die Kirche des Bekenntnisses. […] Darin ist sie […] Kirche der Christenheit» (ebd. 124 und 131).

41 Eilert Herms, Kirche für die Welt. Lage und Aufgabe der evangelischen Kirchen im vereinigten Deutschland, Tübingen 1995, 477–484.

42 Ebd., 298ff.

43 Ebd., 467ff.

44 Eilert Herms, Kirche – Geschöpf und Werkzeug des Evangeliums, Tübingen 2010, 333.

45 Eilert Herms, Art. «Institution III.»: RGG Bd.4, Tübingen 2001, 177f, 177.

chen – die «persönlich ‹mit Ernst› […] gelebte[] Christusgemeinschaft» in Spannung zur überlieferten Ordnung tritt, versteht Herms das als eine Kritik, die gleichwohl innerhalb der Ordnung verbleibt.[46]

Freilich kennt auch Herms ein dem christlichen Glauben innewohnendes Moment der Labilisierung. Zum einen ist der Glaube, dem sich die Kirche als «Geschöpf und Werkzeug des Evangeliums» verdankt,[47] unverfügbar. Zum anderen bergen die Ambivalenzen konkret vorfindlicher Gestalten von Kirche ein stetes Potenzial ekklesiologischer Selbstkritik.[48] Doch diese Herausforderung – etwa dadurch, auf je individuelle Weise Authentizität in Übereinstimmung mit den Bekenntnisgrundlagen der Kirche herzustellen –, erachtet er als prinzipiell lösbare Aufgabe evangelischer Bildung.[49] Ein «Christentum ausserhalb der Kirche» im Sinne Rendtorffs gibt es bei Herms per definitionem nicht, weil die Gemeinschaft der Glaubenden dem Glauben des Einzelnen vorangeht.[50] Lediglich in Grenzfällen – etwa wenn die Unterscheidung von Kirche und Staat aufgehoben wird – ist eine kirchliche Ordnung neben der bestehenden Kirche theologisch möglich.

Dieser stabilisierende Grundzug von Herms Kirchenverständnis resultiert daraus, dass theologisch gesehen «vor jeder menschlichen Entscheidung […] über die Zugehörigkeit oder Nichtzugehörigkeit zur Gemeinschaft entschieden» ist; die Mitgliedschaft als «entschlossene Einstimmung» in die «Pflichten und […] Rechte eines Gemeindegliedes» ist nur noch die Konsequenz dieses Schritts.[51] So gerät aber ein spannungsvolles Nebeneinander unterschiedlicher Formen der Identifikation, Motivation und Beteiligung innerhalb der Kirche nicht in den Blick.[52]

Hier zeigt sich eine problematische Engführung zweier Dimensionen des Kirchenbegriffs. Das göttliche Wirken auf der Ebene der verborgenen Kirche – bei Herms: der Mensch wird seiner Daseinsgewissheit inne und erfährt sich so als immer schon durch Gott bestimmt – zieht die Entscheidung zur Mitgliedschaft in der Kirche als Organisation nach sich – in Herms' pointierter Formulierung: «Der Heilige Geist wirkt systemkonstituierend».[53] Doch dass die Zugehörigkeit zur

46 Herms, Kirche – Geschöpf und Werkzeug (Anm. 44), 315 und 318 – meine Hervorhebung. Troeltschs Unterscheidung von «Kirche» und «Sekte» weist Herms daher zurück (ebd., 320).

47 Ebd., 98ff.

48 Ebd., 332.

49 Ebd., 46.

50 Ebd., 323 und 330.

51 Eilert Herms, Erfahrbare Kirche. Beiträge zur Ekklesiologie, Tübingen 1990, 65 und 64.

52 Herms' Schleiermacher-Rezeption spiegelt diese Verkürzung. Während dessen Kulturtheorie und seine Theorie des frommen Selbstbewusstseins für Herms' christliche Gesellschaftstheorie konstitutiv sind (Herms, Kirche für die Welt (Anm. 41), 255ff; Herms, Kirche – Geschöpf und Werkzeug (Anm. 44), 19–23), findet die für Schleiermachers Ekklesiologie zentrale Wechselwirkung zwischen dem «Zusammentreten der einzelnen Wiedergebornen» und dem einheitsstiftenden «Gemeingeist» – anders als bei Troeltsch – keine systematische Berücksichtigung (ebd., 455).

53 Herms, Erfahrbare Kirche (Anm. 51), 63.

Kirche im geistlichen Sinne unverfügbar ist, kann nicht als ein gewissermassen erweitertes empirisches Kennzeichen von Mitgliedschaft verstanden werden, wie es bei Herms geschieht. Indem der bestätigende Vollzug von Mitgliedschaft als direkte Folge aus dem unverfügbaren Zustandekommen des Glaubens gedacht wird, erhält die eigenständige Gestaltung unterschiedlicher Formen von Mitgliedschaft und Beteiligung keine konstitutive Rolle im Zustandekommen religiöser Erfahrung.[54] Kirche als Volkskirche ist damit in zweifacher Hinsicht theologisch unterbestimmt. Zum einen wird die empirische Wirklichkeit einer Vielfalt von Beteiligungsformen und Überlagerungen von Motiven religiöser Zugehörigkeit nicht hinreichend wahrgenommen. Zum anderen erhält die irreduzible Spannung im Selbstverständnis der Kirche als Volkskirche, wie sie Troeltschs und Rendtorffs Analysen prägt, kein eigenständiges Gewicht.[55]

Auf vielschichtige Weise verknüpft Herms Ekklesiologie und Gesellschaftstheorie und analysiert umfassend die unterschiedlichen Ebenen dieser wechselseitigen Verhältnisbestimmung. Dass die Kirche als gesellschaftliche Institution durch einen bleibenden Widerspruch zu ihrer Gründung im Evangelium gekennzeichnet sein könnte, wird jedoch für sein Verständnis von Volkskirche nicht strukturierend.

4 Ausblick

Welche Impulse erwachsen aus diesen Zugängen für die gegenwärtige Bestimmung von Volkskirche? In einer Situation, in der religiöse Zugehörigkeit keine eindeutige Grösse mehr ist, erscheint auch auf der Ebene kirchlicher Selbstwahrnehmung die Verflüssigung vermeintlicher Selbstverständlichkeiten dringend geboten. Troeltschs Analyse eines wechselseitigen Verwiesenseins von volkskirchlicher Verfestigung und dem, was deren Stabilität sprengt, stellt eine fruchtbare Anfrage an die evangelischen Landeskirchen dar. Rendtorffs Identifikation eines Christentums ausserhalb der verfassten Kirche intensiviert diese Anfrage. Aus diesen Momenten einer dem Christentum zugehörigen produktiven Labilisierung, die das Vorfindliche überschreitet, erwächst ein kritisches Potenzial für das Selbstverständnis der Kirche als Volkskirche. Überwiegend affirmativ betrachtet

54 Ausführlich zu der Kritik siehe Wabel, Die nahe ferne Kirche (Anm. 21), 331ff.

55 Herms zufolge verhält sich der Glaube «zur […] erfahrbaren Gestalt der communio sanctorum […] affirmativ-hinnehmend *und* aktiv-realisierend» (Herms, Kirche – Geschöpf und Werkzeug (Anm. 44), 45). In dieser bestätigenden Sicht muss jedes labilisierende Potenzial christlichen Glaubens seinen Vergemeinschaftungsformen gegenüber als bedrohlich erscheinen (Herms, Kirche für die Welt (Anm. 41), 480). So erklärt sich Herms' Kritik an Troeltsch, dessen Wahrnehmung protestantischen Christentums sei an historischen Diskontinuitäten orientiert und lasse ein Verständnis der «in der Sozialnatur des Menschen begründeten […] Funktionsbereiche […] des menschlichen Zusammenlebens» vermissen (Herms, Kirche – Geschöpf und Werkzeug (Anm. 44), 11 und 16ff).

dagegen Herms die Pflege zielwahlorientierender Gewissheit als Aufgabe der Kirche für die Gesellschaft. Ein Moment der Dynamisierung innerhalb der Kirche als Volkskirche tritt dadurch bei ihm zurück.

Das der eigenen Botschaft innewohnende Potenzial zur Labilisierung anzuerkennen und gleichwohl die Kirche als Organisation und Institution zu gestalten, ist freilich eine widerspruchsvolle Aufgabe. Kirche als Volkskirche wird sich der von Troeltsch und Rendtorff aufgewiesenen inneren Dialektik nicht entziehen können. Als Volkskirche wird evangelische Kirche daher stets fragwürdig bleiben. Sie wird diese Fragwürdigkeit aber produktiv nutzen können, indem sie Möglichkeiten einer freien Gestaltung christlichen Lebens bereithält, deren Übereinstimmung mit dem Christlichen sich gerade in der Abweichung von tradierten Vergemeinschaftungsformen zeigt.[56] Das zieht freilich eine Labilisierung des Selbstverständnisses als Institution nach sich. Doch es mag sein, dass sich die Stabilität der Kirche als Volkskirche gerade in dieser fortwährenden Labilisierung erweist.

56 Zu diesem Moment der Abweichung s. Michael Moxter, Kirchenleitung und Kulturaufgabe, in: Hauschildt, F. (Hg.), Sine vi, sed verbo. Die Leitung der Kirche durch das Wort Gottes (FS W. Lohff), Leipzig, 2005, 101–116, 102–106; Wabel, Die nahe ferne Kirche (Anm. 21), 422–428. 491–494.

Zwischen Volk und Bekenntnis

Marco Hofheinz

1 Die Barmer Theologische Erklärung (BTE)

Die Barmer Bekenntnissynode im Mai 1934 war die Geburtsstunde der Bekennenden Kirche in Deutschland. Erstmals seit der Reformation bekannten hier lutherische, unierte und reformierte Christ/innen gemeinsam. Auf dieser Ersten Bekenntnissynode wurde die BTE[1] verabschiedet, die 6 Thesen (gegliedert in einleitendes Schriftwort, die eigentliche, affirmativ gefasste These und Verwerfungssatz) umfasste. Sie geht vor allem auf den Schweizer Theologen Karl Barth (1886–1968) zurück.

These 1 beinhaltet den christologischen Spitzensatz, dass «Jesus Christus, wie er in der Heiligen Schrift bezeugt wird, das eine Wort Gottes ist, das wir zu hören, dem wir im Leben und im Sterben zu vertrauen und zu gehorchen haben.» Mit These 2 wird bekannt, dass dieses eine Wort Gottes in zweifacher Gestalt vorliegt, und zwar nicht nur als Evangelium (Zuspruch), sondern auch als Gesetz (Anspruch) zu verstehen ist, das im Rahmen der universalen Königsherrschaft Jesu Christi den «freien, dankbaren Dienst an seinen Geschöpfen» gebietet. Die These 3 hebt das Wesen der Kirche als «Gemeinde von Brüdern» hervor und unterstreicht, dass nicht nur der Botschaft der Kirche, sondern auch ihrer Ordnung Zeugnischarakter zukommt. These 4 folgert: «Wenn Jesus Christus seine Kirche als herrschaftsfreie Bruderschaft zu gemeinsamem Leben zusammenfügt und aufbietet, dann kann es in der Kirche keine Herrschaft und auch keine Herrschaftsstrukturen geben, in denen die einen auf Kosten anderer leben und sie unterdrücken. So wie Jesus Christus Herr der Welt durch seinen Dienst wird, in dem er für andere da ist, sind die verschiedenen Funktionen, die in der Kirche wahrzunehmen sind, nur als Dienst zu verstehen, der in der Gemeinde von Brüdern zu vollziehen ist.»[2] Schliesslich entfaltet die These 5 ein funktionales Verständnis vom Staat als *ordinatio Dei*, der «in der noch nicht erlösten Welt» die Aufgabe hat, «nach dem Mass menschlicher Einsicht und menschlichen Vermögens unter Androhung und Ausübung von Gewalt für Recht und Frieden zu sorgen.»

Hinsichtlich einer Analyse des Volkskirchenbegriffes kommt der sechsten These besondere Bedeutung zu. Denn in der BTE ist lediglich an einer Stelle von

1 Text zitiert nach: Georg Plasger/Matthias Freudenberg (Hg.), Reformierte Bekenntnisschriften. Eine Auswahl von den Anfängen bis zur Gegenwart, Göttingen 2005, 242–245.

2 Hermann Dembowski, Barmen heute. Anstösse zum Verständnis und zur Aufnahme der Theologischen Erklärung von Barmen 1934, in: Hermann Dembowski, Wahrer Gott und wahrer Friede. Aufsätze und Vorträge zwischen Ost und West, Leipzig 1995, 284–321, 293.

«Volkskirche» die Rede, und dies zudem nur indirekt: «Der Auftrag der Kirche, in welchem ihre Freiheit gründet, besteht darin, an Christi Statt und also im Dienst seines eigenen Wortes und Werkes durch Predigt und Sakrament die Botschaft von der freien Gnade Gottes auszurichten an alles Volk.» Die indirekte Bezugnahme auf die «Volkskirche» besitzt freilich eine kritische Spitze gegen das völkisch orientierte Volkskirchenkonzept. Dies wird evident, wenn man Barmen im sog. «Kirchenkampf» kontextualisiert und die Stossrichtung der These betrachtet, die von Barth nicht nur gegen die «Deutschen Christen», sondern auch die sog. «Jungreformatorische Bewegung» ausgerichtet wurde. Die beiden kirchenpolitischen Gruppierungen hatten sich nach der sog. «Machtergreifung» Hitlers und vor den Kirchenwahlen im Juli 1933 herauskristallisiert. Barth «sieht den eigentlichen Unterschied der Jungreformatischen Bewegung zu den Deutschen Christen darin, dass die DC eine Kirche fordern, die formal gerade nicht selbständig, sondern Teil des NS-Staates sein solle, die Jungreformatoren aber eine Kirche, die formal selbständig in einem NS-Staat existiere».[3] Die Jungreformatorische Bewegung stand für die Selbständigkeit der Kirche gegenüber staatlichen Übergriffen (wie etwa die Anwendung des Arierparagraphen auf die Pfarrer) ein, begrüsste aber ansonsten den Nationalsozialismus.

Barth sah das theologische Problem dieser Bewegung darin, dass sie zwar für die Freiheit der *Kirche* gegenüber dem Staat eintrete, sich dabei aber nicht auf die theologisch allein tragfähige Wurzel einer solchen Protestkommunikation beziehe, nämlich die die Kirche tragende «Freiheit des *Evangeliums*». Dementsprechend trug die Bonner Liste bei den Kirchenwahlen den programmatischen Titel «Für die Freiheit des Evangeliums».[4] Barth sah die Volkskirchenkonzeption der Jungreformatorischen Bewegung in einem vermittlungstheologischen Ansatz grundiert: «Schöpfung *und* Erlösung, Natur *und* Gnade, Volkstum *und* Evangelium».[5] Demgegenüber versteht Barth die BTE nicht nur als ein Wort zur *Lage*, sondern auch zur *Sache* der «Freiheit des Evangeliums»,[6] die er durch diesen Ansatz bedroht sah.[7] Freilich fand nach den schlechten Ergebnissen bei den Kirchenwahlen eine Annäherung in der Sache zwischen dem theologisch unnachgiebigen Barth und dem sog. «Pfarrernotbund» statt, in dem sich viele der einst in der Jungreformatorischen Bewegung tätigen Pfarrer wiederfanden. Die Entstehung der Bekennenden Kirche nahm so Kontur an.

3 Georg Plasger, Die relative Autorität des Bekenntnisses bei Karl Barth, Neukirchen-Vluyn 2000, 158.

4 Vgl. Karl Barth, Für die Freiheit des Evangeliums, München 1933. Dazu: Georg Plasger, «Es ist ein rechtes Bekenntnis, nicht aber verkehrte Verteidigung vonnöten». Die Öffentlichkeit des Bekenntnisses bei Calvin, KuD 56, 2010, 31–44, 35f.

5 Karl Barth, Theologische Existenz heute!, ZZ Beiheft 2, 1933, 34.

6 So auch Michael Weinrich, Die bescheidene Kompromisslosigkeit der Theologie Karl Barths. Bleibende Impulse zur Erneuerung der Theologie, Göttingen 2013, 322.

7 Vgl. Stanley Hauerwas, With the Grain of the Universe. The Church's Witness and Natural Theology, Grand Rapids 2001, 170.

Unterzieht man die These 6 einer näheren Betrachtung, so wird der theologische Hintergrund von Barths Einspruch transparent:

a) Freiheitsverständnis: Im Auftrag der Kirche gründet ihre Freiheit

Der Auftrag der Kirche wird als Grund der Freiheit identifiziert, wobei es um mehr als einen Ermöglichungsgrund geht. Barmen VI liegt mit anderen Worten kein transzendentales Freiheitsverständnis zugrunde. Vielmehr ist der von Gott gegebene Auftrag als Realisation von Freiheit zu verstehen. Mit Barth gesprochen realisiert sich mit dem Auftrag der Kirche das «Geschenk der Freiheit».[8] Barmen VI folgt fernerhin auch keinem negativen Freiheitsbegriff («Freiheit von»), sondern in spezifischer Weise einem positiven («Freiheit zu»): Es geht um die Ausrichtung der freien Gnade Gottes an alles Volk. In der Wahrnehmung dieses Auftrages realisiert sich Gestaltungsfreiheit, die, sofern Gott ihr Auftraggeber ist, «Freiheit im Leben mit Gott» (H. G. Ulrich) meint.[9]

b) Christusbezug: An Christi Statt und also im Dienst seines eigenen Wortes und Werkes

Dass die Kirche an Christi Statt die Botschaft von der freien Gnade Gottes ausrichtet, besagt keineswegs, dass die Kirche gleichsam Christus substituiert. Stellvertretung ist vielmehr als Teilnahme (Partizipation) am Dienst Christi zu verstehen, wie das explikative «und also» zeigt. Die Kirche tritt demnach nicht an die Stelle Christi. Vielmehr ist sein stellvertretendes Handeln als In-Dienst-Nahme der Kirche zu verstehen, die als Resultat dessen an Christi Statt handelt. Hinsichtlich der In-Dienst-Nahme herrscht ein unumkehrbares Verhältnis: «Nur weil und wenn Jesus Christus da ist, ist auch sie da als seine Gemeinde – und nicht umgekehrt. Hier darf es keine Vermischung geben. Die hätte eine Vermischung von Christus und Kirche zur Folge und würde so eine selbstherrliche, weil sich mit Christus verwechselnde Kirche heraufführen.»[10] Die als sein Leib auf ihr Haupt gewiesene Kirche steht – wie Barmen VI betont – im Dienst. Denn: «Alles, was wir haben, muss stehen im Dienst, wo es nicht im Dienst steht, so stehets im Raub.»[11]

c) Die Mittel der Ausrichtung der Botschaft: Predigt und Sakrament

Der Dienst der Kirche ist in diesem Sinne umfassend zu verstehen. Wenn nun aber im Anschluss an CA 7 Predigt und Sakrament als Mittel der Ausrichtung der Botschaft genannt werden, so dürfte klar sein, dass diese Konkretisierung keinen

8 Karl Barth, Das Geschenk der Freiheit. Grundlegung evangelischer Ethik (1953), in: Hans G. Ulrich (Hg.), Freiheit im Leben mit Gott. Texte zur Tradition evangelischer Ethik, München 1993, 336–362.

9 Vgl. Marco Hofheinz, «Er ist unser Friede». Karl Barths christologische Grundlegung der Friedensethik im Gespräch mit John Howard Yoder, Göttingen 2014, 149–162.

10 Eberhard Busch, Reformiert. Profil einer Konfession, Zürich 2007, 182.

11 Martin Luther, WA 12, 470,40.

Ausschliesslichkeitscharakter besitzt. Liest man diese Wendung fernerhin im Kontext von Barmen III, so wird evident: Bei diesen beiden *notae ecclesiae* handelt es sich um eine notwendige, aber keineswegs hinreichende Bestimmung von Kirche. Die konkrete Gestalt der Kirche ist keineswegs belanglos. Wie Barmen III betont, sind die kirchlichen Ämter nicht hierarchisch geordnet, sondern als Dienste bezogen auf die ganze Gemeinde zu verstehen. Die BTE spricht sich für eine «Gemeindekirche [und] gegen eine Pastoren- oder Behördenkirche»[12] aus. Dies ist für die «Volkskirche» von besonderer Bedeutung.

2 Die Ekklesiologie Karl Barths

Barth entfaltet seine «Ekklesiologie» im Rahmen seines unabgeschlossenen Hauptwerkes, der «Kirchlichen Dogmatik» (1932ff.), im Zusammenhang der «Versöhnungslehre» (KD IV), die er als «Mitte aller christlichen Erkenntnis» (IV/1, VII) versteht. Grundgelegt ist die Ekklesiologie in der Erwählungslehre (KD II/2), die Barth nicht zufällig als «Summe des Evangeliums»[13] bezeichnet. Sie bildet das «Herzstück der Barthschen Theologie».[14] Mit der Erwählung Jesu Christi, die Barth zugleich als Genitivus obiectivus (Jesus Christus als erwählter Mensch) und Genitivus subiectivus (Jesus Christus als erwählender Gott) interpretiert,[15] wurde zugleich die Gemeinde Gottes ewig erwählt. Durch die Existenz der erwählten Gemeinde Gottes ist Jesus Christus der ganzen Welt bezeugt und die ganze Welt zum Glauben an ihn aufgerufen.[16] Die Erwählungslehre bildet bei Barth gleichsam die Tiefendimension der Versöhnungslehre im Allgemeinen und die Grundlage der Ekklesiologie im Besonderen. Innerhalb der Versöhnungslehre entwickelt Barth nun die Ekklesiologie in pneumatologischer Pointierung, indem er das Wirken des Heiligen Geistes triadisch als «Versammlung der christlichen Gemeinde» (KD IV/1, § 62), «Erbauung der Gemeinde» (KD IV/2, § 67) und «Sendung der Gemeinde» (KD IV/3, § 72) exploriert.

Barth versteht den Heiligen Geist als «erweckende Macht, in der sich Jesus Christus seinen Leib, d. h. seine eigene irdisch-geschichtliche Existenzform, [...] geschaffen hat und fort und fort erneuert».[17] Schöpfung und Erneuerung der Kirche entfaltet Barth anhand der vier kirchlichen Prädikationen des Nizäno-Konstantinopolitanums («eine, heilige, allgemeine, apostolische Kirche»). Barth definiert die Kirche in diesem Zusammenhang als «die vorläufige Darstellung der

12 Ernst Wolf, Barmen. Kirche zwischen Versuchung und Gnade, München 1984, 133. Vgl. dazu: Eberhard Busch, Gemeindekirche, RKZ 142, 1997, 268–276.

13 KD II/2, 1.

14 Hans Urs von Balthasar, Karl Barth. Darstellung und Deutung seiner Theologie, Köln 1951, 187.

15 Vgl. Matthias Zeindler, Erwählung. Gottes Weg in der Welt, Zürich 2009, 84.

16 Vgl. KD II/2, 215.

17 KD IV/1, 718.

ganzen in ihm [sc. Jesus Christus] gerechtfertigten Menschenwelt».[18] Dieser auf die Rechtfertigung abzielenden Bestimmung korrespondiert die auf die Heiligung abhebende Erläuterung der Erbauung der christlichen Gemeinde: «Der Heilige Geist ist die belebende Macht, in der Jesus, der Herr, die Christenheit in der Welt auferbaut als seinen Leib, d. h. als seine eigene irdisch-geschichtliche Existenzform, sie wachsen lässt, erhält und ordnet als die Gemeinschaft seiner Heiligen und so tauglich macht zur vorläufigen Darstellung der in ihm geschehenen Heiligung der ganzen Menschenwelt.»[19] In diesem Zusammenhang erfolgt auch Barths einschlägige Entfaltung des Gottesdienstes als Grundvollzug der bezeugenden Entsprechung zu Gottes Handeln und des Kirchenrechts als exemplarischem Recht.[20] Die Weltbezogenheit der Gemeinde in ihrer Proexistenz («Die Gemeinde für die Welt»[21]) bringt Barth in KD IV/3 zur Sprache. Die Sendung der christlichen Gemeinde besagt, dass der Heilige Geist sie dazu eingesetzt hat, «ihn ihrerseits vor allen Menschen zu bekennen, sie alle zu ihm zu rufen und so der ganzen Welt bekannt zu geben, dass der in ihm geschlossene Bund zwischen Gott und Mensch der erste und letzte Sinn ihrer Geschichte und dass dessen künftige Offenbarung ihre grosse, jetzt und hier schon wirksame und lebendige Hoffnung ist».[22]

Im Blick auf den kategorialen Zugriff Barths auf die Ekklesiologie fungiert der Zeugnisbegriff als theologischer Zentralbegriff. Er pointiert die Erschliessung des Versöhnungsgeschehens Gottes in Jesus Christus durch die Gemeinde für die Welt und reserviert den Sakramentsbegriff christologisch: «K. Barth ist hier einen Schritt über Luther hinausgegangen, indem er jeglichem Reden und Handeln der Kirche sakramentalen Charakter abgesprochen hat (bes. in seinem Spätwerk), das Zeugnis der Kirche als Darstellung der Selbstbezeugung und Selbstdarstellung der Wahrheit Jesu Christi aber von dieser grundsätzlich unterschieden hat. Mit dieser ‹Entsakramentalisierung› des kirchlichen Redens ist bei Barth einhergegangen eine ungeheuer breite Anlage des Zeugnisbegriffs, der nicht auf die sprachliche Verkündigung beschränkt bleibt, sondern alle Lebensäusserungen und so auch die Ordnungen der Kirche mitumfasst (s. z. B. Barmen III), ja über den Bereich der Kirche hinaus ausgeweitet wird – etwa in den ‹politischen Gottesdienst› des Staates. Wohl kann sich die Selbstdarstellung Jesu Christi des menschlich-kreatürlichen Zeugnisses bedienen, sie ist aber grundsätzlich nicht mit ihm zu identifizieren.»[23]

18 Ebd., 718.
19 KD IV/2, 695.
20 Ebd., 815.
21 KD IV/3, 872.
22 Ebd., 780.
23 Hans Theodor Goebel, Notae ecclesiae. Zum Problem der Unterscheidung der wahren Kirche von der falschen Kirche, EvTh 50, 1990, 222–241, 240.

Hinsichtlich des Volkskirchenverständnisses Barths ist seine spezifische Entfaltung eines funktionalen Kirchenverständnisses von entscheidender Bedeutung. Barth versteht nämlich die Kirche keineswegs in dem Sinne als eine «Funktion der Gesellschaft» (N. Luhmann), dass er ihr Dasein aus dem gesellschaftlichen Bedürfnis ableitet, sondern indem er sie in dem kontingenten Faktum von Gottes Erwählung zum Zeugnisdienst *an* und *in* der Welt theologisch verankert und begründet sieht. Dieses Faktum lässt sich nicht einfach in ein gesamtgesellschaftliches System einordnen. Die «kognitive Differenz»[24] zwischen Gemeinde und Gesellschaft wird von Barth festgehalten und im Sinne einer doppelten Ortsangabe als Bezeugung *in* der Gesellschaft und ihr *gegenüber* expliziert. Von entscheidender Bedeutung ist dabei die von Barth gelegentlich variierte Typologie[25] von «Kirche im Exzess» und «Kirche im Defekt». Weder eine sich selbst verherrlichende (sakralisierende) Kirche, noch eine fremdhörige, sich selbst säkularisierende Kirche kommt für ihn als theologisch angemessene Reaktion auf die zu Ende gehende konstantinische Zeit in Frage: «Das Volkskirchentum, in dem jene frühere Einheit von Kirche und Gesellschaft übriggeblieben ist, sieht Barth in unserer Epoche zerbröckeln.»[26] Als allein angemessene Reaktion verweist Barth auf die Wahrnehmung der Aufgabe, welche der Kirche vom Evangelium her bestimmt ist, so wie sie Barmen VI expliziert.

3 Öffentlichkeit und Reform: Wolfgang Huber[27]

3.1 Bezugnahme auf Barmen und Barth

Wolfgang Huber (*1942) hat als Marburger und Heidelberger Theologieprofessor und später als Bischof der Evangelischen Kirche Berlin-Brandenburg-schlesische Oberlausitz sowie Ratsvorsitzender der EKD wichtige Impulse zur Verhältnisbestimmung von Kirche und Gesellschaft gegeben. Mit seinem Konzept der Kirche als «intermediärer Institution der Zivilgesellschaft» wirft er die Frage nach dem empirischen Charakter der Kirche im Gegenüber zur Gesellschaft auf und bearbeitet sie insbesondere im Lichte der Situation der deutschen «Volkskirche». Zur Bearbeitung dieser Fragestellung entwickelt er eine eigene Genealogie,

24 Eberhard Mechels, Kirche und gesellschaftliche Umwelt, Thomas – Luther – Barth, Neukirchen-Vluyn 1990, 301.

25 Vgl. Hans-Anton Drewes/Eberhard Jüngel (Hg.), Karl Barth, Das christliche Leben. Die, Fragmente aus dem Nachlaß. Vorlesungen 1959–1961, Zürich 1976, KD IV/4, 224–235. Fernerhin: Ebd., KD IV/2, 754–758.

26 Eberhard Busch, Die Kirche am Ende ihrer Welt-geltung. Zur Deutung der Ekklesiologie Karl Barths, in: Dieter Jeschke u. a. (Hg.), Das Wort, das in Erstaunen setzt, verpflichtet. Dankesgabe für Jürgen Fangmeier, Wuppertal/Zürich 1994, 83–98, 84. Fernerhin: Hofheinz, Er ist unser Friede (Anm. 9), 626–631.

27 Zur Zusammenschau vgl. Willem Fourie, Communicative Freedom. Wolfgang Huber's Theological Proposal, Wien u. a. 2012.

die ausdrücklich auf Barmen und Barth Bezug nimmt.[28] Beide würdigt er dahingehend, dass sie sich gegen das in der Tradition des 19. Jahrhunderts stehende paradigmatische Verständnis der Volkskirche als «Nationalkirche» wandten.[29] Die Ekklesiologie von Barmen und Barth sieht Huber aufgrund der Kirchenkampfsituation von der Dyade Kirche und Staat geprägt. Die Kirche sei damals als staatsanaloge Institution verstanden worden. Dementsprechend sei aufgrund der wahrnehmungsüberlagernden binären Konstellation die Triade Kirche, Staat und Gesellschaft noch nicht in den Blick getreten. Exakt dieser Aufgabe verschreibt sich Huber, der damit bei der «evangelischen Entdeckung der Gesellschaft»[30] in den Anfängen der Beschäftigung mit dem Thema Kirche und Gesellschaft anknüpft. Hans Joachim Iwand und Ernst Wolf, die beide im weiteren Sinne zum Schulzusammenhang der Theologie Barths gehören, stehen am Beginn dieser Entwicklung nach 1945 und werfen die Frage auf: »Was ist Kirche? Was ist Gesellschaft?»[31]

3.2 Volkskirchen-Typologie sowie Öffentlichkeitscharakter und -auftrag der Kirche

Huber hat im Blick auf die Ausgangsfrage «Welche Volkskirche meinen wir?» eine vielbeachtete[32] Typologie[33] entfaltet: 1. Volkskirche als Kirche durch das Volk (Volkskirche als freier Zusammenschluss bruderschaftlicher Gemeinden); 2. Volkskirche als Kirche hin zum Volk (Volkskirche als Sozialtheokratie); 3. Volkskirche als Kirche eines Volkes (Volkskirche als Nationalkirche); 4. Volkskirche als Kirche für das Volk (Volkskirche als Institution umfassender pfarramtlicher Versorgung); 5. Volkskirche als einen Integrations- und Öffentlichkeitsanspruch im Blick auf das Volksganze bzw. die Gesellschaft erhebende Kirche (Volkskirche als Gesellschaftskirche). Huber selbst artikuliert eine klare Präferenz für den fünften Typus.

Den Öffentlichkeits*auftrag* der Kirche gegenüber der Gesellschaft erhält die Kirche nach Huber durch den universalen Heilswillen Gottes bzw. den Öffentlichkeitsanspruch des Evangeliums: «Nicht weil die Kirche einen vom Staat her bestimmten cultus publicus wahrnimmt, sondern weil das Evangelium auf Öffentlichkeit drängt, ist die Kirche – mit einem Ausdruck Melanchthons – ‹publica

28 Vgl. Wolfgang Huber, Kirche in der Zeitenwende. Gesellschaftlicher Wandel und Erneuerung der Kirche, Gütersloh 1998, 108–111.

29 Vgl. Wolfgang Huber, Kirche und Öffentlichkeit, München 1991, 612f.

30 Ernst Wolf, Kirche, Staat, Gesellschaft, in: Ernst Wolf, Peregrinatio II. Studien zur reformatorischen Theologie, zum Kirchenrecht und zur Sozialethik, München 1965, 261–283, 266. Dort kursiv.

31 Hans Joachim Iwand, Kirche und Gesellschaft, Gütersloh 1998, 15.

32 Vgl. Eberhard Mechels, Volk Gottes – Volkskirche – Gemeindekirche, in: Eberhard Mechels/Michael Weinrich (Hg.), Die Kirche im Wort. Arbeitsbuch zur Ekklesiologie, Neukirchen-Vluyn 1992, 121–136; Michael Welker, Kirche im Pluralismus, Gütersloh 1995, 61f.

33 Siehe Wolfgang Huber, Folgen christlicher Freiheit. Ethik und Theorie der Kirche im Horizont der Barmer Theologischen Erklärung, Neukirchen-Vluyn 1985, bes. 133–138.

ecclesia›.»[34] Die Verkündigung der Kirche ist öffentliche Kommunikation. Die Kirchen in Deutschland nehmen am öffentlichen Diskurs («zivilgesellschaftliche Kommunikation») über die gemeinsamen Interessen der Gesellschaftsglieder teil.

3.3 Kirche als intermediäre Institution

Die gesellschaftliche Aufgabe der Kirche besteht nach Huber darin, «auf Grund ihrer spezifischen Kompetenz eine Vermittlungsaufgabe wahrzunehmen. Sie vermittelt zwischen den einzelnen und ihren gesellschaftlichen Lebenszusammenhängen; sie vermittelt aber vor allem zwischen den einzelnen und der geglaubten Wirklichkeit Gottes. In diesem doppelten und zugleich spezifischen Sinn ist Kirche eine intermediäre Institution.»[35] Als intermediäre Institution in der Zivilgesellschaft soll Kirche ihren «Beitrag zur geistigen Orientierung»[36] leisten und sich an der «Suche nach einem neuen gesellschaftlichen Leitbild»[37] beteiligen.

Huber untersucht verschiedene Gestalten des öffentlichen Handelns der Kirche: Erstens solle das Verhältnis der Kirche zur Gesellschaft kritisch sein, zweitens sei Kirche in ihrem öffentlichen Handeln als «Verband neben anderen Verbänden»[38] zu betrachten. Drittens solle das öffentliche Handeln der Kirche gesellschaftsdiakonisch sein. Im Dasein für andere sei der Dienst der Kirche in der Welt Stellvertretung: Die Kirche tritt für die Welt ein und steht «an der Stelle, an der nach dem Willen Gottes die Welt zu ihrer eigenen Erfüllung kommt».[39] Dabei bestimmt Huber drei Aufgabenbereiche der Kirche: «Im Bemühen um Bildung, im Eintreten für Gerechtigkeit und in der Kultur des Helfens sind die wichtigsten Aufgaben der Kirche gegenüber der Gesellschaft zu sehen.»[40]

3.4 EKD-Reform unter Hubers Ägide

Unter Hubers Ägide wurde in der EKD für die Jahre 2007 bis 2017 eine Reformdekade ausgerufen.[41] Gewissermassen den Auftakt bildete das Impulspapier «Kirche der Freiheit».[42] Unter Berücksichtigung gesellschaftlicher und demographischer Entwicklungen, finanzieller Einbussen, Spätfolgen zurückliegender Austrittswellen, hoher Arbeitslosigkeit und globalisiertem Wettbewerb plädiert das Impulspapier für einen aktiven Umbau und eine Neugestaltung der kirchlichen Arbeit, zu deren Umsetzung für eine Konzentration auf die Kernkompetenzen der

34 Huber, Kirche und Öffentlichkeit (Anm. 29), 632.
35 Huber, Kirche in der Zeitenwende (Anm. 28), 269.
36 Ebd., 9.
37 Ebd., 11.
38 Huber, Kirche und Öffentlichkeit (Anm. 29), 611.
39 Ebd., 623.
40 Huber, Kirche in der Zeitenwende (Anm. 28), 158.
41 Vgl. dazu: Hans G. Ulrich, Kirche der Freiheit, Kirche im Aufbruch – Reform als Klärungsprozess, KZG 23, 2010, 482–519.
42 Kirche der Freiheit. Perspektiven für die Evangelische Kirche im 21. Jahrhundert. Ein Impulspapier des Rates der EKD, Hannover 2006.

EKD geworben wird. Intendiert ist ein «Wachsen gegen den Trend».[43] In Orientierung an «zwölf Leuchtfeuern der Zukunft»[44] wird u. a. der Aufbau von Kompetenzzentren empfohlen, die die Reformimpulse vermitteln sollen. Das Impulspapier löste ein lebhaftes Echo aus, wobei u. a. die unterschätzte Rolle der Ortsgemeinden und Ortspastor/innen kritisiert wurde.[45]

3.5 Weiterführende Fragen an Huber

Reinhard Hütter kritisiert Hubers Konzept einer «Öffentlichen Theologie» dahingehend, dass es trotz grösster Vorsicht doch die Gefahr nicht bannen kann, «der Logik einer umfassenden Bestimmung von Kirche als religiösem Sektor von ‹Gesellschaft› zu erliegen».[46] Die Frage, die Hütter damit aufwirft, zielt auf die Logik bzw. Heuristik ab, der Huber *de facto* folgt: Ist diese tatsächlich gleichsam *apriori* theologisch und das heisst genauerhin: ekklesiologisch bestimmt? Oder folgt er nicht vielmehr einer anderen, der theologisch vorgeordneten Heuristik – etwa der einer bestimmten Gesellschaftstheorie, die dann auch seine Wahrnehmung von Kirche und Theologie bestimmt? In diesem Sinne interpretiert Hütter Hubers Öffentlichkeitsbegriff als eine sozialgeschichtliche Rekonstruktion, die dem normativen Konzept der politischen Theorie der Moderne folgt und damit nicht die nötige theologisch-kritische Distanz wahrt, vielmehr weiterhin eine Aussenperspektive auf die Kirche unterhält.

Barmen VI macht hingegen geltend, dass die Kirche die Welt so annimmt und «für diese Welt so da [ist], dass sie sich ihren Auftrag nicht aus dieser Welt geben lässt, sondern von der Wahrheit des Evangeliums die Wirklichkeit der Welt anspricht».[47] Hans Joachim Iwand hat dementsprechend eine «Entmythologisierung der Welt vom Evangelium her»[48] gefordert und sich gegen einen «unechten Friedensschluss» von Kirche und Gesellschaft gewandt.[49] Wenn Huber Kirche als vermittelnde Institution innerhalb der Gesellschaft beschreibt und von dieser Funktion her versteht, so stellt sich die Frage, ob er sie hinreichend religions-, kirchen- und gesellschaftskritisch als Gegenüber zu Funktionalisierungsbestrebungen bedenkt.

Auch Bernd Wannenwetsch[50] und Georg Plasger[51] sehen bei Huber die Gefahr einer Vereinnahmung der Kirche durch die Gesellschaft gegeben. Es geht dieser

43 Ebd., 7 und 60.

44 Vgl. ebd., 48–100.

45 Isolde Karle, Das Ende der Gemütlichkeit? Eine Auseinandersetzung mit den Reformbestrebungen der EKD, EvTh 67, 2007, 332–349.

46 Reinhard Hütter, Theologie als kirchliche Praktik. Zur Verhältnisbestimmung von Kirche, Lehre und Theologie, Gütersloh 1997, 233.

47 Dembowski, Barmen heute (Anm. 2), 294.

48 Iwand, Kirche und Gesellschaft (Anm. 31), 17.

49 Vgl. ebd., 18f.

50 Bernd Wannenwetsch, Gottesdienst als Lebensform – Ethik für Christenbürger, Stuttgart u. a. 1997, 246.

Kritik keineswegs darum, dass Kirche sich selbst als Öffentlichkeit zelebriert und sich im Rückzug auf innerkirchliche Sprachspiele immunisiert, sondern um die theologische Priorität ihrer Wahrnehmungs- und Perspektivengewinnung.

51 Georg Plasger, Einladende Ethik. Zu einem neuen evangelischen Paradigma in einer pluralen Gesellschaft, KuD 51, 2005, 125–156, 135.

Kirche in der Postmoderne

Albrecht Grözinger

1 Die alt gewordene Postmoderne – so jung!

Ganz ohne Zweifel: Die Postmoderne ist in die Jahre gekommen. Und das in mehrfacher Hinsicht. Die Diskussion um die Postmoderne startete mit einem ebenso grossen Elan wie hohen theoretischen Anspruch. Man lebte von der Emphase des Neuen, das aber zwangsläufig einmal zum Alten werden muss. Zugleich gaben sich die Theorien der Postmoderne durchaus als «starke» Theorien, die eine umfassende Klärung unserer gegenwärtigen Verhältnisse versprachen. Heute ist dieser hohe Ton verstummt. Man könnte auch sagen: Die Theorien der Postmoderne sind leiser und bescheidener geworden. Zum Anderen ist die Postmoderne auch dadurch in die Jahre gekommen, dass wir uns an die in ihr herrschenden Verhältnisse gewöhnt haben. Aus der jungen Wilden ist eine alte, vertraute Tante geworden.

Gleichwohl sind die mit der Theorie der Postmoderne angesprochenen Problemstellungen und Sachverhalte aktuell geblieben, ja haben sich in der Tendenz sogar verstärkt. Dies wird dann deutlich, wenn man die Postmoderne von der Form der steilen Theorie löst und schlicht deren Phänomene beschreibt. Eberhard Jüngel hat dies auf eindrucksvolle Weise versucht:

> «Die Postmoderne war ein gezielter Affront gegen jeden Anspruch auf Eindeutigkeit und insofern selber alles andere als eindeutig. Sie verschaffte sich Geltung als Vielzahl von Antithesen gegen die eingeschliffenen Selbstverständlichkeiten der Moderne und setzte gegen deren vornehme Eintönigkeit die Lust, die Buntheit des Lebens zu entdecken und über solche Entdeckungen zu staunen. Der postmoderne Mensch zog aus, aufs Neue das Staunen zu lernen, das ihm die aufgeklärte Moderne ausgetrieben hatte, um ihn statt dessen das Fürchten zu lehren. Denn der aufgeklärten Moderne war eine ganze Dimension des Geheimnisses schlechthin abhanden gekommen. Eben deshalb war sie unfähig geworden zu staunen. Der postmoderne Literat wollte die für den elitären und exklusiven Modernismus typische Kluft zwischen Professionalismus und Amateurtum überwinden. Der postmoderne Architekt kombinierte die unterschiedlichsten Stile so, dass sie einander kommentieren, sich gegenseitig ironisieren und relativieren. Und der postmoderne Denker erfuhr die atemberaubende Beschleunigung des Wissensbestandes als Befreiung zur Selbstrelativierung. Die Postmoderne gibt jeder Epoche ihr genuines Recht und pflegt ein unmittelbares Verhältnis zu allen Zeiten.»[1]

1 Eberhard Jüngel, Erfahrungen mit der Erfahrung. Unterwegs bemerkt, Stuttgart 2008, 109f.

In diesem Sinn einer *schwachen* Beschreibung leben wir alle in der Postmoderne, auch wenn die Zeit ihrer *starken* Theoretisierung vorbei ist. Vielleicht kann man die Essenz postmoderner Erfahrung am einfachsten mit den Worten des wichtigen Theoretikers der Postmoderne im deutschsprachigen Raum, Wolfgang Welsch, in der Einsicht zusammenfassen, «dass menschliche Sprache und humanes Leben nur im Plural möglich sind»[2] und dass wir alle in einer «Welt der Vielfältigkeit»[3] leben.

2 Postmoderne – deskriptiv und normativ

Nun kann und muss die Aussage, dass *menschliche Sprache und humanes Leben nur im Plural möglich sind*, auf eine doppelte Weise gelesen werden. Wenn wir sagen, dass sich gegenwärtig unser Leben im Plural abspielt, dann verweist man schlicht auf eine empirische Selbstverständlichkeit. Die Gesellschaften Mitteleuropas zeichnen sich durch einen ausgeprägten kulturellen, weltanschaulichen und religiösen Pluralismus aus. Man kann sich diesen Pluralismus nicht aussuchen, wir leben de facto in und mit diesem Pluralismus. Und selbst wenn man diesen Pluralismus markant zurückdrehen oder unterlaufen wollte, wären wir damit zum Scheitern verurteilt. Mitteleuropäer und Mitteleuropäerin zu sein, heisst heute immer auch, im Plural zu leben.

Anders verhält es sich mit der Frage, ob wir diesen Pluralismus bejahen oder nicht. Postmodern sein heisst: den Pluralismus nicht nur zähneknirschend hinzunehmen, sondern ihn als Lebensform zu bewahren. Ich vertrete die These, dass heute die überwiegende Mehrheit in unseren Breiten den Pluralismus nicht allein hinnimmt, sondern ihn bejaht. Dies gilt sogar im weltweiten Massstab. Allerdings bedarf diese These einer längeren Begründung.

Wer behauptet, dass die Menschen den Pluralismus als Lebensform wollen, muss sich mit dem Phänomen des religiösen und politischen Fundamentalismus auseinandersetzen. Gewiss, fundamentalistische Strömungen sind heute populär – von der arabischen Welt bis hin zum *bible belt* der Vereinigten Staaten von Amerika. Der Fundamentalismus begleitet den postmodernen Pluralismus wie ein Schatten. Pluralismus und Fundamentalismus sind gleichsam wie die Vorder- und Rückseite einer Medaille. Der Fundamentalismus ist deshalb auch nicht – wie eine beliebte These lautet – eine vormoderne, mittelalterliche Erscheinung. Vielmehr ist der Fundamentalismus eine hochmoderne – oder auch: postmoderne – Erscheinung. Der Fundamentalismus verspricht Entlastung von den Zumutungen eines forcierten postmodernen Pluralismus. Er verspricht Reduktion von Komplexität in einer hochkomplexen Welt. Dies ist die Verheissung des Fundamentalismus. Allerdings ist für die Einlösung dieser Verheissung ein hoher Preis zu

2 Wolfgang Welsch, Unsere postmoderne Moderne, Berlin 1993, 41.
3 Ebd., 41.

zahlen – nämlich die Reduzierung kollektiver und individueller Freiheitsräume. Und deshalb ist der Fundamentalismus auch – wenn dieser Ausdruck in diesem Zusammenhang gestattet ist – nicht nachhaltig. Wir sehen zwar immer wieder, dass in einer demokratischen Umwälzung fundamentalistische Strömungen zum Zuge kommen. Aber damit stellt sich ein Problem ein: Selbst wenn man den Fundamentalismus «demokratisch» gewählt hat, man wird ihn «demokratisch» nicht mehr los. Fundamentalisten lieben die Demokratie dort, wo sie ihnen zur Macht verhilft, sie reduzieren die demokratischen Möglichkeiten aber sofort, nachdem sie zur Macht gelangt sind. Man kann diesen Mechanismus sowohl im Iran wie in Ägypten studieren. Der Fundamentalismus lässt sich wohl demokratisch inthronisieren, aber nicht über eine grössere Zeitspanne hinweg verlängern. Dies nenne ich die mangelnde Nachhaltigkeit des Fundamentalismus. Und daraus ist die Erkenntnis abzuleiten, dass die Menschen den Fundamentalismus vielleicht für eine kurze Zeit wollen, aber nicht auf Dauer, während in pluralistischen Gesellschaften mehrheitlich eine demokratische Dauer zu beobachten ist.

Deshalb ist den Verfassungen demokratischer Staaten der kulturelle, religiöse und weltanschauliche Pluralismus *normativ* eingeschrieben. Aus postmoderner Erfahrung heraus könnte man diese Verfassungen als eine Daueranstrengung beschreiben, den stets gefährdeten Pluralismus institutionell und rechtlich zu schützen. Sie ermöglichen den Menschen, plural zu leben, aber sie regeln die konkrete individuelle Ausgestaltung dieser Wahlmöglichkeit nicht. Wo sie dies zu tun versuchen, sind sie schon auf dem Weg, den Pluralismus zu verletzen, den sie eigentlich schützen sollten.

3 Das Christentum ist keine grosse Erzählung

Der Theoretiker der Postmoderne Jean-François Lyotard sah eine Kontur der Postmoderne in dem Ende der grossen Erzählungen. Der Begriff selbst ist nicht unproblematisch. Dass Lyotard diesen Begriff wählt, hängt sicher auch mit seiner argumentativen Strategie zusammen. Wer angesehene Theoreme und Weltsichten plötzlich als blosse Erzählungen bezeichnet, dem ist zunächst die Aufmerksamkeit sicher. Unter den grossen Erzählungen versteht Lyotard alle geschlossenen Weltdeutungssysteme, die die Welt von einem Punkt aus erklären. Er zählt dazu den aufklärerischen Fortschrittsgedanken, den Marxismus ebenso wie die Hermeneutik, die einen identischen Sinnzusammenhang stiften möchte. Solche geschlossene Systeme haben – so seine These – in der Postmoderne ihre Überzeugungskraft verloren. Der Fundamentalismus schreibt die grossen Erzählungen weiter, die Postmoderne löst sie auf. Im hohen theoretischen Ton einer *starken* Theorie der Postmoderne klingt dies alles etwas überspannt. Bricht man die dahinter stehende These jedoch herunter auf die Erfahrungen der Menschen im Europa des 20. und beginnenden 21. Jahrhunderts, gewinnt das Ganze eine hohe Plausibilität. Die Menschen sind heute in der Tat misstrauisch geworden gegen allumfassende Ansprüche, sei es einer Theorie, sei es einer Religion, sei es eines politischen Programms. Das 20. Jahrhundert war geprägt von totalitären Ideologien, zunächst in der Konfrontation zwischen Faschismus und Stalinismus, und dann im dahin siechenden poststalinistischen Kommunismus. Und in der Lehman-Pleite und der Eurokrise hat die letzte überlebende grosse Erzählung, nämlich die vom unbesiegbaren Markt-Kapitalismus, ihre ersten Legimitationsrisse bekommen. Für mich war es eine eindrückliche Erfahrung, wie ein einstiges Kader-Mitglied der SED einige Jahre nach dem Zusammenbruch der DDR während einer Tagung der Evangelischen Akademie in Berlin sehr selbstkritisch und nachdenklich über sein Leben berichtete. Am Ende stand der Satz: Wenn ich eines gelernt habe, dann das, dass ich mich nie mehr auf etwas einlasse, was ganz nach meinem Leben greifen will. Dieser Satz steht paradigmatisch für das individuelle Erleben, dass die grossen Erzählungen ihre Überzeugungskraft verloren haben.

Nun hat andererseits Lyotard stets betont, dass mit dem Ende der grossen Erzählungen nicht deren Inhalte obsolet geworden sind. Dies ist eine gewichtige Differenzierung, die bei der Rezeption der These vom Ende der grossen Erzählungen oft übersehen wird. Mag die marxistische Ideologie an ihr Ende gekommen sein, so bleibt doch die menschliche Sehnsucht nach sozialer Gerechtigkeit. Mag die Hoffnung auf ein immer währendes Fort- und Höherschreiten der menschlichen Geschichte sich blamiert haben, so bleibt doch das Streben, dass das individuelle Leben seinen weiteren guten Weg gehen möchte. Tradieren lassen sich solche Hoffnungen und Sehnsüchte nicht mehr in der Form einer grossen Erzählung, doch die Impulse aus solchen Hoffnungen und Sehnsüchten bestimmen unser Leben weiter. Wir Menschen lassen uns heute eher auf das Nahe und Überschaubare ein. Aus den grossen Erzählungen hinausgestossen sind wir etwas heimatlos geworden. Unsere Hoffnungen und Sehnsüchte lassen wir uns aber nicht austreiben. Wir suchen ihre Erfüllung in den kleinen Stories, in den überraschenden Gelegenheiten, die sich ergeben mögen.

Nun stellt sich natürlich die Frage, ob denn das Christentum, von dem Lyotard penetrant schweigt (weil er es ohnehin für überholt und randständig hält?), zum Typus der grossen Erzählungen gehört. Diese Frage ist nicht schlichtweg mit einem klaren Ja oder klaren Nein zu beantworten. Zweifellos war das Christentum über Jahrhunderte hinweg eine grosse Erzählung im Sinne Lyotards. Das, was wir mit guten Gründen in der historischen Rückschau das christliche Abendland nennen, war getragen und geprägt von einer grossen Erzählung mit dem Namen «Christentum». Es hat sich in der Dogmatik und Ethik, aber auch im immer etwas labilen Verhältnis von kirchlicher und staatlicher Macht zu einer eindrucksvollen Einheit gerundet, die als nichts anderes als eine grosse Erzählung zu bezeichnen ist.

Doch ist die grosse Erzählung das notwendige Gehäuse der christlichen Überlieferung? Ich denke, dass dem nicht so ist. Das Christentum ist zur grossen Erzählung geworden, doch dürfen wir dieser Entwicklung weder eine Zwangsläufigkeit noch eine zeitlose Plausibilität unterstellen. Wir können sogar sehen, dass in die christliche Überlieferung selbst so etwas wie eine Kritik der grossen Erzählung eingeschrieben ist. Ich möchte dies an zwei Beispielen erläutern, der Kanonbildung und der Entstehung der Bibel als Gesamtbuch.

Ein Kanon ist eigentlich ein der Postmoderne fremdes Gebilde. Als vor Jahren Marcel Reich-Ranicki in der Frankfurter Allgemeinen Zeitung so etwas wie einen Kanon der deutschsprachigen Literatur etablieren wollte, stiess er – vorsichtig ausgedrückt – auf ein befremdetes Lächeln der Leser(innen)schaft. Kanon, das klingt nach Ausschluss und Rigidität. Zwei Gefühle, die der postmodernen Befindlichkeit fremd sind. Und so steht natürlich auch die christliche Kanonbildung im Verdacht einer exkludierenden Rigidität. Blickt man jedoch genauer auf das Werden des christlichen Kanons, dann stossen wir eher auf eine gegensätzliche Intention. Veranlasst wurde die Kanonbildung zuerst durch den Versuch des Marcion, alles jüdisch Klingende aus der schriftlichen Überlieferung des Christentums auszuschliessen, doch hat dann der Kanon gerade das von Marcion Ausgeschlossene wieder in die Überlieferung aufgenommen. Auch hat sich die christliche Kanonbildung beharrlich der immer wieder auftretenden Versuchung widersetzt, die vier Evangelien mit ihren Spannungen und Brüchen durch ein einziges kompiliertes und widerspruchfreies Einheitsevangelium zu ersetzen. Der Kanon hatte sicher auch eine exkludierende Funktion, viel mehr jedoch war er ein Schutzraum für den Pluralismus der biblischen Überlieferung.

Ein solches Motiv ist schon bei der Entstehung der biblischen Schriften selbst zu beobachten. Die historisch-kritische Erforschung der Heiligen Schrift konnte hinter deren Endgestalt eine Fülle von Quellen identifizieren. Die Quellenscheidung ist philologisch so sensibel wie exakt unternommen worden, wie immer man auch einzelne exegetische Meinungen beurteilen mag. Die Übergänge zwischen den einzelnen Vorlagen und Materialien sind auch heute noch erkennbar. Oft hat man sich gefragt: Warum denn nur? Warum wird das Gleiche dreimal erzählt, und dann auch noch jeweils anders? Waren denn die Kompilatoren derart ungeschickt? Nein, sie waren alles andere als ungeschickt. Sie waren höchst sprachbegabte und literarisch kompetente Menschen und haben deshalb so kompiliert, weil sie uns und allen nachfolgenden Leser(innen) zeigen wollten: Hier wurde etwas zusammengefügt. Die grosse Erzählung besteht aus kleinen Erzählungen, die sich in vielem sogar widersprechen. In die literarische Endgestalt der Heiligen Schrift ist – so könnte man retrospektiv (?) zugespitzt, aber mit gutem Recht sagen – bereits die Kritik an der grossen Erzählung eingeschrieben. Wer die Bibel als grosse Erzählung liest, kommt immer wieder ins Stolpern, vorausgesetzt er liest genau und nicht mit einer wie auch immer gearteten ideologischen Brille. Die Bibel ist – so könnte man etwas paradox sagen – eine grosse Erzählung, die sich immer wieder selbst ins Wort fällt und uns auf die kleinen Geschichten verweist.

Martin Luther hat diese Leseerfahrung auf seinem Sterbebett der Nachwelt gleichsam als reformatorisches Testament übergeben. Auf einem sogenannten *Letzten Zettel* finden sich von ihm folgende Worte notiert:

> «Die Hirtengedichte Vergils kann niemand verstehen, er sei denn fünf Jahre Hirte gewesen. Die Vergilschen Dichtungen über die Landwirtschaft kann niemand verstehen, er sei denn fünf Jahre Ackermann gewesen. Die Briefe Ciceros kann niemand verstehen, er habe denn 25 Jahre in einem grossen Gemeinwesen sich bewegt. Die Heilige Schrift meine niemand genügsam geschmeckt zu haben, er habe denn hundert Jahre lang mit Propheten wie Elias und Elisa, Johannes dem Täufer, Christus und den Aposteln die Gemeinden regiert. Versuche nicht diese göttliche Aeneis, sondern neige dich tief anbetend vor ihren Spuren! Wir sind Bettler, das ist wahr.»[4]

Luther redet hier über sein lebenslanges Bibellesen. Es ist schon frappierend zu sehen, wie diese Sätze Luthers, die – wenn man so will – mit am Anfang der Neuzeit stehen, postmodern aufs Neue zu sprechen beginnen. Luther kann in einer kühnen Analogie die Bibel als Ganzes den antiken Epen an die Seite stellen. Die Bibel ist für ihn eine «göttliche Aeneis» – also durchaus eine grosse Erzählung. Die Gottesgeschichte, so kann man Luther interpretieren, ist das grundierende Fundament alles Seienden. Aber diese *göttliche Aeneis* ist für uns Menschen gerade nicht als Gross-Erzählung zu «haben». Wer hat denn schon hundert Jahre lang «mit Propheten wie Elias und Elisa, Johannes dem Täufer, Christus und den Aposteln die Gemeinden regiert»? Die Versuchung, vor der Luther warnt, besteht darin, die Gottesgeschichte als Gross-Erzählung in den menschlichen Besitz zu übernehmen. Gleichwohl bleibt diese Gottesgeschichte nicht konturenlos. Sie ist uns in der Bibel überliefert. Eine Annäherung an diese Gottesgeschichte kann nur als Spurensuche stattfinden. Wer mehr als diese Spurensuche will, hat die Gottesgeschichte schon verloren.

Es gibt also auch genuin theologische Gründe, vom Christentum in Gestalt einer grossen Erzählung Abschied zu nehmen. Nicht allein der postmoderne Verdacht gegen die grossen Erzählungen legt uns dies nahe, sondern die Gestalt und der Gehalt der Bibel selbst sagt uns: Ich bin keine grosse Erzählung und möchte auch von dir nicht als grosse Erzählung in Besitz genommen werden. Eine Mahnung, die besonders reformierte Kirchen mit ihrer Hochschätzung der Heiligen Schrift nicht ernst genug nehmen können.

4 Kirche – zwischen Bahnhof und Herberge

Volkskirchen waren – unbewusst oder bewusst – Schutzräume eines religiösen Pluralismus. Dies gilt erst recht für die reformierten Landeskirchen der Schweiz. Viele Kirchen, wie zum Beispiel meine baselstädtische Heimatkirche, müssen

4 Martin Luther, WA 48, 241.

allerdings ihren Status als Volkskirchen in der Postmoderne neu definieren. Volkskirche wird immer weniger Mehrheitskirche heissen können. Im Jahre 2012 gehörten noch 16,5% der baselstädtischen Bevölkerung der evangelisch-reformierten Landeskirche an. Volkskirche kann man in einem solchen Umfeld nicht mehr in *quantitativer* Hinsicht sein, sondern nur noch in *qualitativer* Hinsicht. Und so ist auch das Selbstverständnis der baselstädtischen Kantonalkirche. Mir scheint dies das Signum einer Volkskirche in der Postmoderne zu sein. Postmoderne Volkskirche zu sein, bedeutet zumindest viererlei:

(1) Innerhalb einer postmodernen Volkskirche ist ein plurales Mitgliederverhalten nicht nur geduldet, sondern erwünscht. Von den Randständigen bis zu denjenigen, die Sonntag für Sonntag einen Gottesdienst besuchen. Wichtig ist dabei, dass es keine Mitglieder 1. und 2. Klasse geben darf. Die Legitimität dessen, wie sich Mitglieder zur postmodernen Volkskirche verhalten, formulieren nicht Synoden, Kirchenleitungen oder Pfarrer, sondern die Mitglieder selbst. Die Frage, ob dies auch in den rechtlichen Strukturen einer Mitgliedschaft abgebildet werden kann und/oder muss, stellt eine komplexe Herausforderung an die Kirche dar.

(2) Eine postmoderne Volkskirche hält an der Notwendigkeit einer kritischen Reflexion ihrer eigenen Voraussetzungen und ihrer Praxis fest. In unseren Breiten geschieht dies durch eine universitär verankerte Theologie, die akademisch gebildete Theologinnen und Theologen zum Ziel hat, die dann in der Kirche als Pfarrerinnen und Pfarrer arbeiten.

(3) Eine postmoderne Volkskirche nimmt in ihrer Praxis das Ende der grossen Erzählungen ernst. Dogmatik, Bekenntnisse und Katechismus sind weiter ein wichtiger Bestandteil kirchlicher Reflexionsform, ihr normativer Anspruch jedoch kann nur noch allenfalls gebrochen wahrgenommen werden. Die Definition, was richtiger und falscher Glaube ist (wenn eine solche Rubrizierung überhaupt Sinn macht), kann nur von den Glaubenden selbst her geschehen.

(4) Gleichwohl hat eine postmoderne Volkskirche einen klaren normativen Gehalt. Dies geschieht durch den Bezug auf die Bibel. Die Reformation hat den klaren Entscheid getroffen, dass die Bibel die einzige normative Letztinstanz der Kirche ist. Eine Entscheidung, die besonders in den reformierten Kirchen sehr ernst genommen wurde und wird. Eine postmoderne Volkskirche ist deshalb getragen von einer Loyalität gegenüber der Heiligen Schrift, die ihrerseits natürlich eine Vielfalt von Lesarten freisetzt. Das Konzert der vielfältigen Lesarten der Schrift ist der normative Loyalitätsraum einer postmodernen Volkskirche in reformierter Tradition.

Eine Kirche lebt in und mit ihren Bildern, die sie von sich selbst hat. In diesem Sinne hat Kristian Fechner zwei Bilder von Kirche ins Spiel gebracht, die m. E. zu Grundbildern einer postmodernen Volkskirche werden können: die Kirche als *Bahnhof* und *Herberge*:

«Dem Bahnhof ist ein Versprechen eingeschrieben: die Verheissung des Lebens als Reise ... Der Herberge ist eine Erinnerung beigegeben: Für mich ist gut gesorgt. Die Kirche als Bahnhof und die Gemeinde als Herberge: Die beiden Bilder stehen polar zueinander, sie verkörpern sehr unterschiedliche Momente des Christentums und von dem, wie es sich sozial zu realisieren vermag. Und gleichzeitig verweisen beide Bilder auch aufeinander und räumen sich gegenseitig ihren Platz ein. Sie aufeinander zu beziehen, ohne das eine zugunsten des anderen preiszugeben, ist – so denke ich – genau die praktisch-ekklesiologische Aufgabe, die sich stellt, wenn Kirche Zeitgenossenschaft lebt.»[5]

5 Pfarrerinnen und Pfarrer – das Inszenieren von Übergängen

Gerade weil eine postmoderne Volkskirche ihren Mitgliedern keine normativen Vorgaben mehr machen kann und darf, bedarf es einer professionellen Gruppe von Menschen, die – wie es Schleiermacher einmal ausgedrückt hat – die *religiöse Kraft anregt*. Diese professionelle Gruppe ist in sich vielgestaltig, auf jeden Fall gehören die Pfarrerinnen und Pfarrer dazu. Was ist die Aufgabe der Pfarrerinnen und Pfarrer in der postmodernen Volkskirche?

Zunächst einmal sind sie Experten und Expertinnen der biblisch-christlichen Überlieferung. Ihr Expertentum besteht nicht unbedingt darin, dass sie in allem und jedem mehr wissen als andere; sondern ihr Expertentum besteht darin, dass bei ihnen bestimmte Kenntnisse und Fertigkeiten begründet vorausgesetzt werden können. Sie verstehen die biblischen Schriften in der Ursprache zu lesen, sie sind mit den wissenschaftlichen Methoden der Textauslegung bekannt, sie kennen die Geschichte des Christentums usw. Gerade in einer Zeit des Traditionsabbruchs und einer zunehmenden Entfremdung vieler Menschen von dieser Überlieferung, kann ein solches professionelles Traditionswissen in seiner Bedeutung kaum hoch genug veranschlagt werden.

Eben wenn die einzige Verbindlichkeit einer postmodernen Volkskirche in einer Treuevereinbarung zur biblischen Überlieferung besteht, kommt einem Erfahrungswissen um Geschichte und Gegenwart dieser Überlieferung eine herausragende Bedeutung zu. Allerdings lässt sich dieses Erfahrungswissen tradieren in Form einer Konservierung. An dieser Stelle kommt die fundamentale Unterscheidung von Konvention und Tradition zum Tragen. Die Regisseurin Ruth Berghaus hat in einem Radio-Interview einmal pointiert gesagt: «Wer die Konvention beherrscht, steht noch lange nicht in einer Tradition.» Traditionen erhalten sich nicht durch Konventionen. Traditionen müssen immer aufs Neue erarbeitet werden. So steht der, der Tradition mit Konvention verwechselt, immer in Gefahr, die Tradition zu verlieren. Die Konvention ist der eingeschworene Feind der

5 Kristian Fechtner, Zeitgenossenschaft der Kirche, Internationale Kirchliche Zeitschrift 90, 2000, 217–230, 229f.

Tradition. Traditionen sind nicht durch Konvention vital, sondern durch Innovation.

Exakt an dieser Stelle kommt das Christentum in der Postmoderne als gesellschaftlicher Faktor ins Spiel. Ihm käme die Aufgabe zu, den Menschen in der postmodernen kulturellen Vielfalt durch innovatorische Vergegenwärtigung den biblisch-christlichen Traditionsbestand zu erhalten und stets aufs Neue in seinem Erfahrungsgehalt und seiner Plausibilitätsstruktur sichtbar zu machen. Kirche und Theologie müssen das kulturelle ‹Spielfeld› eines *anything goes* nicht fürchten, sondern können sich couragiert gerade auf dieses Spielfeld wagen. Viele Erfahrungen zeigen es: Wo christliche Traditionsgehalte nicht mit institutionell abgesichertem Autoritätsanspruch auftreten, werden Menschen aufs Neue aufmerksam. Was ist das für einer, der da in der Kirche, die man im Urlaub besichtigt, am Kreuz hängt? Warum zeichnet Johann Sebastian Bach die Juden in der Johannes-Passion so scharf? Und was sagen Theologen und Theologinnen heute dazu? Warum gibt es in Walt Disneys Film «Der König der Löwen» die himmlische Stimme, die das Löwenbaby Simba ‹erwählt›? All dies sind Fragen und Gelegenheiten, wo auf dem Spielfeld des *anything goes* plötzlich ein neues Interesse wach wird, und nicht mehr alles und jedes interessant ist, sondern die eine hier und jetzt interessierende Frage.

Und hierfür stehen Pfarrerinnen und Pfarrer ein. Dafür stehen sie. In der Vielfalt ihres Praxisfeldes wie Predigt und Gottesdienst, Seelsorge und Unterricht ist es ihre Aufgabe, Übergänge zu inszenieren zwischen biblischer Überlieferung und den vielfältigen Lebenswelten unserer Gegenwart. Was wir Menschen dann mit diesen Übergängen anfangen, das steht in unserer eigenen Entscheidung und Verantwortung.

Für Pfarrerinnen und Pfarrer ist dies eine *intellektuelle* und *ästhetische* Aufgabe gleichermassen. Intellektuell in der Hinsicht, als eine innovative Verlebendigung der biblischen Überlieferung eine grosse hermeneutische Aufgabe darstellt. Ästhetisch in der Hinsicht, dass solche Übergänge immer einer konkreten Gestaltung bedürfen. Insofern stehen die Pfarrerinnen und Pfarrer sowohl der Wissenschaft wie der Kunst nahe oder, etwas pathetisch formuliert: Pfarrerinnen und Pfarrer der postmodernen Volkskirche stehen exakt an der Schnittstelle von Wissenschaft und Kunst. Dies ist jedoch genau der Punkt an dem die Postmoderne ihre Vitalität entfaltet hat und auch heute noch entfaltet – auch die Vitalität reformierter Frömmigkeit im Übergang von der traditionellen zur postmodernen Volkskirche.

III. Volkskirche und Kirchenrecht

Spuren der «Volkskirche» im reformierten Kirchenrecht

Christian R. Tappenbeck

Gemäss den Religionssoziologen Jörg Stolz und Edmée Ballif steht noch immer eine überwiegende Mehrheit der Schweizer Reformierten für die «Volkskirche» ein.[1] Und doch ist dieser Begriff in den Erlassen evangelisch-reformierter Kirchen kaum zu finden. Viele Kantonalkirchen haben ihn nicht oder höchstens in einer Präambel[2] ins Kirchenrecht überführt. Sich selbst mit kirchenrechtlicher Normativität als «Volkskirche» zu bezeichnen, ist also ein selten gewählter Weg. Für ihn haben sich namentlich die Reformierten in Zürich und St. Gallen entschieden. In beiden Kantonen stehen dabei aber unterschiedliche Aspekte im Vordergrund: Während die Volkskirche in der Zürcher Kirchenordnung «ihren Dienst in Offenheit gegenüber der ganzen Gesellschaft»[3] leistet, wird in der St. Galler Kirchenverfassung betont, dass die Volkskirche «alle Einwohner»[4] reformierter Konfession umfasse. «Volkskirche» ist damit aus Zürcher Sicht primär Kirche «für das ganze Volk»,[5] aus St. Galler Perspektive insbesondere eine Kirche der reformierten Wohnbevölkerung. Der Begriff «Volkskirche» wird kirchenrechtlich in den beiden Kantonalkirchen also nicht deckungsgleich verstanden. Bereits hier tritt zu Tage, dass sich mit ihm verschiedene Aspekte einfangen lassen. Diese Unschärfe ist für das auf normative Festlegung drängende Kirchenrecht wenig verträglich. So ist es denn nicht weiter erstaunlich, dass die meisten Kantonalkirchen in ihren Erlassen der Bezeichnung «Volkskirche» ausgewichen sind. Aus der kirchenrechtlichen Nicht-Erwähnung der «Volkskirche» darf damit nicht leichthin auf ein fehlendes volkskirchliches Selbstverständnis geschlossen werden: Die betreffende evangelisch-reformierte Kirche kann schlicht den kirchenrechtlich präziseren Weg gewählt und konkrete Teilgehalte ihres volkskirchlichen Selbstverständnisses normiert haben. Aspekte der «Volkskirche» finden sich so in ver-

1 Jörg Stolz/Edmée Ballif, Die Zukunft der Reformierten. Gesellschaftliche Megatrends – kirchliche Reaktionen, Zürich 2010, 83: «Oft wird das Grundproblem der Kirchen darin gesehen, dass es sich um ‹Volkskirchen› handle, welche heutzutage einfach keine Zukunft mehr hätten. Befragt man allerdings die Reformierten, so zeigt sich, dass die überwiegende Mehrheit für eine ebensolche Volkskirche ist.»

2 Z. B. Gemeindeordnung der Reformierten Kirche Kanton Zug.

3 Art. 5 Abs. 2 KiO/ZH.

4 Art. 3 KiV/SG.

5 Gemäss dem Synodalrat der Reformierten Kirchen Bern-Jura-Solothurn ist «Volkskirche» u. a. eine «Kirche für das ganze Volk», die «nicht nur den Frommen» verkündet (Synodalrat der Reformierten Kirchen Bern-Jura-Solothurn, Auswertungsbericht zum Legislaturprogramm 2008–2011, Sommersynode 2011/Tr. 15, 7).

schiedenen Regelungsmaterien wieder. Nachfolgend soll daher erörtert werden, inwiefern sich das volkskirchliche Selbstverständnis in den Normen evangelisch-reformierter Kirchen in der Schweiz typischerweise auszudrücken vermag.[6]

1 Kirche hin zur Gesellschaft

Dass sie sich zu «allem Volk»[7] gesandt sehen, heben die evangelisch-reformierten Kirchen bei der kirchenrechtlichen Umschreibung des (ihnen vorgegebenen) Auftrags regelmässig hervor. Seine umfassende Liebe hat Gott schliesslich «à l'égard de tous les hommes»[8] manifestiert. Den Reformierten ist es deshalb wichtig zu betonen, dass «vor Gott kein Unterschied des Geschlechts oder der sozialen Stellung, der Rasse oder des Volkstums»[9] besteht. Reformierte Volkskirche «wendet sich allen Menschen zu»[10] und nimmt Anteil «an den Problemen und Sorgen aller Schichten und Berufsgruppen des Volkes».[11] Diese umfassende Zuwendung impliziert, dass die vielschichtigen Lebenswirklichkeiten der Menschen in die Verkündigung einbezogen werden, zumal auch das «verheissene und erwartete Gottesreich alle Bereiche des Lebens und der Gesellschaft umfasst».[12] Und so finden sich in reformierten Erlassen häufig Formulierungen, welche die Weite des kirchlichen Engagements thematisieren. Die Glarner Kirche beispielsweise hält im ersten Artikel ihrer Verfassung fest:

> «Die Evangelisch-Reformierte Landeskirche des Kantons Glarus weiss sich im Glauben an das kommende Reich Gottes dazu aufgerufen, für die Christusbotschaft in unserem Volk einzutreten. Sie dient mit ihren Kirchgemeinden dem Volk durch die Verkündigung des Evangeliums von Jesus Christus im Gottesdienst in Wort und Sakrament, in kirchlichen Handlungen, Seelsorge, Unterweisung, Diakonie und weiteren Taten der Nächstenliebe. Vom Evangelium her setzt sie sich ein für die kirchliche Gemeinschaft, die Mission, die Wahrung der Menschenrechte und die Verantwortung gegenüber der Schöpfung.»

«Volkskirche», das macht die Glarner Kirchenverfassung deutlich, ist eine kirchliche Grundhaltung, die das ganzheitliche Wohl aller Menschen in den Blick

6 Bei der Beantwortung sollen dabei drei – aus kirchenrechtlicher Perspektive – wesentliche Dimensionen der Volkskirche im Vordergrund stehen: «Kirche hin zur Gesellschaft», «Kirche der Bevölkerung» und «Kirche der Partizipation». Vgl. hierzu Christian R. Tappenbeck, Die Volkskirche – aus kirchenrechtlicher Sicht, in: SJKR/ASDE 17, 2012, 13–45.

7 Art. 2 Abs. 1 KiV/BE; Art. 2 Ziff. 1 KiV/BL; vgl. Präambel Abs. 5, Art. 4 und Art. 9 KiV/NE; Ziff. 5 Konstitutive Prinzipien/VD; Art. 5 KiV/VS.

8 Art. 9 KiV/NE; vgl. auch Art. 63 Abs. 2 KiV/NE.

9 Art. 1 Ziff. 3 KiV/BL; vgl. Art. 9 KiV/NE.

10 Art. 65 Abs. 1 KiO/ZH.

11 Art. 67 Ziff. 1 KiO/BL.

12 Art. 41 Abs. 4 KiO/UR.

nimmt.[13] Ihre spezifische Mission besteht «gerade darin, dass sie eine Kirche für alles Volk sein will»[14] («au service de tous»[15]). Die Volkskirche versteht die Verkündigung der frohen Botschaft in Wort und Tat als Dienst,[16] den sie «in Offenheit gegenüber der ganzen Gesellschaft»[17] erbringt; sie «offre ses prestations à quiconque les sollicite»[18] In besonderer Weise ist es ihr aufgetragen, für die Ärmsten und Schwächsten einzustehen. Kurz: «Volkskirche» will «im Leben des ganzen Volkes die Sache Jesu Christi zur Geltung bringen».[19] Es ist dies wohl der anerkannteste Aspekt der Volkskirchlichkeit. Er stösst auch bei Lukas Kundert in seinem Konzept der «volkskirchlich geprägten Mitgliederkirche» auf grundsätzlich wohlwollende Zustimmung.[20]

2 Kirche der Bevölkerung

Die reformierte Volkskirche pflegt bekanntlich ein weites Mitgliedschaftsverständnis: «elle reconnaît comme membre toute personne qui accepte la grâce du Seigneur Jésus-Christ, l'amour de Dieu et la communion du Saint-Esprit».[21] Kirchenmitglied kann bereits werden, wer sich in diesem Sinne «selbst als reformiert versteht beziehungsweise deklariert».[22] Hierin drückt sich nicht etwa kirchliche Beliebigkeit, sondern christliche Demut aus: Jesus Christus selbst warnte seine Jünger davor, anstelle Gottes die gute von der schlechten Saat unterscheiden und letztere ausreissen zu wollen.[23] Und ist uns nicht auch der Wille Gottes bezeugt, «dass alle Menschen gerettet werden und zur Erkenntnis der Wahrheit gelangen» (1Tim 2, 4)?[24] Für ein von Menschen selbstherrlich ausgeübtes Richteramt sind das denkbar schlechte Voraussetzungen. Die reformierte Volkskirche überlässt daher «à Dieu le jugement des coeurs». Als Dispens vom Verkündigungsauftrag darf dies freilich nicht missverstanden werden: Auch «Volkskirche» ist Kirche.

13 Vgl. Art. 68 KiO/BL.

14 Karl v. Greyerz, Die bernische Landeskirche im Lichte des Evangeliums. Jahrzehntbericht über die Evangelisch-reformierte Kirche des Kantons Bern (1930–1940), Bern 1941, 21.

15 Art. 4 Abs. 2 und Art. 8 Organisationsstatut/VD, vgl. Art. 11 Abs. 2, Art. 12 und Art. 16 Organisationsstatut/VD; vgl. Art. 10, Art. 194 lit. b und lit. c KiO/VD.

16 Art. 1 KiV/GL.

17 Art. 5 Abs. 2 KiO/ZH.

18 Art. 4 KiV/GE.

19 Art. 68 KiO/BL.

20 Lukas Kundert, Die evangelisch-reformierte Kirche. Grundlagen für eine Schweizer Ekklesiologie, Zürich 2014, 17 und 21.

21 Konstitutive Prinzipien Ziff. 12/VD.

22 Ruedi Reich, Revision der Kirchenordnung – warum und wozu? In: Jan Bauke/Matthias Krieg (Hg.), Die Kirche und ihre Ordnung, Zürich 2003, 5ff. und 12f.

23 Vgl. auch Robert Leuenberger, Zur Frage der Mitgliedschaft in der Landeskirche, in: Friedhelm Grünewald (Hg.), Robert Leuenberger. Erwogenes und Gewagtes. Eine Sammlung seiner Aufsätze als Festgabe zum 70. Geburtstag, Zürich 1986, 59–65, 61.

24 Wolfgang Huber, Kirche, München 1988, 34.

Sie bleibt als solche «die Gemeinschaft, welche auf das ganz Andere hinweist und ihre Werte und Haltungen an dem, was das Evangelium verkündet, misst und messen lässt.»[25] Und weil das «Evangelium von Jesus Christus, so vielfältig, ja widersprüchlich [...] im Laufe der Geschichte ausgelegt und gelebt worden ist»,[26] gilt es die Glaubensinhalte immer wieder neu zu thematisieren. Dass der erforderliche Glaubensdialog dabei vor einem weiten Horizont stattfinden kann, gehört wohl zu den grössten Vorzügen der Volkskirche: Sie sammelt die reformierten Einwohnerinnen und Einwohner im Kirchengebiet umfassend, ohne dass es auf die Frömmigkeitsrichtung, soziale Stellung oder politische Einstellung des Einzelnen ankäme. «Volkskirche» zeichnet sich denn auch «mehr durch Vielfalt als durch Homogenität aus»[27] – was für den Glaubensdiskurs gewiss nicht schädlich ist!

Im weiten Verständnis der Kirchenmitgliedschaft spiegelt sich die volkskirchliche Offenheit gegenüber der gesamten Gesellschaft. Daher kann das «Volk» im Begriff der «Volkskirche» auch nicht verkürzend im Sinne des Staatsvolks, sondern nur unter Einbezug der universalen Dimension des «Volks Gottes»[28] verstanden werden. In diesem sind andere Ethnien oder Nationalitäten gänzlich belanglos, denn Christen stellen im Gottesreich nicht «Fremdlinge, sondern Mitbürger» (Eph 2, 19) dar. Und es kann für die Volkskirchlichkeit auch nicht massgebend sein, wie hoch der Anteil der Kirchenmitglieder an der Gesamtbevölkerung ist.[29] Nicht der deskriptive Mitgliederbestand bildet das relevante Kriterium der Volkskirchlichkeit,[30] sondern eine normative kirchliche Grundhaltung: Volkskirche ist offen gegenüber «allem Volk in Kirche und Welt», dem es die Frohe Botschaft von Jesus Christus zu verkündigen gilt.[31]

3 Kirche der Partizipation

Im Begriff der «Volkskirche» schwingt traditionell ein kritischer Unterton gegen kirchliche Hierarchien mit. Deren Machtansprüche sollen eingedämmt werden,

25 Kirchenrat der Reformierten Landeskirche Aargau, Antwort auf Interpellation «Haus am Stritengässli», ausserordentliche Synode/2009, Sommersynode/2009, 1.

26 Robert Leuenberger, Volkskirche und Gesellschaft, Kirche und Staat, in: Alfred Schindler (Hg.), Kirche und Staat. Bindung – Trennung – Partnerschaft, Zürich 1994, 61.

27 Ziff. 1.2 Richtlinien für Pfarrwahlkommissionen/GL.

28 Art. 69 Abs. 1 KiO/FR; vgl. Art. 167 f. und Art. 282bis KiO/VD («peuple de Dieu»).

29 Lukas Kundert weist darauf hin, dass bereits der «ursprüngliche Begriff der Volkskirche» nicht davon ausgegangen sei, «dass ein Grossteil der Bevölkerung ihr angehört. Im Gegenteil. Ausgangspunkt ist eben gerade die religiöse Pluralität, die diesen Begriff möglich gemacht hat.» Siehe Kundert, Ekklesiologie (Anm. 20), 15. Vgl. auch Matthias D. Wüthrich, Die Zukunft der Volkskirche – Kritisch-konstruktive Erwägungen aus theologischer Sicht, in: SJKR/ASDE 17, 2012, 47–70, 56.

30 Vgl. auch Wüthrich, Die Zukunft der Volkskirche (Anm. 29), 53: «Das Kirchesein einer Kirche definiert sich theologisch nicht über die Quantität, sondern die Christuspräsenz!»

31 Art. 2 Abs. 1 KiV/BE.

indem den Kirchenmitgliedern Partizipationsrechte zugesichert werden. «Volkskirche» ist in diesem Sinne «Kirche durch das Volk».[32] Dass dieser Aspekt in der Schweiz durchaus bedeutsam ist, offenbart ein Blick in die reformierten Erlasse. Regelmässig wird darin auf das «Kirchenvolk»[33] verwiesen und Wert darauf gelegt, dass es dank der («kirchlichen»)[34] «Volksrechte»[35] die Geschicke der Kirche mitbestimmen könne. Die vom Staat entlehnte Begrifflichkeit – es ist etwa die Rede von der «Volksabstimmung»,[36] der «Verfassungs- und Gesetzesinitiative des Volkes»[37] bzw. der «Volksinitiative»,[38] der «Volksmotion»[39] oder den «Volkswahlen»[40] – darf allerdings nicht dazu verleiten, das Konzept der Volkssouveränität unbekümmert in die Kirche zu transferieren.[41] Die Rechte des Kirchenvolks gründen nicht in der Vorstellung, dass es souverän wäre. Der Kirche «alleiniges Haupt»[42] ist vielmehr Jesus Christus; ihm gegenüber ist alle Kirchenleitung verantwortlich.[43] Die umfassenden Mitwirkungsmöglichkeiten der Kirchenmitglieder spiegeln aber die Überzeugung wider, dass jede Christin und jeder Christ am Priestertum von Jesus Christus (1Petr 2,5–9) Anteil nimmt. Demokratische Mitwirkungsrechte erscheinen vor diesem Hintergrund als Mittel zur Beteiligung an der kirchlichen Gesamtverantwortung. Illustrativ hält die St. Galler Kirche im dritten Artikel ihrer Kirchenverfassung fest:

> «Als Christen sind sie aufgrund des allgemeinen Priestertums zur Mitarbeit und zur Mitverantwortung in Kirche und Welt berufen.»

«Volkskirche» kann demnach auch als Raum der Beteiligung verstanden werden, der es Christinnen und Christen ermöglicht, ihre von Gott erhaltenen Begabungen als erfüllende Aufgabe zu leben.[44]

32 Vgl. Huber, Kirche (Anm. 24), 170.

33 Z. B. Art. 13 Ziff. 1.4 KiV/BL und Ingress KiV/NW; vgl. auch Art. 17 Ziff. 1, Art. 18 f., Art. 27 Ziff. 1, Art. 32 Ziff. 1, Art. 43 und Art. 45 KiV/GR («evangelisches Bündnervolk»).

34 Z. B. Titel vor Art. 22 KiV/BE («Die kirchlichen Volksrechte»).

35 Z. B. Titel vor Art. 59 KiV/SH («Rechtsschutz und Volksrechte»); Art. 161 Abs. 1 KiO/SH.

36 Z. B. Art. 10 Abs. 1 OS/AG; § 104 Ziff. 17, § 153 Abs. 1 und Abs. 5, § 155 Abs. 5 KiO/AG; § 22 ff. und § 101 KiV/BS; Art. 25 Abs. 7, Art. 29 und Art. 49 f. KiV/FR; Art. 140 KiO/FR; Art. 44 und Art. 48 KiV/SG; § 7, § 9 Abs. 2, § 10, § 64 Ziff. 1, § 72 Ziff. 2 und § 87 KiV/TG; Art. 205 Abs. 3 KiO/ZH.

37 Z. B. Marginale zu Art. 43 KiV/GR.

38 Z. B. Art. 43 KiV/GR.

39 Z. B. Überschrift zu Art. 62 KiV/SH.

40 Z. B. Art. 40 Abs. 1 lit. b Reglement über die Rechtspflege der Evangelisch-reformierten Kantonalkirche Schwyz.

41 So aber offenbar die Evangelisch-reformierte Landeskirche beider Appenzell (Art. 6 KiV/AI-AR).

42 1. Berner These von 1528, vgl. Martin Sallmann/Matthias Zeindler (Hg.), Dokumente der Berner Reformation: Disputationsthesen, Reformationsmandat, Synodus, Zürich 2013, 39.

43 Vgl. Martin Rauhaus, Das kirchenrechtliche Gemeindeprinzip und seine Auswirkungen auf die kirchliche Verfassungsgestaltung, Frankfurt a. M. 2005, 74.

44 Klaus Douglass, Laien beteiligen oder sterben, in: zeitzeichen 10, 2011, 25–27, 26.

4 Volkskirche – eine Verhältnisbestimmung der Offenheit

Aus den bisherigen Ausführungen leitet sich ab, dass es schwer fällt, dem reformierten Kirchenrecht eine allgemein gültige Definition der «Volkskirche» zu entnehmen. Zu verschieden sind ihre einzelnen Aspekte; zu sehr ist der Begriff auch von (kirchenpolitischen) Gewichtungen abhängig. Immerhin lassen sich an den kirchenrechtlichen Quellen aber einige typische Merkmale ablesen. Zu den grundlegenden Wesenszügen einer Volkskirche gehört es, dass sie ihren Mitgliedern Partizipation zusichert und damit auch die Vielfalt christlicher Überzeugungen und Ausdrucksformen bejaht.[45] Als besonderes Merkmal der Volkskirchen darf sodann gelten, dass sie den kirchlichen Dienst in Aufgeschlossenheit gegenüber der gesamten Bevölkerung ihres Ortes erbringen, für den sie – ohne die weltweite Dimension der Kirche zu vergessen! – eine besondere Verantwortung verspüren.[46] Volkskirchen sind denn auch meist jene Kirchen, die «mit dem Werden und Wachsen»[47] des örtlichen Staatswesens besonders verbunden sind, das Geistesleben des Ortes mitgeprägt sowie in der «Baukultur Spuren hinterlassen» haben, «die heute grossteils unter Denkmalschutz stehen».[48] In der Regel sind sie deshalb als Landeskirche anerkannt. Mag auch die Volkskirchlichkeit keine explizite Anerkennungsvoraussetzung sein, so sind die Rechtswirkungen des landeskirchlichen Status doch in der Regel auf die Volkskirche wie zugeschnitten. Wenn etwa der Staat die Erhebung von Kirchensteuern ermöglicht und finanzielle Beiträge leistet, so sichert er dadurch die Unabhängigkeit der Volkskirche im Dienste der Bereitschaft, für alle da zu sein. Bei ihrem bewusst auf «alles Volk» hin orientierten Engagement profitiert die Volkskirche des Weiteren von einem erleichterten Zugang zu Gefängnissen, Spitälern und Heimen. Der Kanton ermöglicht ihr sodann eine territoriale Struktur, so dass eine offene Kirchenmitgliedschaft konzipiert werden kann, die «in der Regel aufgrund Gesetz bei der Geburt»[49] entsteht. Sind Volkskirchen dem Privatrecht enthoben und in das landeskirchliche Gewand einer öffentlich-rechtlichen Körperschaft gekleidet, dokumentiert dies zudem ihre öffentliche Stellung.[50] Als «Teil des öffentlichen Lebens» verfügen sie dadurch über privilegierte Möglichkeiten, in Kontakt «mit den politischen, sozialen und kulturellen Instanzen, Gremien und Kräften sowie der Wirtschaft» zu treten und «ihre Stimme vernehmen zu lassen. Ihr Status ge-

45 Vgl. Synodalrat der Reformierten Kirchen Bern-Jura-Solothurn, Bericht zu den Optimierungsmöglichkeiten in der Synodalratsarbeit, Sommersynode 2011/ Tr.16, 6: «Der im synodalen Dialog ausgetragene Konflikt ist sogar die eigentliche Stärke unserer protestantischen Volkskirche.»

46 Ingolf U. Dalferth, Ekklesiologische Aspekte einer evangelischen Kirchenordnung, in: Cla Reto Famos/Ingolf U. Dalferth (Hg.), Das Recht der Kirche, Zürich 2004, 263ff., 265.

47 Art. 3 Abs. 3 KiV/GL.

48 Christoph Winzeler, Die Basler Kirchenreform 1991. Eine Landes- und Volkskirche im Umbruch, in: Basler Juristische Mitteilungen 40, 1993, 1ff., 4.

49 Info-Blatt/GL vom 1. Mai 2010.

50 Vgl. Huber, Kirche (Anm. 24), 164f.

währleistet ihnen, dass sie Gehör finden».[51] Der Landeskirchenstatus begünstigt damit die typisch volkskirchliche Hinwendung zu «allem Volk» und stellt eine besondere Chance dar, um den kirchlichen Auftrag inmitten der Gesellschaft wahrzunehmen.

Zwischen «Volkskirche» und «Landeskirche» bestehen demnach enge Bezüge, und mitunter werden beide Begriffe sogar synonym verwendet. Und doch gilt es, sie auseinanderzuhalten: Während der landeskirchliche Status vom Staat gewährt wird, bezeichnet «Volkskirche» ein kirchliches Selbstverständnis. «Volkskirche» ist kein festgelegter Status, sondern in erster Linie eine Verhältnisbestimmung. Sie verkörpert eine kirchliche Haltung der Offenheit, um die es beständig zu ringen gilt. «Volkskirche» hat sich so stets aufs Neue zu bewähren.

51 Vgl. Art. 6 KiO/UR.

Die Eigenart des evangelischen Kirchenrechts

Roger Juillerat

1 Evangelisches Kirchenrecht gleich Liebesrecht?

Die Einheit der Kirche ist – jedenfalls aus kirchenjuristischer Sicht – nicht allein ein theologisches Problem, sondern auch ein originär rechtliches. Der Kirchenjurist ist daher gefordert, theologische Aussagen im Korsett einer juristischen Terminologie zu festigen. Christliche Lehre und Kirchenrecht liessen sich somit eigentlich nur schwer voneinander trennen. Umso erstaunter reagiert manch ein Kirchenmitglied, wenn es bei einer Anfrage zu einem genuin kirchenrechtlichen Thema vom Kirchenjuristen an die «weltliche Obrigkeit» weiterverwiesen wird, mit der Begründung, die besagte Materie liege in der Regelungskompetenz des Staates. Dieser «Dualismus», das heisst das Nebeneinander von innerkirchlichen und staatlichen Normen, ist zwar keine direkte Folge der öffentlich-rechtlichen Anerkennung einer Religionsgemeinschaft. Er ist nach schweizerischer Rechtsauffassung aber dann erforderlich, wenn der öffentlich-rechtlichen Körperschaft gewisse Hoheitsrechte verliehen werden. So sind besonders für die Erhebung und Verwaltung von Steuergeldern durch die Landeskirchen rechtsstaatliche Grundprinzipien unerlässlich. Entsprechend fordert der Staat deren Einhaltung oder regelt die Rechtsmaterie selber.

«Kirchenrecht ist Liebesrecht», schreibt der Kirchenrechtler Siegfried Grundmann: «Daran wird sich nichts mehr ändern.»[1] Doch inwiefern ist dieser Satz aus der Rechtstheologie richtig in Bezug auf das positiv geltende Recht der Kirche? Ist die Liebe alleiniges Kriterium hinsichtlich seiner Rechtsetzung oder leitet sie erst dessen Vollzug, also die eigentliche Anwendung und Auslegung kirchlichen Rechts? Bezieht sich die Aussage Grundmanns auf die einzelnen kirchlichen Erlasse oder auf das Kirchenrecht als Ganzes? Als Kirchenrecht wird heute die Gesamtheit der durch eine Kirche kraft ihrer Selbstbestimmung gesetzten Rechtsnormen bezeichnet.[2] Die Ansicht indes, kirchliches Recht hätte ausschliesslich ein «actus charitatis spiritualis» zu sein,[3] ist verfehlt, zumal eine derartige Auffassung von Kirchenrecht nicht beantworten kann, ob kirchliche Erlasse, die nicht im «usus charitatis» verabschiedet worden sind, überhaupt Geltung beanspruchen können.[4] Kirchenrecht darf sich nicht in inhaltslosen und stereotypen Formeln

1 Siegfried Grundmann, Art. Kirchenrecht I A–D, in: Kunst Hermann/Grundmann Siegfried, Evangelisches Staatslexikon, Bd. I, 2. A., Stuttgart/Berlin 1975, Sp.1206–1224 [1222].

2 Vgl. zum Begriff Heinrich de Wall/Stefan Muckel, Kirchenrecht. Ein Studienbuch, München 2009, 1.

3 Vgl. Johannes Heckel, Lex Charitatis. Eine juristische Untersuchung über das Recht in der Theologie Martin Luthers, München 1953, 143.

4 Vgl. Christian Traulsen, Rechtsstaatlichkeit und Kirchenordnung, Tübingen 2013, 219.

erschöpfen oder spiritualisiert werden, sondern bewegt sich – wie das staatliche Recht auch – stets zwischen Gesetzesbindung und Einzelfallgerechtigkeit. Hierbei bedient es sich der herkömmlichen juristischen Auslegungsmethoden und Rechtstechniken. Dennoch bleibt ein tiefgreifender Unterschied zum staatlichen Recht bestehen: Das Kirchenrecht ist an den kirchlichen Auftrag, an die Verkündigung des Evangeliums, gebunden. Nicht jede konkrete Einzelbestimmung darf indessen als Ergebnis eines Transformationsprozesses von Heiliger Schrift hin zu paragraphenförmiger Einzelregelung verstanden werden.[5] Vielmehr bedarf es einer Differenzierung: Je weiter ein Regelungsgegenstand vom Zentrum der Kirche entfernt ist, desto grösser ist die Freiheit zu seiner Ausgestaltung. Alles Recht der Kirche muss sich jedoch auf das Evangelium hin orientieren und ausrichten. Dies führt faktisch zu einem Dualismus innerhalb des kirchlichen Rechts, nämlich «zwischen dem Kirchenrecht als Liebesrecht und dem Kirchenrecht, das auf Zwangsrecht doch nicht verzichten kann».[6] Kirchenrecht bedarf demnach seiner Befolgung, damit die Kirche ihre Bestimmung überhaupt erfüllen kann, und es beansprucht Befolgung, ist also für Kirchenmitglieder und Mitarbeitende gleichermassen verbindlich.[7] Diese Einsicht ist in der Praxis jedoch häufig schwer vermittelbar. Gegenüber den Kirchenjuristen wird gelegentlich der Vorwurf laut, Recht dürfe nicht über dem Evangelium stehen – wobei unter «Evangelium» in der Regel die eigene, theologische Position verstanden wird. Oder eine fehlende Dynamik wird dem Kirchenrecht unterstellt, gemessen am Prozess der sich stets erneuernden Wirklichkeit.

2 Die Anknüpfung beim staatlichen Recht

Für das Grundverständnis des Kirchenrechts ist sein Verhältnis zur staatlichen Ordnung unabdingbar wichtig. Auch für die Kirchen gilt, dass sie sich an die allgemeinen Gesetze zu halten haben und nicht aus der Rechtsordnung herausgenommen sind. Das staatliche Recht enthält zudem Bestimmungen, die die Rechtsverhältnisse der Religionsgemeinschaften im Allgemeinen und der Kirchen im Besonderen regeln. Diese durch den Staat gesetzten Normen über sein Verhältnis zu den Religionsgemeinschaften und über deren Rechte innerhalb der staatlichen Ordnung werden mit dem Begriff «Staatskirchenrecht» bzw. zur Verdeutlichung, dass Staatskirchenrecht sich nicht ausschliesslich auf christliche Kirchen bezieht, mit den jüngeren Begriffen «Religionsverfassungsrecht» oder «Religionsrecht» bezeichnet.[8] Das schweizerische Religionsrecht war seit der

5 Vgl. Arne Ziekow, Datenschutz und evangelisches Kirchenrecht, Tübingen 2002, 28.
6 Klaus Schlaich, Kirchenrecht und Kirche. Grundfragen einer Verhältnisbestimmung heute, ZevKR 28, 1983, 337–369, 368.
7 Vgl. Traulsen, Rechtsstaatlichkeit (Anm.4), 221.
8 Vgl. De Wall/Muckel, Kirchenrecht (Anm. 2), 2.

Gründung des Bundesstaates 1848 Kernstück des Föderalismus: Die Religionshoheit lag seit jeher bei den Kantonen. Diesem in Artikel 72 Absatz 3 der Bundesverfassung vom 18. April 1999 (BV) statuierten Grundsatz folgend, «existieren denn auch 26 teilweise sehr unterschiedliche staatskirchenrechtliche Systeme».[9] In den verschiedenen staatskirchenrechtlichen Ordnungen kommen denn auch jeweils die politische Eigenart und die konfessionelle Vergangenheit der Kantone zum Ausdruck. Während die Ausgestaltung der institutionellen Beziehungen zwischen Kirche und Staat in die Kompetenz der Kantone fällt, geschieht die Regelung der individual-rechtlichen Seite der Religionsfreiheit auf Bundesebene in Artikel 15 der Bundesverfassung.[10] Geschützt werden hierbei alle Glaubensformen – «unabhängig ihrer quantitativen Verbreitung in der Schweiz»[11] – wie auch die Freiheit der Weltanschauungen. Die Bundesverfassung erwähnt zwar den Grundsatz der weltanschaulichen Neutralität des Staates nicht ausdrücklich, das Bundesgericht betrachtet diesen jedoch als unmittelbar einklagbaren Teilgehalt der Religionsfreiheit. Das Neutralitätsgebot gebietet nach schweizerischem Rechtsverständnis aber nicht, das religiöse oder weltanschauliche Moment aus der Staatstätigkeit völlig auszuschliessen. Bereits 1895 entschied das Bundesgericht, dass die Kantone befugt seien, «Landeskirchen zu errichten, d. h. eine oder auch mehrere religiöse Denominationen zu Anstalten ihres öffentlichen Rechtes zu erheben» (BGE 21 674 [676]). Allerdings ist nicht jede Art von Privilegierung verfassungskonform. Die Kantone müssen bei der Regelung der kantonal-kirchlichen Angelegenheiten auf die Vorgaben des Bundesrechts achten. So ist es ihnen beispielswiese als Ausfluss der Religionsfreiheit und des in Artikel 8 Absatz 2 BV statuierten Diskriminierungsverbotes verwehrt, eine Konfession zur Staatsreligion zu erheben.[12] Von kleineren Kontroversen abgesehen, gibt es in der Schweiz keine grundlegenden Kompetenzprobleme in der Abgrenzung von kirchlichem und staatlichem Recht. Dies liegt daran, dass die Religionsfreiheit, die ebenfalls den Kirchen und übrigen Religionsgemeinschaften zusteht, sowie die Selbstbestimmung durch die Bundesverfassung umfassend gewährleistet sind. Die Kantone sind demnach in der Wahl ihres staatskirchenrechtlichen Systems frei, müssen aber bei der Ausgestaltung des Verhältnisses zwischen Staat und Religionsgemeinschaften das materielle Verfassungsrecht beachten.[13]

9 Gregor A Rutz, Zürcher Staatskirchenrecht im Lichte der Verfassungsreform, Freiburg 2001, 5.

10 Vgl. Ebd., 11.

11 BGE 119 Ia 178.

12 Vgl. Rutz, Zürcher Staatskirchenrecht (Anm. 9), 9.

13 Vgl. Peter Saladin/Liz Fischli-Giesser, Kirchen und Religionsgemeinschaften, in: Walter Kälin/Urs Bolz (Hg.), Handbuch des Bernischen Verfassungsrechts, Bern 1995, 21–221, 211.

3 Die Landeskirchen im Sonderstatus zum Staatswesen

Ein Grossteil der Kantone «anerkennt» indessen bestimmte christliche Konfessionen.[14] Dieser Anerkennung folgt fast ausnahmslos die Organisation im kantonalen öffentlichen Recht, als Körperschaft des öffentlichen Rechts, meist auf kommunaler ebenso wie auf kantonaler Ebene.[15] Demgegenüber organisieren sich Freikirchen, die sich vor allem durch ihre Staatsunabhängigkeit auszeichnen, in aller Regel nach den zivilrechtlichen Bestimmungen des Vereinsrechts. Dass der Staat gewissen Kirchen im Rahmen des ihnen zugebilligten Status die Möglichkeit einräumt, «von öffentlichrechtlichen Rechtsformen Gebrauch zu machen, die sonst nur ihm zustehen»,[16] erweitert deren Selbstbestimmungsrecht und Gestaltungsmöglichkeit für das eigene Recht enorm. Der öffentlich-rechtliche Status gibt diesen Kirchen gewöhnlich das Recht, von ihren Mitgliedern Kirchensteuern zu erheben, die Möglichkeit, Gefängnis- und Spitalseelsorge zu betreiben, an Schulen oder während der Schulzeit Religionsunterricht abzuhalten, und bietet ihnen regelmässig den Anspruch auf finanzielle Unterstützung durch den Staat. Mit dem öffentlich-rechtlichen Körperschaftsstatus geht das Privileg des hoheitlichen Handelns einher: Die Kirchen handeln dann hoheitlich, wenn sie sich staatlicher Vorbehaltsrechte bedienen.

Wichtigstes Vorbehaltsrecht des Staates ist das Gewaltmonopol. Nur er kann Recht zwangsweise durchsetzen und Vollstreckungstitel schaffen, die den Zugang zu staatlichem Zwang eröffnen. Erlassen Religionskörperschaften daher vollstreckbare Verwaltungsakte, handeln sie hoheitlich. Unstrittig trifft dies auf die Kirchensteuer zu.[17] Diesen Sonderrechten stehen als «privilegia odios»[18] regelmässig die staatliche Oberaufsicht sowie die Pflicht zur Rechtsstaatlichkeit, zur demokratischen Organisation und zur öffentlichen Rechenschaftsablage gegenüber. Gerade die innerkirchliche Organisation als notwendige Voraussetzung zur öffentlich-rechtlichen Anerkennung zu dekretieren, ist nicht ganz unproblematisch, wird dadurch doch massiv in die innerkirchliche Rechtssphäre eingegriffen. Zur Beurteilung und Bemessung der Organisationsfreiheit wird im Staatskirchenrecht meist auf die Abgrenzungen zwischen den «inneren» und den «äusseren» Angelegenheiten abgestützt. Diese Unterscheidung ist bis heute ein fundamentaler Begriff des schweizerischen Staatskirchenrechts geblieben;[19] «sie verdankt ihre Her-

14 Vgl. Rutz, Zürcher Staatskirchenrecht (Anm. 9), 105.

15 Vgl. Dieter Kraus, Schweizerisches Staatsrecht, Tübingen 1993, 153.

16 Vgl. De Wall/Muckel, Kirchenrecht (Anm. 2), 3.

17 Vgl. Traulsen, Rechtsstaatlichkeit (Anm.4), 182.

18 Rutz, Zürcher Staatskirchenrecht (Anm. 9), 34.

19 Einige Kantone erwähnen diese Trennung explizit in ihren Verfassungen, so z. B. Bern (Art. 122 Abs. 1 der Kantonsverfassung vom 6. Juni 1993: «Die Landeskirchen ordnen ihre inneren Angelegenheiten im Rahmen des kantonalen Rechts selbständig.»), Obwalden (Art. 106 Abs. 1 der Kantonsverfassung vom 19. Mai 1968: «Die evangelisch-reformierte Kirchgemeinde verwaltet ihre inneren Belange selbständig.») oder Thurgau (§ 92 Abs. 1 der Kantonsverfassung vom 16. März 1987: «Die Landeskirchen ordnen ihre inneren Angelegenheiten selbständig.»).

kunft der (protestantischen) Vorstellung einer Scheidung in eine Rechtskirche und eine Glaubenskirche».[20] Obwohl die Abgrenzung in der Praxis oftmals nicht leicht vorzunehmen ist, hängt von ihr – und damit vom Selbstverständnis der betreffenden Religionsgemeinschaft – die faktische Reichweite der Religionsfreiheit ab.[21] Wenn auch in der juristischen Lehre kein Konsens besteht, wo genau die Grenze zu ziehen ist, gehören traditionsgemäss zu den inneren Angelegenheiten Lehre, Verkündigung, Kultus, Seelsorge. Nicht dazu gehören üblicherweise die Organisation der Kirche, die kirchliche Mitgliedschaft und Zugehörigkeit, die Errichtung und Ordnung der Kirchgemeinden oder die Finanzordnung.[22] So fällt denn auch die Beurteilung von Streitigkeiten je nach Rechtsnatur der Streitsache entweder in die Zuständigkeit der staatlichen Gerichtsbarkeit oder in jene der innerkirchlichen Rekurskommissionen. Letztendlich aber obliegt es den staatlichen Instanzen festzulegen, welche Bereiche durch den der Landeskirche erteilten Rechtsschutzauftrag erfasst werden beziehungsweise wie die diesbezügliche Abgrenzung zu ziehen ist.[23] Gleichwohl bleibt die Streitfrage, ob die dem jeweiligen Sachverhalt inhärenten Grundfragen, sofern sie auch theologischer Natur sind, überhaupt durch den Staat lösbar sind oder ob hier nicht – wie im Falle der Beurteilung der Kirchenmitgliedschaft, wo die Teilhabe am Leib Christi mittels richterlicher Rechtsfortbildung geklärt wird,[24] – tief in die inneren Angelegenheiten eingegriffen wird. In den so genannten «res mixtae», den gemischten Angelegenheiten, wird eine weitere Differenzierung vorgenommen in jene Grenzbereiche, die zwar generell in der Rechtssetzungskompetenz der einen Gewalt liegen, «an deren Regelung sich aber trotzdem Kirche und Staat beteiligen, weil historische

20 Ulrich Friederich, Die neue Kirchenordnung des evangelisch-reformierten Synodalverbands Bern-Jura, Bern 1991, 28.

21 Vgl. Rutz, Zürcher Staatskirchenrecht (Anm. 9), 58.

22 Vgl. zum Ganzen Friederich, Die neue Kirchenordnung (Anm. 20), 28.

23 Vgl. z. B. § 114 der Kantonsverfassung des Kantons Aargau vom 25. Juni 1980: «1 Die Landeskirchen sind für einen genügenden Rechtsschutz der Konfessionsangehörigen und der Kirchgemeinden besorgt. 2 Letztinstanzliche Entscheide der landeskirchlichen Behörden sind nach Massgabe der Gesetzgebung an staatliche Organe weiterziehbar. Diesen steht die Kontrolle hinsichtlich der Übereinstimmung der Entscheide mit der Verfassung und dem Organisationsstatut zu.»

24 Das Bundesgericht musste sich in BGE 129 I 68 und BGE 134 I 75 vor dem Hintergrund der dualen Strukturen der römisch-katholischen Kirche im Kanton Luzern zum partiellen Kirchenaustritt äussern und die Frage beantworten, ob es genüge, nur den Austritt aus der römisch-katholischen Landeskirche als staatskirchenrechtlicher Körperschaft zu erklären, oder ob der Austritt aus der römisch-katholischen Kirche als Ganzes erklärt werden muss. In BGE 128 I 68 S. 72 begründet es seinen Entscheid wie folgt: «Der Nexus, eine Regelung, die die Zugehörigkeit zur Religionsgemeinschaft und zu ihren lokalen Verbänden als Einheit betrachtet, ist aber grundsätzlich zulässig. Dies muss jedenfalls solange gelten, als die Organe der Religionsgemeinschaft eine Verknüpfung nicht ablehnen, sondern sie – allenfalls stillschweigend – akzeptieren, wovon hier auszugehen ist. Es wäre auch in gewissem Sinne widersprüchlich, der Kirchgemeinde seines Wohnsitzes nicht angehören zu wollen, wohl aber der entsprechenden kirchlichen Dachorganisation. Denn beiden ist das gleiche Bekenntnis eigen, und die Organe vor Ort sind zugleich Organe der Dachorganisation bzw. handeln in ihrem Interesse und Auftrag.»

Gegebenheiten, Schwierigkeiten der Materie oder auch das Anliegen wohlwollender Hilfeleistung eine Mitwirkung der an sich nicht zuständigen Gewalt nahelegen».[25] Als gemischte Angelegenheiten gelten etwa das Begräbnis- und Friedhofwesen oder je nach Kanton die Ausbildung der Pfarrerinnen und Pfarrer.

4 Die Rechtsquellen des evangelischen Kirchenrechts

Das kantonale Religionsrecht ist demnach eng mit Bestimmungen kirchenrechtlicher Natur verknüpft. Die Kirche als Körperschaft des öffentlichen Rechts ist somit durch den staatlichen Verfassungsgeber organisiert und unterliegt denselben demokratischen und verfassungsrechtlichen Erfordernissen wie das Gemeinwesen. Hierin liegt auch die Erklärung dafür, warum der Staat in die kirchliche Selbstbestimmung eingreift und eine demokratische Ordnung der öffentlich-anerkannten Religionsgemeinschaften statuiert.[26] Es wäre dem durchwegs demokratischen Staatsverständnis der Schweiz fremd, «eine undemokratisch konzipierte Körperschaft als Teil des öffentlichen kantonalen Rechts und damit der staatlichen Sphäre anzuerkennen».[27]

In Bezug auf ihr Verhältnis zum staatlichen Recht lassen sich kirchliche Normen in drei Kategorien einteilen. Es gilt zu unterscheiden, ob sie staatliche Bestimmungen übernehmen, einen Gesetzes- oder Verfassungsauftrag ausführen oder im Rahmen ihrer Autonomie eigenes Recht setzen.[28] Die Übernahme von staatlichen Vorschriften in kirchlichen Erlassen, wie Bestimmungen über das Kirchengebiet, die Kirchgemeinden, die Organisation, das Mitgliedschaftsrecht, das Stimm- und Wahlrecht oder die Wahl, die Besoldung oder die Abberufung von Geistlichen, erfolgt häufig aus Gründen der Vollständigkeit, etwa um Kirchenmitgliedern und Mitarbeitenden eine Übersicht über die Rechtslage zu geben. Dabei liegt keine eigene Rechtssetzung vor, sondern nur ein – rechtlich bedeutungsloser – deklaratorischer Hinweis auf die geltende kantonale Gesetzeslage. Ebenfalls kann das staatliche Recht den Kirchen Gesetzgebungsaufträge erteilen, wobei es zwar den Rahmen vorgibt, die Kirchen aber beauftragt, die Frage selbständig zu regeln.[29] In jenen Bereichen, die zu den inneren Angelegenheiten gezählt werden, ist die Kirche in der Regel autonom. Die meisten Kantonalkirchen

25 Friederich, Die neue Kirchenordnung (Anm. 20), 29.

26 Vgl. Rutz, Zürcher Staatskirchenrecht (Anm. 9), 60.

27 Ebd., 60.

28 Friederich, Die neue Kirchenordnung (Anm. 20), 29.

29 Statt vieler vgl. § 79 Abs. 1 i. V.m. § 80 Abs. 1 der Verfassung des Kantons Luzern vom 17. Juni 2007: § 79 Abs. 1 (öffentliche Anerkennung): «Die römisch-katholische, die evangelisch-reformierte und die christkatholische Landeskirche sind anerkannte Körperschaften des öffentlichen Rechts.» § 80 Abs. 1 (Organisation und Finanzierung): «Die öffentlich-rechtlichen Körperschaften sind autonom. Sie regeln das Stimm- und Wahlrecht ihrer Mitglieder und die Grundzüge ihrer Organisation in einem Erlass, der ihren Stimmberechtigten zur Abstimmung vorzulegen ist.»

kennen als Grundlagen ihres Kirchenrechts eine Kirchenverfassung, die den Auftrag der Kirche formuliert[30] und ihre Grundsätze und Organisation regelt, eine Kirchenordnung mit Vorgaben zu Form und Art kirchlichen Handelns sowie weitere Erlasse, Richtlinien und Beschlüsse. «In welcher Art die Kirche als solche und ihre Glieder diesen Auftrag wahrnehmen sollen, bestimmen im konkreten Fall die Beschlüsse der Kirchensynode und des Synodalrates.»[31]

Rein funktional unterscheidet sich das kirchliche Recht somit nicht stark vom staatlichen Recht. Beiden Rechtsordnungen kommen ähnliche Aufgaben zu: Sie müssen das Verhalten ihrer Mitglieder und Mitarbeitenden steuern, ihre Organisation regeln und Konflikte lösen.[32] Trotz dieser funktionalen Ähnlichkeit unterscheidet sich das kirchliche vom staatlichen Recht hinsichtlich seiner Wertegrundlage. Während der Rechtsstaat das friedliche und gerechte Mit- und Nebeneinander seiner Bürger zu sichern hat, steht das Kirchenrecht im Dienste der Verkündigung des Wortes Gottes und des gemeinsamen Zeugnisses. Was das Wesen und das Ziel des Kirchenrechts ist, wird somit nicht von den Juristen, sondern von den Theologen bestimmt.[33] René Pahud de Mortanges geht sogar so weit, das Kirchenrecht über weite Strecken als «soft law» zu bezeichnen, dessen Einhaltung nicht mit Zwang, sondern auf dem Wege der Einsicht in seine Vernünftigkeit durchgesetzt wird.[34]

5 Die Seelsorge als Impulsgeberin innerkirchlicher Rechtsentwicklung

Ein wesentlicher Unterschied zum staatlichen Recht findet sich hinsichtlich des Gleichbehandlungsgebotes. Das Gleichbehandlungsgebot, wie es in Art. 8 Abs. 1 BV festgelegt ist, bestimmt, dass jeder Mensch in seiner unantastbaren Würde gleich geschützt ist und deshalb gleich behandelt und respektiert werden muss. Die Rechtsgleichheit garantiert die Gleichbehandlung durch staatliche Organe im Rahmen der Rechtsetzung und bei der Anwendung durch Verwaltungsbehörden und Gerichte. Nach bundesgerichtlicher Rechtsprechung gilt die Forderung, dass Gleiches gleich (Gleichheitsgebot) und Ungleiches ungleich (Differenzierungsge-

30 Statt vieler vgl. Art. 1 Abs. 1–3 der Verfassung der Evangelisch-reformierten Landeskirche des Kantons Bern vom 19. März 1946 (Wesen und geschichtliche Grundlage der Kirche): «1 Die evangelisch-reformierte Kirche des Kantons Bern bekennt sich zu Jesus Christus als dem alleinigen Haupt der einen allgemeinen christlichen Kirche. 2 Sie findet ihn bezeugt in der Heiligen Schrift Alten und Neuen Testaments, die sie nach bestem Wissen und Gewissen unter der Leitung des Heiligen Geistes erforscht. 3 Sie weiss sich berufen zum Glauben an Gottes rettende Gnade, zum Dienst der Liebe und zu der Hoffnung auf das Kommen des Reiches Gottes.»

31 Friederich, Die neue Kirchenordnung (Anm. 20), 51.

32 Vgl. René Pahud de Mortanges, Was ist das Besondere am (reformierten) Kirchenrecht?, in: Dieter Kraus (Hg.), Schweizerisches Jahrbuch für Kirchenrecht, Bd. 13/2008, Bern 2009, 75–86, 77.

33 Vgl. ebd., 78.

34 Vgl. Pahud de Mortanges, Was ist das Besondere (Anm. 32), 79.

bot) behandelt werden soll. Die Rechtsgleichheit verlangt, dass sowohl jede Differenzierung in vergleichbaren Situationen als auch jede Gleichbehandlung in unterschiedlichen Sachverhalten sachlich zu begründen ist. Dieser Grundsatz gilt zwar ebenso für das Kirchenrecht, indes finden sich in vielen kirchlichen Normen Ausnahmeklauseln von der Verbindlichkeit. Diese Ausnahmeklauseln stehen meistens im Zusammenhang mit Amtshandlungen, wo Pfarrpersonen aus «seelsorgerischen» oder «schwerwiegenden» Gründen von der Norm abweichen können.

So kann die Seelsorge nahelegen, von einer Regel abzuweichen. Hier offenbart sich eine der Schwierigkeiten kirchenrechtlicher Praxis: In staatlichen Gesetzen werden durch das Gesetz selber der mit dem Vollzug betrauten Instanz Entscheidungsspielräume eingeräumt. Nicht anders verhält es sich im Kirchenrecht. Infolge der unterschiedlichen Wertegrundlage liegt hier sogar noch mehr Raum für derartige Entscheidungsspielräume, zumal sich der zu regelnde Sachverhalt in vielen Fällen einer allzu engen Durchnormierung entzieht. An die Stelle eines behördlichen Entscheidungsträgers tritt die einzelne Pfarrperson. Sofern es nicht innerkirchliche Massstäbe in Form von Empfehlungen gibt, kommt ihr volles Ermessen zu. Obwohl verpflichtet und gebunden an die Schrift und das Ordinationsgelübde, ist der Entscheid geprägt vom persönlichen Empfinden, der individuellen Beurteilung des Sachverhalts und vom eigenen Verständnis christlicher Nächstenliebe. Das Kirchenrecht gibt hier der Pfarrperson ein entscheidendes (Mit-)Gestaltungsrecht zur Ausübung des kirchlichen Auftrages.

Anders als im staatlichen Recht fehlt indes hinsichtlich des pastoralen Ermessensentscheides jegliche Art von Judikatur. An die Stelle der «profanen» Gerichtsbarkeit tritt hier das sozial-demokratische Korrektiv durch die Gemeinde, weil der Entscheid auch gegenüber der eigenen Glaubensgemeinschaft vertreten werden muss. Allerdings ist ein direkter Vergleich mit dem staatlichen Recht inadäquat: Seelsorgerische Perspektiven bewahren die Kirche im Zweifelsfall und angesichts konkreter biographischer Gegebenheiten davor, prinzipielle Erwägungen vor ihren eigentlichen Auftrag zu stellen. Wie weit aber dürfen kirchliche Amtsträger hierbei gehen, wenn sie nicht Gefahr laufen wollen, ihr eigentliches Kerngeschäft als «anything goes performance» im Supermarkt der «Do-It-Yourself-Ethik»[35] unter Wert anzupreisen? Gerade gottesdienstliches Handeln lässt sich nicht allein auf die individuelle Lebensgeschichte des Einzelnen beziehen, sondern ist eingebunden in eine gemeinsame Feier von Gläubigen als Gliedern des einen Leibes Christi. Wenn aber kirchliche Bestimmungen besonders viele Ausnahmen zulassen, dann liegt die Vermutung nicht weit, dahinter stecke lediglich ein Eigeninteresse, das bestehende kirchliche System mit allen Mitteln zu erhalten. Oder aber sie widerspiegeln die gruppenspezifischen Werte-Kodizes innerhalb

35 Johannes Goebel/Christoph Clermont, Die Tugend der Orientierungslosigkeit, Reinbek b. Hamburg 1999, 82–83.

einer demokratisch organisierten Volkskirche. Diese Relativierung der eigenen Werte führt letztlich zum Verlust ihrer verbindlichen Geltung, und das heisst: in eine Wertebeliebigkeit.[36]

Die gleiche Gültigkeit von Regel und Ausnahme muss letztlich in die Gleichgültigkeit des kirchlichen Geschehens überhaupt führen. Sofern sich aber mehr und mehr weltliche Handlungen als Alternativen zu kirchlichen Kasualien etablieren, müssen seelsorgerliche Entscheidungen stärker mitberücksichtigen, wie weit es durch eine «christliche» Handlung lediglich gilt, die gesellschaftlichen Konventionen der Betroffenen zu wahren. Im Gegenzug zu den nichtentrichteten Kirchensteuern legen beispielsweise manche Kirchgemeinden besondere Gebühren bei Bestattungen von Nichtkirchenmitgliedern fest. Was aus finanzieller Perspektive nur recht und billig erscheint, relativiert allerdings – wenn auch nur indirekt – den seelsorgerisch begründeten Entscheid und überführt die Kasualhandlung in das, was sie gerade nicht sein will: in eine gebührenpflichtige Dienstleistung, die einer wirtschaftlichen Kosten-Nutzen-Analyse unterworfen ist.[37]

6 Die Dynamik des evangelischen Kirchenrechts

Wie auch die Vielgestaltigkeit kirchlichen Lebens zeitgebunden ist und Veränderungen unterliegt, widerspiegelt ebenso das Kirchenrecht als dynamisches, veränderbares Recht den gesellschaftlichen Druck und Wandel. Zwei Beispiele mögen dies verdeutlichen:

Zur Kindertaufe gehört seit der Alten Kirche das Amt der Patin oder des Paten. Entsprechend ist ihr Auftrag in den Kirchenordnungen vorgesehen und geregelt. Sie haben die Taufe zu bezeugen, im Taufakt stellvertretend für den unmündigen Täufling zu agieren und für dessen christliche Erziehung mitverantwortlich zu sein. Mit der Taufe haben sie für einen grösseren Sinnzusammenhang zu bürgen, in dem gerade die Grenzen menschlicher Verantwortlichkeit vor Augen geführt werden. «Das Patenamt weist in diesem Sinne über die Person, die es inne hat, hinaus.»[38] Zwar verlangen die meisten kirchlichen Erlasse, dass wenigsten einer der Paten der evangelisch-reformierten Kirche angehört und konfirmiert ist, gleichzeitig erlauben aber immer mehr Kirchenordnungen den Pfarrpersonen, aus

36 So bestimmt beispielsweise die Kirchenordnung des Evangelisch-reformierten Synodalverbandes Bern-Jura vom 11. September 1990, dass die Taufzeugen mindestens sechzehn Jahre alt und wenigstens einer oder eine von ihnen evangelisch-reformiert und konfirmiert ist (Art. 37 Abs. 5), bei Trauungen mindestens einer der Ehepartner der reformierten Kirche angehört (Art. 45 Abs. 2) oder dass die Konfirmation grundsätzlich die Taufe voraussetzt (Art. 63 Abs. 2). Aus «seelsorgerischen Gründen» kann die Pfarrperson allerdings jeweils Ausnahmen vorsehen. Ebenso darf sie aus «seelsorgerlichen Gründen» kirchliche Bestattungen von Personen übernehmen, die nicht Mitglied der Kirche waren (Art. 52 Abs. 3).

37 Vgl. Kristian Fechtner, Kirche von Fall zu Fall: Kasualien wahrnehmen und gestalten, Gütersloh 2011, 76.

38 Ebd., 103.

seelsorgerischen Gründen nach eigenem Ermessen Ausnahmen zu machen. Als kirchliche Verpflichtung begründet die Patenschaft aber einen Auftrag, den die Kirche nicht nach «aussen» delegieren kann, weil sie sonst über ihre eigenen Grenzen hinausgehen würde, und worüber sie nicht frei verfügen kann. Dies spricht dafür, grundsätzlich an der kirchlichen Mitgliedschaft für die Übernahme des Patenamtes festzuhalten und so dem soziokulturellen Wertewandel entgegenzuwirken. Eine Patin oder ein Pate ohne christliche Bindung wäre «nur noch eine Privatperson, die für sich selbst stünde».[39]

Ein weiteres Beispiel, wie stark das kirchliche Recht in den gesellschaftlichen Prozess integriert ist, zeigt sich an der Frage rund um die Anerkennung von gleichgeschlechtlichen Partnerschaften. Spätestens seit Inkrafttreten des Bundesgesetzes über die eingetragene Partnerschaft gleichgeschlechtlicher Paare zum 1. Januar 2007 sahen sich die Kirchen genötigt, sich den kontroversen Diskussionen zu stellen. Einigkeit herrschte innerhalb der reformierten Kirchen der Schweiz, «dass homosexuelle und heterosexuelle Menschen von Gott geliebte und gerufene Menschen sind und dass jeder Mensch Anspruch auf Schutz vor Diskriminierung hat».[40] In einigen Kantonalkirchen wurden diese biblisch-moralischen Überlegungen denn auch in Form von Segensartikeln ins kirchliche Recht transformiert.[41]

7 Ausblick

Was die Kirche als «ihr» Recht wahrnimmt, reicht also immer sehr viel weiter als das positiv gesetzte Kirchenrecht und garantiert gleichzeitig eine relative Stabilität in einer demokratisch organisierten Volkskirche. Die Eigenart des Kirchenrechts besteht darin, dass in ihm in differenzierter Weise die Sphären der verborgenen und der sichtbaren Kirche zusammenfliessen. Es setzt dabei immer die theologische Gewissheit voraus über die Gestalt der Kirche und die Ableitbarkeit von Recht aus ihr.[42] Nach Karl Barth ist aber auch das Kirchenrecht als ius humanum stets Teil eines dynamischen, sich verändernden Prozesses. Da er die Kirche als eine ecclesia semper reformanda versteht, ist sie fortwährend an die Auffindung

39 Ebd., 103.

40 Homosexualität und Kirche, Schlussbericht des Kirchenrates des Kantons Aargau und der Kommission für gleichgeschlechtliche Lebensformen vom August 2003, 2.

41 So soll beispielsweise die Kirchenordnung der Evangelischen Landeskirche des Kantons Thurgau in allgemeiner Formulierung neu vorsehen, dass aus «Anlass bedeutender lebensgeschichtlicher Ereignisse» auf Wunsch gottesdienstliche Handlungen oder Segensfeiern durchgeführt werden können. Aufgrund des von der Synode beschlossenen allgemein gehaltenen Wortlautes soll es möglich sein, dass gleichgeschlechtliche Paare ihre Partnerschaft mit einer Segensfeier verbinden können. Vgl. ref.ch vom 27. August 2013, Segensfeier für gleichgeschlechtliche Paare möglich, unter: http://www.ref.ch/allgemein/reformierte-tg-segensfeier-fuer-gleichgeschlechtliche-paare-moeglich/ (Zugang: 18.11. 2015).

42 Vgl. Traulsen, Rechtsstaatlichkeit (Anm. 4), 219.

und Aufrichtung einer neuen, besseren Rechtsordnung gehalten.[43] Allerdings räumt Barth dem kirchlichen Recht eine Vorzugsstellung ein: Rechtes Kirchenrecht sei vorbildliches Recht. In seiner ganzen Eigenartigkeit bildet es ein Beispiel für die Bildung und Handhabung des menschlichen Rechts überhaupt, und also auch des Rechts der anderen, der politischen, wirtschaftlichen, kulturellen und sonstigen menschlichen Gemeinschaften.[44] Es ist letztlich das Ergebnis eines Versuchs, in Erkenntnis und Anerkennung des Rechts Jesu Christi zu denken und zu handeln; allerdings eben nur ein – menschlicher – Versuch. «Von daher und darum ist es allem weltlichen Recht gegenüber – nicht in absolutem, aber in relativem Vorsprung. Von daher und darin bezeugt es allem Völkerrecht und Staatsrecht, allem Privatrecht und Strafrecht, allem Vermögensrecht und Vereinsrecht der Welt gegenüber das Evangelium vom Reiche Gottes.»[45]

43 Vgl. Karl Barth, KD IV/2, § 67, Die Ordnung der Gemeinde, Zürich 1993, 813.
44 Vgl. ebd., 815.
45 Vgl. ebd., 819.

IV. Praktisch-theologische Modelle von Volkskirche und deren theologische Implikationen

Volkskirche als institutionalisierter Widerspruch: Ernst Lange

David Plüss

Ernst Lange gehört zu den wichtigsten Impulsgebern der Praktischen Theologie des letzten Jahrhunderts. Auch wenn sich seine Beiträge auf die Zeit der sogenannten «empirischen Wende» innerhalb der Praktischen Theologie der späten 1960er und den frühen 1970er Jahre beschränken, geht seine Wirkung doch weit darüber hinaus. Als Gründe sind seine hellwache Zeitgenossenschaft, sein Gespür für paradigmatische Veränderungen gesellschaftlicher Mentalitäten, seine noch immer stringenten Gesellschaftsanalysen, engagierte und plausible theologische Interpretationen krisenhafter Umbrüche, eine bemerkenswerte Sprachkraft und eine durch pastorale Praxisexperimente erworbene Glaubwürdigkeit zu nennen.[1]

1 Situationsanalyse und indizierter Reformbedarf

Lange konstatiert in den 1960er Jahren eine tief greifende *Krise* der Kirche in einer sich rasant wandelnden Gesellschaft. Als zentrales Symptom derselben nennt er die Abwanderung gesellschaftlicher Gruppen aus der Kirche. Sowohl die Arbeiterschaft als auch die Bildungsschicht nähmen immer weniger an Gottesdiensten teil. «Es sind die gettoisierten Reste der Kerngemeinde des Kirchenkampfes, deren Selbstverständnis aus einer falschen Entgegensetzung von ‹Kirche› und ‹Welt› erwächst; es sind die alten Frauen, die ihr Defizit an Gemeinschaft und Geborgenheit in der Gemeinde abdecken, weil sie naheliegt; es sind die Kinder und Jugendlichen, die mehr oder weniger kommen müssen».[2] Die gesellschaftliche Relevanz der Kirche und ihrer Botschaft scheint sich zu verflüchtigen. Darauf hat die Kirche zu reagieren. «Die Kirche steht vor der Notwendigkeit einer neuen Einwanderung in eine neue Wirklichkeit».[3]

Der «ständige Wandel» wird von Lange dabei gleichsam als «Signatur dieser Wirklichkeit» herausgestellt.[4] Die Krise führt laut seiner Analyse nicht zu neuen gesellschaftlichen Strukturen, auf die sich die Kirche einzustellen hätte, sondern zu einer zunehmenden Auflösung von Stabilität, von Voraussehbarkeit und Einheitlichkeit. Die neue gesellschaftliche und kirchliche Wirklichkeit sei die des

1 Zu nennen ist vor allem die Ladenkirche am Brunsbütteler Damm in Berlin-Spandau. Vgl. dazu Ernst Lange, Zur Aufgabe christlicher Rede, in: Rüdiger Schloz (Hg.), Predigen als Beruf. Aufsätze zu Homiletik, Liturgie und Pfarramt, München 1982, 52–67.

2 Ernst Lange, Chancen des Alltags. Überlegungen zur Funktion des christlichen Gottesdienstes in der Gegenwart, München 1984, 292f.

3 Ebd., 291.

4 Ebd., 291.

Wandels. Lange geht von einer unhintergehbaren Pluralität kirchlicher Gruppen und Erwartungen aus. Er interpretiert diese als Ergebnis der Ausdifferenzierung des neuzeitlichen Christentums.

2 Darstellung des Modells

Lange spricht sich entsprechend für eine Flexibilisierung und Dynamisierung kirchlicher Formen aus – Anliegen, die gegenwärtig unter den Stichworten «kirchliche *Orte*» (Uta Pohl-Patalong)[5] oder «*Fresh expressions*»[6] diskutiert werden. Weder hätten die radikalen Kritiker recht, die sich vom «Mythos vom ‹neuen Heidentum› und vom ‹vierten Menschen›»[7] (295) leiten liessen und der Parochie den Rücken kehrten – noch die Liebhaber der traditionellen Ortsgemeinde, die deren «ungeheure Reichweite und Wirkkraft» priesen (295). Wichtig ist für Lange zunächst der unverstellte Blick auf die tatsächlichen Verhältnisse, die sich komplexer darstellten und kein Entweder-Oder nahelegten. Vor allem aber: Mit den gegenwärtigen Verhältnissen verbänden sich nicht nur Schwierigkeiten, sondern auch Chancen: Denn «die Präsenz der Alten als solche [...] ist kein Problem, sondern für die Kirche, die seit der industriellen Revolution ‹die im Dunkeln› weithin übersehen hat, eine kostbare Chance» (296). Dasselbe gelte für die Kinder und die Jugendlichen. Aber auch für die Randständigen, die «wachsende Gruppe der Schlechtangepassten, der Aussenseiter, der gesellschaftlich und psychisch Kranken» (299). Die *raison d'être* der Kirche besteht nach Lange darin, für und mit diesen Menschen Kirche zu sein: «Ist die Rolle des Lückenbüssers eine unzumutbare Rolle für die Gemeinde Jesu, oder ist sie ihr nicht längst schon von Jesus zugemutet, ehe sie ihre jeweilige Zeit wahrnimmt? Gibt es eine sachgemässere Weise für die Kirche, an der Zeit teilzuhaben, als die, an ihren Leiden teilzuhaben?» (300). Damit ist eine der grundlegenden Aufgaben der Kirche benannt.

3 Grundlegende Aufgaben der Kirche

Kirche ist für Lange ein auf Dauer gestellter Einspruch gegen die selbstzerstörerischen Kräfte der jeweiligen Gegenwart: «Die Kirche institutionalisiert einen Widerspruch. Sie stellt den Einspruch Jesu gegen die Selbstzerstörung des Men-

5 Vgl. Uta Pohl-Ptalong, Von der Ortskirche zu kirchlichen Orten – ein Zukunftsmodell, Göttingen 2004.

6 Vgl. dazu den Beitrag in Teil V von Sabrina Müller in diesem Band.

7 Lange, Chancen des Alltags (Anm. 2), 295. Der ‹vierte Mensch› ist die Typologisierung eines menschlichen Habitus', den Alfred Weber ins Spiel brachte und der sich durch «praktischen Nihilismus» und Bürokratisierung, «Verapperatung» und Funktionärstum, Weltverdichtung, Wanderungsbewegungen und Umweltgefährdung auszeichnet. Vgl. dazu Alfred Weber, Abschied von der bisherigen Geschichte/Der Dritte oder der Vierte Mensch, in: Richard Bräu (Hg.), Alfred Weber. Gesamtausgabe Bd. 3, Marburg 1997.

schen auf Dauer. Jesus *ist* für sie dieser Einspruch, und sie bekennt ihn als den Einspruch Gottes, der die Selbstzerstörung des Menschen überwindet und ihm Heil eröffnet. [...] Die Vergesellschaftung des Widerspruchs Jesu gegen des Menschen Selbstzerstörung gelingt immer nur in einer höchst widersprüchlichen Weise. Weil der Einspruch Jesu konkreter Einspruch gegen eine bestimmte gesellschaftliche Gestalt der Entfremdung und der Selbstzerstörung des Menschen ist, bedarf er der immer neuen Übersetzung in immer neue Situationen und immer neue Sprachen [...]. Eben diese jeweils spezifische ‹Indigenisation› des Einspruchs Jesu in einem konkreten soziokulturellen Zusammenhang, in eine gemeinschaftliche Lebenspraxis *ist* die Kirche».[8]

Dieser Einspruch ist der Kirche nach Lange aufgegeben. Er werde von der Kirche zudem erwartet, und zwar nicht nur von den Randständigen und Alten, sondern auch und gerade von den gesellschaftlichen Eliten, von denen zumindest in den Städten «ein sehr kleiner, aber nicht unerheblicher Teil»[9] Gottesdienste besuche und sich der Predigt aussetze. Denn die Menschen der Gegenwart befänden sich in einer Grundspannung, der die Kirche nicht ausweichen, sondern die sie in ihrer Verkündigung erinnern, artikulieren und auf die Verheissung des Glaubens beziehen solle.

4 Rollen- und Amtsverständnis der Aktiven

Langes Verständnis der Kirche ist auf das Pfarramt fokussiert. Seine Kernaufgaben sind die Verkündigung im Rahmen der wöchentlichen Gottesdienste und die Bildung im Rahmen eines ausdifferenzierten Erwachsenenkatechumenats, zu dem sowohl Predigtvorbereitungsgruppen als auch Theologiekurse zählen.[10] Ziel ist die religiöse und auch die reflexiv-theologische Mündigkeit der Gemeinde. Sie soll dazu befähigt werden, die sonntägliche Predigt exegetisch und theologisch zu beurteilen und deren Relevanz in Frage zu stellen. Die zentrale Aufgabe der Verkündigung ist der Pfarrerin indes nur möglich, wenn sie die Gemeinde kennt, mit ihr lebt und sich Zeit nehmen kann für Begegnungen und Gespräche im Alltag. Damit kommt eine seelsorgerliche Ausrichtung des Pfarramtes hinzu.

5 Kirchenbild

Kirche muss nach Lange flexibel gedacht werden. Er interpretiert sie denn auch nicht institutionell, sondern ausgehend von ihrem spirituellen Glutkern, vom Wirken des Geistes im Rahmen und Raum des Gottesdienstes. Kirche ist für

8 Ernst Lange, Kirche für die Welt. Aufsätze zur Theorie kirchlichen Handelns, München 1986, 199–200.

9 Lange, Chancen des Alltags (Anm. 2), 300.

10 Vgl. Lange, Aufgabe christlicher Rede (Anm. 1), 52.

Lange da, wo der Glaube kommuniziert wird: wo er dargestellt und mitgeteilt wird, wo die Gemeinde feiert und das Leben der beteiligten Menschen in das Licht der Verheissung gestellt wird: «Denn wo Verheissung sich Glauben schafft, da bringt sie Menschen in Kommunikation. Und die Gestalt dieser Kommunikation in der Zeit ist die Gemeinde».[11] Was die unterschiedlichen Situationen und Gestalten der «Kommunikation des Evangeliums» verbindet, ist nicht die festgefügte und über die Zeiten hin stabile Kirche, sondern die wandelbare *Gemeinde*. Damit spricht sich Lange nicht einfach für die Ortsgemeinde, die Parochie aus. «Gemeinde im Sinne der Kommunikation des Glaubens kann eine Fülle von Gestalten annehmen, vom häuslichen Kreis bis zu den Massenversammlungen des Kirchentags».[12] Gleichwohl gilt ihm die Ortsgemeinde als «Normalfall von Gemeinde», und zwar darum, weil auch «in der zersplitterten Existenz des modernen Menschen die Wohnwelt unverändert der Schwerpunkt seines Lebens»[13] sei. Entsprechend gelte es, Kirche noch immer oder wieder neu und entschieden von der Ortsgemeinde her zu denken und zu leben. Sie stelle so etwas wie die Essenz von Kirche dar. «Dächte man sie weg, es bliebe an sichtbarer und auf die Dauer wirksamer Kirche so gut wie gar nichts» (292).

Zugleich ist sie Kirche der Distanzierten, die an den grossen Festtagen und durch Kasualgottesdienste mit ihr und ihrem Personal in Kontakt kommen. Lange unterstellt, dass auch sie, die «Masse der Distanzierten»,[14] von der Kirche erwarten, dass sie die Grundspannung, die Krise der Gegenwart ins Wort fasst und dabei ins Licht der Verheissung rückt. Ihr sei aufgegeben, in dieser Verheissung zu bleiben, «gegen den Widerstand der Wirklichkeit und gegen ihr eigenes Versagen» (307).

6 Charakter der Reform

Die von Lange engagiert vertretene Reform ist weniger eine strukturelle als vielmehr eine solche der theologischen Besinnung auf den Grundauftrag der Kirche. Eine solche Besinnung hat nicht nur in der akademischen Theologie und in den Kirchenleitungen und Synoden zu erfolgen, sondern auch in den Ortsgemeinden, Sonntag für Sonntag im Gottesdienst und im Rahmen unterschiedlicher Gemeindegruppen, und zwar in der Gestalt der Verkündigung sowie in der Gestalt von exegetischen Informationen und theologischen Reflexionen. Es handelt sich um eine Reform, die die theologische Bildungsbedürftigkeit und -fähigkeit der Gemeinden in Rechnung stellt, aber auch ihre Erwartung, im Gottesdienst nicht vertröstet, sondern in die Artikulation und theologische Interpretation der ge-

11 Lange, Chancen des Alltags (Anm. 2), 291.

12 Ebd., 291.

13 Ebd., 291.

14 Ebd., 306.

genwärtigen Krise hineingenommen zu werden. Dass daraus keine elitäre Kirche resultiert, sondern eine solche der unterschiedlichen Gruppen, lässt sich sowohl am Modell der Ladenkirche in Berlin-Spandau als auch an Langes Wertschätzung volkskirchlicher Verhältnisse mit ihren «Massen der Distanzierten» zeigen.[15]

7 Stärken und Schwächen

Lange gelingt es in einer bis heute plausiblen und erhellenden Weise, die Volkskirche sowohl theologisch zu begründen als auch in ihrer gegenwärtigen Komplexität und Krisenhaftigkeit zu erfassen und zu würdigen. Darin besteht der grosse Vorzug seiner Kirchentheorie. Die daraus folgende Fokussierung auf Verkündigung und theologische Bildung scheint mir noch immer zukunftsweisend; ebenso die klare Ausrichtung des Pfarramtes auf die damit verbundenen Aufgaben: auf die Vorbereitung von Predigt und Gottesdienst, auf das Gespräch mit unterschiedlichen Menschen in ihrem jeweiligen Alltag, auf die Erwachsenenkatechese und die Anleitung von Gemeindegruppen. Weil es das erklärte Ziel dieser Bemühungen darstellt, die Menschen in den Stand zu setzen, die Plausibilität und Relevanz von Predigt und Gottesdienst in Frage zu stellen, wird einer Klerikalisierung von Pfarramt und Gemeinde vorgebeugt. Gleichwohl stellt diese aufgrund der zentralen Stellung des Pfarramtes meines Erachtens eine bleibende Gefahr dar, die es im Auge zu behalten gilt.

15 Vgl. ebd., 303–307.

Integrale Amtshandlungspraxis als volkskirchliches Programm: Joachim Matthes

Nadja Troi-Boeck

Ausgehend von der ersten Mitgliedschaftsuntersuchung in der Evangelischen Kirche Deutschlands «Wie stabil ist die Kirche» von 1974[1] entwirft Joachim Matthes ein Modell von Kirche, das sich an den Lebenszyklen der Menschen orientiert. Kirche solle Menschen in den «typischen» Einschnitten, Höhepunkten und Krisen des Lebens mit Ritualen begleiten,[2] damit sie die «lebenszyklischen Vorgaben»[3] erfüllen könnten. Unter Lebenszyklus versteht der Soziologe Matthes den von der Gesamtgesellschaft normierten Lebenslauf mit seinen Übergängen, für die jede Gesellschaft «institutionalisierte Überleitungsregelungen»[4] kennt (Übergangsriten, Trauerzeiten usw.). Die Lebensgeschichte eines Menschen bestehe aus der biographischen Verarbeitung dieser gesellschaftlich gesetzten «lebenszyklischen Vorgaben».[5] Können die «Vorgaben» nicht erfüllt werden, bleibt der individuelle Lebenslauf in Spannung mit dem gesellschaftlich definierten «Normal-Lebenslauf». Erschwert wird das Erfüllen auch dadurch, dass die Vorgaben immer uneindeutiger und dadurch lebensgeschichtliche Übergänge oft als problematisch empfunden würden. Es sei aber gerade «die Eindeutigkeit dieser Übergänge selber [...] das lebensgeschichtlich zu verarbeitende Problem in der Definition des Lebenszyklus».[6] Hier setzt für Matthes die Rolle der Kirche an.

1 Situationsanalyse und indizierter Reformbedarf

Matthes kommt durch die EKD-Studie zu folgender Erkenntnis: Kirchenmitglieder leben in einem ständigen Zwiespalt zwischen empfundener Pflicht, jeden Sonntag in den Gottesdienst zu gehen, und der Realität. Diese Realität ist durch die Besuche von Kasualgottesdiensten geprägt. Kirche wird hauptsächlich für die Verarbeitung der «lebenszyklischen Vorgaben» in Anspruch genommen. Letztere beeinflussen das Teilnahmeverhalten der Mitglieder. Aber die bestehende Amts-

1 Vgl. Helmut Hild (Hg.), Wie stabil ist die Kirche? Bestand und Erneuerung. Ergebnisse einer Umfrage, Gelnhausen/Berlin 1974.

2 Vgl. Joachim Matthes, Volkskirchliche Amtshandlungen, Lebenszyklus und Lebensgeschichte. Überlegungen zur Struktur volkskirchlichen Teilnahmeverhaltens, in: Joachim Matthes (Hg.), Erneuerung der Kirche. Stabilität als Chance? Konsequenzen aus einer Umfrage, Gelnhausen/Berlin 1975, 83–112, 88f.

3 Ebd., 89.

4 Ebd., 89.

5 Ebd., 89.

6 Ebd., 96.

handlungspraxis sei nicht mehr eindeutig auf die im Lebenszyklus markierten Übergänge hin geordnet und dadurch bei der Strukturierung der Lebensgeschichte nicht hilfreich genug. Zudem werde von der Organisation Kirche der regelmässige Gottesdienstbesuch am Sonntag als Norm vorausgesetzt, nicht der gelegentliche Besuch von Kasualgottesdiensten oder Gottesdiensten im Jahresrhythmus.[7] Deshalb stehe die Mehrzahl der Kirchenmitglieder unter einem ständigen Druck, da sie dieser Norm nicht entspreche.[8] Dieselbe Spannung erkennt Matthes zwischen gottesdienstzentrierten und amtshandlungszentrierten Teilnahmeformen.[9] Weil die Amtshandlungspraxis die Lebenswelt nicht ausreichend einbezieht[10] und der Fokus der gottesdienstlichen Handlungen auf dem regelmässigen Sonntagsgottesdienst liegt, kommt es zu Erfahrungen von misslungener Kommunikation, wodurch ein «Seelsorgedefizit»[11] entsteht, das von den Kirchenmitgliedern klar wahrgenommen werde. Matthes' Reformvorschläge versuchen, sowohl die empfundene Spannung zwischen Erwartung und Norm, als auch das Seelsorgedefizit zu lösen.

2 Darstellung des Modells

Matthes fordert, dass die Handlungsprioritäten von Pfarrerinnen und Pfarrern auf die amtshandlungszentrierten Teilnahmeformen ausgerichtet werden müssen.[12] So könne der Kontakt mit den Mitgliedern verstärkt werden. Dabei müsse die Amtshandlungspraxis sowohl ausgebaut als auch umfassender mit Seelsorge verbunden werden.[13] Dabei sei eine inhaltliche Neuorientierung vonnöten. Die Seelsorge, die durch die Amtshandlungen von den Kirchenmitgliedern beansprucht werden kann, müsse den Lebenszyklus der Menschen und die Mehrschichtigkeit ihrer Lebenswirklichkeit beachten. Da an jedem Amtshandlungsgeschehen eine Vielzahl an Menschen beteiligt ist, die jeweils andere Lebenswirklichkeiten in das Geschehen einbringen, und die Kontexte differenziert und nicht mehr eindeutig markiert sind,[14] könne eine Amtshandlung den Beteiligten nur dann gerecht werden, wenn sie mehrdimensional sei. So könne die Amtshandlung eindeutiger als Übergang markiert werden,[15] wodurch die Unbestimmtheiten in den Lebenszyklen Raum bekämen. Dadurch solle es für die Beteiligten möglich

7 Matthes weist darauf hin, dass der Jahresrhythmus für die Kirchenmitglieder durch besondere Gottesdienste gekennzeichnet ist, allen voran Weihnachten. Dadurch rückten gottesdienstliche Ereignisse, die den Jahresrhythmus markieren, in die Nähe von Amtshandlungen, vgl. ebd., 106.

8 Vgl. ebd., 110.

9 Vgl. ebd., 111.

10 Vgl. ebd., 99.

11 Ebd., 111.

12 Vgl. ebd., 111.

13 Vgl. ebd., 111.

14 Vgl. ebd., 96.

15 Vgl. ebd., 96.

werden, ihre Lebensgeschichten zu überdenken und zu verarbeiten.[16] In Bezug auf Karl Mannheim und dessen Studie «Das Problem der Generationen»[17] spricht Matthes von einer «Ungleichzeitigkeit des Gleichzeitigen»,[18] indem in der Amtshandlung die unterschiedlichen Lebenswirklichkeiten z. B. der verschiedenen Generationen auf- und ernstgenommen werden. Es geht also um eine «integrale Amtshandlungspraxis»,[19] in der die Lebenswirklichkeiten der Beteiligten so verknüpft werden, dass die spezifischen Schwierigkeiten und Spannungen Raum haben und die Pfarrperson die Spezifika der verschiedenen Lebenswirklichkeiten der Teilnehmenden wechselseitig übersetzt und so etwa Vermittlung zwischen den anwesenden Generationen bei einer Kasualhandlung ermöglicht. An dieser Stelle müsste auch das weitere seelsorgerliche Handeln ansetzen, denn mit der Amtshandlung ist das Geschehen nicht abgeschlossen, sondern die Pfarrperson begleitet die Menschen in ihren Lebenswirklichkeiten seelsorgerlich weiter. Für Matthes besteht darin die zentrale Aufgabe der Pfarrperson einer volkskirchlichen Gemeinde: die Bedürfnisse nach Rekonstruktion des Lebens zu klären[20] und die Menschen in ihren Kompetenzen zu stärken und zu unterstützen, auch indem diese Bedürfnisse in die «integrale Amtshandlungspraxis» eingebracht werden, sofern es dem Wunsch der Beteiligten entspricht.[21]

3 Grundlegende Aufgaben der Kirche

Die Aufgabe der Kirche ist es, durch ihre Amtspersonen einen Beitrag zur Bearbeitung von Defiziten an lebenszyklischen Vorgaben zu leisten. Wenn zum Beispiel Menschen Veränderungen in Lebenssituationen zu bewältigen haben, die ihnen problematisch erscheinen, da es keine oder nur uneindeutige lebenszyklischen Vorgaben dazu gibt, bedarf es der Möglichkeit, diese zu thematisieren und zu deuten. Das geschehe durch die Begleitung der Menschen mit Amtshandlungen und Seelsorge. Um den Menschen gerecht zu werden, müsse Kirche neben der integralen Amtshandlungspraxis auch die Möglichkeit für neue Amtshandlungen anbieten, zum Beispiel Rituale zum Eintritt in das Berufsleben oder Scheidungsrituale.[22] Rituale seien oft auf Kinder und deren Erwachsenwerden ausgerichtet, die vielen Phasen des Erwachsenenlebens werden nicht angesprochen. Um diese

16 Vgl. ebd., 97.

17 Karl Mannheim, Das Problem der Generationen, Kölner Vierteljahreshefte für Soziologie 7, 1928, 2.

18 Matthes, Volkskirchliche Amtshandlungen (Anm. 2), 108.

19 Ebd., 101.

20 Vgl. ebd., 104.

21 Matthes' Programm wurde von Christoph Morgenthaler auf die Seelsorge angewandt, vgl. Christoph Morgenthaler, Systemische Seelsorge. Impulse der Familien- und Systemtherapie für die kirchliche Praxis, Stuttgart 2005.

22 Einen Beitrag hierzu leistet die Arbeit von Andrea Marco Bianca, der Scheidungsrituale ausführlich untersucht hat: Andrea Marco Bianca, Scheidungsrituale. Globale Bestandsaufnahme und Perspektiven für eine glaubwürdige Praxis in Kirche und Gesellschaft, Zürich 2015.

Phasen einzubeziehen, bedürfe es nicht ausschliesslich neuer Amtshandlungen, sondern bestehende Rituale wie Konfirmation oder Trauung sollten nicht allein auf die unmittelbaren Adressatinnen und Adressaten ausgerichtet sein, sondern auch deren engeren Interaktionskreis einbeziehen.[23] Am Beispiel der Trauung führt Matthes aus, dass hier immer mindestens zwei «Phasierungserfahrungen»[24] aufeinandertreffen, die des Brautpaars und die der Eltern. Eine integrale Wahrnehmung beider Erfahrungsbereiche und deren Einbezug in die Amtshandlung befähige die Adressatinnen und Adressaten zur lebensgeschichtlichen Verarbeitung der veränderten Lebenssituation.[25] Kirche wird damit zu derjenigen Institution, die Verständigungs- und Vergewisserungsangebote für Menschen bieten kann, die durch «die Kasualie in veränderte lebensgeschichtliche Situation[en] versetzt werden».[26] Kirche wird somit zur Kasualkirche.

4 Rollen- und Amtsverständnis der Aktiven

Pfarrerinnen und Pfarrer werden in der Amtskirche zu den zentralen Personen. Durch ihre Ausbildung sind sie zu Amtshandlungen befähigt, durch die sie die Menschen in ihren Lebenszyklen begleiten, sie darin unterstützen, ihre Lebenserfahrungen zu ordnen, und sie somit befähigen, diese zu einer Lebensgeschichte zu strukturieren, die nicht nur für sie selber, sondern auch für ihren nächsten Interaktionskreis verständlich ist.[27] Neben den Kasualien liegt der zweite Schwerpunkt der Amtspersonen auf der mit den Kasualien verbundenen Seelsorge.

5 Kirchenbild

Kirche ist nach Matthes konsequent als Kasual- und Amtspersonenkirche gedacht, die nach volkskirchlicher Struktur alle Menschen begleitet, die es wünschen.

6 Charakter der Reform

Die Neuerungen, die Matthes beschreibt, sind keine Strukturreform an sich, sondern als Neuausrichtung der zentralen Aufgaben der Kirche und der Pfarrpersonen zu bezeichnen. Die Amtshandlungspraxis wird in Matthes' Vorschlag dahingehend verändert, dass sie die Lebenswirklichkeiten der Beteiligten mit ihren Spannungen in die bestehenden Kasualhandlungen einbezieht. Dabei konzentriert

23 Vgl. Matthes, Volkskirchliche Amtshandlungen (Anm. 2), 99.
24 Ebd., 99.
25 Vgl. ebd., 99.
26 Ebd., 99.
27 Vgl. ebd., 89.

sich die Reform auf die gegebenen volkskirchlichen Zustände, denen Kirche durch die Neufokussierung auf Kasualien und Seelsorge gerecht werden soll.

7 Stärken und Schwächen

Die Aufweichung der gesellschaftlich definierten «Norm»-Lebenszyklen ist heute, 40 Jahre nach dem einflussreichen Modell von Matthes, noch grösser geworden. Ebenso ist die Bedeutung der Kasualien weiterhin hoch, wie auch die Kirchenmitgliedschaftsstudie V wiederum bestätigt.[28] Das Bedürfnis nach Kasualien deutet darauf hin, dass die Hilfestellung bei der Deutung der Lebenszyklen für die eigene Lebensgeschichte umso mehr gesucht wird, je weniger eindeutig die lebenszyklischen Vorgaben sind. Matthes' Analyse der Bedeutung von Amtshandlungen hat also auch heute noch Aktualität. Die Forderung nach integralen Amtshandlungen, die die Lebensphasen aller Beteiligten zumindest wahrnehmen und wenn möglich einbeziehen, verlangt eine grosse Sensibilität der Pfarrpersonen und einen Perspektivenwechsel hin zu den Themen der Menschen, die nach Kasualien verlangen.

Trotzdem ist die noch grössere Diversität der gesellschaftlich akzeptierten Lebenszyklen heute auch eine Schwierigkeit für Matthes' Modell. Ulrike Wagner-Rau wies bereits daraufhin, dass eine integrale Amtshandlungspraxis dadurch an ihre Grenzen stösst, denn wie sollen zum Beispiel in einer Trauungszeremonie zusätzlich zur Lebenswirklichkeit des Paares und dessen alternder Eltern auch die der geschiedenen Freundin, der Single-Schwester oder der frischpensionierten Tante gewürdigt werden?[29] Auch unterscheiden sich die Lebenszyklen verschiedener Generationen heute häufig so stark, dass sich die Amtshandlungspraxis dieser «Vervielfältigung möglicher Biographieverläufe»[30] stellen muss. Es bedarf also ebenfalls einer Erweiterung und Flexibilisierung der Amtshandlungspraxis, wodurch die Menschen an besonderen Punkten ihrer Lebensgeschichte begleitet und bestärkt werden, ihre Lebensgeschichte immer weiter zu gestalten.[31] Es kann nicht mehr allein um die Unterstützung bei der Erfüllung lebenszyklischer Vorgaben gehen, die gesamtgesellschaftlich konsensfähig sind. Für die Vielfältigkeit der Kasualpraxis kann Matthes' Modell weiterhin Orientierungshilfe sein.

28 Vgl. Julia Koll/Gerald Kretschmar, Gottesdienst im Plural, in: Engagement und Indifferenz. Kirchenmitgliedschaft als soziale Praxis. V. EKD-Erhebung über Kirchenmitgliedschaft, Hannover 2014, 52–57.

29 Vgl. Ulrike Wagner-Rau, Segensraum. Kasualpraxis in der modernen Gesellschaft, Stuttgart 2003, 203.

30 Ebd., 204.

31 Vgl. ebd., 204.

Volkskirche zwischen Individuum, Kirchgemeinde und Gesellschaft: Dietrich Rössler

David Plüss

Im Hintergrund der im «Grundriss der Praktischen Theologie» von 1994 greifbaren Kirchentheorie Dietrich Rösslers[1] steht der in den 1960er Jahren lancierte und ins 19. Jahrhundert zurückreichende Streit darüber, ob sich die Kirche gegenüber den gesellschaftlich-kulturellen Transformationsprozessen der Säkularisierung und Individualisierung biblisch-religiös profilieren oder sich auf diese Prozesse einlassen, sich mit diesen verbinden solle. Pointiert ausgedrückt ging es um die Alternative zwischen Rückzug aus der Gesellschaft und Offenheit ihr gegenüber, die aus der Einsicht gewonnen wird, Teil und Akteurin dieser Gesellschaft und ihrer Veränderungsprozesse zu sein. 1964 heizte Joachim Matthes die Debatte mit der Analyse an, wonach sich nicht die Gesellschaft säkularisiere, sondern die einschlägigen Phänomene vor allem Symptome des Rückzugs der Kirche aus der Gesellschaft darstellten und also hausgemacht seien. Dietrich Rössler pflichtet Matthes im Grundsatz bei und entwickelt eine Kirchentheorie, die der neuzeitlich-modernen Gesellschaft zugewandt und reflexiv wie gestaltend auf diese bezogen ist.

1 Situationsanalyse und indizierter Reformbedarf

Das Christentum ist nach Rössler dezidiert als neuzeitliches zu begreifen und zu gestalten. Die Kirche stehe dem neuzeitlichen Christentum nicht nur gegenüber, sondern sei Teil desselben. Rössler unterscheidet im Anschluss an Trutz Rendtorff drei Sphären oder Gestalten des neuzeitlichen Christentums: das Christentum des *Einzelnen*, das der *Kirche* und das der *Gesellschaft*. In diese drei Gestalten oder Sphären habe sich das Christentum in je typischer, eigenständiger und unhintergehbarer Weise ausdifferenziert. Weder kann das individuelle Christentum kirchlich absorbiert, noch können zivilreligiöse Formen auf das Individuum reduziert werden. Weder soll sich die Kirche in die Gesellschaft hinein auflösen, noch soll sie die Gesellschaft verkirchlichen wollen. Die Pointe dieser Analyse besteht darin, dass die grundlegende Ausdifferenzierung des neuzeitlichen Christentums diesem nicht von aussen widerfahren ist. Sie ist vielmehr von innen her erfolgt und stellt einen Effekt der christlichen Durchdringung der Gesellschaft dar.

1 Dietrich Rössler, Grundriss der Praktischen Theologie, Berlin/New York 1986.

2 Darstellung des Modells

Rössler ist es ein Anliegen, nicht nur die neuzeitliche Ausdifferenzierung von Religion anzuerkennen, sondern diese auch als einen strukturierten Zusammenhang zu begreifen, dessen Gestaltung der Kirche obliegt. Kirche und Theologie seien zwar in besonderer Weise auf die *kirchliche* Religion bezogen, aber eben auch auf die *individuell* und *gesellschaftlich* verfasste. Von keinem dieser Bereiche dürfen sie sich verabschieden.

Rössler plausibilisiert seine neuzeitliche Ausdifferenzierung insbesondere dadurch, dass er die zentralen Praxisformen des Christentums nicht als rein kirchliche Handlungsfelder konzeptualisiert, sondern sie auf die drei genannten Sphären bezieht: Die *Seelsorge* auf den *Einzelnen*, die *Predigt* auf die *Kirche* und die *religiöse Bildung* auf die *Gesellschaft.*[2] Daraus ergibt sich ein System, in das er weitere Themen der Theologie eingliedert:

- Dem *Einzelnen* sind die *Religion* und die *Person* (des Pfarrers), die *Diakonie* und die *Amtshandlungen* (Kasualien, Rites de passage) zugeordnet;
- der *Kirche* das *Amt*, die *Predigt* und der *Gottesdienst*;
- der *Gesellschaft* die *Institution* und der *Beruf*, der *Unterricht* und die *Gemeinde.*[3]

Daraus ergibt sich ein konsistenter, neuzeittheoretisch profilierter Zusammenhang ansonsten disparater und sich immer weiter ausdifferenzierender Handlungsfelder, der die Differenzen nicht verwischt, aber auch die vielfältigen und unvermeidlichen Verflechtungen offen legt.

3 Grundlegende Aufgaben der Kirche

Für die auf das neuzeitliche Christentum bezogene Kirche ergibt sich aus dieser Strukturierung die Notwendigkeit, die Bezüge und Wirkweisen ihres Handelns angemessen zu berücksichtigen und die Differenzen zwischen den Sphären nicht zu verwischen. So gilt es etwa, die Spannung zwischen einer am Individuum und seiner Situation orientierten Seelsorge und einer parochial verfassten Kirchgemeinde als eine solche anzuerkennen, die der (Spät-)Moderne eigen und die produktiv zu nutzen ist. Oder es gilt, um ein anderes Beispiel zu nennen, religiöse Bildung über die kirchliche Unterweisung und Sozialisation hinaus als Aufgabe zu erkennen, die für die Gesellschaft und ihr kulturelles Gedächtnis von eminenter Bedeutung ist. Und zwar deshalb, weil diese nicht nur aus kulturgeschichtlicher Aussensicht erfolgen kann, sondern auch aus der normativ und spirituell geladenen Innensicht zu erfolgen hat. Diese Einsicht muss sich indes auch auf die

2 Ebd., 68.
3 Ebd., Kap. 9.

Inhalte und Formen entsprechender Bildungsangebote und auf deren Zugänglichkeit für kirchenferne Zeitgenossinnen und Zeitgenossen auswirken.

4 Rollen- und Amtsverständnis der Aktiven

Für die kirchlichen Funktionsträger folgt daraus, dass sie ihren jeweiligen Auftrag nicht nur auf die Kirche beziehen, sondern immer alle drei Sphären im Blick haben sollten. So ist das Pfarramt nicht nur auf gemeindliche Belange bezogen, sondern auch an der Spiritualität des Einzelnen sowie den zivilgesellschaftlichen Wirkkräften des eigenen Handelns interessiert. Dasselbe gilt für die Kirchenmusikerin und den Jugendarbeiter innerhalb der Volkskirche: Sie agieren in einem Feld, das weit über die innergemeindlichen Angelegenheiten hinaus reicht.

5 Kirchenbild

Rösslers Kirchenbild hat offene Ränder. Die Verflechtung mit dem individuellen und dem gesellschaftlichen Christentum und die engagierte und reflektierte Mitgestaltung dieser Sphären zeichnen es wesentlich aus.

6 Charakter der Reform

Die in Rösslers Grundriss implizierte Reform ist historisch und theoretisch grundiert. Es geht ihm zunächst um die geduldige Rekonstruktion der historischen Entwicklung und des differenzierten Zusammenhangs des neuzeitlichen Christentums. Daraus folgt für ihn eine reflektierte und theologisch verantwortete Gestaltung desselben in den genannten drei Sphären. Die Rekonstruktionen und Analysen sind auf Deutschland bezogen. Die Interferenzen der Sphären sind aufgrund der grundgesetzlich verankerten Stellung der Kirchen in Deutschland stärker als in der Schweiz, strukturell und prinzipiell sind die Verhältnisse aber weitgehend vergleichbar.

7 Stärken und Schwächen

Die Stärken von Rösslers Modell liegen in dessen historischer Tiefenschärfe und kritisch-konstruktiver Zeitgenossenschaft. Es kommen darin individuelle Frömmigkeitsformen in den Blick, die einer einseitig kirchlichen Perspektive entgehen. Auch vermag Rössler, gesellschaftliche Kristallisierungen und Rezeptionsformen christlicher Hoffnung – Friedensinitiativen etwa oder das Engagements für Flüchtlinge oder für den Schutz der Umwelt – namhaft zu machen, die bei einem weniger komplexen Modell abgeschattet werden.

Als Schwächen von Rösslers Theorie sind vor allem zwei zu nennen, eine systematische und eine analytische. Unklar bleibt der theoretische Status der Kirche.

Diese ist einerseits auf das neuzeitliche Christentums als solches bezogen, bezeichnet andererseits eine der drei Sphären und ist zugleich eines der Elemente innerhalb der mittleren Sphäre der «Kirche».[4] Zudem fungiert das «neuzeitliche Christentum» bei Roessler als *umbrella term* und es fällt schwer, die Reichweite und Zuständigkeit christlich-kirchlicher Religion zu begrenzen. Die Gegenwart erscheint ausschliesslich in ihren christlich-neuzeitlichen Bezügen und die Pluralisierung derselben hin zu einer multireligiösen und nachchristlichen, mithin einer spät- und postmodernen kommt gar nicht erst in den Blick.[5]

4 Ebd., Kap. 9. Wolfgang Steck schlägt dagegen vor, die Grundspannung von privater und öffentlicher Religion auf kirchliche und ausserkirchliche Formen des neuzeitlichen Christentums anzuwenden: Wolfgang Steck, Praktische Theologie. Horizonte der Religion – Konturen des neuzeitlichen Christentums – Strukturen der religiösen Lebenswelt, Stuttgart/Berlin/Köln 2000, 85–87.

5 So auch Eberhard Hauschildt/Uta Pohl-Patalong, Kirche, Gütersloh 2013, 44.

Späte Zeit der Volkskirche: Kristian Fechtner

Nadja Troi-Boeck

1 Einleitung

Mit seinem Buch «Späte Zeit der Volkskirche. Praktisch-theologische Erkundungen»[1] legte Kristian Fechtner 2010 eine Aufsatzsammlung vor, in der er den Weg der evangelischen Kirche in der Zeit der grossen gesellschaftlichen Veränderungen reflektiert. Fechtner macht, basierend auf einer Analyse der Volkskirche, wichtige Vorschläge für die Ausrichtung einer zeitgenössischen Kirche, wobei er für eine «offene Volkskirche» plädiert.

2 Situationsanalyse und indizierter Reformbedarf

Fechtner stellt fest, dass die traditionale Kirchlichkeit heutzutage häufig mit einer vergehenden Epoche gleichgesetzt wird.[2] Die traditionale Kirchlichkeit ist verbunden mit dem Begriff der Volkskirche, einem Begriff, dem heutzutage teilweise mit grosser Skepsis begegnet wird.[3] Es wird von einer Krise der Volkskirche gesprochen.[4] Deshalb leuchtet Fechtner diesen Begriff aus, um ihn dann neu füllen und so die aktuell mit Volkskirche verbundenen Herausforderungen und Veränderungen genauer bestimmen zu können.[5] Kritik an der Volkskirche nimmt Fechtner auf drei Ebenen wahr. Zum einen werde die Unbestimmtheit und die mangelnde Identifizierbarkeit der Volkskirche kritisiert und dagegen die Bekenntniskirche stark gemacht.[6] Zum zweiten werde die Volkskirche mit einem «administrativ geregelten Amtskirchentum», einer «Servicekirche», getragen von Hauptamtlichen, gleichgesetzt, die religiöse Bedürfnisse befriedige.[7] Dem werde das Bild einer Beteiligungskirche entgegengestellt. Die dritte Schwierigkeit des Begriffs sieht Fechtner in der Erblast, die der Begriff in der deutschen Geschichte trägt, da der Begriff «Volk» in der deutschen Sprache sowohl die obrigkeitskritischen kleinen Leute als auch eine nationale Grösse bezeichnen konnte.[8] Der

1 Kristian Fechtner, Späte Zeit der Volkskirche. Praktisch-theologische Erkundungen, Stuttgart 2010.
2 Vgl. Kristian Fechtner, Späte Zeit der Volkskirche, in: Christian Albrecht (Hg.), Kirche, Tübingen 2011, 197–218, 202.
3 Vgl. Kristian Fechtner, Volkskirche, in: Ralph Kunz/Thomas Schlag (Hg.), Handbuch für Kirchen- und Gemeindeentwicklung, Neukirchen-Vlyn 2014, 162.
4 Vgl. Kristian Fechtner, Kirche und Gesellschaft, in: Wilhelm Gräb/Birgit Weyel (Hg.), Handbuch Praktische Theologie, Gütersloh 2007, 89–100, 98.
5 Vgl. Fechtner, Späte Zeit der Volkskirche (Anm. 2), 207.
6 Vgl. Fechtner, späte Zeit (Anm. 1), 12.
7 Ebd., 12.
8 Vgl. ebd., 13.

Begriff ist somit stark kontextuell geprägt.[9] Die semantische Mehrdeutigkeit fordert deshalb zu einer vorsichtigen und unpathetischen Verwendung auf.[10]

Aus dieser Analyse, so Fechtner, werde zudem deutlich, dass «Volkskirche» sowohl Struktur-, Praxis- als auch Konzeptbegriff sei. Zum einen sei «Volkskirche» ein *Strukturbegriff*, weil er die organisatorische Verfassung bezeichne.[11] Der Strukturbegriff «Volkskirche» umfasse ein plurales System verschiedener Sozialformen, zu dem institutionelle, gemeinschaftsförmige und individualisierte Elemente gehören.[12] Zweitens sei «Volkskirche» ein *Praxisbegriff* und umschreibe ein kirchliches Mitgliedschaftsverhalten und -bewusstsein.[13] Dabei umfasse dieses Mitgliedschaftsverhalten in der Volkskirche ein grosses Spektrum an Formen der Beteiligung: Es gebe sowohl «regelmässiges Engagement innerhalb des kirchengemeindlichen Lebens wie die einmalige Wahrnehmung einzelner kirchlicher Angebote».[14] Hierin zeige sich kein Unterschied zwischen urbanen Gebieten und ländlichen Räumen. Mitgliedschaft sei somit geprägt von einer Dialektik zwischen Identifikation und Distanzierung.[15] Zum dritten ist der Begriff «Volkskirche» auch ein *Konzeptbegriff*, denn er habe programmatische Ursprünge,[16] die sowohl ein Restaurationsprogramm benennen konnten (Wichern) als auch einen Gegenbegriff zur Staatskirchlichkeit darstellt (Schleiermacher).[17]

Fechtner kommt zum Schluss, dass ein Plädoyer für eine Volkskirche immer im Spannungsfeld eines Gegenbegriffs steht.[18] Ein Neuverständnis von Volkskirche muss sich also den Anfragen der Gegenbegriffe stellen und damit den spätmodernen Herausforderungen: In der Volkskirche müsse es auch gegen die «volkskirchliche Unbestimmtheit»[19] möglich sein, substanzielle Inhalte des christlichen Glaubens deutlich zu machen. Ebenso muss eine Antwort auf die Frage gefunden werden, ob eine gemeindekirchliche Ausrichtung dem Selbstbewusstsein heutiger Menschen nicht stärker entspreche als die Orientierung an der Pfarrperson.[20]

9 Vgl. Kristian Fechtner, Volkskirche im neuzeitlichen Christentum. Die Bedeutung Ernst Troeltschs für eine künftige praktisch-theologische Theorie der Kirche, Gütersloh 1995, 212.

10 Vgl. Fechtner, Späte Zeit (Anm. 1), 13.

11 Vgl. Fechtner, Späte Zeit der Volkskirche (Anm. 2), 203.

12 Vgl. Fechtner, Späte Zeit (Anm. 1), 14.

13 Vgl. ebd., 14 und Fechtner, Späte Zeit der Volkskirche (Anm. 2), 205.

14 Fechtner, Späte Zeit (Anm. 1), 14.

15 Vgl. ebd., 14.

16 Vgl. ebd., 15.

17 Vgl. ebd., 17.

18 Vgl. ebd., 13.

19 Ebd., 15.

20 Vgl. ebd., 15.

3 Darstellung des Modells

Aus diesen Spannungsfeldern von Begriff und Gegenbegriff entwirft Fechtner in der Perspektive der beteiligten Subjekte eine «offene Volkskirche».[21] Ausgehend von Ernst Troeltschs Begriff der «elastisch gemachten Volkskirche»[22] als einer Kirche, welche die Individualisierungsprozesse der Gesellschaft bewusst aufnimmt, verstärkt und gestaltet,[23] versteht Fechtner Kirche als Geschehen, in dem selbständige Subjekte «handeln, mittun oder sich distanzieren».[24] Konkret gehe es in einer Volkskirche darum, wie Kirche und Religion in der Lebenswelt der Menschen präsent sein können. Kirche wird nicht als Konstrukt gedacht, in das Menschen integriert werden sollen, sondern als ein Geschehen, das im Leben der Menschen präsent ist, sich also nicht an erklärter oder praktizierter Kirchlichkeit misst und nicht an einer normativen Form des kirchlichen Lebens festhält.[25] Fechtner geht es um den «*Grenzverkehr*»[26] zwischen christlicher Praxis und anderen Lebensbereichen. Volkskirche müsse dort präsent sein, wo sich die sozialen, kulturellen und religiösen Konflikte in diesem Grenzverkehr ergeben. Sie könne diese thematisieren und die Subjekte befähigen, diese selbst auszutragen.[27] Volkskirche ist aus dieser Perspektive verantwortlich dafür, dass die Grenzen offen gehalten und Raum für gestaltete Interaktionen geboten wird.[28] Dadurch entstehe keine kirchliche Sonderwelt, sondern die kirchlichen Angebote würden den «*Ansprüchen und Bedürfnissen individueller Lebensgestaltung*»[29] ausgesetzt, wobei Kirche im Leben der Subjekte immer nur ein partikulares Element darstellt.

Fechtner geht es um einen «*Perspektivenwechsel*»,[30] der Kirche aus dem Blickwinkel der beteiligten Subjekte wahrnimmt. Dabei versteht er Religion als Suchbewegung der Menschen, ihre eigenen existentiellen Erfahrungen zu leben und zu deuten.[31] Diese Suchbewegung geht nicht in einer kirchlichen Form auf. Da diese Religiosität auf Kommunikation angewiesen ist – denn nur durch die Sprache und die Praxis der Religion kommen die eigenen Erfahrungen zum Ausdruck –, kann Kirche ein wesentlicher Ort religiöser Kommunikation neben anderen sein.[32] Nur wenn diese Kommunikation möglich wird, erweist sich Kirche als religionsfähig. Dies, die Religionsfähigkeit, ist für Fechtner der Massstab für eine

21 Ebd., 18.
22 Ebd., 18.
23 Vgl. ebd., 18.
24 Ebd., 18.
25 Vgl. ebd., 18f.
26 Ebd., 19.
27 Ebd., 19.
28 Vgl. ebd., 78.
29 Ebd., 19, kursiv durch Fechtner.
30 Ebd., 23.
31 Vgl. ebd., 20.
32 Vgl. ebd., 20.

Volkskirche der Gegenwart.[33] Deshalb ist seine Hauptfrage für die kirchliche Zukunft: Wird die kirchliche Praxis so gestaltet, dass die Zeitgenossinnen und Zeitgenossen[34] mit ihrer Form von gelebter Religion darin vorkommen?

4 Grundlegende Aufgaben der Kirche

Als *nota ecclesiae* benennt Fechtner die religiöse Kommunikationsfähigkeit bzw., theologisch gesprochen, die «Kommunikation des Evangeliums».[35] Die Botschaft des Evangeliums müsse in der Kirche so zur Geltung gebracht werden, dass sie Menschen befähigt, das Christentum selbständig auszuüben.[36] Ebenso gehöre zur Kommunikationsfähigkeit ihr öffentlicher Auftrag, die christlichen Perspektiven und Deutung in den zivilgesellschaftlichen Diskurs einzubringen.[37] Kirche müsse sich mit ihrem Handeln als gesellschaftlich relevant erweisen.[38] Um diese Kommunikation zu ermöglichen, brauche es eine Zeitgenossenschaft der Kirche, die den Perspektivenwechsel (s. o.) beinhaltet sowie ein unvoreingenommenes und sensibles Wahrnehmen des sozialen Lebenskontextes von Kirche. Werden die Lebensweisen und -formen der heutigen Gesellschaft wahrgenommen, ermöglicht dies, «*produktive Gegenwartskräfte christlicher Religion* aufzuspüren und zur Geltung zu bringen».[39] Zudem bedürfe es der solidarischen Teilhabe der Kirche am Leben sowohl derer, die sich der Kirche verbunden fühlten, als auch derer, denen sie fremd sei.[40] Eine Kirche, die Zeitgenossin ist, sei eine fragende Kirche. Kirchliches Handeln, das sich an der Praxis der Nachfrage orientiere, zeige Interesse an der Lebenssituation und den Lebensumständen der Menschen.[41] Dazu gehöre ebenso die Fähigkeit des Zuhörens. Menschen müssten so nicht zuerst zur

33 Vgl. ebd., 20.

34 Zeitgenossenschaft ist für Fechtner dabei mehr als die Beschreibung dessen, dass Kirche immer in einem konkreten zeitlichen Kontext eingebettet ist, vgl. ebd., 22. Auch die Forderung nach dem Perspektivenwechsel hin zum Blick der Subjekte, die genaue Wahrnehmung des sozialen Lebenskontextes der Kirche und die Orientierung an der diakonischen Praxis ist für ihn in dem Begriff enthalten (22f.). Die dichten Beschreibungen des Alltäglichen, die Fechtner z. B. anhand der Trauerkultur und der Klangkultur vorführt (129–154), sollen zur Umsetzung dieses Programms verhelfen, damit sich praktische Theologie an konkreten Situationen und Lebensäusserungen entfalte (165). Zur Zeitgenossenschaft der Kirche vgl. auch Kristian Fechtner, Zeitgenossenschaft der Kirche. Herausforderungen und Chancen für christliche Gemeinden unserer Zeit, Internationale Kirchliche Zeitschrift 90, 2000, 217–230.

35 Vgl. ebd., 23f.

36 Vgl. Fechtner, Volkskirche (Anm. 3), 163.

37 Vgl. ebd., 163.

38 Vgl. Fechtner, Kirche und Gesellschaft (Anm. 4), 98.

39 Fechtner, späte Zeit (Anm. 1), 22, kursiv durch Fechtner.

40 Vgl. ebd., 22.

41 Vgl. ebd., 80.

Kirche kommen, sondern Kirche frage bei ihnen nach, knüpfe an ihren persönlichen Erfahrungen an.[42]

5 Rollen- und Amtsverständnis der Aktiven

In Fechtners «offener Volkskirche» ist jede Form der Mitgliedschaft als gleichwertige Teilhabe verstanden. Fechtner unterscheidet nicht zwischen Aktiven und anderen, sondern alle Menschen sind am Kommunikationszusammenhang Kirche beteiligte Subjekte, seien sie der Kirche zugewandt oder sei ihnen Kirche fremd. Fechtner fragt dementsprechend nicht, ob Menschen in die Kirche kommen oder nicht, sondern ob die Kirche Menschen in ihren Lebenszusammenhängen wahrnimmt und daran teilhat, wie sie ihre Lebensgeschichten «deuten, feiern, betrauern und transzendieren»,[43] unabhängig von ihrer kirchlichen Sozialisierung. Zur Zeitgenossenschaft der Kirche gehört für ihn die Fähigkeit der Kirche, auch am Leben der Menschen teilzuhaben, die ihr fern bleiben. Dadurch erweise sich Kirche als religionsfähig.

6 Kirchenbild

Eine zeitgenossenschaftliche Kirche, in der die Kommunikation des Evangeliums möglich wird, malt Fechtner in zwei Bildern aus: Kirche als *Bahnhof* und als *Herberge*. Einerseits der Bahnhof als bewegter Ort, an dem Menschen kommen und gehen: ein «Ort der Verwandlung»,[44] ein Ort der das Lebens als Reise versinnbildlicht.[45] Es gibt immer Abschiede und immer ein Willkommen. «Fremde kommen miteinander ins Gespräch, flüchtig manchmal, aber dann und wann auch in höchster Intensität».[46] Die Kirche als Bahnhof steht für Fechtners Vorstellung der Kirche als kommunikativer Beziehung.[47] Die Kirche als Herberge ist die Raststätte unterwegs auf der Reise des Lebens. Hier kommt der Fremde unter und findet «vorübergehende Heimstatt […]. Fast wie ein Refugium.»[48] Sie geht einher mit der Erinnerung, dass für mich gut gesorgt ist:[49] Eine Kirche, die sich für die Menschen und ihre Lebensbewegungen interessiert, ihre Perspektive einnimmt, zuhört und teilhat, steht hinter diesem Bild.

42 Vgl. ebd., 81.
43 Ebd., 23.
44 Ebd., 33.
45 Vgl. ebd., 32f.
46 Ebd., 33.
47 Vgl. ebd., 24.
48 Ebd., 34.
49 Vgl. ebd., 34.

Aus diesen beiden Elementen erst wird für Fechtner Kirche, eine Kirche für die Religion der Menschen:[50] Wenn sie Zeitgenossin ist und religiöse Kommunikation ermöglicht. So könne sie auch den Inhaltsaspekt erfüllen, nämlich das «Gerücht von der Menschenfreundlichkeit Gottes» (Paul Zulehner) wachzuhalten.[51]

Die Notwendigkeit kirchlicher Institution und Organisation bestreitet Fechtner nicht. Diese müssen sich aber daraufhin beurteilen lassen, wie sie kommunikativ-religiöse Prozesse stützen und stärken.[52]

7 Charakter der Reform

Fechtners Kirchenmodell liefert ein Neuverständnis von Kirche jenseits einer Strukturreform in der Art einer «Kirchentheorie mit praktischer Absicht».[53] Basierend auf einer hermeneutischen Dekonstruktion des Begriffs Volkskirche entwirft Fechtner eine Volkskirche, die sich in kommunikativen Zusammenhängen vollzieht und sich auf die Menschen und ihre Lebensweisen in der Spätmoderne einlässt.

8 Stärken und Schwächen

Die Stärken von Fechtners Modell sind insbesondere die tiefgründige Analyse des Begriffes Volkskirche und die Benennung der Spannungsfelder, in denen sich Volkskirche heute bewähren muss. Durch den Perspektivenwechsel und die Betonung der Zeitgenossenschaft der Kirche wird es Fechtner möglich, eine Kirche vorzuschlagen, die Volkskirche bleibt, ohne ihre Inhalte aufzugeben, aber auch ohne die verschiedenen Beteiligungsformen zu bewerten.

Allerdings bleibt das Modell insgesamt doch eher wenig konkret. Zu fragen wäre etwa: In welcher Form wird die religiöse Kommunikation gestützt und welcher Institutionen bedarf es dafür? Welche Anforderungen werden an das Pfarramt gestellt? Für strukturelle Veränderungen und Sparmassnahmen bietet das Modell kaum Umsetzungsvorschläge, aber eine wichtige Massgabe: In allen Veränderungen muss sich eine Kirche der Zukunft an ihrer Zeitgenossenschaft sowie an der Begleitung und Kultivierung vielfältiger religiöser Kommunikationsprozesse messen lassen.

50 Vgl. ebd., 45.
51 Vgl. ebd., 24.
52 Vgl. ebd., 24.
53 Vgl. Fechtner, Volkskirche im neuzeitlichen Christentum (Anm. 9), 195.

Plurale Topographie der Volkskirche: Uta Pohl-Patalong

Nadja Troi-Boeck

1 Einleitung

Uta Pohl-Patalong legte 2004 ein Modell für eine zukünftige kirchliche Landschaft vor. In ihrem Buch «Von der Ortskirche zu den kirchlichen Orten. Ein Zukunftsmodell»[1] analysiert sie zuerst die Vor- und Nachteile parochialer und nicht-parochialer Ansätze und entwickelt ihr Modell als dritten Weg. Sehr hilfreich ist dabei auch ihr kirchengeschichtlicher Rückblick, der aufzeigt, dass der Streit zwischen parochialen und nicht-parochialen Strukturen keineswegs neu ist.

2 Situationsanalyse und indizierter Reformbedarf

Uta Pohl-Patalong konstatiert, dass die Kirche in der Krise ist, sowohl in finanzieller, als auch inhaltlicher Hinsicht. Zum einen verliert die Kirche aufgrund der vielen Austritte Mitglieder und Steuereinnahmen, muss also Arbeitsbereiche reduzieren. Zum anderen verliere Kirche an Bedeutung in der Gesellschaft, stecke also auch in einer «Relevanzkrise».[2] Da beide Krisen gleichzeitig auftreten, verschärfe sich die Situation sowie der Reformdruck.[3] Ein «weiter wie bisher» sei nicht mehr möglich.[4] Pohl-Patalong setzt in ihrer Analyse bei den Strukturen an, da diese für die Arbeit der Kirche und die Öffentlichkeitswirkung entscheidend seien.[5] Damit steht für sie die Bedeutung der Ortsgemeinde bzw. der Parochie zur Debatte. In einem historischen Rückblick zeigt sie auf, dass sich parochiale und nicht-parochiale kirchliche Strukturen bereits durch viele Jahrhunderte hindurch konkurrenzieren.[6] Die kirchlichen Strukturen heute seien stark durch Emil Sulzes (1832–1914) Reformen beeinflusst und hätten sich seitdem nicht grundlegend verändert. Parochie und nichtparochiale Strukturen befänden sich weiterhin in Konkurrenz, wobei die Ortsgemeinde zur Zeit die dominante Organisationsform neben einer Vielfalt nicht-parochialer Formen dar-

1 Uta Pohl-Patalong, Von der Ortskirche zu den kirchlichen Orten. Ein Zukunftsmodell, Göttingen 2006.
2 Ebd., 7.
3 Vgl. Eberhard Hauschildt/Uta Pohl-Patalong, Kirche, Gütersloh 2013, 301.
4 Pohl-Patalong, Ortskirche (Anm.1), 11.
5 Vgl. ebd., 8.
6 Vgl. Uta Pohl-Patalong, Kirchliche Orte. Jenseits von Ortsgemeinde und übergemeindlichen Arbeitsformen, in: Uta Pohl-Patalong (Hg.): Kirchliche Strukturen im Plural. Analysen, Visionen und Modelle aus der Praxis, Schenefeld 2004, 134; ausführlich Pohl-Patalong, Ortskirche (Anm. 1), 36ff.

stelle. Die Parochie versuche, «möglichst viele der Kirchenmitglieder, die nominell zu ihr gehören, in ihr ‹Gemeindeleben› zu integrieren […]».[7] Parochien sind also «einerseits […] zuständig für die religiöse Versorgung aller Kirchenmitglieder […], andererseits sind sie Gemeinden von Menschen, die eine aktive Gemeinschaft bilden.»[8] Dieses territoriale Prinzip hält Pohl-Patalong für überholt. Auch das aktive Gemeindeleben wird nur noch durch eine Minderheit gestaltet. «Die Mehrheit der Kirchenmitglieder sucht keine Gemeinschaft in der Kirchgemeinde und möchte nicht regelmässig in der Gemeinde mitarbeiten […]».[9]

Die nichtparochialen Strukturen seien der Parochie immer noch nachgeordnet, hätten oft einen unklaren rechtlichen Status und nicht dasselbe Mitbestimmungsrecht wie die Parochie.[10]

3 Darstellung des Modells

Pohl-Patalong setzt der Konkurrenz beider Formen ein Modell entgegen, welches die Stärken beider Strukturen miteinander verbindet.[11] Sie spricht generell von «*kirchlichen Orten*», um den Ort- und Raumbezug kirchlicher Arbeit aufzunehmen, statt zwischen Gemeinde und Diensten zu unterscheiden.[12] An den kirchlichen Orten sind sowohl parochiale als auch nicht-parochiale Strukturen realisiert und stehen gleichberechtigt nebeneinander. Der Pluralität der heutigen Gesellschaft will sie durch nicht-parochial verfasste kirchliche Orte Rechnung tragen: Kirche wird plural organisiert, sodass sie den Ansprüchen verschiedenster Bedürfnisse gerecht werden kann. An jedem kirchlichen Ort werden inhaltlich klar definierte Arbeitsbereiche erfüllt, die einen grösseren regionalen Horizont haben.[13] Auf diese Weise kann Kirche weiterhin für alle da sein und dadurch Volkskirche bleiben.[14] Dabei müsse aber die Erkennbarkeit kirchlicher Angebote gewahrt werden.[15] Die nichtparochialen Formen entsprächen der mobilen Gesellschaft und könnten an verschiedenen Lebensorten und in verschiedenen Lebensbereichen von Menschen angeboten werden.[16] Des Weiteren argumentiert Pohl-Patalong für eine Stärkung der Subjektivität der Menschen. Hier böten wiederum nichtparochiale Strukturen günstige Bedingungen, namentlich die freie Wahl von Angeboten und Pfarrpersonen und die Möglichkeit der Selbstbestim-

7 Ebd., 16.
8 Ebd., 16.
9 Ebd., 17.
10 Ebd., 20.
11 Vgl. Hauschildt/Pohl-Patalong, Kirche (Anm. 3), 301.
12 Vgl. Pohl-Patalong, Kirchliche Orte (Anm. 6), 135.
13 Vgl. Hauschildt/Pohl-Patalong, Kirche (Anm. 3), 301f.
14 Vgl. Pohl-Patalong, Ortskirche (Anm. 1), 79.
15 Vgl. ebd., 130.
16 Vgl. ebd., 83.

mung. Die Angebote orientierten sich an den Bedürfnissen des Subjekts nach individueller Hilfe zur Lebensdeutung und -bewältigung.[17]

Die Parochie dagegen sei als Ortsgemeinde «Expertin des Nahbereichs»[18] und damit Gegenpol zur gesteigerten Mobilität. Sie erinnere daran, dass nicht alle Menschen mobil seien (Kinder, ältere oder kranke Menschen), gewährleiste die familiären Beziehungen, die religiöse Sozialisation und die solidarische Hilfe. So habe sie die Chance, zur Heimat inmitten der Mobilität zu werden.[19] Die parochiale Struktur ermögliche die biographische Begleitung der Menschen (durch Kasualien u. a.) an bestimmten Lebenspunkten.[20] An jedem kirchlichen Ort solle es vereinsähnliches kirchliches Leben geben.[21] Dieser parochiale Aspekt solle von den Beteiligten selbst organisiert werden. Es hätten sowohl Angebote wie Seniorenreisen, Bibelkreise und Eltern-Kind-Gruppen als auch nachbarschaftliche Hilfe und Besuche von bedürftigen Menschen Platz. Je nach Kirchgemeinde hätte das vereinskirchliche Leben eine andere Ausprägung, da es sich an den Bedürfnissen und Interessen der Beteiligten orientiert.

Das gleichberechtigte Nebeneinander von parochial und nichtparochial organisierten kirchlichen Orten bediene das Bedürfnis nach Stabilität und berücksichtige zugleich die Tatsache, dass die Menschen zunehmend mobil sind.

4 Grundlegende Aufgaben der Kirche

An allen kirchlichen Orten müssten die *notae ecclesiae* von Wort und Sakrament (CA VII) die geistliche Grundlage sein.[22] Gottesdienstliches Leben soll an jedem kirchlichen Ort stattfinden.[23] Der Wochenrhythmus des sonntäglichen Gottesdienstes wäre indes nicht mehr sakrosankt, auch wenn es ihn vielerorts weiterhin gibt.[24] Die Gottesdienstformen werden den Schwerpunkten der Kirchgemeinden angepasst. Pflegt eine Kirchgemeinde den Schwerpunkt Kirchenmusik, finden musikalisch orientierte Gottesdienste statt. Je nach den örtlichen Gegebenheiten der Kirche kann auch zu anderen Zeitpunkten in der Woche Gottesdienst gefeiert werden. Eine Kirche, die auf Jugendarbeit spezialisiert ist, bietet Jugendgottesdienste an.[25]

17 Vgl. ebd., 93.
18 Ebd., 84f.
19 Vgl. ebd., 86.
20 Vgl. ebd., 94.
21 Vgl. Hauschildt/Pohl-Patalong, Kirche (Anm. 3), 301f.
22 Vgl. Pohl-Patalong, Ortskirche (Anm. 1), 131.
23 Vgl. ebd., 151f.
24 Vgl. ebd., 151.
25 Vgl. ebd., 15.

Die «inklusiven Merkmale»[26] von Kirche wie Gerechtigkeits-, Hilfe- und Bildungshandeln müssten dagegen nicht an jedem kirchlichen Ort erfüllt werden, doch sollten alle Menschen Zugang dazu haben.[27] Eine dritte Hauptaufgabe von Kirche sieht Pohl-Patalong in der lebensbegleitenden und biographiebezogenen Arbeit. Diese könne durch eine inhaltliche Ausrichtung der kirchlichen Orte geeistet werden, die durch spezialisierte Bereiche und Zielgruppenarbeit bestimmt ist. Diese Aufgabe kommt in Pohl-Patalongs Modell denjenigen Theologinnen und Theologen zu, die für die jeweiligen Schwerpunkte spezifisch ausgebildet sind. Dabei spezialisiert sich jeder kirchliche Ort je nach örtlichen Gegebenheiten auf zwei oder drei klar definierte Arbeitsbereiche (z. B. Erwachsenenbildung und Jugendarbeit).[28] Diese Angebote sind dann nicht nur auf die nähere Umgebung, sondern regional ausgerichtet.[29] Auch Kasualien würden nicht mehr nur an jedem kirchlichen Ort angeboten, sondern es könnte kirchliche Orte geben, die auf Trauungen oder Taufen spezialisiert sind. Allerdings sei darauf zu achten, dass alle kirchlichen Aufgabenbereiche für die Menschen in erreichbarer Entfernung lägen. Deshalb sollten Kasualien an jedem kirchlichen Ort möglich sein. Dadurch könne sowohl das Bedürfnis erfüllt werden, Taufe, Trauung oder Bestattung am Wohnort zu feiern, als auch dem Wunsch vieler Menschen entsprochen werden, an bestimmten kirchlichen Orten zu heiraten oder die Kinder taufen zu lassen. Kirchliche Orte könnten darüber hinaus ihrem Schwerpunkt entsprechende weiterführende Angebote aus dem Kasualbereich machen, z. B. Eheseminare oder Kurse für Patinnen und Paten.[30]

Die *notae ecclesiae* von Wort und Sakrament als Grundlage wären in dieser Kirchenstruktur an allen kirchlichen Orten gewahrt. Die kirchlichen Orte wären dabei nicht als eine Kirchgemeinde zu verstehen, die alle Kennzeichen des Kircheseins aufweisen müsste, sondern die Vielzahl der kirchlichen Orten machten das Kirchesein aus.

5 Rollen- und Amtsverständnis der Aktiven

Dem Ehrenamt kommt in diesem Konzept besondere Bedeutung zu, denn der vereinskirchliche Bereich soll durch Ehrenamtliche gestaltet und geleitet werden.[31] Dadurch erfährt das «Priestertum aller Gläubigen» eine deutliche Aufwertung.

26 Ebd., 131.

27 Vgl. ebd., 131.

28 Vgl. ebd., 147.

29 Vgl. ebd., 148f. Uta Pohl-Patalong sieht, dass diese Spezialisierung in der Stadt einfacher zu handhaben ist, da die verschiedenen *kirchlichen Orte* von den Zielgruppen leicht erreicht werden können. Auf dem Land ist zu bedenken, dass die *kirchlichen Orte* in einer zumutbaren Entfernung liegen müssen (149 und 155).

30 Vgl. ebd., 153.

31 Vgl. ebd., 140.

Die Subjektivität der Einzelnen wird gefördert und ernstgenommen, indem ihnen ein selbstbestimmtes Ehrenamt ermöglicht wird.[32]

In der professionellen Begleitung der vereinskirchlichen Angebote liegt vor allem der Aufgabenbereich von gemeindepädagogisch Mitarbeitenden.[33] Die nachbarschaftliche Variante von Diakonie soll durch sozialdiakonische Mitarbeitende unterstützt und professionell von ihnen begleitet werden.[34] Den Hauptamtlichen kommt dabei vor allem die Aufgabe zu, bei der Selbstorganisation der Ehrenamtlichen und bei der Durchführung zu helfen. Das Pfarramt wird grundsätzlich zu einem Spezialpfarramt, das für Zielgruppen und spezialisierte Bereiche am kirchlichen Ort zuständig ist. Die Ausbildung der Theologinnen und Theologen wird dadurch auf Schwerpunkte konzentriert.

6 Kirchenbild

Kirche wird bei Pohl-Patalong zwar vor Ort konkret, ist aber weniger von Ortsgemeinden her konzipiert. Die kirchlichen Orte erfüllen jeweils bestimmte Aufgaben und sind in ihrer Gesamtheit Kirche.[35] Kirche muss am jeweiligen Ort Beziehungen ermöglichen und im Ganzen ein Teil der Lebenswelt der Menschen sein, damit sie relevant ist.[36] Das erreicht sie nur, indem sie in der Gesellschaft präsent ist.[37] Ihr Auftrag besteht vor allem darin, das Evangelium zu kommunizieren. Die Struktur der kirchlichen Orte soll dazu dienen, dass diese Kommunikation für verschiedenste Zielgruppen möglich wird.[38]

7 Charakter der Reform

In Pohl-Patalongs Modell werden kirchliche Strukturen neu gedacht, indem parochiale und nichtparochiale Formen von Kirche miteinander verbunden werden. Die so entstehenden kirchlichen Orte können eine grosse Angebotspalette sowohl im «primären Lebensraum» der Menschen als auch an anderen Orten bieten. Durch die Profilierung der kirchlichen Orte mit verschiedenen Schwerpunktangeboten können die spezifischen Bedürfnisse am Ort berücksichtigt werden und die jeweiligen Profile gleichzeitig regionale Ausstrahlung erlangen. Die Reform bedarf des Engagements sowohl der leitenden Kirchengremien als auch der Mitglieder und Mitarbeitenden vor Ort, denn bevor Schwerpunkt-

32 Vgl. ebd., 141.
33 Vgl. ebd., 143.
34 Vgl. ebd., 131.
35 Vgl. Hauschildt/Pohl-Patalong, Kirche (Anm. 3), 304.
36 Vgl. Pohl-Patalong, Ortskirche (Anm. 1), 135.
37 Vgl. ebd., 136.
38 Vgl. Uta Pohl-Patalong, Kirche bei neuen Gelegenheiten, in: Ralph Kunz/Thomas Schlag (Hg.), Handbuch für Kirchen- und Gemeindeentwicklung, Neukirchen-Vluyn 2014, 198–207, 206.

angebote, Vereinsleben usw. neu gestaltet werden, ist eine Analyse der Notwendigkeiten vor Ort nötig. Die Reform muss deshalb eine regionale Ebene umfassen und kann nicht von einer Einzelgemeinde durchgeführt werden.[39] Die Pfarrpersonen müssen Schwerpunkte wählen und sich entsprechend weiterbilden.

8 Stärken und Schwächen

Da das Modell jeweils vor Ort entwickelt werden muss, gibt es viele Möglichkeiten der Umsetzung. «Formale Klarheit [ist] mit inhaltlicher Flexibilität»[40] verbunden. Der Anspruch eines grösstmöglichen Spektrums von Angeboten wird von der Kirchgemeinde auf den Kirchenkreis bzw. die Region ausgeweitet und dadurch die einzelne Gemeinde entlastet.[41] Die Pfarrpersonen sind mit ihren Spezialisierungen für eine Region zuständig. Das entlastet vom Zwang, alles anbieten zu müssen, und ermöglicht trotzdem ein vielfältiges Angebot in Zeiten der knapper werdenden Mittel. Durch die vereinskirchlichen Strukturen an jedem kirchlichen Ort wird aber auch das Bedürfnis nach kirchlicher Beheimatung, nach direkten Beziehungen und Kontakten und die Unterstützung durch soziale Netzwerke nicht vernachlässigt.[42] Kirche bleibt am Wohnort präsent. Ein weiterer Vorteil ist die Stärkung der anderen hauptamtlich Mitarbeitenden der Kirche. Die Aufgaben und Arbeitsfelder der verschiedenen Berufsgruppen in der Kirchen können so geklärt werden.

Eine Schwierigkeit könnte in den hohen Anforderungen an die Freiwilligen liegen. Auch wenn es theologisch ein tragfähiges Argument ist, das «Priestertum aller Gläubigen» zu stärken, zeigt doch die tägliche kirchliche Arbeit, dass die Suche nach ehrenamtlich Engagierten immer schwieriger wird. Eine Umsetzung des Modells in der Schweiz bedürfte hier besonderer Aufmerksamkeit. Das Ehrenamt muss Formen bieten, die den vielfältig belasteten Menschen Rechnung tragen. Ob dann tatsächlich die vereinskirchlich ausgerichteten Angebote allein durch Ehrenamtliche bewältigt werden können, wäre zu prüfen. Des Weiteren wird in den Kirchgemeinden immer wieder das Bedürfnis geäussert, dass Pfarrpersonen vor Ort präsent sein sollen, damit zu ihnen eine persönliche Beziehung aufgebaut werden könne. Es wäre zu überlegen, ob ein spezialisiertes Pfarrteam,

39 Vgl. Hauschildt/Pohl-Patalong, Kirche (Anm. 3), 304f.

40 Pohl-Patalong, Kirchliche Orte (Anm. 6), 145.

41 Vgl. Pohl-Patalong, Ortskirche (Anm. 1), 146f.

42 Vgl. ebd., 140f. Siehe auch Julia Koll/Gerald Kretschmar, Gottesdienst im Plural. Zwischen Gewohnheit, Desinteresse und Aufbruch, in: Engagement und Indifferenz. Kirchenmitgliedschaft als soziale Praxis. V. EKD-Erhebung über Kirchenmitgliedschaft, Hannover 2014, 52–57, 57: Erstmals wird in der KMU V die Bedeutung von sozialen Netzwerken genauer analysiert, wodurch z. B. sichtbar wird, dass der Kirchgang als «in soziale Netzwerke eingebundene Praxis» (57) verstanden werden kann. Dieser ist kein rein individueller Entscheid. Die Bedeutung von sozialen Faktoren sollte darum nicht unterschätzt werden.

dass für eine Region zuständig ist, diesen Wünschen gerecht werden kann. Das Bedürfnis nach einer Pfarrperson vor Ort darf nicht unterschätzt werden, dem muss auch am kirchlichen Ort Rechnung getragen werden. Ein dritter Punkt, der zu bedenken ist, ist die Spezialisierung des Pfarramtes. Die Faszination und Stärke des Gemeindepfarramtes liegt gerade in der Möglichkeit, mit allen Generationen in verschiedenen Phasen des Lebens in Kontakt zu kommen, sei es in Bildungsveranstaltungen, im Gottesdienst, anlässlich von Kasualien oder in der Seelsorge. Auch wenn natürlich eine Pfarrperson nicht alles in gleicher Intensität anbieten kann, wäre doch zu fragen, ob bei nur noch spezialisierten Pfarrämtern nicht doch auch ein wichtiger Aspekt des Pfarramtes verloren ginge: Die Menschen durch ihre Lebensgeschichte hindurch zu begleiten von der Taufe über die Erwachsenen- und Seniorenarbeit bis hin zu Sterbebegleitung und Tod.

Die Ortsgemeinde als Anker der Volkskirche: Isolde Karle

David Plüss

Isolde Karle hat in verschiedenen ihrer Arbeiten ein Modell der Volkskirche entwickelt und propagiert, das in scharfem Kontrast steht zur Reformdebatte der EKD.[1] Aber auch innerhalb der praktisch-theologischen Zunft vertritt sie eine eigenständige und umstrittene Position. Zugleich erfährt sie viel Zustimmung von Pfarrerinnen und Pfarrern.

1 Situationsanalyse und indizierter Reformbedarf

In der Analyse der gesellschaftlichen und kirchlichen Transformationsprozesse unterscheidet sich Karle nur insofern von anderen Positionen, als sie Luhmanns Systemtheorie eine grössere Erhellungskraft zutraut als andere. Mit Luhmann identifiziert und unterschiedet sie gesellschaftliche Systeme wie Politik, Recht, Wirtschaft, Bildung und Religion, welche sich seit dem 19. Jahrhundert fortschreitend ausdifferenzieren und nach unterschiedlichen, inkommensurablen Logiken funktionieren. Im *Funktionssystem der Religion* ist die Unterscheidung zwischen Immanenz und Transzendenz massgebend. Im Unterschied zu anderen Kirchentheorien kritisiert Karle die endemische Krisenrhetorik und diagnostiziert einen eigentlichen «Reformstress»,[2] der die Substanz und die gedeihliche Entwicklung der Volkskirche nachhaltig schädige.

2 Darstellung des Modells

Karle konzipiert die Volkskirche von der *Ortsgemeinde* her. Die Parochie ist für sie das Fundament der Volkskirche. Dies ist darum der Fall, weil hier religiöse Kommunikation als durch die biblischen Schriften, theologische Grundsätze und rituelle Formen geprägte Kommunikation unter Anwesenden stattfindet. Der theologische Gehalt und die angemessene Gestalt dieser Kommunikation werden durch die dafür ausgebildeten Pfarrerinnen und Pfarrer gewährleistet. Um für die Zukunft gerüstet zu sein, bedarf es nach Karle der Stärkung der Ortsgemeinden

1 Vgl. insbesondere Isolde Karle, Kirche im Reformstress, Gütersloh 2010; aber auch Isolde Karle, Der Pfarrberuf als Profession. Eine Berufstheorie im Kontext der modernen Gesellschaft, Gütersloh 2001; ebenso Isolde Karle, Pfarrerinnen und Pfarrer in der Spannung zwischen Professionalisierung und Professionalität, Deutsches Pfarrerblatt 12, 2003, 629–634; und auch Isolde Karle, Volkskirche ist Kasual- und Pastorenkirche!, Deutsches Pfarrerblatt 12, 2004, 625–630.

2 So der Titel von Karle, Kirche im Reformstress (Anm. 1).

und des Pfarramtes. Gegenüber den durch Flexibilisierung, Funktionalisierung und Spezialisierung geprägten Reformbemühungen ist sie dezidiert kritisch eingestellt, weil diese die authentische religiöse Kommunikation in den Ortsgemeinden schwächten, die meisten Milieus programmatisch ausschlössen und die Kirche in einen Dienstleistungsbetrieb verwandelten.

3 Grundlegende Aufgaben der Kirche

Kirche und Theologie kommen nach Karle die Aufgabe zu, die vielfältigen Formen von Religion in ihrer spätmodernen Gegenwart aufmerksam wahrzunehmen und kritisch zu unterscheiden. Im Vordergrund steht dabei die Unterscheidung zwischen echter religiöser Sinnsuche und «Pseudoreligion», die sich dadurch auszeichne, dass sie ohne Transzendenzbezug auszukommen meint, die Transzendenz auf Immanenz reduziert:[3] «Pseudoreligiösen Charakter können auch Sinnkonstruktionen in privaten Beziehungen, in der Familie, in der Liebe, im Sport annehmen, und doch ist die Verehrung eines Fussballidols noch keine Religion.»[4] Kirche und Theologie haben nach Karle die Trostlosigkeit pseudoreligiöser Phänomene zu benennen und darauf hinzuweisen, dass wir es nur da «mit Religion und religiöser Kommunikation zu tun» haben, «wo das Leben und die Welt in ihrem Bezug zu Gott gesehen und interpretiert werden». Denn «nur dort wissen sich Menschen von einer Macht gehalten, die sie auch im Sterben trägt und ihnen Trost und Gewissheit über den Tod hinaus gibt».[5]

Karle geht noch weiter. Echte Religion bedürfe kirchlicher oder kirchenanaloger Einbindung und Beheimatung. Im Anschluss an Schleiermacher spricht sie von der Notwendigkeit «des *Wohnens in einer konkreten Religion*, um religiöse Kommunikation verstehen und begreifen zu können und dadurch als Individuum bereichert und gebildet zu werden».[6] Eine subjektive, ungebundene und frei schwebende Religiosität ist demnach eine deviante und defizitäre Gestalt von Religion, der die Kirche auf die Beine und zu ihrer authentischen Gestalt verhelfen soll. Denn «religiöse Bildung und Identität sind ohne das Vertrautwerden, ohne das sich Einlassen auf konkrete religiöse Kommunikationsformen nicht möglich».[7] Damit ist sowohl die religionskritische als auch die religionsproduktive Aufgabe der Kirche bestimmt.

3 Vgl. ebd., 35 f.
4 Vgl. ebd., 38.
5 Ebd., 38.
6 Ebd., 40.
7 Ebd., 40.

4 Rollen- und Amtsverständnis der Aktiven

Karle fokussiert in ihren Arbeiten vor allem auf das Pfarramt, das sie als klassische Profession bestimmt, welche für eine bestimmte Sachthematik stehe.[8] Das Pfarramt stehe in der parochial verfassten Volkskirche im Zentrum. Die Volkskirche ist nach Karle zwar mehr als eine «Pastoren- und Kasualienkirche»,[9] aber das Pfarramt sowie rituelle Formen religiöser Kommunikation sind für sie von zentraler Bedeutung. Dem Pfarramt obliegt dabei vor allem die religiöse Kommunikation mit den Mitgliedern. Die Pfarrerin ist nicht in erster Linie Managerin und Reformerin, sondern zuständig für die religiöse Kommunikation in den klassischen Handlungsfeldern: in der Seelsorge, im Gottesdienst und im Rahmen religiöser Bildung. Dabei steht die Kommunikation unter Anwesenden im Vordergrund. Die Glaubwürdigkeit des Pfarramtes bemisst sich an ihrer leibhaften Kommunikation in *face to face*-Situationen.

5 Kirchenbild

Die Kirche ist für Karle der konkret erfahrbare Ort, an dem eine grosse Vielfalt religiöser Erfahrungen über Jahrhunderte gesammelt, gemeinschaftlich zu Symbolen und Ritualen verdichtet und im Rahmen der christlichen Theologie reflektiert wurden. Die Kirche ist für sie ein Ort gemeinschaftlich kultivierter Religion, die ihrer Tradition verpflichtet ist und diese zugleich weiter entwickelt und verändert, reflektiert und auf die Anforderungen ihrer jeweiligen Gegenwart bezieht. Zu dieser Religionskultur gehören – den «Bedingungen des Sinnlichen» entsprechend – bestimmte Orte und bestimmte Zeiten, symbolische Verdichtungen und rituelle Handlungen.[10]

5 Charakter der Reform

Karle geht es um eine Besinnung auf die traditionellen Gehalte und Gestalten des Glaubens, wie sie vor Ort in der Gemeinde kommuniziert werden. Dem Ansinnen einer forcierten kirchlichen Reform gegenüber ist sie indes dezidiert kritisch eingestellt.

6 Stärken und Schwächen

Die Stärken von Isolde Karles Modells liegen insbesondere im Ausloten und in der theologischen Begründung klassischer Formen kirchlich verfasster Religion. Karle kommt das Verdienst zu, die Potenziale der Parochie und die zentrale Be-

8 Vgl. dazu vor allem Karle, Der Pfarrberuf als Profession (Anm. 1).

9 Karle, Volkskirche ist Kasual- und Pastorenkirche! (Anm. 1).

10 Karle, Kirche im Reformstress (Anm. 1), 41.

deutung des Pfarramtes herausgestrichen zu haben. Bedenkenswert scheinen mir insbesondere zwei Punkte zu sein: (1.) Kirche – auch und gerade die Volkskirche – steht und fällt mit ihrer Botschaft. Sie ist nicht nur Gestalt, sondern wesentlich auch Gehalt. Die Kommunikation des Evangeliums in unterschiedlicher Weise, direkt und indirekt,[11] ist ihr aufgetragen und wird von ihr erwartet. Reformdebatten sind immer auch inhaltlich-theologische Debatten – oder müssten es sein. Hinzu kommt (2.) die Einsicht, dass sich Kirche nicht in Funktionen und professionellen Dienstleistungen erschöpft, sondern von der Kommunikation des Evangeliums in konkreten Begegnungen und gemeinschaftlichen Interaktionen lebt: von berührenden Feiern und tröstlichen Seelsorgegesprächen, von angeregten Diskussionen über traditionelle Glaubenssätze und von Segenshandlungen, vom Lager mit den Konfirmand/innen und vom Altersnachmittag.

Die Schwäche des Modells besteht in seiner Einseitigkeit. Zwar scheint mir die Kritik an der Hektik kirchlicher Dauerreform sowie an der damit bewirken Verunsicherung berechtigt. Doch ist das Modell wenig hilfreich, wenn es darum geht, drastische Sparvorgaben zu realisieren. Zudem wird ein typisch volkskirchliches Teilnahmeverhalten als defizitäre religiöse Praxis und eine eigenständig und weitgehend individuell verstandene und gelebte Spiritualität als uneigentlich disqualifiziert. Aus dem Lob der Kerngemeinde folgt eine Infragestellung der grossen Gruppe der Distanzierten.

11 Vgl. zu dieser Unterscheidung einleuchtend Uta Pohl-Patalong, Wozu ist die Kirche da? Auftrag und Aufgaben der Kirche in der Welt, Deutsches Pfarrerblatt 7, 2015, 372–376, 372f.

Gemeinschaft der Heiligen: Manfred Josuttis

David Plüss

Manfred Josuttis hat 1997 mit dem Band *«Unsere Volkskirche» und die Gemeinde der Heiligen*[1] kräftigen Einspruch gegenüber einer Kirche erhoben, die sich vornehmlich als Organisation gebärdet, die es mit klugem Management in die Zukunft zu führen gilt, oder die sich als Milieu versteht, das gepflegt werden soll.

1 Situationsanalyse

Josuttis fokussiert in seiner Situationsanalyse vor allem auf die Kirchen selbst und nicht so sehr auf die Transformationsprozesse innerhalb der Gesellschaft. Das Kirchesein der Volkskirche steht für ihn in Frage. «Sind die deutschen evangelischen Landeskirchen wirklich Kirche? Oder sind sie bürokratische Organisationen, diakonische Betriebe, religiöse Vereine, die sich aus Gründen der Tradition so nennen und die in Zeiten des Traditionsabbruchs um ihren Bestand bangen müssen?»[2] Josuttis intendiert kein «Reformprogramm zur Konservierung und Optimierung von Kirchlichkeit», sondern er ruft zur theologischen Reflexion, zur exegetischen Orientierung an der Ekklesiologie des Epheserbriefes[3] und zur Arbeit an der eigenen Vision auf. Denn die real existierenden Volkskirchen funktionieren in seinen Augen weniger nach theologischen als vielmehr nach marktwirtschaftlichen Grundsätzen: «Werbekampagnen sollen das eigene Image verbessern, Sonderangebote den Zugang zum religiösen Leben erleichtern.»[4] Die destruktiven Kräfte, die jene Grundsätze und Strategien entfesseln, würden indessen kaum kritisch reflektiert. Lebensgefährlich seien für die Kirchen denn auch weder die Kirchenaustritte noch die fehlenden Finanzen, lebensgefährlich sei für sie allein «eine Situation, in der sie aus Angst vor personaler Auszehrung und aus Sorge um finanzielle Verknappung den Kontakt mit der Heilsmacht Gottes»[5] verspielten.

1 Manfred Josuttis, «Unsere Volkskirche» und die Gemeinde der Heiligen. Erinnerungen an die Zukunft der Kirche, Gütersloh 1997.

2 Ebd., 9.

3 Dieser Beschränkung auf die Ekklesiologie des Epheserbriefes ist eine gewisse Einseitigkeit und biblisch-theologische Engführung nicht abzusprechen.

4 Josuttis, «Unsere Volkskirche» (Anm. 1), 14.

5 Ebd., 15.

2 Die Konturen des Reformmodells

Josuttis geht es nicht um eine simple Gegenüberstellung von *Volkskirche* und *wahrer Kirche*, wie dies in gewissen Gemeindeaufbauprogrammen der Fall ist. Es geht ihm vielmehr um die Gleichzeitigkeit von Volkskirche als Organisation auf der einen und der Kirche als einer von Gott geschaffenen und erhaltenen *communio sanctorum* auf der anderen Seite. Denn «nicht im Gegensatz zur Volkskirche, sondern in, mit und unter veränderten volkskirchlichen Strukturen wird auch in Zukunft die Gemeinde der Heiligen existieren».[6]

Daraus, dass Gott es ist, der seine Kirche trägt und erhält, folgt eine grundsätzliche Gelassenheit in Bezug auf die Zukunft von kirchlichen Strukturen, Prozessen und Projekten. Daraus entstehe die Bereitschaft, «um des lebendigen Wachstums des Leibes Christi willen überlieferte Modelle, Ordnungen und Privilegien, aber auch modische Ansichten, Programme und Methoden preiszugeben».[7] Eine im Geist Christi fundierte Kirche ist nach Josuttis reformfreudig und beweglich, selbst als institutionell gewichtige Volkskirche. Sie ist Gemeinde, die sich «im Vollzug von Wort und Sakrament, von Symbol und Ritual»[8] realisiert. Wenn die Kirche sich am Wirken des Geistes orientiere und sich von diesem transformieren lasse, dann beginne «ein Gemeindewachstum, das aus der Dynamik des Evangeliums lebt, aber auch zum ‹Erweis des Geistes und der Kraft› fähig ist und sich deshalb auch im Gewinn von Menschen und finanziellen Möglichkeiten manifestiert».[9]

Für Josuttis folgt aus einer pneumatologischen Grundlegung der Kirche im Geist des Epheserbriefes eine Dynamisierung und Pluralisierung auf der Ebene der Organisation. Der Geist wirke nicht homogenisierend, sondern führe zu einer Vielfalt der Gemeindeprofile: «Menschen können dann ihren Lebensstil und ihren Frömmigkeitstypus, ihre Einstellungen und ihre Gewohnheiten so einbringen, dass dadurch das jeweilige Milieu in den Veranstaltungen, aber auch beim Gottesdienst spezifisch geprägt wird. Gemeindezugehörigkeit wird dann nicht parochial organisiert, sondern durch personale Affinitäten und Entscheidungen vermittelt».[10] Wie eine solche Milieu-Orientierung mit der Sozialraum-Orientierung der Volkskirche, von der Josuttis an anderer Stelle spricht,[11] einhergeht, wird indes nicht erläutert.

6 Ebd., 10.
7 Ebd., 10.
8 Ebd., 183.
9 Ebd., 183.
10 Ebd., 183.
11 Ebd., 184.

3 Grundlegende Aufgaben der Kirche

Da die Kirche nach dem Neuen Testament als *Leib Christi* und geistgewirkte *Gemeinschaft der Heiligen* geglaubt wird, die sich laut Josuttis in einem geistgewirkten Kraftfeld bewegen, bestehe ihre grundlegende Seinsweise und Aufgabe darin, in diesem Kraftfeld zu bleiben und aus ihm heraus zu leben. Dies geschehe in besonderer Weise im Gottesdienst. Durch die ganze Kirchengeschichte hindurch sei in der Liturgie «die doxologische Evokation des machterfüllten Namens Christi erfolgt». Und er fährt fort: «Hier sind Menschen aus dem Wirkungsbereich destruktiver Felder herausgerissen worden und unter den Einfluss heilvoller göttlicher Energien geraten. [...] Die Zukunft von Kirche hängt davon ab, dass der Zugang zu diesem Kraftfeld erhalten bleibt und immer neu realisiert wird».[12] Die Kirche hat demnach nicht nur die Aufgabe, von Gott zu *reden*, sondern dem Kraftfeld des Geistes durch ihre Liturgien und Rituale Raum zu geben, diesen Raum offen zu halten und ihn nach Kräften zu kultivieren.

4 Rollen- und Amtsverständnis der Aktiven

Josuttis' Ekklesiologie ist einerseits ganz auf die Gemeinde als den «Vortrupp des Lebens» (Helmut Gollwitzer),[13] andererseits auf das Pfarramt fokussiert. Die Pfarrerin ist es, die die Gemeinde in das Kraftfeld des Geistes führen und sie anleiten soll, sich in diesem zu bewegen und sich vom Geist Christi bewegen zu lassen. Der Pfarrer ist *Mystagoge*, vertraut mit den göttlichen Kräften, ein «Führer in die verborgenen und verbotenen Zonen des Heiligen».[14] Er sei zwar auch *Zeuge*, aber er sei nicht nur Zeuge, da die pastorale Zeugenschaft zu stark binnentheologisch und innerkirchlich orientiert sei, wie Josuttis gegen Niebergall, Barth und Bultmann ins Feld führt.[15] Die Pfarrerin sei zwar auch *Helferin* und als solche fokussiert auf Beratung und Begleitung, bemüht um Einfühlung und Wertschätzung derer, die ihren Beistand suchen; aber sie sei nicht nur Helferin, nicht nur Therapeutin, da sie als solche immer dilettiere.[16] Vielmehr führen «Pfarrer und Pfarrerin [...] Menschen, die zum Priesterdasein berufen sind, in die verborgene und verbotene Zone des Heiligen. Ihr Dienst an der Gemeinde besteht also nicht vorrangig in Akten der Verwaltung [...]. Er besteht auch nicht vorrangig in Akten der Unterhaltung, wie sie im Gemeindemilieu so beliebt sind. Pfarrer und Pfarrerin haben sich jenen Expeditionen und Exerzitien zu widmen, in denen, soweit das menschenmöglich ist, die Annäherung an den Machtbereich des Heili-

12 Ebd., 169.

13 So der Titel von Helmut Gollwitzer, Vortrupp des Lebens, München 1975; vgl. dazu Josuttis, «Unsere Volkskirche» (Anm. 1), 180.

14 Manfred Josuttis, Die Einführung in das Leben. Pastoraltheologie zwischen Phänomenologie und Spiritualität, Gütersloh 1996.

15 Ebd., 13–15.

16 Ebd., 15–17.

gen versucht wird. Pfarrer und Pfarrerin haben deshalb hauptsächlich mit religiösen Ritualen und Symbolen zu tun.»[17] Diese pastorale Aufgabe erfordert spirituelle Kompetenzen, die auch «handwerkliche Fähigkeiten» im Umgang mit dem Heiligen einschliessen, «die man im Körpertraining der Heiligung allmählich lernen muss».[18]

5 Kirchenbild

Das Kirchenbild, das Josuttis als krisenfest und zukunftstauglich erachtet, ist ein durch und durch spirituelles und auf die Gemeinde als einen geistgewirkten *Leib Christi* und eine *Gemeinschaft der Heiligen* bezogenes. Die Zukunft der Kirche ist für ihn «die Zeit der Gemeinde».[19] Mit *Gemeinde* sind somit weder die parochiale Organisation noch die vereinsförmigen Vergemeinschaftungsformen gemeint. «Die entscheidende Überlebensfrage wird aber darin bestehen, ob es gelingt, das morphogenetische Feld des Leibes Christi von den Strukturen und Mechanismen der Organisation und des Milieus nicht überwuchern zu lassen».[20]

Josuttis zeichnet die real existierende Gemeinde in konzentrischen Kreisen: Jede Gemeinde benötige einen «Kern eines alternativen Lebens [...], wofür monastische Kommunitäten, aber auch das bürgerliche Pfarrhaus aus der Vergangenheit Beispiele liefern».[21] Dieser Kern trage die gottesdienstlichen, die diakonischen und die kulturellen Aktivitäten der Gemeinde und werde «durch einen weiteren Kreis eingeschriebener Gemeindeglieder personell und finanziell gefördert und von interessierten, aber distanzierten Zeitgenossen nach Bedarf und gegen Gebühren in Anspruch genommen».[22]

6 Charakter der Reform

Josuttis' Programm lässt sich am ehesten als eine *spirituelle* und *kommunitäre* Reform der Kirche bezeichnen. Die theologische Reflexion dient der Freilegung des Bauplatzes; Umriss des Baus und Lage der Fundamente werden in exegeti-

17 Ebd., 85.

18 Ebd., 99.

19 Josuttis, «Unsere Volkskirche» (Anm. 1), 169.

20 Ebd., 170. Das Konzept der morphogenetischen Felder entlehnt Josuttis dem englischen Biochemiker *Rupert Sheldrake*. Dieser versucht mittels der Hypothese solcher Felder die Entstehung bestimmter Formen in der Natur, aber auch in der Gesellschaft zu erklären. Morphogenetische Felder seien «nichtmaterielle Kraftzonen, die sich im Raum ausbreiten und in der Zeit andauern» (Rupert Sheldrake, Das Gedächtnis der Natur. Das Geheimnis der Entstehung der Formen, Bern 1994, 311) und die sich durch «morphische Resonanz» ausbreiten und realisieren. Josuttis übersetzt Sheldrakes nicht unumstrittene Hypothese in die Ekklesiologie und die Pneumatologie.

21 Josuttis, «Unsere Volkskirche» (Anm. 1), 183. Ob sie diese noch immer liefern oder was an ihre Stelle getreten ist oder treten soll, wird von Josuttis nicht gesagt.

22 Ebd., 183.

scher Auseinandersetzung mit dem Epheserbrief bestimmt. Die Reform selber orientiert sich indes weitgehend an älteren und rezenten Diskursen der Mystik und der Spiritualitätsforschung, der Aszetik und der Ritualtheorie. Sie ist auf das mystagogische Handwerk und die rituellen Gestaltungskompetenzen des Pfarramtes fokussiert.

7 Stärken und Schwächen

Die Stärken von Josuttis' Reformvorschlägen liegen zum einen in der konsequenten und durchaus anregenden biblisch-theologischen Reflexion und Orientierung einer zukunftsfähigen Ekklesiologie und andererseits in der pastoraltheologischen Profilierung der Reform. In Zeiten des vielfach beklagten Bedeutungsverlustes des Pfarramtes wirkt die pastorale Image-Pflege durch mystagogische Profilierung hoch attraktiv. Bedenkenswert scheinen mir vor allem die Warnungen vor einer einseitigen Ausrichtung der Reform an der Organisation oder am kerngemeindlichen Milieu.

Allerdings kommt bei Josuttis die Kirche als Organisation weitgehend nur als Kontrastfolie zur *Gemeinschaft der Heiligen* in den Blick. Er konzediert zwar, dass die *communio sanctorum* nur in, mit und unter einer organisierten Kirchenstruktur existieren könne, widmet dieser aber kaum die nötige Aufmerksamkeit. Wer nach der konkreten Gestaltung oder möglichen Modellen seiner Ekklesiologie fragt, erhält nur vage Antworten.

Mit der mystagogischen Ausrichtung des Pfarramtes riskiert Josuttis zudem, den Bogen zu überspannen und sowohl die Leitungsaufgabe des Kirchgemeinderates (des Presbyteriums) als auch die Zusammenarbeit mit den anderen hauptberuflichen Mitarbeitenden (in der Sozialdiakonie und in der Katechetik) aus den Augen zu verlieren oder diese auf die Aspekte der Organisation und der Milieupflege zu reduzieren. Durch die spirituelle Profilierung des Pfarramtes werden dessen organisatorisch-professionsförmige Belange zudem kategorisch ausgeblendet.[23]

Kritisch zu befragen ist auch die Verbindung zwischen einem konzentrischen, an einem kommunitären Kern «alternativen Lebens» orientierten und durch freiwillige Beiträge finanzierten Gemeindemodell auf der einen und der programmatischen Öffentlichkeit und Sozialraumorientierung der Volkskirche auf der anderen Seite. Die aktuellen Beispiele der Genfer und der Neuenburger Kirche lassen zumindest vermuten, dass die durch eine solche Reform erhoffte spirituelle Dynamisierung die damit einhergehende Marginalisierung bei weitem nicht aufzuwiegen vermag.

23 Zur Professionsförmigkeit des Pfarramtes vgl. Isolde Karle, Der Pfarrberuf als Profession. Eine Berufstheorie im Kontext der modernen Gesellschaft, Gütersloh 2001.

Missionarische Volkskirche: Michael Herbst

Nadja Troi-Boeck

1 Einleitung

Michael Herbst entwirft mit seinem Kirchenmodell ein Missionsprogramm. Es ist vor dem Hintergrund der ostdeutschen Kirchen zu lesen und wurde in unterschiedlichen Monographien und Buchbeiträgen entwickelt.[1] Wir beziehen uns in diesem Beitrag insbesondere auf den Band «Kirche mit Mission» von 2013. Sein auf Mission fokussiertes Programm führt aus, wie eine Kirche aussehen müsse, damit die Weitergabe des Evangeliums erfolgreich sein kann. Die Volkskirche betrachtet Herbst dabei als Auslaufmodell, dem er ein in Ausrichtung und Struktur neues Modell entgegensetzt.

2 Situationsanalyse und indizierter Reformbedarf

Herbsts Entwurf ist beeinflusst durch die gesellschaftliche Situation in Ostdeutschland, die aufgrund der politischen Vergangenheit eine grosse Mehrheit kirchlich nicht sozialisierter Menschen aufweist, grösstenteils schon in zweiter und dritter Generation. Herbst hält die bisherige missionarische Arbeit (z. B. durch Glaubenskurse, ProChrist[2] oder alternative Gottesdienste) für gescheitert, weil sie nur wenige Menschen erreiche, die sich zudem am Rand der Kirche befänden, sich ihr aber noch verbunden fühlen (*de-churched*)[3], während sowohl die *opende-churched*, die zwar distanziert, aber der Kirche gegenüber offen sind, als auch die *closed de-churched*, die sich aufgrund negativer Erfahrungen von der Kirche abgewandt haben, nicht mehr davon angesprochen würden.[4] Die *non-churched*, Menschen, die bisher noch keinen Kontakt zu Kirche hatten, kämen ebenfalls nicht in den Blick, da sie keinerlei Bezug zur Kirche hätten und dadurch

1 Michael Herbst, Missionarischer Gemeindeaufbau in der Volkskirche, Neukirchen-Vluyn 52010; Matthias Clausen/Michael Herbst/Thomas Schlegel (Hg.), Alles auf Anfang. Missionarische Impulse für eine Kirche in nachkirchlicher Zeit, Neukirchen-Vluyn 2013; Michael Herbst, Kirche mit Mission. Beiträge zu Fragen des Gemeindeaufbaus, Neukirchen-Vlyn 2013.

2 ProChrist ist ein gemeinnütziger, überkonfessioneller Verein, der «die Verkündigung des Evangeliums von Jesus Christus und die Förderung des christlichen Glaubens in Deutschland und Europa» fördern will. https://www.prochrist.org/prochrist-ev (Zugang: 4.2.2016)

3 Herbst übernimmt hier die Terminologie von Richter und Francis, siehe Michael Herbst (Hg.), Mission bringt Gemeinde in Form. Gemeindepflanzungen und neue Ausdrucksformen gemeindlichen Lebens in einem sich wandelnden Kontext. Deutsche Übersetzung von: «Mission-shaped Church. Church Planting and Fresh Expressions of Church in a Changing Context (2004)», Neukirchen-Vlyn 2006, 88f.

4 Vgl. Herbst, Kirche mit Mission (Anm. 1), 13.

nicht in die genannten Angebote fänden.[5] Diese Situation lässt ihn zum Schluss kommen, dass wesentliche Teile der Gesellschaft durch die missionarische Arbeit der Kirchen nicht mehr erreicht würden.[6] Dies bestätige zudem die Sinus-Milieu Studie, die belege, dass Menschen vieler Milieus die kirchliche «Hochkultur» fremd bliebe. Dabei sieht Herbst die Grenzen zwischen den Milieus als starre «Ekelschranken»[7], die nicht überschritten werden können. Deshalb, resümiert Herbst, müsse die Kirche in ihrer jetzigen, volkskirchlichen Form sterben, damit sie sich erneuern könne.[8]

3 Darstellung des Modells

Da die Volkskirche überholt sei, sieht Herbst einen Weg zur Erneuerung der Kirche allein darin, dass sie sich von allen volkskirchlichen Formen loslöse.[9] Die Erneuerung beginne mit dem Sterben der Kirche in ihrer bisherigen Gestalt. Mission solle nicht mehr auf die Integration der Menschen in die verfassten Formen von Kirche ausgerichtet sein, sondern es solle die «kirchliche Binnenperspektive in missionarischer Absicht»[10] überschritten werden. Allerdings will Herbst die bestehenden Kirchgemeinden nicht auflösen, sondern entwirft nach Vorbild des anglikanischen Kirchenentwicklungsmodells eine *mixed economy*, bestehend aus parochialen und nicht-parochialen Strukturen, die in «versöhnter Verschiedenheit»[11] nebeneinander existieren. Neue Gemeinden sollen dort entstehen, wo Menschen leben, die das Evangelium nicht kennen, und Formen entwickeln, die den gegebenen Erfordernissen entsprechen. Das neue Gemeindeleben muss nach Herbst so verfasst sein, dass Menschen darin heimisch werden können, auch wenn sie die herkömmliche kirchliche Kultur nicht teilen und bisher keine Erfahrungen mit Kirche gemacht haben.[12] Deshalb könne es auch keine fixen Vorgaben für ein Modell geben, da sich erst vor Ort zeigen könne, was sich bewährt.[13] Die neuen Gemeindeformen bildeten keine Brücken in die verfasste Kirchlichkeit, sondern seien unabhängige Gemeinden mit eigenem Gottesdienst und gehörten als eine Gemeindeform neben vielen zur Kirche. Herbst nennt Beispiele, die in Greifswald realisiert wurden, z. B. *GreifBar*, eine Gemeinde, von der Pommerschen Evangelischen Kirche anerkannt, in der es Gottesdienste, Glaubenskurse,

5 Vgl. ebd.
6 Vgl. ebd.
7 Ebd., 14.
8 Vgl. ebd., 14f.
9 Vgl. ebd., 15.
10 Michael Herbst, Missionarische Gemeindeentwicklung, in: Ralph Kunz/Thomas Schlag (Hg.), Handbuch für Kirchen- und Gemeindeentwicklung, Neukirchen-Vlyn 2014, 317–326, 324.
11 Herbst, Kirche mit Mission (Anm. 1), 28.
12 Vgl. ebd., 15.
13 Vgl. ebd., 21.

Hauskreise, Wohngruppen und vieles mehr gibt.[14] Die neuen «Gemeinschaften des Glaubens»[15] könnten sich in einem leeren Drogeriemarkt oder in einer Plattenbauwohnung treffen oder einen Brunch-Gottesdienst im Literaturcafé veranstalten.[16] Sie sind für Herbst die Grundpfeiler der Evangelisation.[17] Mit anderen Worten beschreibt Herbst *fresh expressions of church*, auf die er sich im Anschluss an Graham Cray auch bezieht.[18]

Volkskirche bedeutete in einer *mixed economy*, dass viele Formen von Gemeinde nebeneinander existieren. Die Rolle der Ortsgemeinde bestehe darin, ihre Mitglieder mit missionarischem Rüstzeug zu versehen, um sie in ein neues Milieu zu schicken und dort eine neue Gemeindeform zu entwickeln.[19]

4 Grundlegende Aufgaben der Kirche

Damit ist die eine grundlegende Aufgabe, die Herbst der Kirche zuweist, bereits benannt: Mission der *non-churched*.[20] Nur das «Evangelium und die Liebe des Gekreuzigten» habe die Kirche zu bezeugen.[21] So könne die Kirche «Jesus, dem wir folgen, mit den Menschen zusammenbringen, die wir lieben».[22]

5 Rollen- und Amtsverständnis der Aktiven

Herbst geht es um einen «Abschied von der Pastorenkirche»[23] und «pastoralen Betreuungskirche»[24]. Die neuen Gemeinden stünden unter einer geistlichen Leitung, die im Priestertum aller Getauften wurzle[25]. Mitglied des Leitungsteams solle man durch Ordination, Wahl oder Beauftragung werden können, der Dienst müsse aber nicht hauptamtlich sein.[26] Den Hauptamtlichen komme vorrangig die

14 http://www.greifbar.net/Startseite.26.0.html (Zugang:18.2.2016)

15 Herbst 2013, 16.

16 Vgl. ebd.

17 Vgl. ebd., 17.

18 Vgl. Herbst, Kirche mit Mission (Anm. 1), 18–22. Herbst definiert fresh expressions als Gemeinden, die sagen: «Wir kommen zu Euch, bleiben bei Euch, dienen Euch und wenn Ihr mögt, helfen wir Euch, eine Gemeinde zu bilden, die zu Euch passt.»(20) Er versteht sie nicht als einen Zwischenschritt, in dem Menschen «zum ‹eigentlichen› traditionellen Kirchenleben finden, sondern [als] Kirche und Gemeinde im vollen Sinn.»(21) Siehe dazu auch die Definition von Sabrina Müller in ihrem Beitrag in Teil V in diesem Band.

19 Vgl. Herbst, Kirche mit Mission (Anm. 1), 31.

20 Vgl. ebd., 7.

21 Vgl. ebd., 12.

22 Ebd., 42.

23 Ebd., 63.

24 Michael Herbst, Geistliche Führung wahrnehmen in der Kirche der Postmoderne. Geistlich führen – kompetent managen – Prozesse ermöglichen, in: Michael Herbst/Martin Reppenhagen (Hg.), Kirche in der Postmoderne, Neukirchen-Vlyn 2008, 221–246, 226.

25 Vgl. Herbst, Kirche mit Mission (Anm. 1), 59.

26 Vgl. ebd., 58f.

Aufgabe zu, Teams aufzubauen und zu pflegen[27]. Sie sind eine Art «spirituelle Reisebegleiter»[28]. Die Leitung der Gemeinde müsse sich immer aus mehreren Menschen mit ihren unterschiedlichen Charismen zusammensetzen.[29] Die Leitungsteams haben «die Gemeinde zu ermuntern und für die Mission zu rüsten».[30] Dem Leitungsteam obliegt es zudem, die Verbindungen zu anderen kirchlichen Gemeinschaften auf lokaler und regionaler Ebene zu fördern.[31] Letztlich leite aber der Heilige Geist die Gemeinde durch das Leitungsteam.[32] Zu Herbsts Vorstellung der spirituellen Leitung gehört auch, dass alle Aktiven «Anteilseigner» sein sollen.[33] Sie investieren Geld in ihre neuen Gemeinden als Reich-Gottes-Initiativen. Dadurch erübrige sich die Kirchensteuer und die Identifikation mit dem Dienst in der neuen Gemeinde erhöhe sich.[34]

6 Kirchenbild

Herbst versteht die neue Kirche als Gemeinde jenseits von herkömmlichen Strukturen und Traditionen. Sie wächst jeweils an den Orten neu, wo Missionare hingehen. Sie ist eine Kirche von Missionaren, die unterwegs sind zu Menschen, die Kirche und Evangelium nicht kennen. Lokal können sie dann neue Strukturen bilden, die aber unabhängig voneinander existieren. Die Verbindung besteht nur aus gegenseitiger Unterstützung und gelegentlichen gemeinsamen Feiern. Kirche ist nach Herbst flexibel zu denken, immer auf Menschen ausgerichtet, die Empfängerinnen und Empfänger des Evangeliums werden sollen. Gemeinden entstehen nach deren milieubedingten Vorlieben und Ansprüchen, wobei die Ortsgemeinden neben den neuen Gemeindeformen bestehen bleiben mit der Aufgabe, die missionarische Arbeit der neuen Gemeinden zu unterstützen.[35] Im Vordergrund steht also die einzelne Gemeinde als Hauptakteurin, die nicht mehr ausschliesslich in parochialen Kirchenstrukturen gedacht ist.[36]

7 Charakter der Reform

Die Kirchenreform, die Herbst vorschwebt, stellt bestimmte geistliche Inhalte in den Vordergrund: Mission und Christus. Die Entwicklung des Modells baut auf

27 Vgl. Herbst, Geistliche Führung (Anm. 21), 245.
28 Ebd., 243.
29 Vgl. Herbst, Kirche mit Mission (Anm. 1), 53.
30 Ebd., 31.
31 Vgl. ebd., 55ff.
32 Vgl. ebd., 64.
33 Ebd., 30.
34 Vgl. ebd.
35 Vgl. ebd., 28.
36 Vgl. Eberhardt Hauschildt/Uta Pohl-Patalong, Kirche (Lehrbuch Praktische Theologie Bd. 4), Gütersloh 2013, 292.

diesen inhaltlichen Bestimmungen auf. Durch neue Gemeindeformen soll das Evangelium zu Menschen gebracht werden, die es bis dahin nicht kennen. Dabei geht es Herbst um eine Loslösung von bisherigen kirchlichen Strukturen, wobei er die neuen Formen bewusst unbestimmt lässt, da sie flexibel je nach Gegebenheiten entstehen sollen. Die Realisierung der neuen Gemeindeformen hängt vom Engagement einzelner missionarisch tätiger Menschen ab.[37]

8 Stärken und Schwächen

Herbsts Ansatz enthält mehrere Elemente, die für kirchliche Reformüberlegungen wichtig sein können. Der grundlegenden Forderung, zu den Menschen vor Ort zu gehen, auf ihre Fragen und ihre Sprache zu hören und das Evangelium so zu kommunizieren, dass es auch für nicht kirchlich Sozialisierte verständlich und relevant wird, ist beizupflichten. Das Modell einer *mixed economy*, einer Kirche, die sowohl aus parochialen und nicht-parochial Strukturen besteht, ist plausibel, wenn auch nicht neu (Hochschulgemeinden, Spitalseelsorge usw.). Ebenso ist die Stärkung der Eigenverantwortung der Nichtprofessionellen in diesem Ansatz bedenkenswert, der es engagierten Gemeindegliedern ermöglicht, eigene Projektideen an einem neuen Ort umzusetzen.

Die grösste Schwierigkeit des Konzepts besteht in seiner einseitigen Analyse. Die Volkskirche wird vorrangig als unbeweglich und in ihrer Mission erfolglos dargestellt. Die Chancen volkskirchlicher Strukturen werden ausgeblendet und es wird ausschliesslich auf die Missionstätigkeit Einzelner gesetzt.[38] Die vielfältigen bereits bestehenden Formen der Kommunikation des Evangeliums bleiben unerwähnt.[39] Schwierig ist auch die Darstellung der Ostdeutschen als leidende, weil gottferne Menschen.[40] Der Einbezug der spezifischen Situation der Religiosität in Ostdeutschland in die Analyse wäre hilfreich, um den Ansatz klarer zu verorten, denn sie bildet eine wichtige Hintergrundfolie in Herbsts Ausführungen. Sein Modell kann als Versuch interpretiert werden, das anglikanische Modell der *fresh expressions* im ostdeutschen Kontext umzusetzen. Indes krankt Herbsts Entwurf ebenso wie die *fresh expressions* an einer durch die neuen Gemeindeformen gerade wieder bewirkten Milieuverengung, die er in seiner Analyse der Volkskirche zum Vorwurf macht. Wenn nur auf ein spezifisches Milieu ausgerichtete Gemeinden entstehen und, wie Herbst behauptet, unüberwindbare Grenzen zwischen den Milieus bestehen, ist ein gemeinsames Feiern nicht mehr möglich.

37 Vgl. ebd.
38 Vgl. ebd., 293.
39 Vgl. ebd.
40 Vgl. Herbst, Kirche mit Mission (Anm. 1), 8.

V. Programme und Praxisformen von Volkskirche in der Schweiz

Gemeindeaufbau in der Volkskirche

Ralph Kunz

1 Gemeindeaufbau- und Volkskirchentheologie im Clinch

1.1 «Gemeindeaufbau» – eine Problemanzeige und ein problematisches Programmwort

In jüngster Zeit taucht in Texten über Kirchen- und Gemeindeentwicklung vermehrt die Frage auf, was unter Gemeinde zu verstehen und wie sie zu definieren sei.[1] Das ist bemerkenswert. Kann man ernsthaft über Kirche nachdenken, wenn der Gemeindebegriff nicht geklärt ist? Auch die Umkehrung ist bedenkenswert. Kann man ernsthaft über den Aufbau der Gemeinde nachdenken, wenn nicht klar ist, was Kirche meint? Schon Martin Luther stellte fest: «Also schreien sie auch von der Kirche, aber sie sollten sagen, was doch, wer doch, wo doch die Kirche sei.» Seine glasklare und messerscharfe Antwort: «Und wären im Kinderglauben [d. h. im Katechismus] solche Worte gebraucht worden: ich glaube, dass da sei ein christliches heiliges Volk, so wäre aller Jammer leicht zu vermeiden gewesen, der unter dem blinden, undeutlichen Wort [Kirche] eingerissen ist. Denn das Wort christliches heiliges Volk hätte klar und gewaltig mit sich gebracht beides, Verstand und Urteil, was Kirche und nicht Kirche wäre.»[2]

Luthers klare Umschreibung von Kirche als «christliches heiliges Volk» löst das Definitionsproblem der Gemeinde nicht. Sie verschärft es. Wenn man die Kirche auf diese Weise bestimmt und mit den Reformatoren daran festhält, dass sich Kirche dadurch *konstituiert*, dass Menschen auf die Stimme des «Hirten» hören,[3] ist die Gemeinde der Ort, an dem sich Kirche *sichtbar manifestiert*. Eine solche Wahrnehmung von Kirche wirft neue Fragen auf. Ist das Kirchenvolk nur dann Gottesvolk, wenn es das christliche und heilige Wort auch wirklich vernimmt und annimmt? Was ist mit denen, die diese Lehre ablehnen, und mit denen, die getauft sind und sich um die Gemeinschaft der Heiligen nicht mehr scheren? Müssen sie belehrt oder gar wieder bekehrt, also missioniert und wieder eingemeindet werden?

Der Begriff «Gemeindeaufbau» zeigt den Problemzusammenhang an, der sich mit solchen Fragen eröffnet. Tatsächlich hat der Begriff, der 1925 durch ein Buch

1 Vgl. dazu Ralph Kunz/Uta Pohl-Patalong, Aufbruch zu einem neuen Verständnis von Gemeinde. Ein Beitrag zur Verständigung, in: PTh 48 (2013), 28–36.

2 Martin Luther, WA 50, 624f.

3 Vgl. Huldrych Zwingli, Schriften, Bd. 3, hg. im Auftrag des Zwinglivereins von Thomas Brunnschweiler und Samuel Lutz, Zürich 1995, 214f.

des Afrika-Missionars Bruno Gutmann ins Gespräch kam,[4] etwas Schillerndes. Er lässt offen, ob von Mission und Evangelisation bzw. Gemeindegründung oder «nur» Gemeindepflege die Rede ist. Das Programm, das sich mit dem Begriff verbindet, hat eine entsprechend wechselvolle Karriere hinter sich. Nachdem in den 1940er- und 1950er- Jahren die Aufbaumetapher für den Auftrag der Kirche verwendet wurde und selbst in Kirchenverfassungen auftauchte, geriet der Begriff in der Phase der Strukturreformen in Vergessenheit, um dann – nach Jahrzehnten – in den 1980er-Jahren wieder zu neuem (schillernden) Glanz zu erstrahlen. Es entwickelte sich eine Zeit lang ein regelrechter Boom. Gemeindeaufbau hatte eine Schlagseite und wurde zum Schlagwort der *missionarischen Gemeindeentwicklung*. Heftige Debatten begleiteten dieses Comeback. Während die einen den Aufbau der Gemeinde zur wichtigsten Aufgabe aller Gemeindearbeit erklärten,[5] befürchteten andere, dass mit ihm das Ende der *Volkskirche* eingeläutet würde.[6]

1.2 Missionarischer Gemeindeaufbau

Trotz skeptischer Zurückhaltung seitens der akademischen Theologie war also der «Gemeindeaufbau» – vor allem in den deutschen Kirchen – vor dreissig Jahren in aller Munde. In der kontroversen Diskussion zeigte sich eine typische Schwäche in der Argumentation seitens der Gemeindeaufbaubefürworter bzw. ein grosses Konfliktpotenzial. Die missionarische Initiative war überaus institutionskritisch und drängte auf eine bekennende Gemeinde innerhalb und im Kontrast zur volkskirchlichen Normalgemeinde.

In dieser Zeit veröffentlichte Michael Herbst seine Dissertation mit dem Titel «Missionarischer Gemeindeaufbau in der Volkskirche». Herbst unternahm den Versuch, ein kritisches Fazit aus dieser Debatte zu ziehen.[7] Er entwarf ein kybernetisches Programm mit dem Anspruch, eine Antwort auf die Krise der Volkskirche zu geben. In der Beurteilung der «kybernetischen Situation»[8] kommt Herbst freilich zu ähnlichen Schlüssen wie andere erweckliche Theologen vor ihm. Den «Zustand» der Kirche charakterisierte er als «instabil»,[9] weil die Mehrheit der Mitglieder «getaufte Heiden» seien. Das Ziel könne deshalb nicht «die Rettung der maroden Volkskirche […], sondern das Gestaltgewinnen der ge-

4 Hans Martin Müller, Gemeindeaufbau, in: ThR 55 (1990), 308–324.

5 Michael Herbst, Missionarischer Gemeindeaufbau in der Volkskirche, Stuttgart [3]1993.

6 Michael Nüchtern, Kirche bei Gelegenheit. Kasualien, Akademiearbeit, Erwachsenenbildung, Stuttgart 1991 (Praktische Theologie heute 4).

7 Die Diskussion wurde eröffnet durch Fritz Schwarz/Christian Schwarz, Theologie des Gemeindeaufbaus. Ein Versuch, Neukirchen-Vluyn [3]1987. Das Buch fand grosses Gehör, stiess aber auch auf Kritik. Vgl. dazu Müller, Gemeindeaufbau (Anm. 4), 310ff.

8 Herbst, Missionarischer Gemeindeaufbau (Anm. 5), 111 ff.

9 Ebd., 150. Herbst nimmt Bezug auf die 1974 erschienene Kirchenmitgliedschaftsstudie der EKD: Helmut Hild (Hg.), Wie stabil ist die Kirche? Bestand und Erneuerung, Ergebnisse einer Meinungsbefragung, Gelnhausen 1974.

glaubten Gemeinde Jesu Christi in der erfahrbaren Kirche»[10] sein. Der geistliche Zustand der Volkskirche sei derart desolat, dass nicht nur von einer Krise, sondern auch über ein mögliches Ende dieser Kirchengestalt gesprochen werden müsse.

Herbst unterzieht die damals diskutierten Konzepte einer kritischen Würdigung. Aufschlussreich sind seine Argumente gegen die Missionstheologie, die im Konzept der Kirchenreformdebatte propagiert wurde. Er sieht in ihr eine gefährliche Verkürzung.[11] Wer nur die Sendung der Gemeinde in die Welt fordere, ohne zuvor Schritte für ihre Sammlung einzuleiten, verkenne die kybernetische Situation.

> «Wie aber sehen unsere Gemeinden aus? Es sind Gemeinden [...] im Prozess fortwährender Erosion. Es sind Gemeinden mit vielen Getauften, die sich nie das ihnen zugeeignete Heil auch angeeignet haben. Es sind Gemeinden ohne Struktur des gemeinsamen Lebens. Es sind Gemeinden mit einer sehr kleinen geistlichen Kraft. Es sind Gemeinden, deren Mitglieder oft weit an den Rand der Kirche hinausgetrieben sind. Die Gemeinden dieser Volkskirche sind weit entfernt von einer missionarischen ‹Kirche für andere›».[12]

Kritisiert wird, dass das «Dogma des prinzipiellen Pluralismus in der Kirche» zu einer völligen Relativierung und pragmatischen Verharmlosung der Wahrheitsfrage führe.[13]

Sein eigener Ansatz unterläuft eben diese volkskirchliche Vielfalt. Wenn Kirche im Kern eine «Gemeinde von Brüdern» ist oder werden soll, muss alles kirchliche Handeln darauf ausgerichtet werden, *diese* Gemeinde zu erhalten, zu stärken und auszubauen. Gemeindeaufbau als *Prozess* wird deshalb zum Anfang und Zenit der theologischen Praxis erklärt, weil sie Kirche – notabene die wahre Kirche oder mit Luther das «christlich heilige Volk» – sammelt und sendet. Gemeindeaufbau als konzeptuelles *Programm* liefert die theoretischen Grundlagen, um die bestehende Praxis der Kirche kritisch zu beurteilen und stellt zugleich Kriterien für die Gestaltung künftiger Praxis zur Disposition. Man kann die Logik dieser Theorie-Architektur mit einem Bau vergleichen. Sie beginnt beim Fundament und kommt vom Grundlegenden zu den Prinzipien des Aufbaus. Die Bauregeln leiten sich vom Grund ab, der schon gelegt ist. Es geht im missionarischen Gemeindeaufbau erstens um die geistliche Erneuerung und kybernetische Ausbildung des Pfarrerstandes. Es geht zweitens darum, solche Gemeindeglieder, die sich schon zum Leben der Gemeinde halten, entweder im Glauben zu vergewissern oder zuallererst zum Glauben zu führen, um dann auch ihre Charismen für die Mitarbeit zu entdecken. Und es geht drittens darum, auch die fernstehen-

10 Herbst, Missionarischer Gemeindeaufbau (Anm. 5), 150.
11 Ebd., 191.
12 Ebd., 197.
13 Ebd., 223.

den Gemeindeglieder zur Umkehr einzuladen und in das Leben der «Gemeinde von Brüdern» einzugliedern.[14]

Das Ziel dieses Programms ist klar definiert: Die Volkskirche soll eine Bekenntniskirche werden. Die Kirchenleitung hat den Auftrag, das Leitbild der «Gemeinde» zu realisieren. Die kybernetische Frage, *wohin* die Kirche steuern soll, wird durch das Programm des missionarischen Gemeindeaufbaus realisiert.

Die Festlegung auf *ein* Entwicklungsziel hat den entscheidenden Nachteil, dass die Reflexion anderer Zielbereiche wie z. B. der Gemeindepädagogik[15] oder Gemeindediakonie aus der Kybernetik ausgeschieden oder – wenn der Gemeindeaufbau zum Globalziel erklärt wird – prinzipiell untergeordnet werden. Es stellt sich auch die Frage, welchen Rang diejenigen Formen kirchlichen Lebens haben, die nicht dem Gemeindeideal entsprechen. Gehören Menschen, die nur gelegentlich in der Kirche erscheinen, nicht mehr zur Gemeinde? Anders als die Vertreter des missionarischen Gemeindeaufbaus plädieren die pragmatischen Befürworter der volkskirchlichen Gestalt für eine vielfältige Gemeindepraxis.

1.3 Vor und Nachteile einer Unterscheidung

Anfang der 1990er-Jahre erschien die zweibändige «Lehre vom Gemeindeaufbau» von Christian Möller, in der die geschichtlichen und theologischen Hintergründe, aber auch die Grenzen und Chancen verschiedener Modelle und Konzepte des Gemeindeaufbaus umfassend dargestellt und kommentiert wurden. Es war zugleich ein nachdenklicher Rückblick und besonnener Ausblick. Möller unterschied zwischen einem *missionarischen* und einem *volkskirchlichen* Gemeindeaufbau. Er begründete in seiner Einleitung die Notwendigkeit dieser Unterscheidung, erklärte aber auch ihre *Problematik*. Seine Anfragen richten sich aber weniger auf einen diffusen Gemeindebegriff. Sie zielen mehr auf die zweite Hälfte des Terminus. Was «Aufbau» der Gemeinde meint, sei nicht recht deutlich.

> «Geht es um die Errichtung einer Gemeinde in einem Neubaugebiet? Geht es um die Wiedererrichtung einer zerstörten Gemeinde, oder um Erbauung einer bestehenden Gemeinde? Ist vielleicht die Ordnung, Gestalt, die Organisation der Gemeinde gemeint? Hat Aufbau einen statischen oder dynamischen Sinn? Geht es um den inneren, geistlichen Zustand einer Gemeinde und ihre geistliche Auferbauung oder um den äusseren Bau bis hin zu den Bauten, Karteien, Liegenschaften einer Gemeinde? Wer baut im Gemeindeaufbau wen auf: der Pfarrer die Gemeinde oder die Gemeinde den

14 Ebd., 307.

15 Zum Stichwort «Leitung» vgl. Godwin Lämmermann, Einleitung in die Praktische Theologie. Handlungstheorien und Handlungsfelder, Berlin/Köln 2001, 167ff. Und zum Thema «Mitarbeit als Dienst» vgl. Christian Grethlein, Gemeindepädagogik, Berlin/New York 1994, 338.

Pfarrer oder alle miteinander? Welches Interesse verbindet sich mit dem Begriff ‹Gemeindeaufbau›?»[16]

Die Unterscheidung eines «missionarischen» und «volkskirchlichen» Gemeindeaufbaus ist gleichwohl hilfreich, insofern es die Konturen der zwei grossen Lager und ihre kybernetischen Konzepte erkennen lässt. Dabei ging es um einen Konflikt zwischen Realisten und Idealisten – wobei die Zuschreibung der Bezeichnungen durchaus schillernd blieb. Auf beiden Seiten lässt sich Idealismus und Realismus verorten. In der ekklesiologischen Diskussion, die nach der empirischen Wende in den 1970er-Jahren geführt wurde, gab es ja auch Stimmen, die von der Volkskirche als «Kirche der Zukunft»[17] sprachen. Dass nach dem Schock in der ersten Mitgliedschaftsstudie «Volkskirche» wieder zum Hoffnungswort, ja zum Programm erklärt werden konnte, lässt etwas vom Stimmungsumschwung, welcher Mitte der 1980er-Jahre erfolgte, erahnen. Die «Volkskirchler» hielten eine Bekenntniskirche – ob nach der alten Wort-Gottes-Strickart oder nach der neuen evangelikalen Fasson – für unrealistisch und erst recht nicht für ein Ideal. Wenn die Kirche für alle offen und öffentlich bleiben soll, *muss* sie ein polyzentrisches Konzept vertreten und eine konziliare Leitung anstreben. Die Evangelisierung der eigenen Mitglieder setzt hingegen ein konzentrisches Kirchenmodell voraus, das die Kerngemeinde zur Norm erhebt. Eine Vermittlung der beiden Modelle schien beiden Lagern schwierig.[18]

Die Unterscheidung zwischen «missionarisch» und «volkskirchlich» beherrschte damals die Debatte, hatte aber zur Konsequenz, dass die Vertreter der «volkskirchlichen» Richtung fortan den Begriff «missionarisch» fest mit dem «Gemeindeaufbau» verbanden.[19] Vice versa tendierte das Lager der Gemeindeaufbaubefürworter dazu, die bekennende und aktive Gemeinde mit der wahren Kirche zu identifizieren und die Volkskirche als offen – im Sinn von «nicht ganz dicht» – zu diffamieren. Die missionarische Offensive der Gemeindeaufbautheologie hat zwar eine klare Vorstellung von Gemeinde, zielt aber auf ein Reformprogramm innerhalb des institutionellen, rechtlichen und strukturellen Rahmens der Volkskirche, das per definitionem vage bleiben muss. So gesehen bilden Gemeindeaufbau und Volkskirche zwei Pole einer Spannung in einem gemeinsamen System.

16 Christian Möller, Lehre vom Gemeindeaufbau, Bd. 1, Göttingen ³1991, 17.

17 So Wenzel Lohff/Lutz Mohaupt, Volkskirche – Kirche der Zukunft? Leitlinien der Augsburgischen Konfession für das Kirchenverständnis heute, Hamburg 1977.

18 Kritisch dazu Herbst, Missionarischer Gemeindeaufbau (Anm. 5), 206 und 221.

19 Möllers (Anm. 16) Unterteilung in einen volkskirchlichen (30ff.) und einen missionarischen (70ff.) Gemeindeaufbau darf nicht als Trennung interpretiert werden. Tatsache ist jedoch, dass der Begriff «Gemeindeaufbau» seit Mitte der 1980er-Jahre evangelikal besetzt ist und entsprechende Gegenreaktionen hervorgerufen hat.

1.4 Was heisst Oikodomik?

Dass eine solche Lagerbildung die Entwicklung der Kirche auch blockieren kann, ist offensichtlich. Aus dieser Sackgasse herauszufinden, war das Anliegen, das Christian Möller mit seiner zweibändigen Lehre des Gemeindeaufbaus verfolgte. Möller wollte mit seinem eigenen Ansatz «Gottesdienst als Gemeindeaufbau» einen dritten Weg gehen und sowohl die Enge der pietistisch geprägten Programmkybernetik als auch die Beliebigkeit der volkskirchlichen Gemeindearbeit überwinden.[20]

Tatsächlich verleiht die zentrale Stellung des Gottesdienstes dem Gemeindeaufbau jene biblische und geschichtliche Tiefendimension, die ihn wieder in die Nähe eines Kirchenbegriffs rückt, der an das reformatorische Erbe anknüpfen kann.[21] Seine Stärke gewinnt dieser Ansatz durch eine dezidiert theologische Wahrnehmung der Kirche. Kirche wird «erglaubt» und nicht «gemacht».[22]

In seiner «Lehre vom Gemeindeaufbau» schlägt Möller vor, das gräzisierende Kunstwort «Oikodomik» einzuführen.[23] Mit der Begrifflichkeit verbindet Möller die Kritik an einem zu engen Verständnis von Erbauung und einer verengten Sicht der *Gemeinde*, in welcher der ökumenische Horizont von *Kirche* aus dem Blick gerät. Aus der Not der doppelten Begrifflichkeit will er die Tugend einer komplementären Sicht entwickeln. Mit «Kirche» komme die rechtliche, institutionelle, geschichtliche und räumliche Gestalt der christlichen Gemeinde zur Sprache und im Begriff «Gemeinde» werde die personale, als Versammlung und Gemeinschaft im Evangelium sich ereignende, lokal begrenzte Gestalt von «Kirche» angesprochen.[24] Für die Entwicklung, Reform und Erneuerung einer Gemeinde sei deshalb immer der grössere Horizont der Kirche zu bedenken. Möller schliesst: «Eine Lehre vom Gemeindeaufbau hat den Zusammenhang von Kirchengemeinde und Gemeinde-Kirche zu bedenken.»[25]

Diese Verhältnisbestimmung ist hilfreich, weil sie eine sachgemässe Vermittlung sowohl von Kirche und Gemeinde als auch von Leitung und Entwicklung erlaubt. Ihr kritisches Potenzial entfaltet sie vis-à-vis den problematischen Reduktionen, die durch eine falsche Alternative zwischen dem missionarischen und dem volkskirchlichen Gemeindeaufbau provoziert werden. In begrifflicher Hinsicht vergrössert sich freilich die Verwirrung, wenn statt Gemeindeaufbau ein Fremd-

20 Möller, Gemeindeaufbau (Anm. 16), Bd. 1, 20ff.

21 Christian Möller, Gottesdienst als Gemeindeaufbau. Ein Werkstattbericht, ^{2}1990, 14: «‹Gottesdienst als Gemeindeaufbau› – das meint eine ständige Gestaltungsaufgabe, die nur gelingen kann, wenn sie aus der Dankbarkeit dafür geschieht, dass Gott uns mit Wort und Sakrament dienen will, um Gemeinde als sein Werk zu bauen. Eben das meint Paulus mit dem Begriff ‹Oikodome›.»

22 Der Ansatz wird weiter entfaltet in: Christian Möller, Kirche, die bei Trost ist. Plädoyer für eine seelsorgliche Kirche, Göttingen 2005.

23 Möller, Gemeindeaufbau (Anm. 16), Bd. 2, 235ff.

24 Christian Möller, Art. «Gemeinde, christliche», in: TRE, Bd. 12, Berlin/New York 1984, 316–335, 317.

25 Möller, Gemeindeaufbau (Anm. 16), Bd. 1, 25.

wort eingeführt wird. Die dezidiert theologische Grundlegung hat zudem die Tendenz, die strategischen Konflikte, die weiterhin bestehen, zu verdecken. Wenn die traditionelle Gemeindearbeit in toto zum Gemeindeaufbau erklärt wird, zeigt sich zudem eine Verlegenheit, die zur eingangs angezeigten Problemlage gehört: Gemeindeaufbau lässt sich nur schwer als eigenständiges, klar begrenztes und definierbares Tätigkeitsfeld beschreiben, wenn er durch die Predigt-, Seelsorge- und Unterrichtstätigkeit des Pfarrers definiert wird. Die Pfarrerzentrierung lässt keine spezifischen Merkmale eines Handelns erkennen, die eine eigene Lehre erfordern. So ist es nur konsequent, dass Möllers Oikodomik dorthin führen will, wo jedes Machertum versagen muss: in das Erglauben von Kirche.[26]

1.5 Neuere Entwicklungen

Das Pendel schlug freilich in die andere Richtung aus. Seit den 1990er-Jahren beherrschte ein anderer Ton die Diskussion. Man kann von einer pragmatischen Wende sprechen. Der Mitgliederschwund rückte die betriebswirtschaftlichen und organisatorischen Probleme der Kirche in die Mitte – für die dann auch die Betriebswirtschaft die nötige Problemlösungskompetenz bereitstellte.[27] Dass die gewählten Methoden und Strategien in anderen Non-Profit-Organisationen erfolgreich eingesetzt worden sind, weckte die Hoffnung, dass so auch die Überlebensprobleme der Grosskirchen gelöst – oder zumindest gemildert – werden könnten.

Ein Brennpunkt der zukünftigen Theoriearbeit sind die vielen Gestalten der Mitgliedschaft in der Volkskirche. Sie sind ein Faktum.[28] Auch für die Gemeindepraxis ist eine «Theologie der Kirchenmitgliedschaft» von entscheidender Bedeutung. Die Vielfalt der Beteiligungsmuster soll nicht nur soziologisch und ökonomisch beschrieben und interpretiert werden; mit ihr ist auch ein professioneller Umgang zu finden.

Um dem Mitgliedschaftsphänomen umfassend gerecht zu werden, zog Jan Hermelink in seiner Untersuchung eine dogmatische, rechtliche und soziologische Deutungsperspektive heran. Ein Kerngedanke seiner Studie ist die «Verantwortung der kirchlichen Organisation für die Gestaltung ihrer Mitgliedschaftsbeziehungen».[29] Andere Entwürfe fordern mit derselben Emphase eine «umfassende Mitarbeitertheologie».[30] Daraus darf kein Gegensatz konstruiert werden. Beide Forderungen systematisch zu bedenken, zu vermitteln und konzeptionell zu integrieren, ist ein wichtiges Thema des Gemeindeaufbaus in der Volkskirche.

26 Christian Möller, Einführung in die Praktische Theologie, Tübingen/Basel 2004, 63–71.

27 Herbert Lindner, Kirche vor Ort, Gütersloh 2000, 245.

28 Jan Hermelink, Praktische Theologie der Kirchenmitgliedschaft. Interdisziplinäre Untersuchungen zur Gestaltung kirchlicher Beteiligung, Göttingen 2000, 14ff.

29 Ebd., 368.

30 Bernhard Petry, Leiten in der Ortsgemeinde. Allgemeines Priestertum und kirchliches Amt. Bausteine einer Theologie der Zusammenarbeit, Gütersloh 2001, 279.

Ein Signal dafür ist die Milieudiskussion. Die kirchliche Hochkultur, die am Sonntagmorgen gepflegt wird, leide an einer Milieuverengung. Um mitzufeiern, müssen viele Zeitgenossen eine hohe kulturelle Schwelle überwinden. Trendkirchen und Jugendkirchen arbeiten hingegen mit der Sogkraft der populären Kultur.[31] So wird etwa argumentiert: Wenn die Volkskirchen ihren Auftrag, das Evangelium dem ganzen Volk zu kommunizieren, gerecht werden wollen, müssen sie sich auch auf die Milieusegmentierung einlassen.

Eine solche Strategie der Angebotsdiversifizierung und Adressatensegmentierung, hätte, würde man sie zum obersten Prinzip erheben, erhebliche Konsequenzen für den Gemeindeaufbau. Denn die Profilgemeinde, die gewisse Stil- und Zielgruppen sammelt, ist dort, wo sie sichtbar wird, gerade nicht mehr klassische Volkskirche. Deren Anspruch ist oder besser war es, Menschen aus allen Kulturen und allen Schichten im Gottesdienst zu versammeln. Dabei ist die Liturgie nicht nur eine kulturelle Zumutung – das ist sie immer! –, sondern Ausdruck und Form der gemeinsam verkörperten Tradition, die genug symbolische Kraft hat, um Milieugrenzen zu überwinden. Reduziert man den Aufbau der Gemeinde(n) auf die erfolgreiche Milieumission, gerät eine wesentliche Dimension des Kircheseins aus dem Blick.

2 Kybernetische Erkenntnis und evangelisches Bekenntnis

Entwicklungen im Bereich des Gemeindeaufbaus lassen sich sowohl für die Theorie als auch die Praxis nur schwer auf einen Nenner bringen. Es gilt, was Ernst Lange schon vor dreissig Jahren feststellte, dass Kirche kein einheitliches System, «sondern ein Spielfeld divergierender und konfligierender Partialsysteme»[32] sei. Das Schiff, das sich Gemeinde nennt, ist in Wirklichkeit ein Flottenverband. Die einzelnen Schiffe steuern unterschiedliche Zielhafen an. Von einer Steuerung der Kirche in *eine* Richtung kann im Ernst keine Rede sein.

Lange zog aus diesem Befund damals die Konsequenz, «dass die Kirche für andere nur und gerade so Kirche für alle sein kann, dass sie vor allem Kirche für die Letzten ist, also in unserer Gesellschaft Kirche für die Alten, für die Behinderten, für die Gastarbeiter, für die Kinder».[33] Hinter dieser Aussage steht Bonhoeffers bekanntes Diktum aus «Widerstand und Ergebung» von der Kirche, die nur dann eine Existenzberechtigung habe, wenn sie für andere da sei.[34] Bei Lange wird

31 Vgl. dazu Hans Hobelsberger u. a. (Hg.), Experiment Jugendkirche. Event und Spiritualität, Kevelaer 2003, sowie das Themenheft: «Jugend, Bildung und Religion», PTh 94/1 (2005).

32 Ernst Lange, Bildung als Problem und als Funktion der Kirche, in: Joachim Matthes (Hg.), Erneuerung der Kirche – Stabilität als Chance?, Gelnhausen 1975, 208f.

33 Ebd.

34 Dietrich Bonhoeffer, Widerstand und Ergebung. Briefe und Aufzeichnungen aus der Haft, hg. von Christian Gremmels u. a., Gütersloh 1998, 261.

der Satz zum Programm *sine qua non*.[35] Tatsächlich lassen sowohl die Programme der Kirchenreform Ende der 1960er-Jahre als auch der missionarische Gemeindeaufbau der 1980er-Jahre eine Tendenz zu handlungs- und strukturbezogenen absoluta erkennen.[36] Andere sehen die Zeit für eine evangelistische Offensive gekommen, von der die Zukunft bzw. die Existenzberechtigung der Volkskirche abhängt. Aber auch Ansätze, die stärker die Rolle der Pfarrer als geistlicher Leiter unterstreichen, lassen eine stark programmatische Tendenz erkennen.[37]

Kühler und sachlicher präsentieren sich hingegen die neuen Spielarten der Kirchenentwicklung, die stärker technisch orientiert sind und eher im Zusammenhang von Reform und Restrukturierung in Anschlag gebracht werden. Wo für die Steuerung der Kirche Methoden des Non-Profit-Managements in Anspruch genommen werden, geht es vor allem um die *pragmatische Optimierung* vorhandener Programme. Allerdings löst die Frage, wie dieses Methodenrepertoire eingesetzt werden soll, unweigerlich inhaltliche Kontroversen aus.

Angesichts dieser Divergenzen drängt sich das Fazit auf, dass sich weder auf prinzipieller noch auf konzeptioneller noch auf technischer Ebene ein Konsens erkennen lässt, was unter Gemeinde zu verstehen und wie ihr Aufbau zu gewärtigen ist. Dass innerhalb der Volkskirche verschiedene Reformprogramme nebeneinander durchgeführt werden, die sich inhaltlich und strategisch weder auf einen noch auf zwei Nenner bringen lassen, ist Ausdruck der konfusen kybernetischen Situation im beginnenden 21. Jahrhundert. Wer auf den Tag wartet, an dem eine für alle gültige und stimmige Definition gefunden wird, kehrt der Volkskirche besser heute als morgen den Rücken oder wartet fröhlich auf den jüngsten Tag.

Eine nüchterne Einschätzung der real existierenden Volkskirche sollte aber niemanden daran hindern, sich zum christlich heiligen Volk zu bekennen. So sind auch die Artikel der Kirchenordnung der evangelisch-reformierten Landeskirche des Kantons Zürich zu lesen – als Bekenntnis zur Gemeinde in der Volkskirche:

> «Gemeinde wird gebaut durch Gottes Geist, wo Menschen im Glauben gestärkt werden, neue Lebenskraft, Orientierung und Hoffnung finden und ihren Glauben in der Gemeinschaft leben können. Gemeindeaufbau schafft Raum für die Gemeinschaft im Feiern, Hören auf Gott, im Beten und Dienen sowie im Mitwirken der Mitglieder gemäss ihrer Begabungen. Gemeindeaufbau bedeutet, dass Menschen für die Nachfolge Christi und seine Gemeinde gewonnen werden, dass die Gemeinde das Evangelium be-

35 Vgl. Ernst Lange, Kirche für die Welt. Aufsätze zur Theorie des kirchlichen Handelns, hg. und eingeleitet von Rüdiger Scholz, München/Gelnhausen 1981, 19ff.

36 So Peter Bloth, Praktische Theologie, Stuttgart/Berlin/Köln 1994 (Grundkurs Theologie 8), 107. Zu den «absoluta» vgl. ebd., 102ff.

37 Dies ist auf dem Hintergrund einer stärkeren Betonung der spirituellen Dimension des Christseins in den vergangenen Jahren zu interpretieren. Das viel zitierte Diktum Karl Rahners bringt es auf den Punkt: «Der Fromme von Morgen wird ein Mystiker sein, einer, der etwas erfahren hat, oder er wird nicht mehr sein.» Karl Rahner, Zur Theologie des geistlichen Lebens, in: Schriften zur Theologie, Bd. 7, Zürich 1964, 22.

zeugt und den Dienst der Vermittlung und Versöhnung in der Gesellschaft wahrnimmt. Gemeinde wird gebaut als Kirche am Ort in der Kirchgemeinde und als Kirche am Weg in übergemeindlichen, regionalen und gesamtkirchlichen Aufgaben, Projekten und Werken.»[38]

38 Kirchenordnung der Evangelisch-reformierten Landeskirche des Kantons Zürich, in: Loseblattsammlung der kantonalen Gesetzessammlung (Kanton Zürich), Bd. 2, Nr. 181.10, Artikel 86, Absatz 1–4 (Stand: 1. September 2010).

Seelsorge in reformierten Kirchen der Schweiz

Angebote in Gemeinden, psychosozialen Institutionen, Medien und öffentlichen Räumen

Christoph Morgenthaler

Seelsorge ist die «Muttersprache der Kirche»[1]. Die Metapher wird immer wieder zitiert, um die Bedeutung der Seelsorge für Kirchen im westeuropäischen Kontext zu illustrieren. Wie aber wird der damit verbundene Anspruch eingelöst? Reformierte Volkskirchen der Schweiz haben – verstärkt in den letzten 50 Jahren – ein dichtes Netz von seelsorglichen Angeboten aufgebaut, das weit über den parochialen Kreis hinaus reicht. Nicht nur im Kontext von Kirchgemeinden, sondern auch in psychosozialen Institutionen, Notfallorganisationen, in öffentlichen Räumen oder den Kommunikationsmedien sind Kirchen mit ihren Seelsorgenden präsent, in Form seelsorglicher Begleitung, oft gekoppelt mit gottesdienstlichen und erwachsenenbildnerischen Angeboten.[2]

1 Seelsorge im Gemeindekontext

Die parochiale Organisation der Kirchen ermöglicht in der Schweiz seit Jahrhunderten ein flächendeckendes, bevölkerungsnahes Angebot von Seelsorge. Seelsorge ist je nach Gemeinde und den besonderen Herausforderungen des Umfelds unterschiedlich, oft mit spezifischen Akzenten ausgebildet. Zwei Schwerpunkte dieser Seelsorge seien hervorgehoben:

1.1 Seelsorge im Umfeld von Kasualien

Das Angebot kirchlicher Kasualien ist gerade in reformierten Kirchen immer noch stark verankert, wenn auch nicht mehr bei allen Kasualien in gleicher Wiese. Die Kasualien bieten Gelegenheit, Menschen in wichtigen Übergängen ihres Lebens zu begleiten, zu beraten und zu unterstützen, denn sie flankieren einige der wichtigsten Übergänge im Familienlebenszyklus: Paarbildung (Trauung), die

1 Petra Bosse-Huber, Seelsorge – die «Muttersprache» der Kirche, in: Anja Kramer/Freimut Schirrmacher, Seelsorgliche Kirche im 21. Jahrhundert. Modelle – Konzepte – Perspektiven, Neukirchen/Vluyn 2005, 11.

2 Ein Klassiker der Seelsorgeliteratur bildet die Vielfalt der Seelsorge, die in Deutschschweizer Kirchen in Gemeinden und Spitälern angeboten wird, mit kommentierten Seelsorgeprotokollen lebendig ab. Es handelt sich um: Hans van der Geest, Unter vier Augen. Beispiele gelungener Seelsorge, Zürich 2010, 8. Aufl. Van der Geest baute in der Schweiz die Klinische Seelsorgeausbildung (CPT) auf und bildete von 1971 an während vieler Jahre Pfarrerinnen und Pfarrer in Seelsorge weiter. Die Protokolle stammen aus dieser Arbeit.

Umorganisation zur Familie, wenn Kinder geboren werden (Taufe), später das beginnende Erwachsenwerden (Konfirmation) und schliesslich, besonders einschneidend, den Verlust eines Familienangehörigen (kirchliche Bestattung).[3] In einer integrierten Amtshandlungspraxis können grundlegende existentielle Fragen thematisiert, «Segensräume»[4] eröffnet und in evangelischer Perspektive Impulse zur Deutung und Gestaltung des Lebens gegeben werden – im vorbereitenden Gespräch, in der liturgischen und homiletischen Ausgestaltung des Kasus selbst und durch daran anschliessende Initiativen (wie Nachbesuche oder und Bildungsangebote).

1.2 Hausbesuch

Hausbesuche haben in den reformierten Kirchen eine lange Tradition[5] und ermöglichen ein niederschwelliges Angebot von Seelsorge, gerade für Menschen, die Seelsorgende nie von sich aus aufsuchen würden (geschweige denn Vertreter anderer Professionen, die sich um das psychische Wohl bemühen wie Psychologinnen oder Psychiater). Die Themen solcher Gespräche werden alltagsnah und kleinräumig ausgehandelt, bewegen sich auf der Ebene der Konversation, führen aber häufig auch in biographische und emotionale Tiefen. Anlass zu solchen Besuchen geben Geburtstage und andere hohe Feiertage, aber auch besondere Bedürfnisse von Gemeindegliedern. Trauernde werden nach der kirchlichen Bestattung oft nochmals besucht. Je nach Verarbeitung des Verlusts kann sich daran eine vertiefte Trauerbegleitung anschliessen. Menschen in Kirchgemeinden sind auch heute solchen Besuchen gegenüber erstaunlich aufgeschlossen. In der «Gehstruktur» von Seelsorge, die beim Hausbesuch besonders anschaulich wird, zeigt sich auch theologisch Relevantes: Eine solche seelsorgliche Initiative kann auch als Zeichen der zuvorkommenden Gnade Gottes erfahren werden.[6]

1.3 Andere Formen der Seelsorge im Gemeindekontext

Weil sich Seelsorgende in ihren Kirchgemeinden in der Lebenswelt der Gemeindeglieder bewegen, sind sie leicht erreichbar und bekannt, werden deshalb nicht selten bei Krisen angesprochen und unterstützen dann Menschen oft auch in Kooperation mit den Gesundheitsdiensten an Ort und in der Region. Eine wichtige Funktion in der psychosozialen Versorgung spielen sie auch dadurch, dass sie problembelastete Gemeindeglieder an andere Dienste überweisen. Eine vertiefende, religiös-existentielle seelsorgliche Beratung ist in der Gemeinde nur in

3 Vgl. Christoph Morgenthaler, Systemische Seelsorge. Impulse der Familien- und Systemtherapie für die kirchliche Praxis, Stuttgart [5]2014, 5.

4 Ulrike Wagner-Rau, Segensraum. Kasualpraxis in der modernen Gesellschaft, Stuttgart u. a. [2]2008.

5 Diese ist allerdings nicht unbelastet, dienten Hausbesuche nach der Reformation doch auch der obrigkeitlichen Visitation häuslicher Lebensverhältnisse.

6 Vgl. Van der Geest, Unter vier Augen (Anm. 2), 83ff.

Einzelfällen möglich, kann aber wichtige Impulse zur religiösen Entwicklung geben.

Der Blick ist zudem in Richtung Freiwilligenarbeit zu weiten. In den meisten Kirchgemeinden gibt es Besuchsdienste und andere Formen des freiwilligen Einsatzes von Gemeindegliedern in der Seelsorge. Diese werden von Pfarrerinnen und Pfarrern begleitet und geschult und zeugen davon, dass Seelsorge gerade in der reformierten Tradition als eine Lebensfunktion der ganzen Gemeinde und nicht allein als die Aufgabe einer Profession verstanden werden kann.

Wichtig sind im Kontext von Kirchgemeinden schliesslich Schnittstellen zwischen Seelsorge und Diakonie. Reformierte Kirchgemeinden und Gemeindeverbände unterhalten meist diakonische Stellen, denen das Wohl der Menschen eben so sehr in ihr Pflichtenheft geschrieben ist wie den Seelsorgenden. So gibt es viele Überschneidungen zwischen Seelsorge und Diakonie, enthalten doch seelsorgliche Begleitungen auch diakonische Dimensionen, diakonische Angebote aber auch seelsorgliche Aspekte.

1.4 Besondere Herausforderungen

Wichtig ist die Integration der Seelsorge in die gesamte Gemeindearbeit. Querverbindungen zwischen den verschiedenen Tätigkeitsbereichen im Pfarramt können fruchtbar gemacht werden, wenn beispielsweise die Schnittstellen zwischen Konfirmandenunterricht und Seelsorge erkundet werden,[7] wenn nach dem Gottesdienst ein kurzes seelsorgliches Gespräch möglich wird oder erwachsenenbildnerische Angebote zu Themen wie Ehe/Partnerschaft, Trauer, Depression gemacht werden, die auch präventiv wirken können. Die Seelsorge in Kirchgemeinden stösst aber auch an Grenzen: Diese liegen an den begrenzten zeitlichen Ressourcen von Pfarrerinnen und Pfarrern und an Lücken in der Weiterbildung. Kasualien werden zunehmend selektiv beansprucht. Menschen sind heute zudem mobil und leben «multizentrisch» nicht nur an ihrem Wohnort, sondern auch dort, wo sie arbeiten und ihre Freizeit verbringen (und dies ist oft ausserhalb der zuständigen Kirchgemeinde). Andere seelsorgliche Angebote der reformierten Kirchen ergänzen deshalb das, was in einer Gemeinde geleistet werden kann.

2 Seelsorge im Kontext gesellschaftlicher Institutionen

Kirchen sind seit langem auch in gesellschaftlichen Systemen präsent, die, wie Spital oder Gefängnis, in der Neuzeit je zur Behandlung bestimmter gesellschaftlicher Thematiken ausdifferenziert wurden. Was innerhalb dieser Institutionen mit den jeweiligen Praktiken und Deutungscodes zweckrational nicht bewältigbar

7 Vgl. Thomas Schlag, Seelsorge in der Konfirmationsarbeit, in: Isabelle Noth/Ralph Kunz, Nachdenkliche Seelsorge – seelsorgliches Nachdenken. FS für Christoph Morgenthaler zum 65. Geburtstag, Göttingen 2012, 277–295.

ist (Fragen nach Sinn, Leiden, Tod, Gerechtigkeit, Versöhnung usw.), wird in die Seelsorge ausgelagert, die solche Fragen mittels ihres eigenen Deutungscodes und ihrer rituellen Vollzüge angeht, indem sie Immanentes auf Transzendentes bezieht.[8] Das begleitende seelsorgliche Gespräch steht dabei im Vordergrund, meist sind damit aber auch gottesdienstliche Angebote und erwachsenenbildnerische Angebote verbunden. Seelsorgende müssen sich in dem jeweiligen systemischen Zusammenhang in enger Kooperation mit anderen Professionen bewegen und arbeiten lernen und ihr Handlungs- und Deutungsangebot plausibel und einsichtig machen können.

2.1 Seelsorge im Spital

Einen eigentlichen Aufschwung erlebte die Spitalseelsorge im Zuge der Seelsorgebewegung von Mitte des letzten Jahrhunderts an.[9] Reformierte Seelsorge ist heute in den meisten Spitälern, aber auch in anderen Institutionen (z. B. für alte Menschen, für Menschen mit einer Behinderung oder für Demenzkranke) präsent. Im Zuge des Ausbaus der «palliative care» wird die Bedeutung von «spiritual care» als eine der Grunddimensionen einer holistischen Begleitung von Kranken und Sterbenden heute zunehmend anerkannt.[10] Die konkreten Verhältnisse – Anstellungsformen wie Teil- oder Vollzeitstellen, Pflichtenhefte, institutionelle Einbindung, Finanzierung, konfessionelle Ausrichtung und ökumenische Zusammenarbeit – unterscheiden sich dabei im Einzelnen stark. Viele dieser Angebote werden von Kirchen oder Gemeindeverbänden getragen, oft werden sie aber auch ganz oder teilweise durch die betreffenden Institutionen selbst finanziert. Bei allen Unterschieden werden aber ähnliche Ziele verfolgt: Es geht um die Begleitung von Menschen bei akuten Gesundheitskrisen, bei chronischen, degenerativen Entwicklungen, besonders aber auch bei Sterben, Tod und Trauer. Seelsorgliche Präsenz eröffnet Räume, in denen existentielle und spirituelle Fragen zur Sprache kommen können, für die in den medizinischen Handlungsroutinen sonst kaum Zeit zur Verfügung steht. Seelsorgliche Angebote werden im Blick auf die jeweils spezifischen Problemstellungen profiliert und professionalisiert. Seelsorge auf einer Abteilung für schwerkranke Kinder ist anders ausgerichtet als in einer Institution für Demenzkranke. In allen Fällen ist eine gut abgestimmte und vertrauensvolle Zusammenarbeit mit den zuständigen Berufsgruppen, insbesondere den Pflegenden, nötig. Auch bei der Spitalseelsorge handelt es sich weitgehend um

8 Vgl. Günther Emlein, Die Eigenheiten der Seelsorge. Systemtheoretische Überlegungen, Familiendynamik 31, 2006, 216–239.

9 Vgl. Rudolf Albisser/Adrian Loretan (Hg.), Spitalseelsorge im Wandel, Wien 2007.

10 2010 wurde in der Schweiz vom Bund eine Nationale Strategie Palliative Care initiiert, in welche den spirituellen neben den somatischen, psychischen und sozialen Bedürfnissen eine konstitutive Bedeutung zugemessen wird: Vgl. Bundesamt für Gesundheit (BAG) und Schweizerische Konferenz der kantonalen Gesundheitsdirektorinnen und -direktoren (GDK), Nationale Leitlinien Palliative Care, Bern 2010.

aufsuchende Seelsorge.[11] Menschen werden aufgrund ihrer konfessionellen Zugehörigkeit oder wegen bestimmter Problematiken besucht, können ein solches Gespräch aber jederzeit auch ablehnen. Seelsorge wird auch krankheits- und situationsspezifisch angefordert, im Umfeld von Sterben und Tod oder bei ausdrücklich religiösen Bedürfnissen und Belastungen. Gerade in grossen Zentrumsspitälern gehört die Begleitung von Menschen, die keiner Kirche oder Konfession angehören, meist ebenfalls zum Pflichtenheft der Seelsorge. Seelsorge ist oft auch gefordert, wenn Kranke bei einer anderen als der christlichen Religion Hilfe und Unterstützung suchen, und übernimmt hier eine stellvertretende Funktion. Die zunehmende Komplexität medizinischer Entscheidungen hat in vielen Spitälern zur Bildung ethischer Fachgruppen geführt; oft arbeiten Seelsorgende dort mit oder leiten sie solche Gruppen.[12]

2.2 Seelsorge im Straf- und Massnahmenvollzug und anderen Organisationen

Auch hier wurde – im Zuge einer Verwissenschaftlichung und Professionalisierung des Strafvollzugs – das Angebot reformierter Seelsorge ausgebaut und professionalisiert. Andere Themen als in der Spitalseelsorge stehen im Vordergrund (auch wenn heute die Begleitung alternder und kranker Insassen wegen Langzeitstrafen zunehmend Bedeutung erhält): Probleme der Alltagsgestaltung, die sich aus dem Leben in einer totalen Institution ergeben, Fragen nach Sinn, Hoffnung und Zukunft, aber auch Bedürfnisse nach Klärung und Deutung biographischer Zusammenhänge und Verhängnisse bis hin zur kriminellen Tat. Seelsorgliche Präsenz, das entlastende und konfrontierende Gespräch, aber auch gottesdienstliche und erwachsenenbildnerische Angebote sind Teil der Mitverantwortung, die reformierte Kirchen für den Strafvollzug übernehmen. Effektive seelsorgliche Arbeit im Strafvollzug geschieht dabei aus einer Position kritischer Solidarität. Ohne Integration in das System des Straf- und Massnahmenvollzugs ist keine Seelsorge möglich; gleichzeitig wird durch eine oft spezielle organisatorische Einbindung und die kirchliche Anstellung systemisch auch eine gewisse Distanz zur Organisation geschaffen, welche in der Begleitung von Insassinnen und Insassen spezifische Möglichkeiten ergibt, allerdings auch immer neu konfliktanfällig ist.

Armeeseelsorge und Polizeiseelsorge bieten ähnliche Herausforderungen, aber auch Möglichkeiten der seelsorglichen Begleitung. In der Armeeseelsorge übernehmen reformierte Seelsorgende seit langem Aufgaben der seelsorglichen Begleitung von Armeeangehörigen bei privaten Problemen und Problemen, die sich aus dem Militärdienst ergeben (z. B. Klärung von Gewissensfragen). Männer stehen

11 Vgl. Urs Winter-Pfändler/Christoph Morgenthaler, Rollen und Aufgaben der Krankenhausseelsorge in den Augen von Stationsleitungen – eine Untersuchung in der Deutschschweiz, Wege zum Menschen 62, 2010, 585–597.

12 Vgl. Ulrich H. J. Körtner, Ethik im Krankenhaus. Diakonie – Seelsorge – Medizin, Göttingen 2007.

sonst oft am Rande der Seelsorge; hier rücken sie mit ihren spezifischen Themen und Bewältigungsformen ins Zentrum. Seelsorge für Polizei- und Rettungskräfte – insbesondere die Unterstützung in menschlich höchst belastenden Situationen – wurde auf breiterer Basis erst in Zürich aufgebaut.[13]

2.3 Besondere Herausforderungen

Zu den besonderen Herausforderungen dieser Seelsorge gehören: die Aneignung problemspezifischer Kompetenzen, die eine professionelle Zusammenarbeit mit den zahlreichen Berufsgruppen erst ermöglichen, die in solchen Institutionen tätig sind; die hermeneutische Kunst, Themen des christlichen Glaubens gerade aus reformierter Sicht mit Themen und Herausforderungen der jeweiligen Lebenslagen zu verbinden; die Fähigkeit, sich im «Zwischenraum» der psychosozialen Hilfsangebote zu bewegen und die eigene theologische Identität selbstbewusst und kommunikativ weiterzuentwickeln. Besondere Herausforderungen ergeben sich zudem aus der fortschreitenden Pluralisierung religiöser Orientierungen in der Schweiz. Spital und Strafvollzug sind bevorzugt Orte, an denen Angehörige unterschiedlicher Kulturen und Religionen aufeinandertreffen. Seelsorgende sind hier auch mit ihrer religionswissenschaftlichen Kompetenz gefragt. Zunehmend stellt sich allerdings die Frage, inwiefern die Seelsorge an muslimischen, hinduistischen oder sonst religiösen Personen nicht durch Geistliche der entsprechenden Religion erfolgen sollte. Seelsorgende in Spitälern und im Straf- und Massnahmenvollzug sind auch bei der Klärung damit verbundener religionsrechtlicher, organisatorischer und bildungspolitischer Probleme Gesprächspartner. Zunehmend findet der Begriff «spirituelle Begleitung» Eingang in den Sprachgebrauch entsprechender Institutionen. Seelsorge findet darin als Teil einer umfassenden Begleitung von Kranken Anerkennung. Der Begriff «Spiritualität» wird aber zunehmend in Abgrenzung von kirchlich und konfessionell gebundener Religiostät verstanden, manchmal mit einer kritischen Spitze gegen die Angebote der traditionellen, auch reformierten Seelsorge. Wenn «spiritual care» aber zunehmend auch als Aufgabe anderer Berufsgruppen (von Pflegenden und sogar Ärzten) gesehen wird, fordert dies die reformierten Seelsorgenden dazu heraus, ihr Angebot in Konkurrenz zu anderen Berufsgruppen weiter zu profilieren.

3 Ausbau spezialisierter Seelsorgedienste durch die Kirchen

Reformierte Landeskirchen haben in den vergangenen Jahrzehnten, oft herausgefordert durch akute gesellschaftliche Probleme, Seelsorgedienste aufgebaut, die auf spezifische Bezugsgruppen (z. B. Gehörlose) ausgerichtet sind. Je nach Kantonalkirche (und oft auf Initiative charismatischer Persönlichkeiten) kam es dabei

13 Vgl.: www.polizeiseelsorge.ch (Zugang: 31.8.2014).

zu unterschiedlichen Akzentsetzungen (z. B. Aargau: palliative Care; Zürich und Basel: AIDS-Seelsorge). Exemplarisch sei ein Typus solcher Angebote skizziert.

3.1 Ehe- und Partnerschaftsfragen

Beratung in Ehe- und Partnerschaftsfragen, wie sie beispielsweise in den reformierten Kirchen Bern-Jura-Solothurn in einem regionalen Netzwerk von zehn Beratungsstellen mit meist geringem Kostenaufwand für die Betroffenen angeboten wird,[14] entwickelte sich Mitte des 20. Jahrhunderts und sollte der Stärkung des Ehe- und Familienlebens dienen. Mit den demographischen Umbrüchen und Verschiebungen in den 1970er-Jahren (schnelle Zunahme der Zahl von Ehescheidungen und neuer Formen des Zusammenlebens) wurde die Begleitung von Paaren, Familien und Einzelpersonen in Krisensituationen zur zentralen Aufgabe dieser Stellen. In solchen Stellen arbeiten meist interdisziplinäre Teams von theologischen und psychologischen Fachkräften mit einer Zusatzausbildung in Ehe- und Familientherapie. Dabei geht es um die Förderung der Beziehungsfähigkeit der Hilfesuchenden, um Unterstützung beim Umgang mit neuen, konfliktanfälligen Lebensformen, um Begleitung bei der Bewältigung von Konflikten und belastenden Ereignissen in einer Partnerschaft (wie einer Aussenbeziehung), oft auch um Beratung in Scheidungssituationen.

4 Seelsorgeangebote in Medien

Die Telefonseelsorge, in der Schweiz als «Dargebotene Hand» bekannt (Telefon 143), wurde in den 1950er-Jahren initiiert und stösst auch heute in der Bevölkerung auf ausgesprochen grosse Zustimmung:[15] Zwölf regional verankerte, unabhängige Organisationen sind heute unter einem gemeinsamen Dach nach international geltenden Grundsätzen zusammengeschlossen. Die Teams werden von Hauptamtlichen geleitet (2013: 27 Vollzeitstellen[16]) und von sorgfältig ausgewählten und geschulten Freiwilligen getragen (622 Personen). Telefonseelsorge wird von Jahr zu Jahr häufiger beansprucht (mehr als 220 000 Telefonkontakte, täglich gegen 600 Mal, davon 156 000 eigentliche Gespräche und Beratungen, ein Drittel mit Männern). Neuerdings wird diese Seelsorge auch über Mail und Chat angeboten (4800 Online-Kontakte, 80% der Nutzer/innen sind unter 41-jährig), zur Suizidprävention auch in Zusammenarbeit mit Facebook. Internet-Seelsorge (auch über SMS und in Foren) wird auch durch andere Träger angeboten (z. B. www.seelsorge.ch). Die leichte Zugänglichkeit und Anonymität des Angebots führen dazu, dass besonders schwierige, tabuisierte Themen wie Suizi-

14 Vgl. www.berner-eheberatung.ch (Zugang: 31.8.2014).

15 Vgl. www.143.ch (Zugang:31.8.2014). Grundsätzlich: Traugott Weber (Hg.), Handbuch Telefonseelsorge, Göttingen ²2006.

16 Auch die folgenden Zahlen beziehen sich auf das Jahr 2013; vgl. www.143.ch (Zugang: 31.8.2014).

dalität, Gewalt und Selbstverletzung direkter angesprochen werden und Menschen in schwierigen Lebenssituationen, die sonst kaum erreichbar wären, zeitnah unterstützt werden können.

5 Seelsorge im öffentlichen Raum

Reformierte Kirchen gehen zusammen mit ihren Schwesterkirchen zudem dorthin, wo sich die Wege unzähliger Menschen kreuzen (und wo sie manchmal kollidieren), in Bahnhöfe, auf Flugplätze, in Einkaufszentren, aber auch auf Unfallplätze.

5.1 Bahnhof- und Flugplatz- und Citykirchenseelsorge

Die Herausforderungen zunehmender Mobilität wurden gerade im grössten urbanen Ballungszentrum der Schweiz, der Agglomeration Zürich, erkannt. Die «Bahnhofkirche Zürich» stellt nicht nur einen Raum der Stille zum Zwischenhalt zur Verfügung, sondern hat auch «offene Türen» zu Seelsorge und diakonischer Beratung.[17] Neben Glaubensfragen werden allgemeine Lebensfragen, finanzielle Probleme, Krisen und Sucht zum Thema. Zunehmend hohe Anforderungen bietet der Umgang mit marginalisierten und psychisch schwer belasteten Menschen, die Unterstützung suchen. Ähnliche Angebote macht das Flughafenpfarramt zürichairport:[18] Seelsorge für Reisende und Asylsuchende, Seelsorge beim Personal, das Angebot von Gottesdiensten und kirchlichen Handlungen und Schulung in Notfallseelsorge gehören zu den Aufgaben des auch hier ökumenisch zusammengesetzten Seelsorgeteams. Kirchgemeinden in Stadtzentren öffnen ihre Kirchenräume nicht nur für kulturelle Anlässe, sondern auch für Gespräche. In Citykirchen wie der Offenen Kirche Elisabethen Basel, der Heiliggeistkirche in Bern und der reformierten Kirche Offener St. Jakob in Zürich werden Gesprächsangebote je von einem grossen Team Freiwilliger getragen. Offenheit für Menschen ohne Rücksicht auf ihre Herkunft, Niederschwelligkeit, Alltagsnähe und Vertraulichkeit sind Markenzeichen dieser Form von Seelsorge.

5.2 Notfallseelsorge

Im Laufe der 1990er-Jahre stieg das Bewusstsein für die Notwendigkeit psychosozialer Unterstützung Betroffener bei akuten Notfällen. Der Aufbau von «Careteams» in den Kantonen wurde in enger Kooperation mit kantonalen Behörden massgeblich auch von Kirchen mitgetragen. Die verschiedenen Notfallorganisationen sind seit 2002 gesamtschweizerisch in der Arbeitsgemeinschaft Notfallseelsorge Schweiz (AG NFS CH) zusammengeschlossen und orientieren sich an ge-

17 Vgl. www.bahnhofkirche.ch (Zugang: 31.8.2014).
18 Vgl. www.flughafenpfarramt.ch (Zugang: 31.8.2014).

meinsamen Arbeitsstandards.[19] Das Spektrum von Akutsituationen, bei denen auch reformierte Seelsorgende aufgeboten werden, ist gross: Betroffene werden beispielsweise nach überraschenden Todesfällen und Suiziden, nach Verkehrs-, Arbeits- und Badeunfällen, nach Bränden oder häuslicher Gewalt begleitet. Careteams stehen zudem anlässlich von Grossereignissen im Einsatz oder auf Pikett. Oft sind Seelsorgende auch beim Überbringen von Todesnachrichten beteiligt. Das Ziel der Notfallseelsorge ist es, Spätfolgen eines traumatisierenden Ereignisses zu verhindern oder zu vermindern. Hilfe erfolgt schnell und unabhängig von Weltanschauung oder Konfession. Voraussetzung dafür ist eine gute Pikettorganisation. Die seelische Nothilfe bei Opfern, Zeugen, Angehörigen und Einsatzkräften nach oft traumatischen Erfahrungen erfordert zudem spezifische Kompetenzen und Kenntnisse in Psychotraumatologie (zur psychischen Stabilisierung und Wiederherstellung der Handlungsfähigkeit in der Akutsituation, längerfristig z. B. zur posttraumatischen Belastungsstörung). Zudem sind die Seelsorgenden herausgefordert, den Betroffenen auf Wunsch die Ressourcen von Glauben/Spiritualität und religiösen Ritualen situationsgerecht zugänglich zu machen. In Notfallsituationen arbeiten Seelsorgende zudem eng mit anderen Diensten zusammen, die je nach Situation involviert sind (Polizei, Feuerwehr, Sanität).

6 Professionalisierung von Aus- und Weiterbildung in Seelsorge

Das breite Angebot seelsorglicher Dienste, das hier dargestellt wurde, ist nicht zuletzt der Seelsorgebewegung zu verdanken, die von den USA und Holland herkommend Mitte des 20. Jahrhunderts auch die reformierten Kirchen der Deutschschweiz erfasste. Es wurden neue Aus- und Weiterbildungsangebote entwickelt, das Bewusstsein der Kirchen für die Bedeutung der Seelsorge geschärft und das Angebot der Seelsorge spezialisiert und professionalisiert. In ein breites Weiterbildungsangebot für Seelsorgende investieren die reformierten Kirchen der Schweiz bis heute finanziell und ideell viel. Neben kürzeren Kursen werden lange, berufsbegleitende Weiterbildungen in Seelsorge angeboten. Viele dieser Kurse stehen in der Tradition der Klinischen Seelsorgeausbildung (CPT); in jüngerer Vergangenheit entwickelten sich zudem neue konzeptionelle und sektorielle Gestalten der Seelsorgeweiterbildung (systemische und lösungsorientierte Seelsorge resp. Weiterbildung für Seelsorge im Straf- und Massnahmenvollzug, Alters- und Krankenheimseelsorge). Seit einigen Jahren ist es möglich, in diesen Ausbildungsgängen ein von der Theologischen Fakultät der Universität Bern in Kooperation mit den Deutschschweizer Reformierten Kirchen verliehenes Zertifikat, Diplom oder einen Master in Seelsorge und Pastoralpsychologie zu erwerben.[20]

19 Gemeinsames Portal: http://notfallseelsorge.ch (Zugang: 31.8.2014).
20 Vgl. www.aws-seelsorge.ch (Zugang: 31.8.2014).

7 Schluss

Seelsorge ist die Muttersprache der Kirche. Auch reformierte Kirchen in der Schweiz sprechen also diese Sprache – in sehr unterschiedlichen Dialekten, wie die vorangehenden Abschnitte gezeigt haben; es ist eine Sprache der Emotionen, der Zuwendung, des Trostes; es ist aber auch eine Sprache mit Brüchen und Lücken, die – von Stille gesäumt – Raum lässt fürs Unsägliche und Unsagbare; und es ist eine Sprache, die sich immer wieder inspirieren und herausfordern lässt von den Sprachen der biblischen und kirchlichen Tradition.

Seelsorgende, die diese Sprache sprechen, sind das menschenzugewandte Gesicht einer Institution, der nicht selten ein gewisses Misstrauen gilt. Kirche wird in ihnen als Kirche für andere erfahrbar, die ihre Dienste vorbehaltlos allen zur Verfügung stellt. Ihren Stellvertretern vor Ort öffnen sich auch heute in erstaunlicher Weise Türen und Herzen. Was wäre die schweizerische Gesellschaft ohne solche kirchlichen Seelsorgeangebote? Ganz gewiss wäre sie kälter, unmenschlicher und ärmer. Der seelsorgliche und diakonische Leistungsnachweis wird denn auch zunehmend wichtig, wenn es um die Neubestimmung des Verhältnisses von Kirchen und Staat geht. Was wären reformierte Kirchen ohne diese ihre Seelsorge? Auch das kann mit Fug und Recht gefragt werden. Gerade im Dienst am Anderen, Fremden, am Rand der Normalität finden sie zu ihrem zentralen Auftrag und zu sich selbst.

Spiritualität in oder jenseits der Volkskirche?

Versuch einer Bestandesaufnahme[1]

Simon Peng-Keller

Spiritualität wird heute gemeinhin als ein transkonfessionelles und transreligiöses Phänomen betrachtet. Doch ist dieses Verständnis selbst eines von vielen. Wer heute von «Spiritualität» spricht, kann damit sehr Unterschiedliches bezeichnen. Es in konkreter Weise zu tun, bedeutet auch, sich in bestimmter Weise in oder gegenüber volkskirchlichen Realitäten zu positionieren. Konfessionelle Unterschiede spielen in diesem Zusammenhang offenkundig eine wichtige Rolle. Denn während die Rede von Spiritualität innerhalb der katholischen Welt gängig ist und sich in vielfältiger Weise ausfächert (franziskanische Spiritualität, Ehespiritualität, Taufspiritualität usw.), ist in manchen Teilen der Reformierten Kirche dieselbe Rede nach wie vor negativ besetzt.[2] Wenn in diesem Beitrag dem Verhältnis zwischen «Spiritualität» und Volkskirche nachgegangen werden soll, dann muss auch auf diese unterschiedlichen Sprechweisen geachtet werden. Die Sache, um die es hier geht, erschliesst sich nicht nur, aber auch durch die Sprache, die für sie benutzt wird.

Um innerhalb des vorgegebenen Rahmens eine gewisse Tiefenschärfe gewinnen zu können, beschränke ich mich auf die reformierte Situation, der dieser Band gewidmet ist. Zur Ergänzung und Korrektur meiner eigenen, katholisch geprägten Wahrnehmungen habe ich reformierte Pfarrerinnen und Pfarrer befragt, die sich in besonders intensiver Weise mit diesem Thema befassen. Ihren Antworten ist der zentrale Abschnitt meines Beitrags gewidmet. Um meine auf die aktuelle Situation konzentrierten Überlegungen in einem weiteren theologie- und spiritualitätsgeschichtlichen Zusammenhang einzubetten, beginne ich mit einigen Hinweisen auf die gegenwärtig kaum wahrgenommene evangelische Prägung der neuzeitlichen Rede von Spiritualität.

1 Ich danke den reformierten Pfarrerinnen und Pfarrer, die mir wichtige Hinweise zum Thema dieses Beitrags gegeben haben (s. Abschnitt 2), sowie Andreas Hunziker und Ralph Kunz für ihre Rückmeldungen zu einer ersten Fassung dieses Beitrags.

2 Zur konfessionell unterschiedlichen Verwendung dieser Begriffe vgl. Bernd Jaspert, Spiritualität oder Frömmigkeit, Nordhausen 2013. Ich werde die beiden Begriffe weitgehend synonym verwenden.

1 Die Mehrdeutigkeit der Rede von «Spiritualität» und die Verborgenheit ihrer evangelischen Prägung

In seinem sehr instruktiven und für die deutschsprachige Seelsorgelehre einflussreichen *Lehrbuch der Seelsorge* beschäftigt sich der evangelisch-lutherische Theologe Michael Klessmann auf drei Seiten mit dem Thema Spiritualität. Die Art und Weise, in der er es tut, ist kennzeichnend für ein in den protestantischen Kirchen des deutschsprachigen Raums verbreitetes Verständnis. Spiritualität steht hier für kirchlich ungebundene Formen von Religiosität, für synkretistische Suchbewegungen, in denen esoterische Praktiken wie das Pendeln und das Legen von Tarot-Karten gepflegt werden. Entsprechend scharf fällt Klessmanns Urteil aus: «Selbst kirchlich orientierte Menschen machen sich spirituelle Gedanken und Handlungen zu eigen, obwohl beide Sinnsysteme in Spannung zueinander stehen.»[3] Viele, wenn auch längst nicht alle Mitglieder der Reformierten Landeskirchen der Schweiz dürften Klessmanns Sicht teilen. In welchem Masse sie sachlich berechtig ist, mag hier dahingestellt bleiben. Aus begriffsgeschichtlicher Perspektive übersieht sie jedenfalls nicht nur die Herkunft des Reizworts «Spiritualität», sondern auch die Rolle, die evangelische Theologen und Bewegungen in seiner neuzeitlichen Prägung gespielt haben. Die sich im christlichen Abendland seit spätestens dem 5. Jahrhundert herausbildende Rede von *spiritualitas* hat ihren Quellgrund in demselben Textcorpus, das auch für die Reformation entscheidend war: den paulinischen Schriften. Für Paulus war es das entscheidende Kennzeichen christlichen Lebens, dass es pneumatisch, geistbestimmt war. Und er interpretierte die schnell wachsende christliche Gemeinschaft als eine spirituelle Bewegung, die er durch Abgrenzung von einer nomistischen Religiosität in ähnlicher Weise profilierte wie heute manche spirituelle Bewegungen gegenüber den christlichen Kirchen. Grosse Teile der Reformation – und nicht allein ihr spiritualistischer Flügel – haben sich ebenso verstanden: als eine von Gottes Geist erweckte Erneuerungsbewegung, die sich von einer Kirche befreit, die institutionell petrifiziert und den Mächten und Mächtigen dieser Welt versklavt war. Wenn heute manche sich als spirituell identifizierende Menschen diese Selbstbezeichnung in einem Gegensatz zu einer religiösen Zugehörigkeit empfinden, so hat dies reformatorische Vorläufer. In Abgrenzung zur religiösen Veräusserlichung der ihnen vertrauten spätmittelalterlichen Kirche predigten die Reformatoren geistliche Verinnerlichung, und das mitten in dieser Welt und nicht in irgendwelchen religiösen Sonderwelten. Dass dieser reformatorische Impuls auch in die neuzeitliche Prägung des Spiritualitätsbegriffs eingegangen ist, blieb nicht nur der alltagssprachlichen Rede von Spiritualität, sondern auch der akademisch-theologischen Diskussion weitgehend verborgen.

3 Michael Klessmann, Seelsorge. Begleitung, Begegnung, Lebensdeutung im Horizont des christlichen Glaubens, Neukirchen [2]2009, 194.

Dass das Bewusstsein für die evangelische Prägung des Spiritualitätsbegriffs so merkwürdig unterbestimmt ist, dürfte damit zu tun haben, dass es sich hier um eine verwinkelte Geschichte handelt, die an dieser Stelle nur in aller Kürze zusammengefasst werden kann.[4] Die neuzeitliche Rede von Spiritualität formte sich im 17. Jahrhundert im Kontext der mystisch-kontemplativen Bewegungen aus, die gegen Ende dieses Jahrhunderts als «quietistisch» verurteilt wurden. Auf den Flügeln der nordamerikanischen Erweckungsbewegungen des 18. Jahrhunderts wandert der Begriff in die englische Sprache ein. Im Schmelztiegel des «evangelical mysticism» bzw. des «gospel mysticism», der die Schriften der mystischen Autoren des 17. Jahrhunderts (und früherer Epochen) eifrig rezipiert, wird aus *spiritualité spirituality*. Eine massgebliche Rolle zu dieser sprachlichen Immigration dürfte ein bedeutender Immigrant gespielt haben: der Methodistenführer John Fletcher, der als Sohn einer französischen Hugenottenfamilie 1729 als Jean Guillaume de la Fléchère in Nyon geboren wurde und in Genf studierte. Aufgrund der mangelhaften Quellenlage ist derzeit noch ungewiss, wann bei Fletcher der Begriff *spirituality* zum ersten Mal auftaucht. Sicher ist, dass er ihn in einem Brief verwendet, der das Datum des 27. April 1784 trägt. Der frühste datierbare Beleg von *spirituality* findet sich nach derzeitigem Stand der Forschung in einer Schrift des ebenfalls dem *evangelical revival* zuzurechnenden Anglikaners Thomas Hartlex, der 1764 eine *Short Defense of the Mystical Writers* veröffentlicht und darin die Mystiker als die Wächter der «spirituality of true religion» bezeichnet.[5]

Während sich der spirituelle Impuls der Reformation im deutschen Sprachraum u. a. durch Verschmelzung pietistischer, aufklärerischer und romantischer Anliegen in eine intellektuell und ästhetisch geprägte Religion für die Gebildeten transformierte, bekam in den USA die Rede von *spirituality* durch christlich geprägte Transzendentalisten wie Walt Whitman jene transreligiöse Prägung, die dann in der zweiten Hälfte des 20. Jahrhunderts zur dominanten Verwendungsweise wird. Merkwürdig an dieser terminologischen Entwicklung ist es, dass diese vorherrschende, wenn auch nicht alternativlose Rede von Spiritualität ihre christlichen Ursprünge nicht nur vergessen hat, sondern sie, wie das Zitat von Klessman zeigt, sogar von ausgewiesenen Fachleuten als in einem Kontrastverhältnis stehend empfunden werden kann. Die historische Erinnerung könnte in diesem Zusammenhang m. E. nicht nur zu einer Entspannung der Diskussion, sondern auch zu einer erneuerten Sicht auf das Phänomen selbst führen.

4 Eine ausführlichere Darstellung des Folgenden findet sich in: Simon Peng-Keller, Zur Herkunft des Spiritualitätsbegriffs. Begriffs- und spiritualitätsgeschichtliche Erkundungen im Hinblick auf das Selbstverständnis von Spiritual Care, Spiritual Care 3, 2014, 36–47.

5 Eric Leigh Schmidt, Restless souls. The making of American spirituality, Berkeley ^{2}2012, 42.

2 Wahrnehmungen reformierter Pfarrerinnen und Pfarrer

Die eben skizzierten terminologischen Gegebenheiten spiegeln sich teilweise auch in den Antworten der von mir befragten reformierten Pfarrpersonen. Die befragte Gruppe besteht aus Teilnehmer/innen des von der Universität Freiburg und dem Lassalle-Haus angebotenen zweijährigen MAS-Lehrgangs «Christliche Spiritualität. Quellen, Geschichte und heutige Praxis». Gemeinsam ist den befragten Personen das Anliegen, durch theologisches und spiritualitätsgeschichtliches *ressourcement* die eigene Spiritualität zu vertiefen und daraus Impulse für ihre berufliche Tätigkeit zu gewinnen. Von den dreizehn angeschriebenen Absolventen haben sich neun[6] an der Umfrage beteiligt, die aus den folgenden Fragen bestand:

- Wie würdest Du das Verhältnis zwischen (reformierter) «Volkskirche» und «Spiritualität» beschreiben? Welche Phänomene/Entwicklungen sind aus Deiner Einschätzung besonders kennzeichnend dafür?
- Inwiefern stellt die (reformierte) «Volkskirche», so wie du sie gegenwärtig erlebst, einen Ort lebendiger Spiritualität dar bzw. inwiefern nicht?
- Wie können reformierte Pfarrerinnen dazu beitragen, die Spiritualität ihrer Gemeindemitglieder zu stärken?

Da in diesem Fragekatalog «Spiritualität» nicht näher bestimmt wird, waren die Befragten zu einer Näherbestimmung herausgefordert. Aufgrund ihrer intensiven Beschäftigung mit dem Thema ist es wenig erstaunlich, dass alle den Begriff primär auf das bezogen, was sie selbst als zentrale Elemente ihrer reformierten Tradition identifizierten: der Schriftbezug in Verkündigung und persönlicher Praxis, die Pflege von Kirchenmusik und Gemeindegesang sowie die diakonische Orientierung. In den Rückmeldungen fehlte es gleichzeitig nicht an kritischen Hinweisen darauf, dass das spirituelle Gewicht dieser reformierten *essentials* durch einseitige Entwicklungen (wortlastige Gottesdienste, Verlust des Sinns für Stille und Rituale usw.) und innerkirchliche Widerstände gegen neue Entwicklungen oft stark abgeschwächt wird. Für manche ihrer Kollegen stelle «Spiritualität» ein Reizwort dar, das vorwiegend mit esoterischen oder katholischen Praktiken verbunden werde, die unter dem Verdacht der «Werkfrömmigkeit» stehen.

Mit Blick auf die ihnen anvertrauten Gemeinden unterscheiden die befragten Pfarrerinnen und Pfarrer ausdrücklich oder implizit zwischen einer traditionell geprägten reformatorischen Spiritualität und neuen Gestalten spiritueller Praxis. Das führt innerhalb der Gemeinden zu einer Pluralität an Ausdrucksformen, die teilweise in einem Konkurrenzverhältnis zueinander stehen. Kennzeichnend dafür sind die vier Formen von Gottesdiensten, die ein im Kanton Zürich tätiger Pfarrer mitverantwortet: «Nebst dem ‹klassischen› Gottesdienst, der im traditionellen Rahmen und mit Liedgut aus dem reformierten Gesangbuch abläuft, gibt es die

6 Die Befragten, zwei Pfarrerinnen und sieben Pfarrer im Alter von 35 bis 59 Jahren, sind in den Kantonen Bern (4), Zürich (3), Solothurn (1) und Glarus (1) tätig.

Familien- und die Lobgottesdienste sowie die Taizé-Feiern.» Als fünfte, von seiner Kirchenpflege nicht erwünschte Form käme das Angebot einer Zen-buddhistisch geprägten Meditationsgruppe hinzu.

Ein anderer Pfarrer verweist in seiner Rückmeldung auf die von der Reformierten Kirche Glarus kürzlich unter ihren Mitgliedern durchgeführte Umfrage. Sie zeigt, dass Spiritualität und Kirche nicht von vornherein zusammengebracht werden: «Spiritualität hat man selber; die Kirche hat Bibel, Gebete (Unser Vater), Liturgie, Taufe, Religionsunterricht, Gebäude, Musik.» Gemäss dieser Umfrage geniesst die Kirche als diakonische Institution zwar nach wie vor eine breite Unterstützung. Doch erwartet man von ihr kaum Impulse für die Entwicklung einer eigenen Spiritualität. «Die reformierte Kirche», so heisst es in einer anderen Rückmeldung, «wird in der Gesellschaft kaum als ‹Expertin› für Spiritualität wahrgenommen.» Es gehe zwar in der reformierten Verkündigung «um einen ernsthaften Glaubensweg, jedoch nicht um einen bewusst gestalteten inneren Reifungsweg.» Betont werde das äussere Engagement, nicht die innere Vertiefung.

Als Orte lebendiger Spiritualität werden reformierte Gemeinden dort wahrgenommen, wo sie Räume spiritueller Erfahrung anbieten können. Genannt werden in diesem Zusammenhang Lobpreisgottesdienste, Taizé-Gebete, meditativer Tanz und Fastenwochen. Gemeinsam ist diesen Formen spiritueller Praxis, dass sie sowohl dem Wunsch nach erlebter Gemeinschaft als auch der Sehnsucht nach persönlicher Vertiefung entsprechen. Dass solche Angebote jeweils auf eine bestimmte Gruppe innerhalb der Gemeinde zugeschnitten sind und damit eher zu ihrer Pluralisierung als zu ihrer Integration führen, bedeutet für die Gemeindeleitung eine besondere Herausforderung.[7] Spirituelle Verlebendigung und die Aufgabe, die vielen Einzelnen zu einer Gemeinde zu sammeln, treten hier in ein Spannungsverhältnis zueinander. Ein Pfarrer schreibt: «Es ist bezeichnend, dass es heute fast schwieriger ist, den klassischen Gottesdienst zu schützen als neue Formen einzuführen. [...] Die Herausforderung, aber auch die Chance liegt für mich als Theo-Logen darin, das, was die Besucherinnen und Besucher erleben, behutsam im Horizont der christlichen Tradition zu deuten. Dabei mache ich die Erfahrung, dass einige, welche den Zugang zum Feiern emotional gefunden haben, nach einiger Zeit auch bewusst über ihr Woher und Wohin nachzudenken beginnen und den klassischen Gottesdienst besuchen.»

Spirituelle Ausdrucksformen, die auch zur Gemeindebildung beitragen, erscheinen vor diesem Hintergrund als besonders wichtig. Mehrfach genannt werden in diesem Zusammenhang das Pilgern, Fastenangebote und die Anreicherung

7 Dass nicht nur neue Formen von spirituellen Feiern, sondern auch traditionelle Gottesdienstformen exkludierend empfunden werden können, zeigt der Erfahrungsbericht von Sabine Mehne, der nach einer Nahtoderfahrung ihre evangelischen Ortsgemeinde fremd wurde: «Ich fühle mich fremd. Die Lieder und die Orgel sind für meine Ohren viel zu laut» (Sabine Mehne, Licht ohne Schatten, Ostfildern 2013, 28).

klassischer Gottesdienstformen durch meditative Elemente. Zu den gemeindeintegrierenden spirituellen Angeboten zählen auch Exerzitien im Alltag und spirituelle Bildungsreihen. Als ein originelles Beispiel für letzteres führt einer der Befragten eine Lektüregruppe zu Neal Donald Walschs *Gespräche mit Gott* an, die zur kritisch-konstruktiven Auseinandersetzung mit einer universalistisch geprägten Spiritualität anregen sollte. Das Angebot sei auf ein breites Echo gestossen: «‹Ich hätte nicht gedacht, dass jemand in der Kirche den Mut hat, ein solches Buch offiziell zu lesen›, war der Tenor zu dieser Veranstaltung.»

Als zentrale Voraussetzung, um die Spiritualität ihrer Gemeinde stärken zu können, erachten die befragen Pfarrerinnen und Pfarrer ihre eigene spirituelle Praxis: «Der Beitrag einer Pfarrperson für die Stärkung von Spiritualität unter Gemeindemitgliedern steht und fällt wohl damit, inwiefern diese Person selbst eine Form von Spiritualität lebt und in ihrer Wirkung und Handlung nach aussen damit in einer gewissen Kongruenz steht.» Um in einladender Weise (vor-)beten zu können, bedürfe es einer intensiven persönlichen Gebetspraxis. Auch die Klärung des beruflichen Selbstverständnisses taucht mehrfach in den Rückmeldungen auf. Ein Pfarrer beschreibt im Rückblick auf seine 25-jährige Berufserfahrung eine Wandlung vom intellektuellen Prediger zum Gemeindecoach und spirituellen Begleiter, der ggf. auch ein Veto einzulegen hat, «wo die Spiritualität gefährlich wird.»

3 Vertiefende Analyse

Was sich aufgrund meiner Umfrage hinsichtlich des Verhältnisses von Volkskirche und Spiritualität zeigt, ist ein uneinheitliches Bild, das auch mit der breiten Semantik dieser Begriffe zu tun hat. Zur vertiefenden Analyse lassen sich m. E. drei markante Spannungsfelder benennen, die für die reformierten Kirchen in der Schweiz kennzeichnend sind:

- Das Spannungsfeld zwischen Kirchen, die integrativen Teil eines politischen Gemeinwesens darstellen, und Formen eines «radikalen Christentums»[8], die sich wie einst die Täufer am Rand oder ausserhalb von ihm situieren;
- das Spannungsfeld zwischen einer Frömmigkeit, die geprägt ist von einer sich in Abgrenzung zum Katholizismus profilierenden Theologie und Praxis (ohne Weihrauch, Weihwasser und Kerzen), und einer Volksfrömmigkeit, die sich durch eine bleibende Nähe zur katholischen Tradition auszeichnet;[9]

8 Zu dieser vieldeutigen Terminologie vgl. Hans-Jürgen Goertz, Radikalität der Reformation, Göttingen 2007. Goertz versteht «Radikalität» nicht primär als Merkmal des linksreformatorischen Flügels, sondern als Grundzug des reformatorischen Aufbruchs bis 1530.

9 Zu diesem Spannungsfeld gehört theologie- und spiritualitätsgeschichtlich der (oft polemisch akzentuierte) Gegensatz zwischen «innerlich» und «äusserlich» bzw. der spiritualistische Zug von Zwinglis Theologie und Reformprogramm, das u. a. Orgelspiel und Kirchengesang verbot.

– das Spannungsfeld zwischen den konventionellen religiösen Ausdrucks- und Feierformen der reformierten Landeskirchen und den in sie einsickernden alternativen Formen christlicher und nichtchristlicher Spiritualität.

Konfliktträchtig ist dieses dreifache Spannungsgefüge nicht allein deshalb, weil unterschiedliche spirituelle Ausdrucks- und Lebensformen leicht in ein Konkurrenzverhältnis zueinander treten, sondern weil darin der reformatorische Kampf um das «wahre Christentum» ausgetragen wird. Das erste Spannungsfeld begleitet die Reformation denn auch von allem Anfang an. Wie schon erwähnt, war die Rede von *spirituality/spiritualité* im reformatorischen Raum mit Bewegungen verknüpft, die sich im Gegenüber zu den etablierten reformatorischen Kirchen als «radikal» identifizierten. Auch wenn sie auf eine solche abgrenzende Selbstidentifikation verzichtete, ist auch die Gemeinschaft von Taizé diesen Bewegungen zuzurechnen. Dass sich seit den 70er Jahren des letzten Jahrhunderts die Rede von Spiritualität auch innerhalb der reformatorischen Kirchen des deutschen Sprachraums einbürgerte, verdankt sich zu wesentlichen Teilen dem Einfluss der Kommunität von Taizé, die durch ihr umsichtiges ökumenisches Engagement zu zeigen vermochte, dass die Spannung zwischen etablierter Volkskirche und radikalem Christentum ausserordentlich befruchtend sein kann und nicht zu einer gegenseitigen Exkommunikation führen muss. Die reformierten Kommunitäten, die in den letzten Jahrzehnten in der Schweiz gegründet wurden (Grandchamp, Steppenblüte, Don Camillo usw.) bewegen sich in dieselbe Richtung. Ähnlich wie Klöster in der katholischen Kirche bilden sie spirituelle Atemräume, die in einem Ergänzungsverhältnis zu den ortskirchlichen Gemeinden stehen.[10] Das Einsickern der Taizé-Gesänge in das reformierte Liedgut steht paradigmatisch für vielfältige osmotische Austauschprozesse zwischen etablierten Ortskirchen und neuen spirituellen Bewegungen.

Während das erste Spannungsfeld von den von mir befragten Pfarrerinnen und Pfarrer ausdrücklich benannt wird, taucht das zweite in ihren Rückmeldungen kaum auf.[11] Das mag damit zu tun haben, dass die meisten von ihnen in Gegenden tätig sind, in denen dieses aus meiner Sicht für die Reformation ebenfalls charakteristische spirituelle Spannungsfeld nicht mehr wahrnehmbar ist. Keine der befragten Personen ist z. B. im Appenzellischen tätig, wo es bis in die

10 Vgl. den differenzierten Grundlagentext der Evangelischen Kirche in Deutschland, Verbindlich leben. Kommunitäten und geistliche Gemeinschaften in der Evangelischen Kirche in Deutschland, Hannover 2007 (EKD Texte 88).

11 Eine Ausnahme ist die folgende Bemerkung eines Pfarrers, der in einem katholisch geprägten Kanton arbeitet: «Bei den distanzierten/kirchenfernen Gemeindegliedern steht auch deutlich ein Wellness-Aspekt im Vordergrund. Gegen eine gute/ansprechende Predigt ist nichts einzuwenden, allerdings werden sie mehr auf der emotionalen Ebene angesprochen, z. B. durch ein Märchen als Einleitung zu einer Taufe. Rituale bzw. Kasualien sind hier besonders wichtig. Dabei vermischen sich – vor allem bei der Taufe – reformierte Sichtweise mit katholischen Bildern (z. B. dass dem Kind kein Schaden entstehe), die natürlich unbewusst sind und auch einen magischen Aspekt haben.»

jüngere Vergangenheit auch unter reformierten Bauern üblich gewesen sein soll, die Segnungsdienste der Kapuziner für Vieh und Felder in Anspruch zu nehmen. Möglicherweise ist diese Leerstelle in der von mir durchgeführten Umfrage aber auch darauf zurückzuführen, dass dieses zweite Spannungsfeld in den letzten Jahrzehnten vom dritten überlagert wurde und kaum mehr von ihm zu unterscheiden ist. An die Stelle der als katholisch verbrämten Volksreligiösität von einst sind heute esoterische Praktiken getreten, die im Namen einer transkonfessionellen Spiritualität auftreten. In weitaus stärkerem Masse als beim erstgenannten Spannungsfeld ist dabei in reformiert-theologischen Kreisen umstritten, ob eine reformiert-kirchliche Rezeption solcher Praktiken und Vorstellungen eher als Verrat am reformatorischen Grundanliegen zu bekämpfen oder als spirituelle Verjüngungskur einer alt gewordenen Kirche zu begrüssen ist.[12] Reformierte Bildungshäuser wie dasjenige, das seit kurzem wieder neu den alten katholischen Namen «Kloster Kappel» trägt, haben sich immerhin mit dem Segen der Zürcher Kirchenleitung entschieden, sich auch in dieser Hinsicht einem osmotischen Prozess zu öffnen.[13]

4 Eine spirituelle Volkskirche?

Das Kloster Kappel ist für die Fragen, die dieser Beitrag umkreist, ein besonders symbolträchtiger Ort. Am Ringen um seine inhaltliche Ausrichtung, die sich nun schon über mehrere Jahrzehnte zieht, spiegelt sich die Schwierigkeit der Aufgabe, reformatorische Traditionspflege und spirituelle Innovation konstruktiv miteinander zu verbinden. Das einstige Zisterzienserinnenkloster steht für ein spirituelles Erbe, das gleich einem nachrichtenlosen Vermögen dem einfachen Zugriff entzogen ist. In den 70er-Jahren des letzten Jahrhunderts siedelte sich um das dort eben neu errichtete «Haus der Stille» ein spiritueller Freundeskreis an. Zu diesem gehörte auch der damalige Pfarrer von Affoltern Josua Boesch, dessen künstlerisches und literarisches Werk zu den wegweisenden Beiträgen zur spirituellen Erneuerung reformierter Prägung gehört. In seinen teilweise in einer katholischen Einsiedelei entstandenen Metallikonen und Texten suchte er nach Wegen einer kontemplativ geprägten Spiritualität innerhalb der Reformierten Kirche, der

12 Eine originelle Verbindung verschiedener Elemente neuerer spiritueller Bewegungen und reformierter Frömmigkeit findet sich in den Büchern des in Pfäffikon tätigen Pfarrers Peter Schulthess: Ders., Es gibt mehr, Erfahrungen mit einer unsichtbaren Wirklichkeit, mit einem Vorwort von Prof. Dr. Ralph Kunz, Dekan Theologisches Seminar Zürich, Bern 2014; ders., Wie Engel begleiten. Erfahrungen aus biblischer und heutiger Zeit, mit einem Vorwort von Pfr. Dr. Ruedi Reich, Kirchenratspräsident der reformierten Landeskirche des Kantons Zürich, Bern 2010.

13 Der zu vermutende Sachverhalt, dass diese Entscheidung auch ökonomische Gründe haben dürfte, muss nicht als externer Faktor zu dem hier diskutierten spirituellen Feld betrachtet werden. Auch die reformierten Appenzeller waren von ökonomischen Überlegungen bestimmt, wenn sie den Segen der Kapuziner in Anspruch nahmen.

er sich verpflichtet wusste. Der nüchterne Zug, der die Schweizer Reformation kennzeichnet und unter dem er ebenso litt, wie er ihn auf seine Weise liebte, gewann in seinem Werk die Gestalt einer kontemplativen Verwesentlichung, die in der Schlichtheit des Alltags eine österliche Dimension erschloss. In einer Metallikone, die den Namen «Geist und Institution» trägt, erscheint die Kirche in doppelter Gestalt: als zerbrochener Kelch und als brennender Dornbusch. In einem Begleittext dazu heisst es:

> «ER hat keine Kirchen gegründet. Das taten wir. Nun müssen wir auch die Verantwortung übernehmen dafür. ER hat nur ein Feuer entfacht und wünschte, dass es schon brennte, so wie der Dornbusch, der brennt und doch nicht verbrennt. […] Vielleicht aber waren wir damals, als er das sagte, gar noch nicht reif für diesen Auszug, für diese Freiheit. Wir haben darüber Institutionen gebaut, um sicher zu gehen und Garantien zu haben. Es schien nicht anders zu gehen. Und dann ging es auch so. Zweitausend Jahre lang. Schwerfällig, mühsam, sogar blutig. Und ER? Schaute er zu von zuoberst? Nein. Das eben nicht. ER trat dazwischen. Zwischen oben und unten. Und schaffte Abstand zum Atmen, Distanz, um zu schauen, Heilkraft aus seinem Namen: ‹Ich bin, der ich sein werde.› Nicht der, den ihr meint und den ihr gerne zuoberst in euren Hierarchien hättet. Ich geh euch voraus ins verheissene Land. Weder oben noch unten, nur voraus. Ich will euch begleiten an eurer Seite durch Wasser und Feuer, bis ihr am Ziel seid, reif und erwachsen. Sind wir es jetzt, zweitausend Jahre begleitet? Zerbrechlicher sind wir denn je. Alles gleitet uns aus der Hand, was feststand und sicher und ewig war.»[14]

Die reformatorische Kritik an einer hierarchisch strukturierten Kirche verbindet sich in diesem Text mit der Vision einer spirituellen Volkskirche, die sich wie Israel mitten auf einer Wüstenwanderung befindet. Das ist eine originelle und inklusive Antwort auf die Frage dieses Beitrags. Sie trifft sich mit den Antworten der von mir befragten Pfarrerinnen und Pfarrer im Motiv der Pilgerschaft.

14 Zit. nach: Simon Peng, auferstehungsleicht. Der ikonografische Weg von Josua Boesch, Oberegg 1999, 68f.

Kulturkirche als Volkskirche

Adrian Portmann

1 Kultur und Kirche

Kirche und Kultur – das ist ein weites Feld. Eine Präzisierung ist daher hilfreich. Kultur wird im Folgenden nicht in jenem umfassenden Sinn verstanden, laut dem Religion mit ihren Symbolen und Werten, mit ihrer Praxis und ihren Überlieferungen und auch mit all ihren diffusen und kirchlichen Ausdrucksformen schlicht ein Teil der Kultur ist.[1]

Ebenso wenig geht es um jene ähnlich weit definierte, allerdings auf ihre säkularen Ausprägungen beschränkte Kultur, der dann die Kirche oder die Religion als etwas jenseits Stehendes gegenübergestellt wird, mit der Option, sich dieser säkularen Kultur oder Gesellschaft anzunähern und anzupassen oder aber als Gegenkultur auf Distanz zu gehen.[2]

Der Begriff Kultur wird hier in einem sehr viel engeren Sinn verwendet, so dass in erster Linie die Künste aller Art, von Literatur und Musik über bildende Kunst, Film und Architektur bis zum Theater in den Blick kommen. Hier ist zunächst festzuhalten, dass im Raum der Kirchen über Jahrhunderte hinweg Kultur geschaffen wurde – zu denken ist etwa an Kirchenbauten, an die Kirchenmusik oder an die Liturgie als ästhetische Inszenierung, mittelbar auch an bildende Kunst und Literatur, die bis zur Schwelle der Neuzeit häufig einen kirchlichen und auch noch darüber hinaus nicht selten einen religiösen Charakter hatten. Kultur war immer ein Teil der kirchlichen Praxis, ein notwendiges Element der Darstellung des Christentums, es gab nie eine kulturlose Kirche. Dies hat bis heute Bestand, es gibt eine kontinuierliche, wenn auch gelegentlich erlahmende oder innovationsfreie kulturelle Praxis der Kirche. Daran knüpft an, wer heute von Kulturkirchen und von den Kirchen als Kulturträgern und Kulturanimatoren spricht.

Allerdings hat sich das Verhältnis von Kirche und Kultur in der Moderne radikal geändert. Kultur steht nicht mehr im Dienst von Kirche und Verkündigung, sie hat keinen belehrenden oder missionarischen Charakter mehr. Vielmehr ist sie im Zug der Differenzierung der Gesellschaft autonom geworden, sie bildet ein

1 Dieses Verständnis entstammt in erster Linie den Sozial- und Geisteswissenschaften und steht im Kontext des «cultural turn». Grundlegend für diese Sichtweise ist etwa der Aufsatz von Clifford Geertz, Religion als kulturelles System (1966), in: Ders., Dichte Beschreibung, Frankfurt a. M. 1987, 44–95.

2 Hier handelt es sich um eine primär theologische Denkfigur, wie sie etwa im Gefolge von H. Richard Niebuhr, Christ and Culture, New York 1951, vielfach variiert wurde.

eigenes Subsystem der Gesellschaft, das nach eigenen Regeln und Codes funktioniert, aber jederzeit auf Kirche und Religion Bezug nehmen kann.

Auch diese autonome Kultur nimmt aber nicht selten religiöse Ikonographien und religiöse Traditionen, Stoffe und Motive auf, stellt sie in Frage, denkt sie weiter, rechnet mit ihnen ab und verfremdet sie. Interessant für Kirche und Theologie ist nicht zuletzt der Umstand, dass Kulturschaffende, indem sie religiöse Traditionen – unbekümmert um theologische Richtigkeit und kirchliche Bekenntnisse – aufnehmen und variieren, Positionen sowie eine Sprache und eine Bildsprache entwickeln, die frischer, präziser und anregender sind als der häufig anzutreffende kirchliche Kitsch und der übliche «Kirchsprech». Nicht zuletzt deshalb hat Kurt Marti in einem vielzitierten und viele an Kirche und Kultur Interessierte inspirierenden Satz festgehalten: «Vielleicht hält Gott sich einige Dichter (ich sage mit Bedacht: Dichter!), damit das Reden von ihm jene heilige Unberechenbarkeit bewahre, die den Priestern und Theologen abhanden gekommen ist.»[3]

Auch dort, wo sie auf solche expliziten Bezüge verzichtet, bearbeitet die Kultur meist dieselben existentiellen Fragen, elementaren Erfahrungen und gesellschaftlichen Entwicklungen wie die Theologie, was viele Berührungsflächen schafft. Und nicht selten ermöglicht gerade die profane Kultur mit den ästhetischen zugleich religiöse Erfahrungen; oder anders: sie lässt uns ästhetische Erfahrungen machen, die über sich selbst hinausweisen und mit einer religiösen Semantik gedeutet werden können. Die Kategorien der religiösen und der ästhetischen Erfahrung haben hier besonderes Gewicht, wie etwa Wilhelm Gräb gezeigt hat. «Das Religiöse moderner Kunst liegt nicht in der Symbolisierung religiöser Ideen oder dogmatischer Gehalte, nicht in der Bebilderung religiöser Vorstellungen. Das der autonomen Kunst selber innewohnende religiöse Moment tritt als Unterbrechung des kulturellen […] Alltagsbewusstseins hervor. […] Kunst lässt Distanzerfahrungen machen, die Individuen auch zu religiösen, die ursprüngliche Ermöglichung ihrer Freiheit thematisierenden Selbstdeutungen anregen können.»[4]

Damit hat sich ein neues und grösseres Feld der Begegnung von Kirche und Kultur geöffnet. Ein Feld, in dem sich beide als selbständige Grössen gegenübertreten, inspirieren, in Frage stellen und anregen. Zu diesem Feld gibt es eine unüberschaubare Fülle von Literatur, die vom intensiven Nachdenken über die Beziehung von Kultur auf der einen und Kirche, Religion und Theologie auf der anderen Seite zeugt.[5] Auf diesem Boden sind in den vergangenen Jahren und

3 Kurt Marti, Zärtlichkeit und Schmerz. Notizen, Darmstadt und Neuwied 1979, 16.

4 Wilhelm Gräb, Kunst und Religion in der Moderne. Thesen zum Verhältnis von ästhetischer und religiöser Erfahrung, in: Jörg Herrmann/Andreas Mertin/Eveline Valtin (Hg.), Die Gegenwart der Kunst. Ästhetische und religiöse Erfahrung heute, München 1998, 57–72, 70.

5 Die Bandbreite dieser Literatur ist enorm: Es finden sich sowohl grundsätzliche Entwürfe als auch Auseinandersetzungen mit den verschiedenen Künsten oder vertiefende Interpretationen einzelner Werke. Bei den Publikationen handelt es sich um Sammelbände, Handbücher oder Monographien,

Jahrzehnten vielerlei neue Spielformen des Verhältnisses von Kirche und Kultur und insbesondere neue kirchliche Angebote im Kulturbereich entstanden.

2 Projekte, Angebote, Programme: Kirchliche Orte als Orte der Kultur

Bei den kirchlichen Kultur-Angeboten, die im Folgenden präsentiert werden, steht nicht die eingangs erwähnte Kulturtradition der Kirche im Vordergrund, die ungefragt vorhanden ist (wie die gebauten Kirchen als Baudenkmäler) und in traditionellen und meist die Grenze der Gemeinden nicht überschreitenden Formen präsentiert wird (wie die Liturgie). Der Fokus liegt vielmehr bei kirchlichen Angeboten, die eine Begegnung mit Kultur ermöglichen, die Zusammenarbeit mit professionellen Kulturschaffenden pflegen und dabei zeitgenössisches Kulturschaffen im Blick haben oder älteres Kulturschaffen neu interpretieren. Wer die kirchliche Landschaft in der reformierten Deutschschweiz auf solche Angebote hin in den Blick nimmt, wird an unterschiedlichen «kirchlichen Orten» – um einen Begriff von Uta Pohl-Patalong aufzugreifen, der Kirchgemeinden und gesamtkirchlichen Institutionen gleichermassen gerecht wird[6] – unterschiedlichste Angebote finden.

In den Blick kommen erstens *Kirchgemeinden*, die kulturelle Angebote machen – nicht bloss zufällig und marginal, sondern so, dass diese Angebote als Spezialität erkennbar und zu einem Teil des Profils der jeweiligen Gemeinde werden. Diese Aktivitäten können sehr unterschiedlich aussehen: Es kann sein, dass eine Gemeinde die Kirche neu gestaltet und ein Kunstwerk in Auftrag gibt[7]

aber auch um Ausstellungskataloge, Zeitschriften oder Netzportale. Sie haben wissenschaftlichen, kirchlichen oder populären Charakter und sind aus theologischer oder kulturwissenschaftlicher Perspektive geschrieben. Bloss einige wenige Beispiele seien hier genannt, um die grosse Breite aufzuzeigen: Heinrich Schmiedinger (Hg.), Die Bibel in der deutschsprachigen Literatur des 20. Jahrhunderts, 2 Bände, Mainz 1999; Petra Bahr/Aleida Assmann/Wolfgang Huber/Bernhard Schlink (Hg.), Protestantismus und Dichtung, Gütersloh 2008; Andreas Mauz/Adrian Portmann (Hg.), Unerlöste Fälle. Religion und zeitgenössische Kriminalliteratur, Würzburg 2012; Nissan N. Perez/Adele Reinhartz, Corpus Christi. Das Christusbild in der Fotografie von 1850–2001, Heidelberg 2003; Jörg Herrmann/Andreas Mertin/Eveline Valtink (Hg.), Die Gegenwart der Kunst. Ästhetische und religiöse Erfahrung heute, München 1998; Silvia Henke/Nika Spalinger/Isabel Zürcher (Hg.), Kunst und Religion im Zeitalter des Postsäkularen. Ein kritischer Reader, Bielefeld 2012; Kunst und Kirche. Ökumenische Zeitschrift für Architektur und Kunst, Wien; Inge Kirsner, Erlösung im Film. Praktisch-theologische Analysen und Interpretationen, Stuttgart/Berlin/Köln 1996; Thomas Bohrmann/Werner Veith/Stephan Zöller (Hg.), Handbuch Theologie und Populärer Film, 3 Bände, Paderborn 2007, 2009, 2012; Marion Keuchen/Helga Kuhlmann/Martin Leutzsch (Hg.), Musik in Religion – Religion in Musik, Jena 2013; http://www.akpop.de (Website des Arbeitskreises Populäre Kultur und Religion).

6 Uta Pohl-Patalong, Von der Ortskirche zu kirchlichen Orten. Ein Zukunftsmodell, Göttingen ²2006.

7 Vgl. Johannes Stückelberger, Wie nehmen Künstler Kirche wahr?, in: Christoph Sigrist (Hg.), Kirchen Macht Raum. Beiträge zu einer kontroversen Debatte, Zürich 2010, 141–166.

oder Ausstellungen durchführt. Es kann sein, dass Lesungen veranstaltet oder Schriftsteller/innen zu Gastpredigten eingeladen werden. Es kann sein, dass die Gemeinde mit ambitionierten Konzertreihen auf sich aufmerksam macht.

In den Blick kommen zweitens *kirchliche Institutionen meist aus dem Bildungsbereich* (Institutionen der Erwachsenenbildung, Universitätspfarrämter, Tagungsstätten, Bildungshäuser und andere) sowie *Citykirchen*, die neben ihren Anlässen zu theologischen, ethischen, gesellschaftspolitischen, persönlichkeitsbildenden oder spirituellen Themen auch eine profilierte kulturelle Programmschiene pflegen. In diese Kategorie gehören auch die in der Schweiz geplanten *Stadtakademien*, in deren Programmen, so weit sie bereits sichtbar sind, die Kultur breiten Raum einnimmt – ihre Realisierung ist zur Zeit aber höchst unsicher. Die Palette der Angebote und Spezialitäten ist breit: Lesungen und Buchpräsentationen können ebenso dazu gehören wie Jazzkonzerte oder Aufführungen Neuer Musik, Ausstellungen mit zeitgenössischer Kunst nicht weniger als Filmreihen und Filmgespräche oder multimediale künstlerische Events mit Schauspielerinnen, Musikern und Lichtdesignern. Häufig finden sich zudem Kooperationen mit Theatern, Kinos, Museen, Literaturhäusern und weiteren Kulturveranstaltern. Soweit es sich um Institutionen mit einem Bildungsauftrag handelt, sind begleitende Werk-Einführungen, Gespräche oder Podien mit Kulturschaffenden, Vorträgen über Kultur und Theologie und auch entsprechende Publikationen eher die Regel als die Ausnahme. Dieser Kontext begünstigt zudem eine Auseinandersetzung mit Kultur, die eine Brücke nicht nur zu theologischen, sondern auch zu gesellschaftlichen Fragen schlägt. Dies ist insbesondere dort angezeigt, wo Kulturschaffende ihre Arbeiten als Auseinandersetzung mit sozialen Fragen oder als politische Intervention verstehen und somit ethische oder politische Fragen angeschnitten sind, die auch die Kirche umtreiben.

Schliesslich sind auch kirchliche Orte denkbar, an denen zwar weiterhin Gottesdienste gefeiert werden, an denen aber die Kultur deutlich im Zentrum steht. Dafür hat sich der Begriff der *Kulturkirche* eingebürgert. Während es in Deutschland – unterstützt vom Kulturbüro der EKD und von Kulturbeauftragten und Stiftungen der einzelnen Kirchen – eine ganze Reihe solcher Kulturkirchen[8] gibt, ist Ähnliches in der Schweiz zwar angedacht und auch punktuell umgesetzt, in dieser Vollform aber noch nirgends realisiert.[9]

Diese verschiedenen Angebote können nicht alle über einen Leisten geschlagen werden. Die Unterschiede sind beträchtlich, die Spannbreite ist gross: Einige haben eine längere Tradition, andere sind Eintagsfliegen oder erst geplant. Einige stecken beträchtliche Arbeit in die Angebote und bauen auf einer fundierten

8 Vgl. Petra Bahr/Klaus-Martin Bresgott/Hannes Langbein, Kulturkirchen. Eine Reise durch Deutschland, Leipzig 2011.

9 Zum Beispiel die Kulturkirche Erlenbach oder die geplante Kulturkirche Rosenberg in Winterthur-Veltheim.

Auseinandersetzung auf, bei anderen handelt es sich um blosse Vermietungen der Kirche an Dritte, die aber als Veranstaltungen der Kirche ausgegeben werden. Einige bieten eher Betulich-Gutgemeintes und kitschiges Kunsthandwerk, das ausserhalb der Kirche kaum ein Publikum fände, andere arbeiten mit anerkannten zeitgenössischen Kulturschaffenden und sind auf Qualität bedacht.

Ein weiterer Unterschied verdient genauere Beachtung: der Ort, an dem diese Angebote gemacht werden. Auf der einen Seite stehen jene, die mit ihren Veranstaltungen ausschliesslich Kirchen bespielen. Kirchen sind nicht einfach neutrale Räume. Kirchenräume haben vielmehr eine lange Tradition – sie sind zu einem bestimmten Zweck erbaut worden, Architektur, Fresken und Skulpturen zeugen davon, hier wird seit Jahrhunderten gebetet und gefeiert, hier werden biblische Texte gelesen und ausgelegt, hier suchen Menschen Trost, hier ringen sie mit existentiellen Fragen. Wird in diesem Kontext zeitgenössische Kultur aufgeführt oder inszeniert, so tritt diese in einen Dialog mit der Tradition. Ein literarischer Text klingt in einer Kirche anders als anderswo, ein Kunstwerk wird hier anders wahrgenommen, ein Musikstück öffnet hier andere Resonanzräume als im Konzertsaal. Weil der Kirchenraum die religiöse Tradition präsent hält, bringt er auch dann eine religiöse Dimension ins Spiel, wenn die kulturellen Werke nicht explizit auf religiöse Semantiken Bezug nehmen. «Die Vorstellung», schreibt Gräb mit Verweis auf eine Denkschrift[10] von EKD und VEF, «ist im Grunde die, dass der Raum der Kirche aufgrund seiner ästhetischen Anmutungsqualitäten und dann natürlich auch aufgrund der Inszenierung der christlichen Symbolwelt und ihrer Ikonographik die religiöse Deutung der durch die Gegenwartskunst ausgelösten ästhetischen Erfahrung zu stützen vermag, und dies selbst dann, wenn die Kunst zu dieser Ikonographik keine direkten Bezüge herstellt.»[11] Dies schliesst natürlich keineswegs aus, dass der Bezug von Seiten der kirchlichen Akteure auch direkt hergestellt wird, etwa durch eine geistliche oder gottesdienstliche Rahmung, wie das bei Kunst- oder Filmgottesdiensten der Fall ist.[12]

Auf der anderen Seite stehen Angebote, die auch in anderen kirchlichen Räumen und insbesondere in den Räumen von Kooperationspartnern stattfinden. Gelegentlich mag das mit der fehlenden Infrastruktur in Kirchen zu tun haben,

10 Kirchenamt der EKD (Hg.), Räume der Begegnung. Religion und Kultur in evangelischer Perspektive. Eine Denkschrift der Evangelischen Kirche in Deutschland und der Vereinigung Evangelischer Freikirchen, Gütersloh 2002.

11 Wilhelm Gräb, Ästhetik, in: ders./Birgit Weyel (Hg.), Handbuch Praktische Theologie, Gütersloh 2007, 737–747, 745. Vgl. Zentrum für Medien Kunst Kultur der Ev.-luth. Landeskirche Hannovers, Kunstdienst der Evangelischen Kirche Berlin (Hg), Kirchenräume – Kunsträume. Hintergründe, Erfahrungsberichte, Praxisanleitungen für den Umgang mit zeitgenössischer Kunst in Kirchen. Ein Handbuch, Münster 2002; Julia Helmke/Klaus Hoffmann (Hg), Begegnungen zwischen Kirche und Theater: Impulse, Dialoge und Projekte, Uckerland 2011.

12 Hans W. Dannowski/Julia Helmke/Gabriele Sand (Hg.), Ausblicke. KunstGottesdienst im Sprengel Museum, Hannover 2013; Inge Kirsner/Hans-Ulrich Gehring, Filmgottesdienste. Theorie und Modelle, Jena 2005.

mit dem Umstand, dass die bei einem theologisch-kunsthistorischen Gespräch betrachteten Gemälde in einem Museum hängen, oder auch mit der nicht ganz unbegründeten Befürchtung, zeitgenössische Kultur im Kirchenraum würde traditionelle Kirchgänger/innen provozieren. Gerade die Kooperation mit anderen Kulturveranstaltern ist aber meist durchaus programmatisch gedacht: Die Kirche wartet nicht, bis die allenfalls Interessierten zu ihr kommen, sie geht an jene Orte, an denen Kultur auch sonst stattfindet und diskutiert wird, und bringt hier, sozusagen extramuros und exterritorial, ihre Sicht, ihre Deutungen und Interpretationen ein. Damit dies gelingt, müssen die kirchlichen Akteure allerdings ihre Offenheit und Dialogfähigkeit unter Beweis stellen. Gelingt dies und etablieren sich kirchliche Veranstalter längerfristig als Partner von Museen oder Literaturhäusern, hat diese vagabundierende oder nomadische Form grosse Vorteile: Zum einen ist die Kirche mit ihren Angeboten hier mittendrin und am Puls der Zeit und kann die Auseinandersetzung mit massgebenden Positionen und Protagnisten der Kultur führen, zum anderen entdecken so auch Menschen, für die die Schwelle bei einem rein kirchlichen Angebot zu hoch ist, an einem ungewohnten Ort die religiöse Dimension der Kultur.

So unterschiedlich diese Angebote auch sind, so haben sie doch – über die Kulturaktivitäten hinaus – zwei Gemeinsamkeiten, und dies um so mehr, je profilierter sie sich der Kultur zuwenden.

Gemeinsam ist ihnen eine bestimmte *Haltung*: Kirchliche Kulturprojekte sind von einer grundsätzlichen Offenheit geprägt. Sie suchen den gleichberechtigten Dialog über vermeintliche oder reale Grenzen hinweg, in diesem Fall den Dialog mit Kunst, Literatur, Musik und anderen Bereichen der Kultur. Die Offenheit bedeutet, dass das Gegenüber aus der Kultur (und natürlich auch das Publikum) nicht religiös vereinnahmt wird, dass es in seiner Autonomie und Ernsthaftigkeit respektiert wird, dass man sich auf Stimmen der Kultur einlässt. Man ist bereit, von anderen zu lernen, lässt sich kritisieren und in Frage stellen, herausfordern und anregen, bringt aber zugleich die eigene theologische Tradition und ihre Deutungsangebote in den Prozess ein.

Gemeinsamkeiten gibt es auch im Blick auf die *Zielgruppen*: Kirchliche Kulturprojekte richten sich nicht nur an jene Menschen, die in der Gemeinde präsent und aktiv sind. Sie geben sich nicht mit der selbstgenügsamen Pflege des eigenen Gärtchens und mit der gepflegten Nabelschau zufrieden. Vielmehr richten sie sich primär an Menschen, die an Kultur und gelegentlich auch an theologischen Fragen interessiert sind, sich aber vom Gemeindeleben und von der Kirche als Institution wenig angesprochen fühlen, kurz: an die Gebildeten unter ihren Verächtern. Diese Ausrichtung auf eine breitere Öffentlichkeit wird manchmal eher unreflektiert vorgenommen, manchmal aber, wie bei den geplanten Stadtakademien, auch ganz bewusst.

3 Kulturkirche und Volkskirche

Motivation, Inspiration und Begründung finden diese Projekte auf zwei Ebenen: Auf der persönlichen Ebene sind es die – beglückenden, bereichernden, herausfordernden – Erfahrungen, die die Akteure in ihrer eigenen Auseinandersetzung mit kulturellen Werken gemacht haben. Ohne die Leidenschaft und Begeisterung der Beteiligten fehlen diesen Angeboten meist Substanz und langer Atem. Auf der theologischen Ebene ist der Bezugspunkt in erster Linie die schon länger anhaltende Reflexion der Beziehung von Kultur auf der einen und Kirche, Theologie und Religion auf der anderen Seite.

Das Konzept der Volkskirche hingegen ist bei diesen Projekten keine zentrale Interpretations- oder handlungsleitende Kategorie. Im Gegenteil, kirchliche Kulturprojekte werden nicht selten gerade unter Bezugnahme auf dieses Konzept kritisiert oder sogar verhindert, was sich in jüngster Zeit insbesondere in den Diskussionen um die geplanten Stadtakademien gezeigt hat. Das kommt nicht von ungefähr. Die oben erwähnte Ausrichtung der Angebote auf bestimmte Gruppen scheint dem landläufigen Verständnis von Volkskirche zu widersprechen: Sie würden sich bloss an kleine, marginale Gruppen richten statt an die Breite des (Kirchen-)Volks, sie seien elitär statt für alle und so weiter. Hier handelt es sich aber um ein sorgsam gepflegtes Missverständnis von Volkskirche.

Die Volkskirche zeichnet sich in der Tat dadurch aus, dass sie sich nicht nur an Auserwählte oder an einen inneren Kreis richtet, sondern an das gesamte (Kirchen-)Volk und darüber hinaus an die Öffentlichkeit insgesamt. Allerdings ist das Volk, das hier evoziert wird, schon längst keine einheitliche Grösse und keine Monokultur mehr. Vielmehr ist es plural und heterogen, es teilt sich in vielerlei Gruppen und Milieus mit je unterschiedlichen Stilen, Sprachen, Deutungsmustern und Interessen auf. Milieu-Studien, die in den letzten Jahren auch spezifisch im Blick auf die Kirche durchgeführt wurden,[13] zeigen nun übereinstimmend, dass die Kirche nur noch wenige Milieus erreicht. Der häufig geäusserte Befund lautet, die Kirche leide unter einer Milieuverengung. Auf diesen Umstand weist auch Kristian Fechtner hin, laut dem der Begriff «Volkskirche» mit verwandten Begriffen wie «Volksfrömmigkeit» oder «Volkspartei» die soziologische Schwäche teile, «den differenzierten Lebensverhältnissen und ihren religiösen oder politischen Ausdrucksformen ein – sei es traditionsverhaftetes, sei es interessenbestimmtes – einheitliches Kollektivsubjekt zu unterlegen. Der Begriff Volkskirche gewinnt aber nur dann einen genuin modernen Bedeutungsgehalt, wenn er sich

13 So in Zürich: SINUS Markt- und Sozialforschung GmbH Heidelberg/Silke Borgstedt und Projektteam (Hg.), Lebenswelten. Modelle kirchlicher Zukunft, Bd. 1: Sinusstudie, Zürich 2012; Roland Diethelm/Matthias Krieg/Thomas Schlag (Hg.), Lebenswelten. Modelle kirchlicher Zukunft, Bd. 2: Orientierungshilfe, Zürich 2012.

auf eine plural verfasste und sich in einer pluralistischen Gesellschaft verortenden Kirche bezieht.»[14]

Wer bei dieser Ausgangslage die Volkskirche ernst nimmt, muss dafür sorgen, dass kirchliche Angebote für unterschiedliche Gruppen offen sind. Und dafür sind unterschiedlich profilierte, auf die jeweiligen Milieus und ihre Ästhetik ausgerichtete Angebote notwendig. Kein Angebot vermag alle zu erreichen, aber das Konzert der pluralen, auf je einzelne Gruppen ausgerichtete Angebote führt zu einer volkskirchlichen Breite. Entsprechend fordert Fechtner, dass sich die Volkskirche konstruktiv auf den gesellschaftlichen Pluralismus bezieht, ihre Praxis diversifiziert und kritisch-kooperativ nach Verbindungen mit anderen gesellschaftlichen Kräften und Organisationen sucht. «Unter den Bedingungen der Spätmoderne bildet die Volkskirche dann keine geschlossene, in sich homogene christliche Lebenswelt, sondern gibt Raum für unterschiedliche Gestaltungs- und Lebensweisen von Kirchlichkeit, mithin für verschiedenartige Möglichkeiten, Christentum selbständig auszuüben.»[15]

Wird die bestehende Pluralität hingegen ignoriert und bleibt es bei der simplen Deklaration, die Angebote würden sich «an alle» richten, während faktisch nur die wenigen bereits jetzt in der Kirche präsenten Gruppen angesprochen werden, so bleibt die Kirche hinter der angestrebten und verkündeten Volkskirchlichkeit zurück.[16]

Vor diesem Hintergrund lassen sich die skizzierten kulturellen Angebote durchaus als Spielformen und Aktualisierungsformen der Volkskirche verstehen – vielleicht sogar in stärkerem Mass, als es die kirchlichen Kultur-Akteure annehmen. Was diese Projekte mit der Volkskirche teilen, was sie zu volkskirchlichen Projekten macht, sind genau die beiden oben als Gemeinsamkeit der Projekte genannten Momente:

Das erste: Indem die Kirchen mit kulturellen Projekten auf interessierte Nicht-Mitglieder und auf Mitglieder, die nicht in der Kerngemeinde aktiv oder präsent sind, zugehen, machen sie Angebote über die eng begrenzte und milieuverengte Kerngemeinde hinaus und damit Angebote für einen spezifischen Ausschnitt aus der breiteren Öffentlichkeit. Erst das Zusammenspiel vieler solcher Angebote vermag der Kirche zu einer volkskirchlichen Breite zu verhelfen.

Das zweite: Indem diese Angebote das Gespräch mit anderen Akteuren der Gesellschaft – hier mit jenen aus der Kultur – suchen, dabei von Offenheit und

14 Kristian Fechtner, Kirche und Gesellschaft, in: Wilhelm Gräb/Birgit Weyel (Hg.), Handbuch Praktische Theologie, Gütersloh 2007, 89–100, 95f.

15 Ebd., 96.

16 Als Beispiel für dieses Missverständnis mag die Aussage eines helvetischen Kirchenpräsidenten dienen, der laut einem Artikel in der Reformierten Presse das Legislaturziel «Wir sind und bleiben Volkskirche» dahingehend interpretiert, man wolle «in einer Zeit der Milieu- und Gesinnungskirchen […] das ganze Volk anzusprechen versuchen und der Gesellschaft verpflichtet bleiben.» (Reformierte Presse Nr. 6, 10. Februar 2012, 5).

einer dialogischen Grundhaltung geprägt sind, auf eine belehrende Haltung verzichten, theologische Positionen dennoch kritisch einbringen und die entstehenden Spannungen aushalten, beteiligt sich die Kirche am gesellschaftlichen Diskurs und nimmt den Öffentlichkeitsauftrag wahr, ohne den sich Volkskirche nicht denken lässt.

4 Herausforderung, Glück, Transformation

Diesseits solcher Überlegungen zur Volkskirche und diesseits von allfälligen Marketing-Strategien, die eine erfolgreiche Bewirtschaftung neuer Zielgruppen anstreben, bleibt das primäre Ziel solcher Kultur-Angebote aber sozusagen intrinsisch: Sie sollen einen Raum schaffen, in dem Menschen – wiederkehrend oder punktuell, als Passanten oder Aficionados, als Insider oder Zaungäste – jene herausfordernden, beglückenden und transformierenden Momente erfahren können, die sich bei der Begegnung von Kultur und Religion – manchmal, wenn es gut geht – einstellen.

Generationenkirche aus Berner Perspektive

Konkretion einer alltagsnahen Ekklesiologie

Lisbeth Zogg Hohn

Der folgende Beitrag behandelt die Leitidee, die Herkunft und das besondere Profil des Schwerpunktthemas «Generationen» in den Reformierten Kirchen Bern-Jura-Solothurn.

1 Alles Kirche

Familien-, Jugend-, Kinder-, Krabbel-, Senioren-, Kultur-, Alltagskirche usw. – seit den Neunzigerjahren und vor allem seit 2000 begegnet man im deutschen Sprachraum immer häufiger Spezifizierungen von «Kirche»: Diese Begriffsverbindungen deuten eine Fokussierung auf eine bestimmte Zielgruppe oder auf ein Handlungsfeld an. Sie stehen dabei zugleich für eine Erweiterung der Angebotspalette, die in den letzten fünfzehn Jahren vielerorts reichhaltiger geworden ist.[1]

Die «Generationenkirche» aber ist ein Sonderfall. Hier sind «ALLE» gemeint, im Sinne einer Volkskirche. Die Spannweite reicht von der Geburt bis zum Tod und – konsequent weitergedacht – vom Land bis in die Stadt, von den Traditionellen bis zu den Performern, von den In- bis zu den Ausländern. Die «Generationen» – mit Blick auf die Vielfalt der Lebensstile, Milieus, Kulturen und Nationen – bilden die Gesamtheit der Gemeindeglieder und weiterer Zugewandter.

2 Reformierte Kirchen Bern-Jura-Solothurn als Pionierin

«Generationenkirche» meint somit kein abgrenzbares Arbeitsfeld. Deshalb wird sie heute bei den Reformierten Kirchen Bern-Jura-Solothurn (Refbejuso) als Querschnittsthema gehandhabt, das alle Arbeitsgebiete umfasst.[2]

Mit der Lancierung der Generationenthematik haben die Reformierten Kirchen Bern-Jura-Solothurn ab 2000 gemäss Christoph Kipfer «Pionierarbeit geleistet und diese Thematik gleichzeitig von verschiedenen Zugängen aus profiliert: aus zivilgesellschaftlich-sozialpolitischer Perspektive, von den Arbeitsbereichen Alter und Familie her und mit der Schaffung von ethischen und theologischen

1 Eine Erhebung im Bereich Katechetik im Jahre 2005 zeigt zum Beispiel: Im Jahre 1999 boten 5 Prozent der Kirchgemeinden im Gebiet der Reformierten Kirchen Bern-Jura-Solothurn die sogenannten «Fiire mit de Chliine» an, im Jahre 2005 waren es 75 Prozent. Quelle: Archiv Bereich Katechetik.

2 Aktueller Link: http://www.refbejuso.ch/inhalte/generationen.html (Zugang: 31.8.2014).

Grundlagen».[3] «Welchen Beitrag kann die Kirche für den sozialen Zusammenhalt in der Gesellschaft leisten? Welche christlichen Werte kann die Kirche in die sozialpolitische Generationendebatte einbringen?»[4] waren leitende Fragen.

Der in diesen Fragen zum Ausdruck kommende Anspruch nimmt auch die Kirchgemeinden in die Pflicht, sich als generationen- und kulturübergreifende Orte des Zusammenlebens zu bewähren und zu profilieren – zum Beispiel als Generationenkirche.

3 Dialog auf Augenhöhe

Fragt man in Kirchgemeinden nach, meint «Generationenkirche» meist ganz pragmatisch ein Gefäss für Angebote bzw. Projekte, die den Dialog zwischen Jung und Alt initiieren, wie zum Beispiel Handykurse, Mehr-Generationen-Reisen, Spielevents, Geschichtencafés, Generationenfeiern usw.

Der Bedarf an solchen Angeboten ist nicht überall gleich. «Bei uns braucht es das nicht, die Generationen sind eh zusammen», heisst es in einem Dorf im Berner Oberland. «Bei uns treffen sich die verschiedenen Generationen ausserhalb ihrer familiären Zusammenhänge nicht mehr, da bringen solche Angebote viel», wird in einer Agglomerationsgemeinde argumentiert.

Ausserfamiliäre Generationenverbindungen gehören zu den bereicherndsten Erfahrungen – für Jung und Alt, auch emotional.[5] Sie entstehen nicht von selbst. Sie gelingen nur, wenn der Dialog auf Augenhöhe auch tatsächlich stattfindet. «Wenn alle in die gleiche Richtung schauen, wie in traditionellen Feiern, entsteht keine Begegnung unter den Generationen», analysiert Christoph Kipfer. «Die Generationen müssen miteinander ins Spiel kommen, wie z. B. im Jugendgottes-

3 So Christoph Kipfer, Beauftragter Jugend, Junge Erwachsene und Generationen bei Refbejuso anlässlich eines Interviews, das ich mit ihm am 28.2.2014 als Vorbereitung zu diesem Artikel führte. Ein paar Stichworte mögen Kipfers Aussage dokumentieren: Die von 2003 bis 2014 betriebene Website www.generationen.ch (Regula Zähner), Projekt G und Projekt Generationenkirche (Regula Zähner, Esther Enderli), Ausstellung 2013 in der Heiliggeist-Kirche Bern zum Thema: Treffpunkt Generationen (Regula Zähner); Federführung beim Aufbau des Netzwerks Familien-Generationenkirche (Lisbeth Zogg). – Zu den ethisch-theologischen Grundlagen vgl. Helmut Kaiser, Generationen gemeinsam unterwegs – ethisch-theologische Voraussetzungen, http://www.refbejuso.ch/inhalte/generationen/materialien.html (Zugang: 31.8.2014); Lisbeth Zogg, 9 Bausteine zu einer Theologie der Gastlichkeit, Bern 2009, http://www.refbejuso.ch/ publikationen/ paedagogische-arbeit/archiv/gastliche-kirche.html (Zugang: 31.8.2014).

4 Esther Enderli Zähner, Generationenarbeit in Kirchgemeinden. Grundlagen und Empfehlungen, Hg. Reformierte Kirchen Bern-Jura-Solothurn, Bern 2010, 3.

5 Siehe dazu: ‹Der Ältesten Rat. Generali Hochaltrigenstudie: Teilhabe im hohen Alter.› Die Studie basiert auf einer Erhebung des Instituts für Gerontologie der Universität Heidelberg (Andreas Kruse): http://www.uni-heidelberg.de/md/presse/news2014/generali_hochaltrigenstudie.pdf (Zugang: 7.10.2014). Siehe auch die Referate der nationalen Tagung im Mai 2014 von Pro Senectute CH: http://www.pro-senectute.ch/fachwissen/zukunft-hohes-alter-nationale-fachtagung-am-15-mai-2014-in-biel/ download-referate-praesentationen-thesen.html (Zugang: 7.10.2014).

dienst Gleis 19 in Thun-Strättligen. Da liessen sich einige Jugendliche freiwillig von Weisshaarigen segnen. Das hat mich beeindruckt. Wenn Jugendliche an einer Börse mitwirken, muss das mehr sein als ein Job. Sie sollten ihren Part selber gestalten können – gleichberechtigt im Dialog mit den anderen, die ebenfalls ihre Kultur einbringen. So kann eine fruchtbare Eigendynamik entstehen», meint Kipfer, der beim Beziehungsaufbau zwischen den Generationen in bestehenden und neuen Angeboten einen Schwerpunkt legt. «Dazu gehört ab und zu das Reflektieren darüber: Wie haben wir das nun zusammen gemacht?»[6]

4 Wer bestimmt die Spielregeln?

Kommunikation braucht es nicht nur zwischen den verschiedenen Zielgruppen, sondern auch gegen innen: Zwischen Mitarbeitenden und Behörden, aber auch zum Beispiel zum «harten Kern» einer Kirchgemeinde, der, weil an vielen Anlässen präsent, oft beansprucht, die Spielregeln und das Selbstverständnis der Kirche zu bestimmen. Unterschiedliche Lebensweisen, Werte, Ordnungsverständnisse, Kirchenbilder, Erwartungen und Befürchtungen prallen aufeinander, ebenso wie verschiedene Pflichtenhefte und Arbeitsstile. Im besten Fall führt das zu Sternstunden, im schlimmsten Fall werden, ausgelöst durch die Generationenthematik, interne Konflikte virulent und alle sind frustriert und blockiert.

Beispiel: Als der Sigrist, in dessen Pflichtenheft die Pflege von Sauberkeit und Ordnung zuoberst steht, im neu renovierten Saal nach der Kleinkinderfeier einen mit Schokolade verschmierten Stuhl (er war teuer) entdeckt, erwirkt er beim Kirchgemeinderat ein Saalverbot für diese Gruppe. Mitarbeiterinnen und Kinder samt ihren Bezugspersonen müssen ausziehen. Goodbye, Generationenkirche!

Fragen: Warum stützt die Behörde in diesem Konfliktfall den Sigristen, nicht aber die Leitung der Kleinkinderfeier? Welchen Stellenwert haben die Familien und die Kinder? Warum hat man anlässlich der Renovation nicht an die Kleinen gedacht – überhaupt an die unterschiedlichen Zielgruppen mit ihren spezifischen Bedürfnissen? Wurde das Sauberkeits- und Ordnungsverständnis je aus der Perspektive der verschiedenen Generationen durchdacht und in den Pflichtenheften adaptiert? Aufgrund welcher Kriterien werden die Spannungsfelder zwischen Kirchennahen, Wohlwollenden, Distanzierten, zwischen Jung und Alt, zwischen den verschiedenen Milieus mit den differenten Wertvorstellungen bearbeitet?

An diesem Beispiel wird deutlich, dass gesamtbetriebliche Aspekte ekklesiologisch bedeutsam sind. Intergenerationelle (und interkulturelle) Beziehungen sind voller Spannungen und Herausforderungen und haben zugleich viel Potenzial für bereicherndes und horizonterweiterndes Zusammenleben.

6 Alle Zitate: Interview Kipfer, s. o. Anm. 3. – Zum Jugendgottesdienst Gleis 19 in Thun-Strättligen vgl. http://www.jugendthun.ch/top-menu/angebote/gleis-19.html oder http://www.ref-kirche-thun.ch/top-menu/kirchgemeinden/thun-straettligen/gottesdienste.html (Zugang: 31.8.2014).

Gerade bei Konflikten zeigt sich schnell, wie ernsthaft dieses «alle sind eingeladen» verstanden wird. Einen Lebensraum zu gestalten, wo «ALLE» in ein lebendiges, fruchtbares und lösungsorientiertes Nebeneinander, Miteinander und Durcheinander treten können, ist vielschichtig und anspruchsvoll – im Rahmen einzelner Angebote, und erst recht, wenn die gesamte Anlage einer Kirchgemeinde generationenfreundlich sein soll.

5 Das Modell Generationenkirche als Entwicklungsinstrument

Diese Einsicht war die Geburtsstunde des Modells Familien-Kirche[7], das im Rahmen eines interkantonalen Netzwerks entwickelt wurde, unter der Federführung der Reformierten Kirchen Bern-Jura-Solothurn mit der Autorin dieses Beitrages als Geschäftsführerin, mit Beteiligung der Landeskirchen St. Gallen, Zürich und Aargau[8] und mit der externen Prozessleitung von Danielle Cottier, Spezialistin für Kinder- und Generationenwelten. Seit das Netzwerk ab 2009 den Fokus auf redimensionierte Projekte gelegt hat,[9] entwickeln «cottier + zogg»[10] das Modell unter dem Namen Generationenkirche selbständig weiter, die Erfahrungen und Erkenntnisse aus Projekten vor Ort laufend integrierend.

Der Impuls zur Gründung des Netzwerks entstand 2002 nach drei interkantonalen Tagungen zur Familienfreundlichkeit von Kirchgemeindehäusern. Schnell wurde klar, dass es weder mit einzelnen Generationenprojekten getan ist – obwohl diese unverzichtbar sind – noch mit kindertauglichem Handlauf, Wickeltisch, geruchsdichtem Windeleimer und Spielkiste – obwohl man die Bedeutung solcher «Kleinigkeiten» nicht hoch genug einschätzen kann. Wer vernetzt und nachhaltig generationenverbindend wirken will, kommt nicht darum herum, Grund-legend zu denken: Selbstverständnis, Angebotspalette, Raumsituation, Zusammenarbeitsstrukturen, Schwerpunktsetzungen, Traditionen, Werte und vieles mehr – all dies spielt eine Rolle.

Das Modell Generationenkirche bietet eine Vision und eine Struktur, um die Generationenfreundlichkeit in Kirchgemeinden gesamtbetrieblich aufzubauen – mit Hilfe einer partizipativen, interdisziplinären Arbeitsweise, inhaltlicher Grundlagen, methodischer Tools und des 5-Säulen-Modells als Ordnungsstruktur: 1. Identität, 2. Betriebsorganisation, 3. Räume innen und aussen, 4. Angebote, 5. Kommunikation. Dazu gehört ein System zum Bearbeiten von Prozessthemen wie

7 Am Anfang trugen sowohl das Netzwerk wie das Modell diesen Namen. Damit waren alle Formen von «Familie» gemeint, inklusive der Wahl- und Herkunftsfamilien. Da sich aber viele ausgeschlossen fühlten, wurde der Name später zu «Familien-Generationenkirche» erweitert. Wahlweise wird vor Ort auch der Name Generationenkirche verwendet.

8 Mit Joachim Zahnd und Peter Wilhelm (ZH), Peter Christinger (SG) und Beat Urech (AG).

9 Zur Geschichte des Netzwerks siehe http://www.familien-generationenkirche.ch/netzwerk/ geschichte (Zugang: 31.8.2014).

10 Siehe www.generationenwelten.ch (Zugang: 31.8.2014).

Machtdynamiken, Konkurrenzen, Ängsten. Das Ziel ist, eine gesamtbetriebliche Ausrichtung auszuarbeiten, die von allen geteilt wird und die auch bei personellen und strukturellen Veränderungen trägt.[11]

6 Die Vision: Kirchgemeinde als Lebens- und Begegnungsraum

Inhaltliche Ansatzpunkte im Modell Generationenkirche sind eine alltagsnahe Ekklesiologie und demzufolge die Integration der Zielgruppenperspektive: Wie sehen Kinder, Jugendliche, Erwachsene mittleren und höheren Alters, Männer, Frauen, Alleinerziehende usw. die Kirche? Wie stellen sie sich eine zukunftsfähige Kirche vor, die sie interessiert und die sie als verbunden mit ihren Lebenswirklichkeiten empfinden? Zu diesen und weiteren Fragen haben mittlerweile über 2000 Personen von 4 bis 93 Jahren im Rahmen von Zielgruppengesprächen[12] Auskunft gegeben.

Verdichtet man die gewonnenen Erkenntnisse, zeigt sich die Vision der Kirche als Lebens-, Begegnungs- und Spielraum für alle Generationen – als eine Art «soziales Labor». Sie bietet verschiedene Dimensionen und Dichtheiten von Begegnung und Beziehung: mit Gleich- und Andersgesinnten, mit sich selbst und mit dem Spirituellen, Religiösen, Transzendenten[13]. Hier wünscht man Akzeptanz, Wertschätzung, Geborgenheit und die Möglichkeit, eigeninitiativ tätig zu werden. Und man wird zugleich inspiriert zu sinn-reichen Verortungen und Horizonterweiterungen – im Sinne von «selber denken» und «selber glauben», bezogen auf die eigene Persönlichkeitsentwicklung, das Zwischenmenschliche, Ethische und Spirituelle.

Als Leitplanken für das Nebeneinander, Miteinander und Durcheinander der so unterschiedlichen Menschen dienen biblisch-visionäre Begriffe wie Friede, Gerechtigkeit, Erlösung, Gemeinschaft, Barmherzigkeit oder ethisch-soziologische Begriffe wie Solidarität, Wechselseitigkeit, Selbstwirksamkeit – alles Bezeichnungen, die sowohl auf das einzelne Individuum als auch auf ein einigermassen balanciertes Zusammenleben zielen.

Diese Vision scheint im Kontrast zum gegenwärtigen Erleben der christlichen Kirchen der Schweiz zu stehen, das durch den Verlust von Traditionen und der früheren gesellschaftlichen Machtposition, durch Mitgliederschwund, Finanz-

11 Mehr dazu siehe http://www.generationenwelten.ch (Zugang: 31.8.2014).

12 Diese in Zürich-Friesenberg von Trude Bernoulli und Danielle Cottier entwickelte und später adaptierte qualitative Interview-Form wurde mittlerweile in 26 Kirchgemeinden in den Kantonen AG, AR, BE, BL, GL, SG, SO, ZH durchgeführt. Ein Abstract der Resultate findet sich auf: http://www.generationenwelten.ch/site/de/kirchenforschung.php (Zugang: 31.8.2014).

13 Die Begrifflichkeit wird hier bewusst variantenreich gehandhabt – entsprechend dem milieudifferenten Gebrauch von religiösen Wörtern.

druck und der daraus folgenden Identitätskrise[14] beeinflusst wird. Kirche ist immer weniger breite gesellschaftliche Plattform, sie findet sich zunehmend am Rand, wo sich vor allem Insider treffen. Allerdings ist diese in der Öffentlichkeit immer wieder kommunizierte Diagnose m. E. abhängig von zu hinterfragenden Kriterien, anhand derer die Kirchlichkeit der Gemeindeglieder und der Erfolg der Kirche beurteilt wird.[15]

Um diese in eine Sackgasse führende Marginalisierung der Kirche zu umschiffen, wird im Modell Generationenkirche die Perspektive gewechselt. Die Gemeindeglieder und weitere Zugewandte werden als Akteure (Subjekte) der Kirche gesehen – mit verschiedenen Bezügen (z. B. nah, wohlwollend, distanziert), in unterschiedlichen Lebenssituationen, mit verschiedenen Interessen und Bedürfnissen,[16] was dazu führt, dass die Intensität der Teilnahme von Lebensphasen und biographischen Wendepunkten abhängig ist (einmal näher, einmal ferner).

7 Zum Projekt «Pauluskirche – das Generationennetz», 2007–2012

Der gesamtbetriebliche Ansatz und die Zielgruppenperspektive waren für die Kirchgemeinde Bern-Paulus ausschlaggebend, um ihr Projekt «Pauluskirche – das Generationennetz» 2007–2012 auf das damals noch so genannte Modell «Familien-Kirche» abzustützen.[17]

Da war Handlungsbedarf: «Die Angebote der Kirchgemeinde sind kaum miteinander vernetzt, es fehlt eine gemeinsame Ausrichtung, eine erkennbare Identität. Es wird wenig interdisziplinär zusammengearbeitet. Die Arbeit mit Familien und Kindern und jungen Menschen sollte verstärkt werden, in der Seniorenarbeit gibt es Doppelspurigkeiten, die Ressourcen binden. Auf der strategischen und organisatorischen Ebene bestehen Defizite, es fehlen Leitbild, Konzepte, Steuerungsin-

14 Zur Beschreibung der Situation der Kirchen inmitten des gesellschaftlichen Wandels siehe z. B: Ev.-ref. Landeskirche Graubünden, Modell GemeindeBilden, Grundlagen zum Bildungsmodell, Chur 2012, 10ff. Prozessleitung durch cottier + zogg.

15 Zum Beispiel: Ist das Kriterium der Besuch des Sonntagsmorgen-Gottesdienstes? Ist es die Häufigkeit der Teilnahme an Angeboten? Sind es bestimmte Glaubensausprägungen und -praxen? Aber: Wer definiert diese Kriterien? Was wären Kriterien aus der Sicht der Gemeindeglieder?

16 Dieser Fokus auf Interessen und Bedürfnisse folgt ganz pragmatisch dem Zeitgeist in einer pluralistischen, individualisierten und religiös offenen Gesellschaft. «Bei kirchlichen Angeboten wähle ich aus, was mich interessiert oder mir gut tut» (Votum von Agnes aus: Reformierte Kirchen Bern-Jura-Solothurn (Hg.), Kirche hat viele Stimmen, Bern 2013, 61). Dieses immer wieder gehörte Statement beschreibt das typische Verhalten einer Mehrheit der Gemeindeglieder. Beim Interesse des einzelnen Individuums anzusetzen ist m. E. auch ekklesiologisch weiterführend – als notwendige Ergänzung zur Gemeinschaft und als Voraussetzung für Gespräch, Zuhören, Weiterdenken, sich Öffnen und Einbringen. Interessen, Bedürfnisse, Dialog und Gemeinschaft bedingen einander.

17 Weitere Kirchgemeinden im Gebiet der Reformierten Kirchen Bern-Jura-Solothurn, die ein grösseres Projekt durchgeführt haben: Brienz, Ins, Liebefeld (Kirchenkreis der Kirchgemeinde Köniz), Solothurn, Urtenen-Schönbühl (mit Leitung von cottier + zogg).

strumente für die Führung, Kompetenzen und Verantwortung sind nicht klar zugewiesen.»[18] Und ein möglicher Weg: Eine interdisziplinär zusammengesetzte Gruppe hat sich zum Ziel gesetzt, mit Hilfe des Organisationsentwicklungsmodells Familienkirche «die Generationenfreundlichkeit und Gastlichkeit unserer Kirchgemeinde ganzheitlich aufzubauen, mit einer partizipativen, interdisziplinären Arbeitsweise.»[19]

Die Pauluskirche startete ihr Projekt 2006/7 und beendete es 2012. Als Grundlage dienten die Bedürfnisgespräche[20] mit Gemeindegliedern von Jung bis Alt. Dabei war die Idee leitend, dass die Kirchgemeinde ein gastlicher Ort auf Augenhöhe mit den Zielgruppen und mit Bezug zum Quartierleben werde, inspiriert von der Lebensfreundlichkeit des Evangeliums. Das Ziel bestand darin, mehr über Interessen, Bedürfnisse und Perspektiven der Gemeindeglieder von Jung bis Alt zu erfahren, die Erkenntnisse in einen Dialog mit den Insiderperspektiven zu bringen und für die Kirchgemeindeentwicklung fruchtbar zu machen.

Auf dieser Grundlage wurden in einem aufwändigen Prozess ein bis heute gültiges Identitätsprofil (Säule 1, Identität) und ein Massnahmenkatalog mit folgenden Schwerpunkten erarbeitet: Gesamtplan zur Raumnutzung (Säule 3, Räume)[21], interner Fachaustausch zwischen Mitarbeitenden, Kirchgemeinderäten und Freiwilligen (Säule 2, Betriebsorganisation) und eine Angebotsstrategie (Säule 4, Angebote) mit den drei Handlungsfeldern: Alltag (inkl. Diakonie), Kultur und Festtag[22]. Da im Selbstverständnis der Kirchgemeinde bisher vor allem der «Festtag» mit den Gottesdiensten und die Kultur (Musik) eine wichtige Rolle spielten, wurde das Augenmerk nun auf die Entwicklung des Handlungsfeldes Alltag gerichtet.

Zentraler Ansatzpunkt war der Ausbau des Café Paulus. Man kann dort in ungezwungener Atmosphäre etwas trinken und essen, Bekannte treffen, neue Kontakte knüpfen oder sich einfach eine Pause gönnen. Die Kinder sind in einer Spiel-Insel gut aufgehoben. Gleichzeitig entstanden in den letzten Jahren viele neue Angebote.[23] Der seit 2009 durchgeführte «Paulussommer» schafft dabei für

18 Brigitte Schletti, Abschlussbericht zum Projekt «Pauluskirche – das Generationennetz», Bern 2012, http://www.pauluskirche.ch/fileadmin/paulus/pdfs/Generationennetz/Abschlussbericht_Projekt_Generationennetz.pdf (Zugang: 7.10.2014).

19 Ebd., 2.

20 Später in «Zielgruppengespräche» umbenannt, siehe Anm. 12.

21 Dessen Umsetzung wurde wegen der Strukturreform in der Gesamtkirchgemeinde Bern sistiert.

22 Siehe oben Anm., 18, S. 9–11. – Diese Handlungsfelder wurden von cottier + zogg aufgrund der Erkenntnisse aus den Zielgruppengesprächen erweitert in Alltags-, Feier-, Kultur- und Lernkirche und u. a. paradigmatisch im Modell GemeindeBilden der Landeskirche Graubünden umgesetzt (s. o. Anm. 14). Im Konzept der Pauluskirche fehlt das Handlungsfeld «Lernkirche», welches sinnvollerweise ergänzt werden müsste.

23 Neue Angebote im Handlungsfeld Alltag: Pauluscafé mit Spielecke, Feierabendtreff, Nähatelier, Brasilienabend, Sommerfest mit Flohmarkt. Im Handlungsfeld Kultur: Quartiernachwuchs musiziert, Theater, Literatur, Orgelnacht, Orgelmärlinacht, Orgelfasnacht, Märlinachmittag …

bewährte und neue Angebote einen zeitlichen und organisatorischen Rahmen, u. a. mittels eines gemeinsamen Flyers.

8 Gastliche Kirche sein. Umsetzungserfahrungen der Pauluskirche

Was hat dieses Projekt der Kirchgemeinde gebracht? Hat sich der grosse Aufwand gelohnt? Was wäre anders, wenn das Projekt nicht stattgefunden hätte? Und welche Erkenntnisse sind hilfreich für die gesamtbetriebliche Konzeption einer Generationenkirche?

Die Projektleiterin Brigitte Schletti und der ab 2012 mit dem Schwerpunkt Familien- und Generationenarbeit beauftragte Pfarrer Frank Rytz haben auf diese Fragen im Frühjahr 2014 folgendermassen geantwortet:

«Wir hätten kein Café, keine Spielecke, keine niederschwellige Plattform, weniger Leute, die im Kirchgemeindehaus ein- und ausgehen, und mehr Mühe, Freiwillige zu finden, welche die Angestellten entlasten. Unser Image im Quartier ist besser, wir haben mehr Ausstrahlung, unsere Gemeinde ist gemischt, es gehören verschiedene Generationen dazu. Wir würden uns wohl auch noch mehr im ‹Gärtlidenken› bewegen, wo jeder für sich allein hinwerkelt, zwar super gut, aber wenig vernetzt», erzählt Schletti.

Das Café ist dabei ein zentraler Erfolgsfaktor, weil es als niederschwellige Drehscheibe funktioniert. Dies hängt von folgenden Aspekten ab:

Gastlichkeit in Form der persönlichen Präsenz der Gastgebenden. «Wenn das Café nicht bedient ist, läuft es weniger gut.» Hierfür wurde ein Netz von Freiwilligen aufgebaut. Auch die Räume sind Botschafter der Gastlichkeit. Sie sind einladend und generationenkompatibel eingerichtet. Besonders wichtig ist der Indoor-Spielplatz. Er signalisiert: Auch Kinder und ihre Bezugspersonen sind hier willkommen. «Bei schlechtem Wetter kommen die Mütter hierher, um andere zu treffen, während die Kinder spielen.» Das Evangelium wird konkret als aufmerksame, den Gästen zugewandte Haltung.

Ein belebtes Kirchgemeindehaus, denn ein leeres Café ist nicht anziehend. Bei der Paulusgemeinde sind es verschiedene Gruppen aus dem Quartier, welche die Räume zu günstigen(!) Tarifen mieten können. Dadurch ist oft «full house», mit wechselnden Gruppen, man trifft sich, verweilt gerne und bekommt nebenbei auch mit, was die Kirchgemeinde sonst noch anbietet. Schletti: «Das Café ist ein Ort des Quartierlebens. Damit sind wir bei den Leuten, es schafft Vernetzungs-, Austausch- und Ansprachemöglichkeiten. Die Kirchgemeinde wird von Wohlwollenden und Distanzierten ganz neu wahrgenommen. Die Leiterin des Mutter-Kind-Singens musizierte z. B. auch schon im Fiire mit de Chliine, die neuen Freiwilligen trifft man an einem Konzert. Diese Drehscheibe kann ich mir nicht mehr wegdenken, wir würden sonst in der Luft hängen.» Die Kirchgemeinde nützt so das Potenzial ihrer Räume zugunsten der Bevölkerung, des Zusammenlebens und der Erweiterung des Gemeindelebens.

Eine am Aufbau von Beziehungen orientierte Ekklesiologie, denn «die Kirchgemeinde besteht aus einzelnen Gruppen und aus auf einzelne Personen ausgerichteten ‹Anhängerschaften›. Es ist aufwendig, diese untereinander in Beziehung zu bringen, und erst recht, die Basis unserer Kirchgemeinde so zu erweitern, dass andere Menschen dazukommen», analysiert Rytz. «Das Café bringt nun neue Leute, die wir sonst nicht erreichen würden, und es fördert den bilateralen Austausch zwischen den Gruppen. Das schafft Boden.»

Eine vielfältige Angebotspalette, die auch für Menschen attraktiv ist, die sich nicht als kirchennah verstehen oder die wenig zeitliche Freiräume haben. «Ich versuche, den Insiderkreis zu erweitern, andere Kirchenmitglieder zu erreichen und sie in Beziehung zueinander zu bringen. Ich verstehe mich als Vernetzer, und da mir auffällt, dass das Leben heute für viele anstrengend ist, möchte ich Raum zum Aufschnaufen geben, damit die Leute so sein können, wie sie sind», beschreibt Rytz seinen Arbeitsschwerpunkt.

Alles in allem: Das Projekt hat der Kirchgemeinde viel gebracht. Die Familien- und Generationenfreundlichkeit prägt das Leben der Pauluskirche und schafft für die verschiedenen Zielgruppen eine Plattform.

9 Fazit

Die Erfahrungen der Pauluskirche und weiterer Kirchgemeinden in der Deutschschweiz sind ermutigend. Das Wahr- und Ernstnehmen der Menschen und das Einbeziehen ihrer Perspektiven und Interessen schafft eine win-win-Situation. Die gastliche Kirche als «Gegenort» zu einem stressigen, leistungsorientierten Alltagsleben, als Erholungs-, Begegnungs- und Denkraum ist ein zukunftsfähiges Leitbild. Die Gastlichkeit der Kirche und ihre Menschenfreundlichkeit ist die Nagelprobe für ihre Verkündigung Gottes. Die Zusage der Rechtfertigung: Du bist angenommen, wie du bist, wird in der Gastlichkeit konkret erfahrbar: physisch (wohl sein, sich in einer gastlichen und schönen Umgebung aufhalten), sozial (wahrgenommen und respektiert werden, in Beziehung treten können), geistig (angeregt werden, neue Impulse erhalten) und geistlich-spirituell: Weil die Einzelnen wissen, dass sie sich an einem kirchlichen Ort befinden, wird ihr Nachdenken über Glaube und Theologie angeregt: Wenn Kirche so ist, dann …

Kirche «nahe bei Gott – nahe bei den Menschen»

Aufbrüche in der Evangelisch-reformierten Kirche des Kantons St. Gallen

Dölf Weder

1 Die St. Galler Kirche versteht sich als offene Landeskirche

Die St. Galler Kantonsverfassung von 2001 anerkennt «die Evangelische Kirche und ihre Kirchgemeinden» neben drei weiteren «Religionsgemeinschaften» als «öffentlich-rechtliche Körperschaften». Sie «sind autonom» und «regeln die Grundzüge ihrer Organisation in einem Erlass» (evangelischerseits die Kirchenverfassung). «Das Gesetz kann ihnen Steuerhoheit gewähren und den Steuerbezug durch den Staat vorsehen» (Art. 109f).

Angesichts eines Anteils von lange einem Drittel der Kantonsbevölkerung, heute noch einem Viertel, sowie angesichts einer Jahrhunderte dauernden religiösen und politischen Dominanz der römisch-katholischen Kirche, verwendet die evangelisch-reformierte St. Galler Kirche zur Selbstbezeichnung vorwiegend die Begriffe «Landeskirche» und «landeskirchlich». Eine majoritäre «Volkskirche» war sie im Kanton St. Gallen nie.

Dieses Selbstverständnis hat das Bestreben zur Folge, für alle Arten der hier lebenden Menschen und für eine Vielfalt von Glaubensformen zugänglich zu sein, «landeskirchlich offen». Damit verbunden ist ein starkes Bewusstsein der gesellschaftlichen Bedeutung und Verantwortung.

Aus der Kombination von Minoritätssituation und diesem landeskirchlichen Selbstverständnis ergab sich immer wieder die Notwendigkeit, gleichzeitig ein klares Profil zu haben, zu wissen und zu sagen, wofür man steht, und sich dennoch deutlich von einem freikirchlichen Ansatz zu unterscheiden. Wahrscheinlich liegt hier einer der Gründe, warum sich die St. Galler Kirche mit einer Minderheitssituation und mit Veränderungsprozessen weniger schwer tut als manch andere Kirche. Dafür spricht auch die Beobachtung, dass heute namentlich in Diasporagebieten lebendige und innovative Kirchgemeinden mit einem klaren Profil zu beobachten sind, während früher dominant reformierte Gemeinden stärker den guten alten Zeiten nachtrauern und sich mit der inhaltlichen Bestimmung der eigenen Identität schwer tun.

Damit sind die sich heute den Kirchen stellenden Herausforderungen angesprochen.

2 Gesellschaft im Umbruch – Kirchen im Umbruch

Unsere Gesellschaft ist im Umbruch, darum sind auch die Kirchen im Umbruch. Diese Tatsache ist nicht neu, aber sie wird durch neue Studien immer deutlicher belegt und in den Konsequenzen genauer beschrieben. Zu beobachten sind namentlich eine zunehmende Distanzierung der Menschen von kirchlicher Religiosität und das Auseinanderdriften von institutioneller und individualisierter, nichtkonfessioneller Religiosität. Das äussert sich in Kirchenaustritten und in innerer Distanz selbst vieler Mitglieder. Namentlich in den urbanen Gebieten, aber zunehmend auch auf dem Land, ist der Besuch von Gottesdiensten dramatisch eingebrochen und ein eigentlicher Traditionsabbruch feststellbar, beides nicht mehr nur in erster Generation und nicht nur bei den Ausgetretenen. Die Landeskirchen sind bereits erheblich geschwächt.

Diese Entwicklung hat neben Glaubens- und Beziehungsverlust auch eine rasch voranschreitende Abnahme an gesellschaftlicher Präsenz und Relevanz der Kirchen zur Folge. Politisch und medial Gehör zu finden, geschweige denn gesellschaftlich und politisch Einfluss ausüben zu können, wird schwieriger. Man trifft bezüglich kirchlicher Belange und Positionen auf weniger offene Ohren und oft auf schlecht informierte Gegenüber mit überholten Kirchenbildern.

Nun kann man solche Entwicklungen entweder in der Haltung von Untergangsverwaltern beklagen und zeitlich zu verzögern versuchen, oder man kann sich als aktive Übergangsgestalter verstehen und fragen, was christliche Kirche zu leben in der neuen und sich weiterhin rasch verändernden Situation für und mit den Menschen von heute bedeuten kann. Substantielle Veränderungen sind dabei nicht zu umgehen.

Wenn wir weiterhin tun, was wir heute tun, werden wir – bestenfalls – die Resultate erzielen, die wir heute erzielen. Wenn ein Segelboot bei drehendem Wind das gleiche Ziel wie bisher ansteuern will, muss es die Segelstellung ändern, sonst bleibt es stehen oder kentert sogar.

Entscheidend in solchen Entwicklungsprozessen ist, sich nicht in Theorien und Leitbildern zu verlieren, sondern den Fokus auf eine breite, aber klare Zielvorstellung und eine langfristig angelegte, kontinuierliche Umsetzung zu legen. Das erfordert eine konsequente Ziel- und Resultatorientierung auf der Basis einer klaren Identität.

Essenzielle Fragen im Rahmen eines solchen Prozesses sind:

- Wer sind wir, was ist unsere Identität?
- Was ist unser Auftrag?
- Was sind unsere Ziele?
- Wie gelangen wir dorthin, was ist unser Weg?

Im Folgenden wird am Beispiel der St. Galler Kirche gezeigt, wie ein solcher strategischer Planungsprozess im landeskirchlichen Kontext aussehen kann. Als Beispiel für die Umsetzung eines neu angestrebten Zieles dient anschliessend die

Einführung von populärer Kirchenmusik auf professionellem Niveau im Kanton St. Gallen, ein schweizerisches Pionierprojekt. Es macht deutlich, mit welch langem Zeithorizont und in welcher Breite und Komplexität solche zielorientierten Prozesse anzugehen und umzusetzen sind.

3 Von der Analyse zur gemeinsamen Ausrichtung

Der Kirchenrat der Evangelisch-reformierten Kirche des Kantons St. Gallen initiierte im Jahr 2000 als Ergebnis einer kirchenrätlichen Retraite die Erarbeitung einer gemeinsamen kantonalen Ausrichtung, verbunden mit konsequenter strategischer Planung. Zusammen mit allen Kirchenvorsteherschaften und Mitarbeitenden im Kanton wurden die interaktiven Prozesse «St. Galler Kirche 2010» und später «St. Galler Kirche 2015» durchgeführt. Die erarbeitete gemeinsame Ausrichtung und die konkreten Zielsetzungen wurden und werden mit langfristiger Perspektive und grosser Beharrlichkeit schrittweise umgesetzt. Institutionalisierte Evaluationen des Zielerreichungsgrades ermöglichen auf allen Ebenen notwendig werdende Korrekturen und Weiterentwicklungen der Ziele und der zu deren Erreichung eingesetzten Massnahmen.

Als entscheidend erwies sich die Förderung einer gemeinsamen Ausrichtung. Es ist eine breite und viele Glaubensfarben ermöglichende, typisch volkskirchliche Zielrichtung. Aber sie macht eine klare, theologisch fundierte Aussage, wer und wie die St. Galler Kirche sein und in welche Richtung sie sich entwickeln will. Zusammengefasst ist diese Ausrichtung in der Vision einer Kirche *«nahe bei Gott – nahe bei den Menschen»*.

Die St. Galler Kirche bekennt sich damit zum Anliegen, als volkskirchlich geprägte Landeskirche einerseits den Menschen in ihrer heutigen Lebenswirklichkeit nahe zu sein, stark von ihnen und ihren Situationen und Anliegen her zu denken. Andererseits will sie ihrer Identität und ihrem Auftrag treu sein: das Evangelium verkünden und damit Kirche nahe bei Gott und seiner befreienden Botschaft in Jesus Christus leben. Wie bei den zwei Brennpunkten einer Ellipse gilt es, sich ständig sowohl an Gottesnähe wie auch an Menschennähe zu orientieren. Im christlichen Glauben ist das eine nicht ohne das andere zu haben, das eine in keiner Tätigkeit vom anderen zu trennen. Jesus Christus hat uns das auf einzigartige Weise vorgelebt.

Ende 2001 verabschiedete die Synode nach einem zweijährigen intensiven Prozess das Strategiepapier «St. Galler Kirche 2010». Nach einer ausführlichen Evaluation im Rahmen einer breit angelegten Visitation aller Kirchgemeinden und eines erneuten breiten partizipativen Prozesses wurde der Text 2008 aufdatiert zur heute gültigen Version «St. Galler Kirche 2015».

Nach Aussagen zu Fundament, Auftrag und Vision folgen in einem mit «Entfaltung der gemeinsamen Vision» betitelten Kapitel drei Wertefelder. Sie drücken unter den hier folgenden Überschriften in knappen Worten das kirchliche Selbstverständnis aus und reflektieren die Balance zwischen volkskirchlicher Offenheit und evangelisch-reformierter Identität.

Gelebter Glaube

- glaubwürdig christlich
- evangelisch-reformiert
- landeskirchlich vielfältig
- solidarisch und ökumenisch

Lebendige Weggemeinschaften

- miteinander unterwegs
- lebendig und am Leben anknüpfend
- spirituell

Bereicherndes Miteinander

- einander ergänzend und voneinander lernend
- partizipativ und innovativ
- auftragsorientiert

Den meisten Platz beansprucht die Auflistung der Leitziele im Hauptteil des Dokuments. Sie sind in drei Schwerpunkte gruppiert:

- Auftrag und Vision vertiefen
- Programmarbeit stärken – Qualität, Vielfalt und Innovation
- Lebendige Kirchgemeinden fördern – Mitarbeiterförderung und Gemeindeentwicklung

4 Die programmatische Kraft einer klaren Vision und Zielorientierung

Die grosse Gefahr solcher Prozesse und Papiere liegt darin, dass sie mit viel Elan erarbeitet werden, dann aber in einer Schublade verstauben. Das Resultat ist tiefe Frustration der Beteiligten. Sie erleben, wie sich trotz aufwendigem Prozess und grossem Engagement schliesslich doch nichts oder nur sehr wenig bewegt.

Das wichtigste Kriterium zur Beurteilung von solchen Prozessen ist deshalb der Grad ihrer praktischen Umsetzung, also das Resultat im kirchlichen Alltag.

Diesem Aspekt wurde in St. Gallen von allem Anfang an stark Rechnung getragen. Man sprach bewusst nie von einem Leitbildprozess, sondern von der Erarbeitung konkreter, bis 2010 bzw. 2015 zu erreichender Leitziele. Die Umsetzbarkeit war bereits bei der Zielsetzung ein wichtiges Kriterium. Der Kirchenrat übersetzt die synodal verabschiedeten Leitziele für seine kantonalkirchlichen Mitarbeitenden periodisch in Zweijahresziele. Sie sind Thema in den jährlichen

Mitarbeitergesprächen und müssen sich in den individuellen Zielvereinbarungen reflektieren.

Die Kirchgemeinden ihrerseits sind aufgefordert, sich nach freier Wahl jährlich ein oder zwei Leitziele vorzunehmen und sie auf Kirchgemeindeebene umzusetzen. Jährliche Retraiten der einzelnen Kirchenvorsteherschaften mit konkreter Aufgabenverteilung und späterer Resultatbeurteilung spielen dabei eine entscheidende Rolle.

Es zeigt sich, dass die Vision einer Kirche «nahe bei Gott – nahe bei den Menschen» und die konsequente Zielorientierung starke programmatische und dynamisierende Kraft entwickeln. Die Kirchgemeinden untereinander und die kantonalkirchlichen Programmstellen sind sich in den letzten Jahren deutlich näher gerückt und haben an Dynamik gewonnen. Zwischen ihnen ist eine rege Interaktion entstanden. Depressive Gefühle wichen einer zuversichtlicheren Haltung. Man wagt, sich mutig den oft schwierigen Realitäten zu stellen. Eine ganze Reihe von Zielen konnte inzwischen erreicht, neue Horizonte angepeilt werden. Das vermittelt wichtige Erfolgserlebnisse.

Die St. Galler Kirche wirkt in aller menschlichen Schwachheit: aber sie lebt, und sie ist als kirchliche Gemeinschaft trotz einem schwierigen gesellschaftlichen Umfeld zuversichtlich und mit den Menschen auf relevante Weise unterwegs – wanderndes Gottesvolk.

Im Folgenden wird am Beispiel eines von vielen Zielen gezeigt, wie sich mit einer solchen langfristig angelegten, zielorientierten Strategie Kirchgemeinden nachhaltig verändern und neues, die Menschen berührendes christliches Leben entsteht. Es geht um das Beispiel der populären Kirchenmusik, in welcher die St. Galler Kirche heute eine in der Schweiz führende Rolle spielt.

5 Beispiel der Umsetzung eines Zieles: Populäre Kirchenmusik

Die Situationsanalyse von 2000 zeigte im Kanton St. Gallen eine gut entwickelte traditionelle Kirchenmusik, samt einer eigenen Kirchenmusikschule mit staatlich anerkannten Abschlüssen in Orgel und klassischer Chorleitung.

Unter dem Aspekt «Nahe bei den Menschen» musste aber gleichzeitig festgestellt werden, dass diese Musik nur noch die Ausdrucksform einer kleinen Minorität heutiger Menschen ist und dem Anspruch einer volkskirchlich orientierten Landeskirche, vielfältige Arten von Menschen anzusprechen und zu beteiligen, nicht genügen kann. Der Verkauf von CDs mit Orgelmusik liegt weit unter einem Prozent aller verkauften CDs.

Können wir es uns als Kirche leisten, einfach festzulegen, dass zu einem «richtigen» reformierten Gottesdienst traditionelle Orgelmusik gehört, und deshalb die grosse Breite anderer Musikstile auszuschliessen oder diese allenfalls einmal pro Jahr als besondere Attraktion und zur Demonstration der eigenen Modernität in einem aufgepeppten Gottesdienst mit Konfirmanden einzusetzen? In St. Gallen meint man: nein.

Bereits 2001, im Strategiepapier «St. Galler Kirche 2010», verabschiedete die Synode deshalb das Ziel: «Eine Vielfalt von klassischen und populären Arten von Musik sprechen inner- und ausserhalb der Kirchenräume auch neue Gruppen von Menschen an.» Klar war dabei von Anbeginn, dass die kirchliche Popularmusik den gleich hohen Qualitätsansprüchen genügen muss wie die weiterhin zu pflegende und auszubildende traditionelle Kirchenmusik. Es ging also um ein professionelles Niveau – bei gleichzeitiger Förderung von populärer Amateurmusik und -bandarbeit.

6 Bereitstellung von Ressourcen und Bildungsangeboten

Der Kirchenrat erklärte der Synode 2002 im Rahmen eines umfassenden Massnahmenbündels zu den personellen Konsequenzen ihrer Entscheide von 2001, dass auch zur Umsetzung dieses Zieles neue personelle Kapazitäten geschaffen werden mussten. Die Zustimmung des Kirchenparlaments hierzu führte 2003 zur Schaffung einer Arbeitsstelle Populäre Musik mit einem 50% Pensum und zur Anstellung eines ausgebildeten Jazzmusikers mit grosser Erfahrung in Bandarbeit.

Bei der Animation der Gemeinden für eine solche Stilerweiterung in ihrer Kirchenmusik – unter anderem durch die Schaffung einer eigenen kantonalkirchlichen Band von hoher Qualität – wurde rasch klar, dass für eine flächendeckende Umsetzung dieser Vision schlicht nicht genügend ausgebildete Musikerinnen und Musiker zur Verfügung standen, welche sowohl über eine entsprechende popularmusikalische Ausbildung als auch über die notwendige kirchenmusikalische Kompetenz verfügten. Also musste die Ausbildung an der Evangelischen Kirchenmusikschule St. Gallen entsprechend erweitert werden. Das wiederum erforderte eine entsprechende neue Besetzung von deren Direktion, sowie – unter dem gemeinsamen Dach der Musikakademie St. Gallen – eine enge Zusammenarbeit mit der Jazzschule und der Diözesanen Kirchenmusikschule St. Gallen.

2005 entstand so die erste staatlich anerkannte Ausbildung der Schweiz in populärer Kirchenmusik. Inzwischen haben sie – berufsbegleitend und je nach Niveau zwei- oder dreijährig – bereits um die 30 Popularmusikerinnen und -musiker erfolgreich abgeschlossen.

Hinzu trat die Schaffung eines kirchenmusikalischen Zusatzmoduls, welches es Absolventinnen und Absolventen von Jazzschulen und anderen Ausbildungsgängen ermöglicht, die Anerkennung als kirchlicher Popularmusiker zu erwerben. Ohne eine solche Qualifikation ist die Wählbarkeit und damit die Anstellung in einer St. Galler Kirchgemeinde nicht gegeben.

Für bereits in den Gemeinden aktive Amateur- und Profi-Musiker, Bands und populäre Chorleitende wurde ein reiches Angebot an Workshops und Weiterbildungen geschaffen.

7 Innovationsprojekte mit nachhaltiger Wirkung

Ein nächstes Problem ergab sich mit den ersten Popularmusikabschlüssen. Welche Gemeinde konnte und wollte es sich denn schon leisten, neben Organisten und klassischen Chorleitern zusätzlich Popularmusikerinnen anzustellen? Man verfügte nun zwar über professionell ausgebildete Musiker, aber konnte ihnen keine Stellen anbieten.

Aus diesem Grund genehmigte der Kirchenrat in bis heute fast der Hälfte der Kirchgemeinden sogenannte Innovationsprojekte. Die Kantonalkirche übernimmt dabei für bis zu drei Jahre die Personalkosten in der Grössenordnung von 20 bis 50 Stellenprozenten. In den Gemeinden fallen nur noch die operativen Kosten an.

Dieses Modell erwies sich als sehr erfolgreich. Nach Projektablauf wurden die Anstellungen in praktisch allen Gemeinden auf eigene Kosten weitergeführt, teilweise kompensiert durch Umlagerungen zulasten der traditionellen Kirchenmusik.

Das wiederum hatte zur Folge, dass eine ganze Reihe von klassischen Musikern ihre Liebe auch zu modernen Musikstilen entdeckten und sich, wo nötig, entsprechend zusätzlich qualifizierten – und umgekehrt: Popularmusiker, die ihre musikalische Qualifikation in Richtung klassischer Musikstile erweiterten.

Insgesamt verfügt die St. Galler Kirche heute über stilistisch viel breiter und vielseitiger einsetzbare Kirchenmusiker, was sich namentlich in den Gottesdiensten, in der Jugendarbeit und in der Chor- und Bandarbeit sehr positiv auswirkt.

Als wichtig erwies sich bei diesen Projekten die nahe Begleitung der eingesetzten Musiker durch die Arbeitsstelle «Populäre Musik» der Kantonalkirche. Es entstand eine eingeschworene Gruppe engagierter Musikerinnen und Musiker, die sich unterstützen und von ihren Erfahrungen gegenseitig profitieren.

Die Band- und populäre Chorarbeit zeigt sich zunehmend auch als attraktives Vehikel, um mit Jugendlichen in der Kirche zu musizieren und sie aktiv an der Gottesdienstgestaltung zu beteiligen. Das wird heute in verschiedenen Gemeinden mit Erfolg in der Konfirmandenarbeit und in den kirchlichen Erlebnisprogrammen auf der Oberstufe praktiziert.

8 Zunehmende Breitenwirkung

Der Stil der in der Kirche einsetzbaren Popularmusik reicht von traditioneller Volksmusik im Toggenburg über moderne Anbetungsmusik bis hin zu Rock und Hip-Hop – eine grosse Vielfalt. Die verfügbare Musik, und namentlich auch die Texte, weisen jedoch beachtliche Qualitätsunterschiede auf. 2008 wurde deshalb die Notwendigkeit eines gewissen «Kernrepertoires mit Qualitätskontrolle» diskutiert. Daraus entstanden jährliche kantonale und regionale Singtage, für die eine Spurgruppe «Repertoire» jedes Jahr zwölf populäre Kirchenlieder von guter Qualität auswählt und in die Kirchgemeinden trägt.

Die Sammlung der Singtaglieder 2009 bis 2012 wurde 2012 unter dem Titel «Gott sei Dank – Die St. Galler Singtaglieder 2009–2012» beim TVZ in Buchform publiziert und in Gottesdienststärke gratis an alle St. Galler Kirchgemeinden abgegeben. Das Büchlein fand samt Begleitmaterial über die Landesgrenzen hinaus Beachtung und musste nachgedruckt werden.

Der Leiter der St. Galler Arbeitsstelle für Popularmusik stellt seine Erfahrungen häufig auch anderen Kantonalkirchen zur Verfügung, beispielsweise als Präsident der in der Folge geschaffenen Fachkommission Popularmusik der Liturgie- und Gesangbuchkonferenz der evangelisch-reformierten Kirchen der deutschsprachigen Schweiz. Die Bereicherung durch kirchliche Popularmusik – in Ergänzung zu und nicht als Ersatz von klassischer Kirchenmusik – wird zunehmend auch in der Ausbildung von Pfarrpersonen und weiteren kirchlichen Mitarbeitenden entdeckt.

9 Anpassung der Gesetzgebung

2012 führte die St. Galler Kirche ein neues, für alle Kirchgemeinden verbindliches Kirchenmusikreglement ein. Dessen Artikel 4 «Vielfalt musikalischer Stilrichtungen und Zielgruppen» lautet:

> «Die vielfältigen Arbeitsfelder der Kirche erfordern die Pflege einer Vielfalt von musikalischen Stilrichtungen. Sie sollen mit gleichen Qualitätsansprüchen gepflegt und entschädigt werden. Ihr Einsatz ist auf den Charakter und die Zielgruppen der einzelnen Veranstaltungen abzustimmen. Die Kirchgemeinden sind in ihren Personalentscheiden dafür besorgt, dass diese Vielfalt musikalischer Stilrichtungen und kirchlicher Zielgruppen angemessen und fachlich kompetent abgedeckt ist. Das kann erfolgen durch den Dienst mehrerer Personen mit unterschiedlichem musikalischem Profil oder durch den Einsatz von Personen mit einer breiten stilistischen Kompetenz.»

Inzwischen wird kirchliche Popularmusik in drei Vierteln der St. Galler Kirchgemeinden regelmässig eingesetzt.

Mit all diesen Entwicklungen wurde seit dem Jahr 2001 ein weiter Weg zurückgelegt. Das Beispiel populäre Kirchenmusik zeigt, wie die Vision einer Kirche «nahe bei Gott – nahe bei den Menschen» und die damit verbundene zielorientierte Umsetzung Kraft entfalten und konkrete Veränderungen bewirken kann. Dasselbe könnte man für eine ganze Reihe anderer Ziele, Arbeitsgebiete und Themen zeigen. Immer sind eine klare Vision und Zielrichtung der Startpunkt der Entwicklung. Anschliessend ist eine jahrelange schrittweise und interaktive Umsetzung notwendig.

10 Prioritätensetzung statt Selbstüberforderung

Das Beispiel der populären Kirchenmusik zeigt, dass die Entwicklung neuer oder der Ausbau bestehender Programmfelder in einer breit aufgestellten Landeskirche zumindest in der Aufbauphase beträchtliche zusätzliche Ressourcen erfordert, personelle wie finanzielle. In neue Ideen muss man investieren, sie sind nicht gratis zu haben. Das ist in einer Zeit schwindender Finanzen und chronisch überlasteter Mitarbeitender gar nicht so leicht.

Es geht nicht ohne Prioritätensetzung. Man muss klar sagen, was zugunsten der Investition in Neues künftig nicht mehr getan wird. Man kann auch nicht viele Prozesse gleichzeitig in Angriff nehmen. Damit würde man sich überfordern. Den Gemeinden und Regionen wird empfohlen, sich pro Jahr auf ein oder zwei Themen zu konzentrieren, diese aber mit vollem Engagement anzugehen.

11 Lebendiges christliches Leben ist auch heute möglich, auch in einer Landeskirche

Wesen und Auftrag von Kirche ändern sich nicht – sehr wohl jedoch die Formen, in denen sie sich ereignen. Lebendiges christliches Leben ist auch heute möglich, auch in einer volkskirchlich geprägten Landeskirche – wenn wir Kirche «nahe bei Gott – nahe bei den Menschen» bleiben.

Volkskirche weit gedacht

Fresh Expressions of Church

Sabrina Müller

Der Begriff «fresh expressions of Church» (im Folgenden: fxC)[1] wird für nicht-parochial strukturierte Gemeinden in der Church of England verwendet. Viele der circa 3000 fxC versammeln sich nicht in Kirchenräumen, sondern beispielsweise in Kaffees und Schulen, im Fitnesscenter und Brockenhaus, am Arbeitsplatz, in Gemeinschaftsräumen von Wohnquartieren oder in der eigenen Küche. FxC werden seit 2004 als eigenständige anglikanische Gemeinde anerkannt und können seit 2008 den gleichen kirchlichen Legitimationsstatus wie eine Ortsgemeinde für sich beanspruchen. Strukturelles Ziel der Church of England ist, eine «mixed economy Church» zu sein.[2] Die «mixed economy» ist mittlerweile strukturell verankert und soll einen partnerschaftlichen Umgang zwischen Ortsgemeinden und fxC sicherstellen.[3] So können die fxC einen ihnen zugewiesen Platz innerhalb der Struktur der Church of England einnehmen. Dies führt dazu, dass auch eine fxC wie zum Beispiel The Order of the Black Sheep, welche in der Heavy-Metall-Szene zu verorten ist, sich dezidiert als Gemeinde innerhalb der Church of England versteht und einen hohen Grad an Loyalität aufweist. Dadurch bilden fxC bilden keine konkurrierende Parallelstruktur. Zudem entwickelten sich die fxC durch die «mixed economy» und den «Mission-shaped

1 Immer wieder sind, sowohl in England wie auch weltweit, Konfusionen bezüglich der Terminologie feststellbar, deshalb ist eine Klärung nötig. Der Ausdruck «fresh expressions of Church» wird für genuin lokalisierbare Formen von Kirche verwendet. «Fresh Expression» ist die Bezeichnung für die gesamte Bewegung inklusive Logo und Ressourcen. Die Begriffe «Fresh Expressions-Team», «Fresh Expressions-Initiative» und «Fresh Expressions-Bewegung» bezeichnen das ökumenische Team, welches den Auftrag hat, diese bestimmten Ausdrucksformen von Kirche im Land zu fördern und zu unterstützen.

2 «What Archbishop Rowan has called the mixed economy, the positive partnership of an on-going inherited ministry in the parishes and the planting of fxC is the official policy of the Church of England as agreed by its Synode […]. We have committed ourselves to this, we have approved it through our national Synod three times, we've had a formal faith and order report written on it […].» Interviewtranskript Graham Cray, 2.9.13., 311–323 (die Nummerierung bezieht sich auf die Zeilenzahl des unveröffentlichten Interviewtranskriptes auf S.179 des Anhangs). Der Artikel basiert u. a. auf Daten, die im Rahmen meines von Thomas Schlag betreuten Dissertationsprojektes an der Theologischen Fakultät der Universität Zürich erhoben worden sind.

3 Vgl. Alan Smith u. a., Fresh Expression in the Mission of the Church, London 2012, 7: «We may discern signs of hope […] These may be found particularly in the development of a mixed economy of Church life […] there are ways of being church alongside the inherited parochial pattern.»

church» Report[4] von einem subsidiären ekklesialen Phänomen hin zu einer komplementären ekklesiologischen Strategie der Church of England. Der ehemalige Erzbischof von Canterbury Rowan Williams betonte pointiert, dass es viele Formen und Wege gebe, in denen die Realität Kirche existieren könne. Das territoriale Prinzip sei nur eines davon: «What makes the situation interesting is that we are going to have to live with variety.»[5] Durch die soeben genannten Faktoren verstehen sich die fxC als Ergänzung und Weiterführung des volkskirchlichen Selbstverständnisses der Church of England: «The Church of England exists to be a Church for the nation. [...] The parochial system, which for centuries has been the delivery-system of the conviction of ‹Church for the nation› might be compared to a vast slab of Gruyère cheese. Its nature is to present as one solid reality, but examination shows that by its nature there are lots of holes where there is no cheese. [...] The Anglican calling, because of theological conviction, is to be a Church for all. Church planting and fresh expressions of church can help to identify and begin to fill the geographical and cultural gaps. They also represent ways to engage with the cultural and network patterns within which people live their lives. To be Anglicans is to want to be rooted in communities and to be accessible to those communities [...].»[6]

1 Leitidee

Die Terminologie «fresh expressions of Church» wurde in «Mission-shaped church» für die neu entstandenen und entstehenden nicht-parochialen Kirchen verwendet und ist seit 2004 etabliert.[7] Für die Autoren und Autorinnen von «Mission-shaped Church» war es substantiell, einen Terminus zu kreieren, welcher nicht polarisiert und als Bindeglied zwischen dem veränderten Kontext und den historischen Gegebenheiten und Traditionen der Church of England fungiert. So referiert «fresh» auf den Begriff «afresh», welcher im Vorwort des Ordinationsgelübdes der Church of England verwendet wird.[8] Durch die Wahl dieser Nomenklatur und die enge Rückbindung der Bewegung an den Erzbischof von Canterbury glückte diese Absicht. Dadurch erfuhr der Begriff fxC zwischen 2004 und 2006 eine starke Verbreitung. Es existierte jedoch keine klar umrissene

4 Graham Cray u. a., mission-shaped church – church planting and fresh expressions of church in a changing context, London 2004.

5 Cray u. a., mission-shaped church (Anm. 4), v und 34–36.

6 Vgl. ebd., 35.

7 Vgl. ebd.

8 Canons of the Church of England, C 15 Of the Declaration of Assent, http://www.churchofengland.org/about-us/structure/churchlawlegis/canons/section-c.aspx#Head1–75 (Zugang: 14.9.2012): «The Church of England is part of the One, Holy, Catholic and Apostolic Church worshipping the one true God, Father, Son and Holy Spirit. It professes the faith uniquely revealed in the Holy Scriptures and set forth in the catholic creeds, which faith the Church is called upon to proclaim afresh in each generation.»

Definition davon, was eine fxC kennzeichnet. Dies löste in unterschiedlichen kirchlichen Kreisen Verwirrung aus und plötzlich bezeichnete sich eine Sonntagsschule oder ein jährlich stattfindender Biker-Gottesdienst auch als fxC. Dadurch sah sich das Fresh Expressions Team 2006 gezwungen, den Terminus mit einer Definition einzugrenzen. Diese lautet: «A fresh expression is a form of church for our changing culture, established primarily for the benefit of people who are not yet members of any church. It will come into being through principles of listening, service, incarnational mission and making disciples. It will have the potential to become a mature expression of church shaped by the gospel and the enduring marks of the Church and for its cultural context.»[9] Charakteristisch für eine fxC ist primär also nicht ihre Neuheit, sondern die Fähigkeit zur Kontextualisierung und Tradierung von Theologie, Ekklesiologie und spiritueller Erfahrung. Zudem sind fxC geprägt von einer missionalen[10] Grundhaltung und weisen eine ausgeprägte Orientierung an der theologischen Figur der Trinität auf.[11] Durch ihre Ausrichtung am jeweiligen Kontext stehen bei den fxC keine bestimmten Modelle im Vordergrund, der Gemeinsinn wird über kollektive Werte gestiftet. Diese wurden ergänzend zur Definition erarbeitet und dienen als kennzeichnende Faktoren einer fxC: «missional – serving people outside church; contextual – listening to people and entering their culture; formational – making discipleship a priority; ecclesial – forming church.»[12] FxC streben an, «reife» Kirchen mit allen ekklesialen Merkmalen zu werden. Dies wird den jungen christlichen Gemeinschaften in der Church of England zugestanden. Sie haben die Freiheit, im Entwicklungsprozess zur Kirche sein zu dürfen und trotzdem schon Kirche sein zu können. Bischof Steven Croft verortet gar jede ekklesiale Gemeinschaft, auch die Ortsgemeinden, in diesem Prozess: «[…] fresh expressions of church are defined in part by what they aspire to be (a mature church) rather than what they already are. To some degree that is the case for any Christian community.»[13]

9 Smith u. a., Fresh expressions (Anm. 3), 38.

10 Der Begriff «missional» geht auf ein Forschungsprojekt des GOCN, «The Gospel and our Culture Network» www.gocn.org, zurück. Die Resultate wurden in Darrell Guder u. a. (Hg.), Missional Church, Grand Rapids 1998, veröffentlicht. Missional bezieht sich auf eine Ekklesiologie, welche in ihrem Wesen und Handeln vom Leitgedanken der Missio Dei bestimmt ist. Im Gegensatz dazu steht eine Ekklesiologie, welche Mission als eine unter vielen Tätigkeiten der Kirche wahrnimmt.

11 Grundsätzlich gilt die Orientierung am Trinitätsbegriff als wesentliches Merkmal von Kirche. Die Ähnlichkeit der visuellen Kommunikationsform in Bezug auf die Trinität ist jedoch auffällig in den fxC. Bei den teilnehmenden Beobachtungen in kontextuell sehr unterschiedlichen fxC in England war die häufige Verwendung von Rublevs Dreifaltigkeitsikone augenfällig.

12 www.freshexpressions.org.uk/ask/define (Zugang: 23.7.2014).

13 Steven Croft (Hg.), Mission-shaped Questions, Defining issues for today's Church, London 2008, 10.

2 Bedeutung der Fresh Expressions für die Church of England

Für die Entwicklung der Church of England und deren Auffassung von Volkskirche sind die fxC von grosser Bedeutung. Durch die fxC werden Teile der Bevölkerung angesprochen, mit denen die Church of England seit Jahrzehnten keinen Kontakt mehr hatte, wie die aktuellen quantitativen Erhebungen der Church Army's Research Unit belegen.[14] Zehn der 42 Diözesen der Church of England wurden bisher genauer analysiert. Mittlerweile sind durchschnittlich 15 Prozent der Gemeinden in den Diözesen fxC. In sieben von zehn Diözesen wurde durch den Zuwachs an Mitgliedern in den fxC der Mitgliederschwund der Ortsgemeinden kompensiert. 75 Prozent der Mitglieder in den fxC wären in keiner anderen Gemeinde mit dabei. FxC sind nicht einer bestimmten theologischen Tradition zuzuordnen, sondern alle theologischen Richtungen sind darin vertreten; zudem sind sie in unterschiedlichen Kontexten anzutreffen und können nicht als rein urbanes oder rurales Phänomen angesehen werden. FxC zielen auf kontextuelle Multiplikation im Kleinen; so beträgt die Durchschnittsgrösse einer fxC 43,7 Personen. Die leitenden Personen in den fxC sind zu 50 Prozent Frauen und zu 50 Prozent Männer. 52 Prozent der Leitungspersonen sind Laien. Zudem finden die Treffen in unterschiedlichen Räumlichkeiten statt, in 56 Prozent aller Fälle jedoch nicht in kirchlichen Gebäuden.[15]

3 Herkunft und Entstehungskontext der Fresh Expressions of Church

Der Fresh-Expressions-Bewegung geht ein langjähriger Entstehungsprozess mit unterschiedlichen Veränderungsschritten der Church of England voraus. Massgebend für die aktuelle Ausprägung der Bewegung waren die Veränderung des Missionsverständnisses und des Missionsbegriffes sowie die Church Planting Bewegung. Die World Missionary Conference in Edinburgh 1910 führte zu einer Verschiebung des Missionsverständnisses in der Anglikanischen Kirche «from

14 Die Church Army ist eine eigenständige Organisation innerhalb der Church of England. Sie wurde 1882 von Pfarrer Wilson Carlile, als Antwort auf die Heilsarmee gegründet. Carlile bildete Church of England evangelists aus, welche unter den Armen, Obdachlosen und Kriminellen diakonisch tätig waren. Die Church Army beschäftigt mehr als 300 diakonisch tätige Menschen in dem UK und in Irland. Sie möchte die Kirche effektiver machen, indem sie den Menschen im individuellen Kontext begegnet. Dadurch entstanden schon in den Anfängen der Fresh-Expressions-Bewegung fxC, welche von Angestellten der Church Army aufgebaut wurden. 1997 begann die Church Army diese neuen ekklesialen Gemeinschaften zu erforschen und zu dokumentieren. Dazu gründete sie die Church Army's Research Unit, die seit ihrer Entstehung von Canon Dr. George Lings geleitet wird. Vgl. www.churcharmy.org.uk/ms/sc/sfc_home.aspx, (Zugang: 8.12.2013).

15 Vgl. u. a. Sabrina Müller, Fresh expressions of Church, in: Ralph Kunz/Thomas Schlag (Hg.), Handbuch für Kirchen- und Gemeindeentwicklung, Neukirchen-Vluyn 2014, 450–458; www.churcharmy.org.uk/ms/sc/sfc_home.aspx, (Zugang: 8.12.2013); http://www. churchgrowthresearch.org.uk/ (Zugang: 7.8.2014).

missions to mission».[16] Dadurch bekam das Thema Mission wieder eine zentrale Stellung innerhalb der Church of England. Zusätzlich dazu wurde 1973 im «Dublin Report» festgehalten: «[...] there is but one mission in all the world [...] the responsibility for mission in any place belongs primarily to the Church in that place».[17] Infolgedessen wurde Mission in die Verantwortung der Kirchgemeinden zurückgegeben. Vor allem der Theologe Lesslie Newbigin gab der Church of England entscheidende Impulse für ein kontextuelles Verständnis von Mission. Mission wurde zusätzlich seit der Mitte des 20. Jahrhunderts in der *Missio Dei* verankert, David Bosch gilt als Referenzgrösse hierfür. Boschs Bezug auf Gottes Liebe als Ursprung von Mission ist dabei zentral.[18] Die Protagonistinnen und Protagonisten der Fresh-Expressions-Bewegung verwenden relativ einheitlich Williams Definition von 2003: «Mission it's been said, is finding out what God is doing and joining in.»[19] Zusätzlich dazu gewannen die «Five Marks of Mission», welche vom Anglican Consultative Council zwischen 1984 und 1990 erarbeitet wurden, immer grössere Relevanz. Sie wurden 1996 von der Generalsynode der Church of England angenommen.[20]

Die Church-Planting-Bewegung in der Church of England kann als Vorläufer der Fresh-Expressions-Bewegung angesehen werden. Sie wurde massgebend von Pfarrer Bob Hopkins und seiner Ehefrau Mary Hopkins geprägt. Seit Beginn der 1970er-Jahre förderte das Ehepaar Church Plants in der Church of England. Sie wurden zur Drehscheibe eines losen Netzwerkes, innerhalb dessen für die ersten Church-Planting-Pionierinnen und -Pioniere Ausbildungen angeboten wurden. Dadurch, dass der neue Erzbischof von Canterbury George Carry 1991 als Redner an der Anglican Church Planting Conference auftrat, gewann die Bewegung mehr und mehr an Boden.[21] Die Church-Planting-Bewegung entstand wiederum aus einigen ihr vorausgehenden differierenden Bewegungen. Der Prozess begann schon 1910 mit dem «Ecumenical Movement» und wurde in den 1950er-Jahren vom «Small Group Movement» und in den 1960er-Jahren vom «Lay Leadership

16 Timothy Yates, Anglicans and Mission, in: John Booty, Stephen Sykes, Jonathan Knight (Hg.), The Study of Anglicanism, London 1998, 483–496, hier: 491.

17 Ebd.

18 Vgl. David Bosch, Transforming Mission: Paradigm Shifts in Theology of Mission, Maryknoll N. Y. 1991.

19 http://rowanwilliams.archbishopofcanterbury.org/articles.php/1826/archbishops-presidential-address-general-synod-york-july-2003 (Zugang: 13.8.2013).

20 http://www.anglicancommunion.org/ministry/mission/fivemarks.cfm, (Zugang: 5.11.14): «The Mission of the Church is the mission of Christ: To proclaim the Good News of the Kingdom; To teach, baptise and nurture new believers; To respond to human need by loving service; To seek to transform unjust structures of society, to challenge violence of every kind and to pursue peace and reconciliation; To strive to safeguard the integrity of creation and sustain and renew the life of the earth.»

21 Vgl. Bob Hopkins (Hg.), Planting New Churches, Guildford 1991; Patrick Harris u. a., Breaking new ground: Church planting in the Church of England. A report commissioned by the House of Bishops of the General Synod of the Church of England, London 1994.

Movement» vorangetrieben. 1963 führte die Charismatische Bewegung, welche grosse Teile der Church of England erfasste, dazu, dass dem traditionellen anglikanischen Ansatz von Scripture, Tradition und Reason noch die Ebene der Experience hinzugefügt wurde. Ebenfalls in den 1960er-Jahren wurde von der Lambeth Conference anerkannt, dass das Book of Common Prayer nicht mehr als alleinige Basis für die Einheit der Kirche dient. Dieser Prozess der «Liturgical Revision» führte zu einer Vielfalt an liturgischen Formen. Schlussendlich wurde durch die Church Growth Bewegung 1975 ein numerischer Zugang zu Kirche überhaupt möglich. Die rasant sinkenden Mitgliederzahlen wurden statistisch erfasst und als kirchliches Problem erkannt.[22]

4 Thematische Herausforderungen und Adaption im schweizerischen Kontext

Die einzelne FxC orientiert sich an einzelnen Netzwerken von Menschen. Dadurch stellen sich unterschiedliche kritische Rückfragen. Ist es berechtigt, für jedes Netzwerk eine eigene Gemeinde zu haben? Wo kann dann noch die gesellschaftsübergreifende Einheit der *una ecclesia*, welche über finanzielle, Alters- und Bildungsunterschiede hinweg sieht, erlebt werden? In Wirklichkeit stellt sich diese Frage jedoch nicht nur bei den fxC, sondern auch bei den Ortsgemeinden. Wie aus der Sinus-Milieu-Studie der Reformierten Kirche des Kantons Zürich ersichtlich, steht die parochial strukturierte Volkskirche gerade mal mit zwei bis drei von insgesamt zehn Milieus in Kontakt.[23] Das heisst, auch heutiges traditionelles kirchliches Handeln erreicht nur einen geringen Teil der Bevölkerung. Diese Realität mit einfachen Mitteln zu beseitigen, ist nicht möglich. Allerdings gilt es zu beachten, dass diese Problemstellung an Bedeutung gewinnt, wenn die *una ecclesia* allein über den Gottesdienst und die Heterogenität darin – z. B. über die Altersspanne der Gottesdienstteilnehmenden – definiert wird. Die fxC in der Church of England sind in die diözesane Struktur integriert und verstehen sich als Teil dieser Tradition. FxC zielen nicht auf eine Negation der Tradition ab, sondern streben einen Dialog zwischen Tradition und Kontext an.[24] Daraus entsteht

22 Vgl. George Lings, A History of Fresh Expressions and Church Planting in the Church of England, in: David Goodhew (Hg.), Church Growth in Britain 1980 to the Present, Farnham 2012, 161–178.

23 Vgl. Roland Diethelm, Matthias Krieg, Thomas Schlag (Hg.), Lebenswelten, Zürich 2012, 34.

24 In den fxC wird Kirche konsequent vom Kontext her gedacht, und dessen Spezifika werden als religiöse Ressourcen wahrgenommen. So ist beispielsweise eine Café Church auf den ersten Blick nicht von einem herkömmlichen Kaffee zu unterscheiden. Die Praxis und Form von Kirche wird in der Fresh-Expressions-Bewegung zuerst vom Kontext bestimmt, im Gegensatz zu traditionellen Ortsgemeinden, wo die Gestalt zuerst durch traditionelle Praktiken und durch das Kirchengebäude geprägt ist.

Innovation, die unweigerlich in einem ekklesialen Bezugsrahmen steht.[25] Eine weitere praktische Herausforderung stellt das Konzept der mixed economy, des Nebeneinanders von traditionellem und experimentellem ekklesialen Raum, dar.[26] Das Konzept der mixed economy ist zerbrechlich und das Gelingen hängt von menschlichen Faktoren ab. So braucht es ein weites Kirchenverständnis, die Bereitschaft, Raum für Diversität zu schaffen, und Personen in leitenden Stellungen, welche als Beziehungsdrehscheibe egalitär beide Ausdrucksformen von Kirche unterstützen. In der Church of England sind dies die Bischöfinnen und Bischöfe, in der Schweiz kann den Kirchenleitungen eine solche Aufgabe zukommen. Gerade in der Diözese von Liverpool, welche sich seit mehreren Jahren um eine mixed economy bemüht, zeigen sich interessante Veränderungen. FxC und Ortsgemeinden verstehen sich mehrheitlich als partnerschaftliche Ergänzung. So wurden 86 Prozent der insgesamt 78 fxC durch Ortsgemeinden initiiert. Mittlerweile sind 38 Prozent der Gemeinden in dieser Diözese fxC. Im Gegensatz zu England nimmt die Frage nach inhaltlicher Beliebigkeit in den fxC in den Diskussionen in der Schweiz[27] regelmässig viel Raum in Anspruch. In der Church of England stellt sich dies, vielleicht gerade wegen ihrer Verwurzelung in den Altkirchlichen Bekenntnissen, nicht als Problem dar.

5 Verhältnis zu den hiesigen Konzepten von Volkskirche

Wie ersichtlich wurde, sind die fxC auf dem Nährboden der unterschiedlichen Entwicklungen, der Tradition und den historischen Gegebenheiten der Church of England gewachsen. So gibt es anglokatholische fxC, wie Moot in London, die sich als *new monastic community* bezeichnet, welche stark von der Liturgie lebt und Tagzeitengebete pflegt. Oder liberale fxC wie *just church,* welche sich sowohl als Kirche als auch als soziale Gerechtigkeitsbewegung bezeichnen. Im Stadtzentrum von Liverpool schafft *Somewhere Else,* welche ganz unterschiedliche theologische Prägungen aufweist, Begegnungsraum für obdachlose und vereinsamte Menschen. Die Jugendkirche *Sorted*, welche sich regelmässig im Skaterpark von Bradford trifft, weist wiederum einen bunten Mix von charismatischer und pietistischer Prägung auf. Wegen der differierenden historischen Gegebenhei-

25 Analogien sind bei Preuls Ausführungen zum theologischen Konzept der Volkskirche feststellbar, wo «die dogmatische Theorie der Kirche sich als durch eine bestimmte geschichtliche Realisierung von Kirche ausgelegt» begreift (Reiner Preul, Kirchentheorie, Berlin/New York 1997, 194).

26 Das Konzept der mixed economy ist in Ansätzen bei Preul erkennbar. Er sieht ein Kennzeichen von Volkskirche gerade darin, «dass es zur wahren Einheit der Kirche nicht nötig sei, ‹dass überall gleiche menschliche Traditionen oder Riten oder von Menschen eingerichtete Zeremonien› angetroffen werden. Das gibt Raum für neue Experimente und Einfälle, ermöglicht aber auch, an liebgewordenen Traditionen festzuhalten […]» (Preul, Kirchentheorie [Anm. 25], 191).

27 Zum Beispiel auf Studienreisen, in Lehrveranstaltungen und bei Vorträgen in Pfarrkapiteln und Synoden.

ten stellt sich die Frage, ob eine Adaption dieser Bewegung im schweizerischen Kontext überhaupt möglich ist. Die Church of England hat im Gegensatz zu den Evangelisch-reformierten Kirchen der Schweiz divergierende historische und theologische Prägungen und ein anderes Verständnis von Volkskirche[28]; ausserdem befindet sie sich nicht im selben Kontext und ist in einer prekären finanziellen Lage. Daher ist von einer Imitation abzuraten. Der paulinische Grundsatz, alles zu prüfen und das Gute zu behalten, kann sich aber auch im Diskurs um die fxC als befruchtend erweisen. Wie kann also diese plurale, kontextuelle, innovative, ökumenische Bewegung als Impuls für den hiesigen kirchlichen Horizont genutzt werden und wo liegen ihre Grenzen? Gerade das volkskirchliche Paradigma der flächendeckenden parochialen Struktur wird durch die fxC in Frage gestellt. Trotz aller Unterschiedlichkeit erscheint der volkskirchliche Rahmen, in welchem die Fresh-Expressions-Bewegung entstanden ist und in dessen Tradition sie sich einordnet, verheissungsvoll. FxC betrachten sich als Fortführung, Ergänzung und Aufrechterhaltung der volkskirchlichen Tradition. Sie können gar als Versuch betrachtet werden, das in der Church of England tief verankerte volkskirchliche Selbstverständnis wiederherzustellen.[29] Ihr Fokus gilt den Menschen, welche kaum oder keine Berührungspunkte zur Ortsgemeinde, auch nicht durch Kasualhandlungen, aufweisen. So entstanden beispielsweise die fxC *Sorted 1, 2 und 3* mitten unter Jugendlichen aus widrigen sozialen Verhältnissen im Norden Bradfords. Der grösste Teil der Familien der 150 Jugendlichen hatten schon seit Generationen keinen Kontakt mehr zur Kirche und dem Christentum. Dementsprechend waren auch viele der Jugendlichen noch nie in einer Kirche. Selbst

28 Für die Church of England war es selbstverständlich, dass sie das absolute Monopol auf die religiöse Praxis und das Glaubenssystem der Menschen hatte. Seit der Regierungszeit von Elizabeth I wurden alle anderen Denominationen und religiösen Systeme als «Seperatists» bezeichnet. Die Church of England ist gesetzlich als Staatskirche verankert und untersteht der Autorität des Staatsoberhaupts beziehungsweise der Monarchie, zudem sind 24 Bischöfe und Bischöfinnen und die zwei Erzbischöfe Mitglieder im *House of Lords.* Die Theorie war – und ist jetzt noch teilweise in der Praxis der Church of England feststellbar –, dass alle Personen im «Commonwealth» Mitglieder dieser einen Kirche seien. Dieses Prinzip wurde durch die Einbindung der Church of England in lokalen, regionalen und nationalen Staatsgewalten, dem Bildungswesen, der Gesundheitsversorgung und der Aufsicht über das moralische Verhalten der Bevölkerung untermauert. Heute findet sich die Church of England auf einem pluralen religiösen Markt wieder, wo sie unter vielen anderen Denominationen und Religionen bestehen muss. Dennoch gilt nach wie vor der Grundsatz, dass alle Menschen in der jeweiligen Parochie das Anrecht auf Kasualhandlungen haben, obwohl keine Kirchensteuern erhoben werden (Vgl. u. a. Avis, The Anglican Understanding, viii-x). Zudem ist die Church of England hierarchisch strukturiert, geleitet durch Erzbischöfe und Bischöfe/Bischöfinnen, was ihr eine einheitliche Leitungsstruktur gibt. Das führt dazu, dass Beschlüsse der Synode und des Erzbischofs in allen Diözesen gültig werden können. Im Gegensatz dazu ist die evangelisch-reformierte Kirche in der Schweiz durch ihre kantonalen Spezifika und Machtaufteilungen viel divergierender.

29 Zum volkskirchlichen Selbstverständnis der Church of Engalnd vgl. u. a. Paul Avis, The Anglican Understanding of the Church, London 2000, ixf; Peter Hinchliff, Church-State Relations, in: Stephen Sykes, John Booty, Jonathan Knight, The Study of Anglicanism, London 1998, 392–405.

häufig aus zerrütteten Familien bezeichnen die Jugendlichen *Sorted* als Halt, Familie und Heimat. In *Sorted* bestimmen die Jugendlichen, was sie machen und wie sie ihren spirituellen Fragen nachgehen wollen und daher auch wie schlussendlich die ekklesiale Praxis aussieht. Dabei ist ein Paradigmenwechsel zu erkennen, der sich von einer Versorgungskirche vor Ort mit Komm-Struktur zu einem liquiden, kontextuellen Kirchenverständnis mit situativ wechselnder Geh- und Komm-Struktur hin entwickelt. Zudem haben die Impulse der Fresh-Expressions-Bewegung in der Church of England zu einer vertieften Auseinandersetzung mit ekklesiologischen Fragen geführt. Kirche wird vermehrt wieder über die *notae ecclesiae* und nicht anhand ihrer Praxis definiert.[30] Volkskirche erfährt in den fxC in Analogie zu hiesigen volkskirchlichen Konzepten vermehrt eine qualitative und nicht eine quantitative Deutung, da die fxC im Schnitt aus 43,7 Mitgliedern bestehen.[31] Gerade im Mut zu kleinen Gemeinden von 25–60 Personen zeigt sich Innovation. Wie bei *Sorted* ersichtlich ist, besteht diese fxC eigentlich aus drei unterschiedlichen Gemeinden, welche aber durch ihre Werte verbunden sind. *Sorted 1, 2* und *3* sind ungefähr zwei Kilometer voneinander entfernt. Doch schon bei diesen geringen Distanzen zeigte sich, dass der Kontext der Jugendlichen verschieden ist. Zudem kann ab einer Grösse von 50–60 Personen der relationale Rahmen nicht mehr aufrechterhalten werden. Während sich *Sorted 1* und *3* in Quartieren mit vielen Sozialwohnungen und einer hohen Gewaltbereitschaft befinden, liegt *Sorted 2* in einem Quartier des bürgerlichen Mittelstandes. Aktivitäten, Sinnfragen und Interessen der Jugendlichen in den drei fxC unterscheiden sich deshalb. Die dialogischen Grundwerte sind jedoch die gleichen: «By young people – for young people: The ethos of Sorted is, that it seeks to enable young people and young adults to engage with Jesus Christ in a way that fits their social and cultural background.»[32] FxC haben grundsätzlich ein dialogisches Grundmotiv. Sie zielen darauf ab, individuell und in Gemeinschaft Raum zu schaffen für spirituelle und christliche Sprachfindung und Sinndeutung, welche sich auf die «Präsenz Gottes in der Welt und bei den Menschen […]» bezieht.[33] Zudem nehmen fxC durch ihre diakonische Ausrichtung für den jeweiligen Kontext eine wichtige gesellschaftliche Rolle ein. In *Sorted* gibt es keinen Tag, an dem nicht jemand aus dem Leitungsteam von einem Jugendlichen, der in Not ist, aufgesucht wird. Dieses diakonische Engagement kommt wiederum dem Verständnis von Volkskirche im deutschsprachigen Raum nahe.[34] Schlussendlich können fxC gleichzeitig als Herausforderung und Chance für die Volkskirche betrachtet werden. Sie fordern den Status quo heraus, wurzeln aber gleichzeitig in der Tra-

30 Vgl. u. a. Michael Moynagh, Church for Every Context, London 2012, 108f.

31 Vgl. Eberhard Hauschildt/Uta Pohl-Patalong, Kirche, Gütersloh 2013, 166.

32 Die Zitate stammen aus eigenen Gesprächs- und Beobachtungsprotokollen vom Juli 2013.

33 Thomas Schlag, Öffentliche Kirche, Zürich 2012, 110.

34 Vgl. Hauschildt/Pohl, Kirche (Anm. 31), 163–164.

dition der Mutterkirche. Eine Volkskirche, welche neben dem parochialen Prinzip auch fxC fördert, lädt die Menschen zu einem Dialog über Spiritualität, Kirche und christliche Tradition ein. Volkskirche wird über die Grenzen von Parochie hinaus als Kirche mitten im Leben der Spätmoderne gedacht. In diesem Sinne sind fxC ein Schlüssel zu einem weiten volkskirchlichen Selbstverständnis.

Bekenntnisorientierte Mitgliedschaftskirche – Basel-Stadt

Lukas Kundert

Nach den vielfältigen theoretischen Überlegungen dazu, was eine Kirche zu einer Volkskirche macht, nähere ich mich in diesem Artikel den Fragestellungen, wie Volkskirchen einerseits ihre Mittel allozieren und wie sich dies andererseits auf ihre relative Bekenntnisorientierung auswirkt. Die Frage nämlich, wie in einer Kirche das Geld verteilt wird, hat grossen Einfluss darauf, wie relative Bekenntnisgebundenheit oder relative Bekenntnislosigkeit gelebt werden soll. In diesem Artikel gehe ich zunächst von der Perspektive der Kadermitarbeitenden aus, von den Pfarrerinnen und Pfarrern, um zu verdeutlichen, wie ich meine, dass künftig das Geld in unseren Kirchen nach anderen Gesichtspunkten verteilt werden muss, wenn man Zukunft mitgestalten will.

1 «Die Arbeit ist einfach zu viel»

Im Herbst 2014 hat die Deutschschweizer Kirchenmedienplattform *ref.ch* ein mehrteiliges Interview mit einer jungen Pfarrerin und zwei jungen Pfarrern veröffentlicht, die je in einem Einzelpfarramt sind oder waren.[1] Bigna Hauser war die einzige Frau unter den drei Pfarrpersonen. Sie hatte vor einiger Zeit ihr Einzelpfarramt in den Bündner Bergen aufgegeben und den Beruf gewechselt. Einige ihrer Aussagen haben mich sehr beeindruckt und ich will von ihnen ausgehen.

Frau Hauser wurde gefragt, ob denn die Arbeit im Einzelpfarramt nicht einfach «taff» (Schweizerisch für *tough,* umgangssprachlich verwendet für fordernd) sei. Darauf antwortete sie: «Taff finde ich das falsche Wort. Es suggeriert, dass die Anforderungen gerade so liegen, dass sie eigentlich noch cool und fordernd sind. Das stimmt aber nicht. Die Arbeit ist nicht einfach taff, sie ist einfach zu viel.» Diese Antwort ist so wunderbar direkt und ehrlich, dass sie unbedingt gehört werden soll. «Die Arbeit ist nicht einfach taff, sie ist einfach zu viel.» Wir wissen, dass solche ehrlichen Aussagen überhört werden. Man will sie nicht wahrhaben und personalisiert die Probleme. Man macht in der Kirche strukturelle Probleme zu persönlichem Versagen. Ich vermute, dahinter steckt, dass die Kader unserer Kirchen mehrheitlich die Kirche in einer positivistischen Weise und nicht theologisch als Volkskirche verstehen: Volkskirche ist – dem ehemaligen Ratsvorsitzenden der EKD Bischof Wolfgang Huber zufolge – in einem positivis-

1 Reformierte Presse vom 22.9.2014.

tischen Verständnis immer das Bestehende.[2] In einem solchen Verständnis von Volkskirche sind es die Werte, die Moral und die Moralinstitutionen, die die Kirche zur Volkskirche machen. In Schweizer Kirchenleitungen und bei Pfarrpersonen herrscht meiner Meinung nach ein solches positivistisches Verständnis von Volkskirche vor und man ist dabei der Meinung, dass es ein aufgeschlossenes, modernes, volkskirchliches Modell von Kirche sei, dem man anhängt, ohne zu merken, wie moralistisch und veränderungsfeindlich es ist. Denn das positivistische Verständnis der Volkskirche kann – auch hier folge ich Wolfgang Huber – nur den *vergangenen* Wandel positiv integrieren, die aktuelle oder zukünftige Erneuerung wird dagegen als ihre höchste Bedrohung wahrgenommen. Deswegen sind Volkskirchen erneuerungsresistent: Wer eine «City-Kirche» gründet oder eine «Stadtakademie», muss es gegen sehr viel Widerstand tun und wird, wenn sie einmal bestehen, sie nie mehr auflösen können. Innovationen werden unter volkskirchlichen Bedingungen doppelt bestraft: bei ihrer Einführung und bei ihrer Streichung. Wolfgang Huber hat es treffend gesagt: «Volkskirche, ursprünglich ein Reformbegriff, wirkt legitimatorisch für den jeweiligen *status quo.*»[3]

Ich könnte an ganz unterschiedlichen Ecken anfangen und die grundsätzliche Krise unserer Kirchen konstatieren. Ich könnte den Mitgliederrückgang werten und mich darauf einstellen, dass wir finanziell einige Abstriche machen müssen. Aber unsere Kirchen stehen finanziell nicht mit dem Rücken zur Wand. Auch die Basler Kirche nicht. Den allermeisten geht es finanziell noch immer hervorragend. Wir stehen aber in anderer Weise als Kirche mit dem Rücken zur Wand. Bedenke ich nämlich den Umstand, dass es nicht gelingt, die Massen unserer Gesellschaft zu erreichen und mit dem, was in uns brennt und uns alles ist, zu begeistern, dann stellt sich die Misere ganz anders dar. Lediglich ein relativ kleiner Teil unserer Mitglieder ist mit der Botschaft, die in uns brennt, zu erreichen. Es ist auch zu bedenken, wieso es für die Mehrheit in unseren Städten und Agglomerationen beschämend geworden ist, sich als Christinnen und Christen zu bekennen. Oder ich kann einfach von der Aussage von Frau Hauser ausgehen: «Die Arbeit ist einfach zu viel.» Ich ziehe es vor, diese Aussage als Ausgangspunkt zu nehmen. Denn es geht mir in diesem Artikel nicht nur um die Kirche oder um die Gemeinde, sondern es geht mir insbesondere auch darum, dass sich unser Kader (die Pfarrpersonen) ein Umfeld erkämpfen kann, in dem es nicht allein gesund bleiben, sondern eine lebendige und sie tragende Gemeinde aufbauen helfen kann.

Ich komme nochmals auf Frau Hauser zu sprechen. Sie sagt an einer anderen Stelle im Interview: «Man ist ständig daran, alle Bälle, die in der Luft sind, im Blick zu haben und zu jonglieren. Das zusätzliche Problem dabei ist eben: Jeder

2 Wolfgang Huber, Art. Volkskirche I, in: Theologische Realenzyklopädie (TRE) XXXV, 2004, 249–254.251f.

3 Ebd., 252.

Ball hat nur Kenntnis von sich und nicht von den Dutzenden anderen Bällen, die auch noch in der Luft schweben. Ich glaube, viele Senioren haben keine Ahnung davon, was in der Kinderarbeit so läuft, und sie interessiert es auch nicht, ob man noch eine zusätzliche Klasse in Religion unterrichtet. Die Senioren wissen aber sehr genau, bei wem man zu Besuch war – und bei wem eben nicht.»

Das Bild der Artistin in der Manege, die permanent Bälle in der Luft und in Bewegung halten und sie im Blick haben muss, geht mir nach. Ich meine zu verstehen, was Frau Hauser hier meint. Und ich will das Zitat etwas dehnen. Ich meine, dass die Pfarrerin oder der Pfarrer nicht nur die Bälle in Bewegung zu halten und zu steuern hat, sondern dass die Pfarrerin und der Pfarrer zugleich noch in jedem Ball präsent sein muss, womit die Metapher vom jonglierenden Pfarrer kollabiert, was aber auch die faktische Unerfüllbarkeit der pfarramtlichen Anforderungen veranschaulicht: im Ball Krabbelgottesdienst ebenso wie im Ball Sonntagsschule; im Ball Religionsunterricht ebenso wie im Ball Jugendgruppe; im Ball Männergesprächskreis ebenso wie in der Golden Agers Gruppe und so weiter: Gebetsgruppe, Frauenkreis, Israelkreis, HEKS-Gruppe, Missionsgruppe – der Aktivitäten sind Legion. Und in jede springen sie hinein. Sie jonglieren die Bälle und springen in die Bälle hinein. Ich habe noch keine Artistin gesehen, die das beherrscht. Wieso traut man Pfarrpersonen das zu?

2 Ein heilloses Dogma: die Pro-Kopf-Finanzen

Ich will hier vom Geld sprechen. Die Volkskirchen im deutschsprachigen Raum kennen ein ganz und gar unbiblisches Allokationsdogma, nämlich dass Mittelzuteilungen an Gemeinden vor allem von Mitgliederzahlen abhängig gemacht werden. Es gilt die Faustregel, dass (je nach Kirche) auf 2000 bis 3000 Mitglieder eine volle Pfarrstelle entfällt. Es ist dabei völlig egal, wie sehr sich die Gemeindeglieder kirchlich engagieren, welche Gruppen es gibt und wie lebendig diese Gruppen sind. Verlangt wird nicht, dass und in welcher Weise die Gemeinde lebt, sondern dass es die Köpfe gibt.

Eine Pfarrperson, die in einer solchen Struktur Verantwortung übernimmt, wird sehr viel Engagement aufbringen müssen, aber kaum für das Engagement «belohnt» werden. Im Gegenteil. Angesichts der demographischen Struktur der evangelischen Bevölkerung in der Schweiz wird sie (ausser in Zuwandererregionen) Jahr für Jahr damit konfrontiert sein, dass die Mitgliederzahl ihrer Gemeinde abnimmt. Das kann existenzielle Ängste auslösen.

Das Dogma der Pro-Kopf-Finanzen ist radikal zu brechen; denn es handelt sich bei diesem Dogma um eine Fessel, die Innovationen nicht belohnt, sondern die alle Kraft auf das Verwalten des status quo fokussiert. Das Dogma nimmt auch nicht zur Kenntnis, dass eine Pfarrperson maximal 300 Personen «binden» kann. Die staatliche Sozialarbeit beschränkt die Anzahl Dossiers, die eine Sozialarbeiterin zu betreuen hat, auf 120; eine Aussendienstmitarbeiterin einer Versicherung hat höchstens 200 bis 300 Dossiers zu betreuen. Allein die Kirchen gehen davon aus, dass ein Pfarrer oder eine Pfarrerin wie noch vor 100 Jahren 2000 bis 3000 Seelen betreuen kann.

Man stelle sich vor, was alles geleistet werden müsste, um in einer 2000-Seelen-Gemeinde nur schon einen Gottesdienstbesuch von 500 Gottesdienstteilnehmenden zu erreichen. Wenn eine Pfarrperson maximal 300 Personen erreichen kann, so müsste sie sich selbst verdoppeln. Aber es gelingt den meisten ja nicht einmal, 300 Personen zu erreichen. Denn die tatsächlich erreichbare Zahl liegt für eine «Durchschnittspfarrperson» (für eine solche halte auch ich mich selbst) wohl bei 100 bis 200 Personen.

Doch Volkskirchen gehen selbstverständlich davon aus, dass sie nur 10 Prozent ihrer Mitglieder ansprechen können. In Basel zählte man 1970 140 000 Mitglieder, und für sie bot man lediglich 14 000 Sitzplätze in den Kirchen an. Man rechnete folglich damit, dass auch an den hohen Feiertagen maximal 10 Prozent der Gemeindeglieder die Kirche aufsuchen wollen. Oder mit anderen Worten: Man ging davon aus, dass 100 Prozent der Kirchenmitglieder für die Kosten aufkommen, die 10 Prozent der Kirchenmitglieder generieren.

3 Der erste Schritt: Wir brechen das Allokationsdogma

Die erste Arbeit, die Kirchenleitungen (und damit auch Pfarrkapitel und Synoden) leisten müssen, ist, den Kirchenaufbau in die eigenen Hände zu nehmen und den aus dem Beamtentum übernommenen Automatismus der Geldzuteilung zu brechen. Denn so, wie die Gelder der Kirche gelenkt werden, wird sich die Kirche entwickeln. Das bedeutet:

1. Die Synode hat mit *inhaltlichen* Vorgaben zu bestimmen, welche Gemeinden unter welchen Umständen welche Mittel erhalten.
2. Die Synode hat durch ihre Gesetzgebung einerseits Charismen zu fördern und andererseits dort Eingriffe zu ermöglichen, wo Unnötiges gemacht wird oder wo ungeeignete Mitarbeitende eingesetzt werden.
3. Alle Gemeinden sollen einen Minimalstandard sicherstellen (Taufe, Sonntagsschule, Religionsunterricht an der Schule, Konfirmationsunterricht, Sonntagsgottesdienste, Erwachsenenarbeit, Altersarbeit, Seelsorge, Diakonie, Kasualien), aber nicht alle sollen darüber hinaus noch anbieten, was auch die Nachbargemeinde anbietet, und vor allem sollen nicht alle alles gleich machen.
4. Die vielgelobte theologische Vielfalt in der reformierten Kirche ist faktisch leider eine theologische Monokultur. Jedenfalls wird es Aussenstehenden schwer fallen, die feinen theologischen Unterschiede zwischen Linksbarthianern und Linksebelingianern zu erkennen. Auch der Unterschied zwischen charismatischem landeskirchlichen Christentum und kirchlichem Mainstream ist für Aussenstehende nicht ohne weiteres erkennbar. Wir haben theologische

Differenzen zu fördern und auszuhalten – und in *versöhnter* Verschiedenheit zu leben.

Um für diese vier Schritte Entscheidungsgrundlagen in die Hand zu erhalten, müssen alle Gemeinden und Dienste der Kirche eine SWOT-Analyse durchlaufen. Darunter geht es nicht. Schon in der Art, wie diese Analyse erfolgt, zeigt sich, ob eine Gemeinde überlebensfähig ist oder sich selbst Sand in die Augen streut.

4 Der zweite Schritt: Wir fördern Innovationen

Die Volkskirchen sind – um nochmals an Wolfgang Hubers Urteil zu erinnern – erneuerungsresistent. Dies kann nur dann gebrochen werden, wenn Innovationen belohnt und gefördert werden. Mindestens ein Zwanzigstel des gesamten Budgets von Gemeinden und Kantonalkirche muss für Innovationen bereitgestellt werden. Dieses Geld darf nicht im Sinn von Projektmitteln auf einen begrenzten Zeitraum (von etwa 4 bis 6 Jahren) beschränkt sein, sondern es soll so lange fliessen, wie die vorab geklärten Parameter erfüllt werden.

Ein Beispiel: Die reformierten Kirchen der Schweiz haben im 19. Jahrhundert die *Basler Mission* und nach dem Zweiten Weltkrieg das *Hilfswerk der evangelischen Kirchen Schweiz* (HEKS) gegründet und dann später noch den Entwicklungsdienst *Brot für alle*. Das sind Organisationen, die zum Teil höchst innovativ geblieben sind (wie die Mission), die sich aber zum Teil auch überlebt haben. Was gibt es aber an neuen diakonischen Werken? Gibt es wirklich noch Orte, an denen Kirche das leistet, was nicht auch weltliche Hilfswerke leisten?

Im Anspruch, etwas Neues zu kreieren, das nur Kirche kreieren kann, hat man sich in Basel zum Ziel gesetzt, alle zehn Jahre ein neues diakonisches Werk zu gründen. So entstand zum Beispiel die Idee vom *Sonntags(z)immer*. Sie geht davon aus, dass es in Basel eine beachtliche Anzahl von Stadtklöstern und Kommunitäten gibt sowie eine Menge grosser, gepflegter, wertvoller und gut ausgerüsteter Gemeinschaftsräume. Und die Kirche verfügt über ein Netzwerk von Menschen, die in unterschiedlichsten Berufen arbeiten und Kompetenzen mitbringen – auch und vor allem von Menschen, die ihren Lebensunterhalt *nicht* in der Kirche verdienen. Andererseits gibt es ein Quartier, das Untere Kleinbasel, in dem nur noch sehr wenige Evangelische leben, dafür aber sehr viele grosse, meist alewitische Familien. Es ist ein Quartier, in dem es fast ausschliesslich 2- und 3-Zimmerwohnungen gibt. Was tun diese Familien am Sonntag? Die Idee ist: Die Matthäuskirche wird sonntags «von Acht bis Nacht» geöffnet. Es finden Gottesdienste statt und es gibt Gebetszeiten, aber nicht nur: Es gibt an weiss gedeckten Tischen Frühstück, Mittagessen und Abendessen. Es gibt Spiele und Unterhaltung für Jung und Alt, es gibt Gesang und es gibt Psychotherapie, es gibt juristische Beratung und Stillberatung. Es sind das alles unsere Mitglieder, die sich hier engagieren, und zwar gratis. Ein schönes und florierendes Projekt.

5 Der dritte Schritt: Wir fördern Selbständigkeit und Eigenverantwortung

Die Volkskirche belohnt heute Menschen, die den *status quo* erhalten. Sie unterstützt jene Menschen nicht, denen dies nicht reicht. Das ist unfair. Deswegen ist die Möglichkeit zu schaffen, dass jede Gemeinde und jeder Gottesdienstort (das könnten auch die kantonalkirchlichen Ämter) eigene zusätzliche Stellen aufbauen und finanzieren können. Der einfachste Weg dazu ist, dass zuerst ein überzeugendes Konzept für eine neu aufzubauende Gemeindearbeit geschrieben wird, zum Beispiel zur Jugendarbeit, zu einem Mittagstisch oder zur Hauskreisarbeit. Dann muss ein Förderverein gegründet werden, der dieses Konzept umsetzen will und der die notwendigen Mittel bei den Gemeindegliedern dafür eintreibt. Die Basler Erfahrung zeigt, dass, wenn das Konzept überzeugend ist und eine Handvoll Menschen mit Feuer und Flamme dahinterstehen, plötzlich hundert und mehr Mitglieder bereit sind, zusätzlich zur Kirchensteuer noch etwas in solche Projekte zu stecken. Und: Es sind die vielen kleinen Beträge, die den Braten fett machen, und nicht einzelne Grossspenden.

6 Der vierte Schritt: Die jonglierende Pfarrerin

Eine Pfarrperson, die in dieser Weise Gemeindeaufbau betreiben kann, wird sich aus vielen ihrer angestammten Tätigkeitsfelder schrittweise zurückziehen können. Sie wird viel von dem, was dem Pfarrberuf in den 1960er bis 1990er Jahren zugewachsen ist, wieder abgeben können. Ideal ist, wenn sie sich auf den Sonntagsgottesdienst konzentriert, auf die Konfirmandenarbeit und allenfalls noch auf Kasualien (aber auch da nicht alle!). Der Rest ihrer Arbeit soll daraus bestehen, die Leiterinnen und Leiter der einzelnen Gruppen der Kirchgemeinde anzuleiten, sie zu führen und für sie neue Ideen zu entwickeln. Nur in einer solchen Struktur wird man nicht permanent aus dem Mangel schöpfen müssen, sondern wird die Musse haben, Fülle entstehen zu lassen.

Ich selbst kenne den Alltag einer volkskirchlichen Situation aus der Pfarrerperspektive. Der Durchschnitt von 70 Stunden Arbeit pro Woche ist mir bekannt. Und es ist mir bewusst, dass das von Zeit zu Zeit vielleicht so sein muss, aber dass es, wenn es anhaltend so zu und her geht, mich innerlich zerstört. Wir leben aber in einer Kirche, die solche Selbstausbeutung fördert und fordert. Wer «nur» 50 Stunden arbeitet, gilt schnell als faul. Dabei sollten diese Stunden doch genügen. Sie können aber nur dann genügen, wenn es gelingt, dass die Pfarrperson nicht in allen Bällen, die sie jongliert, immer auch zugleich präsent sein sollte und damit etwas Unmögliches leistet.

7 Der fünfte Schritt: Freude am Bekennen

In einer Kirche, in der einzelne Gemeinden gefördert werden, ihre Spezialitäten zu pflegen und mit ihnen kompetitiv in der Öffentlichkeit aufzutreten, werden Bekenntnisse gefördert. Denn wir können Menschen vor allem dann dazu motivieren, ein Projekt zu unterstützen, wenn sie unser Herzblut spüren. Dieses Herzblut findet in Sprache Ausdruck, die wir je ganz verschieden wählen, die aber etwas darüber aussagt, worauf wir bauen und woran wir glauben. Eine pietistisch geprägte Gemeinde wird eine andere Sprache verwenden als eine linksbarthianisch geprägte Gemeinde. Es wird sie beide nebeneinander geben. Und sie werden deutlicher in ihrer Besonderheit wahrgenommen werden. Es wird auch für Liberalismus weiter Platz geben und für Formen des religiösen Sozialismus.

Die Volkskirche, die mit dem alten Allokationsprinzip der Pro-Kopf-Verteilung von Kirchensteuern bricht und die nicht quantitative, sondern inhaltliche Vorgaben für die Mittelzuteilung setzt, wird damit automatisch ganz anders bekennen müssen, wovon sie lebt, wer ihr Herr ist, was sie erreichen und wofür sie in der Öffentlichkeit einstehen will.

VI. Zur Theologie der Volkskirche

Ekklesiologie der Volkskirche im Lichte des Neuen Testaments

Moisés Mayordomo

1 Hinführung: Ein aussichtsloses Unterfangen?

Evangelische Theologie sucht – zumindest ihrem Selbstverständnis nach – eine besondere Nähe zum biblischen Zeugnis. Doch gerade der vielfach verwendete Begriff der Volkskirche ist diesbezüglich ausgesprochen schwach begründet.[1] Seit Schleiermacher wird der Begriff meist dann bemüht, wenn gesellschaftliche Krisen und kulturelle Übergangsprozesse (besonders im Zeichen der Moderne) in Abgrenzung zu anderen Organisationsformen (etwa «Freikirche» oder «Staatskirche») überwunden werden sollen.[2] Die rhetorischen Kontexte, in denen von «Volkskirche» die Rede ist, sind vornehmlich kirchensoziologischer und nicht biblisch-theologischer Natur. Lässt sich der Begriff der «Volkskirche» überhaupt in ein positives Verhältnis zum Neuen Testament setzen? Vieles spricht dafür, die Beantwortung dieser Frage zu einem aussichtslosen Unterfangen zu erklären. Schliesslich scheint der Graben zwischen den Anfängen der Kirchenbildung im ersten Jahrhundert und den geschichtlichen Prozessen, die in Zentral- und Nordeuropa zu volkskirchlichen Strukturen geführt haben, tatsächlich unüberwindbar zu sein.[3] Eine neutestamentliche Perspektive auf den Volkskirchenbegriff könnte daher nur auf eine Fundamentalkritik hinauslaufen.[4] Hinzu kommt – um die Sache vollends zu erschweren –, dass der Begriff der Volkskirche nicht gerade

1 Als Beleg für diese Behauptung mag der Hinweis genügen, dass die Artikel zum Stichwort «Volkskirche» in zwei aktuellen Nachschlagewerken auf einen Eintrag zum biblischen oder neutestamentlichen Hintergrund verzichten: Wolfgang Huber/Henning Schröer, Art. Volkskirche, in: TRE, Bd. 35, 2003, 249–262; Martin Hein/Wilhelm Hüffmeier/Reiner Preul, Art. Volkskirche, in: RGG4, Bd. 8, 2005, 1184–1187.

2 Vgl. zur Begriffsgeschichte: Andreas Leipold, Volkskirche. Die Funktionalität einer spezifischen Ekklesiologie in Deutschland nach 1945, Göttingen 1997, 11–51.

3 Vgl. Peter Stuhlmacher, Kirche nach dem Neuen Testament, in: Peter Stuhlmacher (Hg.), Biblische Theologie und Evangelium, Tübingen, 2002, 253–278 (253): «Die Differenz zwischen den Formen von Kirche, die man im Neuen Testament antrifft, und den volkskirchlichen Grossorganisationen ist enorm.»

4 Dass «die gegenwärtige Kirche am Massstab der neutestamentlichen Gründungsurkunden in vielen zentralen Punkten kritisiert und verändert werden müsste» (Manfred Josuttis, «Unsere Volkskirche» und die Gemeinde der Heiligen. Erinnerungen an die Zukunft der Kirche, Gütersloh 1997, 32) ist ein Anspruch, dem viele zustimmen würden. Vgl. auch: Peter Stuhlmacher, Volkskirche – weiter so?, ThBeitr 23, 1992, 151–170.

scharf umrissen ist.[5] An dieser Stelle könnte der vorliegende Beitrag also zu seinem Ende kommen.

Vielleicht lässt sich jedoch eine schmale hermeneutische «Brücke» verantworten. Bei aller begrifflichen Vieldeutigkeit gehe ich von folgender Prämisse aus: Eine Ekklesiologie der Volkskirche ist nur dann sinnvoll, wenn sie grundsätzlich von einem positiven, vielleicht inklusiven oder zumindest überlappenden Verhältnis von Kirche und Gesellschaft ausgeht. Dies impliziert die Vorstellung, dass Kirche ein *corpuspermixtum* ist, d. h. dass in der Kirche unterschiedliche Glaubenshaltungen und Verbindlichkeiten einen legitimen Ort haben. Gegenläufige Konzepte zur Volkskirche würden wohl wesentlich stärker die Differenz zwischen Kirche und Gesellschaft markieren und daraus die grundsätzliche Übereinstimmung von sichtbarer und unsichtbarer Kirche ableiten. Im Folgenden möchte ich daher diese Frage ins Zentrum rücken: In welchem Verhältnis stehen Kirche und Gesellschaft[6] im Neuen Testament zueinander? Eine neutestamentlich verantwortbare Ekklesiologie, die anschlussfähig an Konzepte der Volkskirche sein möchte, müsste in irgendeiner Weise den Begegnungsraum zwischen Kirche und Gesellschaft offen und positiv gestalten.

2 Das Verhältnis von Kirche und Gesellschaft aus neutestamentlicher Sicht

Fragt man nach dem Verhältnis von Kirche und Gesellschaft im Neuen Testament, lautet die erste Antwort: Es gibt im Neuen Testament keine einheitliche Position zu dieser Frage. Allerdings sollte die Pluralität des Kanons uns nicht davon abhalten, diesen «Raum» der begrenzten Vielfalt theologisch verantwortlich abzustecken. Beginnen möchte ich daher mit jenem Modell von Kirche, das m. E. am ehesten eine positive Würdigung von «Volkskirche» zulässt.

2.1 Die Pastoralbriefe als Plädoyer für eine kulturoffene Ekklesiologie

Meine These lautet, dass gegenwärtige volkskirchliche Modelle wohl an keine Schriftgruppe des Neuen Testaments so deutlich anknüpfen können wie an die Pastoralbriefe (1Tim, 2Tim, Tit). Das mag vielleicht überraschen, stehen doch diese drei kleinen Briefe, seit Schleiermacher die paulinische Verfasserschaft des 1. Timotheusbriefs bestritten hat, nicht besonders hoch im Kurs. Sie gelten als

5 Es liegt «keineswegs auf der Hand, was eigentlich unter ‹Volkskirche› zu verstehen ist» (Reiner Preul, Kirchentheorie. Wesen, Gestalt und Funktionen der Evangelischen Kirche, Berlin 1997, 178. Vgl. zur Unschärfe des Begriffs den Beitrag in Teil VI von Matthias Wüthrich in diesem Band und die dort angeführte Literatur).

6 Wenn im Hinblick auf das Neue Testament von «Gesellschaft» die Rede ist, ist nicht eine soziologisch abstrakte Grösse gemeint, sondern im weitesten Sinne die römische Gesellschaft als die bindende Leitkultur. Es geht in diesem Beitrag allerdings nicht um die viel behandelte Frage nach dem Verhältnis der frühen Kirche zum römischen Staat.

bürgerlich, frühkatholisch, frauenfeindlich und hierarchisch und werden teilweise als Abfall von Paulus verstanden.[7] Auf der anderen Seite ist das Kirchenmodell dieser Briefe recht pragmatisch und zielorientiert, kulturell anschlusswillig und passend zu einer quantitativ wachsenden Gemeinschaft.[8] Der Autor der Pastoralbriefe geht nicht von theologischen Zentralüberzeugungen aus, sondern orientiert sich in erster Linie an konkreten Handlungsfeldern und Problemen, die zu beheben sind; «theologische Höhenflüge sind [ihm] fremd»[9]. Im Kontext der aktuellen Volkskirchendebatte möchte ich drei Themenfelder ansprechen:

2.1.1 Briefe an Gemeindeleiter

Anders als alle Briefe, die den Namen des Paulus tragen, richten sich die Pastoralbriefe nicht an Gemeinden, sondern an Einzelpersonen.[10] «Timotheus» und «Titus» treten als Gemeindeverantwortliche hervor, deren Befähigung sich von der apostolischen Autorität der Paulus-Figur herleitet. Dieser Unterschied zu den anderen Schriften der paulinischen Briefsammlung ist signifikant. Paulus selbst versuchte Probleme in den Gemeinden zu lösen, indem er mit den Gemeinden als Ganzes kommunizierte. Er appellierte damit an ihre gemeinschaftlichen Ressourcen zur Konfliktlösung und an ihre Kompetenzen zur eigenständigen theologisch-ethischen Urteilsbildung.[11] Die Pastoralbriefe gehen von einer Strategie aus, die zwar davon abweicht, sich allerdings als viel erfolgreicher erweisen wird. Die

7 Ich gehe im Folgenden von der nach-paulinischen Verfasserschaft der Briefe aus. Vgl. zu den negativen Einschätzungen, die meist von evangelischen Neutestamentlern (Martin Dibelius, Ernst Käsemann, u. a.) geäussert wurden: Michaela Engelmann, Unzertrennliche Drillinge? Motivsemantische Untersuchungen zum literarischen Verhältnis der Pastoralbriefe, BZNW 192, Berlin 2012, 178–180; Marius Reiser, Bürgerliches Christentum in den Pastoralbriefen?, Bib 74, 1993, 27–44; Roland Schwarz, Bürgerliches Christentum im Neuen Testament? Eine Studie zu Ethik, Amt und Recht in den Pastoralbriefen, ÖBS 4, Klosterneuburg 1983.

8 Einen guten Überblick zur Ekklesiologie der Pastoralbriefe (mit Literatur bis 1992) bietet: Jürgen Roloff, Die Kirche im Neuen Testament, Göttingen 1993 (250–267). Vgl. darüber hinaus: Egbert Schlarb, Die gesunde Lehre. Häresie und Wahrheit im Spiegel der Pastoralbriefe, Marburg 1990 (314–356); UlrikeWagener, Die Ordnung des «Hauses Gottes». Der Ort von Frauen in der Ekklesiologie und Ethik der Pastoralbriefe, Tübingen 1994; Karl Löning, «Säule und Fundament der Wahrheit». Zur Ekklesiologie der Pastoralbriefe, in: Rainer Kampling/Thomas Söding (Hg.), Ekklesiologie des Neuen Testaments, Freiburg 1996, 409–430; Joseph A. Fitzmyer, The Structured Ministry of the Church in the Pastoral Epistles, CBQ 66, 2004, 582–596; Jens Schröter, Kirche im Anschluss an Paulus. Aspekte der Paulusrezeption in der Apostelgeschichte und in den Pastoralbriefen, ZNW 98, 2007, 77–104; Friedemann Krumbiegel, Erziehung in den Pastoralbriefen. Ein Konzept zur Konsolidierung der Gemeinden, Leipzig 2013; Korinna Zamfir, Men and Women in the Household of God. A Contextual Approach to Roles and Ministries in the Pastoral Epistles, Göttingen 2013; Korinna Zamfir, Is the ekklēsia a Household (ofGod)? Reassessing the Notion of οἶκος θεοῦ in 1 Tim 3.15, NTS 60, 2014, 511–528.

9 Roloff, Kirche (Anm. 8), 250.

10 Auch der kleine Philemonbrief ist – seinem Präskript zufolge (Phlm 1–2) – an Philemon, weitere Einzelpersonen und «die Gemeinde in deinem Haus» gerichtet.

11 Das liesse sich anhand der Korintherkorrespondenz aufzeigen.

Handhabung von Problemen in den Gemeinden wird an verantwortliche Autoritätsgestalten delegiert. Einem aktuellen Sprachgebrauch folgend, könnten wir sagen, dass hier ein Wechsel von «bottom-up» zu «top-down» stattfindet.

Die fiktive Situation der Pastoralbriefe nimmt einige historische Inkonsistenzen in Kauf: «Paulus» reist nach Mazedonien weiter und lässt «Timotheus» in Ephesus zurück, um bis zu seiner Rückkehr die Gemeinde zu leiten und vor Irrlehren[12] zu schützen (1Tim 1,3; 3,14). «Titus» wird von «Paulus» auf Kreta zurückgelassen, um in den Gemeinden Älteste einzusetzen und über die Kirchenordnung zu wachen. Beide Szenarien sind aus der Perspektive der Gemeindebriefe des Paulus eher unglaubwürdig. Warum schreibt Paulus der von Irrlehren bedrohten Gemeinde in Ephesus nicht wie gewohnt einen Mahnbrief? Warum bleibt er nicht persönlich vor Ort? Wieso agiert er durch Timotheus? Der Titusbrief setzt eine ganz neue Situation voraus: Nicht nur setzt «Paulus» einen «Bischof» für die Gemeinden in Kreta ein, er lässt ihn auch eine geregelte Gemeindeordnung einführen, die sich so in den Gemeindebriefen des Paulus an keiner Stelle findet.

Dieser «Strategiewechsel» von der Gemeinde als Handlungssubjekt zu übergreifenden kirchenleitenden Funktionen sollte nicht von vornherein negativ beurteilt werden. Die Pastoralbriefe spiegeln einen wichtigen Schritt in der Institutionalisierungsgeschichte des Christentums wider; dazu zählt auch die Ausbildung von Strukturen, die eine übergemeindliche Steuerung möglich machen. Ohne ein solches Kirchenmodell hätte das Christentum vielleicht nicht oder jedenfalls nur in einer ganz anderen, wesentlich fragmentarischen Form überlebt.[13]

2.1.2 Die zentrale ekklesiologische Metapher

Die zentrale ekklesiologische Metapher der Pastoralbriefe ist nicht die Leibmetapher, sondern das Bild des Hauses.[14] Die Kirche ist im Wesentlichen «Haus Gottes»:

12 Zu diesen Irrlehren zusammenfassend: Roloff, Kirche (Anm. 8), 252: «Diese waren offensichtlich aus dem Kreis der Paulusschule selbst hervorgegangen (1Tim 1,20; 2Tim 2,17) und gewannen dadurch in den Gemeinden grossen Einfluss. Ihre Lehre, die sie sowohl in den gesamtgemeindlichen gottesdienstlichen Versammlungen (2Tim 3,8; Tit 3, 9) wie auch in den einzelnen Häusern und Hausgemeinden (2Tim 3,1–6; Tit 1,11) verbreiteten, war eine Frühform der christlichen Gnosis. Sie verneinten die Schöpfung als gutes Werk Gottes und forderten zur Distanzierung von der Welt durch Askese auf (1 Tim 4,3; Tit 1, 15).»

13 In einer umsichtigen Studie zur Rechtsbildung in den Pastoralbriefen kommt Michael Theobald zu einer abschliessenden positiven Würdigung: «Das Corpus Pastorale bietet […] ein faszinierendes Beispiel der Inkulturation christlichen Lebens in einer schwierigen kirchlichen Umbruchssituation, ausgestattet mit einem nüchternen Sinn für die Realitäten […] und vor allem interessiert an einer vernünftigen rechtlichen Gestaltung kirchlicher Wirklichkeit.» Michael Theobald, Vom Werden des Rechts in der Kirche. Beobachtungen zur Sprachform von Weisungen im Corpus Pastorale und bei Paulus, ZNW 106, 2015, 65–95 (94f.).

14 Vgl. David C. Verner, The Household of God. The Social World of the Pastoral Epistles, Chico 1983; Wagener, Ordnung (Anm. 8), 235–246; Zamfir, Household of God (Anm. 8), 60–159.

> Falls sich mein Kommen verzögert, sollst du wissen, wie man sich zu verhalten hat im Hause Gottes (ἐν οἴκῳ θεοῦ); es ist ja die Gemeinde des lebendigen Gottes (ἐκκλησία θεοῦ), Pfeiler und Fundament der Wahrheit. (1Tim 3,15, Zürcher Bibel)

Der Begriff «Haus Gottes» bezieht sich häufig auf den Tempel als sakral-räumliche Verkörperung der Gegenwart Gottes (so etwa in Mt 12,4). Doch bezieht sich die Metapher in den Pastoralbriefen nicht auf den Tempel, sondern auf die Ordnungsstruktur des antiken Hauswesens.

> Das römische Hauswesen[15] gilt als die Keimzelle der bürgerlichen Stadt-Gesellschaft, in der sich nicht nur die politische Ordnung, sondern auch die kosmische Ordnung widerspiegelt. An der Spitze steht der Hausvater, der *pater familias,* der im römischen Recht wesentlich grössere Befugnisse hatte als es der griechischen Praxis bekannt war.[16] Ihm unterstehen die Kinder, die Ehefrau, die teilweise innerhalb des Hauses wichtige Verwaltungsaufgaben übernimmt, und die Sklaven und Sklavinnen. Das römische Haus ist nicht nur in unserem Sinne eine Familie, es ist auch ein Kleinunternehmen, eine ökonomische Elementareinheit und ein repräsentativer Raum der römischen Eliten.

Die kulturoffene Sicht der Pastoralbriefe ist daran ablesbar, dass sich ihre Bildsprache an jener Ordnung orientiert, die in der römischen Gesellschaft als absolut fundamental galt. Die Hausmetapher durchdringt alle Ebenen der Ekklesiologie: Gott ist der Hausherr (2Tim 2,21: δεσπότης), die kirchlichen Leiter oder Aufseher agieren als seine «Verwalter» (Tit 1,7: θεοῦ οἰκονόμος). Ein Gemeindeleiter muss zugleich seinem Haus vorbildhaft als *pater familias* vorstehen, denn «wenn jemand dem eigenen Haus nicht vorzustehen weiss (εἰ δέ τις τοῦ ἰδίου οἴκου προστῆναι οὐκ οἶδεν), wie wird er für die Gemeinde Gottes sorgen?» (1Tim 3,5) So sind auch seine Funktionen innerhalb der Gemeinde an der Rolle des Familienvaters orientiert: vorstehen, zurechtweisen, gebieten und für die Seinen sorgen (1Tim 3,5.12; 5,1; 6,17; 2Tim 4,2; Tit 1,9; 2,6.15). Die ekklesiologische Orientierung am römischen Hauswesen hat natürlich zur Folge, dass sich die Hierarchien des Hauses in der Kirche abbilden. Entsprechend stark ist die Kirchenstruktur an den Aufgaben und Pflichten unterschiedlicher Stände interessiert: Männer und Frauen, Alte und Junge, Herren und Sklaven und Witwen.[17] Die dabei in Geltung gebrachten Normen sind insgesamt konventionell.

Die Pastoralbriefe bezeugen ein formales Interesse an kirchlichen Ämtern, wie es im Neuen Testament in dieser Form nicht anzutreffen ist: Aufseher/Bischof (1Tim 3,1–8), Diakon oder Diakonin (1Tim 3,8–13), Älteste (Tit 1,5–9). 1Tim und Tit bieten so etwas wie einen «Stellenbeschrieb» für potenzielle Kandidaten. Auffällig ist, wie nüchtern und konventionell die Anforderungen sind. Wenn

15 Verner, Household (Anm. 14), 27–82; Richard P. Saller, Familia, domus, and the Roman Conception of the Family, Phoenix 38, 1984, 336–355.

16 Erhellend dazu: Eva Cantarella, Fathers and Sons in Rome, Classical World 96, 2003, 281–298.

17 Vgl. die Haustafeln in 1Tim 2,8–15; 5,1–2; 6,1–2; Tit 2,1–10; 3,1.

jemand etwa den «Aufseherdienst» begehrt, dann muss er folgende Kriterien erfüllen (1Tim 3,1–8): Er muss moralisch untadelig sein, Mann einer Frau, nüchtern, besonnen, sittsam, gastfreundlich, lehrfähig, kein Trinker, Schläger, sondern gütig, nicht streitsüchtig, nicht geldliebend, er muss dem eigenen Haus gut vorstehen und die Kinder mit aller Ehrbarkeit in Unterordnung halten, er sollte kein Neubekehrter sein, und er muss ein gutes Zeugnis von den Aussenstehenden haben. Gerade dieser letzte Punkt macht deutlich, wie sehr sich die Pastoralbriefe an den konventionellen Normen der römischen Gesellschaft orientieren. Für ein kirchliches Amt ist das positive Urteil der Gesellschaft ein massgebliches Kriterium. Das entspricht alles in allem den Charakter- und Tugendvorstellungen der antiken Populärphilosophie. Im engen Sinne «christliche» oder «pneumatische» Eigenschaften werden nicht besonders hervorgehoben.

Auch an diesem Punkt sind die Pastoralbriefe häufig (und vielleicht nicht zu Unrecht) kritisiert worden. Indem sich das Gemeindeideal am antiken Hauswesen orientiert, werden die gesellschaftlichen Hierarchien relativ unbedacht übernommen.[18] Man könnte sachkritisch dagegen einwenden, dass in dieser Konzeption wichtige macht- und hierarchiekritische Aspekte der Verkündigung Jesu nicht mehr angemessen zur Wirkung gelangen können. Mit der ekklesiologischen Metapher des Hauses findet in den Pastoralbriefen eine Verengung mit weitreichenden Folgen statt. Andererseits muss es als eine strategische Leistung gewürdigt werden, wenn die Kirche sich am erfolgreichsten Ordnungsmodell der Antike orientiert, am Haus. Das ist, im positiven Sinne, eine Form der Inkulturation des paulinischen Evangeliums.

2.1.3 Christologische Grundlegung[19]

Man könnte den Pastoralbriefen nun vorhalten, dass sich ihr Kirchenmodell allzu pragmatisch am *common sense* der Mehrheitsgesellschaft orientiert. Eine solche Kritik wäre jedoch allzu einseitig, denn die Pastoralbriefe bewegen sich durchaus in einem christologischen Rahmen, der eine solche «Kulturoffenheit» begünstigt. Wir finden in diesen Briefen die bekannte Vorstellung, dass Jesu Sterben für alle Menschen eine Befreiung zum Leben bedeutet.[20] «Christus Jesus ist in die Welt gekommen, um die Sünder zu retten», heisst es ganz kategorisch (1Tim 1,15). Dieses Kommen wird in 2Tim 1,10 als eine «Epiphanie», eine wundersame und für alle erkennbare göttliche Erscheinung bezeichnet. Tit 3,4–5 doppelt nach:

18 Dass die Rolle der Frau in besonderer Weise von diesem Oikos-Modell betroffen ist, wird in der Forschung zu Recht festgestellt. Vgl. Wagener, Ordnung (Anm. 8), 67–233.

19 Roloff, Kirche (Anm. 8), 252–254.

20 Vom Kreuz oder vom Tod Jesu ist zwar nicht direkt die Rede, aber die Verwendung einer klassischen Hingabe-Formel in 1Tim 2,5–7 (der Mensch Christus Jesus als Mittler und Lösegeld für alle) zeigt, dass der Autor von dieser frühchristlichen Vorstellung ausgeht.

> Als aber die Güte und Menschenfreundlichkeit Gottes, unseres Retters, erschien (ὅτε δὲ ἡ χρηστότης καὶ ἡ φιλανθρωπία ἐπεφάνη τοῦ σωτῆρος ἡμῶν θεοῦ), 5 nicht aufgrund von gerechten Taten, die wir getan hätten, sondern weil er Erbarmen hatte mit uns, da rettete er uns durch das Bad der Wiedergeburt (ἔσωσεν ἡμᾶς διὰ λουτροῦ παλιγγενεσίας) und durch die Erneuerung im heiligen Geist (καὶ ἀνακαινώσεως πνεύματος ἁγίου). (Zürcher Bibel)

Mit anderen Worten: Weil sich in Christus ganz grundsätzlich die Menschenliebe, die «Philanthropie»Gottes in und für die Welt zu erkennen gibt, orientiert sich die Kirche auch positiv an der Gesellschaft mitsamt ihren zentral wichtigen Ordnungsformen. Weil also Gott will, «dass alle Menschen errettet werden und zur Erkenntnis der Wahrheit kommen» (1Tim 2,4), ist die Kirche Zeichen dieser Heilsgegenwart (1Tim 3,15f.).

2.1.4 Fazit

Die Ekklesiologie der Pastoralbriefe hat sich am Ende des 1. Jahrhunderts natürlich nicht in Strukturen einer Volkskirche artikulieren können. Anknüpfungspunkte für die heutige Diskussion sind jedoch erkennbar: Die Kirche nimmt konventionelle Normen der Gesellschaft soweit wie nur möglich positiv auf und versteht sich als Wirkungsraum innerhalb der und für die Gesellschaft. Die nichtchristliche Umwelt soll im Leben der Kirche sehen, dass sich ihre eigenen moralischen Ideale darin verwirklichen, und dadurch in die Gegenwart der göttlichen Philanthropie gelangen.[21]

2.2 Die Ekklesiologie der Johannesoffenbarung – eine kurze Gegenprobe

Eine ekklesiologische Gegenposition zu den Pastoralbriefen findet sich am deutlichsten und radikalsten innerhalb des Neuen Testaments in der Johannesoffenbarung.[22] Für die geschichtliche Konstellation dieser singulären Schrift spielen drei Aspekte eine besondere Rolle: 1. Die Ausgrenzungs- und Gewalterfahrungen von Teilen des kleinasiatischen Christentums während der Regierungszeit Domitians (81–96), 2. die religionssoziologisch typischen Abkühlungserscheinungen der dritten Generation, und 3. die innerkirchlichen Auseinandersetzungen zwischen kulturoffenen und rigoristischen Haltungen. Der Autor der Johannesoffen-

21 Das Gottesbild der Pastoralbriefe fasst Udo Schnelle treffend zusammen: «Die Past vertreten ein universales Gottesbild, das bewusst an griechisch-römische Vorstellungen anknüpft und Gott als den idealen Herrscher vorstellt, der nicht mit Gewalt, sondern mit Einsicht und Erziehung regiert. Er ist ein milder, wohlwollender, heilender und rettender Herrscher, der mit Jesus Christus eine neue Heils- und Lebensordnung einsetzte, die der Apostel Paulus verkündigte und die seine Schüler gegen Falschlehren bewahren.» Udo Schnelle, Theologie des Neuen Testaments, Göttingen 2007, 545.

22 Vgl. zur Ekklesiologie der Johannesoffenbarung wieder den bewährten Überblick: Roloff, Kirche (Anm. 8), 169–189. Ferner: Rainer Kampling, Vision der Kirche oder Gemeinde eines Visionärs? Auf der Suche nach der Ekklesiologie der Johannes-Offenbarung, in: Knut Backhaus (Hg.), Theologie als Vision. Studien zur Johannes-Offenbarung, Stuttgart 2001, 121–150.

barung ist ganz ohne Zweifel ein Rigorist. Seine strikte Moralität verbindet sich mit der Sehnsucht nach Reinheit zu derart starken Bildern, dass die römische Gesellschaft nur noch als satanische Grösse gesehen werden kann. Ihr Untergang ist besiegelt und wird ein Anlass zur Freude sein (Kap. 18).

Gleichzeitig zeigen besonders die Sendschreiben in den Kapiteln 2–3 sehr deutlich, wie sich die Präsenz des richtenden Christus inmitten seiner Gemeinde auswirkt[23]: Es gibt einen sehr engen Spielraum für innerkirchliche Pluralität (z. B. in der Frage nach dem Götzenopferfleisch). Wir haben hier also eine Ekklesiologie, die Trennung nach aussen und Gericht nach innen verbindet mit dem Ethos des wehrlosen Widerstands und des Ausharrens. Entsprechend wählt der Autor Bilder der rituellen Reinheit für die Kirche: Sie besteht aus «einem Königtum und Priestern» (Offb 1,4–6; 5,10 in Aufnahme von Ex 19,6), aus 144 000 auserwählten Asketen (7,4–8; 14,1–5) und leuchtet am Ende als vollkommen quadratisches und durchsichtiges Neues Jerusalem (21,1–22,5). Im Gottesdienst sieht Johannes die Möglichkeit, zur völligen Übereinstimmung von himmlischer und irdischer Sphäre zu gelangen. Bestimmend ist hier allerdings nicht die Gottesvorstellung eines menschenliebenden, freundlichen Gottes, sondern die des gerecht rächenden Allmächtigen.[24]

Aus religionssoziologischer Perspektive könnte man diese Ekklesiologie als sektiererisch bezeichnen. Was aber ist ihr historischer und theologischer Wert? Wenn gesellschaftliche Prozesse zur Vergöttlichung und Verabsolutierung politischer Instanzen neigen (wie das durch den Kaiserkult in den Provinzen im Osten des Reiches deutlich wurde), kann die Kirche aus diesen apokalyptischen Bildern Widerstandskraft schöpfen. Die Erfahrungen der Kirchen im Dritten Reich zeigen nur zu gut, dass eine *Volks*kirche, die sich mit dem *Volk* identifiziert, auch mit diesem Volk in die Irre gehen kann, wenn sie den kritischen Impuls der Christologie vergisst.[25]

3 Zurück zum Anfang

Die Frage nach dem Verhältnis der Kirche zur Gesellschaft im Neuen Testament ist mit diesen beiden Polen natürlich nicht beantwortet. Es gäbe dazwischen etwa im Matthäusevangelium oder in den grossen Gemeindebriefen des Paulus viele erwägenswerte Impulse, die sich in die Diskussion um dem Begriff der Volkskirche einbringen liessen. Die positive Würdigung, die ich anhand der Pastoralbriefe

23 Die Sendschreiben entfalten sich aus der Eingangsvision in Offb 1,12–20. Christus erscheint als der «menschenähnliche» Richter aus Dan 7,13 inmitten der sieben Leuchter, die wiederum mit den sieben Gemeinden identifiziert werden (Offb 1,20). Das Mit-Sein des richtenden Christus wird in den sieben Sendschreiben als Sprechakt an die Gemeinden inszeniert.

24 Bezeichnend ist die häufige Gottesbezeichnung als παντοκράτωρ (Offb 1,8; 4,8; 11,17; 15,3; 16,7.14; 19,6.15; 21,22; ansonsten im NT nur in einem AT-Zitat in 2Kor 6,18).

25 Die Barmer Theologische Erklärung bringt das auf den Punkt.

hier versucht habe, sollte allerdings nicht darüber hinwegtäuschen, dass im Lichte des Neuen Testaments viele der mit dem Begriff der Volkskirche verbundenen Aspekte eher kritisch zu betrachten wären.[26] Die vorliegenden Überlegungen möchten jedoch exemplarisch auf zwei m. E. fundamentale Aspekte aufmerksam machen:

1. Ekklesiologien sind immer funktional mit geschichtlichen Situationen und Lebensbedingungen verknüpft. Sie können nicht am theologischen Reissbrett entworfen werden. Vielmehr sollen sie durch ihren Kontextbezug in einem komplexen Verhältnis von Pragmatik und Theologie, von Strategie und Christusnachfolge das Gedeihen der Kirche (ihre «Erbauung») ermöglichen. Das gelingt sowohl den Pastoralbriefen als auch der Johannesoffenbarung auf gänzlich unterschiedliche Weise. Damit wäre auch an den sehr vielschichtigen Begriff der Volkskirche die Frage zu richten, aus welchen Lebensbedingungen heraus und im Hinblick auf welche Herausforderungen eine solche «Erbauung» hiermit ermöglicht werden kann.
2. Bei aller Wandelbarkeit in der Form haben Ekklesiologien immer – wenn nicht explizit so doch implizit – eine christologische und, im eigentlichen Sinne des Wortes, eine theologische Dimension. So führen in der Johannesoffenbarung die Vision des richtenden Christus und das Lob Gottes des Allmächtigen, unmittelbar zu einer Ekklesiologie, in der Reinheit und Trennung zentrale Elemente sind. Die Pastoralbriefe hingegen führen den Heilsuniversalismus des Paulus so weiter, dass sich in Christus der unbedingte Heilswille eines freundlichen und menschenliebenden Gottes in der Welt und für die Welt erweist. Die Kulturoffenheit der Kirche ist eine Funktion dieses Gottesbildes. Auch hier wäre zu fragen: Was geben Volkskirchenkonzepte von Gottes Offenbarung in Christus zu erkennen? Wie stellen sie den fundamentalen Bezug zwischen Kirche und Christus her?

Vermutlich ist für uns die Affinität zum Gottesbild der Pastoralbriefe stärker als die zum eher unbeliebten «Allmächtigen». Dennoch, und mit dieser Mahnung möchte ich schliessen, zeigen die Ereignisse im Dritten Reich, dass die Kirche im Notfall auf die Widerstandskräfte der Johannesoffenbarung nicht verzichten kann. Als Evangelium hat sie jedoch in erster Linie Gottes unbedingten Heilswillen in der Bindung zu Christus erkennbar zu machen.

26 Vgl. die Mahnung von Gerhard Lohfink: «Das eigentlich Gefährliche liegt daran, dass wir uns unseres Zurückbleibens gegenüber dem, was Gemeinde und Volk Gottes vom Neuen Testament her sein sollten, nicht einmal mehr bewusst sind.» Gerhard Lohfink, Wie hat Jesus Gemeinde gewollt? Zur gesellschaftlichen Dimension des christlichen Glaubens, Freiburg 1982, 122.

Grundentscheidungen und Wirkungen reformatorischer Ekklesiologie

Peter Opitz

1 Huldrych Zwinglis Verständnis einer dem «göttlichen Wort» gemässen Kirche

Die Ekklesiologie der Reformatoren entwickelte sich bekanntlich im kritischen Gegenüber zur spätmittelalterlichen römischen Papst- und Bischofkirche mit ihren Einrichtungen und geistlichen Machtansprüchen. Positiv getragen war sie von der Berufung auf das biblische Christuszeugnis, das die Reformatoren in neuer Weise mit Nachdruck als göttliches Selbstzeugnis zu verstehen lehrten und damit auch als den allein verbindlichen Massstab christlichen Lehrens, Lebens und Gestaltens von Kirche. Für Huldrych Zwingli, von dessen Ekklesiologie und ihren Wirkungen im Folgenden ausgegangen werden soll, war die Entdeckung des Evangeliums die Einsicht, dass mittels der biblischen Zeugnisse als den Quellen des christlichen Glaubens Christus selber die Menschen zu sich ruft:

> «Christus sagt im Matthäusevangelium 11,28: ‹Kommt her zu mir alle, die ihr mühselig und beladen seid, ich will euch Ruhe geben›; ist es da nicht eine unverschämte Torheit zu sagen: ‹Lauf dahin, wallfahre dorthin, kauf Ablassbriefe, bemale die Wände, gib dem Mönch, opfere dem Priester, mäste die Nonnen, so will ich dir – ein Mensch dem anderen – die Absolution erteilen, etc.›?»[1]

Entsprechend bestimmt Zwingli in seinen «Artikeln» zur Rechenschaftsablage über seine Verkündigung an der Ersten Zürcher Disputation vom Januar 1523 das «Evangelium» als die Botschaft,

> «dass unser Herr Jesus Christus, wahrer Gottessohn, uns den Willen seines himmlischen Vaters mitgeteilt und uns durch seine Unschuld vom Tod erlöst und mit Gott versöhnt hat».[2]

Wird dieses «Evangelium» in seiner Bedeutung und Tragweite ernst genommen, und das kann in Zwinglis Augen nur so geschehen, dass es als das göttliche Selbstwort allen menschlichen Worten und Traditionen auch religiöser und kirchlicher Art gegenübergestellt wird, dann ist die menschliche Gottesbeziehung grundlegend durch die damit angezeigte göttliche Tat der Zuwendung in Christus konstituiert und im Licht der sie bezeugenden christologischen Aussagen des

1 Thomas Brunnschweiler/Samuel Lutz, Huldrych Zwingli Schriften. IV Bde., Zürich 1995 [Sigel: ZS], ZS II, 75 (Auslegung des Artikels 10).

2 ZS II, 28.

Neuen Testaments zu verstehen und zu würdigen. Christus ist der «einzige Weg zur Seligkeit», der einzige «Führer und Hauptmann» der Christen.[3]

Auf dieser Grundlage kommt Zwingli auf die Kirche zu sprechen, und greift dabei auf die paulinische Haupt-Leib-Metapher zurück: Als «Haupt aller Gläubigen» ist Christus auch das Haupt der Kirche, und diese hat sich somit wesentlich als dessen «Leib» zu verstehen:

> «Alle, die in diesem Haupt leben, sind Glieder und Kinder Gottes. Und das ist die Kirche oder Gemeinschaft der Heiligen, die Ehefrau Christi: ecclesia catholica.»[4]

Ist Christus das einzige «Haupt» der Kirche, wird nicht nur der päpstliche Anspruch, «Stellvertreter» Christi auf Erden zu sein bestritten – es wird damit dem gesamten hierarchischen Kirchensystem mit dem Anspruch, in göttlichem Auftrag als notwendige Mittlerin oder gar als Verwalterin von «Gnadenschätzen» dem Menschen den Heilsweg zu eröffnen und zu ermöglichen, die christlich-theologische Legitimität abgesprochen.

Nicht als geschichtliche Tradition oder Organisation in Raum und Zeit, überhaupt nicht von «empirischen» Phänomenen her, ist Kirche in ihrem Wesen zu erfassen und zu definieren. Sie ist nach Zwingli christologisch, und damit letztlich trinitarisch zu bestimmen, als Teilhabe an Christi «pneumatischem» Leib durch das Wirken des göttlichen Geistes, und so als Teilhabe an Gott selbst.[5] Davon spricht das Apostolikum, wenn dort von der «allgemeinen Kirche» als der «communio sanctorum», der «Gemeinschaft der Heiligen» die Rede ist. Eine Teilhabe an dieser «communio» kann aber nur durch Gott selber gewirkt werden – für Zwingli sind hier besonders Johanneische Christusworte leitend, was bedeutet, dass eine theologische Wesensbestimmung der Kirche auf den Erwählungsgedanken zurückgreifen muss, als dem konsequentesten Zur-Geltung-Bringen des reformatorischen «sola gratia». Wie der Glaube, der den Menschen in seinem innersten Wollen und Wünschen, in seinem Erkenntnisstreben, in seiner Lebensgestaltung und seiner Lebensausrichtung auf Gott hin orientiert, so ist auch die Existenz der Kirche als der «Gemeinschaft aller auserwählten Gläubigen»[6] ein Werk des göttlichen Geistes, «die Vereinigung aller Christen durch den Geist Gottes zu einem Glauben».[7]

Zwinglis christologisch-pneumatologischer und erwählungstheologischer Ansatz in der Bestimmung der Kirche hat zur Konsequenz, dass er die bereits bei Augustin angelegte Unterscheidung von unsichtbarer und sichtbarer Kirche aufnimmt und – zunehmend expliziter – zur Geltung bringt.[8] Genauer müsste man

3 ZS II, 31.59.
4 ZS II, 63.
5 Vgl. ZS IV, 80.
6 ZS II, 64.
7 ZS II, 68.
8 Vgl. ZS IV, 110.324f.

allerdings formulieren: Die Unterscheidung zwischen einer sichtbaren und einer unsichtbaren Seite der einen Kirche Christi. «Unsichtbar» ist die Kirche als diejenige, die «durch das Licht des Heiligen Geistes Gottes Licht erkennt und umfängt». Sie umfasst alle wahrhaft Glaubenden aller Zeiten und ist, darauf legt Zwingli grossen Nachdruck, nur eine, die im Apostolikum genannte «eine, heilige, allgemeine, christliche» Kirche.[9]

Zugleich aber besitzt die Kirche eine konkrete phänomenale Aussenseite und ist insofern «sichtbare» Kirche, und dies stets im Plural, als konkrete Gemeinschaften von an einem bestimmten Ort zusammenkommenden Menschen, als eine «Versammlung, Gemeinschaft oder Volksgemeinde».[10] Charakteristisch für sie ist, dass sie eine «Gemeinschaft derer ist, die gemeinsam im Glauben an den Herrn Jesus Christus auferbaut und gegründet sind»[11], die auf Christi Stimme «hören» und ihn «anerkennen», sich also zu ihm bekennen.[12] Christus anerkennen, Teil einer konkreten, begrenzten Ortsgemeinde sein und «die Kirche glauben» sind so letztlich untrennbar zusammengehörende Seiten desselben Glaubens.

Zwingli bindet dabei die «sichtbare» (Seite der) Kirche nicht an bestimmte Strukturen, Riten oder Ämter. Nicht ein institutionalisierter Verkündigungsakt oder eine sich nach bestimmten Regeln vollziehende Sakramentsverwaltung macht sie aus, sondern primär ein Lebensvollzug, eine begrenzte Zahl von Menschen, die sich als Christenmenschen zu erkennen geben und sich unter diesem Vorzeichen und Bekenntnis versammeln. Was Zwingli gegen die römische Kirche formuliert, gilt grundsätzlich: Kirche ist «nicht dort ... wo einige Prälaten zusammenkommen, sondern dort, wo man am Gotteswort hängt und wo man dem Christus lebt.»[13]

Es gehört nach dem Zürcher Reformator in die Verantwortung und Kompetenz der Ortsgemeinde, sich selber im Hören auf das göttliche Wort und ihm entsprechend zu gestalten. Somit ist es nach ihm Sache der Einzelgemeinden, «über den Hirten und über die Lehre des Hirten ein Urteil abzugeben», ebenso wie (nur) sie als Ortsgemeinde das «Recht des Ausschlusses», also der Exkommunikation besitzen soll.[14] Zwinglis Abendmahlsliturgie trägt den bezeichnenden Titel «Aktion und Brauch des Nachtmahls [...] wie es in der Kirche von Zürich gefeiert werden soll», und nimmt das Abendmahl unter der Perspektive einer Gemeindefeier in den Blick, die sich am Grundgedanken einer Tischgemeinschaft von Sündern, durch Christus selber dazu eingeladen, orientiert. Es sind prakti-

9 Vgl. ZS IV, 80.
10 ZS II, 64.
11 Ebd.
12 ZS II, 66.
13 ZS III, 217.
14 ZS III, 219.218.

sche Gründe, die dazu führen, dass die Feier durch «Diener»[15] geleitet wird, die zugleich von der Gemeinde mit dem Amt der Wortverkündigung beauftragt sind, um so dem göttlichen Wort gleichsam institutionell Raum zu gewähren.

2 Die Einrichtung einer «nach Gottes Wort reformierten» Kirche als «Gemeindereformation»

Wie aber wurden in eidgenössischen Territorien und im Ausstrahlungsbereich der Schweizer-oberdeutschen Reformation Kirchen eingerichtet, die, wie Zwingli forderte, «nach der anfencklichen kilchen sitten und ordnung reformiert und gestaltet» werden sollte, «unangesehen alle menschliche ler»?[16] Auch für Reformatoren gilt, dass die kirchen-, kultur-, sozial-, politik- oder institutionengeschichtlichen Wirkungen ihrer Ideen und Vorstellungen keineswegs blosse, ungetrübte Umsetzungen in den Bereich der «geschichtlichen Wirklichkeit» waren.

Im Falle Zürichs war die Ortsgemeinde identisch mit einer klar strukturierten, frühneuzeitlichen politischen Gemeinschaft, so dass Zwinglis reformatorische Botschaft eine «Gemeindereformation» bewirkte: Ein im europäischen Kontext der Zeit verhältnismässig «flache» Hierarchien, aber auch komplexe Entscheidungsmechanismen aufweisendes politisches Gemeinwesen unter Führung von – in zeitlich und bzgl. Kompetenzen begrenzte Ämter – gewählten Bürgermeistern, Räten und Zunftmeistern, gestaltete sich selber in pionierhafter Weise als nun gleichsam autonome christliche Ortskirche dem von ihm erkannten Evangelium gemäss um. Sie integrierte damit zwangsläufig ein nicht kleines Stück ihrer bestehenden politischen Strukturen und gesellschaftlichen Traditionen in die «nach Gottes Wort reformierte» Kirche.

Bereits die erste Zürcher Disputation vom Januar 1523 und dann auch alle folgenden Disputationen wurden vom Zürcher Rat einberufen, der zudem die Bedingungen festsetzte, allein die Bibel sollte Quelle theologischer Argumentation sein, und der das Resultat bekannt gab. Zwar stellte er sich im entscheidenden Punkt hinter Zwinglis ekklesiologisches Anliegen. In der sich in den Folgejahren daraus ergebenden Umgestaltung der Kirche und ihrer Einrichtungen wurden die Anliegen Zwinglis und seiner Kollegen allerdings keineswegs immer in vollem Umfang berücksichtigt. Zwingli seinerseits war bereit, dem Rat die organisatorische Führung der Umgestaltung der Zürcher Kirche zu überlassen und dabei als «prophetischer», die Bibel auslegender Ratgeber zu amten. Durch die Einrichtung der «Prophezei» 1525, der Institution der täglichen Bibelauslegung als dem institutionellen Lebensnerv der Zürcher Reformation, hatte dieser bewiesen, dass es ihm mit der Einrichtung einer «nach Gottes Wort reformierten» Kirche ernst war.

15 Huldreich Zwingli, Huldreich Zwingli sämtliche Werke. (Corpus Reformatorum 88–101), hg. v. Emil Egli u. a., Berlin/Leipzig/Zürich 1905–2013. [Sigel: Z], Z IV, 13.

16 Votum Zwinglis an der Berner Disputation 6. bis 25. Januar 1528 (ebd., Z 6.1, 268,6–8).

Auf dem Hintergrund einer Gesellschaft, deren gesamtes politisches, soziales und rechtliches Leben von der christlichen Religion durchdrungen war, war es besonders die Gefährdung der Zürcher Reformation – und damit des politischen Weges Zürichs überhaupt – durch die in ihren Anfängen keineswegs klar von religiös begründeten Volksaufständen zu unterscheidende «Täuferbewegung», die nicht nur die Tendenzen des Rates verstärkte, den gesamten kirchlich-religiösen Bereich unter seine Zuständigkeit zu stellen, sondern auch Zwinglis Bereitschaft, den obrigkeitlichen Führungsanspruch in der kirchlichen Reform zu unterstützen und zu legitimieren. Damit waren die Weichen für eine überaus enge institutionelle und personelle Verbindung – von einer Verschmelzung kann allerdings nicht gesprochen werden – zwischen dem kirchlich-religiösen und dem politisch-gesellschaftlichen Bereich gestellt.[17]
Entsprechend seiner Einsicht, dass die gegenwärtige Zeit eher mit derjenigen der Propheten im Alten Testament zu vergleichen sei als mit derjenigen der Urgemeinde der Apostelgeschichte,[18] entwarf Zwingli eine Tauflehre als Eingliederung in den vorgegebenen göttlichen Bund, als ein «Pflichtzeichen» für ein christliches Leben bzw. eine Unterweisung darin,[19] die somit «nur eines von beiden, entweder das Bekenntnis, also die Bezeugung der Zugehörigkeit, oder den Bund, also die Verheissung»[20] voraussetzte. Der reformatorische Verkündigungsauftrag bestand nach ihm, in Abgrenzung zu den Täufern, nicht darin, eine Gemeinde wahrer Gläubiger zu sammeln und von der Gesellschaft zu sondern. Vielmehr ging es darum, ein von Gott zu seinem Eigentum berufenes, aber untreu und götzendienerisch gewordenes Volk neu mit dem Evangelium zu durchdringen und zu den wahren Quellen zurückzurufen.

Das an das Alte Testament anknüpfende Modell des erwählten Volkes bildete dann auch den Hintergrund für die dauerhafte Gestaltung des Verhältnisses von Kirche und politischer Obrigkeit: Heinrich Bullinger illustrierte es am Gegenüber von König und Prophet in den biblischen Geschichtsbüchern: Während der Prophet in allen «weltlichen» Belangen der politischen Obrigkeit zu gehorchen hat, hat diese, in ihrem Anspruch, christliche Obrigkeit zu sein, auf den das göttliche Wort auslegenden Propheten zu hören. Institutionelle Gestalt erhielt der Gedanke in der Einrichtung des «Fürtrags», der Möglichkeit der Kirche, vertreten durch den «ersten Pfarrer» (Antistes), vor dem Rat zu allen, auch politischen, Belangen Stellung nehmen zu dürfen.

Die Einrichtung und Gestaltung der «reformierten» Kirche in Zürich erfolgte schliesslich, im Horizont der obrigkeitlichen Verantwortung für die «öffentliche

17 Vgl. Zwinglis Bericht in seinem «Subsidium», Z IV, 478–480. Dazu: Alfred Farner, Die Lehre von Kirche und Staat bei Zwingli, Tübingen 1930, 10f.104–111.123–134.

18 Vgl. Johannes Kessler, Sabbata, hg. vom Hist. Verein des Kts. St. Gallen, St. Gallen 1902, 355.

19 Mira Baumgartner, Die Täufer und Zwingli. Eine Dokumentation, Zürich 1993, 132.

20 Vgl. ZS IV, 115.

Religion», in Form einer engen Kooperation zwischen politischer Obrigkeit und Kirche, die sich in den Ordnungen der Konsolidierungsphase der Reformation nach Zwinglis Tod deutlich niederschlug. Grundlegend ist hier die Synodalordnung vom Oktober 1532.[21] Die gesamte Kirchenaufsicht wurde dort einer Synode übertragen, die unter der gemeinsamen Leitung eines Bürgermeisters und des obersten Pfarrers, und im Beisein von sieben weiteren Räten zweimal jährlich tagen sollte. Alle Pfarrer sollten sich hier versammeln, an ihre Amtspflicht erinnert werden, die sie mit einem Eid gegenüber dem Rat gelobt hatten, bestehend aus der Pflicht zur Verkündigung des Evangeliums gemäss der Schrift, zur Solidarität mit den Amtskollegen und zum Gehorsam gegenüber der Obrigkeit.[22] Auch die Besetzung der Pfarrstellen, vom Examen für die Pfarramtskandidaten bis zur Einsetzungsfeier, erfolgte im Beisein und letztlich unter Führung von Vertretern der Obrigkeit. Analoges galt für die Behörden für Ehe- und Sittenfragen.[23]

Parallele Einrichtungen und Institutionalisierungsprozesse lassen sich dann in den anderen zur Reformation übergegangenen eidgenössischen Orten und Reichsstädten beobachten. Exemplarisch sei hier an den «Berner Synodus» von 1532 erinnert: Dieses Grundlagendokument der konsolidierten reformierten Berner Kirche skizziert, «wie sich die Pfarrer und Prediger zu Bern-Stadt und -Land ... verhalten sollen»[24] in Gestalt einer obrigkeitlichen «Verordnung»: «Schultheiss, Kleiner und Grosser Rat ... lassen ... wissen.»[25]

Die Gemeindereformation führte somit mit einer gewissen Zwangsläufigkeit in reformierte «Staatskirchen», wie sie schliesslich in der Schweiz bis in die ersten Jahrzehnte der Regenerationszeit hinein Bestand hatten. Schon seit Ende des 16. Jahrhunderts verblasste das prophetisch-wachende Amt der Kirche gegenüber ihrer Obrigkeit dabei zunehmend, während andererseits die Kanzel zum Ort der Verlesung politischer Verlautbarungen und Dekrete wurde. Nahezu zwangsläufig wurde die Kirche in der Folge über Jahrhunderte hin aus der Perspektive derer, die unterhalb der Kanzel sassen, als Arm zur Durchsetzung obrigkeitlicher Mandate wahrgenommen.

3 Eine Alternative: Die französischen «Eglises dressées» als «nach Gottes Wort reformierte» frühneuzeitliche Bekenntniskirchen

Anders verlief die Reformation wenige Jahrzehnte später dort, wo sie keine obrigkeitliche Unterstützung genoss, wo sich «nach Gottes Wort reformierte» Kir-

21 Vgl. Emil Egli, Aktensammlung zur Geschichte der Zürcher Reformation. In den Jahren 1519–1533, Aalen 1973, 825–831.

22 Ebd., 621.

23 Ebd., 828.

24 Martin Sallmann/Matthias Zeindler (Hg.), Dokumente der Berner Reformation: Disputationsthesen, Reformationsmandat und Synodus, Zürich 2013, 55.

25 Vgl. Sallmann/Zeindler, Dokumente der Berner Reformation (Anm. 24), 55.

chen als mehr oder weniger geduldete «Diasporakirchen» gestalten oder gar gegen eine sie verfolgende Obrigkeit behaupten mussten. Neben kleineren Gemeinden, wie sie etwa in Frankfurt, Emden oder London in den 1550er Jahren bestanden, ist hier vor allem an den französischen Protestantismus zu erinnern. Nachdem in Frankreich ungeachtet der zunehmenden Repression in den 1540er Jahren durch Wanderprediger, vornehmlich von der Schweizer Reformation geprägt, an vielen Orten protestantische Gemeinden entstanden waren, standen diese vor der Aufgabe, sich aus sogenannten «églises plantées» in «églises dressées» zu verwandeln, sich feste und dauerhafte Strukturen und somit eine Kirchenordnung zu geben. Oft war dabei neben der allgemeinen theologischen auch die ekklesiologische Orientierung an Genf wichtig. Allerdings erlaubten es die Umstände nicht, einfach die Genfer Kirchenordnung zu übernehmen. Die fehlende Unterstützung durch die politische Obrigkeit nötigte zu einem autonomen Aufbau von Kirchenstrukturen und zur Einrichtung von entsprechenden Ämtern, verantwortet und vollzogen von freiwillig der Ortskirche beigetretenen Personen, die keine obrigkeitliche Instanz repräsentierten. Dabei wurden Presbyterien gebildet, die weit reichende Leitungsfunktionen übernahmen und natürlich auch für die Kirchendisziplin und Fragen der Zugehörigkeit zur eigenen Kirche – und des Ausschlusses von ihr – zuständig waren. Sie waren es auch, die Diakone für Gemeindeaufgaben einsetzten und Pfarrer anstellten, sie aber auch wieder aus dem Dienst entlassen konnten. Auf der ersten Nationalsynode 1559 einigten sich ihre Vertreter auf eine gemeinsame «Discipline ecclésiastique», die allen Einzelkirchen weitgehende innere Autonomie garantierte.[26] Damit waren schon in der Mitte des 16. Jahrhunderts reformatorische Bekenntniskirchen geschaffen, bestehend aus Gläubigen, die für ihren Glauben zu leiden bereit, und sich ihrer Minderheitensituation – man schätzt den protestantischen Bevölkerungsanteil in Frankreich nach der Mitte des 16. Jahrhunderts auf ca. zehn Prozent – bewusst waren. Theologisch orientierten sie sich grundlegend an der durch Zwingli initiierten, durch Heinrich Bullinger, Martin Bucer, besonders aber durch Johannes Calvin und Theodor Beza geprägten reformierten Ekklesiologie. Im 16. Jahrhundert und im «Konfessionellen Zeitalter» konnten sie vielfach nur – wenn überhaupt – durch Fürsprache und Schutz der politisch abgesicherten protestantischen «Territorialkirchen» überleben, und die Bildung von derartigen «Minoritätskirchen» ohne obrigkeitliche Unterstützung wurde auch von ihnen mehr als Notlösung denn als anzustrebendes Ideal verstanden. Langfristig und im globalen Horizont gesehen waren aber sie es, die auch ohne den gesellschaftlichen Kontext einer sie legitimierenden «volkskirchlichen» Einheitsreligion, und ohne den Rückhalt einer sich zum protestantischen Glauben bekennenden und für die öffentliche Religion zuständigen «christlichen Obrigkeit» eine «nach Gottes Wort reformierte» Kir-

26 Vgl. La confession de foy des Eglises réformées du Royaume de France, in: Andreas Mühling/Peter Opitz (Hg.), Reformierte Bekenntnisschriften, Bd. 2/1, Neukirchen-Vluyn 2009, 57–83.

che in pionierhafter Weise darstellten. Zwinglis «reformatorischen» ekklesiologischen Kriterien erfüllten auch sie, wie ihre Bekenntnisse deutlich machen.[27]

4 Interpretationen reformatorischer Ekklesiologie im 19. Jahrhundert

In den innerprotestantisch-theologischen Diskursen in der Schweiz des 19. Jahrhunderts, wie sie im Horizont der politischen und gesellschaftlichen Umbrüche erfolgten, wurde regelmässig, aber auch vielfältig auf die Reformation rekurriert. Ohne hier das breite Spektrum darstellen zu können, das sich nicht so leicht auf klar voneinander abgegrenzte theologische «Richtungen» aufteilen lässt, sollen zumindest drei wirkungsreiche Grundpositionen benannt werden. Im Horizont der kirchlich-politischen Konflikte im Waadtland berief sich etwa die sich 1847 von der «liberal» bzw. «radikal» dominierten Waadtländer Staatskirche trennende «Église évangélique libre du Canton de Vaud» ausdrücklich auf die reformatorischen Bekenntnisse und damit auf die theologischen Kerninhalte der Reformation, die sie in einer Volkskirche in liberal-staatlichem Korsett nicht mehr hinreichend berücksichtigt sah.[28] Manche «liberal» bzw. «reformerisch» gesinnten Pfarrer hingegen konnten die Volkskirche unter Berufung vor allem auf das emanzipatorische und hierarchiekritische Potenzial der Reformation verteidigten. Gegenüber der Akzentuierung der Glaubensfreiheit und des Gemeindeprinzips mit entsprechenden Vorschlägen zur Neugestaltung einer Volkskirche nach synodal-demokratischen Prinzipien gerieten dabei die Kerninhalte der reformatorischen Theologie, das Christusbekenntnis und das Schriftprinzip, in den Hintergrund. In der Überzeugung, dass «eine neue Entwicklung des christlichen Geistes ... vor der Tür» steht,[29] und die Reformation durch ein zeitgemässes «Reformprogramm» weitergeführt werden muss, steht die Kirche in den Worten von Eduard Langhans dann «treu und fest auf dem Boden des Evangeliums und der Reformation», wenn sie darauf hinarbeitet, «bei Alten und Jungen den Sinn für ehrbare, gesittete Lebensführung» und ganz allgemein eine nicht näher bestimmte «Gottes- und Nächstenliebe» zu fördern.[30]

Wohl stärkere Kontinuitäten zur reformatorischen Ekklesiologie sind bei einer dritten Position auszumachen, die weder den Weg eines selbstgewählten Separatismus geht, noch denjenigen eines Festhaltens am alten Corpus Christia-

27 Vgl. ebd., 1–29.

28 Vgl. Die Bekenntnisschriften der reformierten Kirche. In authentischen Texten mit geschichtlicher Einleitung und Register, hg. von Ernst Friedrich Karl Müller (Nachdruck der Ausgabe Leipzig 1903), Bd. 2, Waltrop 1999, 903.

29 Vgl. Heinrich Lang/Conrad Wilhelm Kambli/Johann Jakob Herzog, Aufruf an die Freunde des freien Christentums, in: Zeitstimmen aus der reformierten Kirche der Schweiz, XIII. Jahrgang Nr. 13, Winterthur, 1. Juli 1871, 231.

30 Eduard Langhans, Die Landeskirche und die Sekten, Bern 1884, 9f.14.

num-Gedanken unter Zurückstellung der spezifischen reformatorischen Verkündigungsinhalte. Er sei durch Christoph Johannes Riggenbach repräsentiert.[31] Auch dieser hielt es für einen «Fortschritt, ... dass man immer allgemeiner erkennt: der Zwang entspreche nicht der Würde des Glaubens.»[32] Die Chance, die er in der nun zur Volkskirche gewordenen ehemaligen Landeskirche sah, bestand nach ihm aber darin, dass das, «was gesetzlich aufgehört hat ... doch thatsächlich [sic] mehr oder weniger stark nachwirken» kann. Insofern die von ihm wahrgenommene ungebrochene Nachfrage von kirchlichen Handlungen und kirchlichem Unterricht Chancen eröffnet, durch eine Christusverkündigung im Anschluss an die Reformation einen «Same[n]» zu legen, der im Verlauf des Lebens entwickelt oder entdeckt wird: «Wie mancher preist Gott am Tage der Heimsuchung, wenn in ihm lebendig wird, was lange geschlafen!»[33] Eine »Volkskirche» war nach ihm so lange reformatorisch legitim, als die Volksreligiosität noch in einem Masse von christlichen Traditionen geprägt ist, dass entsprechende Inhalte erwartet und gefordert werden.

5 Fazit

Zweifellos setzen Phänomen und Begriff der «Volkskirche» die politischen und gesellschaftlichen, aber auch die «religiösen» Bedingungen und Entwicklungen voraus, wie sie sich im Verlauf des 18. Jahrhundert auszubilden und im darauffolgenden Jahrhundert auszuwirken begannen. Gleichzeitig steht die «Volkskirche» des 19. Jahrhunderts in der Tradition des abendländischen «Corpus Christianum» und der Einbindung der Kirche in das weltliche Herrschaftssystem des Reiches seit der Antike oder doch seit dem ottonisch-salischen Reichskirchensystem. Es ist eine Tradition, die durch die Umbrüche der Reformationszeit somit weder ins Leben gerufen noch abgebrochen wurde. Durch die Übernahme der Verantwortung für die Kirche durch die politische Obrigkeit, durch die damit verbundene Territorialisierung der Kirche und durch die Bedeutung des Ortskirchen- und Gemeindeprinzips hat die Reformation wohl durchaus zur späteren Entstehung von «Volkskirchen» beigetragen; jedenfalls dort, wo weitere Faktoren, insbesondere die Bereitschaft der politischen Obrigkeit und Gemeinschaft im Horizont des Corpus Christianum-Gedankens, auf das «göttliche Wort» zu hören, vorhanden war. Theologisch zwingend war dieser Weg allerdings nicht, wie schon das 16. Jahrhundert selber deutlich macht. Die Frage, wie weit auch noch

31 Der Schweizerische Evangelisch-kirchliche Verein nach Veranlassung, Zweck und Grundsätzen. Reden der Herren Prof. Riggenbach, Pfarrer Ernst Stähelin und Pfarrer Wilhelm Ecklin, gehalten bei der ersten öffentlichen Versammlung für Gründung der Basler Sektion am 27. November 1871, Basel 1872, 3–9. Vgl. dazu: Christoph Johannes Riggenbach, Wodurch gehört man zur christlichen Kirche?, Basel 1868.

32 Ebd., 5.

33 Ebd., 7.

im 21. Jahrhundert an ihm festzuhalten ist – sowohl die «Reformer» wie Riggenbach hatten eine im Vergleich zu heute sehr intakte und konfessionell homogene landeskirchliche Situation von 1870 vor Augen – würden die Reformatoren zweifellos an die Frage knüpfen, in welchem Masse die christologisch-ekklesiologischen Grundeinsichten der Reformation in ihr noch zur Geltung zu kommen vermögen. Damit stehen wir vor dem Feld der Säkularisierungsdebatten, auf dem nicht nur der kulturgeschichtliche Beitrag der Reformation, sondern erst recht ein reformationstheologisch verantworteter Umgang mit der auch gegenüber dem späten 19. Jahrhundert unübersehbar veränderten Situation zur Debatte steht. Die Orientierungsleistung von Kategorien und kirchlichen Fraktionsbezeichnungen des 19. Jahrhunderts scheint hier eher begrenzt zu sein.[34]

34 Anregend gerade auch für reformierte Theologinnen und Theologen und deren Praxis: Charles Taylor, Ein säkulares Zeitalter, Frankfurt a. M., 2009.

Prolegomena zu einer Ekklesiologie der Volkskirche

Überlegungen zum Begriff der Volkskirche

Matthias D. Wüthrich

Die reformierten Kirchen in der Schweiz verstehen sich noch immer weitgehend als Volkskirchen. Der Begriff der Volkskirche ist nicht nur in ihren Kirchenordnungen fest verankert[1], er gehört zum Selbstverständnis der Kirchenbasis[2] ebenso wie er Eingang in die strategischen und kirchenpolitischen Äusserungen von Kirchenleitungen findet. Das Legislaturziel 1 des Synodalrates der Reformierten Kirchen Bern-Jura-Solothurn mag dafür beispielhaft sein. In ihm wird festgehalten: «Wir sind und bleiben Volkskirche!»[3]

Angesichts der stetig sinkenden Mitgliederzahlen der reformierten Kirchen in der Schweiz und der religiösen Pluralisierung ist die fast ungebrochene Präsenz des Begriffes «*Volk*skirche» in ihrem Selbstverständnis doch erstaunlich und nötigt zur Rückfrage, was denn mit dem Begriff gemeint ist und wie er gebraucht wird. Der folgende Beitrag stellt diese Rückfrage nicht als Frage nach faktischen, empirisch erhebbaren kirchlichen Deutungen und Verwendungen des Volkskirchebegriffes. Er stellt sie vielmehr *als systematisch-theologische Frage nach der ekklesiologischen Bedeutung und nach dem theoretischen Status*, den der Begriff der Volkskirche angesichts des Mitgliederschwundes haben muss, wenn er noch sinnvoll verwendet werden soll.

Im Folgenden wird zuerst eine terminologische Problemanalyse vorgenommen (1. Kapitel), sodann sollen die begriffstheoretischen Hintergründe aufgezeigt werden, die die Problematik der Rede von der Volkskirche evozieren (2. Kapitel), bevor in einem dritten Schritt ein konstruktiver Vorschlag bezüglich der inhaltlichen Konturen des Volkskirchebegriffes skizziert wird (3. Kapitel), der schliesslich noch einmal begriffstheoretisch weiterreflektiert wird (4. Kapitel).

1 Vgl. Christian R. Tappenbeck, Die Volkskirche – aus kirchenrechtlicher Sicht, SJKR/ASDE 17, 2012, 13–45.

2 Jörg Stolz/Edmée Ballif, Die Zukunft der Reformierten. Gesellschaftliche Megatrends – kirchliche Reaktionen, Zürich 2010, 83.

3 Glaubwürdig und präsent. Legislaturprogramm 2012–2015 des Synodalrates der Reformierten Kirchen Bern-Jura-Solothurn, Legislaturziel 1, 6f. http://www.refbejuso.ch/fileadmin/user_upload/Downloads/Synode/Wintersynode_2011/SYN_20-Legislaturprogramm_W2011.pdf (Zugang: 3.2.2016).

1 Problemanalyse

Denkt man über den Volkskirchenbegriff nach, so betritt man ein schwieriges, kontroverses Diskussionsgelände, das kirchenpolitisch aufgeladen und historisch von tiefen Ambivalenzen durchzogen ist. Unter dem grossen Dach des Begriffes «Volkskirche» haben sich im Verlaufe der Kirchengeschichte nicht nur verwandte, sondern auch konfligierende Kirchenkonzeptionen versammelt.[4] Nicht ganz zu Unrecht hat darum Michael Welker von einem Disparatheiten in sich vereinenden «Mythos der Volkskirche» gesprochen.[5]

Um sich die gegenwärtige Problematik des Redens von Volkskirche vor Augen zu führen, müssen hier nicht alle Nuancen und historischen Ausformungen des Begriffes und Konzeptes der Volkskirche vorgestellt werden. Es reicht aus, sich an die beiden Grundbedeutungen zu halten, die man im Allgemeinen damit verbindet: 1. Man versteht Volkskirche als «Kirche *des* Volkes» und bezeichnet damit eine Identität von Kirche und Volk. 2. Man versteht Volkskirche als «Kirche *für* das Volk». «Volk» meint dann nicht (oder nicht primär) das Subjekt der Kirche, sondern das Objekt, die Adressaten, auf die sie bezogen ist.[6] Sowohl bei der ersten wie bei der zweiten Grundbedeutung legt der bestimmte Artikel nahe, dass es bei besagtem Volk um ein wie immer geartetes Volksganzes geht.

Ich diskutiere zunächst die *erste* der beiden Bedeutungen: Dass die Kirchen im hiesigen Kontext *gegenwärtig* und *künftig* nicht mehr Kirchen sind, denen die ganze Bevölkerung angehört, muss hier nicht weiter plausibilisiert werden.[7] Man könnte höchstens behaupten, das sei zumindest in der *Vergangenheit* so gewesen. Das mag stimmen. Doch der erstmals in *Friedrich Schleiermachers* Sittenlehre

4 Wolfgang Huber hat im Blick auf das 19. und 20. Jahrhundert eine Typologie skizziert, in der er unterscheidet zwischen Volkskirche als a) Kirche durch das Volk (via Partizipation von Laien), b) Kirche hin zum Volk (in einem volksmissionarischen Sinne), c) Kirche eines Volkes (im Sinne der Nationalkirche), d) Kirche für das Volk (umfassende pfarramtliche Versorgung der Bevölkerung, v. a. des Nachwuchses), e) Kirche für das Volksganze (Öffentlichkeitsanspruch, Gemeinwohl in Staat und Gesellschaft). Wolfgang Huber, Folgen christlicher Freiheit. Ethik und Theorie der Kirche im Horizont der Barmer Theologischen Erklärung (NBST 4), Neukirchen-Vluyn 1983, 133–138. Nach Huber kann es auch Überschneidungen in den genannten Bedeutungen geben. – Wilfried Härle unterscheidet im Blick auf den Volkskirchenbegriff zwischen den Bedeutungen Volkstumskirche, volksmissionarische Kirche, Kirche des (ganzen) Volkes sowie gesellschaftlich-politisch anerkannte und geförderte Kirche; Wilfried Härle, Art. Kirche. Dogmatisch, TRE 18, 1989, 277–317, 306f.; Zur Geschichte des Begriffes und der Konzeptionen vgl. Andreas Leipold, Volkskirche. Die Funktionalität einer spezifischen Ekklesiologie in Deutschland nach 1945 (APTh 31), Göttingen 1997, 11–136.

5 Michael Welker, Der Mythos «Volkskirche», EvTh 54, 1994, 180–193. Zum entsprechenden Mythosbegriff: 182.

6 Zu den beiden Bedeutungen vgl. Martin Hein, Art. Volkskirche, Begriff, RGG4, Bd. 8, 2005, Sp. 1184f. Vgl. jedoch auch die kritischen Rückfragen zu dieser Differenzierung von Frank Mathwig in seinem Beitrag in Teil VI in diesem Band.

7 Für den Kontext der Schweiz vgl. etwa Stolz/Ballif, Die Zukunft (Anm. 2).

belegte Begriff der Volkskirche[8] bezeichnet schon seit seiner Genese im 19. Jahrhundert nicht eine Deckungseinheit von Kirche und Volk. Vielmehr suchte er gerade den Umstand zu verarbeiten, dass genau diese Deckung nicht mehr gegeben war.[9] Man begann in einem Moment von «Volkskirche» zu sprechen, da die Kirche nicht mehr Repräsentantin des Volksganzen war – wenn sie es denn je gewesen ist[10].

Es bleibt also nur die *zweite* Bedeutung: Volkskirche als Kirche *für* das Volk. Doch auch hier muss man genauer hinsehen. Wählt man als Beispiel die Schweiz, so ist evident, dass ihre Bevölkerung längst eine religiös plurale, multikulturelle Gesellschaft geworden ist. Wer in diesem Kontext von Volkskirche redet, muss sich u. a. fragen, wie das «Für-das-Volk-Sein» der Kirchen aus der Sicht von Angehörigen nichtchristlicher Religionen aussieht. Es ist unbestritten, die reformierten Kirchen der Schweiz leisten auf den verschiedensten Ebenen einen immensen und unverzichtbaren Beitrag für den Religionsfrieden und den Religionsdialog in diesem Land. Man denke etwa an Institutionen wie den Schweizerischen Rat der Religionen (SCR), das «Haus der Religionen», die «Nacht der Religionen», den «Interreligiösen Runden Tisch der Religionen» usw., die ohne kirchliches Engagement weder zustande gekommen wären noch auch finanziert werden könnten. Es mag schon nur im Blick auf diese Institutionen berechtigt sein zu sagen: Diese Kirchen sind auch Kirche für die vor Ort ansässigen nicht-christlichen Religionen. Dass diese Behauptung jedoch nur von beschränkter Reichweite ist, wird sofort einleuchten. Denn die hiesigen Kirchen können schliesslich nicht für alle Angehörigen nichtchristlicher Religionen *in allen Hinsichten* Kirche sein, wenn sie nicht nach innen ihre christliche Identität aufgeben oder nach aussen die anderen Religionen ungebührend vereinnahmen wollen. Die Kirchen können sich zwar dafür einsetzen, dass die anderen Religionen angemessene Gotteshäuser oder Kultorte erhalten, sie können gemeinsame Feiern und sogar Gebete organisieren, sie können Dialoge iniziieren usw. Doch den inneren Kern der fremdreligiösen Glaubenspraxis werden sie damit nicht berühren können und dürfen – und das ist auch gut so. Die Kirchen können nur sehr beschränkt Kirchen für die fremdreligiösen Teile des «Volkes» sein, und in manchen Fällen besteht das Ziel dieser «für-Relation» auch schlicht darin, sie möglichst bald zugunsten der Autonomie der Religionen aufzuheben.

8 Siehe Friedrich Schleiermacher, Die christliche Sitte nach den Grundsätzen der evangelischen Kirche im Zusammenhange dargestellt, hg. v. L. Jonas, Berlin 1843, 569. Der Abschnitt über das «darstellende Handeln», in dem sich der Begriff findet, geht vermutlich auf eine Vorlesung zur christlichen Sittenlehre aus dem Jahr 1822/23 zurück. Vgl. dazu auch Wolfgang Huber, Art. Volkskirche. Systematisch-theologisch, TRE, Bd. 35, 2003, 249–254, 249.

9 Vgl. Wolfgang Huber, Kirche, Stuttgart/Berlin 1979, 169.

10 Ist nicht auch das corpus christianum ein kirchenhistorisches Konstrukt, das der mentalgeschichtlichen religiösen Vielfalt schon des Mittelalters gar nicht wirklich entspricht?

Ein Blick auf die Seelsorgebetreuung in Schweizer Gefängnissen möge das veranschaulichen: So waren zum Beispiel um 2010 in der Strafanstalt Pöschwies (Regensdorf/Kt. Zürich) 30% der Insassen muslimisch, 26% römisch-katholisch, 15% reformiert, 10% konfessionslos, 9% christlich orthodox (und 10% andere).[11] Der *offizielle* Seelsorgedienst wurde aber nur von den Landeskirchen bestritten, Imame hatten lediglich Besucherstatus. Die Qualität der landeskirchlichen Seelsorge steht ausser Frage. Dennoch liegt es auf der Hand, dass eine Seelsorge der muslimischen Insassen durch Imame sprachlich, kulturell und vor allem religiös eine andere Beziehungsnähe ermöglichen würde, als das im Blick auf die kirchlichen Seelsorgenden der Fall ist. Eine künftige Institutionalisierung der Seelsorge durch Imame wäre darum (bei entsprechender staatlich anerkannter Ausbildung!) sicher wünschbar.[12]

Schon nur das Beispiel der nichtchristlichen Religionen zeigt, dass die Kirchen nicht für *alle* oder zumindest nicht für alle *in allen Hinsichten* Kirche sein können. Die Beschränktheit der «für-Relation» der Kirchen hinsichtlich eines Bevölkerungsganzen liesse sich an allen gängigen Charakteristika einer Volkskirche aufzeigen.[13] Es lässt sich darum folgendes Fazit ziehen: Versteht man den Begriff der Volkskirche in einem *quantitativen Sinne* als Kirche *des* ganzen Volkes oder als Kirche *für* das ganze Volk, so bildet er schlicht nicht (mehr) die kirchliche Wirklichkeit ab, die uns heute – vor allem in den Städten – vor Augen steht. Selbst das etwas bescheidenere Verständnis der Volkskirche als gesellschaftlicher *Mehrheitskirche* ist nicht mehr vertretbar. Die Rede von der Volkskirche bleibt problematisch.

Soll man also der Rede von der Volkskirche definitiv den Abschied geben, ist auch ihre späte Zeit vorbei? Angesichts der immer noch tiefen Verankerung des Volkskirchebegriffes im kirchlichen Selbstverständnis der Schweiz und anderer europäischer Länder hiesse das, das Kind mit dem Bade ausschütten. Die folgenden Klärungen sollen die begriffstheoretischen Hintergründe der Problematik aufzeigen und so den Weg für ihre Überwindung ebnen.

11 Irene Becci u. a., Religiöse Vielfalt in Schweizer Gefängnissen, Nationales Forschungsprogramm NFP 58, Summary Sheet 20, 2011. http://www.nfp58.ch/files/downloads/NFP58_SS120_Becci_de.pdf (Zugang: 3.2.2016)

12 Religionstheologisch betrachtet zeigt sich an diesem Beispiel eine bestimmte hegemoniale Schieflage des Volkskirchekonzeptes, sofern es unter seinem interreligiös weiten Dach in gewisser Weise doch auch die Verhinderung einer fremdreligiösen Seelsorge begünstigt.

13 Zur «Volkskirche» gehören gemeinhin fünf Charakteristika: 1. Kindertaufe, 2. ein flächendeckendes Parochialsystem, 3. staatliche Anerkennung als Körperschaft öffentlichen Rechts, 4. Öffentlichkeitsrelevanz und Beteiligung am gesellschaftlichen Diskurs, 5. innerkirchliche Pluralität (z. B. differenziertes Teilnahmeverhalten). Vgl. Martin Hein, Art. Volkskirche, Dogmatisch, RGG4, Bd. 8, 2005, Sp. 1185. Zur Beschränktheit der «für-Relation» im Blick auf diese fünf Charakteristika vgl. Matthias D. Wüthrich, Die Zukunft der Volkskirche. Kritisch-konstruktive Erwägungen aus theologischer Sicht, SJKR 17, 2012, 47–70, 56–60.

2 Reflexion zum Status des Begriffes «Volkskirche» und zum Volksbegriff

Die vorangehende Analyse lässt zwei Hintergründe für die Problematik des Volkskirchenbegriffes erkennen: Der erste Hintergrund betrifft den Status des Begriffes «Volkskirche» und der zweite sein Begriffselement «Volk».

Zum ersten Hintergrund: Die Problematik entsteht dann, wenn man den Terminus «Volkskirche» in einem *deskriptiven, empirischen Sinn* zur Darstellung faktisch vorfindlicher Kirchenformationen gebraucht. Leider wird er im kirchlichen Alltag, in den kirchlichen Verlautbarungen und Medien sehr oft so verwendet. Damit werden Missverständnisse und ein falscher, als übergriffig missverstehbarer Anspruch gefördert. Angemessener wäre es, wenn man in diesem Zusammenhang von *öffentlicher Kirche* sprechen würde.[14]

Die Problematik kann jedoch vermieden werden, wenn begriffsanalytisch zwischen einer empirisch-deskriptiven und einer präskriptiv-orientierenden Ebene unterschieden wird. Die Rede von der Volkskirche ist dabei klar auf der präskriptiv-orientierenden Ebene anzusiedeln; denn es handelt sich beim Begriff der Volkskirche um eine «handlungsorientierende Leitvorstellung»[15], bzw. einen *normativen Programmbegriff*[16]. Von «Volkskirche» kann man meines Erachtens nur in einem strikt *theologisch*-programmatischen Sinne reden. Mit dem Begriff «Volkskirche» wird konzeptionell erfasst, wie man die eigene Kirche und ihren Sendungsauftrag *glaubt* und wer aufgrund dessen ihre *intendierten* Adressaten und Akteure sind. Wer affirmativ von «Volkskirche» spricht, redet in selbstinvolvierter Glaubenssprache. Dadurch eignet dem Begriff ein ganz anderer *Status*, als er einem distanzierten, deskriptiven Begriff zukommt.

Zum zweiten Hintergrund: Der Begriff «Volk» (verbunden mit bestimmtem Artikel) suggeriert eine soziale, kulturelle, historische und geographische (und manchmal auch nationale) Einheit im Sinne einer geschlossenen Einheitlichkeit. Man kann die über den Volksbegriff sprachlich vorgenommene Unifizierung als *Essentialisierung* beschreiben. Beim Vorgang einer Essentialisierung wird unter Reduktion und Ausblendung von gesellschaftlichen Komplexitäten, Unübersichtlichkeiten und Differenzen eine einheitliche Wesenheit konstruiert («das Volk»). In unserer Alltagssprache operieren wir oft mit Essentialisierungen.[17] Im Falle des Volksbegriffes weist die Essentialisierung freilich auch eine gefährliche Schlag-

14 Das tut auf plausible Weise Thomas Schlag in: Ders., Öffentliche Kirche. Grunddimensionen einer praktisch-theologischen Kirchentheorie (ThSt NF 5), Zürich 2012.

15 So Hein, Art. Volkskirche (Anm. 13), Sp. 1185.

16 Vgl. Huber, Kirche (Anm. 9), 169. In seinem Artikel zur Volkskirche unterscheidet Huber auch zwischen einem deskriptiven und präskriptiven Begriffsgebrauch, führt das aber nicht näher aus. Ders., Art. Volkskirche (Anm. 8), 249.

17 Man vgl. schon nur im Blick auf den Volksbegriff das aufschlussreiche «Volks»-Glossar von Matthias Krieg in: Claudia Kohli Reichenbach/ders. (Hg.), Volkskirche und Kirchenvolk. Ein Zwischenhalt (denkMal 8), Zürich 2015, 139–155.

seite hin zur Ideologisierung und Agitation auf, bei der der Volksbegriff unter der Hand schnell politisch instrumentalisiert werden kann. Entsprechend verbindet sich mit dem Volksbegriff eine äusserst ambivalente Geschichte.

Angesichts der beschriebenen Hintergründe der Problematik des Volkskirchebegriffes wird es im folgenden dritten Kapitel einerseits darum gehen, einen theologischen Programmbegriff von Volkskirche zu entwerfen, der die Elastizität und das Potenzial besitzt, auf gegenwärtige und künftige kirchliche Entwicklungen konstruktiv und kritisch angewandt werden zu können. Andererseits muss die Essentialisierung des Begriffselementes «Volk» aufgebrochen und theologisch verflüssigt werden.

3 Konturen eines tragfähigen Redens von Volkskirche

Den beiden eben skizzierten Anforderungen soll durch die folgende Bestimmung entsprochen werden: *Volkskirche ist Kirche für die Welt.*[18] «Für die Welt» bedeutet, dass Volkskirche Kirche für alle Menschen der Erde ist. Wird das Begriffselement «Volk» im Kompositum «Volkskirche» als «für die Welt» dechiffriert, so wird eine essentialistische Deutung im Sinne einer konkreten, fest definierbaren Ethnie, einer Sippe, eines Stammes oder einer Nation aufgebrochen. Denn «*Volk*» bezeichnet dann *eine transethnische, transkantonale, transnationale, ja transkulturelle (jedoch lokal und kulturell verwurzelte) Grösse.* «Volk» ist somit eine Metapher für den ganzen bevölkerten Erdkreis. In dieser «ökumenischen» Weite findet sich der Volksbegriff zum Beispiel auch in der Verfassung der evangelisch-reformierten Landeskirche des Kantons Bern. Es heisst dort: «Die evangelisch-reformierte Kirche des Kantons Bern hat von ihrem Herrn den Auftrag, *allem Volk* in Kirche und Welt die Frohe Botschaft von Jesus Christus zu verkündigen» (Art. 2.1; Hvbn MW).

Gebraucht man das Wort «Volk» so, dann umfasst es in etwa das, was am Ende des Matthäusevangeliums «die Völker» genannt wird. Es heisst dort zu Beginn des Sendungsauftrages Jesu: «Geht nun hin und macht alle Völker zu Jüngern ...» (Mt 28,19)[19]. «Volkskirche» meint darum die zu den Völkern gesandte Kirche, sie ist *universale Völkerkirche*[20].

Diese Annahme ist nicht selbstverständlich und soll in einem Exkurs erläutert werden: Ich gehe mit Wolfgang Huber einig, dass man im Blick auf die Kirchen in Mitteleuropa Volkskirche nicht mehr denken kann, ohne sie gleichzeitig als

18 Die Formel als solche ist natürlich nicht neu: vgl. z. B. Ernst Lange, Kirche für die Welt. Aufsätze zur Theorie des kirchlichen Handelns, hg. und eingeleitet von Rüdiger Scholz, München/Gelnhausen 1981.

19 Vgl. Mt 28,19: griech. «panta ta ethne».

20 In ähnlicher Weise, wie es hier geschieht, hat Michael Welker ein verengtes Verständnis von Volkskirche ökumenisch von der Weltchristenheit her aufzubrechen und Volkskirche als «Völkerkirche» zu verstehen versucht. Vgl. ders., Der Mythos «Volkskirche» (Anm. 5), bes. 186.

«missionarische» Kirche zu denken. Huber orientiert sich dabei an der Schlussthese der Barmer Theologischen Erklärung (These 6), die – ähnlich der Berner Verfassung – festhält, die Botschaft von der freien Gnade Gottes sei «auszurichten an alles Volk». Dass «Volk» hier im Singular und nicht im Plural verwendet wird, ist Huber darum wichtig, weil er darin vorweggenommen sieht, dass sich das Volk durch die Bejahung des Evangeliums zum *einen Volk Gottes* verbindet.[21] Der Gedanke einer solchen *Ein*-Volk-Gottes-Werdung erscheint mir aber nicht einmal in eschatologischem Horizont sinnvoll. Angesichts der faktischen Pluralität von Ethnien und Religionen führt der Gedanke ein tendenziell gewaltsames Unifizierungsmoment mit sich. Demgegenüber halte ich mich an den Plural «Völker» und gehe davon aus, dass das Reich Gottes eschatologisch eine Vielzahl von Völkern umfassen wird, deren religiöse Herkunft (und das gilt auch für die christliche!) durch den eschatischen Christusbezug transformiert, aber nicht ganz ausgelöscht wird.

Von einer Völkerkirche ist aber auch in Hinsicht auf das *Volk Israel bzw. das jüdische Volk* zu reden. Es mag exegetisch umstritten sein, ob an der Stelle Mt 28,19 bei der Sendung zu allen Völkern auch die Juden eingeschlossen und zu diesen Völkern zu zählen sind[22]. So oder so ist aber von einer Judenmission klar abzusehen. Völkerkirche kann die christliche Volkskirche im Blick auf Israel nur so sein, dass sie den Völkern ihre besondere heilstheologische Rückbindung an das Volk Israel als Teil des Evangeliums vom Juden Jesus, dem Messias, mitverkündet.

Der alttestamentlich allein Israel vorbehaltene Begriff des Volkes Gottes ist bereits neutestamentlich mit der problematischen Übertragung auf die christliche Kirche belastet.[23] Wenn man ihn überhaupt in ekklesiologischen Zusammenhängen gebrauchen will, dann so, dass mit der Inanspruchnahme des Volk-Gottes-Titels für die Kirche «auch die besondere Verbundenheit der Kirche mit Israel ausdrücklich annociert»[24] wird. Im Blick auf Hubers Vorschlag müsste man also entgegnen, dass das «Volk Gottes» nicht Ziel, sondern als Volk Israel der konstitutive Ausgangspunkt der Sendung der Kirche zu den Völkern ist.

Vor dem Hintergrund dieser Überlegungen lässt sich festhalten: Wenn im Begriff der Volkskirche diese Rückbindung an das Volk Israel und von da aus auch seine prospektive universale Ausrichtung auf alle Völker mitgedacht wird, dann ist es theologisch sinnvoll, den Begriff der Volkskirche weiterhin zu verwenden;

21 Huber, Art. Volkskirche (Anm. 8), 249–254, 252. Vgl. auch Härle, Art. Kirche (Anm. 4), 307.

22 Ulrich Luz, Das Evangelium nach Matthäus (Mt 26–28), EKK I/4, Neukirchen-Vluyn 2002, 447–452.

23 Das auch in Mt 28,19 vorkommende griech. Wort «ethne» (Plural) meint im Neuen Testament generell die Völker, die Heiden im Gegensatz zu Juden und Christen, während griech. «laos» das Volk Gottes bezeichnet (zu dieser begrifflichen Differenz vgl. Apg. 15,14) – ein Ehrentitel Israels, den die frühchristliche Kirche zusehends auf sich selbst übertragen hat.

24 Michael Weinrich, Kirche glauben. Evangelische Annäherungen an eine ökumenische Ekklesiologie, Wuppertal 1998, 211.

denn er bringt so in ausgezeichneter Weise die Verwurzelung und die Universalität des Auftrags der Evangeliumsverkündigung zum Ausdruck. Zudem ist er aufgrund seiner universalen Ausrichtung anschlussfähig für die zunehmend pluralistischen Kontexte der Kirchen vor Ort.[25]

Was ist genauerhin gemeint, wenn Volkskirche als Kirche für die Welt interpretiert wird? Im Folgenden sollen anhand von fünf Thesen einige Merkmale einer solchen Kirche skizziert werden:

1. Die theologische Tradition hat zwischen der geglaubten, verborgenen und universalen Kirche Jesu Christi einerseits und der konkreten, sichtbaren Erfahrungsgestalt von Kirche andererseits unterschieden. In, mit und unter der konkret verfassten Gestalt von Kirche findet sich verborgen die universale Kirche Jesu Christi. Deswegen trägt jede konkrete Gestalt von Kirche notwendig ein universales Moment in sich, das sie entgrenzt auf die Einheit aller Kirchen hin. Das ist auch der Grund, warum Kirchen nie in konfessionalistischer Weise für sich allein Kirche sein können. Sie sind durch den Christusbezug immer schon in ein ökumenisches, weltweites Netz gestellt. Eine Kirche kann deswegen nie für sich allein Volkskirche sein, sie ist es immer mit anderen Kirchen zusammen oder sie ist es nicht! Volkskirche ist dementsprechend eine globale ökumenische Grösse. Kirchen können erst dann Kirche für die Welt sein, wenn sie in und mit diesem Weltbezug auch untereinander und einfach *für sich selbst* Kirche sind.
2. Von daher (und nur von daher) ist Volkskirche dann auch Kirche *für die Andern.*[26] Volkskirche ist Kirche für die nichtchristliche Welt, für die religiöse wie areligiöse Welt. Sie ist Kirche in interreligiöser Begegnung mit den anderen Religionen und im Dialog mit allen Formen der Weltanschauung. Sie mischt sich kritisch-konstruktiv ein in alles, was die Gesellschaften dieser Erde bewegt. Sie ist aber auch diakonische Kirche für die Welt der Benachteiligten, besonders der Armen. Sie ist zudem ein Anwalt der Schöpfung vor der Völkerwelt: Weil sie weiss, dass auch die Völkerwelt ohne Umweltschutz nicht überleben wird. So weit reicht der Anspruch, Kirche für die Welt zu sein. Selbst die kleinste Kirche kann es als Volkskirche nicht unterlassen, diesen universalen Anspruch zu hegen. Alles, was sie im Namen des Evangeliums sagt und tut, muss in diesem universalen Horizont stehen. Dieser theologisch

25 Es mag daneben auch noch andere Argumente für die Beibehaltung und weitere Verwendung des Begriffes der Volkskirche geben. Etwa seine Adaptionskraft für immer neue ekklesiologische Formate oder das pragmatische Argument seines faktisch verbreiteten Gebrauchs im Kontext der reformierten Kirchen der Schweiz (wie auch in den protestantischen Kirchen in Deutschland). Doch solche Argumente sind nur von sekundärer Bedeutung.

26 Vgl. Dietrich Bonhoeffer, «Entwurf einer Arbeit», in: Ders., Widerstand und Ergebung: Briefe und Aufzeichnungen aus der Haft. Hg. von Eberhard Bethge, Berlin 21977, 415f.

begründete Anspruch ist nicht zu verwechseln mit der beschränkten faktisch-empirischen Geltung einer Kirche.[27]

3. Kirche für die Welt ist nicht ubiquitär, sie ist immer Kirche an einem bestimmten *Ort*. Sie verwirklicht sich in einer bestimmten Gestalt, Gestaltung und Verfassung. Die Kirche als Volkskirche muss vor Ort leben und wirken, sie muss lokal handeln, aber sie muss das im Horizont ihres Weltbezuges tun. Indem eine Kirche als Volkskirche vor Ort wirkt, nimmt sie ihre Sendung für die ganze Welt wahr. Vor dem Hintergrund dieses Ortsbezuges bestreitet die theologische Rede von der Volkskirche gerade nicht den ekklesialen Wert von Lokaltraditionen, Folklore und alteingesessenen Bräuchen etwa im Gottesdienst. Im Gegenteil: Es braucht gerade angesichts der neuen Unübersichtlichkeit durch die Globalisierung diese Geborgenheit im Angestammten, Vertrauten, Heimatlichen. Kirche als Volkskirche muss nahe bei den Menschen vor Ort sein. Dass sie für die Welt ist und sich in diesem weiten Horizont versteht, schützt sie aber vor zu enger Nabelschau und vor engstirniger Selbstverabsolutierung. In Aufnahme eines Begriffes aus der Ethnologie könnte man behaupten, dass Volkskirche sich «glokal» (global-lokal) manifestiert.
4. Mit dem Ortsbezug ist schliesslich auch mitgesetzt, dass sich Volkskirche *kontextuell verschieden* realisiert. Im europäischen Kontext fällt auf, dass viele Menschen ein distanziertes Verhältnis zu den Landeskirchen haben. Kirche für die Welt sein heisst auch offene und plurale Kirche vor Ort sein. Offen für verschiedene Zugehörigkeits- und Beteiligungsformen und Gestaltungen von Kirche. Die Pluralität ist freilich eine relative und keine beliebige. Denn sie darf nicht dazu führen, dass die Sendung der Kirche für die Welt unkenntlich und unlesbar wird. Hier zeigt sich nun doch eine Spannung zwischen Orts- und Weltbezug: Denn auch die Distanzierten sind nicht nur Adressaten, sondern – auf diskrete Weise[28] – Subjekte der sich als Volkskirche verstehenden Kirche. Die Evangeliumsverkündigung muss auch für die Distanzierten plausibel und nachvollziehbar sein. Andererseits gehört auch eine im europäischen Kontext situierte Kirche zur weltweiten Ökumene und muss ihre Evangeliumsverkündigung vor dem Horizont der Weltchristenheit verantworten.
5. Eine Kirche, die sich als Volkskirche versteht, ist durch ihren Orts- und Weltbezug *per se* eine offene, plurale, öffentliche und auf die Öffentlichkeiten von Staat, Gesellschaft, Kultur, Wissenschaft und Religion strukturell bezogene Kirche. Sie ist *public church*[29]. Als solche ist sie eine kommunikative und in verschiedenen intellektuellen Diskursen kommunikationsfähige Kirche, die

27 Zur Unterscheidung zwischen parikularem Geltungsbereich und universaler Reichweite vgl. Gerhard Sauter, Zugänge zur Dogmatik. Elemente theologischer Urteilsbildung, Göttingen 1998, 236–241.

28 Zum diskreten Christentum der Volkskirche vgl. Kristian Fechtner, Späte Zeit der Volkskirche. Praktisch-theologische Erkundungen (Praktische Theologie heute 101), Stuttgart 2010, 9.

29 Vgl. dazu noch einmal: Schlag, Öffentliche Kirche (Anm. 14).

sich öffentlich einbringt und gesamtgesellschaftliche Verantwortung übernimmt.

4 Vom Konzeptbegriff zum Strukturbegriff der Volkskirche

Wir haben im letzten Kapitel den Versuch unternommen, einen theologischen Programmbegriff von «Volkskirche» zu entwerfen, den man nicht einfach unter Hinweis auf den religiösen Pluralismus und sinkende Mitgliederzahlen vom Tisch wischen kann. Soll der skizzierte Programmbegriff nicht ein theoretisches Konstrukt bleiben, so muss nun weitergefragt werden: Wie lassen sich die in den fünf Thesen genannten Merkmale von Volkskirche konkretisieren? In welchen Sozialgestalten von Kirche werden sie mehr und in welchen weniger realisiert?

Die Beantwortung dieser Fragen muss kontextuell verschieden ausfallen. Im Kontext der Schweizer Kirchenlandschaft ist deutlich, dass es besondere kirchliche Sozial- und Rechtsgestalten gibt, in denen sich der skizzierte theologische Programmbegriff von Volkskirche umfassender, effektiver und angemessener realisieren lässt als anderswo. Zu denken ist hier in erster Linie an die staatlich anerkannten Landeskirchen. Der Bezug auf diese Kirchen ist wenig erstaunlich, stehen sie doch in einer langen Tradition der Selbstauslegung als «Volkskirchen» und haben sich in ihnen über Jahre hinweg vielfältige Programme von «Volkskirche» institutionalisiert, konkretisiert und «materialisiert». Diesen Landeskirchen gelingt es noch immer, ihre offene, plurale Orientierung und ihren Öffentlichkeitsbezug so zu praktizieren, dass sie nicht nur aus unterschiedlich distanzierten kirchlichen Innenperspektiven, sondern auch aus relativ breiten gesellschaftlichen Aussenperspektiven als «Volkskirche» wahrgenommen werden (auch wenn dabei nicht genau geklärt sein mag, was «Volkskirche» meint).

Mit der Anwendung eines theologischen Programmbegriffes von Volkskirche auf bestimmte Sozialgestalten von Kirche wird in formaler Hinsicht eine Verschiebung von einem normativ-orientierenden *Konzeptbegriff* hin zu einem *Strukturbegriff*[30] vorgenommen. Als Strukturbegriff verwendet, bezieht sich der Begriff der Volkskirche stärker auf institutionelle, organisatorische und materialisierte Manifestationsformen von Kirche. Entscheidend ist, dass dabei die oben erwähnte Ebenen- bzw. Statusdifferenz zwischen einem deskriptiv-empirischen und einem präskriptiven, theologisch-programmatischen Begriff von Volkskirche nicht eingezogen wird. Die Verschiebung von einem Konzept- hin zu einem Strukturbegriff von Volkskirche vollzieht sich allein innerhalb des theologisch-pragmatischen Begriffsstatus'.

30 Vgl. Kristian Fechtner, der in etwas anderem Zusammenhang neben einem Struktur- und Konzeptbegriff auch noch einen Praxisbegriff von Volkskirche unterscheidet. Ders, Späte Zeit (Anm. 28), 13–15.

Die hier vorgenommene Anwendung eines normativ aufgeladenen theologischen Programmbegriffes von Volkskirche auf bestimmte Sozialgestalten von Kirche ist so lange nicht problematisch, als diese Anwendung als solche gewusst wird. Denn wo das Wissen um sie wach gehalten wird, bleibt in Erinnerung, dass der Begriff der Volkskirche auch für andere Anwendungen offen stehen könnte. Wo dieses kritische Anwendungswissen jedoch verschwindet, kommt es zu essentialistischen Fixierungen und zu ideologischen Festschreibungen. Der theologische Programmbegriff der Volkskirche läuft dann Gefahr, für die apologetische Legitimierung einer spezifischen Sozialgestalt von Kirche gebraucht zu werden. Es zählt zu den Aufgaben einer Ekklesiologie der Volkskirche, jenes Anwendungswissen präsent zu halten und solche Fixierungen und Legitimierungen immer wieder zu verflüssigen.

Christwerden und Volkskirche

Søren Kierkegaards Angriff auf die dänische Christenheit

Pierre Bühler

1 Einleitung

Wenn man sich mit der Volkskirche auseinandersetzt, ihre Chancen und Gefahren, die durch sie aufgeworfenen Probleme reflektiert, ist es unvermeidbar, sich auch mit einem der grössten Kritiker dieses Konzeptes zu befassen, nämlich mit dem dänischen Religionsphilosophen Søren Kierkegaard (1813–1855). Mit zunehmender Intensität und auch mit steigender Heftigkeit im polemischen Ton griff er die dänische Christenheit seiner Zeit an, obschon er zeitlebens ein treuer Kirchgänger blieb. Sein kirchenkritischer Kampf ist stark von seiner Existenzphilosophie her geprägt: Es geht ihm vornehmlich um die Gefahr eines Trugs im christlichen Lebensvollzug, um das Verfehlen eines echten Christwerdens. Diese (religions)philosophische Einbettung seiner Kritik muss stets berücksichtigt werden. Im Folgenden wird versucht, Kierkegaards «Kirchenkampf» in seinen Hauptzügen wahrzunehmen und auf seine heutige Relevanz hin kurz zu prüfen.[1]

Es kommen dabei unterschiedliche Texte zum Zuge: die philosophischen, meist pseudonym veröffentlichten Werke, die «erbaulichen Reden», Zeitungsartikel, unveröffentlichte Werkentwürfe, Tagebucheintragungen.[2]

1 Zur Sekundärliteratur: Michael Theunissen/Wilfried Greve (Hg.), Materialien zur Philosophie Søren Kierkegaards, Frankfurt a. M. 1979, 41–53: Die Zeit der «religiösen Schriftstellerei»: die Kritik am «Bestehenden» (dort auch ältere Literatur, 597–611). Howard A. Johnson, Kierkegaard and the Church, in: Kierkegaardiana VIII, 1971, 64–79. In der grossen Reihe *International Kierkegaard Commentary*, hg. von Robert L. Perkins, (abgekürzt: IKC), sind vor allem folgende Bände zu erwähnen: Vol. 20: Practice in Christianity, 2004; Vol. 21: For Self-Examination and Judge for Yourself, 2002; Vol. 23: The Moment and Late Writings, 2009. In der grossen, zu Kierkegaards 200. Geburtstag von Jon Stewart herausgegebenen Reihe Kierkegaard Research: Sources, Reception and Resources (abgekürzt KRSRR; Farnham/Burlington) sind Kierkegaards Bezüge zu seinen Quellenautoren und zu seinen Zeitgenossen äusserst genau erforscht (vgl. unten zu einzelnen Autoren). Aus dem französischen Sprachbereich: Nelly Viallaneix, Kierkegaard et l'Église, in: Foi et Vie 79/1–2, 1980, 83–102; Frédéric Rognon, L'anticléricalisme religieux de Kierkegaard, in: Revue d'histoire et de philosophie religieuses 82, 2002, 61–86.

2 In der Regel zitieren wir nach: Sören Kierkegaard, Gesammelte Werke, hg. von Emanuel Hirsch, Düsseldorf/Köln 1951–1969 (abgekürzt GW, mit Abteilungs- und Seitenzahlen). Da die bei De Gruyter erscheinende Neuausgabe der Tagebücher (Deutsche Søren Kierkegaard Edition; Journale und Aufzeichnungen, bis jetzt Bde 1–5, 2005–2015) nur progressiv zu den für unser Thema entscheidenden Jahren kommt, beziehen wir uns auf die Auswahlausgabe: Sören Kierkegaard, Die Tagebücher. Ausgewählt, neugeordnet und übersetzt von Hayo Gerdes, Düsseldorf/Köln, Bde 1–5, 1962–1974 (abgekürzt Tagebücher, mit Band- und Seitenzahlen). Eine für unser Thema interes-

2 Das System, das reflektierende Zeitalter und die Christenheit: eine dreifache polemische Front

An einer Stelle in der *Unwissenschaftlichen Nachschrift zu den Philosophischen Brocken* (1846) erzählt der pseudonyme Autor Johannes Climacus, wie er an einem Sonntagnachmittag im Frederiksberger Park überlegt, was aus ihm werden soll und was seine Lebensaufgabe sein könnte. Er beobachtet, dass sich alle um ihn herum um Erleichterung des Lebens bemühen, durch Verkehrsmittel, durch das Telegraphieren, durch kurze Mitteilungen von allem Wissenswerten, usw. Das gilt auch von den Philosophen, die durch ihre Systeme das Denken leichter machen, obschon sie es eigentlich bedeutungsvoller wollen. Und so kommt Climacus auf den Gedanken, die sich allgemein verbreitende Leichtigkeit könnte das Bedürfnis nach Schwere entstehen lassen. «Aus Liebe zur Menschheit, aus Verzweiflung über meine peinliche Lage, nichts getan und ausgerichtet zu haben und nichts leichter machen zu können, als es schon gemacht ist, aus wahrem Interesse für die, die alles leicht machen, verstand ich es da als meine Aufgabe: überall Schwierigkeiten zu machen.»[3]

Der Kampf gegen die Erleichterung in den philosophischen Systemen hat seine Entsprechung in Kierkegaards kritischer Zeitdiagnose. Im selben Jahr wie die *Nachschrift* erscheint *Eine literarische Anzeige*. Ausgehend von der Besprechung einer 1845 erschienenen Novelle von Thomasine Gyllembourg mit dem Titel *Zwei Zeitalter*, vollzieht Kierkegaard eine radikale Kritik seiner Zeit. Dem Zeitalter der Revolution stellt er sein Zeitalter als «das reflektierende Zeitalter» gegenüber. Das Zeitalter der Revolution war leidenschaftlich und tumultuarisch: Da war man bereit, alles über den Haufen zu werfen. Das reflektierende Zeitalter hingegen ist leidenschaftslos. Es charakterisiert sich durch «ein dialektisches Kunststück», das Kierkegaard folgendermassen beschreibt: «das [Kunststück], alles bestehen zu lassen, aber ihm hinterlistig seine Bedeutung zu entwinden». Damit wird «das ganze Dasein in eine Zweideutigkeit verwandelt, welche in ihrer Tatsächlichkeit da ist, während dialektischer Trug privatissime eine heimliche Lesart unterschiebt – dass es nicht da ist».[4] Durch diesen dialektischen Trug wird die Spannung der Leidenschaft nivelliert: Das Dasein ist da und zugleich nicht da, und das Bestehende bleibt in Bedeutungslosigkeit gefangen.

Wie wir noch sehen werden, klingt die Kritik, die Kierkegaard an die dänische Christenheit richtet, sehr ähnlich: eine trügerische Erleichterung, eine Nivellierung der Leidenschaft, eine Kultivierung der Bedeutungslosigkeit, die das Bestehende «heiligt» So zeigt sich im Werk Kierkegaards eine dreifache polemische Front: gegen die Systemphilosophie, gegen das Zeitalter und gegen die Christen-

sante Sammlung hat Wilhelm Kütemeyer zusammengestellt: Kierkegaard, Der Einzelne und die Kirche. Über Luther und den Protestantismus, Berlin, 1934 (abgekürzt Kütemeyer).

3 WG 16/I, 177.

4 Alle Zitate: GW 17, 82.

heit, mit sehr parallelen Argumenten. Diese sollen nun in Hinsicht auf die Kritik an der dänischen Volkskirche vertieft untersucht werden.

3 Eine progressive Zuspitzung

Im frühen Werk Kierkegaards ist die Kritik am Bestehenden bereits präsent, jedoch bleibt sie noch diskret, im Austausch zwischen dem Autor und seinen Leserinnen und Lesern. Kierkegaard publiziert zwar bereits auch Zeitungsartikel (in der Zeitung *Fædrelandet*). Diese sind aber meistens der Interpretation seiner Werke gewidmet, in einem subtilen Spiel mit seinen pseudonymen Autorschaften.

Erst 1846 wird Kierkegaard in die Öffentlichkeit hineingerissen, durch den sogenannten Corsarenstreit.[5] In einer Kampagne des *Corsaren*, einer satirischen Zeitschrift in Kopenhagen, wurde Kierkegaard mit spitzer Kritik, bösen Anspielungen und Karikaturen öffentlich lächerlich gemacht. Er versuchte sich zu verteidigen und wurde teilweise auch in Schutz genommen. Dieser Streit hat sich jedoch prägend ausgewirkt: Kierkegaard verurteilt die Journalisten, die öffentliche Meinung erscheint ihm als gefährlich, und er sieht sich immer mehr zu einem Kampf gegen die Masse, den Pöbel aufgerufen. In diesem Kontext nimmt auch die kritische Distanzierung der etablierten Kirche gegenüber zu. Hinzu kommt die immer stärker werdende Überzeugung, dass, wer sich für ein ernsthaftes Existieren einsetzt, in dieser Welt dem Leiden ausgesetzt wird. Hatte er im frühen Werk noch eine Dialektik von Innen und Aussen betont – dass sich hinter einem äusserst gewöhnlichen Bürger, einem Steuererheber etwa, innerlich ein Ritter des Glaubens verbergen kann[6] –, kommt nun der Gedanke immer stärker zum Zuge, dass eine innere Leidenschaft nach aussen hin zum Leiden führen muss. Und so wird Kierkegaard selber immer mehr auch zum leidenden Zeugen des religiösen Ernstes.

Diese Einstellung wird die zweite Phase seiner Schriftstellerei (ab 1847), die er selber als seine «religiöse Schriftstellerei»[7] bezeichnet, prägen. Nach dem Skeptiker Johannes Climacus tritt nun das Pseudonym Anti-Climacus auf, und dieses stellt das Christliche in höchster Idealität dar. Das zeigt sich an den Werken der späten 1840er Jahre, die Kierkegaard in Tagebucheintragungen[8] manchmal als die «sämtlichen Werke der Vollendung» bezeichnet: *Die Krankheit zum Tode* (1849) und vor allem *Einübung im Christentum* (1850), beide von Anti-Climacus verfasst, und die kleine, 1849 geschriebene, aber unveröffentlicht gebliebene Schrift *Die bewaffnete Neutralität*.[9] Bereits 1847 hatte Kierkegaard in einem ebenfalls

5 Für die Dokumentation zu diesem Streit, vgl. GW 32, 95–219.

6 Vgl. Johannes de Silentio, Furcht und Zittern (1843), GW 4, 34ff, vor allem 40f.

7 GW 33, 50.

8 Tagebücher 3, 105 und 111 (November-Dezember 1848).

9 Respektiv: GW 24/25; GW 26 (Die bewaffnete Neutralität oder meine Stellung als christlicher Schriftsteller in der Christenheit als Beilage in GW 26, 285–298).

unveröffentlicht gebliebenen Werk «[d]ie religiöse Verwirrung der Gegenwart, beleuchtet an Magister Adler als Phänomen» kritisch analysiert.[10]

Eine ähnlich zunehmende Kampfstimmung lässt sich auch in den erbaulichen Reden dieser Jahre beobachten: starke Hervorhebung des Leidens in der dritten Abteilung der *Erbaulichen Reden in verschiedenem Geist* von 1847 und in der zweiten Abteilung der *Christlichen Reden* von 1848; angriffige Beurteilung der Sorgen der Heiden in der ersten Abteilung der *Christlichen Reden*, und in deren dritter Abteilung Betonung der Erbauung durch eine «Hinterrücks-Verwundung».[11] Noch klarer wird der Angriff auf die bestehende Christenheit in den erbaulichen Reden *Zur Selbstprüfung der Gegenwart anbefohlen* (1851) und *Urteilt selbst* (1851/1852).[12]

Parallel dazu entstehen in diesen Jahren verschiedene Entwürfe zu unveröffentlicht gebliebenen Texten, in denen Kierkegaard über seine Wirksamkeit als Schriftsteller Rechenschaft ablegt, sein Gesamtwerk im Zusammenhang betrachtet und dabei auch seine Stellung zur zeitgenössischen Situation, zu Öffentlichkeit, Gesellschaft und Kirche thematisiert.[13] In diesem Rahmen entwickelt er wichtige Kategorien, wie etwa die des Einzelnen, in polemischer Abgrenzung gegenüber der Masse oder dem Pöbel.[14]

Eine entscheidende Wende im Kampf mit der dänischen Kirche wird im Februar 1854 eintreten: In einer Würdigung des verstorbenen Bischofs Mynster durch seinen Nachfolger Martensen wird Mynster als Zeuge der Wahrheit bezeichnet und in die heilige Kette der Zeugen der Wahrheit, die seit den Aposteln durch die Jahrhunderte geht, eingeordnet. Diese Charakterisierung Mynsters ist für Kierkegaard umso provozierender, als er mehrmals vergebens den Bischof, der mit der Familie befreundet war, ersucht hatte, öffentlich Abstand zu nehmen von der Art, wie das Christentum in der Kirche gepredigt wird. Aus der Empörung entsteht zunächst eine Auseinandersetzung in der Zeitung *Fædrelandet*, eingeleitet durch einen Artikel mit dem Titel: «War Bischof Mynster ein ‹Wahrheitszeuge›, einer von den ‹echten Wahrheitszeugen› – ist das Wahrheit?»[15] Vor allem aber wird aus dieser Auseinandersetzung die Entscheidung hervorgehen, den Kampf in Form einer eigenen Zeitung fortzuführen, in der nun der Angriff frontal geführt werden kann. Ab Mai 1855 erscheint *Der Augenblick* in regel-

10 GW 36.

11 Respektiv: «Das Evangelium der Leiden», GW 18, 225–364; «Stimmungen im Streit mit Leiden», GW 20, 97–169; «Die Sorgen der Heiden», GW 20, 3–96; «Gedanken, die hinterrücks verwunden – zur Erbauung», GW 20, 171–266.

12 GW 27/28/29, 41–120 und 121–241.

13 GW 33.

14 Vgl. GW 33, 96–120.

15 Für die Sammlung der Zeitungsartikel, vgl. GW 34, 1–92. Zu Kierkegaards Verhältnis zu Mynster, vgl. Christian F. Tolstrup, «Playing a Profane Game with Holy Things»: Understanding Kierkegaard's Critical Encounter with Bishop Mynster, in: IKC 20, 245–274; vom selben Autor: Jakob Peter Mynster: A Guiding Thread in Kierkegaard's Authorship?, in: KRSRR 7/II, 2009, 267–287.

mässigen Abständen[16], wobei die 10. Nummer zwar fertig geschrieben wurde, aber nicht mehr vor Kierkegaards Tod erscheinen konnte. Am 28. September 1855 bricht Kierkegaard vor Erschöpfung auf der Strasse zusammen; am 2. Oktober wird er ins Frederiksspital eingeliefert und stirbt dort am 11. November.

In den letzten Lebensjahren war die Menge von Tagebucheintragungen fast exponentiell angewachsen, so dass auch hier, neben den veröffentlichten Werken, reiche Quellen zu unserem Thema zu finden sind.

4 Ironie und Humor als Kampfmittel

Schon früh, in *Entweder/Oder* (1843), hat der pseudonyme Autor A in seinen *Diapsalmata* von einer Entrückung in den siebenten Himmel erzählt[17], in der er von den versammelten Göttern eingeladen wurde, sich von ihnen etwas zu wünschen. Die Antwort ist: «Ich wähle ein Ding, dass ich alle Zeit das Lachen auf meiner Seite haben möge.» Die Götter lachten laut und bestätigten damit, dass seine Bitte erfüllt war. Bereits 1841 hatte Kierkegaard seine Dissertation einer vornehmlichen Form dieses Lachens, der Ironie, gewidmet: *Über den Begriff der Ironie mit ständiger Rücksicht auf Sokrates.*[18] Dabei spielt Sokrates eine wichtige Rolle: Der Negativität seiner Ironie fallen alle vermeinten, trügerischen Gewissheiten zum Opfer. Einige Jahre später wird Johannes Climacus in seiner *Nachschrift zu den Philosophischen Brocken* der Ironie und dem Humor eine wichtige Rolle zuschreiben, als Übergangszonen zwischen den Existenzsphären: die Ironie zwischen der ästhetischen und der ethischen Lebensweise, die eine stets gegen die andere ausspielend; der Humor als Schwelle vom ethischen ins religiöse Leben, den Menschen spielerisch mit der Transzendenz konfrontierend.

Weil es letztlich um die Frage nach dem Ernst der Existenz geht, spielen Ironie und Humor auch im Kampf mit der Christenheit eine wichtige Rolle, was dem Werk Kierkegaards bis in die Endphase eine tiefe Kontinuität gewährt.[19] Auch im Kampf mit der bestehenden Kirche weiss sich Kierkegaard von Sokrates begleitet. Er setzt sich mit den Kopenhagenern auseinander wie einst Sokrates mit den Athenern. Über seine Einsamkeit klagend, sagt Kierkegaard: «Das einzige Gegenstück, das ich für mich habe, ist Sokrates; meine Aufgabe ist eine sokratische Aufgabe, nämlich die Bestimmung des Christseins einer Prüfung zu unterziehen;

16 GW 34, 93–343. Zum Titel «Der Augenblick», vgl. Christopher A. P. Nelson, The Eye-Glance: On the Significance of øieblikket as a Concept, a Title, and a Figurative Expression, in: IKC 23, 11–42.

17 GW 1, 46.

18 GW 31.

19 Vgl. zu dieser Kontinuität: David R. Law, Irony in the Moment and the Moment in the Irony: the Coherence of Kierkegaard's Authorship with Reference to The Concept of Irony and the Attack Literature of 1854–1855, in: IKC 23, 71–100.

[...] Du edler Einfältiger des Altertums, Du, der einzige Mensch, den ich bewundernd als Denker anerkenne.»[20]

Das erlaubt ihm, trotz aller Verbitterung, trotz allen Leidens, seine Kritik immer wieder lachend zu vollziehen, wenn auch oft mit bissiger Ironie und Galgenhumor. Diese Bemühung, «das Lachen auf seiner Seite zu haben», nimmt ganz unterschiedliche Formen an, die Kierkegaard bewusst variiert: in knappen argumentativen Angriffen, in metaphorischen Anspielungen, in spitzen Aphorismen, in kleinen Gleichnissen. Der Ironie und dem Humor kommt so eine entlarvende Funktion zu: Sie sollen den Trug, den Verrat aufweisen, und so indirekt auf die eigentliche Aufgabe verweisen.

5 Grundperspektiven des Angriffes

a) Ein zentrales Leitmotiv von Kierkegaards Kritik, sozusagen ihr *cantus firmus*, ist, *dass in der Christenheit das Christentum abgeschafft worden sei.* «Die Christenheit hat das Christentum abgeschafft, ohne es selber richtig zu merken; folglich muss man, wenn man etwas ausrichten will, versuchen, das Christentum wieder in die Christenheit einzuführen.»[21] Dieser Aufgabe widmet sich das ganze Werk *Einführung im Christentum.* In dieser Grundthese meint ‹Christenheit› das institutionalisierte, etablierte Christentum, das in Kultur und Gesellschaft eingeflossen ist, so dass die Kirche, als vollständige Volkskirche, weitgehend mit Staat und Gesellschaft zur Deckung kommt. ‹Christentum› hingegen wird vom Neuen Testament her definiert als der Ernst einer besonderen Lebensweise, die nicht schon gegeben ist, zu der man aufgerufen wird, zu der man sich antwortend entscheidet und zu der man im Lebensvollzug stets stehen muss, für die man auch zu leiden bereit ist.

b) Die neutestamentliche Bestimmung des Glaubens ist das kritische Mass, an dem die Christenheit gemessen werden muss, und das zentrale neutestamentliche Motiv, das das eigentlich Christliche bestimmt, ist der Glaube als Nachfolge: «Das, worauf die ganze Kunst der Christenheit ständig ausgeht ist die Abschaffung der Nachfolge.» Deshalb: «statt Christi Nachfolge kommen dann (oh, Ekel!) die heiligen Affenstreiche – unter Führung und Kommando der (oh, Ekel!) vereidigten Priester, die als Sergeanten, Leutnants usw. Dienst tun, der ordinierten Männer, die zu dieser ernsten Sache also den besondern Beistand eines heiligen Geistes geniessen.»[22]

20 GW 34, 329.

21 GW 26, 34.

22 Kütemeyer, Der Einzelne (Anm. 2), 130 und 238. Diese Betonung der Nachfolge in der Kritik an der Christenheit wird Dietrich Bonhoeffer 1937 in seinem Buch *Nachfolge* in neuem Kontext wieder aufnehmen.

In Verbindung mit diesem Ekel spielt Kierkegaard öfters auch mit dem Motiv des Brechmittels: Vielleicht ahnen viele bereits, dass das Christentum in üblem Zustande ist, aber sie wollen sich aus Liebe zur gewohnten Ordnung der Dinge diesem Gedanken nicht hingeben. «So steht es mit ihnen wohl ähnlich wie mit jemandem, der einen üblen Geschmack im Munde hat, eine belegte Zunge, ein leichtes Frösteln – und nun sagt der Arzt zu ihm: Nehmen Sie ein Brechmittel. Und genau so sage ich auch: Nimm ein Brechmittel, komm heraus aus diesem Zustand der Halbheit.»[23]

c) Im Zeichen der neutestamentlichen Nachfolge ist auch die *Kindertaufe* ein Betrug, denn nur als Erwachsener kann man zum Glauben stehen. Das würde man wissen, wenn man noch in einer *ecclesia militans* leben würde, aber die Christenheit versteht sich bereits als *ecclesia triumphans.* «Jedermann ist getauft als Kind, späterhin – ja, auch beinahe noch als Kind [...] konfirmiert. Und jeder, der als Kind getauft ist, als Junge oder Mädchen konfirmiert, ja, von ihm ist es sicher, dass er Christ ist – man kann es nachsehen, indem man die Bevölkerungslisten aufschlägt. Aber Christus zu bekennen, dazu kann er in seinem späteren Leben angeblich nicht kommen, weil er ja in der bestehenden Christenheit lebt, wo es ja – vgl. die Bevölkerungslisten – von allen bekannt ist, dass sie Christen sind.»[24]
Die Christenheit beruht auf der Illusion, dass man durch die Geburt bereits Christ ist: Zusammen mit der dänischen Staatsangehörigkeit hat man auch schon die christliche Identität bekommen. «[D]ie Sache ist die, dass man (und dies ist die unselige Sinnestäuschung der Christenheit) das Christsein und das Menschsein verwechselt, sie ohne weiteres identifiziert.»[25]

d) Damit verbindet sich, wie bei der Kritik an den philosophischen Systemen, das Motiv der *Erleichterung*: Unter diesen Bedingungen wird es eine leichte Sache, Christ zu sein, denn alle sind es ja. Man braucht also nur so zu sein, wie auch alle anderen sind. Dadurch geschieht, wie im reflektierenden Zeitalter, eine Nivellierung: In der Christenheit werden die Christen zum Publikum und die Kirche zum Theater, wie Kierkegaard unablässig polemisiert. Deshalb «können wir ja gerne weinen, darum müssen seine [des Pfarrers] wie auch unsere Tränen ja durchaus nicht heuchlerische, sondern können ernstgemeinte, wahre Tränen sein – wie im Theater».[26] Es gibt jedoch einen Unterschied, nämlich «dass sich das Theater ehrlich und redlich zu dem bekennt, was es ist; die Kirche hingegen ist ein Theater, das auf jede Weise unredlich zu verbergen sucht, was es ist».[27]

23 GW 34, 103.
24 GW 26, 210f.
25 Kütemeyer, 79.
26 GW 34, 202.
27 GW 34, 218.

e) Diesem unmittelbaren, leichten Christsein steht das *Christwerden* als existentielle Aufgabe gegenüber: Christ ist man nie, man wird es immer wieder. Johannes Climacus hatte bereits in seiner *Nachschrift zu den Philosophischen Brocken* diese Kategorie des Christwerdens als die entscheidende Kategorie des Christentums bestimmt. Die Wahrheit ist nur als die subjektive Lebensdynamik des Glaubens zu haben, der stets mit der Anfechtung kämpft. Kierkegaard charakterisiert diese Lebensdynamik auch als Leidenschaft, als existentielles Pathos, als Grunddefinition der religiösen Existenzsphäre.[28]
f) Wie beim reflektierenden Zeitalter geschieht in der Christenheit auch ein *dialektischer Trug*: Das Christentum ist überall da, aber es ist doch eigentlich nirgends. Die Leidenschaft des Glaubens ist erlahmt, es herrschen Spiessbürgertum und Geistlosigkeit, aber immer im Namen des Christentums. Um diesen Zustand zu beschreiben, braucht Kierkegaard die Kategorie der «Heiden», eine besondere Sorte von Heiden: nicht Heiden im Gegensatz zu den Christen, sondern christliche Heiden, die den Geist des Evangeliums verloren haben.
g) Für diesen dialektischen Trug eines Christentums, das zugleich überall und nirgends ist, sind vor allem die *Pfarrer* schuld. «Von Nichts kann man nicht leben. Das hört man so oft, besonders von Pfarrern. Und gerade die Pfarrer bringen folgendes Kunststück fertig: das Christentum ist gar nicht da – dennoch leben sie davon.»[29] Die Pfarrer werden deshalb zu den privilegierten Gegnern Kierkegaards. Als Beamte, mit Besoldung, Pfarrhaus und Familie, betreiben sie ihr Amt als Broterwerb und werden deshalb verdächtigt, sich allein um diesen Broterwerb zu kümmern. Ist es nicht «ein zweifelhafter Beruf», ja vielleicht sogar ein «unerlaubtes Gewerbe», «dass da zu Hunderten Leute angestellt werden, welche sich, anstatt Christo nachzufolgen, gemütlich und bequem eingerichtet, unter glattem Fortkommen, mit Familie – und unter dem Namen, dass diese Tätigkeit das Christentum des Neuen Testaments sein soll – davon ernähren, dass andere haben leiden müssen – gerade das ist Christentum – für die leidende Wahrheit»?[30] In polemischer Zuspitzung führt dieser Gedanke Kierkegaard dazu, in der letzten Nummer des *Augenblicks* die These zu entfalten, dass «die Pfarrer Menschenfresser sind, und zwar auf die abscheulichste Weise»[31]: Samt Frau und Kindern ernähren sie sich von den Leiden des Erlösers, der Apostel und aller Wahrheitszeugen. Zu Christus sagen sie: «[W]elcher Unsinn, zu verlangen, dass ich dir nachfolgen sollte, ich soll ja gerade davon leben, dass ich dich verspeise […]. Indes ich von dir lebe und dich fresse, mache ich stattdessen die glänzendste Karriere, verdiene Geld

28 Vgl. die ganze *Sectio II* der *Nachschrift zu den Philosophischen Brocken*, GW 16/II, 90–330.
29 GW 34, 203.
30 GW 34, 54.
31 GW 34, 311–314.

wie Heu für mich und für Weib und Kinder, das solltest du nur sehen: Sie gedeihen, dass es eine Lust ist, sie anzuschauen.»[32]

Im Kontrast dazu scheint der Apostel Paulus wenig glaubhaft: «‹Hatte der Apostel Paulus irgendein Amt?› Nein, Paulus hatte kein Amt. ‹Verdiente er dann auf andere Weise viel Geld?› Nein, er verdiente auf keine Weise Geld. ‹War er denn wenigstens verheiratet?› Nein, er war nicht verheiratet. ‹Aber dann ist ja Paulus kein ernsthafter Mann!› Nein, Paulus ist kein ernsthafter Mann.»[33]

Notgedrungen sind die Pfarrer deshalb effiziente Agenten der Erleichterung und der Nivellierung, denn sie müssen doch dafür sorgen, dass ihnen all die Christen (oder Heiden!) erhalten bleiben, die durch ihre Steuern für ihr Gedeihen sorgen. Diesen Agenten gegenüber versteht sich Kierkegaard als Spion Gottes.[34]

h) Der Nivellierung, die in der Christenheit stattfindet, setzt Kierkegaard die Kategorie des Einzelnen entgegen: «‹Der Einzelne›; das ist die christlich entscheidende Kategorie, und sie wird auch entscheidend werden für die Zukunft des Christentums.»[35] Auch hier besteht ein klarer Bezug zu Sokrates: «‹Der Einzelne›; diese Kategorie ist nur einmal, ihr erstes Mal, entscheidend dialektisch gebraucht worden, von Sokrates, um das Heidentum aufzulösen. In der Christenheit wird sie ein zweites Mal gerade umgekehrt zu brauchen sein, um die Menschen (die Christen) zu Christen zu machen.»[36] Als «Kategorie des Geistes, der geistigen Erweckung»[37] steht sie im Gegensatz zur Menge, die Unwahrheit ist, wie Kierkegaard öfters wiederholt. Dabei geht es nicht um etwas Elitäres: Es ist nicht der Einzelne, «welcher im Sinne der Auszeichnung oder der besonderen Begabung der Einzelne ist, sondern der Einzelne in dem Sinne, in welchem jeder Mensch, schlechthin jeder Mensch es sein kann und sein soll».[38] Durch diesen Engpass des Einzelnen müssen alle Menschen, und so versteht sich Kierkegaard als eine Art Wächter am Engpass der Thermopylen, um dort auf diese Kategorie aufmerksam zu machen.[39]

i) Die ganze Auseinandersetzung mit der dänischen Christenheit bedeutet für Kierkegaard zugleich eine kritische Aufarbeitung der Tradition, in vielfältigen Bezügen. Insbesondere geschieht in diesem Kontext eine intensive Auseinan-

32 GW 34, 312.
33 GW 34, 202.
34 Das hat Hermann Diem dazu inspiriert, sein kleines Kierkegaard-Buch ganz unter dieses Motto zu stellen: Sören Kierkegaard, Spion im Dienste Gottes, Frankfurt a. M. 1957.
35 GW 33, 115.
36 GW 33, 118.
37 GW 33, 115.
38 GW 33, 111.
39 Vgl. GW 33, 112. Zur Kategorie des Einzelnen, vgl. Pierre Bühler, L'individu. Quelques réflexions à propos d'une catégorie oubliée, Revue d'histoire et de philosophie religieuses 58, 1978, 195–215.

dersetzung mit dem, was in der lutherischen Kirche aus dem Erbe Luthers wird. In den Tagebüchern lässt sich in diesen Jahren eine eingehende Lektüre und kritische Diskussion von Predigten Luthers beobachten. Das Verhältnis erweist sich als ambivalent, gespalten zwischen Dank und heftiger Kritik. Immer wieder nimmt Kierkegaard Luther für die Bestimmung des eigentlich Christlichen in Anspruch und drückt seine Bewunderung aus: «O, Luther ist doch der Meister für uns alle.»[40] Zugleich macht er ihn für die Entwicklung in der Christenheit verantwortlich: Weil er in seinem historischen Kontext die Gnade zu sehr gegen die Werke betont hat, hat er erlaubt, dass man sich heute auf ihn berufen kann, um den Glauben leicht zu machen. Deshalb stellt sich Kierkegaard vor, dass Luthers wahrer Nachfolger heute eine andere Position vertreten würde: «Luthers wahrer Nachfolger wird zu dem direkt entgegengesetzten Resultat kommen als Luther, weil Luther auf die phantastische Übertreibung in bezug auf Askese folgte, während er auf den furchtbaren Betrug folgt, den das Luthersche aus sich gebar.»[41] «Das wahre Reformieren läuft deshalb nicht darauf hinaus, Bürden abzuwerfen und das Leben leicht zu machen», sondern es «macht stets das Leben schwer, legt Lasten auf; und deshalb wird der wahre Reformator stets totgeschlagen, als sei es Menschenfeindschaft.»[42]

j) Ist Kierkegaard radikal antiklerikal? Will er die Kirche abschaffen? Nein, das kann man aus seiner Kritik nicht schliessen. Ganz gegen Schluss ahnt er zwar die Möglichkeit, dass man sich aus Protest des Kirchenbesuchs enthalten könnte; trotzdem bleibt er aber ein treuer Kirchgänger. Anstatt die Kirche abzuschaffen, überlegt er sich besorgt, was aus ihr werden könnte. Ohne eine ganze Ekklesiologie zu entwickeln, setzt er sich mit der Aufgabe auseinander, wie man das Christentum wieder in die Christenheit einführen könnte. Wie bei den philosophischen Systemen gilt die Aufgabe, überall dort, wo alles leicht geworden ist, wieder Schwierigkeiten zu machen. Der religiöse Ernst verlangt, dass wieder verkündigt wird, wie schwer der Glaube als Christi Nachfolge sein kann. Deshalb erscheint ihm Grundtvigs Erneuerung der Frömmigkeit zu emotionsorientiert, zu ästhetisch.[43] Die Botschaft muss vielmehr die religiös-ethische Bemühung betonen, die jeden Menschen in seinem Lebensvollzug radikal in Anspruch nimmt.

Damit konstituiert sich eine Gemeinde, die nicht Menge, nicht Publikum ist: «Im ‹Publikum› und dergleichen ist der Einzelne nichts, es gibt keinen Einzel-

40 Tagebücher 2, 225.

41 Kütemeyer, 123f.

42 Tagebücher 3, 195. Kierkegaards Verhältnis zu Luther wurde Gegenstand vieler Publikationen; vgl. als synthetische Darstellung: David Yoon-Jung Kim/Joel D. S. Rasmussen, Martin Luther: Reform, Secularization, and the Question of His «True Successor», in: KRSRR 5/II, 2009, 173–217.

43 Zu Kierkegaard und Grundtvig, vgl. Anders Holm, Nicolai Frederik Severin Grundtvig: The Matchless Giant, in: KRSRR 7/II, 2009, 95–151.

nen, die Zahl ist das Gründende […]. In der Gemeinde ist der Einzelne; der Einzelne ist dialektisch entscheidend als Vorbedingung, um Gemeinde zu bilden, und in der Gemeinde ist der Einzelne qualitativ etwas Wesentliches […]. Der Einzelne ist in der Gemeinde die Welt im Kleinen, welche wesensmässig die Welt im Grossen wiederholt».[44] Diese Gemeinde der Einzelnen ist als Ort der gegenseitigen Erbauung verstanden, denn nur so, in der Gemeinschaft der Einzelnen, kann Erbauung im eigentlichen Sinn stattfinden: Es ist unmöglich, «en masse zu erbauen oder erbaut zu werden».[45]

k) Das gilt auch für den Umgang mit der *Bibel.* Eine kleine Bibelhermeneutik entfaltet Kierkegaard in *Zur Selbstprüfung der Gegenwart anbefohlen* mit Hilfe der Metapher des Spiegels. Sich ironisch von der modernen Exegese abgrenzend, die vor allem den Spiegel erforscht, betont Kierkegaard die Notwendigkeit, sich selbst im Spiegel der Bibel zu erkennen. So sind es denn zwei Anweisungen, die auf die Frage antworten, «was dazu erfordert wird, um sich mit wahrem Segen zu beschauen im Spiegel des Worts»: «Zum ersten wird erfordert, dass du nicht auf den Spiegel sehest, nicht den Spiegel beschauest, sondern dich selbst im Spiegel sehest»[46]; «Zum andern wird erfordert, dass du, wenn du Gottes Wort liesest, um dich im Spiegel zu sehen, dass du […] daran denkest in einem fort zu dir selber zu sagen: ich bin es, zu dem da gesprochen wird, ich bin es, von dem da gesprochen wird.»[47]

l) Auch für die Pfarrer hätte es in dieser Kirche der Erbauung Platz. Sie müssten zwar wohl auf ihren Broterwerb, und vielleicht sogar auf ihre Familie verzichten. Vor allem aber müssten sie bereit sein, klipp und klar zu sagen, dass das Christentum, das in der Christenheit verkündigt wird, nicht das Christentum des Neuen Testaments ist, bereit also, den Unterschied zwischen Christentum und Christenheit einzuschärfen. «In der prächtigen Domkirche tritt der hochwohlgeborene, hochwürdige geheime General-Oberhofprediger auf, der auserwählte Günstling der vornehmen Welt, er tritt auf vor einem auserwählten Kreis von Auserwählten, und predigt gerührt über den von ihm selbst ausgewählten Text: ‹Gott hat auserwählt das Geringe vor der Welt und das Verachtete› – und da ist niemand, der lacht.»[48]

Die Minimalbedingung für die Erbauungsgemeinde wäre also, dass in dieser Situation wenigstens jemand da wäre, der lachen würde, um damit den komischen Abstand zu markieren!

m) Wird ein «wahres Reformieren» gelingen? In Hinsicht auf diese Frage nimmt Kierkegaards Kritik *eschatologische Züge* an. Schon früh, in den bereits zitier-

44 Tagebücher 4, 89f.
45 GW 33, 111.
46 GW 27/28/29, 60.
47 GW 27/28/29, 71.
48 GW 34, 201.

ten *Diapsalmata* von *Entweder/Oder*, hatte er seine Rolle wohl indirekt mit der des Spassmachers identifiziert, als er dieses kleine Gleichnis schrieb:
«Es geschah in einem Theater, dass in den Kulissen Feuer aufkam. Der Spassmacher trat vor, um das Publikum zu unterrichten. Man hielt es für einen Scherz und applaudierte; er wiederholte es; man jubelte noch lauter. Ebenso, denk ich, wird die Welt zugrunde gehen unter allgemeinem Jubel von hitzigen Köpfen, die glauben, es sei ein Witz.»[49]
Im Rahmen seiner Auseinandersetzung mit der dänischen Kirche, im Frühling 1855, schrieb Kierkegaard ein anderes «Gerichtsgleichnis»[50]: Ein riesiges, modernstes Schiff ist mit tausend Passagieren auf hoher See unterwegs. Im Salon unterhalten sich die Leute, trinken, lachen und jubeln, man hört die Gesänge, die Schreie, das Gelächter, den Tumult. Auch der Kapitän ist unter ihnen und amüsiert sich; man trinkt auf sein Wohl. Ein Passagier aber sieht am Horizont einen weissen Punkt, der Schlimmes ankündigt. «Die Nacht wird schrecklich sein.» Doch der aufmerksame Passagier hat keine Befehlsvollmacht. Er lässt den Kapitän bitten, auf das Deck hinauf zu kommen. Der Kapitän lässt auf sich warten, kommt schliesslich, will aber nichts hören und eilt schnell wieder hinunter zur johlenden Gesellschaft. In seiner Angst bittet der Passagier den Kapitän noch einmal, auf das Deck zu kommen, aber der Kapitän wird böse und unhöflich und weigert sich. Doch der Fleck bleibt und kündigt eine schreckliche Nacht an. «Dass man aus christlicher Sicht am Horizont den weissen Fleck sieht, der den baldigen schrecklichen Sturm ankündigt – das habe ich gewusst; aber leider war und bin ich nur ein Passagier.»
Diesem möglichen Gericht gegenüber gibt es aber auch Grund zur Hoffnung. Es wäre vergebens, auf einen Heros zu warten. Es besteht aber die Hoffnung auf einen Missionar, der kommen wird, um das Christentum in die Christenheit einzuführen. Und seine Kategorie wird die Kategorie des Einzelnen sein: «Wenn er, ‹der Missionar›, kommt, wird er diese Kategorie brauchen.»[51] Kierkegaard kommt es nicht zu, dieser Missionar zu sein; vielleicht aber ist er sein Wegbereiter, dadurch, dass er am Engpass der Thermopylen auf diese Kategorie aufmerksam macht.

6 Kierkegaard und heutige Herausforderungen in Hinsicht auf Volkskirche

Es seien hier kurz zur heutigen Relevanz von Kierkegaards Kritik an der dänischen Christenheit einige Überlegungen angestellt, die in anderem Rahmen weiterer Vertiefung bedürften.

49 GW 1, 32f.
50 Papirer XI,3 B 109 (Zusammenfassung und Übersetzung PB).
51 GW 33, 118.

a) Gewiss gibt es *Christenheit* im Sinne Kierkegaards heute nicht mehr. Man wird kaum, wie er, von einer vollen Übereinstimmung zwischen Kirche und Gesellschaft ausgehen können, wo Menschsein und Christsein zusammenfielen. Es gilt hier viel eher ein sich öffnender Graben zwischen Kirche und Gesellschaft. Im Sinne einer zusehends zerbröckelnden Volkskirche könnte man sagen, dass es Christenheit im Sinne Kierkegaards nur noch in mehr oder weniger gut erhaltenen Ruinen gibt.[52]
b) Diese sich neu einstellende Situation erlaubt eine erneuerte Wahrnehmung der Kirche und des Glaubens in ihren Bezügen zur *Öffentlichkeit*. In einer säkularisierten, multikulturellen und multireligiösen Gesellschaft wird die Aufgabe bedeutend komplexer. Sie ist Gegenstand dessen, was in den USA als *public theology* entwickelt wird. Die christliche Position wird perspektivisch, anstatt totalisierend zu sein, und darauf hat uns Kierkegaard vorbereitet, indem er verschiedene Existenzsphären, verschiedene Lebensweisen stets miteinander konfrontiert hat. Was der christliche Glaube, die christlichen Kirchen zu vertreten haben, ist nur eine Sichtweise unter anderen, und steht, wie die anderen Sichtweisen, vor der Herausforderung, sich möglichst überzeugend darzustellen, ohne einen besonderen Status in Anspruch nehmen zu können. Denn auch die in gewissen Diskursen beschlagnahmte «Leitkultur» bröckelt ab, gehört immer mehr in die «Ruinen» der Christenheit, und das ist gut so …
c) Diese neue Situation könnte gerade Kierkegaards Kategorie des *Christwerdens* eine neue Bedeutung verleihen. Die Säkularisierung hat eine je nach Gegend und Tradition mehr oder weniger starke Gleichgültigkeit oder zumindest Ferne der religiösen Praxis gegenüber gestiftet. Kierkegaards Begriff des «Heidentums» oder seine Diagnose einer geistlosen «Erleichterung» des Religiösen könnten hier in neuer Akzentsetzung tragend werden. Was es heisst, die Aufgabe des Christwerdens mit existentiellem Pathos in Angriff zu nehmen, könnte in der heutigen Situation zu einem besonderen Zeugnis werden, gerade etwa im Gespräch mit sogenannten Kirchenfernen.
d) Freilich kann man dann einem anderen Phänomen begegnen, das die heutige Situation ebenfalls stark prägt, nämlich den *neuen Formen religiöser Aufbrüche* in säkularisierter Zeit: den freikirchlichen, evangelikalen Gemeinschaften, die heute mehr als die bröckelnden Volkskirchen im Aufwind sind, und vielleicht sogar den esoterischen Strömungen, die vom religiösen Vakuum profitieren. Im Urteil Kierkegaards wären diese Formen religiösen Zusammenlebens mit ihrer Betonung unmittelbarer Emotionen und Empfindungen näher bei Grundtvigs Frömmigkeit als bei seiner «Existenzmitteilung»: «das Christentum ist eine Existenzmitteilung und kann nur dargestellt werden – durch Existieren. Überhaupt ist ja das Existieren darin, der durch Existieren gegebe-

52 Das ist die Grundhypothese bei: Pierre-André Stucki, Les ruines de la chrétienté. Visite guidée, Genf 2013.

ne Ausdruck usw. die Verdoppelung. Verdoppeln heisst, sein was man sagt. Die Menschen sind deshalb unendlich besser bedient mit einem, der nicht in allzu hohen Tönen spricht, aber das ist, was er sagt.»[53]

e) Die Religionssoziologen sprechen von einem heutigen Trend zur *Individualisierung* der religiösen Praxis, die Abstand nimmt von den institutionalisierten Formen des Religiösen. Das schenkt dem Kampf Kierkegaards gegen die Christenheit mit Hilfe der Kategorie des Einzelnen ein neues, unerwartetes Echo. Dieses Echo hat aber zugleich die Aufgabe, genauer zu erörtern, ob Individualisierung im heutigen Sinne dasselbe meint wie die Kategorie des Einzelnen, oder ob gerade von dieser her ein neues Licht auf die Individualisierung fallen könnte, ihr die Möglichkeit schenken könnte, sich schärfer von einem individualistischen Rückzug ins Private abzugrenzen. In diesem Rahmen könnte es interessant sein, die heutige Individualisierung im Sinne dessen, was sich Kierkegaard als Gemeinde der gegenseitigen Erbauung der Einzelnen vorstellt, zu überdenken.

f) Der letzte Punkt ist ein *methodischer*. Kierkegaard hat für seine Kritik an der dänischen Kirche ein ganzes Repertoire von Kommunikationsformen entwickelt. Müsste es in diesem Sinne für das Nachdenken über die anstehende Neugestaltung der Kirche im Aufarbeiten der zerbröckelnden Volkskirche, neben dicken wissenschaftlichen Bänden, nicht mehr Platz geben für andere Formen der Mitteilung, für das Lachen, für Ironie und Humor, für Aphorismen, Scherze und Karikaturen, für Gleichnisse?

7 Zum Abschluss: ein Gleichnis

Zusammenfassend sei hier mit einem Gleichnis aus den Tagebüchern der späten Lebensjahre[54] geschlossen:

> «Die zahme Gans, eine erweckliche Betrachtung.
>
> Stell dir vor, die Gänse könnten sprechen – dann hätten sie es so eingerichtet, dass sie auch ihren Gottesdienst hätten, ihre Gottesanbetung.
> Jeden Sonntag kämen sie zusammen, und ein Gänserich predigte.
> Der wesentliche Inhalt der Predigt wäre: welch hohe Bestimmung die Gans habe, zu welch hohem Ziel der Schöpfer – und jedesmal, da dies Wort genannt würde, knicksten alle Gänse, und alle Gänseriche dienerten – die Gans bestimmt habe; mit Hilfe der Flügel könnten sie fortfliegen zu fernen Gegenden, seligen Gefilden, wo sie eigentlich ihre Heimat hätten, denn hier seien sie bloss als Fremdlinge.
> Und so jeden Sonntag. Und darauf trennte die Versammlung sich, jede watschelte heim zum eigenen Herd. Und dann wieder am nächsten Sonntag zum Gottesdienst und dann

53 Tagebücher 3, 50f.
54 *Tagebücher* 5, 349f (Dezember 1854).

wieder heim – dabei bliebe es, sie gediehen und würden fett, drall und delikat – und dann würden sie am Martinstag verspeist – dabei bliebe es. [...]
Auch fanden sich unter den Gänsen einige einzelne, die leidend aussahen, mager wurden. Von ihnen hiess es unter den Gänsen: da sieht man, wohin es führt, wenn man mit dem Fliegen-Wollen Ernst macht. Denn weil sie sich in ihrem stillen Sinn mit dem Gedanken, fliegen zu wollen, beschäftigen, deshalb werden sie mager, gedeihen nicht, haben Gottes Gnade nicht, wie wir sie haben und deshalb drall, fett, delikat werden, denn von Gottes Gnade wird man drall, fett, delikat.
Und am nächsten Sonntag gingen sie dann wieder zum Gottesdienst, und der alte Gänserich predigte von dem hohen Ziel, wozu der Schöpfer (hier knicksten die Gänse, und die Gänseriche dienerten) die Gans bestimmt habe, wozu die Flügel bestimmt seien.»

Es folgt nun Kierkegaards Deutung des Gleichnisses in Hinsicht auf die Christenheit:

«Ebenso mit dem Gottesdienst in der Christenheit. Auch der Mensch hat Flügel, er hat die Phantasie. Ihre Bestimmung ist, dass er sich wirklich mit ihrer Hilfe erheben soll – aber wir tun, als ob die Phantasie sich in einer stillen Stunde an einer Sonntags-Schwärmerei ergötzen solle, und bleiben dann im übrigen, wo wir sind, und halten dann am Montag das drall, fett, delikat Werden, das Bauchspeck-Ansetzen, d. h. das Geldsammeln, das in der Welt zu etwas Werden, das Zeugen vieler Kinder, das Glückhaben usw., das halten wir für den Beweis der Gnade Gottes. [...]»

Der Text schliesst mit einer Art von Humor zweiten Grades, als indirekte Mitteilung an die Leserinnen und Leser:

«Und wenn nun jemand dies liest, dann sagt er: das ist hübsch – und dann bleibt es dabei, dann watschelt er heim zum eigenen Herd, bleibt drall, delikat, fett, oder strebt doch mit aller Gewalt danach, es zu werden – aber am Sonntag predigt dann der Pfarrer, und er hört zu – ganz wie die Gänse.»

Die Gegenwart Christi in der Volkskirche

Matthias Zeindler

1 Zwei theologische Begründungen der Volkskirche – und die fehlende dritte

Die Volkskirche wird in der Regel charakterisiert als Kirchentyp, der sich auszeichnet durch eine grosse innere Pluralität von Glaubens- und Teilnahmeformen, ein vielfältiges diakonisches Angebot sowie ein kooperatives Verhältnis zu Staat und Gesellschaft.[1] Zu einer sich als Volkskirche verstehenden Kirche gehört, dass sie diese Charakteristika nicht bloss an sich konstatiert, sondern sie als legitime Gestaltungsformen des christlichen Glaubens auch bejaht.

Für die Begründung der theologischen Legitimität der Volkskirche liegen in der Literatur zwei Zugänge vor, von denen der erste bei der offenen Gemeinschaftsgestalt, der zweite beim Mitglied dieser Gemeinschaftsgestalt, dem glaubenden Individuum, ansetzt. Vertreter der ersten Begründungslinie heben die «niederschwellige[n] Zugangs- oder Zugehörigkeitsbedingungen» der Volkskirche hervor und sehen durch diese die «Bedingungslosigkeit des Evangeliums» dargestellt.[2] Es geht in einer sich volkskirchlich verstehenden Kirche nicht darum, eine bestimmte «gläubige Subjektivität» zu realisieren, vielmehr ist sie mit ihren Vollzügen von Wort und Sakrament «eine gleichsam instrumentale Institutionalität», die der Verwirklichung der christlichen Freiheit des Einzelnen dient.[3] Während die einen dafür halten, dass die Volkskirchlichkeit als unausweichliche Gegebenheit in einer Grosskirche zunächst einmal schlicht anzuerkennen ist,[4] sehen andere in ihr nicht weniger als *die* der Substanz des christlichen Glaubens entsprechende Form von Kirche, meint «Volkskirche» doch «nichts anderes als die einladende und beheimatende Offenheit des Volkes Gottes für alle Men-

1 So etwa Michael Beintker, «Kirche spielen – Kirche sein». Zum Kirchenverständnis heute, in: ZThK 93, 1996, 243–256.253f.

2 Wilfried Härle, Der Alltagsbezug des Redens von Gott unter volkskirchlichen Bedingungen, in: Bernd-Michael Haese/Uta Pohl-Patalong (Hg.), Volkskirche weiterdenken. Zukunftsperspektiven der Kirche in einer religiös pluralen Gesellschaft, Stuttgart 2010, 17–26.17. «Im Sinne dieses Rechtfertigungsgeschehens ist die Kirche Jesu Christi eine Kirche ohne selbstgemachte Bedingungen für den Heilsempfang; dem muss sie auch in ihrem Kirchesein entsprechen» (Wenzel Lohff/Lutz Mohaupt [Hg.], Volkskirche – Kirche der Zukunft? Leitlinien der Augsburgischen Konfession für das Kirchenverständnis heute, Hamburg 1977, 14).

3 Trutz Rendtorff, Theologische Probleme der Volkskirche, in: Lohff/Mohaupt (Hg.), Volkskirche – Kirche der Zukunft? (Anm. 2), 104–131.126.

4 Robert Leuenberger: «Die Kirche hat also nicht die Möglichkeit, sich für oder wider ihre volkskirchliche Situation zu entscheiden, denn darüber ist im voraus schon entschieden» (Problemlose Kirche? Ein Standpunkt, Zürich 1977, 52).

schen» – eine Offenheit, die «ihren Massstab am eigenen Charakter des Evangeliums selbst hat: die gute Nachricht zu sein, die die grosse Freude auslösen wird, die ‹allem Volk› widerfahren soll».[5]

Die zweite Begründungslinie setzt bei der Tatsache an, dass eine sich volkskirchlich verstehende Kirche von ihren Mitgliedern weder das explizite Bekenntnis zu bestimmten Lehren noch eine spezifische Lebensform oder eine bestimmte Frequenz der Partizipation einfordert. Vielmehr sind es die Mitglieder selbst, die die für sie geltenden Gehalte sowie die Gestalt, in welcher sie ihre Zugehörigkeit leben, formulieren. Von anderen Kirchentypen unterscheidet sich der volkskirchliche wieder dadurch, dass in ihm die Eingenständigkeit der Mitglieder nicht bloss akzeptiert, sondern als Ausdruck mündigen Christseins ausdrücklich affirmiert wird. Man kann deshalb, so Kristian Fechtner, die Volkskirche als eine Kirche beschreiben, deren Mitglieder «als selbständige Subjekte handeln, mittun oder sich distanzieren».[6] In dieser Sicht zeichnet sich die Volkskirche aus durch ihre Wertschätzung der religiösen Individualität; eine volkskirchlich verfasste Kirche ist jene, «die auf die selbständige Ausübung des Christentums aus ist».[7]

Beide Begründungslinien haben ihre unbestrittenen Stärken, würdigen sie den Kirchentypus Volkskirche doch unter gewichtigen ekklesiologischen und pneumatologischen Gesichtspunkten, bei denen sie sich auf zentrale Aspekte eines reformatorischen Kirchenverständnisses berufen. Trotzdem möchte ich vorschlagen, die zwei Begründungen durch eine dritte zu ergänzen, die das reformatorische Kirchenverständnis noch einmal unter einer anderen Perspektive für eine sich volkskirchlich verstehende Kirche fruchtbar zu machen versucht. Massgeblich soll dabei die bekannte ‹Minimaldefinition› der Kirche in der siebten These des Augsburger Bekenntnisses (CA VII) sein, dergemäss die Kirche «die Versammlung aller Gläubigen» ist, «bei denen das Evangelium rein gepredigt und die Sakramente laut dem Evangelium gereicht werden»[8] - ein gemeinreformatorisches Verständnis der Kirche.[9] Die Minimaldefinition nimmt nicht für sich in Anspruch, umfassend zu beschreiben, was die Kirche sei, vielmehr stellt sie fest, welches die Mittel sind, durch die Christus seine Kirche begründet, erhält und erneuert. Christologie ist in diesem Sinne, so Walter Mostert, «die wahre Gestalt der Ekklesiologie [...]: Christologie ist Erkenntnis des Für-uns-Seins Jesu

5 Eilert Herms, Kirche – Volkskirche, Landeskirche, Nationalkirche, Staatskirche, Freikirche, Konfessionskirche, in: Haese/Pohl-Patalong (Hg.), Volkskirche weiterdenken (Anm. 2), 49–65.55.

6 Kristian Fechtner, Späte Zeit der Volkskirche. Praktisch-theologische Erkundungen, Stuttgart 2010, 18.

7 Ebd., 44.

8 Unser Glaube. Die Bekenntnisschriften der evangelisch-lutherischen Kirche, Gütersloh 1986, 64.

9 So notiert auch Calvin als Zeichen, an denen man die Kirche erkennt, «die Predigt des Wortes und die Übung der Sakramente» (Inst. IV,1,10).

Christi».[10] Predigt des Wortes und Feier der Sakramente sind die *Konstitutionsmerkmale* der Kirche, jene Vorgänge, ohne die sie nicht Kirche Jesu Christi sein und bleiben kann.[11] Mit ihnen wird der Ort festgestellt, wo Christus durch den Heiligen Geist sich seiner Gemeinde vergegenwärtigt, es sind jene Vollzüge, «die zum Vollzug des Für-uns-Seins Jesu Christi [...] notwendig sind»[12]. Und Kirche findet sich – dies das Implikat von CA VII – dort, wo Christus durch Predigt und Sakrament präsent ist.

Eine theologische Rechenschaft über die Volkskirche – wie über jede Form von Kirche – kann erst dann als hinreichend gelten, wenn sie diese im Rahmen des mit CA VII umrissenen Kirchenverständnisses als eine Struktur ausweisen kann, in welcher Christus sich durch Wort und Sakrament vergegenwärtigt. Nicht allein schon die Offenheit auf alle Menschen hin, auch nicht die Möglichkeit individueller Gestaltung des christlichen Lebens machen die Volkskirche zur Kirche in einem theologisch anspruchsvollen Sinne, sondert erst der Nachweis, dass *ihre verschiedenen Praxisformen als Gefässe rekonstruierbar sind, in denen Jesus Christus durch den Heiligen Geist zu den Menschen kommt.*

2 Vielgestaltige Gegenwart Christi im Heiligen Geist

2.1 Vielgestaltige Botschaft von Gottes Gnade in Christus

Wort und Sakrament bezeichnen die Vollzüge, durch welche die Kirche begründet, erhalten und erneuert wird, deren primäres Subjekt also nicht sie selbst, sondern der dreieinige Gott ist. Indem die Kirche diese Handlungen vollzieht, handelt Gott – wo und wann er will – an ihr. Dabei werden mit diesen Vollzügen nicht einzelne kirchliche Handlungen privilegiert, möglicherweise um der konfessionellen Abgrenzung willen, vielmehr sind Wort und Sakrament jene Medien, die dem Inhalt des Evangeliums, der freien Gnade Gottes, entsprechen. Denn in der Form von Wort und Sakrament wird die Zuwendung Gottes so thematisch, dass diese vom Menschen nicht durch eigene Aktivitäten realisiert werden muss, sondern ihm als reine Gnade passiv zugeeignet wird. Dieses blosse Geltenlassen der gnädigen Zuwendung Gottes auf Seiten des Menschen ist in der reformatorischen Theologie gemeint, wenn von der Errettung allein aus Glauben, *sola fide*, gesprochen wird. Das Zweite gehört dazu: Indem Gott den Menschen *anspricht*,

10 Walter Mostert, Jesus Christus – Anfänger und Vollender der Kirche. Eine evangelische Lehre von der Kirche, Zürich 2006, 50.

11 So auch Christoph Schwöbel in seinen Ausführungen zur Kirche in der Confessio Augustana: Kirche wird in deren These VII «durch die Konstitutionsbedingungen des Glaubens definiert» (Kirche als Communio, in: Ders., Gott in Beziehung. Studien zur Dogmatik, Tübingen 2002, 379–435.421). Zu ergänzen wäre, dass die Konstitutionsbedingungen des Glaubens und der Kirche immer auch deren Erhaltungs- und Erneuerungsbedingungen sind.

12 Mostert, Jesus Christus (Anm. 10), 55.

nimmt er ihn als Wesen in Anspruch, das sich zu seiner Zuwendung verhalten kann, indem es ihm antwortet, also als freies Wesen. Die Sprachlichkeit des Evangeliums ist darum nicht nur Ausdruck seiner Gratuität, sondern auch des auf Partnerschaftlichkeit zielenden Verhältnisses Gottes zum Menschen.[13] Das Sakrament – so unterschiedlich seine Beziehung zum gepredigten Wort bestimmt wird – relativiert die grundsätzliche Sprachlichkeit des Evangeliums nicht, sondern erweitert sie.[14]

Von hier aus erschliesst sich die Bedeutung der Formel, die Kirche sei *creatura Verbi Divini*, Geschöpf des Wortes.[15] Sie ist, so die Studie «Die Kirche Jesu Christi» der Leuenberger Kirchengemeinschaft, «Geschöpf des zum Glauben rufenden Wortes, durch das Gott den von ihm entfremdeten Menschen mit sich versöhnt und verbindet, indem er ihn in Christus rechtfertigt und heiligt, ihn im Heiligen Geist erneuert und zu seinem Volk beruft».[16] Die Kirche ist die Gemeinschaft jener, die das befreiende Wort Gottes hören und sich aneignen, die es feiern und leben und darin ihre Gemeinschaft mit Jesus Christus im Heiligen Geist wirklich sein lassen. Die Frage nach der Präsenz Christi in der Volkskirche lässt sich dann aber präzisieren als Frage nach der Gegenwart des Wortes Gottes in dieser Kirche. Sie lautet: *Wo und in welcher Weise vergegenwärtigt sich in der sich als Volkskirche verstehenden Kirche die Botschaft von Gottes befreiender Gnade in Jesus Christus?*

Die volkskirchliche Praxis zeichnet sich durch eine breite Vielfalt von Angeboten aus, in der sich ihre plurale Mitgliederstruktur abbildet.[17] Dabei darf man davon ausgehen, dass das «Skelett» der Angebotspalette nach wie vor durch biographisch-lebensbegleitende Feiern bestimmt wird: Die Kirche geht mit ihren Kasualien (inklusive die meist kasual verstandene Taufe)[18] den Lebensweg ihrer Mitglieder mit, sie führt sie mit ihrem pädagogischen Handeln in die kirchliche Bedeutungs- und Lebenswelt ein und steht ihnen mit ihrem feinmaschigen Seelsorgenetz in Krisensituationen verschiedenster Art zur Seite. Zu diesen Hand-

13 Matthias Zeindler, Erwählung. Gottes Weg in der Welt, Zürich 2009, 131–134.

14 Ulrich H. J. Körtner, Theologie des Wortes Gottes. Positionen – Probleme – Perspektiven, Göttingen 2001, 347–352; Joseph D. Small, A Church of Word and Sacrament, in: Lukas Vischer (Hg.), Christian Worship in Reformed Churches Past and Present, Grand Rapids, MI/Cambridge, U. K. 2003, 311–323.

15 Matthias Zeindler, Gemeinsam unter dem Wort Gottes. Die Kirche als Interpretationsgemeinschaft der Schrift, in: Marco Hofheinz/Frank Mathwig/ders., Wie kommt die Bibel in die Ethik? Beiträge zu einer Grundfrage theologischer Ethik, Zürich 2011, 323–351.339–341.

16 Leuenberger Kirchengemeinschaft, Die Kirche Jesu Christi. Der reformatorische Beitrag zum ökumenischen Dialog über die kirchliche Einheit (Leuenberger Texte 1), Frankfurt a. M. 1995, 22.

17 Zum differenzierten Mitgliederverhalten in der Volkskirche vgl. Person und Institution. Volkskirche auf dem Weg in die Zukunft. Arbeitsergebnisse und Empfehlungen der Perspektivkommission der Evangelischen Kirche in Hessen und Nassau, Frankfurt a. M. 1992, 88f.

18 So etwa Kristian Fechtner, Kirche von Fall zu Fall. Kasualpraxis in der Gegenwart – eine Orientierung, Gütersloh 2003, 81–98.

lungsfeldern kommt eine kirchliche Präsenz dort, wo Menschen in besonderer Weise des poimenischen Beistands bedürfen (Spital-, Heim-, Gefängnis- oder Militärseelsorge, Care Team), sowie in Diakonie und gesellschaftlichen Diskursen. Das biographisch-lebensweltliche Modell kirchlicher Begleitung setzte ursprünglich eine Kontinuität des Kontaktes voraus, die heute meist nicht mehr der Realität entspricht – nur noch selten schliesst an den kirchlichen Unterricht und die Konfirmation ein weiterführendes kirchliches Engagement in Jugendarbeit und später regelmässige Partizipation am Gottesdienst und sonstigen Angeboten der Kirche an. Die Regel sind bei der Mehrheit der Kirchenmitglieder punktuelle Kontakte, «Kirche bei Gelegenheit»[19]. Insbesondere selten sind regelmässige Besuche des Gottesdienstes, dort, wo gemäss einem theologischen Kirchenverständnis Wortverkündigung und Feier der Sakramente ihren zentralen Ort haben, und damit dort, wo Christus sich in seiner Gemeinde primär vergegenwärtigt. Das punktuelle Partizipationsmuster wirkt sich aber auch auf die Verstehensqualität der Mitglieder aus, kann man doch auch dort immer weniger von einem sich laufend entwickelnden Verständnis der christlichen Botschaft ausgehen – gerade bei Kasualien, aber auch in Bildungsveranstaltungen hat man es oft mit «Anfängern» zu tun, solchen also, die man «die Anfangsgründe der Worte Gottes buchstabieren lehrt» und «die Milch brauchen statt feste Nahrung» (Hebr. 5,12). Das zwingt dazu, die Gehalte dessen, wofür die Kirche steht, in elementaren Formen zu vermitteln. Dieser oft bescheidenen «Dichte» dessen, was vom Evangelium vermittelbar ist, steht die volkskirchliche Breite der Orte und «Gelegenheiten» solcher Vermittlung gegenüber.

2.2 Königliche, priesterliche und prophetische Gegenwart Christi

Wie ist angesichts dieser Situation auf die Frage nach der Präsenz Christi in einer Kirche zu antworten, die sich als Volkskirche versteht? Michael Welker schlägt in seiner Christologie vor, die Präsenz Christi im Anschluss an die Lehre von seinem dreifachen Amt zu denken, wobei er anregt, letztere zu erweitern durch eine Lehre von der dreifachen Gestalt des Reiches Gottes.[20] Der Gewinn dieses Zugangs liegt darin, dass er es erlaubt, Christi Gegenwart nicht allein in den verschiedenen Dimensionen kirchlicher Praxis zu entdecken, sondern darüber hinaus in seinen Wirkungen in historischen Prozessen und gesellschaftlichen Entwicklungen *extra muros ecclesiae*. So kann Welker von Christi Wirken in dessen königlichem Amt sagen:

> «Eine dankbare Aufmerksamkeit für die grossen Potentiale freier, schöpferischer Selbstzurücknahme in Familie, Freundschaft, Bildung, medizinischer Versorgung, zivil-

19 Michael Nüchtern, Kirche bei Gelegenheit. Kasualien – Akademiearbeit – Erwachsenenbildung, Stuttgart u. a. 1991.

20 Michael Welker, Gottes Offenbarung. Christologie, Neukirchen-Vluyn 2012, 195–202.

gesellschaftlicher und gesellschaftlicher Organisation sollte für die starken direkten und indirekten Prägekräfte des munus regium Christi sensibilisieren.»[21]

Ähnliches lässt sich von Christi Wirksamkeit in seiner priesterlichen[22] und prophetischen Gegenwart[23] sagen. Christus ist im Heiligen Geist jenseits der Grenzen der Kirche auch in der gesamten Gesellschaft, in der «Welt», tätig und lässt den Menschen sein befreiendes Wirken zugute kommen. Dort, wo Menschen einander lieben, wo Solidarität sich personal und institutionell verwirklicht, wo durch die Etablierung von gerechtem Recht Menschen geschützt werden oder immer mehr Leute am gesellschaftlichen Wohlstand partizipieren können, haben Christen Anlass, ihren Herrn am Werk zu sehen. Was einem säkularen Bewusstsein lediglich noch eine «christlich-jüdische Tradition« sein mag, versteht christlicher Glaube als Manifestation des lebendigen Christus.

Dabei bleibt ernst zu nehmen, dass Christus sich in der Welt durch sein Wort vergegenwärtigt. Die genannten gesellschaftlichen Prozesse hin zu mehr Solidarität und gegenseitiger Achtung müssen deshalb immer auch als ein kommunikatives Geschehen verstanden werden, in welchem die christliche Botschaft – oft auf verzweigten Wegen und in Auseinandersetzung mit anderen Kräften – in der Ausgestaltung von Gemeinschaften und politischen und rechtlichen Strukturen wirksam geworden ist. Was bedeutet, dass Menschen auch ausserhalb kirchlicher Verkündigung, vermittelt durch gesellschaftliche Kommunikation in Geschichte und Gegenwart, dem Wort Gottes und damit dem sich ihnen mitteilenden Christus begegnen können. Freilich werden Entwicklungen dieser Art erst als Wirken Christi theologisch «sprechend», wo die Kirche sie als solches Wirken zu deuten wagt. Zu einer Christologie, welche die Präsenz Christi auch jenseits der Grenzen unmittelbarer kirchlicher Praxis annimmt, gehört unverzichtbar eine kirchliche Praxis, welche die betreffenden gesellschaftlichen Entwicklungen auf die in ihnen geglaubte Christusgegenwart hin durchsichtig zu machen sucht.

Eine volkskirchlich strukturierte Kirche kann auf dem hier angedeuteten Weg als Ort der Präsenz Christi in seinem Wort interpretiert werden, wenn diese Präsenz ihrerseits als eine vielfältige, auch vielfältig vermittelte gedacht wird. Christus wird den einen in einer Predigt, anderen in einer Bach-Passion, wieder anderen durch die Aktivität in einer politisch aktiven Gruppe begegnen. Schon diese Beispiele lassen ahnen, wie unterschiedlich dabei das ist, was den jeweiligen Betroffenen begegnet – das Spektrum reicht von der Auslegung eines neutestamentlichen Textes über ein christliches Bekenntnis im Gewand barocker Musik bis hin zu einer politischen Struktur, deren Anliegen sich einer christlich geprägten Herkunft verdanken. Der Grad und die Art von Betroffenwerden durch die biblische Botschaft ist sicher in jedem der drei Fälle anders, bei jedem haben aber

21 Ebd., 224.
22 Ebd., 257–269.
23 Ebd., 283–292.

Christen Anlass zu glauben, dass in ihm Potenziale jener Freiheit erfahrbar werden, von der das Evangelium spricht.

Es wurde erwähnt, dass viele Mitglieder der Volkskirche sehr punktuell an kirchlicher Praxis partizipieren, und entsprechend «locker» ist ihr Verhältnis zu den in der Kirche vertretenen biblisch-theologischen Gehalten und die Prägekraft dieser Gehalte in ihrem Leben. Eine – nennen wir sie – «volkskirchliche» Christologie und Pneumatologie wird getragen vom Vertrauen, dass Christus die Menschen nicht verloren gibt, sondern sie sucht und sie auf sehr vielfältige Weise zu finden weiss. Es ist eine Christologie und Pneumatologie, die Christus und dem Geist eine weit grössere Reichweite als der Kirche zutraut. Und es ist eine Christologie und Pneumatologie, der – wie jeder Ekklesiologie – auch eine bestimmte Eschatologie entspricht, nämlich eine offene, hoffnungsvolle Eschatologie, die die Gewissheit der Erlösung nicht abhängig macht von einem feststellbaren Stand des Bekehrtseins, sondern von der immer noch grösseren Gnade Gottes.[24]

3 Den «Erfolg» aus der Hand geben

Christus in unterschiedlichsten Medien und in vielfach vermittelter Weise am Werk zu glauben, hat auch die Konsequenz, dass die Kirche die Wirkung ihrer Praxis – deren «Erfolg» – in einem hohen Masse aus der Hand zu geben gezwungen ist. Ihr Handeln kann nicht mehr sein als ein Impuls, den die davon Erreichten je in ihrer Weise in ihr Leben integrieren. Theologisch nötigt dies dazu, die Formierung des menschlichen Lebens durch das Evangelium primär pneumatologisch und nur in einer untergeordneten Weise auch ekklesiologisch zu begreifen – als Handeln des Geistes, das sich zwar in kirchlichen Formen vollzieht, über diese aber immer auch hinausgeht. Weiter nötigt die volkskirchliche Struktur der Kirche dazu, auch dort auf die befreiende Kraft Christi zu vertrauen, wo diese scheinbar nur schwer auszumachen ist. Dafür zwei Beispiele.

Erstens: der «kleine Glaube». Der Regelfall von Religiosität ist nicht das religiös klar geprägte Leben, sondern ein breites Spektrum von Mischformen, in denen zwar religiöse Bestände durchaus eine Rolle spielen, daneben aber eine Vielzahl von Prioritäten und Loyalitäten nichtreligiöser Art mindestens ebenso stark wirksam sind. Jürgen Werbick spricht hierbei vom «kleinen Glauben»:

> «Dieses vielleicht ‹kleingläubige› Hin und Her entspricht gewiss nicht dem Bild, das man sich von entschiedener, in Gottes Zusage sich festmachender und auf Jesu Wort

24 Vgl. Matthias Zeindler, «… das soll wahr und gewiss sein». ‹Amen› als Grundwort des Glaubens, in: Martin Ernst Hirzel/Frank Mathwig/ders. (Hg.), Der Heidelberger Katechismus – ein reformierter Schlüsseltext (reformiert! Bd. 1), Zürich 2013, 357–381.

‹sich wagender› Glaubensexistenz machen wird. Aber es ist wohl der ‹Normalfall› des Christseins, das, was alltägliches Christsein ausmacht.»[25]

Ein solcher Glaube, der wohl in der Kirchengeschichte generell vorherrscht, ist tendenziell eher pragmatisch, an Alltagsfragen orientiert, an die herrschenden Sitten angepasst, mässig reflektiert, oft geprägt von ‹spiritueller Wanderschaft›. Der «kleine», lebensnahe Glaube verdient, so Werbick, theologisch «gewürdigt und nicht von einem Schwall hochgemuter, verbal-radikaler Phrasen zugedeckt zu werden».[26] Eine volkskirchliche Christologie wird den «kleinen Glauben» nicht bloss als notwendiges Übel in Kauf nehmen, sondern auch als eine Weise verstehen, durch welche Christus seine befreiende Gegenwart wirklich werden lässt.

Zweitens: Kirche als Gemeinschaft. Dass zwischen christlichem Glauben und Zugehörigkeit zur christlichen Gemeinde ein tiefer, ja untrennbarer Zusammenhang besteht, gehört zu den unbestrittenen Einsichten neuerer Theologie:[27] Das durch Christus eröffnete Heil besteht wesentlich darin, in den neuen Sozialzusammenhang Kirche versetzt zu werden.[28] Mit diesem exegetisch und dogmatisch bestens gestützten Befund kontrastiert hart die Tatsache, dass für eine Mehrheit der Mitglieder der Volkskirche der Aspekt der Gemeinschaft bei ihren Zugehörigkeitsgründen weit hinten rangiert.[29] Die Gründe dafür können hier nicht erör-

25 Jürgen Werbick, Vom Wagnis des Christseins. Wie glaubwürdig ist der Glaube?, München 1995, 119.

26 Ebd. Ähnlich Rendtorff: «Die Volkskirche ist die Kirche, die sich nicht zu gut dazu ist, in den Gefährdungen und Versuchungen Kirche zu sein, in denen die Menschen und Christen nun einmal stehen» (Theologische Probleme [Anm. 3], 131).

27 Als pointiertes Bespiel sei Karl Barth zitiert: «Wir sind entweder in der communio sanctorum oder wir sind überhaupt keine sancti. Privater, monadenartiger Glaube ist als solcher kein christlicher Glaube» (KD IV/1, 757).

28 Dietrich Bonhoeffer, der in seinem frühen und mittleren Werk die Ekklesialität des Heils in Christus besonders stark herausgearbeitet hat, schreibt: «Es wird keiner ein neuer Mensch, es sei denn in der Gemeinde, durch den Leib Christi» (Nachfolge [DBW 4], München 1989, 233).

29 Gemäss der 4. EKD-Mitgliedschaftsstudie «Kirche in der Vielfalt der Lebensbezüge» (2002) stimmen der Aussage «Ich bin in der Kirche, weil ich die Gemeinschaft brauche» von den mit der Kirche sehr Verbundenen 53% zu, von den ziemlich Verbundenen nur noch 23% und von den etwas Verbundenen lediglich 8%. Bei den «Kirchenfremden» und den Christen «in Halbdistanz» sind die Werte nochmals tiefer; vgl. Eberhard Hauschildt/Uta Pohl-Patalong (Hg.), Kirche (Lehrbuch Praktische Theologie Bd. 4), Gütersloh 2013, 321–337. In der Auswertung der 5. Mitgliedschaftsstudie rangiert bei der Frage nach Gründen für die Mitgliedschaft die Aussage «weil ich Gemeinschaft brauche» bei allen Kategorien von Befragten an letzter Stelle (Heinrich Bedford-Strohm/Volker Jung [Hg.] Vernetzte Vielfalt. Kirche angesichts von Individualisierung und Säkularisierung. Die fünfte EKD-Erhebung über Kirchenmitgliedschaft, Gütersloh 2015, 62, Tabelle 1). In der Schweiz waren 1999 32,8% der Befragten ganz oder eher einverstanden mit der Aussage «Die Kirche oder die religiöse Gemeinschaft ist eine Gemeinschaft, die ich nötig habe» (1989 39,8%), 41,3% eher nicht oder überhaupt nicht einverstanden (1989 37,6%); ganz oder eher einverstanden waren 78,6% mit der Aussage «Ich kann auch ohne Kirche oder religiöse Gemeinschaft an Gott glauben» (1989 79%), eher oder überhaupt nicht einverstanden 5,6% (1989 7,7%) (Roland J. Campiche, Die zwei Gesichter der Religion. Faszination und Entzauberung, Zürich 2004, 348).

tert werden,[30] sie haben sowohl mit der Verfasstheit moderner Religiosität – Religion als Refugium von Individualität – zu tun als auch damit, dass die real existierenden Kirchen faktisch lediglich die religiösen Gehalte, kulturellen Präferenzen und Sozialformen bestimmter gesellschaftlicher Gruppen und Milieus verkörpern, ihre Offenheit also nur eine sehr beschränkte ist.[31] Die Angaben über die Gemeinschaftsbedürfnisse der Kirchenmitglieder müssen aber auch als Warnung davor gelesen werden, die Sozialität des Glaubens auf unmittelbare face-to-face-Beziehungen zu reduzieren – moderne Sozialität (auch kirchliche) realisiert sich auch in vermittelt-formalisierter Gemeinschaft. Die Angaben sind weiter ein Hinweis darauf, dass die volkskirchliche Pluralität christlichen Lebens auch in Bezug auf die Vergemeinschaftungsformen des Glaubens ihre Geltung hat.

4 Die immer noch grössere Freiheit Christi: Grenzen der Kirche

Auch die Volkskirche, die sich als offene Gestaltungsform der Evangeliumsverkündigung versteht, steht vor der Frage ihrer Grenzen – wie jede Form von Kirche. Die Frage bekommt unter dem hier verfolgten christologischen Gesichtspunkt eine spezifische Kontur. Negativ gilt, dass die Grenzen der Zugehörigkeit zur Kirche sich einer Kirche weitgehend entziehen, der es in ihrer Praxis nicht darum zu tun ist, bestimmte Lebensformen als «christliche» oder «kirchliche» auszuzeichnen, sondern darum, «alle konkreten Möglichkeiten zu befördern, in denen die Teilhabe an Angebot und Anruf des Evangeliums im Leben der Menschen eine Rolle zu spielen vermag».[32] Auch wenn es um ihre Grenzen geht, gibt die Kirche das Urteil über die Wirkungen ihrer Praxis hier aus der Hand.

Positiv wird sich eine volkskirchlich verstandene Kirche der Frage ihrer Grenzen *vom Zentrum ihrer Verkündigung her* annähern. Auch diese Kirche bleibt bewegt von der Frage, wie sie immer mehr Menschen den Reichtum des Evangeliums immer überzeugender nahebringen und sie damit für die Nachfolge Christi gewinnen kann – in diesem Sinne kann auch die Volkskirche nichts anderes denn eine missionierende Kirche sein.[33] Zu dieser missionarischen Aktivität wird aber nicht gehören, Kriterien für «wahres» oder «falsches» Christsein, für «hinreichende» und «nicht hinreichende» Formen der Zugehörigkeit zur Kirche zu formulieren. Vielmehr zielt missionarisches Wirken darauf, in möglichst einladender

30 Vgl. auch Matthias Zeindler, Gotteserfahrung in der christlichen Gemeinde. Eine systematisch-theologische Untersuchung, Stuttgart u. a. 2001, 333–335.

31 Vgl. Roland Diethelm/Matthias Krieg/Thomas Schlag (Hg.), Lebenswelten (2 Bde.), Zürich 2012; Petra-Angela Ahrens/Gerhard Wegner, Soziokulturelle Milieus und Kirche. Lebensstile – Sozialstrukturen – kirchliche Angebote, Stuttgart 2013; für einen Überblick über die Diskussion Hauschildt/Pohl-Patalong, Kirche (Anm. 29), 341–353.

32 Lohff/Mohaupt (Hg.), Volkskirche (Anm. 2), 22.

33 Vgl. dazu auch die Ausführungen zur Mission in der Volkskirche in den «Perspektiven» in Teil VII sowie in Teil IV von Nadja Troi-Boeck in diesem Band.

und gewinnender Weise die befreiende Botschaft Christi bekannt zu machen, in der Hoffnung, dass die Angesprochenen durch Christus und durch die Macht des Heiligen Geistes wirkkräftig eingeladen und gewonnen werden. Wo dies gelingt, ist es Christus selbst, der Menschen für seine Gemeinde gewinnt. Wo die angesprochenen Menschen den Ruf aber nicht hören, dort ist es letztlich nicht Christus, der die Grenze der Kirche bestimmt, es ist auch nicht die Kirche, es sind die eingeladenen Menschen selbst, die sich vom Evangelium ab- und aus der Kirche ausgrenzen.

Offenheit und Grenzen

Volkskirche zwischen Konfessionalität und Ökumenizität

Frank Mathwig

> «Der Calvinismus hat von jeher einen grösseren Zug ins Ökumenische gehabt als das Luthertum. […] Die ganze christliche Kirche – mit Einschluss der griechischen und römischen – sollen wir als Theologen der Una sancta suchen und nicht nur als Lutheraner oder Calvinisten. Meine reformierten Hörner und mein Pferdefuss – dass sie herausschauen das ist unvermeidlich. Aber wollen wir nicht alle auf die eine, wahre Kirche wenigstens hinzielen?»
>
> Karl Barth[1]

Genitivkirchen sind Menschenwerk und haben eine Kategorisierungsfunktion: «christlich» auf der Ebene der Religionsgemeinschaften, «römisch-katholisch» in konfessioneller Hinsicht, «methodistisch» als Präzisierung der Denomination,[2] «Freikirche» im Blick auf ihre Organisationsform und/oder ihren rechtlichen Status, «Landeskirche» bezogen auf die territoriale Verortung, «Citykirche» zur Kennzeichnung eines bestimmten funktionalen Typs. Solche Kategorisierungen haben genetisch betrachtet zunächst eine Abgrenzungsfunktion und damit Verlegenheitscharakter. Sie sind, von den juristisch definierten Titeln und Bezeichnungen einmal abgesehen, weder eindeutig noch disjunkt. Eine lutherische Kirche ist keine reformierte, aber eine Landes- oder Citykirche kann sowohl lutherisch als auch reformiert sein. Zudem haben die Kirchen in den meisten Ländern den Status von Freikirchen. Der Begriff der Volkskirche gehört ebenfalls zum Begriffsnetzwerk «Kirche». Obwohl er als Selbstbezeichnung fast ausschliesslich im Protestantismus begegnet,[3] muss er – abhängig von zugeschriebener Bedeutung

1 Karl Barth, Die dogmatische Prinzipienlehre bei Wilhelm Herrmann (stenographische Mitschrift von A. Mettler der Diskussion am 17. Mai 1925 in Halberstadt), in: Ders., Vorträge und kleine Arbeiten 1922–1925, hg. von Holger Finze, Zürich 1990, 545–603, 551. Zu Karl Barths Konfessionsverständnis vgl. Matthias Freudenberg, Reformierter Protestantismus in der Herausforderung. Wege und Wandlungen der reformierten Theologie, Berlin 2012, 333–345.

2 Eberhard Busch, Christentum und Konfession, in: Michael Weinrich (Hg.), Einheit bekennen. Auf der Suche nach ökumenischer Verbindlichkeit, Wuppertal 2002, 77–94, 77f., hat auf die Relativierung der Konfessionsgrenzen durch die im amerikanischen Protestantismus übliche Unterscheidung zwischen «Denominationen» (anstatt «Konfessionen») hingewiesen.

3 Im deutschsprachigen Katholizismus begegnet der Volkskirchenbegriff einerseits im Anschluss an *Vaticanum II* (vgl. Dogmatische Konstitution über die Kirche «Lumen Gentium», LG 6), anderer-

und Verwendungsweise[4] – keinesfalls auf die eine Konfessionsfamilie beschränkt werden. Mehr noch, die Frage nach der Volkskirche im Horizont von Konfessionalität und Ökumenizität lässt sich sinnvoll nur unter der Prämisse stellen, dass Volkskirche nicht als exklusives Merkmal einer einzigen (konfessionellen) Kirche reklamiert wird.

Die Schwierigkeit des Volkskirchenbegriffs steckt in seiner Konstruktion. Ein Blick in die Literatur legt nahe, weniger von einer *Theorie* als vielmehr von einem *Phänomenbereich* Volkskirche zu sprechen. Ursprünglich als Abgrenzungsterminus eingeführt, ergeht es dem Volkskirchenbegriff ähnlich wie etwa den neuzeitlichen Ausdrücken «Freiheit» und «Würde». So einfach es gelingt, die Ausdrücke negativ abzusetzen, so schwer fällt es, sie kriteriologisch positiv zu bestimmen. Die Herausforderung der aktuellen Diskussionen über die Volkskirche besteht in der Umstellung von der ursprünglich funktionalen – in Abgrenzung zu einem autoritären Staatskirchenverständnis bei Schleiermacher – auf eine heute programmatische Verwendung,[5] die allerdings bereits in Wicherns Plädoyer einer missionarischen evangelischen Kirche für das Volk auf dem Wittenberger Kirchentag 1848 anklingt.[6]

Der Ausdruck «Volkskirche» hat – im Blick auf seine Genese – den Charakter eines Kampf- oder «Reformbegriffs» (Wolfgang Huber), wobei die Gegner – wie bereits die Anfänge bei Schleiermacher und Wichern verdeutlichen – wechseln können. Zur Klärung seines heutigen Bedeutungsspektrums liegt es deshalb nahe, nach den Positionen und Strukturen zu fragen, gegen die mit Hilfe des Volkskirchenbegriffs opponiert wird.

seits im Anschluss an die dort etablierte Volk-Gottes-Ekklesiologie (vgl. LG 9–17) in der befreiungstheologischen Leitidee von der «iglesia/igreja popular» (vgl. Norbert Mette, Volkskirche. I. Katholisches Verständnis, in: LThK, Bd. 10, durchges. Ausg. der 3. Aufl., SA, Freiburg 2006, 862f.; vgl. auch Christian R. Tappenbeck, Die Volkskirche – aus kirchenrechtlicher Sicht, in: SJKR/ASDE 17, 2012, 13–45, 17, Fn. 29. Vgl. auch den Beitrag in Teil VI von Rudolf von Sinner in diesem Band.

4 Reiner Preul, Die soziale Gestalt des Glaubens. Aufsätze zur Kirchentheorie, Leipzig 2008, 39, bemerkt salopp, man komme «nicht umhin, selbst zu sagen, in welchem Sinne man den Begriff verwenden will. Es gibt keinen einheitlichen Gebrauch des Begriffs, daher auch keine Nötigung, ihn so oder so zu verstehen».

5 Wolfgang Huber, Kirche, Stuttgart 1979, 169, spricht von einem «theologische[n] Programmbegriff» als Reaktion auf die Säkularisierung und ihre Folgen.

6 Vgl. Kristian Fechtner, Späte Zeit der Volkskirche. Praktisch-theologische Erkundungen, Stuttgart 2010, 17. Fechtner selbst unterscheidet drei Verwendungsweisen des Volkskirchenbegriffs: 1. als «*Strukturbegriff*» im Blick auf die «organisatorische Verfassung des (protestantischen) Christentums», 2. als «*Praxisbegriff*, mit dem ein kirchliches Mitgliedschaftsverhalten und -bewusstsein umschrieben werden kann» und 3. als «Konzeptbegriff [...], der Leitmotive zur Gestaltung kirchlicher Praxis enthält» (ebd., 13–15).

1 Annäherungen an den Begriff

Das Volkskirchenparadigma ist zwar in den reformierten Kirchen der Schweiz überall präsent und wird kirchensoziologisch und gesellschaftspolitisch thematisiert, ist aber kaum ein Gegenstand ekklesiologischer Reflexion. Exemplarisch kann dafür auf die Diskussion zur Verfassungsrevision des Schweizerischen Evangelischen Kirchenbundes (SEK) verwiesen werden. In den beiden zentralen Dokumenten «Für einen Kirchenbund in guter Verfassung anlässlich der Abgeordnetenversammlung vom Sommer 2010» und «Bericht zur Vernehmlassung im Anschluss an das Vernehmlassungsverfahren zum Vorentwurf einer neuen Verfassung 2013» begegnet der Volkskirchenbegriff im ersten Text an sieben und im zweiten Text lediglich an zwei Stellen. In dem AV-Bericht des Rates SEK wird zunächst pauschal festgehalten:

> «Grossmehrheitlich befürworten die Befragten den volkskirchlichen Charakter der reformierten Kirche.»[7]

Wenig später wird präzisiert:

> «Die reformierten Kirchen scheuen sich schon fast traditionsbedingt vor klarer Abgrenzung. Sie definieren sich stark über das ‹Nicht-Wollen›: Sie wollen sich nicht klar über Mitgliedschaftsregeln abgrenzen, sondern eine für alle offene Volkskirche sein; sie wollen sich inhaltlich nicht abgrenzen und verstehen sich als bekenntnisfrei. Sie wollen sich nicht deutlich von anderen Konfessionen und Religionen abgrenzen und auch nicht von der modernen, säkularisierten Gesellschaft und dem Staat. Sie sehen sich als ‹Kirche von unten› und misstrauen tendenziell allen oberen Ebenen.»[8]

Gegenüber diesem common sense gibt der Kirchenbund dann allerdings zweierlei zu bedenken. Einerseits gilt im Blick auf die Herausforderungen der liberal-individualisierten und religiös pluralen Gesellschaft:

> «Das Prinzip der ‹Volkskirche› wird vermehrt durch die Notwendigkeit einer stärkeren Profilierung von reformierten Inhalten herausgefordert. Wie kann das notwendige und immer wichtiger werdende Gemeinschaftsgefühl verbunden bleiben mit der gesamtgesellschaftlichen Verantwortung und dem gesamtgesellschaftlichen Vertretungsan-

7 Für einen Kirchenbund in guter Verfassung. Bericht und Antrag des Rates SEK. Vom Rat des Schweizerischen Evangelischen Kirchenbundes SEK am 17.–18. August 2010 verabschiedet zuhanden der Abgeordnetenversammlung, Bern 2010, 26. Dem korrespondiert das kirchliche Selbstverständnis als «volkskirchliche und evangelisch-reformierte Kirche» (SEK, Verfassungsrevision. Bericht zur Vernehmlassung, o. J. o. O., 17).

8 Für einen Kirchenbund (Anm. 7), 27. Dem entspricht die Forderung «Das kirchliche Leben sei in volkskirchlicher Prägung darzustellen (Sakramente, Katechese, Diakonie etc.)» (SEK, Verfassungsrevision [Anm. 7], 48).

spruch? Eine verbesserte Erkennbarkeit und Lesbarkeit der reformierten Kirchen in der Gesellschaft soll im Rahmen eines volkskirchlichen Ansatzes neu gedacht werden.»[9]

Andererseits wird Kirche vor dem Hintergrund der religiösen Neutralität des liberalen Rechtsstaates mit der Aufgabe konfrontiert:

> «Die Reformierten wollen Volkskirche, nicht Staatskirche sein. Sie leben in der Phase nach der vollzogenen Trennung zwischen Kirche und Staat. Nun geht es darum, das Getrennte sinnvoll aufeinander zu beziehen. Wie kann gemeinsames Kirche-Sein trotz unterschiedlich starker Bindung an staatliche Institutionen gelebt werden?»[10]

Diese Schlaglichter aus einem kirchenpolitischen Kontext erheben keinen ekklesiologischen Anspruch, präsentieren aber ein Stimmungsbild aus der Vogelperspektive, das die Diskursprämissen des Themas «Volkskirche» auf den Punkt bringen. Deutlich wird 1. der Konsens hinsichtlich eines volkskirchlichen Selbstverständnisses der reformierten Kirchen in der Schweiz; 2. die bottom-up-Struktur von Kirche, die in ihrer Radikalität eher einer kongregationalistischen als einer presbyterial-synodalen Organisationsform entspricht; 3. die mit dem Volkskirchenbegriff explizit verbundenen Abgrenzungsabsichten; 4. die daraus resultierenden Zumutungen hinsichtlich der eigenen Profilierung und schliesslich 5. die ebenfalls damit verbundene Aufgabe einer konstruktiven Verhältnisbestimmung von Kirche und Staat. Im Blick auf die Frage nach den Potenzialen und Defiziten des Volkskirchenmodells im konfessionellen und ökumenischen Kontext rücken der 3. und 4. Aspekt ins Zentrum.

2 Antimonopolismus und Mut zur Häresie

Auf den ersten Blick bietet ein negativ konnotierter Volkskirchenbegriff eine ekklesiologische Subtraktionstheorie,[11] die sich einer verbreiteten – sowohl in der Ökumene[12] wie in der Ethik[13] bestens bekannten – Strategie bedient: Da angesichts der drängenden Aufgaben und Probleme nicht abgewartet werden kann, bis alle kontroversen Grundsatzfragen geklärt und ausgeräumt sind, sollte umgekehrt die Aufmerksamkeit darauf gelenkt werden, auf welche unverträglichen Überzeugungen und Positionen zugunsten kooperativer Zusammenarbeit verzich-

9 Für einen Kirchenbund (Anm. 7), 39.

10 Ebd., 40.

11 Charles Taylor, Ein säkulares Zeitalter, Frankfurt/M. 2009, 889, rekonstruiert die neuzeitliche Säkularisierungstheorie insgesamt im Sinne einer solchen Subtraktionstheorie.

12 Vgl. Dietrich Ritschl, Kleines Plädoyer für J. H. Oldhams ‹Mittlere Axiome›. Zum Ausblenden der Letztbegründung ethischer Sätze, in: Wolfgang Schoberth/Ingrid Schoberth (Hg.), Kirche – Ethik – Öffentlichkeit. Christliche Ethik in der Herausforderung, Münster/Hamburg/London 2002, 183–189.

13 Vgl. Frank Mathwig, Konfliktfall Bibel. Wie kommt die Bibel in die Theorie sittlicher Urteilsfindung?, in: Marco Hofheinz/Frank Mathwig/Matthias Zeindler (Hg.), Wie kommt die Bibel in die Ethik? Beiträge zu einer Grundfrage theologischer Ethik, Zürich 2011, 285–322.

tet werden könne, ohne dass dadurch die eine oder andere Seite ihr Gesicht verlöre. Niemand findet sich dann völlig in einem solchen Konstrukt wieder, aber niemandem wird es auch unmöglich gemacht, sich damit zu identifizieren. Das entspräche einem pragmatischen – aus der Paartherapie oder Konfliktprävention bekannten – Beziehungsverständnis, das allen Beteiligten Kompromisse zumutet (es gibt keine oder ausschliessliche Gewinner) und ihnen zugleich wechselseitig tolerable Dissense in Aussicht stellt (es gibt keine oder nur Verlierer).[14] Anders formuliert geht es um eine positive Reaktion auf gesellschaftliche Pluralisierungsphänomene, die auch die Gegenwart kirchlichen Lebens kennzeichnen. Angestrebt werden «einerseits niederschwellige Zugangs- und Zugehörigkeitsbedingungen, andererseits eine kooperative Verhältnisbestimmung zwischen Kirche und Staat bzw. Gesellschaft, schliesslich aber auch eine grosse innerkirchliche Pluralität».[15]

Konfessionelle Bindungen würden in diesem Organisationsmodell sekundär, es geht – wie im amerikanischen Denominationalismus – eher um Namen als um bekenntnishafte, für die Kirchenzugehörigkeit relevante Unterschiede. Die Frage der Ökumenizität hinge allein davon ab, ob die Gläubigen diesem Deal zwischen Zumutung und Chance aus ihrer Sicht zustimmen könnten. Als Motto für dieses Gemeinschaftsverständnis böte sich Kurt Martis Bonmot an: «Gott liebt das Monopol nicht.»[16] Das Eintreten für die Volkskirche käme damit dem Bekenntnis zur Häresie gleich bzw. der egalisierenden Einsicht «Wir sind alle Häretiker».[17]

14 Diese Überlegung bildete – kirchenpolitisch gewendet – den pragmatischen Kern der Lösung des sogenannten Apostolikumstreits im 19. Jahrhundert; vgl. Rudolf Gebhard, Umstrittene Bekenntnisfreiheit. Der Apostolikumstreit in den Reformierten Kirchen der Deutschschweiz im 19. Jahrhundert, Zürich 2003.

15 Wilfried Härle, Der Alltagsbezug des Redens von Gott unter volkskirchlichen Bedingungen, in: Bernd-Michael Haese/Uta Pohl-Patalong (Hg.), Volkskirche weiterdenken. Zukunftsperspektiven der Kirche in einer religiös pluralen Gesellschaft, Stuttgart 2010, 17–26, 17.

16 ‹Ich bin jetzt eigentlich fällig›. Gespräch mit Kurt Marti, in: Der Bund, 28. März 2011, 31. Die ganze Antwort lautet: «Gott ist nie identisch mit unseren Vorstellungen. Gott liebt das Monopol nicht, deshalb gibt es verschiedene Religionen. Diese Vielfalt besteht ja auch in der Schöpfung. Es hätte Gott nicht gefallen, wenn alle Menschen Christen geworden wären. Jedes Gottesbild ist unzulänglich.»

17 Vgl. Uwe Justus Wenzel, Wir sind alle Häretiker, in: Ders. (Hg.), Was ist eine gute Religion?, München 2007, 122–126; zur Affinität von Häresie und Moderne vgl. Ulrich H. J. Körtner, Evangelische Konfessionalität. Die Zukunft des Protestantismus in der pluralistischen Gesellschaft, in: Ders., Reformiert und ökumenisch. Brennpunkte reformierter Theologie in Geschichte und Gegenwart, Innsbruck/Wien 1998, 122–134, 123f. Carl Andresen, Die Kirchen der alten Christenheit, Stuttgart 1976, hat bezeichnenderweise die altkirchlichen Schismen als konfessionelle Absonderungen dargestellt; vgl. dazu Carl Heinz Ratschow, Art. Konfession/Konfessionalität, in: TRE XIX, Berlin/New York 1990, 419–426, 419–421.

3 Volk oder Bevölkerung?

Einer derart eleganten ekklesialen win-win-Logik steht allerdings ein Referenzproblem im Weg. Die Aussonderung aller störenden Differenzen und Dissense um des «lieben Friedens willen» wirft die Frage nach dem Objekt der pazifistischen Strategie auf: die Kirche oder ihre Attributierung Volk? Das Kompositum «Volkskirche» lässt – freilich gegen die syntaktische Konstruktion des Begriffs – alternative Lesarten zu. Geht es um eine Definition von Kirche (als Determinans) im Blick auf das – wie immer näher zu bestimmende – Volk? Oder geht es um das (Kirchen-)Volk im Blick auf eine – wie immer näher zu bestimmende – Kirche (als Determinatum)? In der ersten Variante wäre Kirche sozusagen die Schnittmenge der gesellschaftlichen Meinungen darüber. In der zweiten Variante entspräche das Kirchenvolk genau der Gemeinschaft, deren gemeinsam geteilte Überzeugungen mit einem vorausgesetzten Kirchenverständnis übereinstimmen.[18] Im einen Fall wäre Kirche, im anderen Fall die Gemeinschaft der Gläubigen die Definitionsvariable.

Natürlich handelt es sich hier um die analytische Unterscheidung zweier sich wechselseitig bedingender Diskursaspekte. Es lohnt sich, für einen Augenblick den ekklesiologischen Standpunkt zu verlassen und einen politischen einzunehmen. Die nicht nur phonetische Affinität zwischen *Volkskirche* und *Volkspartei* wirft die Frage nach der jeweiligen Distinktionsfunktion des Volksbegriffs auf.[19]

18 Diese Differenzierung entspricht nicht der regelmässig begegnenden Unterscheidung zwischen Kirche des Volkes (Volk als Absender) versus Kirche für das Volk (Volk als Adressat); vgl. dazu die bekannte Unterscheidung von Wolfgang Huber, Kirche (Anm. 5), 170f., der zwischen Volkskirche als «Kirche *durch das Volk*» (demokratischer Zusammenschluss bruderschaftlicher Gemeinden), «Kirche *hin zum Volk*» (umfassende Durchchristlichung des Volkes), «Kirche *eines Volkes*» (Identität von nationalen und Kirchengrenzen), «Kirche *für das Volk*» (umfassende pfarramtliche Versorgung der Bevölkerung) und «Kirche *für das Volksganze*» (Anwalt des Gemeinwohls). Die gängige Bipolarität – Kirche *für das Volk* und Kirche *des Volkes* (vgl. Matthias D. Wüthrich, Die Zukunft der Volkskirche – aus theologischer Sicht, in: SJKR/ASDE 17, 2012, 47–70, 56f.) – geht von einer Nicht-Identität von Absendern und Adressaten aus, die hinterfragt werden muss: Wen sollte eine Kirche *des* Volkes – in Analogie zu einer Volkspartei – im Blick haben, wenn nicht eben dieses (das eigene) Volk? Die Differenz zwischen «des» und «für» wird zumindest angesichts des gleichen Referenzobjekts hinfällig. Für die oben vorgeschlagene syntaktisch unkorrekte Unterscheidung sprechen umgekehrt die Abgrenzungsbegriffe – etwa «Freiwilligkeits-» oder «Bekenntniskirche» – die ihre Prägung nicht durch die anvisierten Subjekte, sondern umgekehrt durch deren ekklesiologische Bestimmung erhalten. Vgl. zu einer solchen Deutung auch die Bemerkungen von Dietrich Bonhoeffer, Sanctorum Communio. Eine dogmatische Untersuchung zur Soziologie der Kirche, DBW 1, München 1986, 149; dazu Christiane Tietz, Kirche für alle und durch alle. Volkskirche in der Postmoderne aus systematisch-theologischer Sicht, in: Claudia Kohli Reichenbach/Matthias Krieg (Hg.), Volkskirche und Kirchenvolk. Ein Zwischenhalt, Zürich 2015, 57–67

19 Vgl. dazu Reiner Preul, Kirchentheorie. Wesen, Gestalt und Funktion der evangelischen Kirche, Berlin/New York 1997, bes. 179–181; Eilert Herms, Kirche – Volkskirche, Landeskirche, Nationalkirche, Staatskirche, Freikirche, Konfessionskirche, in: Haese/Patalong (Hg.), Volkskirche (Anm. 15), 48–65, bes. 52–55; vgl. ders., Kirche – Volkskirche, Landeskirche, Nationalkirche,

«Volk» dient ursprünglich zur Bezeichnung entweder einer ethnischen, Abstammungs- oder Blutsgemeinschaft oder einer politisch-rechtlichen Gemeinschaft, wobei im Idealfall ethnische und politische Gemeinschaft übereinstimmen. Von einem solchen auf den *demos* fokussierenden Bürgerinnen- und Bürger-Verständnis kann ein weiterer Begriff unterschieden werden, der die gesamte Bevölkerung (*populus*), also alle Mitglieder eines politisch-rechtlich organisierten Gemeinwesens umfasst.[20] Welches Volk ist mit dem Wortteil «Volk» in «Volkskirche» gemeint («Wir sind das Volk!» – aber wer darf «Wir» skandieren)? Ein Volkskirchenverständnis, das sich in Absetzung von einem *Amtskirchen*begriff herausbildet, sagt darüber genauso wenig aus, wie ein Begriff, der als Gegenentwurf zur *Bekenntnis-* oder *Mitgliederkirche* profiliert wird. Aus der Oppositionsstellung zu einem *Staatskirchen*verständnis liesse sich allenfalls negativ folgern, dass damit gleichzeitig die Übernahme einer politisch-rechtlichen Definition von Staatszugehörigkeit für das Kirchenvolk verworfen wird, womit dann die Frage nach einer alternativen Volksdefinition im Raum stünde.

Spielt man die aus der Kreuzung der beiden Zuordnungsalternativen hervorgehenden Interpretationsmöglichkeiten durch, ergeben sich die folgenden Optionen: Volkskirche ist a) entweder Kirche einer ethnischen Volksgemeinschaft oder b) Kirche einer politisch-rechtlichen Gemeinschaft oder c) Kirche für eine ethnische Volksgemeinschaft oder d) Kirche für eine politisch-rechtliche Gemeinschaft.[21]

Eine alternative, für die Frage der Konfessionalität und Ökumenizität von Kirche attraktive Deutung bestünde darin, die Unterscheidung zwischen *demos* und *populus* ekklesiologisch zu wenden im Sinne der Differenz zwischen einer konfessionellen Gemeinschaft (*demos*) und der universalen, ökumenischen Gemeinschaft der einen heiligen, katholischen und apostolischen Kirche (*populus*). Allerdings würde diese ausdifferenzierte Verhältnisbestimmung aus Christenmenschen entweder Bürgerinnen und Bürger dreier Sphären machen (Konfessionskirche, die *eine* Kirche, Staat) oder die konfessionelle Ausdifferenzierung müsste dem Bereich des Staates als gemeinsames Gegenüber zu der *einen* Kirche zugeordnet werden.[22] Eine solche, dem ökumenischen Gedanken geschuldete Unterscheidung spielt in der Diskussion über Volkskirche keine bemerkenswerte Rolle.

Staatskirche, Freikirche, Konfessionskirche, in: Ders., Kirche in der Gesellschaft, Tübingen 2011, 33–52; Matthias Krieg, Der grosse Lümmel. Volk? Was ist das?, in: Kohli Reichenbach/Krieg (Hg.), Volkskirche (Anm. 18), 11–23.

20 Zur konzeptionellen Unterscheidung zwischen *demos* und *populus* vgl. Seyla Benhabib, Die Rechte der Anderen. Ausländer, Migranten, Bürger, Frankfurt/M. 2008; Dies., Kosmopolitismus und Demokratie. Eine Debatte. Mit Jeremy Waldron, Bonni Honig und Will Kymlicka, Frankfurt a. M./New York 2008.

21 Vgl. Herms, Kirche (Anm. 19), 53f.

22 Die Differenz liegt nicht auf der ekklesiologischen Ebene der Unterscheidung zwischen sichtbarer und unsichtbarer Kirche, sondern ganz auf der Ebene der real existierenden, historisch-kontingenten Kirchen.

Umgekehrt widerspräche die Referenz auf einen politischen Volksbegriff in eklatanter Weise jedem biblisch orientierten, christlichen Gemeinschaftsverständnis. Wenn nicht für die christliche Gemeinschaft, wofür dann steht das bekannte Pauluswort «Da ist weder Jude noch Grieche, da ist weder Sklave noch Freier, da ist nicht Mann und Frau. Denn ihr seid alle eins in Christus Jesus.» (Gal 3,28)? Mit einem solchen, an die Christusoffenbarung und Gottes Erwählungshandeln geknüpften Kirchenverständnis wäre sowohl «die Zugehörigkeit zu einer Ethnie oder [...] zu einem Staatsvolk als Vorbedingung für die Mitgliedschaft in der Kirche» als erst recht die Identifikation der blossen «Zugehörigkeit zu einer Ethnie oder zu einem Staatsvolk» mit der Gliedschaft am Leib Christi unvereinbar.[23]

Eine ethnisch-nationale Engführung liesse sich durch eine theologische Pluralisierung des Volksbegriffs umgehen, wie sie Matthias Wüthrich vorschlägt: «Das Begriffselement ‹Volk› meint in diesem Falle keine konkrete Ethnie, keine Sippe, keinen Stamm, kein Kantonsvolk, keine Nation, nicht eine Ansammlung von Menschen mit Schweizerpässen. *‹Volk› ist eine transethnische, transnationale Grösse.* ‹Volk› ist dann eine Metapher für den ganzen bevölkerten Erdkreis.»[24] Freilich stellt sich dann die Frage, was eine in dieser Weise ökumenisch auftretende Volkskirche von der missionarischen Kirche unterscheidet bzw. was der Volkskirchenbegriff, angesichts des die Kirche konstituierenden universalen Verkündigungsauftrags «Geht nun hin und macht alle Völker zu Jüngern» (Mt 28,19), überhaupt austrägt. Dem biblischen, ökumenisch-globalen Missionsbefehl entspricht die Weite des *populus*-Begriffs (Bevölkerung) viel eher als die Enge des *demos*-Verständnisses (Volk). Allerdings nimmt das Jesuswort aus den Schlussversen des Matthäusevangeliums eine Wendung, wenn es fortfährt: «Tauft sie auf den Namen des Vaters und des Sohnes und des heiligen Geistes.» Jesu Aufforderung gilt ausgerechnet der sakramentalen Handlung, die nach allgemeinem Verständnis den Glauben besiegelt und konfessionelle Zugehörigkeit konstituiert.[25] Was nun – missionarische Inklusion oder sakramententheologische Exklusivität? Die ekklesiologische Herausforderung besteht an dieser Stelle in einer doppelten Transpartikularisierungsbewegung von Adressaten (*demos* → *populus*) und Absendern (Konfessionen im Plural → *una ecclesia* im Singular), die nicht parallel, sondern in gewisser Weise quer zueinander liegend verläuft.

23 Herms, Kirche (Anm. 19), 54.

24 Wüthrich, Zukunft (Anm. 18), 61. Der Autor verweist auf den Auftrag in der Bernischen Kirchenverfassung (Art. 2.1), «*allem Volk* in Kirche und Welt die Frohe Botschaft von Jesus Christus zu verkündigen».

25 Auch die reformierten Kirchen der Schweiz halten sich der Sache nach an die bekannte Kirchendefinition von CA VII (BSLK 61) – der Calvin 1539 ausdrücklich zugestimmt hat –, wenngleich Kirchenzugehörigkeit umgekehrt aus der faktischen Erfüllung der Kirchensteuerpflicht abgeleitet wird; vgl. aus kirchenrechtlicher Sicht Tappenbeck, Volkskirche (Anm. 3), 40f.

4 Volkskirche zwischen «Nicht-Wollen» und «Profilierung»

Aus konfessionsgeschichtlicher Sicht wird die nichtmetaphorische Rede von einer «Kirche des Volkes» spätestens mit dem Westfälischen Frieden von 1648 obsolet.[26] Der Konfessionalismus bedeutet das Ende der religiösen resp. konfessionellen Homogenität von Territorium und Wohnbevölkerung. An dieser Stelle muss wenigstens auf eine häufig ausgeblendete menschenrechtliche Konsequenz hingewiesen werden. Die Rede von der Volkskirche tendiert dazu, die fundamentale Bedeutung der Auflösung der Einheit von Volk und Kirche – im Sinne der Trennung von Religion/Glaubensbekenntnis und Nation/Staatszugehörigkeit – für die Entwicklung und Durchsetzung der Glaubens-, Gewissens- und Religionsfreiheit zu übersehen oder zu riskieren.[27] Eine missverständliche Begrifflichkeit, die das hohe Gut der Glaubens- und Gewissensfreiheit zu unterlaufen droht, lässt sich gerade mit einem reformierten, liberal-personalistisch geprägten Glaubensverständnis nicht vereinbaren.

Obwohl die Etablierung der Bekenntnisfreiheit im 19. Jahrhundert ein innerprotestantisches resp. schweizerisch reformiertes Anliegen war, stellt sich die Frage nach ihrer relativierenden Wirkung für eine konfessionskirchliche Profilierung und die konfessionelle Ausdifferenzierung insgesamt. Ein sachlogisches Argument und eine empirische Beobachtung sprechen dafür: Erstens ist jede konfessionelle Profilierung an ein explizites und konstitutives kirchliches Bekenntnis (*Confessio*) gebunden. Fehlt das für die Ausbildung exklusiver Kommunität konstitutive Element, muss konfessionelle Identität entweder anders hergestellt und gesichert werden oder ihre Relevanz schwindet mit dem Verblassen ihrer traditionellen lebensweltlichen Haftpunkte. Zweitens wird mit dem Verzicht auf ein feststehendes Bekenntnis eine theologische Legitimationslücke aufgerissen, die – wie die jüngere Geschichte der reformierten Kirchen in der Schweiz zeigt – durch die kirchliche Adaption demokratischer Strukturen einschliesslich der demokratietheoretischen Idee von der Volkssouveränität überbrückt resp. kompensiert wird.[28] An die Stelle konfessioneller Identität als Orientierungsmassstab

26 Das im Augsburger Religionsfrieden von 1555 festgeschriebene «ius reformandi», nach dem die vom Landesherrn gewählte «Religion» (Konfession) für die Bürger verbindlich war, ihnen aber bei abweichendem Bekenntnis in einem gewissen Masse (de jure) die Migration in ein Territorium ihrer Konfession offenstand, wurde im Westfälischen Frieden gelockert. Nach Art. V, 34 des Osnabrücker Friedensvertrags (IPO) sollten Anhänger einer anderen «Religion» als der des Landesherrn «nachsichtig geduldet und nicht gehindert werden […], sich mit freiem Gewissen zu Hause ihrer Andacht […] privat zu widmen».

27 Vgl. einführend Heiner Bielefeldt u. a. (Hg.), Jahrbuch Menschenrechte 2009: Religionsfreiheit, Wien/Köln/Weimar 2000, und aus schweizerischer Sicht Reinhold Bernhardt/Thomas Kuhn (Hg.), Religionsfreiheit. Schweizerische Perspektiven, Zürich 2007; Schweizerischer Evangelischer Kirchenbund (Hg.), Den Menschen ins Recht setzen. Menschenrechte und Menschenwürde aus theologisch-ethischer Perspektive. SEK Position 6, 3., durchges. Aufl., Bern 2007, 34–45.

28 Zur demokratischen Affinität der Reformierten vgl. Tappenbeck, Volkskirche (Anm. 3), 42 und nach wie vor grundlegend Karl Barth, Christengemeinde und Bürgergemeinde, in: Ders., Rechtfer-

kirchlichen Redens und Handelns tritt die parteiliche Loyalität. Der Akt kirchlichen Bekennens wird zur Treue gegenüber der parteilichen Parole.[29]

Eine so verstandene Volkskirche bietet also nur vordergründig eine Lösung für die ökumenische Herausforderung des konfessionellen Pluralismus. Denn ihre ökumenischen Potenziale angesichts der kategorischen Zurückweisung einer an ein exklusives Bekenntnis gebundenen Kirche und ihrer daraus resultierenden konfessionsinternen Vielfalt und Offenheit werden durch ihr notorisches konfessionelles Desinteresse – sozusagen als reformierte Kehrseite der ökumenischen Medaille – sofort wieder verspielt. Aus kultursoziologischer Sicht analysiert und prognostiziert Ulrich H. J. Körtner:

> «Die Protestantisierung des Christentums ist aber von dessen Konfessionalisierung zu seiner intrakonfessionellen Pluralisierung vorangeschritten, vollendet sich doch die Häretisierung der Religion in ihrer neuzeitlichen Privatisierung. […] Zugleich stellt sich allerdings die Frage, ob die fortschreitende Protestantisierung des Christentums nicht zum Ende des Protestantismus als eigenständiger kirchlicher und kultureller Gestalt derselben führt. […] Sofern die heutige Moderne in einem rein formalen Sinne als protestantische Ära bezeichnet werden kann, so droht sie zugleich das Ende eines inhaltlich-positionell bestimmten Protestantismus heraufzuführen. […] Diese Situation lässt sich auch als Übergang von der protestantischen Ära zum ökumenischen Zeitalter beschreiben.»[30]

Nun könnten sich die Reformierten im Angesicht dieser Ambivalenzen entspannt zurücklehnen. Denn die attestierten konfessionellen Unschärfen (bis hin zu einem meist handgestrickten Trans- oder Antikonfessionalismus) und internen Transformationsdynamiken sind eigentlich nicht ihr Problem, sondern «Markenzeichen»[31] und allenfalls ein Problem für die Anderen. Aber weil Ökumene eben die Gemeinschaft mit den Anderen nicht nur zum Ziel hat, sondern stets schon voraussetzt, kehrt das Problem zu den Absenderinnen zurück. Der ökumenische

tigung und Recht. Christengemeinde und Bürgergemeinde, Zürich [4]1989, bes. 76; zum Begriff der Volkssouveränität und ihrer theologischen Adaption vgl. Frank Mathwig/Felix Frey, Sorgt für das Recht! (Jesaja 1,17) Über das Verhältnis von Demokratie und Menschenrechten, hg. vom Schweizerischen Evangelischen Kirchenbund, Bern 2015.

29 Zum säkularisierungstheoretischen Hintergrund dieser Transformation vgl. Matthias Felder/Frank Mathwig, Bekennen und Säkularisierung. Zur gesellschaftlichen Verortung der Kirche aus reformierter Sicht, in: Irene Dingel/Christiane Tietz, Säkularisierung und Religion. Europäische Wechselwirkungen in historischer und systematischer Perspektive (im Erscheinen).

30 Körtner, Konfessionalität (Anm. 17), 124f.

31 «Pluralismus als Markenzeichen» lautete die Überschrift eines kritischen Artikels von sieben führenden theologischen Ethikern in der FAZ vom 23.01.2002 zur kirchlichen Haltung gegenüber der Stammzellenforschung, abgedruckt in Reiner Anselm/Ulrich H. J. Körtner (Hg.), Streitfall Biomedizin. Urteilsfindung in christlicher Verantwortung, Göttingen 2003; vgl. dazu die erhellende Kritik von Wolfgang Schoberth, Pluralismus und die Freiheit evangelischer Ethik, in: Ders./Ingrid Schoberth (Hg.), Kirche – Ethik – Öffentlichkeit. Christliche Ethik in der Herausforderung, Münster 2002, 249–264.

Dialog bildet insofern eine Art ekklesiologischen Elchtest für die Tragfähigkeit des reformierten Pluralismus.

Die eingangs zitierten Voten aus der Verfassungsdiskussion des Kirchenbundes verdeutlichten bereits die Zumutungen der innerkirchlichen Pluralität für ein reformiertes Profil: «Das Prinzip der ‹Volkskirche› wird vermehrt durch die Notwendigkeit einer stärkeren Profilierung von reformierten Inhalten herausgefordert.»[32] Hinter dieser Beobachtung steht die zunächst widersprüchlich anmutende These, dass das reformierte Merkmal der Volkskirchlichkeit die inhaltliche Erkennbarkeit der Reformierten erschweren würde. Ein Charakteristikum, das das Charakterisierte nicht erkennbar zu charakterisieren vermag, taugt entweder nicht oder zielt gar nicht auf effektvolle «Profilierung». An dieser Stelle lohnt ein genauerer Blick, denn die Alternative zwischen Scheitern und Verzicht hat eminent theologische Implikationen und wirft die Frage nach den *ekklesiologischen* Kriterien kirchlicher Öffentlichkeit auf.

Der Öffentlichkeitscharakter von Kirche und ihrer Verkündigung gehört zum unhintergehbaren protestantischen Selbstverständnis. Die Reformation war auch eine Absage an jede ekklesiale Selbstgenügsamkeit. Das *sola scriptura* zielt weit weniger auf innerkirchliche Disziplinierung, als auf die unbegrenzte Verbreitung der Schrift.[33] Die Bibel soll Allgemeingut und nicht dem exklusiven Zugriff des Klerus vorbehalten sein. Vor diesem Hintergrund betont Christian R. Tappenbeck zu Recht das missionarische Motiv des Volkskirchenverständnisses.[34] Zugleich darf der Öffentlichkeitsauftrag und -anspruch von Kirche nicht an ihrer statistisch nachweisbaren gesellschaftlichen oder medialen Präsenz gemessen werden.[35] Die konsequentialistische Fixierung auf den kirchlichen *outcome* verkennt die – häu-

32 Für einen Kirchenbund (Anm. 7), 39. Freilich sollte nicht von einem «Prinzip» Volkskirche gesprochen werden, denn die Reformierten kennen nur einen Herrn (*princeps*) der Kirche, den Mensch gewordenen Gottessohn, Jesus Christus, der die Kirche als Schöpfung seines Wortes durch seinen Geist lenkt und an ihr Ziel leitet; vgl. Johannes Calvin, Institutio (1559), Neukirchen-Vluyn 2008, IV,2,4: «Die Kirche ist das Reich Christi; Christus aber regiert allein durch sein Wort».

33 Zum reformatorischen Schriftverständnis vgl. Marco Hofheinz, Mit der Tradition zum Aufbruch. Die konstitutive Bedeutung der Schrift für das reformierte Bekenntnis, in: Ders./Georg Plasger/Annegreth Schilling (Hg.), Verbindlich werden. Reformierte Existenz in ökumenischer Begegnung. FS für Michael Beintker zum 65. Geburtstag, Neukirchen-Vluyn 2015, 147–169.

34 Dazu die instruktiven, kirchenrechtliche und theologische Aspekte verknüpfenden Überlegungen von Tappenbeck, Volkskirche (Anm. 3), 22.28 u. ö. Vgl. auch den Beitrag in Teil III von Christian R. Tappenbeck in diesem Band.

35 Muss aus der statistischen Mehrheitsmeinung, dass Kirchen ihre gesellschaftliche Relevanz verlieren, tatsächlich auf die zunehmende Bedeutungslosigkeit von Kirche für die Gesellschaft geschlossen werden? Diese auch in den Kirchen diskutierte Konsequenz bedient sich einer eigentümlichen Logik, nach der auch von einer grassierenden Hungersnot auf die Überflüssigkeit von Nahrung geschlossen werden müsste. Zur Auseinandersetzung mit der Diskussion um die kirchensoziologische Studie von Jörg Stolz/Edmée Ballif, Die Zukunft der Reformierten. Gesellschaftliche Megatrends – kirchliche Reaktionen, Zürich 2010 im Blick auf die Volkskirche vgl. Wüthrich, Zukunft (Anm. 18), bes. 53f.

fig belächelte, aber schlechterdings unverzichtbare – «gesinnungsethische» Pointe kirchlicher Praxis: «Der Christ tut recht und stellt den Erfolg Gott anheim.»[36] «Erfolg» ist eine ökonomische und keine theologische Kategorie und insofern grundsätzlich kein Massstab für kirchliche Präsenz und konfessionelles Profil.

5 Volkskirche als Leben in der Fremde

Nüchtern betrachtet gehört der aus der Reformation resultierende Konfessionalismus zu einer aus dem Ruder gelaufenen (westlichen) Kirchengeschichte.[37] Daraus das ökumenische Ziel eines postkonfessionellen und gleichzeitig vorreformatorischen Zustandes abzuleiten, wäre historisch naiv und theologisch fragwürdig. Christliche Kirche ist unhintergehbar sichtbare Kirche und in ihrer Faktizität notwendig historisch-kontingente Kirche. Es gehört zu den prägenden Einsichten reformierter Theologie, Kirche nicht ständig über das dogmatische Netz zwischen ecclesia invisibilis und visibilis hin und her zu spielen, ohne vom Fleck zu kommen. Für einen solchen ekklesiologischen Realismus steht besonders Calvin,[38] der nicht nur biographisch, sondern auch als Reformator der zweiten Generation die Folgen jener Entwicklungen bereits viel deutlicher erkennen konnte als Luther oder Zwingli. Interessant ist der Genfer Reformator aber auch, weil er sich eines Volksbegriffs bedient, der – soweit ich sehe – in der Volkskirchendiskussion keine bemerkenswerte Rolle spielt, aber für das ökumenische Gespräch einige Relevanz haben könnte.

Bei Calvin, dem Alttestamentler unter den Reformatoren, begegnet Kirche prägnant im *Modus des Wanderns*.[39] Wandern – nicht als Hobby sondern Existenzweise – ist modern gesprochen ein Kennzeichen gesellschaftlicher Desintegration. Im Wander- bzw. Pilgermotiv verbinden sich die christliche Erwartung des kommenden Gottesreiches und die realen Erfahrungen der frühchristlichen und reformatorischen Gemeinden als Minderheiten und Opfer von Ausgrenzung,

36 Max Weber, Politik als Beruf, in: Ders., Gesammelte Politische Schriften, Tübingen [4]1980, 505–560, 552.

37 Vgl. Ernst Wolf, Die Einheit der Kirche im Zeugnis der Reformation, in: Ders., Peregrinatio. Studien zur reformatorischen Theologie und zum Kirchenproblem, 2., durchges. u. erg. Aufl., München 1992, 146–182, etwa 149: «Das Selbstverständnis der Reformation als Kirche darf nicht in einem Nebeneinander oder Gegeneinander von Konfessionen bzw. Konfessionskirchen, von katholischer, orthodoxer, lutherischer ‹Art› usw. gesucht werden. Es vollzieht sich in der Sorge, dass Lehre und Leben der Heiligen Schrift und mit dem einfältigen Zeugnis der ganzen heiligen christlichen Kirche übereinstimmen.›

38 Zur Bedeutung der «sichtbaren Verborgenheit» der Kirche aus reformierter Sicht vgl. Michael Weinrich, Die Einheit der Kirche aus reformatorischer Perspektive, in: Evang. Theol. 65, 2005, 196–2010, bes. 198–200; vgl. auch die prägnanten Texte in ders., Einheit (Anm. 2).

39 Vgl. zum Folgenden Frank Mathwig, Zwischen Himmel und Politik. Die Minarett-Diskussion in der Schweiz aus theologischer Sicht, in: Christian Danz/André Ritter (Hg.), Zwischen Kruzifix und Minarett. Religion im Fokus der Öffentlichkeit, Münster u. a. 2012, 113–129, 125–127.

Diskriminierung, Unterdrückung und Verfolgung.[40] Die wandernde christliche Gemeinschaft (*communio viatorum*) auf ihrer irdischen Pilgerschaft (*peregrinari super terram*) bildet zugleich den Ausgangspunkt und das Zentrum reformierter Ekklesiologie.

> «Wir können an Christus nur soweit Anteil haben, als wir ihn in seinen Verheissungen erfassen! So kommt es, dass er zwar selber in unserem Herzen wohnt – und wir doch ‹ferne wallen vor dem Herrn›; ‹Denn wir wandeln im Glauben und nicht im Schauen!› (2. Kor. 5,7). Dies beides, dass wir in Christus alles haben, was zur Vollkommenheit himmlischen Lebens gehört – und dass der Glaube doch ein Schauen von Gütern ist, die man nicht sieht (vgl. Hebr. 11,1), passt nicht schlecht zusammen.»[41]

Ingrid Schoberth paraphrasiert aus Sicht der Kirche: «Christus ist nicht Besitz der Kirche, sondern die Versöhnung der Welt, die Gemeinde ist nicht schon zu Hause, sondern auf dem Weg. […] Sie ist Christus darin treu, dass sie sich aufmacht.»[42] Das wandernde Gottesvolk repräsentiert ein Volk ohne Heimat und fügt den geläufigen Bedeutungen des Volksbegriffs im Kompositum «Volkskirche» eine ungewöhnliche Konnotation hinzu.[43] Denn die Heimat dieses Volkes ist weder ein im terrestrischen Koordinatensystem identifizierbarer Ort noch eine ethnisch-nationale Gruppierung, vielmehr die politische Gemeinschaft, freilich keines irdischen Staates, sondern der göttlichen polis des himmlischen Jerusalem (Hebr 13,14; Apk 21). Die eschatologische Bestimmung loziert diese Volksbewegung aber nicht in einem Jenseits. Sie ist diesseitig, wie die eine Kirche in ihren historisch-kontingenten Ausprägungen real ist und in diesem Sinne wahrhaftig Volkskirche. Sie kann ökumenische Kirche genannt werden, insofern sie – unter den Bedingungen ihrer Geschichtlichkeit – nicht anders als konfessionell-ekklesiologisch gedacht werden kann. Sie sollte nicht ökumenische Kirche genannt wer-

40 Vgl. Ökumenischer Rat der Kirchen (ÖRK), Die Kirche: Auf dem Weg zu einer gemeinsamen Vision. Studie der Kommission für Glauben und Kirchenverfassung No. 214, Genf 2013.

41 Calvin, Institutio (Anm. 32), II,9,3.

42 Ingrid Schoberth, ‹Du stellst meine Füsse auf weiten Raum› – Raummetaphern und leibhaftiges Leben, in: Reinhold Bernhardt/Ulrike Link-Wieczorek (Hg.), Metapher und Wirklichkeit. Die Logik der Bildhaftigkeit im Reden von Gott, Mensch und Natur. Festschrift für Dietrich Ritschl, Göttingen 1999, 240–251, 251. Gegen eine Besitz- und Besitzstandswahrungsekklesiologie richtet sich auch Calvin in aller Deutlichkeit: «Wie nun Gott den Gläubigen das gemeinsame Gebet in seinem Wort gebietet, so müssen auch öffentliche Kirchengebäude da sein, die zum Vollzug dieser Gebete bestimmt sind. […] Dann müssen wir uns aber auf der anderen Seite hüten, sie nicht etwa, wie man das vor einigen Jahrhunderten angefangen hat, für Gottes eigene Wohnstätten zu halten, in denen er sein Ohr näher zu uns kommen liesse; auch sollen wir ihnen nicht irgendwie verborgene Heiligkeit andichten, die unser Gebet bei Gott geheiligter machte. Denn wir sind doch selbst Gottes wahre Tempel.» (Calvin, Institutio [Anm. 32], III,20,30).

43 Nicht zufällig begegnen diese oder ähnliche Deutungen vor allem in konfessionskritischen freikirchlichen, charismatischen und pentekostalen Milieus; vgl. stellvertretend für viele den Bestseller von Stanley Hauerwas/William H. Willimon, Resident Aliens: Life in the Christian Colony, Nashville [25]2014.

den, wenn damit eine kirchenpolitische Zielsetzung intendiert wäre, denn eine solche Sichtweise im Aktivmodus würde die «die geschichtliche Erscheinung transzendierende Einheit der Kirche» aus dem Blick verlieren, «die nicht erst geschaffen werden muss, sondern die unabhängig von der jeweiligen geschichtlichen Wirklichkeit vorausgesetzt wird und sich somit unserem Zugriff entzieht».[44]

Jenseits kirchenpolitischer Rhetorik, «notariell-kombinatorische[r] Artistik» (Michael Weinrich), ekklesiologischer Sprachspiele und vor allem reformatorisch angemessen geht es an dieser Stelle um die *Katholizität der Kirche* als der mitwandernden Heimat der universalen Volksbewegung.[45] Tatsächlich hat reformierte Theologie dazu vieles zu sagen, aber auch einiges zu lernen. Der horizontalen Weite eines reformierten Volkskirchenverständnisses entspricht häufig die vertikale Enge einer Gegenwartsfixierung, die sich – unter dem Motto «*semper reformanda*» – immer wieder neu zu erfinden versucht. Riskiert wird damit, den reformatorischen Grundimpuls des *Wiederentdeckens* der Willkür eines sich und die Kirche beliebigen neu *Erfindens* zu opfern. «Auch das protestantische Kirchenverständnis ist [...] fundamental am Gegebensein der Kirche und somit der *Bewahrung* des Gegebenen orientiert».[46] Diese Aufgabe erlaubt eine Präzisierung des hier ins Auge gefassten Volksverständnisses: Es ist die universale Volksbewegung, die durch das gemeinsam gesprochene «*Credo*» vereint ist. «Wo das Credo gesprochen wird, tritt die universale Kirche in Erscheinung, selbst wo es nur von einem Einzelnen gesprochen werden mag.»[47]

Die Konsequenz eines ökumenisch verstandenen Volkskirchenbegriffs stellt für schweizerische Reformierte zweifellos eine Herausforderung dar. Aber sie ermöglicht – richtig verstanden – auch eine grosse Gelassenheit gegenüber allen volkskirchlichen Grabgesängen. Volkskirche steht und fällt nicht mit dem Kurvenverlauf von Kirchenbesuchsstatistiken oder öffentlichen Äusserungen über ihre Notwendig- oder Überflüssigkeit, sondern mit der Stärkung oder Relativierung des gemeinschaftlichen Bekennens zu Jesus Christus als dem einen Herrn der einen Kirche. Insofern motiviert gerade ein dezidiert volkskirchliches Selbstverständnis zu einer Wiederentdeckung der altkirchlichen Bekenntnisse, allen voran des Apostolikums, als «ökumenischem Appell» und als «Vergegenwärtigung der verbindenden Voraussetzungen [...], um damit allen beklagten Unter-

44 Weinrich, Einheit der Kirche (Anm. 38), 197.

45 Vgl. Calvin, Institutio (Anm. 32), IV,1,9: «Die allgemeine Kirche (Ecclesia universalis) ist die Schar, die aus allen Völkern versammelt ist; sie ist durch räumliche Abstände getrennt und zerstreut, aber sie ist doch einhellig in der einen Wahrheit der göttlichen Lehre und sie ist durch das Band der gleichen Religionsübung verbunden. [...] Und endlich: Die einzelnen Menschen, die auf Grund des Bekenntnisses der Frömmigkeit zu solchen Kirchen gerechnet werden, gehören auch dann, wenn sie in Wirklichkeit ausserhalb der Kirche stehen, trotzdem in einem gewissen Sinne zu ihr, bis sie durch öffentliches Urteil ausgeschlossen werden.»

46 Weinrich, Einheit der Kirche (Anm. 38), 209.

47 Ebd., 203.

schieden oder gar Gegensätzen den prinzipiellen Charakter zu entziehen».[48] Aus der Sicht des einen Volkes der einen Kirche erscheinen die volkskirchlichen Relativierungen des 19. Jahrhunderts überholt. Der selbstkritische Anspruch des reformatorischen «*semper reformanda*» darf nicht vor der Zumutung halt machen, dass sich das einst Trennende heute und in Zukunft als das *ausdrücklich* Verbindende von Kirche erweisen könnte.

48 Weinrich, Einheit der Kirche (Anm. 38), 198.

Das Verhältnis der Volkskirche zu Staat, Gesellschaft, Kultur und Wissenschaft

Thomas Schlag

1 Zur Situation der Volkskirche in der schweizerischen Öffentlichkeit

Sondiert man die öffentliche Berichterstattung, so scheinen die klassischen Volkskirchen in der Schweiz mehr und mehr an den Rand gedrängt zu werden – zumindest was deren Wahrnehmung und Berücksichtigung in den brennenden Debatten der Gegenwart angeht: In den aktuellen Fällen von Präimplantationsdiagnostik, Sterbehilfe oder Migration, zu denen man vermuten würde, dass die kirchliche Stimme auch in den politischen Debatten mindestens gehört oder zitiert wird, findet sich kaum eine öffentliche Rezeption kirchlicher Stellungnahmen. Dass sich etwa bestimmte Meinungsäusserungen von politischer Seite aus ausdrücklich auf kirchliche Positionen beziehen, kommt – abgesehen von vereinzelten Bezugnahmen bei einzelnen RepräsentantInnen der christlich geprägten Parteien EVP, CVP oder EDU – praktisch nicht vor. Die jeweiligen Stellungnahmen der Landeskirchen oder des Schweizerischen Evangelischen Kirchenbundes – wenn solche überhaupt erfolgen – stellen jedenfalls keine politischen Aufreger dar und lösen auch kaum öffentlichen Widerspruch aus, sondern werden im wahrsten Sinn des Wortes links liegen gelassen. Möglicherweise ist der öffentliche und politische Einfluss der Kirche, mindestens wenn man die mediale Wahrnehmung und Berichterstattung in den vergangenen Jahrzehnten betrachtet, tatsächlich deutlich zurückgegangen[1].

Zudem sind die anwachsenden Diskussionen über die Trennung oder Entflechtung von Kirche und Staat, so etwa gegenwärtig im Kanton Bern, die Infragestellung der bisherigen Unternehmenssteuern, so etwa im Kanton Zürich, oder der Rückzug staatlicher Unterstützungsleistung an die Kirchen für den Fall von Abdankungen oder den Religionsunterricht, wie etwa im Kanton Neuenburg, deutliche Indikatoren für eine sich verändernde Positionierung von Kirche innerhalb des Gemeinwesen.

Auch die jüngst immer wieder erhobene – und ganz richtige – Forderung einer möglichst paritätischen Berücksichtigung aller religiösen Gemeinschaften weist deutlich in die Richtung einer stärkeren Entflechtung der bisherigen Kooperati-

1 Von «möglicherweise» ist hier die Rede, da keine neueren systematischen Untersuchungen über die Reichweite und Rezeption kirchlicher Öffentlichkeitsäusserungen vorliegen; vgl. zuletzt für die katholische Kirche Franco Luzzatto, Öffentlichkeitsdefizite der katholischen Kirche. Organisationskommunikation und Kommunikationsstruktur der katholischen Kirche Schweiz – Bedingungen für ein Ende der Stagnationskrise, Freiburg 2002.

onsverhältnisse von Kirche und Staat. Dazu scheinen unter dem Signum weltanschaulicher Neutralität die Volkskirchen als gleichsam belastete Tendenzbetriebe wahrgenommen zu werden, für die ein Sonderstatus nicht mehr als gerechtfertigt erscheint. Die Zeit einstmaliger Aufmerksamkeits- und Autoritätsprivilegien ist jedenfalls unbestreitbar vorüber und wird auch in absehbarer Zeit eine Reihe von rechtlichen Veränderungen mit sich bringen.[2]

Dazu kommt, dass eine negative Berichterstattung über die Kirchen – man denke hier insbesondere an einige tatsächlich verknöchert und verhärtet daherkommende Äusserungen der katholischen Amtskirche – gerade aufgrund bestimmter problematischer Äusserungen nicht zu einem positiven Erscheinungsbild beiträgt, sondern vielmehr das Klischee einer auf mentalen Selbstrückzug hin ausgerichteten, tendenziell kaum veränderungsbereiten, dinosaurierähnlichen Grossinstitution in den letzten Zuckungen bedient.[3]

Schliesslich gewinnt man – gleichsam im Umkehrschluss – nicht selten gerade in den helvetischen Verhältnissen den Eindruck, als ob sich die kirchlichen Akteure längst so gut mit den gesellschaftlichen Verhältnissen arrangiert hätten, dass sie weder willens noch in der Lage sind, zu deren Problemlagen einen wirklichen Kontrapunkt zu liefern bzw. überhaupt über geeignete Artikulationsformen verfügen, als Kirche auf die Missstände des politischen und insbesondere des ökonomischen Systems hörbar aufmerksam zu machen. Führt hier womöglich das faktische Profitieren von den ökonomischen Verhältnissen eben gerade dazu, dass man sich im Konfliktfall lieber in Schweigen hüllt als dass man wirklich den Mut aufbrächte, die unübersehbaren systemischen Grundprobleme anzugehen oder auch nur zu benennen?

Aber auch dort, wo sich Kirche in öffentlichen Räumen als sichtbar präsent zeigt, kann sie ambivalente Signale aussenden: Nicht selten konzentriert man sich als Kirche etwa auf Formen der bestätigenden Beteiligung am kulturellen Leben und führt dies dann in höchst elaborierter Weise aus – man denke etwa nur an aufwändig gestaltete Ausstellungen, Beiträge zur musikalischen Hochkultur oder die Etablierten-Bildung – allesamt Präsenzformen, die schon allein durch ihre Hochschwelligkeit faktisch exklusionsdynamisch wirken und das Bild einer Kirche im Zustand der elitären Bürgerlichkeitsverkrustung zu bestätigen scheint.

Nun zeigt sich aber in anderen Zusammenhängen eine offenbar immer noch funktionierende öffentliche Präsenz: Die Kirchen sind mindestens auf lokaler und religiöser Ebene auch in der Schweiz nach wie vor eine wesentliche Grösse, die den kulturellen Zusammenhalt mindestens zu repräsentieren und zu symbolisie-

2 Vgl. zum Hintergrund Adrian Loretan-Saladin/Quirin Weber/Alexander H. E. Morawa, Die Öffentlich-rechtliche Anerkennung von Religionsgemeinschaften in der Schweiz, Luzern 2013: www.bmk-online.ch/files/22-08-2013_Gutachten-kombiniert.pdf (Zugang: 13.2.2015)

3 Vgl. jetzt Urs Winter-Pfändler, Kirchenreputation. Forschungsergebnisse zum Ansehen der Kirchen in der Schweiz und Impulse zum Reputationsmanagement, St. Gallen 2015.

ren vermag. Zu denken ist hier etwa an die Beteiligung bei besonderen Jubiläen oder lokalen Feiern – auch wenn die Kirche hier oftmals auf eine geradezu zivilreligiöse Funktion eingedampft zu werden droht.[4] Natürlich sei auch nicht bestritten, dass im Einzelfall unter kirchlichen Akteurinnen und Akteuren erheblicher Mut und hohe Engagementbereitschaft zu konstatieren ist. Es ist aber wohl kaum zufällig, dass dezidierte politische Haltungen von einzelnen Theologinnen oder Theologen dann bis hinein in die kirchlichen Entscheidungsgremien tendenziell als exotische Minderheitsmeinung von enfants terribles abgestempelt werden. Für den deutschschweizerischen Bereich ist hier etwa an die Sonderposition des seit vielen Jahrzehnten diakonisch und politisch wirkenden Pfarrers Ernst Sieber zu denken, der interessanterweise als eine der prägenden Identifikationsfiguren des schweizerischen reformierten Protestantismus wahrgenommen und gleichwohl als gewissermassen aussergewöhnliche und für die Kirche keineswegs repräsentative Erscheinung angesehen wird.[5]

Der traditionelle Anspruch auf die Gestaltung und Orientierung der Gesellschaft, der im Begriff der Volkskirche mindestens immer noch mitschwingt, ist somit durchaus nicht mehr automatisch plausibel. In welchem Sinn und in welcher Weise kann also Volkskirche angesichts der gegenwärtigen Ausgangsbedingungen noch öffentliche Bedeutung für sich beanspruchen und übernehmen?

Diese Frage setzt nun eine Differenzierung dessen voraus, was hier überhaupt als Volkskirche verstanden werden kann. Da in diesem Band bereits in vielfältiger Weise Definitionsversuche unternommen wurden, soll im Folgenden bewusst der Fokus auf ein bestimmtes Verständnis von Volkskirche gelegt werden, um von dort aus die Herausforderungen, das Profil und auch die zukünftigen Ausgestaltungsmöglichkeiten einer öffentlichen Volkskirche als intermediärer Institution darzustellen. Fokussiert werden die folgenden Ausführungen deshalb auf die Frage der Positionierung von Kirche mit volkskirchlichem Anspruch im Kontext des Gemeinwesens und ihres Beitrags zum Gemeinwohl.

Dahinter steht implizit die Grundannahme, dass Kirche eben keineswegs und je länger desto weniger nur Institution für ihre Mitglieder im engeren Sinn sein kann und sollte, sondern dass sie sich in ihrem Wirken von den brennenden und drängenden Fragen der gesamten Gesellschaft und ihrer Mitglieder bestimmen

4 Vgl. Thomas Schlag, Reformierte Kirche im helvetischen Kulturkontext. Deutsch-Schweizerische und deutschschweizerische Perspektiven, in: Birgit Weyel/Peter Bubmann (Hg.), Kirchentheorie. Praktisch-theologische Perspektiven auf die Kirche, Leipzig 2014, 80–93, sowie zum Zusammenhang von kirchlichem und politischem Selbstverständnis Christoph Stückelberger, Interdependenz zwischen schweizerischer Konkordanzdemokratie und schweizerischer protestantischer Ekklesiologie im 20. Jahrhundert – und im 21.?, in: Albrecht Grözinger/Georg Pfleiderer/Georg Vischer (Hg.), Protestantische Kirche und moderne Gesellschaft. Zur Interdependenz von Ekklesiologie und Gesellschaftstheorie in der Neuzeit, Zürich 2003, 291–310.

5 Vgl. Jörg Stolz/Edmée Ballif, Die Zukunft der Reformierten. Gesellschaftliche Megatrends – kirchliche Reaktionen, Zürich 2010.

lassen sollte. Ausgegangen wird davon, dass der Begriff der Volkskirche in einer bestimmten – einerseits zurückgenommenen, andererseits eminent profilierten Hinsicht – durchaus noch erheblichen Sinn macht und es gute Gründe gibt, die öffentliche Bedeutung und Rolle der klassischen Volkskirche auch zukünftig keineswegs zu unterschätzen.[6]

2 Was sind die aktuellen Herausforderungen für eine Volkskirche?

Die Frage, ob nun die Volkskirche in einer solchen Perspektive für den schweizerischen Kontext zukünftig von Bedeutung ist, stellt sich insbesondere dort, wo die staatlich-politischen Teilsysteme auf den ersten Blick relativ reibungslos ineinander greifen bzw. wo innerhalb des schweizerischen Sozialsystems der Eindruck entstehen kann, als ob professionelle Hilfe im Sinn einer etablierten Subsidiarität durch die Akteure des politischen Gemeinwesens in ausreichender Weise übernommen wird und gewährleistet ist. Hier zeigen sich möglicherweise durchaus auch kontextuelle Unterschiede, insofern die grossen Amtskirchen in Ländern, die von erheblichen sozialen Ungerechtigkeiten und einem desaströsen öffentlichen Gemeinwesen geprägt sind, eine teilweise geradezu existentielle Auffanginstitution darstellen.

Zudem muss man sich angesichts der vielfältigen kulturellen und wissenschaftlichen Deutungsleistungen bei aktuellen gesellschaftlichen Fragen durch Expertise auf ganz anderen Feldern ernsthaft fragen, ob und wenn ja, in welchem Sinn die Kirchen tatsächlich einen substantiellen Beitrag zum Umgang mit den aktuellen Herausforderungen liefern können.

Die Aufmerksamkeit muss öffentlich erstritten werden – was hier hilft, ist nicht die Erinnerung an die einstmaligen Privilegien, sondern nur der echte Beitrag zum Gemeinwohl. Anders formuliert: Die volkskirchliche Kernaufgabe besteht darin, die eigenen kulturellen und kultischen Leistungen als Beitrag zum Gemeinwohl bzw. als einen nützlichen Beitrag für das gesellschaftliche Ganze möglichst klar und profiliert herauszustellen.

Wenn hier dafür plädiert wird, dass sich Kirche öffentlich plausibilisieren muss, dann erfolgt dies nicht um ihres Selbsterhalts willen, sondern weil dies – wenn sie es ernst nimmt – unbedingt dem Gehalt ihrer eigenen Verkündigungsgrundlage entspricht. Um diese öffentliche Präsenz inhaltlich zu begründen, braucht es dafür deshalb an erster Stelle eine Klärung des theologischen Selbstverständnisses:

6 Vgl. Thomas Schlag, Öffentliche Kirche. Grunddimensionen einer praktisch-theologischen Kirchentheorie, Zürich 2012.

3 Wofür steht und dient Kirche in der Öffentlichkeit?

Es ist so offenkundig wie selbstverständlich, dass Kirche sich in ihrem Verkündigungsauftrag von Beginn an immer inmitten der bestehenden Weltverhältnisse positioniert hat und dabei versuchte, diese Verhältnisse und vor allem die darin lebenden Menschen in hilfreicher Weise zu orientieren.

Das heisst die Kirche bzw. die frühen christlichen Gemeinschaften haben sich von Anfang an nicht öffentlich geäussert oder engagiert, um ihr eigenes Existenzrecht zu plausibilisieren, sondern weil sie dies gleichsam als die notwendige Konsequenz ihres Selbstverständnisses angesehen haben. Der Grundgedanke der öffentlichen Bedeutung des christlichen Glaubens war insofern von Beginn weg nicht künstlich aufgesetzt, sondern Bestandteil des kirchlichen Selbstverständnisses und damit des eigenen Selbst- und Weltgestaltungsauftrags.

Theologisch war und ist dieser Gestaltungsauftrag immer mit einem bestimmten Bild des Menschen verbunden – und zwar weniger im aufgeklärt-humanistischen Sinn der Rede von der Menschenwürde, sondern von einer Bestimmung des Menschen in seiner unbedingten und existentiell gegebenen Beziehung zu Gott, genauer: von Gott her. Die biblisch-theologische Rede vom Menschen von der fundamentalen Gottesbeziehung her hat somit ihre eigene Dignität gerade und auch über die aufgeklärt-humanistischen Begriffsbestimmungen hinaus.

Dies hat in Hinsicht auf die theologische Begründung des Zusammenlebens und seine institutionellen Manifestationen eine doppelte Konsequenz:[7]

Zum einen erschliesst der Gedanke einer von Gott geschaffenen, erhaltenen und erlösten Welt wesentliche Möglichkeiten für das je individuelle und gemeinschaftliche verantwortliche Engagement inmitten aller menschlichen Handlungs- und Gestaltungsspielräume. Von diesem Möglichkeitsraum bzw. Gesamtgestaltungsraum aller menschlichen Lebensverhältnisse als Kulturraum des gesamten Zusammenlebens wird unten noch ausführlicher die Rede sein.

Zum anderen ist zu betonen, dass Kirche selbst nicht einen institutionellen oder organisatorischen Selbstzweck darstellt, sondern ihrerseits als Ermöglichungsraum für ein solches kulturgestaltendes (und kulturveränderndes!) Engagement zu begreifen und zu profilieren ist. Volkskirche kann sich gerade vor dem Horizont ihrer theologischen Begründung als wesentliche und – zumindest ihrem Selbstverständnis nach – unverzichtbare Deutungsgrösse des gesamten kulturellen Lebens verstehen. Dies gilt, blickt man auf die spezifisch reformierten Ausformungen von Kirche, möglicherweise gerade für diese Traditionen, insofern gerade diese Spielart protestantischen Kircheseins durch die Geschichte hindurch eine sowohl ethisch hoch sensible wie auch eminent kritische Positionierung im

7 Vgl. auch Christiane Tietz, Art. Systematisch-theologische Perspektiven, in: Ralph Kunz/Thomas Schlag (Hg.), Handbuch für Kirchen- und Gemeindeentwicklung, Neukirchen-Vluyn 2014, 49–56.

Gemeinwesen *und* gegenüber seinen politischen Akteuren einzunehmen verstanden hat.[8]

Von dieser doppelten theologisch-ekklesiologischen Aufgabenstellung her eröffnet sich die angemessene Verhältnisbestimmung zu den anderen gesellschaftlichen Teilsystemen: Theologisch spricht nach dem oben Ausgeführten nur wenig dafür, von einer strikten Trennung der verschiedenen Lebensbereiche zu sprechen, selbst wenn in soziologischer Hinsicht von einer funktionale Ausdifferenzierung der verschiedenen Teilsysteme auszugehen ist. Ihr Verhältnis zu den anderen Systemen beruht insofern nicht auf Selbstabschliessung, sondern im Sinn einer spezifischen Teilöffentlichkeit eröffnet ihr dies selbst die Möglichkeit, die anderen gesellschaftlichen Teilsysteme theologisch begründet mit den Inkonsistenzen und Problematiken ihrer je eigenen Logiken zu konfrontieren.[9]

In diesem Zusammenhang ist zu Recht von der Kirche als *intermediärer Institution* die Rede, die ihre Aufgabe darin hat, gleichsam zwischen den oftmals anonymen Grossinstitutionen Staat, Wirtschaft, Politik oder Kultur und den je individuellen Einzelinteressen zu vermitteln bzw. hier eine für alle Akteure hilfreiche Deutungspraxis zu vollziehen.

Gerade aus theologischen Gründen darf mit Mut vertreten werden, dass die christlichen Kirchen nicht nur zahlenmässig und im Blick auf ihre Ressourcen, sondern auch hinsichtlich ihres Beitrags zur politischen Kultur nicht «irgendeine beliebige» Bedeutung für das Gemeinwesen haben, sondern in besonderer Weise zum Zusammenhalt der Gesellschaft beitragen können.

Zugleich ist übrigens zu betonen, dass eine solche Fassung von Kirche als intermediärer Institution angesichts der globalen Herausforderungen auch nur in einem globalen Sinn möglich ist. In Anknüpfung an Ernst Lange muss man festhalten, dass Kirche, so verstanden, ihren ökumenischen Sinn nur erfüllt, wenn sie sich selbst als wahrhaft globale Institution begreift und auch vor diesem denkbar weiten Horizont agiert. Dies eröffnet nun auch konkrete volkskirchliche Handlungsspielräume.

4 Wofür tritt Kirche in der Öffentlichkeit ein?

Das volkskirchliche Profil und die damit verbundene Kernaufgabe lässt sich näher so charakterisieren, dass es sich hierbei um eine – zwischen Revolution und Reformpragmatismus – angesiedelte, an Haupt und Gliedern immer noch erheblich wirkmächtige Institution handelt, die sich für das gesamte Leben und Ge-

8 Vgl. etwa Matthias Freudenberg, Reformierte Theologie als Freiheitstheologie, in: Ders., Reformierter Protestantismus in der Herausforderung. Wege und Wandlungen der reformierten Theologie, Berlin 2012, 261–271.

9 Vgl. zum öffentlichen Charakter der Theologie in ihrem Bezug auf Kirche, Gesellschaft und Wissenschaft David Tracy, Eine Verteidigung des öffentlichen Charakters der Theologie, in: Florian Höhne/Frederike van Oorschot (Hg.), Grundtexte Öffentliche Theologie, Leipzig 2015, 37–50.

meinwohl im Sinn einer Ermöglichungskultur unbedingter Mitmenschlichkeit einsetzt.

Dies bedeutet angesichts der gegenwärtigen politisch-gesellschaftlichen Verhältnisse einer vorurteilsbeladenen, tendenziell ausgrenzenden Exklusionsgesellschaft, in avantgardistischem Sinn das Hauptaugenmerk auf jene zu legen, denen Integration und Inklusion verwehrt werden – seien dies nun gesellschaftliche Minderheiten und Randgruppen oder schlichtweg auch Menschen in seelischen Notlagen, weil sie unter die Räder des herrschenden Systems geraten sind. Im Einzelfall muss sie sich dabei als bewusste und mutige Gegenkultur zu den gegenwärtigen Verhältnissen verstehen bzw. eine solche mit zu etablieren und zu befördern helfen.

Dies heisst aber auch, dort politisch kluge und notwendige Kompromisse anzustreben und diese zu befördern, wo nur Minimallösungen denkbar sind. Sie darf diese Kompromisse allerdings gerade nicht aus eigennützigen strategischen Überlegungen heraus eingehen – etwa, um nicht anzuecken oder sich nicht dem öffentlichen Gegenwind auszusetzen. Volkskirche darf sich jedenfalls nicht am vermeintlichen Mehrheitswillen ausrichten oder gar der breiten Masse gefallen wollen, da sie sonst gerade zu einer Art Selbst-Entmachtung beitragen würde. Damit bewegt sich Volkskirche auch biblisch und theologisch durchaus auf vertrautem Terrain, insofern sie ihren Ursprung in der Situation einer Sondergemeinschaft hat und in ihrer Existenz gerade nicht von unantastbaren Privilegien geschützt oder gestützt war.

5 Was bedeutet dies konkret – Konsequenzen auf den unterschiedlichen Handlungsfeldern

Bestimmt man in dieser Weise die Kernaufgabe von Volkskirche, so ist klar, dass hierbei schlechterdings kein Handlungsfeld ausgenommen bleiben kann: Nicht nur in den klassisch öffentlich-politischen Bereichen von Diakonie und Bildung ist kirchlich-kulturelle Deutungs- und Gestaltungsmacht also gefragt, sondern auch in der Praxis von Seelsorge, Gottesdienst oder Gemeindeleitung.

Als für das Gemeinwohl mitverantwortliche Volkskirche ist sie gefragt, auf allen diesen Feldern ihren öffentlichen Verkündigungsauftrag um des Menschen willen in die öffentlichen Diskurse einzubringen und dies im Licht ihres ganz eigenen Menschen- und Weltbildes und mit ihren spezifischen kommunikativen Deutungspraktiken.

Die Trennung von kultischen und nichtkultischen Zwecken, wie sie etwa im Kanton Zürich als staatliche Begründung für die Kirchensteuer von Unternehmen ins Feld geführt wird, mag dabei zwar eine gewisse Plausibilität haben. Sie ist aber auch künstlich, denn vorausgesetzt wird hier, dass eine solche Unterscheidung überhaupt Sinn macht – was angesichts der programmatischen Verflochtenheiten etwa zwischen gottesdienstlicher und gesellschaftsrelevanter Praxis ebenso zu bezweifeln ist wie die damit verbundene Unterscheidung zwischen Angeboten für Mitglieder und Nicht-Mitglieder. Gerade der in diesem Beitrag stark gemachte weite Begriff von Volkskirche wird zukünftig immer stärker gerade auf eine Reichweite und Offenheit kirchlicher Angebote hin ausgerichtet sein, die den Blick auf die klassische kirchliche Klientel aus dezidiert theologischen Gründen programmatisch überschreitet.

Mit diesem Plädoyer für eine ekklesiologisch begründete Horizonterweiterung des volkskirchlichen Paradigmas muss sich im Übrigen auch ein klares Signal verbinden, dass kirchlich-professionelle Hilfe eben nicht völlig analog zu staatlich-professionellen Hilfsangeboten verstanden werden kann. Gerade eine Kultur personal- und zeitintensiver Beratung und Begleitung macht es unmöglich, die einzelnen Angebote womöglich nach festen Leistungssätzen, Erträgen oder Erfolgen bewerten zu wollen. Lassen sich die Kirchen hingegen auf solche quantifizierenden Messverfahren und Instrumente ein, stellen sie damit ihre spezifische Form mitmenschlicher Begleitung und damit ihre spezifische Leistungskraft sowie ihren besonderen, eben nicht monetär messbaren Beitrag zum Gemeinnutzen zur Disposition.

Dies bedeutet aber dann auch, dass volkskirchliche Präsenz und Prägnanz je länger desto mehr als Mix aus ermöglichender institutioneller Gewährleistung und personal prägnanter Präsenz gedacht werden muss. Zu dieser erkennbaren Präsenz und Prägnanz gehört jedenfalls unabdingbar auch die Frage nach einer die eigene Sache zum Vorschein bringenden öffentlichen Sprache und Sprachkultur. In anderen Worten formuliert: Die gegenwärtig intensiv bedachte Ausrichtung kirchlichen Handelns an der Kommunikation des Evangeliums[10] bedarf einer erheblichen vorgängigen Reflexion über die dafür notwendigen Potenziale der Kommunikantinnen und Kommunikanten des Evangeliums.

Diese Anforderungen verbinden sich insofern mit der Grundfrage der kommunikativen Kompetenzen des ehrenamtlichen und hauptamtlichen Personals und deren Bereitschaft, sich wirklich mit den gesellschaftlichen Verhältnissen zu befassen und Rechenschaft von der eigenen Hoffnung und über die eigene Freiheit zu geben.

Gerade weil in politischer und zivilgesellschaftlicher Hinsicht die Bedeutung der Grassroots- und Netzwerkaktivitäten weiter zunehmen wird, ist hier die Gestalt von Volkskirche nochmals ganz neu zu denken: Volkskirche muss sich hinsichtlich ihres strukturellen Amtsverständnisses völlig neu organisieren und in ihren Manifestationen sozusagen diesen Gruppendynamiken selbst anpassen. Um es konkreter zu sagen: Will man erkennbar sein und bleiben, so wird dies nur sehr bedingt auf der Makroebene möglich sein – je länger desto mehr, werden

10 Vgl. zuletzt den Diskussionsband von Michael Domsgen/Bernd Schröder (Hg.), Kommunikation des Evangeliums. Leitbegriff der Praktischen Theologie, Leipzig 2014.

sich die Plausibilitäten nur im regionalen, lokalen und personalen Nahbereich ergeben können.

In einer volkskirchlichen Denkungsart kann es deshalb nicht darum gehen, kleinteilige und kleinräumige avantgardistische Bewegungen gegen eine vermeintlich starre Amtskirche auszuspielen, sondern vielmehr beide Ebenen in ein wirklich dynamisches Wechselverhältnis einer gesamthaft lernenden Institution zu bringen. Volkskirche sollte sich zugleich als eine interreligiös sensible Grösse verstehen, da sie zukünftig nur in enger Verbindung mit anderen Religionsgemeinschaften ihren öffentlichen Einfluss geltend machen kann.

Der Hybridcharakter von Volkskirche in seiner Verbindung von Institution, Organisation und Bewegung (Hauschildt/Pohl-Patalong) manifestiert sich jedenfalls dort, wo die Präsenz von Kirche in institutioneller und individueller Hinsicht öffentlich erkennbar wird, d. h. wo deutlich wird, dass Kirche das einzelne Engagement wirklich unterstützt und wertschätzt und wo zugleich die engagierten Personen in ihrem Handeln sichtbar und glaubwürdig für Kirche als intermediärer Institution inmitten der prekären Lebens- und Weltverhältnisse einstehen.

6 Kirche als Beispiel einer transparenten und diskursfähigen demokratischen Institution

Es mag nun auf den ersten Blick banal erscheinen und ist doch von wesentlicher Bedeutung, wenn gesagt wird, dass sich eine solche avantgardistische Position der Volkskirche um des Gemeinwohls willen auch in ihrer eigenen strukturellen Verfasstheit und in ihren internen Handlungslogiken niederschlagen muss.

Anders formuliert: Eine Volkskirche, die Verantwortung für eine mitmenschliche Kultur des Zusammenlebens zu übernehmen beansprucht, muss ein solches institutionelles Ethos auch in ihrer eigenen Organisationskultur – gleichsam als ein öffentliches Qualitätsmerkmal – so eindrücklich und überzeugend wie nur möglich widerspiegeln. Dies bedeutet grundsätzlich, interne Debatten selbst so offen und freiheitlich wie möglich zu führen und etwa innerhalb der eigenen Strukturen und Mechanismen mit den Gefährdungen der Macht und der Intransparenz so kritisch wie nur irgendwie möglich umzugehen.

Nur unter der Voraussetzung einer mutigen und nicht abwehrenden Auseinandersetzung können dann die drohenden neuerlichen Trennungsinitiativen als Chance und als Gelegenheit begriffen werden, sich von den eigenen theologischen Grundlagen her als Kirche bzw. als jeder einzelne kirchliche Akteur und jede einzelne kirchliche Akteurin sichtbar für das Gemeinwesen der Zukunft und eine bessere Kultur des Zusammenlebens einzusetzen.

Volkskirche und Kirche des Volkes: Einsichten der Befreiungstheologie

Rudolf von Sinner

Die vornehmlich in Lateinamerika entwickelte, dann aber auch in anderen Kontinenten verbreitete Theologie der Befreiung oder Befreiungstheologie zieht die Linie aus von der Befreiung des Volkes Gottes aus Ägypten zur notwendigen politischen und sozialen Befreiung des unterdrückten Volkes Gottes. Die Zuwendung zum «Volk» ist eng verknüpft mit der Option für die Armen und sucht deren Emanzipierung sowohl in der Gesellschaft als auch in der Kirche.[1] Wenn darum in Lateinamerika von «Volkskirche» oder besser von «Kirche des Volkes» (igreja do povo, igreja popular) die Rede ist, dann ist mit «Volk» zunächst und vor allem eine soziale Grösse gemeint, und zwar die nicht privilegierte Mehrheit der Bevölkerung im Gegenüber zur begüterten, mächtigen Minderheit.[2] Zwar kann «Volk» auch eine politische, territorial und kulturell bestimmte Einheit bezeichnen (z. B. o povo brasileiro, das brasilianische Volk[3]), dabei sind aber kaum völkisch-nationalistische Konnotationen gegeben. «In der Regel [...] meint ‹Volk› hier jene mehrheitlichen Gruppen der Bevölkerung, die aufgrund von Marginalisierung und Ausschluss seit eh und je zu kurz kommen. Sinngemäss ist pueblo/povo im Deutschen also wiederzugeben als das einfache, kleine, arme, verarmte, geschundene, gedemütigte ...Volk (‹kleine Leute›, ‹arme Leute›)», wie Horst Goldstein in seinem Kleinen Lexikon zur Theologie der Befreiung schreibt.[4]

Um diese Terminologie ist es in den letzten Jahren nicht nur in Brasilien eher still geworden. Verschiedene Gründe können dafür beigebracht werden. Zum einen ist der Begriff sehr unscharf; man hat gelernt, genauer hinzusehen, wer und was unter «den» Armen und «dem» Volk zu verstehen sei; durch die starke und schnelle Aufwärtsmobilität der letzten Jahre ist zudem die einfache Gegenüberstellung von «Volk» und «Elite» aufgeweicht worden. Zum anderen sind die grossen Erwartungen an eine revolutionäre Umgestaltung der römisch-katholischen Kirche durch die Politik Papst Johannes Pauls II. deutlich enttäuscht wor-

1 Vgl. Gustavo Gutiérrez, Die historische Macht der Armen [1979], München/Mainz 1984 (FThS 11).

2 So auch eine der im Duden vorgesehenen Bedeutungen: «3. Die [mittlere und] untere Schicht der Bevölkerung» http://www.duden.de/rechtschreibung/Volk#Bedeutung3, (Zugang: 9.2.2015); als Redewendung wird «dem Volk aufs Maul schauen» zitiert unter Verweis auf Martin Luther, Ein Sendbrief vom Dolmetschen 1530, WA 30/II, 637, 19–22, wo die Rede ist von «der Mutter im Hause, den Kindern auf der Gasse, dem einfachen Mann auf dem Markt».

3 Wohl um Missverständnisse im deutschen Kontext zu vermeiden, hat man den Titel des Klassikers *Viva o povo brasileiro* nicht wörtlich mit «Es lebe das brasilianische Volk» übersetzt sondern: João Ubaldo Ribeiro, Brasilien, Brasilien, Frankfurt 2013.

4 Horst Goldstein, Kleines Lexikon zur Theologie der Befreiung, Düsseldorf 1991, 229.

den. Diese Desillusionierung spiegelt sich in vielen Gruppen und Einrichtungen wider, die im Horizont einer «Kirche von unten» gegründet worden waren und sich neu haben orientieren müssen, soweit sie sich nicht aufgelöst haben. Schliesslich hat die hohe religiöse Mobilität und der empfindliche Mitgliederverlust vor allem in der römisch-katholischen Kirche zu einer defensiven, identitätsbezogenen, nach innen gewandten und zugleich neue Wege der Werbung suchenden Haltung und Praxis geführt, die ein hierarchisches Kirchenbild eher wieder verstärkt haben.

Dies alles bedeutet jedoch nicht, dass das mit dem Begriff des «Volkes» und der «Kirche des Volkes» Gemeinte nicht oder nicht mehr von Belang wäre. Dass ausserdem zumal im katholischen Umfeld auch im deutschsprachigen Raum weiterhin Gruppen sich über diese Begrifflichkeit bzw. ihren Gehalt artikulieren, zeigen fortbestehende Netzwerke wie «Kirche von unten»[5] oder gar noch relativ junge Bewegungen wie «Wir sind Kirche».[6] Bei beiden ist deutlich ersichtlich, dass die lateinamerikanische Befreiungstheologie zu ihren Inspirationsquellen gehört. Aus der Schweiz ist in diesem Zusammenhang, auch wenn sie den Volksbegriff nicht verwendet, auf die 1982 gegründete «Theologische Bewegung für Solidarität und Befreiung» zu verweisen, die sich ebenfalls in der «befreiungstheologischen Tradition» versteht.[7] Aus freikirchlicher Sicht hat der Kroate Miroslav Volf den Ruf «Wir sind die Kirche!» im Dialog mit katholischer und orthodoxer Theologie auf eine trinitarische Basis gestellt.[8] Können solche Positionen für die im vorliegenden Band vorgenommene Standortbestimmung und Programmatik

5 Dieses ökumenische, aus dem «Katholikentag von unten» (1980) hervorgegangene Netzwerk versteht «Kirche von unten […] im Sinne der Gemeinschaft der durch die Taufe befreiten und geheiligten Menschen. Wir wollen den ‹Gott der kleinen Leute verkünden›, der auf der Seite der Schwachen, Stummen und Ausgegrenzten steht. Damit sehen wir die Dinge von unten, aus der Perspektive der Basis», wobei unklar bleibt, wer damit genau gemeint ist (http://www.ikvu.de/profil.html, [Zugang: 9.2.2015]).

6 Diese «KirchenVolksBewegung» ist 1995 im Zusammenhang mit dem Kirchenvolksbegehren in Österreich gegründet worden, besteht aber heute nach eigenen Angaben in über zwanzig Ländern. Sie fordert mehr Mitsprache der Laien in einer «geschwisterlichen Kirche», die volle Gleichberechtigung der Frauen einschliesslich der Weihe zum Priesteramt, die Freiwilligkeit des Priesterzölibats, eine positive Bewertung der Sexualität und «Frohbotschaft statt Drohbotschaft» etwa gegenüber wiederverheirateten Geschiedenen (http://www.wir-sind-kirche.de/?id=117 [Zugang: 9.2.2015]). In der Sache vgl. auch einen der prominenten Mitunterzeichner: Hans Küng, Ist die Kirche noch zu retten?, München 2011.

7 Die Bewegung ist im Umfeld der katholisch-theologischen Fakultät Luzern entstanden, hat sich aber bald ökumenisch geöffnet; nach Angaben auf ihrer Website hat sich die Mitgliedschaft in den 1990er-Jahren auf ungefähr 400 Personen stabilisiert. Die Bewegung will «die Bereitschaft fördern, die Anliegen von Menschen, welche durch ökonomische Ausbeutung, Rassismus, Sexismus und/oder kulturelle Entfremdung ausgegrenzt werden, zum Kriterium eigenen Handelns zu machen» (http://www.thebe.ch/portrait/schwerpunkte_d.html, [Zugang: 9.2.2015]).

8 Miroslav Volf, Trinität und Gemeinschaft. Eine ökumenische Ekklesiologie, Mainz/Neukirchen-Vluyn 1993.

einer Schweizer reformierten Volkskirche fruchtbar gemacht werden? Diese Frage bildet den Hintergrund meines Beitrags.

Im Folgenden soll zunächst das, was im lateinamerikanischen, vor allem brasilianischen Kontext als Volkskirche bezeichnet werden kann, näher beschrieben werden, um das dort entwickelte Konzept einer Kirche des Volkes in die Realität der katholischen Volkskirche einordnen zu können und einen Vergleichspunkt zum schweizerischen Kontext zu haben (1). In einem zweiten Schritt will ich das befreiungstheologische Verständnis der Kirche als Volk Gottes mit Hinweisen zur reformierten Theologie vorstellen (2), um dann praktische Folgen in den Blick zu nehmen (3). Abschliessend halte ich thetisch fest, inwiefern diese Einsichten für die (Neu-)Bestimmung von Volkskirche im schweizerischen und reformierten Kontext von Belang sein könnten (4).

1 Volkskirche im brasilianischen und lateinamerikanischen Kontext

Ein bedeutsamer Unterschied zur deutschsprachigen Begriffsbildung und -verwendung liegt darin, dass «Kirche des Volkes» hier im katholischen und nicht protestantischen Umfeld erwachsen ist – auch wenn ihre Formulierung gerade unter den Vorwurf des «Protestantismus» gestellt werden konnte.[9] Trotz den bereits angedeuteten enormen religiösen Umwälzungen in Lateinamerika, die die Gleichung «Lateinamerikaner (z. B. Brasilianer) sein heisst katholisch sein» gründlich erodiert haben,[10] ist weiterhin ein progressives katholisches Milieu der Ausgangs- und Bezugspunkt einer Kirche des Volkes. Mit wenigen Ausnahmen ist die Rede von der Volkskirche im protestantischen und namentlich pfingstlichen Diskurs abwesend, wohl nicht zuletzt eben deswegen, weil sie mit der Befreiungstheologie konnotiert ist, der man in diesem Milieu kritisch bis ablehnend gegenübersteht.[11] Aus der Distanz gesehen ist allerdings nicht nur für die katholische Kirche, sondern auch für viele *evangélico* Kirchen, wie die nichtkatholischen Kirchen pauschal genannt werden, der emanzipatorische Charakter einer Kirche des Volkes eine Herausforderung. Auch sie haben einen in der Regel autoritären, klerikalen Apparat begründet, der sich inzwischen sogar in eigentlichen Erbdy-

9 Dazu Brasilianische Bewegung für Menschenrechte (Hg.), Der Fall Boff. Eine Dokumentation, Düsseldorf 1986, v. a. 60–67; Rudolf von Sinner (Hg.), Leonardo Boff und die protestantische Theologie, Frankfurt a. M., 2010.

10 Dazu Rudolf von Sinner (unter Mitarbeit von Oneide Bobsin und Alessandro Bartz), Religiöse Mobilität in Brasilien, in: Christine Lienemann-Perrin/Wolfgang Lienemann (Hg.), Religiöse Grenzüberschreitungen. Studien zu Bekehrung, Konfessions- und Religionswechsel, Wiesbaden 2012, 477–505.

11 Ausnahmen sind den katholischen Gruppen analoge Zusammenschlüsse wie die *Pastoral Popular Luterana* (wörtlich die «lutherische Volkspastoral») im Bereich der Evangelischen Kirche Lutherischen Bekenntnisses in Brasilien (IECLB).

nastien manifestiert, so dass mit Recht von gewissen «Pathologien» gesprochen werden kann.[12]

Gerade weil die katholische Kirche als Kirche der Kolonialmacht bis weit ins 20. Jahrhundert hinein einen *de facto* privilegierten Monopolstatus hatte, der heute zwar eingeschränkt, aber immer noch deutlich spürbar ist, ist für sie in Lateinamerika zutreffend, was seit Schleiermacher als Volkskirche gilt: Eine Kirche, der man weder durch staatliche Verordnung noch durch reine Freiwilligkeit und subjektive Entscheidung zugehörig ist.[13] Interessanterweise hat die katholische Kirche in Brasilien an Volkspräsenz gewonnen, seit das Patronat 1890 aufgehoben und sie *de iure* vom Staat getrennt wurde. Erst diese Freiheit von staatlicher Kontrolle und die Bemühungen der Katholischen Aktion um die Laien haben sie instand gesetzt, sich selbständig in Ortskirchen zu organisieren und ihre Glieder effektiv zu erreichen, was in der ersten Hälfte des 20. Jahrhunderts bis hin zu Tendenzen einer neuen Christenheit *(neocristandade)* und eines antiprotestantischen und teilweise antimodernen Integrismus' reichte. Hier kann zutreffend von einem «volkskirchlichen Positivismus»[14] gesprochen werden: katholisch zu sein wurde lange Zeit – inzwischen bezeichnen sich nur noch rund 64% der Bevölkerung als katholisch (Volkszählung 2010) – einfach vorausgesetzt; heute ist immerhin noch die Zugehörigkeit zu *einer* christlichen Kirche bei rund 90% der Bevölkerung der Normalfall.[15]

12 Zu solchen Pathologien im römischen Katholizismus siehe Leonardo Boff, Kirche, Charisma und Macht: 25 Jahre Befreiungstheologie, Gütersloh 2009, 97–143. In diesem Zusammenhang wird dann auch der Volkskatholizismus als «christliche Erfahrung des Volkes Gottes» gewürdigt (ebd., 143); soziologisch zu Letzterem und überhaupt zur religiösen Kultur in Brasilien siehe Franz Höllinger, Religiöse Kultur in Brasilien. Zwischen traditionellem Volksglauben und modernen Erweckungsbewegungen, Frankfurt 2007.

13 Vgl. Friedrich Daniel Ernst Schleiermacher, Die christliche Sitte nach den Grundsätzen der evangelischen Kirche im Zusammenhang dargestellt [1843], Berlin 1999; dazu Martin Hein, Art. «Volkskirche I. Begriff», RGG^4, Bd. 8, Tübingen 2005, 1184f. In dieser Mittelstellung siedelt auch Rainer Volz, Art. «Volkskirche», ESL Neuausgabe, Stuttgart 2001, 1709f., hier 1710, diese an. Volz lässt weiter anklingen, was dem hier Dargestellten nahe kommt: «Der Begriff der V. dient in diesem [soziologischen, kritischen] Zusammenhang auch als Kritik an der als bürgerlich kritisierten Mittelschichtkirche, die die Unterschichten bzw. die Arbeiterschaft ‹vergessen› habe bzw. immer noch nicht ausreichend berücksichtige.»

14 Vgl. Wolfgang Huber, Art. «Volkskirche I: Systematisch-theologisch», TRE 35 (2003), 249–254.

15 Gemäss einer kürzlich veröffentlichten Studie der Organisation *Latinobarómetro* hat die Zahl der Katholiken in 18 lateinamerikanischen Ländern im Durchschnitt um 13 Prozentpunkte abgenommen, nämlich von 80 auf 67% der Bevölkerung (1995–2013). Dies ist besonders stark der Fall in Zentralamerika (von 77 auf 47% in Nicaragua) und in Brasilien, während in Mexico der Katholizismus gar um 2 Prozentpunkte zugelegt hat. Nur in zwei Ländern findet eine beachtliche Säkularisierung im Sinne eines Religionsaustritts statt, nämlich in Uruguay und Chile, während in den anderen primär von religiöser Mobilität und Transformation zu sprechen ist. Hierzu ist allerdings zu sagen – was die Studie nicht beachtet – dass etwa in Brasilien die Konfessionslosen keineswegs glaubenslos sind, sondern sich nur nicht (mehr) zu einer organisierten Religion bekennen; vgl. von Sinner, Religiöse Mobilität, (Anm. 10). In vier Ländern bekennen sich heute weniger als 50% zum

Protestantischerseits gibt es Vergleichbares nur noch in der lutherischen Einwandererkirche, die in ihrem ethnisch weitgehend homogenen Umfeld ebenfalls volkskirchliche Zustände aufweist, die jedoch durch die zunehmende Integration in den brasilianischen Kontext unter Druck geraten ist. Von daher ist es sicherlich kein Zufall, dass eben diese Kirche, genauer die damalige Riograndenser Synode, 1933 an die Adresse der Konstituante einen Vorstoss unternahm, um einen öffentlich- statt lediglich privatrechtlichen Status der Kirchen (Plural!) ähnlich der Weimarer Reichsverfassung zu erwirken. Der Ruf verhallte ungehört, ungeachtet der immerhin 53 000 Unterschriften.[16] Die weiteren Kirchen, namentlich die stark wachsenden Pfingstkirchen, sind reine Freiwilligkeitskirchen, sowohl was die Zugehörigkeit, als auch was die finanziellen Beiträge anbelangt. Ein Kirchensteuersystem gibt es nicht, übrigens auch nicht für die katholische Kirche. Ob auf dieser Basis und in dieser Situation langfristig eine volkskirchliche Struktur erhalten werden kann, bleibt abzuwarten. Katholischerseits ist hier gewisslich von Belang, dass die Volksreligiosität vor allem in bestimmten Regionen des Nordostens nach wie vor in der Bevölkerung stark verankert ist und einem grösseren Exodus zu anderen Kirchen und Religionen hin hat wehren können.[17]

Nach dieser kurzen Kontextualisierung schreite ich nun weiter zu den theologisch-ekklesiologischen Inhalten.[18]

2 Kirche als Volk Gottes

Das II. Vatikanische Konzil hat das Verständnis der Kirche als Volk Gottes (Lumen Gentium Kap. II: «De populo Dei») in Kontinuität mit dem Selbstverständnis des Bundesvolkes Israel als historische und von Gott als solche konstituierte Gemeinschaft wiederentdeckt: «Als Volk Gottes versteht sich die Kirche als die durch die unverfügbare Freiheit der Liebe Gottes aus den Verstrickungen der Sünde herausgerufene und zum Dienst an der Versöhnung der Menschheit beru-

Katholizismus: Guatemala, Honduras, Nicaragua und Uruguay. In zwei Ländern beträgt der prozentuale Unterschied zwischen *evangélicos* und Katholiken weniger als 10 Prozentpunkte, nämlich in Honduras (6) und Guatemala (7). Latinobarómetro, Las religiones en tiempos del Papa Francisco, Dokument vom 16. April 2014, http://www.latinobarometro.org/latNewsShop.jsp (Zugang: 21.4.2014).

16 Lakonisch stellte der damalige Synodenpräses Hermann Dohms fest: «So ist die Lage der evangelischen Kirche in der ersten Republik (1889–1930) kurz die gewesen: Der Staat hat von ihr keine Notiz genommen», zitiert bei Hans-Jürgen Prien, Lateinamerika (Brasilien/Argentinien), in: Ulrich Duchrow/Wolfgang Huber (Hg.), Die Ambivalenz der Zweireichelehre in lutherischen Kirchen des 20. Jahrhunderts, Gütersloh 1976, 195–210, hier 198.

17 Zur Volksreligiosität und zum Volkskatholizismus ist bei allen erfolgten Veränderungen immer noch grundlegend Paulo Süss, Volkskatholizismus in Brasilien. Zur Typologie und Strategie gelebter Religiosität, München/Mainz 1978 (GT. S 24).

18 Weiteres zur Geschichte der römisch-katholischen und der evangelisch-lutherischen Kirche siehe bei Rudolf von Sinner, The Churches and Democracy in Brazil. Towards a Public Theology Focused on Citizenship, Eugene, Or. 2012, 149–165.198–215 (Lit.).

fene Gemeinschaft der Gläubigen.»[19] Es geht dabei auch und gerade um die Betonung des allgemeinen Priestertums der durch die Taufe Geweihten (vgl. Lumen Gentium 10), was sich reformatorischem Verständnis stark annähert.[20] Gerade damit hat das Konzil die befreiungstheologische Forderung nach einer Ekklesiogenesis, der Entstehung einer neuen, volksnahen, demokratischen Kirche aus den Laien, namentlich aus den kirchlichen Basisgemeinden, möglich gemacht. Ein solches basisdemokratisches Kirchenverständnis trifft sich mit reformierter Theologie, für die die «Urgestalt der Kirche in der konkret versammelten Gemeinde» zu sehen ist.[21]

In befreiungstheologischer Sicht beginnt zudem mit Jesus «die Königsherrschaft Gottes über sein Volk wirksam zu werden: Die bedrückenden Ketten werden zerbrochen, den Armen wird Befreiung verkündigt, die Mächtigen und die Reichen werden angeklagt, die Ankunft des Tages des Herrn wird ausgerufen (Lk 2,47–55; 4,17–21). [...] Der Exodus dient als Erklärungsmodell für die christliche Ekklesiogenese, das Kommen Jesu hinwiederum dient als Schlüssel, um die messianischen Verheissungen und den Messiasgedanken neu zu interpretieren, um ihn von seinen nationalistischen und politischen Konnotationen, dem Verlangen nach Grösse und Macht, zu befreien».[22] Ein neues Volk soll geschaffen werden, ein Volk von Gleichen, in dem «die Autorität ein Dienst ist, der Reichste derjenige, der am meisten abgibt, der Grösste derjenige, der sich erniedrigt, der Erste derjenige, der sich zum Letzten macht».[23] Durch die Dringlichkeit der Situation, in der sich das Volk als massiv bedrängt erfuhr, kam auch die Rede vom «gekreuzigten Volk» auf, im Sinne einer «historischen Soteriologie», die das Erlösungswerk Jesu in der Nachfolge fortsetzt.[24] In der Regel bezieht sich «Volk

19 Siegfried Wiedenhofer, Ekklesiologie, in: Theodor Schneider (Hg.), Handbuch der Dogmatik, Bd. 2, Düsseldorf 1992, 47–154, 94, im Original kursiv.

20 Vgl. Hans-Martin Barth, Einander Priester sein. Allgemeines Priestertum in ökumenischer Perspektive, Göttingen 1990, zu den Basisgemeinden und namentlich Leonardo Boffs Ekklesiogenesis: 134–160. Barth hält zu Recht fest, dass Boff – in weiterem Verständnis – vom «allgemeinen» Priestertum spricht, *Lumen Gentium* dagegen vom «gemeinsamen» Priestertum; für Boff ist die Gemeinde als ganze unmittelbar (!) priesterlich (ebd., 148). Aus reformatorischer Sicht würdigt Barth bei Boff seine Betonung der Entstehung der Gemeinde aus der Verkündigung des Wortes Gottes, seine emanzipatorische Kraft und Inspiration dazu, Verantwortung zu übernehmen, sowie das allgemeine Priestertum aus der Taufe (ebd., 157–160).

21 Eberhard Busch, Reformiert. Profil einer Konfession, Zürich 2007, 151, unter Verweis auf Otto Weber, Versammelte Gemeinde, Neukirchen-Vluyn 1949. Vgl. bei Busch auch den Abschnitt zu «Die Gemeinde von Brüdern und Schwestern», ebd. 151–172.

22 Juan Antonio Estrada, Volk Gottes, in: Ignacio Ellacuría, Jon Sobrino (Hg.), Mysterium Liberationis. Grundbegriffe der Theologie der Befreiung, Bd. 2, Luzern 1996, 809–822, hier 811.

23 Ebd.

24 Ignacio Ellacuría, Das gekreuzigte Volk, in: Ignacio Ellacuría, Jon Sobrino (Hg.), Mysterium Liberationis. Grundbegriffe der Theologie der Befreiung, Bd. 2, Luzern 1996, 823–850; vgl. auch Burkhard Weber, Ijob in Lateinamerika. Deutung und Bewältigung von Leid in der Theologie der Befreiung, Mainz 1999.

[Gottes]» hier auf das griechische λαός *[θεοῦ]*.[25] In weiterer Radikalisierung in der befreiungstheologisch orientierten koreanischen «Theologie des gemeinen Volkes (*Minjung)*» kann sich Volk aber auch auf ὄχλος beziehen, die «Volksmenge» (bei Philo und Josephus der Pöbel), die vor allem im Markusevangelium eine exponierte Rolle spielt, wo sie «in einer engen Beziehung zu Jesus steht».[26] Die Zentralität Jesu Christi, sowohl in Bezug auf sein Leben und Zeugnis als auch in Bezug auf sein Heilswerk in Tod und Auferstehung und ihre Auswirkung auf die dadurch konstituierte Gemeinde, sind auch reformierter Theologie wichtig, wobei die Wiederentdeckung der biblisch angelegten, auch politischen Befreiungsmomente eine wichtige Herausforderung bietet.[27]

Nun ist die Zugehörigkeit zum Volk Gottes durch die Taufe gegeben, andererseits muss sie erst auch als solche verstanden und praktiziert werden. Dies verbindet sich mit der Auffassung, dass das Volk überhaupt zwar zunächst ein Gegebenes ist, in befreiungstheologischer und -pädagogischer (Paulo Freire) Sicht durch seine Subjektwerdung aber erst im eigentlichen Sinne zum Volk werden muss.[28] Das Volk und auch das Volk Gottes sind also nicht ein Faktum, sondern ein «Geschehen», wie Leonardo Boff betont.[29] Der Förderung dieses Geschehens dienen denn auch die «populäre Bildung» (*educação popular*) und die «populäre Bibellese» (*leitura popular da Bíblia*), in der die Lebenswelt der Lesenden bzw. Hörenden mit der Lebenswelt des Volkes Gottes in der Bibel in Verbindung

25 In folgendem lateinamerikanisch-nordamerikanischem Werk wird daraus theologisch und demokratietheoretisch – also nicht nur innerkirchlich – die Forderung nach einer «Laokratie» abgeleitet, siehe Joerg Rieger/Jung Mo Sung/Néstor Miguez, Beyond the Spirit of Empire, London 2009. Zu Volk Gottes, Gemeinde und Gesellschaft vgl. die Beiträge in JBTh 7, 1992.

26 Volker Küster, Jesus und das Volk im Markusevangelium. Ein Beitrag zum interkulturellen Gespräch in der Exegese, Neukirchen-Vluyn 1996, 59 (BThSt 28). Dieses Buch ist ein Dialog zwischen den Entdeckungen des koreanischen *Minjung* (= Volk) – Theologen Ahn, Byung-Mu, und der akademischen, namentlich deutschen Bibelexegese.

27 Diese sind in der reformierten Kirche Südafrikas bei denen, die die Apartheid bekämpft haben, und bei denen, die sie – auch in der Schweiz – international unterstützt haben, prominent geworden und werden heute in einer «öffentlichen Theologie» fortgeführt, vgl. John De Gruchy, Befreiung der reformierten Theologie. Ein südafrikanischer Beitrag zur ökumenischen Diskussion [1991], Gütersloh 1998 sowie den *International Journal of Public Theology*.

28 In diesem Sinne wird nicht nur zwischen Volk und Elite, sondern auch zwischen Volk und Masse unterschieden, wobei der Unterschied in marxistisch-gramscianischer Manier durch ein «historisches Projekt» bestimmt wurde; siehe Pedro Ribeiro de Oliveira, Was bedeutet analytisch betrachtet «Volk»?, Concilium 20/6, 1984, 505–512, hier 506. Die Forderung nach einem (einheitlichen, ökonomisch bestimmten) historischen Projekt inmitten der vielen Differenzbestimmungen (als Frauen, Schwarze, Indigene usw.) ist in jüngerer Zeit wieder laut geworden bei Ivan Petrella, The Future of Liberation Theology. An Argument and Manifesto, London 2006.

29 Leonardo Boff, Was bedeutet theologisch «Volk Gottes» und «Kirche des Volkes», in: Ders., Und die Kirche ist Volk geworden. Ekklesiogenesis, Düsseldorf 1987, 47–84, hier 64. Dementsprechend kann er die Masse auch «Nichtvolk» nennen, unter Verweis auf Hos 1,6.9 und 1 Petr 2,10.

gebracht wird.[30] Die Bedeutung der Schrift als Zeugnis des Wortes Gottes geht wiederum mit reformierter Theologie überein, zugleich wird diese durch den ihr zwar nicht fremden, aber wohl hin und wieder zu wenig betonten kontextuellen und populären Aspekt herausgefordert.

Für Boff ist die Kirche weiter das Sakrament einer relational verstandenen Trinität, aus der er Forderungen für ein demokratisches Kirchenmodell ableitet:

> «Dieses von der dreifaltigen Gemeinschaft inspirierte Kirchenmodell konkretisiert sich durch gleichmässigere Verteilung der sakralen Macht, durch Dialog, durch Offenheit für alle den Gliedern der Gemeinde gewährte Charismen, durch Überwindung jeglicher Diskriminierung, besonders derjenigen aus patriarchalischem und Macho-Geist, durch unaufhörliche Suche nach Konsens mittels der organisierten Teilhabe aller.»[31]

Boff konnte sich hierin auf die Ekklesiologie der Texte des II. Vatikanischen Konzils stützen, die sich explizit auf die Dreieinigkeit berief: «So erscheint die ganze Kirche als ‹das von der Einheit des Vaters und des Sohnes und des Heiligen Geistes her geeinte Volk›» (Lumen Gentium 4). Noch deutlicher wird das Dekret über den Ökumenismus: «Dies ist das heilige Geheimnis der Einheit der Kirche in Christus und durch Christus, indes der Heilige Geist die Mannigfaltigkeit der Gaben schafft. Höchstes Vorbild und Urbild dieses Geheimnisses ist die Einheit des einen Gottes, des Vaters und des Sohnes im Heiligen Geist in der Dreiheit der Personen» (Unitatis Redintegratio 2). Auch dies ist mit reformierter Theologie bestens vereinbar.[32]

Wie wird nun dieses so grundgelegte Kirchenbild in der Praxis genauer gefasst? Dieser Frage ist der nächste Abschnitt gewidmet.

3 Kirche des Volkes – Kirche mit dem Volk

Die Volks-Terminologie wurde in einer Zeit revolutionärer Projekte, sozialistischer Utopien und des Widerstands gegen die Militärdiktaturen geformt. Zu Recht hat Hermann Brandt daran erinnert, dass «Volk» zunächst ein abschätziger Begriff war: «Die von Mesters mehrfach zitierte Rede vom ‹povo ignorante›, dem unwissenden, dummen Volk, lässt erkennen, dass dieses Reden vom Volk ursprünglich Ausdruck eines Überlegenheitsgefühls der herrschenden Elite gegenüber der anonymen Masse der Armen, der Leidenden und Ungebildeten in den ‹Kellern der Menschheit› war und ist. ‹Volk› ist aus dieser Perspektive von oben

30 Vgl. Matthias Preiswerk, Apprendre la libération. Exemples d'éducation populaire en Bolivie, Genf 1994; Carlos Mesters, Von der Bibel zum Leben – vom Leben zur Bibel. Ein Bibelkurs aus Brasilien für uns, 2 Bde., Mainz/München 1983; zu Mesters und verwandten Ansätzen vgl. Ralf Huning, Bibelwissenschaft im Dienste popularer Bibellektüre, Stuttgart 2005 (SBB 54).

31 Leonardo Boff, Der dreieinige Gott, Düsseldorf 1987, 37.

32 Vgl. Busch, Reformiert (Anm. 21), 163–167; Jürgen Moltmann, Trinität und Reich Gottes, München 1981.

eine Deklassierung, ein Ausdruck also der *verweigerten* Identifikation.»[33] In Umkehrung dieser Asymmetrie und positiven Wendung der Identifikation wurde es dann zu einer selbstbewussten Eigenbezeichnung.

«Volk» ist darum nicht einfach eine Abbildung der Realität, sondern ein Transformation betreibender Programmbegriff. Der von Hugo Assmann herausgegebene Band «Das unterdrückte Volk – Herr der Geschichte» ist dafür und für die gewisslich überhöhten Erwartungen einer Selbstbefreiung des Subjekt werdenden Volkes ein klarer Ausdruck.[34] Assmann selber hat später nach den realen Armen und nicht nur deren Bedürfnissen, sondern auch deren Wünschen und Sehnsüchten gefragt.[35] Solidarität ist dann für ihn nichts dem Volk natürlich Eigenes mehr, sondern muss durch Bildung hervorgerufen und genährt werden.

Die Kirche wird nach Boff zum Volk Gottes, wenn die «konstitutiven Merkmale eines Volkes gegeben» sind, d. h. «Bewusstsein, Gemeinschaft und eine Praxis, die dem erreichten Bewusstseinsstand sowie den konkreten Möglichkeiten von Beteiligung, Mitbestimmung und Gemeinschaft entspricht. Ein Volk wird erst dann *Volk Gottes*, wenn es sich evangelisieren lässt, sich um das Wort Gottes versammelt, christliche Gemeinden bildet und eine Praxis in die Wege leitet, die vom Evangelium und von der lebendigen Tradition der Kirche her inspiriert ist.»[36]

Unter Ekklesiogenesis versteht Boff dann «einen aus der Kraft Gottes und der Antwort der Menschen resultierenden Prozess, in dem – eingetaucht in die Bedingungen des menschlichen Lebensweges – Kirche wird.»[37] Kirche wird verstanden als «Netz von vielen Gemeinden [...], in denen alle voll beteiligt sind und die zusammen ein wirkliches Gottesvolk bilden.»[38] Ein solches Netz von Gemeinden wurde in den Basisgemeinden gesehen und angestrebt, die sich ab 1975 in sogenannten «interekklesialen» nationalen Treffen zusammenfanden. Die Basisgemeinden wurden, gemäss dem Slogan des 5. interekklesialen Treffens in Candindé/Ceará 1983, als «Samenkörner einer neuen Gesellschaft» gesehen. Nach Boff schaffen diese «nicht nur den neuen Christen, der sich als Bewohner des himmlischen Jerusalem versteht, das schon in der Stadt gerechter und solidarischer Menschen beginnt, sondern auch den Bürger, der sich für seine Brüder und Schwestern engagiert und den Mut hat, sein Blut und sein Leben für eine grossartige Sache einzusetzen.»[39] Solche Gemeinden zeichnen sich für Boff aus durch

33 Hermann Brandt, Vorwort – nicht nur zur Übersetzung, in: Carlos Mesters, Die Botschaft des leidenden Volkes, Neukirchen-Vluyn 1982, 9–17, hier 11f.; vgl. Carlos Mesters, Sechs Tage in den Kellern der Menschheit. Ein Tagebuch der Hoffnung, Neukirchen-Vluyn 1987.

34 Hugo Assmann (Hg.), El pueblo oprimido. Señor de la história, Montevideo 1972.

35 Vgl. hierzu von Sinner, Churches (Anm. 18), 100–120.

36 Leonardo Boff, Und die Kirche ist Volk geworden [1986], Düsseldorf 1987, 65f.

37 Ebd., 16.

38 Ebd., 67.

39 Ebd., 115.

die grosse Beteiligung von Laien, eine starke Verwurzelung in der Basis, eine geringe Hierarchisierung, eine Vielfalt von Ämtern in einer demokratischen Struktur sowie durch eine Ausstrahlung in die weitere menschliche Gemeinschaft hinein. Das bisher letzte, 13. interekklesiale Treffen fand 2014 in Juazeiro do Norte im Bundesland Ceará statt, hat aber viel weniger Breitenwirkung als in den 1970er- und 1980er-Jahren entwickelt.

Die Ansprüche und Erwartungen der Befreiungstheologen an die Basisgemeinden und ihre Glieder waren sehr hoch und auch damals nur in Teilen zu verwirklichen. Dazu gehörte auch die nach Apg 2,44 und 4,32–34 geforderte Gütergemeinschaft, die implizierte, dass «sowohl die Armut als auch der Reichtum [...] ausgemerzt werden» müssten.[40] Weiter sagt Boff: «Die Kirche ähnelt stärker ihren demütigen Anfängen zu den Zeiten der Apostel: Sie ist arm, dem Volk verbunden, in Fragen der Gerechtigkeit und der Menschenwürde engagiert, prophetisch und in gewissen Gegenden eine Kirche der Märtyrer.»[41] Gemeinde in diesem Sinne ist für Boff «Typus und Analogie der Dreifaltigkeit», die sie «den Augen der Menschheit gleichsam spürbar» macht.[42] Das 6. interekklesiale Treffen der Basisgemeinden in Trindade [= Trinität] im Bundesland Goiás schrieb dies 1986 wörtlich auf ein Transparent: «Die allerheiligste Trinität ist die beste Gemeinde» *(A Santíssima Trindade é a melhor comunidade)*.[43]

Dabei wird nicht nur die Kirche bzw. ihre Leitung in die Pflicht genommen, sondern auch die Armen, wie der Soziologe Pedro Ribeiro de Oliveira schreibt: «Es kann nicht nur die Rede davon sein, dass die Kirche eine vorrangige Entscheidung für die Armen trifft, sondern es gibt auch eine entgegengesetzte Entscheidung: die der Armen für die Kirche. Zwar stimmt es, dass die Armen in Lateinamerika immer der Kirche angehörten, aber sie waren in dieser Kirche nur auf anonyme und passive Weise anwesend.»[44] Sie waren, so sagt er, nur «Kunden» (*clientes*) der Kirche. Werden also Partizipationsmöglichkeiten gefördert, so wird zugleich auch die effektive Partizipation gefordert. Dies wurde, namentlich in demokratischen Zeiten, ausgeweitet auf die Gesellschaft: «Zusammen mit einem vom Volk ausgehenden gesellschaftlichen Projekt in Richtung partizipative Demokratie, deren Basis das Volk ist und die pluralistisch und offen für das Religiöse ist, begann man auch, ein vom Volk ausgehendes Projekt für die Kirche zu entwerfen – eine neue Kirche für eine neue Gesellschaft.»[45]

Dieser hohe Anspruch, diese moralische Belastung hat sich auf der Ebene der Gemeinden letztlich zugunsten einer stärker emotionalen Religiosität und moralischer Entlastung – in Brasilien oft durch die Zuweisung schlechten Ergehens an

40 Ebd., 69.
41 Leonardo Boff, Die Kirche neu erfinden [2006], Mainz 2011, 12f.
42 Boff, Gott (Anm. 31), 127.
43 Vgl. ebd., 123; ders., Kleine Trinitätslehre [1988], Mainz 2012.
44 Oliveira, Volk (Anm. 28), 510.
45 Boff, Kirche (Anm. 36), 273.

«böse Kräfte» – nicht durchgesetzt.[46] Nicht zufällig sind viele führende Personen aus den kirchlichen Basisgemeinden in soziale Bewegungen und Nichtregierungsorganisationen abgewandert, wo sie ihre Militanz haben ausleben können. Gegenüber einem mitteleuropäischen Begriff von Volkskirche stünde ein Kirchesein mit solch hohem *commitment* eher der Freiwilligkeitskirche nahe.

Welche Einsichten ergeben sich nun aus den bisherigen Darstellungen und Überlegungen, und inwiefern können sie für die (Neu-)Bestimmung von Volkskirche im schweizerischen und reformierten Kontext von Belang sein? Dies will ich abschliessend zu formulieren versuchen.

4 Volkskirche und Kirche des Volkes

Wichtige Berührungspunkte, aber auch Herausforderungen zwischen reformierter und Befreiungstheologie im Hinblick auf das Verständnis von Volkskirche bzw. Kirche des Volkes habe ich schon im 2. Abschnitt angedeutet. Hier sollen diese Aspekte nochmals aufgenommen und thetisch prägnant dargelegt werden, als – wie ich hoffe – relevantes Gesprächsangebot im Rahmen des vorliegenden Bandes aufgrund meiner mittlerweile aus der Distanz erfolgenden Wahrnehmung der reformierten Kirche in der Schweiz.

1. Ein an der lebensweltlichen Realität geschärfter, die gelebte Religion mit der gelehrten Theologie in einen intensiven Dialog bringender Kirchenbegriff ist für reformierte Theologie nichts Neues. Es besteht m. E. jedoch die Gefahr, die reformatorische Würdigung des direkt und unvermittelt vor Gott stehenden *Subjekts* auf ein individualistisch und bürgerlich gefasstes zu verkürzen. Die etwa auch von Jürgen Habermas in emanzipatorischer und demokratischer Absicht entfaltete Diskursivität der Öffentlichkeit könnte, ebenso wie der Gemeindebegriff der Befreiungstheologie, die intersubjektiven, gemeinschaftlichen Bezüge neu in den Blick nehmen lassen. Dabei können die Ansprüche freilich nicht so hoch angesetzt werden, wie sie in den Basisgemeinden üblich waren. In einer nach wie vor starken Individualisierungs- und Vereinsamungstendenzen ausgesetzten Gesellschaft kann das Bereitstellen adäquater, offener und inklusiver Orte für Gemeinschaftserfahrungen aber ein wohltuendes und ekklesiologisch richtiges Angebot sein.
2. In solchen gemeinschaftlichen Angeboten müssten dann konsequenterweise auch die von der Volkskirche *längst distanzierten unteren Schichten* der Gesellschaft Beachtung finden – Arbeiterinnen und Arbeiter sowie Angestellte, aber auch Migrantinnen und Migranten, eben das auch in der Schweiz so genannte «einfache Volk». Den Blick hierfür vermögen die Einsichten der Befreiungstheologie zu schärfen. Dabei ist eine Offenheit für die vielleicht ungewohnten Beiträge und Be-

46 Vgl. John Burdick, Looking for God in Brazil. The Progressive Catholic Church in Urban Brazil's Religious Arena, Berkeley 1993.

dürfnisse dieser Menschen vorauszusetzen. Die Gottesdienste und Gemeindeanlässe hätten dann erst recht nicht nur den Intellekt, sondern auch die Sinne ansprechende und beteiligende Formen zu suchen. Ebenso wäre neu danach zu fragen, wie Gemeinde wirklich gastfreundlich und hilfreich sein könnte.

3. Die im Umfeld der Befreiungstheologie entwickelte *partizipative Bibellektüre* könnte zu einer neuen Würdigung der nahen und fernen Gemeindeglieder mit ihren unterschiedlichen Interessen und Perspektiven und ihrem auch theologischen Mitdenken führen. Kompetente Einführungen in die Bibel und eine breite Diskussion über die Texte könnten – hermeneutisch stets zu reflektierende – Resonanzen wachrufen, das Interesse für die Texte und die Bedeutung ihrer Tradition neu wecken und vertiefen. Dies kann auch, und gerade in ökumenischen oder gar in interreligiösen Gesprächskreisen, zu fruchtbarem Austausch führen.[47]
4. Der Zugang zu potenziell allen Gesellschaftsschichten, insbesondere während Kasualgesprächen, ist eine Stärke der Volkskirche. Namentlich ihre Amtsträger haben darum die Chance und auch die Aufgabe, die Lebenssituation der Menschen in Erfahrung und in der Öffentlichkeit im Hinblick auf notwendige gesellschaftliche Transformation auch zur Sprache zu bringen. Letzteres wird etwa von einer öffentlichen Theologie vertreten. Diese kann und soll nicht als Gegensatz, aber als Präzisierung einer im demokratischen Kontext verankerten Befreiungstheologie verstanden werden.[48] In diesem Zusammenhang sind Überlegungen zum spezifischen Beitrag reformierter Landeskirchen in der schweizerischen Öffentlichkeit und darüber hinaus zweifelsohne von Belang. Ob freilich der heute lauter werdende Ruf nach einem reformierten Bischof nicht auf eine Personalisierung dieser Stimme zielt, die dem traditionell partizipativen Leitungsstil Schweizer reformierter Kirchen zuwiderläuft, muss mindestens gefragt werden.[49]

47 In interkultureller Hinsicht vgl. Hans de Wit u. a., Through the Eyes of Another. Intercultural Reading of the Bible, Elkhart: Institute of Mennonite Studies, Vrije Universiteit 2005; immer noch relevant ist der Ansatz des in der Schweiz leider kaum wahrgenommenen Schweizer reformierten Pfarrers Hans-Ruedi Weber, Bibelstudien. Erfahrungen mit der Bibel in vier Kontinenten, Berlin/Altenburg 1988.

48 Vgl. etwa Heinrich Bedford-Strohm, Position beziehen. Perspektiven einer öffentlichen Theologie, München 2013; ders., Liberation Theology for a Democratic Society, collected and edited by Eva Harasta, Münster 2015 (im Druck); Thomas Schlag, Öffentliche Kirche. Grunddimensionen einer praktisch-theologischen Kirchentheorie, Zürich 2012.

49 Vgl. Lukas Kundert, Die reformierte Kirche. Grundlagen für eine reformierte Schweizer Ekklesiologie, Zürich 2014.

Volkskirche im multireligiösen Kontext

Reinhold Bernhardt

1 Die Situation der Religionsvielfalt und ihre Auswirkung auf das Verständnis von «Volkskirche»

Wenn mit dem Begriff «Volkskirche» eine Kongruenz zwischen «Kirche» und «Volk» gemeint sein sollte, dann könnte er in einem multireligiösen Kontext nicht mehr sinnvoll zur Charakterisierung der kirchlichen Wirklichkeit verwendet werden. Eine solche Kongruenz gab es in der Schweiz noch bis in die 1950er Jahre, als noch fast 98% der Bevölkerung einer christlichen Konfession angehörten. Seit den 1960er Jahren hat sich diese Bild aber tiefgreifend gewandelt, vor allem in den grossen Städten. Nach Angaben des Bundesamtes für Statistik in Bern beträgt der Anteil der Religions- und Konfessionslosen an der ständigen Wohnbevölkerung (über 15 Jahren) in Basel-Stadt im Jahr 2013 45,5%, während die Römisch-Katholische Kirche auf 18,9%, die Evangelisch-Reformierte Kirche auf 17,1% und die anderen christlichen Gemeinschaften auf 6,1% kommen. Nimmt man alle christlichen Gruppierungen zusammen, so sind es 42,1%. Zum Islam gehören 8,5% der Wohnbevölkerung, zum Judentum 0,6% und zu anderen Religionen 2,0%.[1]

Stellt man das Beobachtungsinstrument feiner ein und fragt nicht nach der Zugehörigkeit zu Kirchen und Religionen allgemein, sondern nach der Zugehörigkeit zu einzelnen religiösen Gemeinschaften, dann zeigt sich die ganze Breite der Religionsvielfalt. Das von Georg Schmid und Georg Otto Schmid herausgegebene Verzeichnis der Kirchen, Sekten und Religionen weist 491 Eintragungen verschiedener religiöser Gruppierungen für den deutschen Sprachraum auf.[2] Die allermeisten davon finden sich auch in der Schweiz.

Der ungeheure Pluralisierungsschub der Religionslandschaft seit den 1960er Jahren hat die «Volkskirche» zu *einer* (in sich nochmals vielfältig differenzierten) Gemeinschaft unter vielen anderen Religionsgemeinschaften gemacht. Angesichts dieser Entwicklung erscheint es nicht mehr gerechtfertigt, von der Kirche bzw. den Kirchen als Kirchen des (ganzen) Volkes zu sprechen, erst recht nicht, wenn man sich den weiteren Rückgang der Mitgliedschaftszahlen vergegenwärtigt, wie

1 Errechnet auf der Grundlage der Statistik «Ständige Wohnbevölkerung ab 15 Jahren nach Religion» (je-d-01.06.02.02) (Zugang: 28.7.2015). Siehe auch die Daten des Statistischen Amtes Basel-Stadt: http://www.statistik.bs.ch/zahlen/tabellen/1-bevoelkerung/religionszugehoerigkeit.html (Zugang: 28.7.2015). Siehe auch: Martin Baumann/Jörg Stolz (Hg), Eine Schweiz – viele Religionen. Risiken und Chancen des Zusammenlebens, Bielefeld 2007, bes. 21–86.

2 Georg Schmid/Georg Otto Schmid, Kirchen, Sekten und Religionen. Religiöse Gemeinschaften, weltanschauliche Gruppierungen und Psycho-Organisationen, Zürich [7]2003.

ihn alle Prognosen voraussagen. So rechnet der Synodalrat der Reformierten Kirchen Bern-Jura-Solothurn damit, dass im Jahre 2030 die Reformierten in der Minderheitsposition angekommen sein werden.[3] Sie sind es schon längst, wenn man nicht von den Mitgliedszahlen, sondern von der inneren Bindung der Mitglieder an die Kirche ausgeht.

Auch dann, wenn man «Volkskirche» nicht als Beschreibung einer (realen oder idealen) Deckungsgleichheit zwischen dem (ganzen) Volk und der Kirche versteht, sondern als Konzeptbegriff einer Kirche «für alle», stellen sich erhebliche Probleme. Ist mit «allen» die gesamte Gesellschaft mit ihren verschiedenen Religionsgemeinschaften gemeint oder sind alle Kirchenmitglieder gemeint? Reiner Preul wählt die zweite Variante: «Das Konzept der Volkskirche steht und fällt nicht damit, dass alle ihr angehören, sondern *dass sie sich auf alle, die ihr zugehören, einstellt*».[4] «Für alle» heisst also zunächst: «für das ganze *Kirchenvolk*». Ist eine so verstandene Mitgliedschaftskirche dann aber noch berechtigt, sich «Volkskirche» im Sinne einer «öffentlichen Kirche» zu nennen? Muss sie nicht auch Anwalt marginalisierter Gruppen in der Gesellschaft sein, die nicht zu ihrem Mitgliedschaftskreis gehören? So formuliert der Kirchenrat St Gallen: «Wir streben nicht bloss die Betreuung einer selbstgenügsamen Kerngemeinde Glaubender und Engagierter an. Wir fühlen uns allen Menschen im Kanton verpflichtet, auch den Nicht-Glaubenden, den Nicht-Evangelischen, den Nicht-Christen»[5]. Worin diese Verpflichtung inhaltlich besteht, bleibt in dieser Formulierung allerdings offen, und es stellt sich die Frage, ob solche Fürsorglichkeit nicht auch Ausdruck einer paternalistischen Einstellung sein könnte.

2 Herausforderungen

Die Situation der Religionsvielfalt, in die sich die Kirchen gestellt sehen, bringt vielfältige Herausforderungen mit sich. Immer öfter werden Pfarrpersonen mit der Anfrage konfrontiert, ob sie eine christlich-muslimische Trauung durchführen können. Die Fachstelle Migration der «Reformierte Kirchen Bern-Jura-Solothurn» hat schon 2007 eine «Handreichung für die Trauung von christlich-muslimischen Paaren» herausgegeben, die einen Koranvers als Titel hat: «Er hat Liebe

3 Synodalrat der Reformierten Kirchen Bern-Jura-Solothurn, «Den Wandel verstehen – Die Zukunft gestalten». Demographisches Porträt der Reformierten Kirchen Bern-Jura-Solothurn 1970–2006, 2007.

4 Reiner Preul, Kirchentheorie. Wesen, Gestalt und Funktionen der Evangelischen Kirche, Berlin/New York 1997, 184 (Hervorhebung R. P.).

5 Kirchenrat der Evangelisch-reformierten Kirche des Kantons St. Gallen, «Nahe bei Gott – nahe bei den Menschen.» Kirche unterwegs. Bericht des Kirchenrates über die Visitation 2007 der Evangelisch-reformierten Kirche des Kantons St. Gallen, St. Gallen 2008, 105.

und Barmherzigkeit zwischen euch gesetzt.»[6] Auch in einigen der deutschen evangelischen Landeskirchen hat man solche Handreichungen veröffentlicht.[7]

An manchen Schulen gibt es Schulanfangsgottesdienste zum Beginn eines Schuljahres. Um die islamischen Schülerinnen und Schüler einbeziehen zu können, stellt sich die Frage, ob diese Gottesdienste nicht interreligiös d. h. in der Regel christlich-muslimisch sein müssen. Für die Seelsorge in Spitälern und Gefängnissen stellt sich die gleiche Frage: Kann es eine interreligiöse Seelsorge geben? Kann es interreligiöse Gottesdienste geben?

Auf Flughäfen, Bahnhöfen und in Einkaufszentren wie der Sihl-City in Zürich gibt es multireligiöse Gebets- und Gottesdiensträume. Im Zürcher Hauptbahnhof befindet sich eine ökumenische Kirche, die für Angehörige aller Religionen offen ist. Die Symbole der fünf grossen Weltreligionen zeigen an, dass hier interreligiöse Gastfreundschaft gepflegt wird. Hier – wie auch bei vergleichbaren Projekten – stellte und stellt sich die Frage, in welcher Form sich die Evangelisch-Reformierte Kirche an der Konzeption, der Gestaltung und dem Betrieb solcher Räume beteiligen kann und soll.

Immer wieder kommt es vor, dass nach Katastrophen, von denen Christen und Muslime betroffen sind, das Bedürfnis aufkommt, das Trauma in interreligiösen Gottesdiensten zu verarbeiten. Wie können solche Kasual-Gottesdienste aussehen? Kann und soll es dabei gemeinsame christlich-muslimische Gebete geben?

Hinzu kommen noch die Herausforderungen, die sich aus Unterstützungsbitten muslimischer Religionsgemeinschaften an evangelische Kirchengemeinden ergeben: Gesuche zur Nutzung des kirchlichen Gemeindehauses für eine Veranstaltung etwa. Es kann auch die Erwartung an eine Kirchengemeinde vor Ort herangetragen werden, die muslimische Gemeinschaft bei ihrem Anliegen zu unterstützen, auf dem örtlichen Friedhof einen eigenen Teil für muslimische Bestattungen zu bekommen. Zu Diskussionen in der Kirchenpflege kann es darüber kommen, ob eine muslimische Pädagogin, die ein Kopftuch trägt, im kirchlichen Kindergarten eingestellt werden soll oder ob sie mit den muslimischen (und christlichen) Kindern das Ende des Fastenmonats Ramadan feiern kann.

3 Pluralismuskompatibilität der Volkskirche

In seiner Studie zu Konzepten der Volkskirche unterscheidet Andreas Leipold drei Phasen in der Ekklesiologie-Debatte von 1945 bis 1994: Von 1945–1960: «Die unmittelbare Plausibilität einer Volkskirchen-Ekklesiologie-Diskussion»; 1960–1975: «Die Legitimationskrise der Volkskirche»; 1975–1994: «Die Volkskirche im Pluralismus». Der Begriff «Pluralismus» ist in den darum geführten

6 Abrufbar unter: http://www.refbejuso.ch/inhalte/interreligioese-arbeit.html (Zugang: 28.7.2015).

7 Exemplarisch: http://www.bayern-evangelisch.de/downloads/ELKB-Trauung-neu-2014.pdf (Zugang: 28.7.2015).

Debatten oft in zwei eng miteinander verbundenen Hinsichten bestimmt worden: zum einen kultursoziologisch im Rahmen einer Theorie der multikulturellen Gesellschaft und zum anderen individualitätstheoretisch als Allgegenwart verschiedener kultureller, ethnischer und religiöser Orientierungsangebote, in deren Spannungsfeld das Individuum seine je eigene Orientierung selbst zu bestimmen hat. Kulturdiagnostiker wie Peter L. Berger mit seinem einflussreichen Buch «Der Zwang zur Häresie»[8] waren die Inspiratoren dieser Sicht, die man unter dem Slogan «vom Schicksal zur Wahl» zusammenfassen kann.

In den so gesteckten Rahmen konnte dann die Volkskirche als «die konkrete Gestalt plural verfasster und gelebter Religion»[9] eingezeichnet und in besonderer Weise als pluralismuskompatibel gewürdigt werden. Weniger die Beziehungen zwischen christlichen und nichtchristlichen Religionsgemeinschaften waren dabei im Blick, sondern mehr die individuellen Lebensformen in Kirche und Gesellschaft; und weniger die traditionsreichen «Welt»-Religionen und mehr das diffuse Spektrum neuer religiöser Bewegungen.

Karl Eberlein stellt die (rhetorische) Frage, ob nicht gerade in der Volkskirche «eine Form christlicher Spiritualität lebendig sein könnte, die in der aktuellen Gemengelage unseres religiös-weltanschaulichen Marktes etwas in die Zukunft Weisendes in sich hat». Und er gibt seine Antwort in der konjunktivischen Formulierung: «Das wäre dann der Fall, wenn gerade hier eine Spiritualität der Freiheit beheimatet sein könnte, die ihren Weg zwischen der Skylla der Beliebigkeit und Charybdis der Fanatisierung zu gehen weiss. Dann wäre tatsächlich die Volkskirche kein Auslaufmodell, sondern eine Grösse, die in pluralistischen Zeiten etwas bewahrt und unter veränderten Bedingungen weiter gestaltet, was von der Botschaft des Evangeliums her als einer Botschaft der Freiheit wesentlich ist.»[10]

Gegenüber dieser an individueller Sinnbildung in einer «Multioptionsgesellschaft»[11] orientierten Perspektive richtet sich der Blick im letzten Jahrzehnt mehr auf die Religionen als Orientierungssysteme und auf Religionsgemeinschaften als deren im öffentlichen Raum aktive Sozialgestalten. Die (kritische) Fragen nach ihrer Rolle in der Gesellschaft, nach ihren weltanschaulichen, ethischen und spirituellen Ressourcen, nach ihren Konflikt- und Versöhnungspotenzialen usw. spielen dabei eine wichtigere Rolle als in den letzten beiden Jahrzehnten des 20. Jahrhunderts. Die Betrachtung der Religionslandschaften vollzieht sich weniger im Lichte soziokultureller Modelle – wie etwa dem von der Ökonomie

8 Peter L. Berger, Der Zwang zur Häresie. Religion in der pluralistischen Gesellschaft, Frankfurt a. M. 1980; engl.: The Heretical Imperative. Contemporary Possibilities of Religious Affirmation, New York 1980.

9 Albrecht Grözinger, Art. «Pluralismus III. Praktisch-theologisch», in: TRE 26, 741, 22.

10 Karl Eberlein, Christsein im Pluralismus. Ein Orientierungsversuch in der religiösen Gegenwart, Berlin 2006, 42.

11 Peter Gross, Die Multioptionsgesellschaft, Frankfurt a. M. 1994.

inspirierten Modell des religiösen (Super-)Marktes mit seinen Angeboten, Wahlmöglichkeiten und dem dadurch ermöglichten individuellen Konsumverhalten – und mehr an ‹realen› Machtverhältnissen und Aushandlungsprozessen innerhalb der Religionsgemeinschaften, zwischen ihnen sowie zwischen ihnen, dem Staat und der Gesellschaft. Die Referenzgrösse bildet dabei zumeist nicht mehr ein Abstraktum von «der Gesellschaft» – womit in aller Regel die westliche Gesellschaft des jeweiligen Autors gemeint war/ist. Das Interesse richtet sich auf die konkreten lokalen und globalen Erscheinungsformen von Religion, wie sie sich in kaum zu verallgemeinernder Vielfalt über bestimmte soziale und kulturelle Kontexte hinweg präsentieren, nach Entfaltungs- und Gestaltungsräumen im öffentlichen Raum streben und dabei Reibungen mit anderen gesellschaftlichen Akteuren verursachen. Kurz gesagt: Es geht weniger um «Religiosität» und auch nicht um «Religion» im Allgemeinen, sondern um konkrete Gestalten von Religion in ihren Bezügen zur Gesellschaft, zur Kultur, zum Staat und zueinander.

Die Kirchen werden nach wie vor als ein prominenter Akteur in der pluralen Religionslandschaft wahrgenommen und kritisch beäugt. Einerseits gelten sie noch immer als ehrwürdige Repräsentanten der religiösen Substanz der abendländischen Geistes- und Kulturgeschichte, andererseits werden sie auf ihren Leistungsausweis hin befragt und stehen unter Rechtfertigungsdruck. Das Verhältnis zum Staat steht immer wieder zur Debatte und die Berufung auf überkommene Privilegien gerät zunehmend in Verruf.

Die Perspektive hat sich verschoben, doch die Frage bleibt: Ist das Verständnis von Kirche als «Volkskirche» geeignet, auch im 21. Jahrhundert als Leit- und Programmbegriff der Ekklesiologie zu dienen? Es ist zu unterscheiden zwischen dem Begriff mit seinem spezifischen kontextgebundenen Entstehungszusammenhang und seiner von unterschiedlichen situativen Herausforderungen und Zielsetzungen geprägten Entwicklungsgeschichte, der mit dem Wortbestandteil «Volk» zudem ein belastetes Erbe in sich trägt, und durch die unterschiedlichen Möglichkeiten, die beiden Wortbestandteile miteinander zu verbinden, an erheblicher begrifflicher Unschärfe leidet, und der Sache, die er zum Ausdruck bringen will. Diese Aussageabsicht lässt sich in vier Beziehungen beschreiben: in der Beziehung zur Gesellschaft, zur Kultur, zum Staat und zur Kirche selbst. Es sind dies:

1. Der universale, sich auf die gesamte Gesellschaft erstreckende Horizont, der sich zum einen in der Präsenz der Kirche *in* der Gesellschaft und zum anderen in ihrer Ausrichtung *auf* die Gesellschaft manifestiert. Als ‹öffentliche Kirche› ist sie an gesellschaftlichen Fragen interessiert, beteiligt sich an gesellschaftlichen Diskursen, bietet ihre (z. B. diakonischen) Dienstleistungen allen Mitgliedern der Gesellschaft an.
2. Eine Affinität zur Kultur, was auch die Wissenschaft und die verschiedenen Formen der Kunst einschliesst.
3. Die Bereitschaft, mit dem Staat konstruktiv zusammen zu wirken.

4. Innere Pluralismusfähigkeit, wozu die Respektierung verschiedener Religionsstile innerhalb der Kirche sowie verschiedener Formen und Grade, die Mitgliedschaft wahrzunehmen, gehören. Diese Universalität und Pluralität führt allerdings zu einem (verglichen mit Freikirchen, bzw. «Freiwilligkeitskirchen», «Bekenntniskirchen») niedrigeren Grad an Verbindlichkeit hinsichtlich der Glaubens-, Lebens- und Gemeinschaftsformen. Dies kann als Schwäche, aber auch als Ausdruck von Glaubensfreiheit und damit als Stärke gewertet werden.

4 Volkskirche als interreligiös offene Kirche?

Die für den hier zu verhandelnden thematischen Aspekt – Volkskirche im multireligiösen Kontext – entscheidende Frage scheint mir zu lauten: Ist für ein volkskirchliches Verständnis von Kirche über die genannten vier Beziehungen noch eine weitere – die Beziehung zu den ausserchristlichen Religionen – relevant, so dass die Wortverbindung zwischen «Volk» und «Kirche» zu verstehen wäre als: «Kirche *in* einem zunehmend multireligiöser werdenden Volk»? Bestimmt man die Beziehungen zu anderen Religionsgemeinschaften nach dem Paradigma des «Dialogs» (was missionarische Bezeugung des eigenen Glaubens keineswegs ausschliesst), so lautet die Frage: Gehört die Grundhaltung der interreligiösen Dialogoffenheit zu den Identitätsmarkern des Konzepts «Volkskirche» oder bietet dieses eher Widerstand gegen eine solche Bedeutungszuschreibung?

Dem Begriff «Volkskirche» haftet die Bedeutung und zumeist auch der Anspruch an, die religiöse Mehrheitsgemeinschaft in einer Gesellschaft zu repräsentieren.[12] Das damit verbundene Selbstverständnis kann sich gegenüber anderen Religionsgemeinschaften auf verschiedene Weise ausprägen: von saturierter Selbstgenügsamkeit, die kein Interesse an ihnen zeigt, über eine herablassende Gewährung von Toleranzspielräumen bis hin zu echter partnerschaftlicher Beziehungspflege. Das Bewusstsein, schon jetzt oder in absehbarer Zeit selbst eine (wenn auch nicht religiöse so doch gesellschaftliche) Minderheit darzustellen, kann dabei zur Suche nach Formen interreligiöser Solidarität führen. Aber es ist nicht zu übersehen, dass dem Begriff «Volkskirche» ein gewisses Gefälle hin zu einer hierarchischen Beziehungsbestimmung zu anderen Religionsgemeinschaften eignet.

In ihrer Studie «Die Zukunft der Reformierten» verweisen Jörg Stolz und Edmée Ballif auf Untersuchungen, die zeigen, dass die grosse Mehrheit der Reformierten will, dass ihre Kirche eine Volkskirche bleibt.[13] Mit diesem Wunsch verbinden sich für die Befragten die oben genannten Wahrheitsmomente. Vor

12 Schon Karl August v. Hase hatte Volkskirche als die «Kirche der Mehrzahl» charakterisiert (Karl August v. Hase, Die evangelisch-protestantische Kirche des deutschen Reichs, Leipzig 1849, 114).

13 Jörg Stolz/Edmée Ballif, Die Zukunft der Reformierten. Gesellschaftliche Megatrends – kirchliche Reaktionen, Zürich 2010, 83.

allem die Gewährung von innerer Pluralität wird geschätzt: Volkskirche hat «Platz für verschiedene Auffassungen».[14]

Sie entspricht damit auch dem Bedürfnis spiritueller Sinnsucher innerhalb und ausserhalb der Kirche, ihre Religiosität selbst zu bestimmen und dabei auch aus ausserchristlichen Quellen zu schöpfen. Nicht *neben* sondern *im* (kirchlichen wie ausserkirchlichen) Christentum finden sich verbreitet Religiositätsformen, die aus verschiedenen religiösen Traditionen komponiert sind.[15] Die Anerkennung des religiösen Pluralismus bildet den Nährboden für solche Kompositionen. Nach dem Bertelsmann Religionsmonitor 2013 stimmen 73% der befragten Schweizer Bürger dem Satz zu: «Für mich hat jede Religion einen wahren Kern».[16] Die Zustimmung zum Satz «Man sollte allen Religionen gegenüber offen sein» liegt sogar bei über 80%, wobei die dementsprechende Frage «nahezu gleichermassen von Hochreligiösen, Religiösen und religiös Indifferenten zustimmend beantwortet»[17] wird.

Diese Stimme des Volkes findet in Stellungnahmen Kirchen leitender Gremien verständlicherweise wenig Resonanz. Mit «Pluralität» ist dort eher die Vielfalt *christlicher* Auffassungen und Praxisformen assoziiert. Als Stärke der Volkskirche wird also die *innerkirchliche* Pluralität angesehen. Die Zulassung und Wertschätzung solcher *innerer* bzw. intrareligiöser Pluralität ist nicht notwendigerweise mit der Tolerierung, Respektierung oder gar Wertschätzung *äusserer*, also interreligiöser Pluralität verbunden. Es kann durchaus auch das Gegenteil der Fall sein: dass eine Volkskirche, die sich der Gesellschaft als Hort der Freiheit und Garant der Vielfalt anbietet (wenn nicht sogar anbiedert), einen religiösen Hegemonialanspruch erhebt und Religionsgemeinschaften, die z. T. von den autoritäreren Sozialstrukturen der Herkunftsländer von Migrantinnen und Migranten geprägt sind, mit einer paternalistischen Haltung begegnet. Ein Beispiel dafür ist die EKD-Handreichung «Klarheit und gute Nachbarschaft» zum Islam.[18]

Dass eine Kirche, die nach innen pluralistisch und nach aussen möglichst offen sein will und die sich daher nicht klar über Mitgliedschaftsregeln abgrenzt und auch scharfkantige inhaltliche Positionsbestimmungen vermeidet, für eine dialogische Gestaltung der Beziehungen zu ausserchristlichen Religionsgemein-

14 Ebd.

15 Die «Ökumenische Basler Kirchenstudie» aus dem Jahre 1999 hatte beispielsweise gezeigt, wie erstaunlich hoch die Zustimmungswerte für den Reinkarnationglauben unter Kirchenmitgliedern in Basel sind (Reformierte Presse – Annex 1/1999, 15).

16 Gert Pickel im Auftrag der Bertelsmann-Stiftung, Religionsmonitor. Verstehen was verbindet. Religiosität im internationalen Vergleich, Gütersloh 2013, http://www.religionsmonitor.de/ ergebnisse-international.html (Zugang: 6.4.2014), 33.

17 Ebd.

18 Rat der EKD, Handreichung «Klarheit und gute Nachbarschaft. Christen und Muslime in Deutschland», Hannover 2006. Siehe dazu die Stellungnahmen von muslimischer Seite in: Jürgen Micksch (Hg), Evangelisch aus fundamentalem Grund. Wie sich die EKD gegen den Islam profiliert, Frankfurt 2007.

schaften besser disponiert ist als eine Kirche, die sich auf eine klar definierte Bekenntnisgrundlage stellt, ist zwar wahrscheinlich, kann aber keineswegs als selbstverständlich gelten. Es kann durchaus auch der Fall sein, dass sich aus einem steilen Christus-Bekenntnis interreligiöse Offenheit ergibt.[19] Zuweilen fällt der Aufbau dialogischer Beziehungen zwischen Minderheitsgemeinschaften sogar leichter als zwischen Mehrheits- und Minderheitsgemeinschaft.

Interreligiöse Dialogoffenheit ist kein gewissermassen ‹angeborenes› Kennzeichen des Programms «Volkskirche».[20] Die Frage kann also nur sein, ob dieses Kennzeichen aus guten Gründen in dieses Konzept eingeschrieben werden kann, vielleicht sogar *muss*, weil man Pluralismus- und Dialogfähigkeit *nach innen* nicht trennen kann von Offenheit *nach aussen*. Ein Verständnis von «offener Volkskirche», die in sich pluralismusfähig und -förderlich ist, indem sie der Vielfalt individueller religiöser Glaubens- und Lebensformen Raum gibt[21], müsste demnach auch für die Vielfalt der Religionen um sie herum Wertschätzung aufbringen und Hand zu partnerschaftlichen Beziehungen bieten.

Die dem Konzept «Volkskirche» traditionell anhaftenden Bedeutungsaspekte sind indifferent gegenüber interreligiösen Beziehungen. Dieses Konzept kann aber und muss nach meiner Auffassung in diese Richtung erweitert werden. Wenn die Rede von «Volkskirche» überhaupt weiter gebraucht werden soll – und es gibt gute Gründe dafür, es nicht zu tun – dann braucht es «Arbeit am Begriff» (Hegel). Es ist zu bestimmen, welche Bedeutungsaspekte dem Begriff zugeschrieben, an welche der tradierten Aspekte angeknüpft und wie diese transformiert werden sollen. Als Leitbegriff der Ekklesiologie scheint er kaum noch tauglich, als Ausdrucksmittel für bestimmte Aussageintentionen ist er aber nach wie vor hilfreich und vielleicht sogar unverzichtbar. So kann er beispielsweise die *nota ecclesiae* der Katholizität – etwa im Gegenüber zu sektiererischen Tendenzen mancher freikirchlichen Gemeinschaften – zur Sprache bringen oder den Bezug von Evan-

19 Ein Beispiel dafür bietet der mennonitische Beitrag zu: ACK Bayern (Hg), Einander begegnen in Kultur und Religion, München 1994, 55f.

20 Einen Beleg dafür liefern die Beiträge in: Bernd-Michael Haese/Uta Pohl-Patalong (Hg), Volkskirche weiterdenken. Zukunftsperspektiven der Kirche in einer religiös pluralen Gesellschaft, Stuttgart 2010. Die Lokalisierung der Kirche in einem multireligiösen Umfeld spielt darin kaum eine Rolle. Georg Lämmlin behandelt diese Frageperspektive in seinen Überlegungen zur Bildung im interreligiösen Kontext: Georg Lämmlin, Protestantische Religionspraxis in der post-säkularen Gesellschaft. Studien zur Zukunft der Volkskirche, Münster 2013, 107–132. Darin heisst es: «Die interreligiöse Kommunikation bewegt sich … nicht am Rand, sondern in der Mitte der kirchlichen Kommunikation, sie stellt nicht einen Sonderfall, sondern – unter den Bedingungen des Zusammenlebens mit Menschen anderer Religionszugehörigkeit – den Ernstfall der Aufgabe dar, das Evangelium mit dem ‹Anspruch auf ganzheitliche Deutung und Gestaltung der Lebenswirklichkeit› im Kontext eines postsäkularen religiösen Pluralismus zur Sprache zu bringen». (Ebd., 128. Das Zitat im Zitat stammt von Christoph Schwöbel, Kirche als Communio, in: Ders., Gott in Beziehung, Tübingen 2002, 383).

21 Vertreten etwa von Kristian Fechtner, Volkskirche im neuzeitlichen Christentum. Die Bedeutung Ernst Troeltschs für eine künftige praktisch-theologische Theorie der Kirche, Gütersloh 1995.

gelium und Kultur betonen oder eben die Offenheit für andere Religionen zum Kennzeichen einer offenen Kirche deklarieren.

Offenheit ist aber nicht gleichzusetzen mit Unverbindlichkeit. In dem oben zitierten Text betont Karl Eberlein zu Recht, dass Freiheit nicht Beliebigkeit bedeutet. Besonders im liberalen reformiert-volkskirchlichen Christentum der Schweiz mit seiner verbreiteten Aversion gegen bekenntnishafte Festlegungen ist diese Erinnerung wichtig. Freiheit kann es nicht gegenüber dem Grund des Glaubens geben – wenn dieser Grund tragen soll, muss die Bindung an ihn verbindlich sein. Aus einer solchen Bindung erwächst dann allerdings Freiheit im Glauben und im Leben. Glauben besteht darin, sich in den Sprachstrom der Christinnen und Christen, der von der biblischen Überlieferung gespeist und von der theologischen Tradition kultiviert wird, hinein zu begeben und in ihm in Freiheit mitzuschwimmen. Zu dieser Freiheit im Glauben gehört dann auch die Offenheit für andere Glaubensformen. Solche Offenheit ist nicht ein Zugeständnis, das dem Glauben abzutrotzen wäre, sondern eine seiner Früchte.

So kann die Volkskirche eine barmherzige Kirche sein, die einen Christen nicht abweist, der eine Muslima heiraten möchte und für die Ehe Gottes Segen begehrt. In ihrem Rahmen kann sich eine multireligiöse Seelsorge bzw. *spiritual care* entfalten, die zunehmend in Spitälern und Gefängnissen gefordert wird. Sie kann sich erlauben, mit der dafür gebotenen Sensibilität interreligiöse Schulgottesdienste oder Gebetsveranstaltungen zur Verarbeitung gemeinsam erlittenen Leidens zu veranstalten. Sie kann zu «Runden Tischen der Religionen» einladen, um drängende Probleme des Zusammenlebens im Quartier zu thematisieren. Sie kann interreligiöse Gastfreundschaft gewähren, ohne dabei Angst vor Identitätsverlust haben zu müssen. Dass es Grenzen der Offenheit gibt und geben muss, ist keine Frage. Doch bestimmt sich eine Kirche, die sich als offene Volkskirche in einer offenen Gesellschaft versteht, eben nicht von ihren Grenzen, sondern von ihrem Zentrum her.

VII. Volkskirche der Zukunft

Perspektiven einer Ekklesiologie der Volkskirche

David Plüss, Matthias D. Wüthrich, Matthias Zeindler

Seit seiner Entstehung im 19. Jahrhundert verbindet sich mit dem Begriff der «Volkskirche» eine reiche, aufgeladene und teilweise auch sehr problematische Geschichte. Die Kritik an der Verwendung des Begriffes «Volkskirche» ist vor allem seitens der Theologie in den letzten Jahren stärker geworden. Angesichts der sinkenden Mitgliederzahlen der Kirchen und der zunehmenden religiösen Pluralisierung und der dahinterstehenden grundlegenden Transformationen europäischer Gesellschaften verwundert das wenig. Deutlich ist auf alle Fälle, dass sich der *Gesprächsbedarf* im Blick auf den Volkskirchebegriff erhöht hat und vermeintliche Selbstverständlichkeiten, die bisher mit jenem verbunden waren, einer eingehenden Reflexion bedürfen. Die vorangegangenen Kapitel stehen ebenso im Dienste dieser Reflexion wie das vorliegende Kapitel. Leitend war und ist für uns dabei die Feststellung, dass der Begriff «Volkskirche» für das protestantische Christentum im reformierten Kontext der Schweiz nicht nur eine *wirklichkeitserschliessende Kraft*, sondern auch *möglichkeitserschliessende Potenziale* für ein zukunftsfähiges theologisches Kirchenverständnis besitzt. Wir trauen dem Begriff «Volkskirche» weiterhin sowohl eine systematisch-theologische als auch eine praktisch-theologische und eine soziologische Relevanz für eine Ekklesiologie protestantisch-reformierter Prägung zu.

Dass sich dieses Zutrauen nicht nur in die Sache, sondern auch den Begriff der Volkskirche bei uns noch immer einstellt, mag mit dem schweizerischen Kontext und seiner Geschichte zusammenhängen. Der Terminus «Volk» im Kompositum Volkskirche weist hier eine weniger problematische Geschichte auf, als dies in Deutschland oder Österreich der Fall ist. Wie zum Beispiel ein Blick in die Kirchenordnungen und Kirchenverfassungen der reformierten Kirchen der Schweiz leicht zeigen kann, steht er hier noch immer relativ ungebrochen in Verwendung[1]. Unser Zutrauen in den Begriff schliesst jedoch seine kritische Prüfung gerade nicht aus – ja, die vielleicht doch etwas naive Ungebrochenheit seiner schweizerischen Verwendung bildet einen der Anlässe des vorliegenden Sammelbandes.

Im nun folgenden letzten Kapitel ist darum deutlich zu machen, was mit einer «Ekklesiologie der Volkskirche» näherhin gemeint ist und in welcher Weise dabei von «Volkskirche» zu reden ist. Letzteres ist zuerst zu klären:

1 Vgl. Christian R. Tappenbeck, Die Volkskirche – aus kirchenrechtlicher Sicht, SJKR/ASDE, 2012, 13–45.

1 Zum Begriff der Volkskirche

Die Kirchengeschichte lehrt, dass sich mit dem Begriff der Volkskirche ganz unterschiedliche kirchenpolitische und gesellschaftliche Programme verbinden konnten. Diente er bei Friedrich Schleiermacher als Reformbegriff gegenüber dem etablierten Staatskirchentum und zur Erweiterung der sozialen Aktionsbasis der Kirche, so konnte er bereits im letzten Viertel des 19. Jahrhunderts auch zur Konservierung und Bestandessicherung der Kirche als einer Institution dienen, der das Volk in erster Linie als Objekt pfarramtlicher Versorgung galt. Der kirchenhistorische Rückblick zeigt zudem, wie anfällig gerade der Begriff «Volk» im Kompositum «Volkskirche» für nationalistische und schliesslich nationalsozialistische Ideologisierungen und Pervertierungen war. Insofern stellt sich für jede Ekklesiologie der Volkskirche die dringende Aufgabe, sich über ihre Verwendung des Begriffes der Volkskirche kritisch Rechenschaft abzulegen. Diese Aufgabe hat bereits der Beitrag in Teil VI unter dem Titel «Prolegomena zu einer Ekklesiologie der Volkskirche» übernommen. Die wichtigsten Einsichten dieses Beitrages seien hier noch einmal thetisch aufgeführt:

1. In kirchlichen und kirchenpolitischen Äusserungen wird von «Volkskirche» meist im Sinne einer vermeintlich christlichen Leitkulturkirche und Immer-noch-Mehrheitskirche gesprochen. Wie schon erwähnt, ist ein solcher Begriffsgebrauch angesichts schrumpfender Mitgliederzahlen und der zunehmenden religiösen Pluralisierung heute problematisch geworden. Gebraucht man den Terminus «Volkskirche» in diesem *deskriptiven* Sinne zur Beschreibung der faktisch vorfindlichen Situation der Kirchen in der Schweiz – verstehe man sie nun als Kirchen *des* Volkes oder *für* das Volk –, so wird damit eine ekklesiale Wirklichkeit essentialisiert, die empirisch nur noch partiell abgedeckt ist.
2. Will man dabei bleiben, dass Volkskirche wenigstens Kirche *für* das Volk ist, so kann diese Aussage keinen deskriptiven, sondern nur einen *präskriptiven* Status haben. Es handelt sich nicht um eine empirisch-soziologische, sondern um eine theologisch bestimmte Aussage. «Volkskirche» bezeichnet dann eine «handlungsorientierende Leitvorstellung»[2], einen normativen «Programmbegriff»[3], mit dem zum Ausdruck gebracht wird, wie man gemäss kirchlichem Selbstverständnis die eigene Kirche und ihren Auftrag *glaubt* und wer ihre *intendierten* Adressaten und Akteure sind. – Man darf wohl unterstellen, dass dem Terminus seit seiner Genese im 19. Jahrhundert immer schon dieser Status eignete – auch da, und vielleicht umso kräftiger da, wo seine standortrelative Programmatik zunächst kaum durchschaut wurde.

2 So Martin Hein, Art. Volkskirche, Dogmatisch, RGG4 8, 2005, 1185.

3 Vgl. Wolfgang Huber, Kirche, Stuttgart/Berlin 1979, 169.

3. Inhaltlich kann das theologische Programm «Volkskirche» auf die Formel «Kirche für die Welt» gebracht werden. Mit dieser Formel ist die «glokale» Praxis einer transkantonalen, transnationalen, transethnischen und transkulturellen (jedoch kulturell verwurzelten) *universalen Völkerkirche* bezeichnet, die Praxis einer Kirche, die ihren Grundauftrag darin sieht, «allem Volk in Kirche und Welt» (Verfassung der evangelisch-reformierten Landeskirche des Kantons Bern, Art. 2.1) bzw. «an alles Volk» (Barmer Theologische Erklärung, These 6) das Evangelium zu verkünden. Fasst man den Begriff der Volkskirche so weit und elastisch, dann eignet ihm das Potenzial, auch auf künftige kirchliche Entwicklungen konstruktiv und kritisch angewandt werden zu können.
4. Über den Begriff der Volkskirche lässt sich sowohl die spezifische Rückbindung an das Volk Israel denken wie auch seine prospektive universale Ausrichtung auf alle Völker. Sofern diese Bezüge im Begriff der Volkskirche mitgedacht werden, ist es theologisch sinnvoll, ihn weiterhin zu verwenden, denn er bringt so in ausgezeichneter Weise die Verwurzelung und die Universalität des Auftrags der Evangeliumsverkündigung zum Ausdruck.
5. Für eine volkskirchlich orientierte Kirche, wie sie hier vorgestellt wird, sind folgende Merkmale charakteristisch:

   - Sie ist für sich selber und gerade so immer auch ökumenische Kirche.
   - Sie ist (mit universalem Anspruch bei faktisch beschränkter Geltung) Kirche für die Anderen, für die nichtchristliche, areligiöse wie religiöse Welt. Sie pflegt darum u. a. interreligiöse Beziehungen.[4]
   - Sie ist im Horizont ihres Weltbezugs ortsbezogen.
   - Zu ihren Subjekten gehören nicht nur die kirchlich Engagierten der ganzen Weltchristenheit, sondern auch kirchlich Distanzierte vor Ort.[5] Sie ist in diesem Sinne nicht nur «für das Volk», sondern so weit möglich auch Kirche «durch das Volk».
   - Als orts- wie weltbezogene «Volkskirche» ist sie eine offene, plurale, öffentliche und auf die Bereiche Staat, Gesellschaft, Kultur, Wissenschaft und Religion strukturell bezogene Kirche.

6. Wie lassen sich diese theologischen Merkmale von Volkskirche konkretisieren? In welchen Sozialgestalten von Kirche lassen sie sich mehr und in welchen weniger umsetzen und realisieren? Bei den genannten Merkmalen treten gesellschaftliche Mehrheitsverhältnisse zurück und man kann zu Recht fra-

4 Zur Frage interreligiöser Beziehungen vgl. den Beitrag in Teil IV von Reinhold Bernhardt in diesem Band.

5 Die Differenz zwischen kirchlich Engagierten und Distanzierten/Kirchenfernen ist jedoch nicht so eindeutig, wie sie hier suggeriert wird. Es gibt auch engagierte Kirchenferne und religiös indifferente Engagierte (vgl. Jan Hermelink/Birgit Wyel/Eberhard Hauschildt, Keine Herde von Gleichgültigen. Einige Ergebnisse der 5. Kirchenmitgliedschaftsuntersuchung wurden missverstanden, in: Zeitzeichen 6, 2014, 12–15, 14).

gen, ob nicht auch gewisse Freikirchen wie die Evangelisch-Methodistische Kirche in der Lage sind, diese Merkmale teilweise zu erfüllen. Im Kontext der Schweizer Kirchenlandschaft ist aber doch deutlich, dass es besondere kirchliche Sozial- und Rechtsgestalten gibt, in denen sich die skizzierte handlungsorientierende Leitvorstellung von «Volkskirche» umfassender, effektiver und angemessener realisieren lässt als anderswo. Zu denken ist hier in erster Linie an die staatlich anerkannten Landeskirchen. Der Bezug auf diese Kirchen ist wenig erstaunlich, stehen sie doch in einer langen Tradition der Selbstauslegung als «Volkskirchen» und haben sich in ihnen über Jahre hinweg vielfältige Programme von «Volkskirche» institutionalisiert, konkretisiert und «materialisiert». Diesen Landeskirchen gelingt es noch immer, ihre offene, plurale Orientierung und ihren Öffentlichkeitsbezug so zu praktizieren, dass sie nicht nur aus unterschiedlich distanzierten kirchlichen Innenperspektiven, sondern auch aus relativ breiten gesellschaftlichen Aussenperspektiven als «Volkskirche» wahrgenommen werden (auch wenn dabei kaum geklärt sein mag, was mit «Volkskirche» gemeint ist).

7. Mit dem Schritt von der skizzierten Leitvorstellung von Volkskirche hin zu ihrer Anwendung auf bestimmte Sozialgestalten von Kirche wird gleichzeitig eine Verschiebung im Begriffsstatus von «Volkskirche» vorgenommen: eine Verschiebung von einem *Programm-* oder *Konzeptbegriff* hin zu einem *Strukturbegriff*.[6] Die Anwendung eines normativen Programmbegriffes von Volkskirche auf bestimmte Sozialgestalten von Kirche ist so lange nicht problematisch, als diese Anwendung bewusst bleibt. Denn wo das Wissen um sie wach gehalten wird, bleibt in Erinnerung, dass der Begriff der Volkskirche auch für andere Anwendungen offen stehen könnte. Wo dieses kritische Anwendungswissen jedoch verschwindet, kommt es zu essentialisierenden Fixierungen und zu substantialisierenden Festschreibungen eines Volkskirchekonzeptes. Solche Fixierungen und Festschreibungen sind – das lehrt die Geschichte – anfällig für Ideologisierungen.

Diese Überlegungen aus Teil VI waren hier noch einmal in Erinnerung zu rufen. Denn im Folgenden wird nun der erwähnte Überschritt vollzogen und versucht, den Begriff der Volkskirche auch als Strukturbegriff näher zu fassen und im Blick auf den Schweizer Kontext ekklesiologisch weiterzudenken. Wir tun das unter dem Titel «Perspektiven einer Ekklesiologie der Volkskirche». Der Titel des

6 Der normative Status bleibt auch bei einem Strukturbegriff von Volkskirche bestehen, mit der Verschiebung ist kein Wechsel auf eine deskriptive Ebene vollzogen, selbst wenn sich gewisse Manifestationen von «Volkskirche» nun durchaus beschreiben lassen. – Vgl. Kristian Fechtner, der in etwas anderem Zusammenhang neben einem Struktur- und Konzeptbegriff auch noch einen Praxisbegriff von Volkskirche unterscheidet. Ders., Späte Zeit der Volkskirche. Praktisch-theologische Erkundungen, Praktische Theologie heute 101, 2010, 13–15.

Kapitels ist so vielversprechend, dass in einigen einführenden Worten präzisiert und limitiert werden muss, was im Folgenden wirklich intendiert wird:

1. Das Kapitel bildet keine Zusammenfassung des Vorangehenden. Die Beiträge dieses Bandes sind viel zu heterogen und reichhaltig, als dass sie auf einen Nenner gebracht werden könnten. Das schliesst jedoch nicht aus, dass an etlichen Punkten Rückbezüge auf Beiträge vorgenommen und das Gespräch wietergeführt wird.
2. Zugleich sollen aber auch Themen angesprochen werden, denen im Vorangehenden kein eigener Beitrag gewidmet war, die aber zu den expliziten und impliziten Querschnittsthemen des Buches gehören (zu denken ist hier zum Beispiel an Fragen zur Taufe und Kirchenmitgliedschaft).
3. Das Ziel ist keine integrale, ausbalancierte Systematisierung oder ein neuer, geschlossener Entwurf einer Ekklesiologie der Volkskirche. Vielmehr soll versucht werden, die komplexe Thematik mittels verschiedener perspektivischer Zugänge zu erschliessen. Den unterbreiteten Perspektiven eignet ein durchaus thetischer Charakter, versuchen sie doch auf programmatische Weise, eine zukunftsfähige Ekklesiologie der Volkskirche zu skizzieren. Wer von «Perspektiven» redet, weiss naturgemäss um seine Kontextualität und Standortrelativität – und gerade das verleiht die Freiheit, nun erst recht aufs Ganze zu zielen und gewisse Einseitigkeiten in Kauf zu nehmen.
4. Beim Terminus «Volkskirche» sind dabei, wie gesagt, in erster Linie die schweizerischen reformierten Landeskirchen (und ihre Entsprechungen in den umliegenden europäischen Ländern) im Blick. Es wäre jedoch sowohl den begriffstheoretischen Bestimmungen wie auch der skizzierten globalen Programmatik unangemessen, wenn dabei vergessen würde, dass Volkskirchlichkeit in anderen Kontexten anders formatiert ist (man denke etwa an die Kontexte, die von befreiungstheologischen Ekklesiologien geprägt sind[7]).
5. Beschreibt und reflektiert man die konkreten Manifestationen der intentionalen Volkskirchlichkeit jener Landeskirchen, so stösst man nicht auf eine einheitliche kirchliche Praxis, sondern auf pluriforme Praxisfelder, die durch erhebliche Spannungen und Ambivalenzen gekennzeichnet sind. Wir sind der Meinung, dass diese Spannungsfelder nicht nur konstitutiv für das Phänomen «Volkskirche», sondern von da aus für die Ekklesiologie insgesamt relevant sind.

2 Zu den Spannungsfeldern der Volkskirche

Kirche existiert grundsätzlich in einer Reihe von Spannungen: bezüglich *Zugehörigkeit* zwischen formeller Mitgliedschaft und gelebter Nachfolge, bezüglich

7 Vgl. den Beitrag in Teil VI von Rudolf von Sinner in diesem Band.

Struktur zwischen Organisation und Gemeinschaft sowie Gesamtkirche und Einzelgemeinde, bezüglich *Teilnahmeverhalten* zwischen punktueller und kontinuierlicher Partizipation oder generalisierter und aktiver Unterstützung, bezüglich ihres *Verhältnisses zur Umwelt* zwischen Offenheit und Abgrenzung, diffuser Vielfalt und klarem Profil. Diese Spannungen sind für Kirchen jeder Ausprägung unhintergehbar und unterschiedliche Kirchentypen lassen sich entsprechend der Lösungsmöglichkeiten gruppieren, die sie für die jeweiligen Spannungen gewählt haben. Die meisten der genannten Duale streben auf der einen Seite zum Pol des Aufgehens der Kirche im gesellschaftlichen Ganzen, auf der andern Seite zum Pol ihrer konsequenten Abgrenzung von der Gesellschaft; die Auflösung der ekklesialen Spannungen hätte entsprechend entweder das Aufgehen der Kirche in der Gesellschaft oder ihre Wandlung zur hermetischen Sekte zur Folge. Die Volkskirche kann als derjenige Kirchentyp verstanden werden, der nicht nur faktisch in den unhintergehbaren ekklesialen Spannungen lebt, sondern sie *programmatisch als Bedingungen seiner kirchlichen Existenz lebt und als ekklesio*logische *Spannungen reflektiert.* Der offene, aktive Umgang mit den ihr inhärenten Spannungen ist deshalb die eigentliche Lebensform der Volkskirche. Sie ist derjenige Kirchentyp, in welchem *die Vielfalt von Frömmigkeitsformen und Glaubenshaltungen nicht nur akzeptiert, sondern als Ausdruck geistlicher Vielfalt auch bejaht wird.* Diese Grundthese bildet den Ausgangspunkt für den Grossteil der folgenden Reflexionen.

3 Zum Glauben in der Volkskirche

Eine Volkskirche versteht sich wie jede Kirche durch ihr Bekenntnis zu Jesus Christus, ob sie dieses nun in einem formellen Bekenntnis ausspricht oder die Formen des Bekennens offenhält.[8] Deutlicher als in anderen Kirchentypen pflegt in manchen Volkskirchen zu jedem Bekenntnis sofort hinzugefügt zu werden, die Auslegung dieses Bekenntnisses und die Form, ihm im gelebten Leben Ausdruck zu geben, seien individuell und in dieser Individualität unbedingt zu respektieren. Damit ist der bewusst gelebten Subjektivität in der Bestimmung von Inhalt und Form des Glaubens eine deutliche Vorrangstellung gegeben. Volkskirche kann denn auch als jene ekklesiologische Perspektive bezeichnet werden, «in der Kirche von den an ihr beteiligten Subjekten her gedacht wird».[9] Die Orientierung an

8 Die sog. Bekenntnisfreiheit der Schweizer Reformierten ist nicht zu verwechseln mit Bekenntnislosigkeit oder gar einem Bekenntnisverbot. Historisch bezog sich die Freiheit beim Bekennen auf die vorgängige Verpflichtung, bei Taufe und Konfirmation das Apostolikum zu verwenden (vgl. Rudolf Gebhard, Umstrittene Bekenntnisfreiheit. Der Apostolikumsstreit in den Reformierten Kirchen der Deutschschweiz im 19. Jahrhundert, Zürich 2003). Sie bedeutet sachlich deshalb die Freiheit von einer bestimmten Bekenntnisformulierung, nicht aber vom Bekennen und dessen Kerngehalt: Jesus Christus.

9 Fechtner, Späte Zeit der Volkskirche (Anm. 6), 18.

der vom Subjekt selbstständig zu gestaltenden Religiosität ist letztlich auch der Grund für die grosse, spannungsvolle Breite von theologischen, ethischen, kulturellen und politischen Überzeugungen in einer sich als Volkskirche verstehenden Kirche.[10]

Das formelle Merkmal der Vielfalt führt allerdings nicht dazu, dass die institutionelle Form «Volkskirche» sich jeder näheren Bestimmung entziehen würde. Vielmehr ist es gerade die bewusst offen gehaltene Pluriformität dieses Kirchentypus', die bestimmte Ausprägungen ihrer Gestalt und des in ihr vorherrschenden Glaubens aus sich heraussetzt:

1. *Kirche der «unsauberen Ränder»*: Die Volkskirche ist derjenige Typ von Kirche, der keine eindeutigen Kriterien der Zugehörigkeit aufweist – und man ist angesichts ihrer prinzipiellen Offenheit versucht zu sagen: der auf eindeutige Kriterien *verzichtet*. Dies beginnt bei der formellen Mitgliedschaft, die zwar in einigen, nicht aber in allen volkskirchlich verfassten Kirchen an die Taufe gebunden ist. Während in der römisch-katholischen sowie der evangelisch-lutherischen und der evangelisch-methodistischen Kirche Mitgliedschaft und Taufe zusammengehören, gilt die Taufe «in den evangelisch-reformierten Kirchen der Schweiz in der Regel nicht als unabdingbare kirchenrechtliche Mitgliedschaftsvoraussetzung».[11] Obwohl Taufe und «Zugehörigkeit zu einer konkret organisierten Kirche aufeinander bezogen» sind,[12] ist eine Kirchenmitgliedschaft Ungetaufter in manchen Volkskirchen grundsätzlich möglich. Kirche der «unsauberen Ränder» ist Volkskirche aber auch, wenn es um das *Partizipationsverhalten* ihrer Mitglieder geht. Einer sich als Volkskirche verstehenden Kirche fehlt die Möglichkeit, Teilnahmeformen und -intensitäten zu regulieren. Stattdessen finden sich in ihr von den Mitgliedern frei bestimmte Grade der Nähe und Distanz, der aktuellen und latenten Religiosität. Die unsauberen Ränder entstehen dadurch, dass die Volkskirche auch darauf verzichtet, anhand des Partizipationsverhaltens festzulegen, wo die Grenzen der, wenn nicht juristischen, so doch theologischen Zugehörigkeit verlaufen. Zugespitzt formuliert: Man kann zur Volkskirche gehören, ohne getauft zu sein, ohne an den dreieinigen Gott zu glauben, ohne die zehn Gebote zu be-

10 Wichtig ist an diesem Absatz die bewusste Orientierung an individueller Subjektivität, was der Tatsache nicht widerspricht, dass in volkskirchlicher Glaubenspraxis objektive Grössen wie zentrale biblische Narrative, Riten und Symbole des Christentums – bis hin zu den alten Kirchengesängen – eine wichtige Rolle spielen. Darin besteht ein gewichtiger Unterschied zu einer pietistisch-evangelikal geprägten Frömmigkeit, die der individuellen Glaubensgestaltung weit weniger ausdrückliches Gewicht zumisst, faktisch aber im Blick auf die christliche Tradition ungleich «subjektiver» ist als viele Volkskirchen.

11 Christian R. Tappenbeck, Evangelisches Kirchenrecht, insbesondere in seiner reformierten Prägung, in: René Pahud de Mortanges u. a., Religionsrecht. Eine Einführung in das jüdische, christliche und islamische Recht, Zürich/Basel/Genf 2010, 155–252.191.

12 Tappenbeck, Evangelisches Kirchenrecht (Anm. 11), 190.

achten – unzulässig wäre lediglich, dass man seine Kirchensteuer nicht bezahlte. Skeptiker des Volkskirchenmodells wenden nicht ohne Gründe ein, dass Menschen mit solcher Zugehörigkeit sich in puncto Überzeugungen und Lebensführung oft kaum von solchen unterscheiden lassen, die formell aus der Kirche ausgetreten sind. Teil der volkskirchlichen Mentalität ist, dass selbst diese Form der Zugehörigkeit als vom jeweiligen Subjekt zu verantwortende respektiert und entsprechend auf explizite Infragestellung verzichtet wird. Auch darin bewährt sich das Selbstverständnis der Volkskirche, Diversität nicht bloss zu akzeptieren, sondern bewusst zu bejahen.

Die «unsauberen Ränder» der Volkskirche sind ein häufiger Grund der Kritik an ihr, sie gelten als Zeichen ihrer Unbestimmtheit und Unverbindlichkeit in religiösen wie in ethischen Belangen. Diese Ränder können aber theologisch mit gleichem Recht als ekklesiologische Ausdrucksgestalt des Respekts vor Gottes verborgenem Wirken und für die Unterscheidung dieses Wirkens von allen menschlichen Unterscheidungsbedürfnissen gewertet werden. In der scheinbaren «Nachlässigkeit» der Volkskirche im Umgang mit ihren Grenzen äussert sich auch das Wissen darum, dass die Grenzen der Zugehörigkeit zum Leib Christi sich menschlicher Unterscheidung entziehen.

Dasselbe lässt sich als eschatologischer Vorbehalt formulieren: Die sich als Volkskirche verstehende Kirche nimmt ihre Unterscheidungsbedürfnisse auch deshalb zurück, weil sie Jesu Gleichnis vom Unkraut unter dem Weizen im Ohr hat. Als die Knechte den Hausherrn fragen, ob sie das im Weizenfeld gewachsene Unkraut ausjäten sollen, gibt dieser die Antwort: «Nein, damit ihr nicht, wenn ihr das Unkraut ausreisst, auch den Weizen mit herauszieht. Lasst beides miteinander wachsen bis zur Ernte» (Mt 13,29f.). Volkskirchliche Praxis versteht sich wie vielleicht kein anderes kirchliches Handeln als eine Praxis im Warten auf die noch ausstehende Ernte und damit im Verzicht auf eine eigenmächtige Separierung von Glaubenden und Nichtglaubenden.

Im Übrigen sind die «unsauberen Ränder» auch missiologisch nicht zu unterschätzen. So sehr in einer marktförmigen Öffentlichkeit und angesichts des knappen Gutes Aufmerksamkeit[13] klar identifizierbare Akteure im Vorteil sind, so sehr gilt auch, dass gastfreundliche Offenheit eine ebenso wirksame Gestalt der missionarischen Existenz der Kirche sein kann wie ein gut sichtbares Profil.

2. *Kirche der internen Infragestellung*: Die Volkskirche kennt sie alle – die religiös Kalten, Heissen und Lauen; die pietistischen Hauskreise und die politischen Aktionsgruppen; die Orgelfreunde und «Christian Metal»; die rein formellen Mitglieder und die in einer Kommunität Gebundenen. Es ist nicht so, dass diese verschiedenen Formen, den christlichen Glauben zu leben, stets geschwisterlich «beieinander wohnen» (Ps. 133,1). In den Spannungen volks-

13 Vg. Georg Franck, Ökonomie der Aufmerksamkeit. Ein Entwurf, München 1998.

kirchlicher Vielfalt zu leben, bedeutet in vielen Fällen auch gegenseitige Kritik und das Aufbrechen von Konflikten. Anders ist es nicht möglich, wenn Glaubenshaltungen und Frömmigkeitsformen und damit Lebensäusserungen zur Debatte stehen, durch welche Einzelne mit dem, was sie «unbedingt angeht»,[14] thematisch werden. Auch ein schiedlich-friedliches Nebeneinander der verschiedenen Auffassungen ist ausgeschlossen in einer Gemeinschaft, in der sich alle als durch eine und dieselbe Sache beansprucht verstehen. Die interne Toleranz in der Volkskirche muss deshalb – im Wortsinne von *tolerare* – als ein wechselseitiges Sich-Ertragen verstanden werden. Sie basiert, in der Typologie von Rainer Forst, nicht bloss auf der Erlaubnis einer dominierenden Mehrheit oder auf einem pragmatisch motivierten Willen zur Koexistenz, sondern ist Ausdruck gegenseitigen Respekts.[15] Mindestens implizit handelt es sich bei der volkskirchlichen Toleranz um eine anspruchsvolle wechselseitige Toleranz, die die Andersheit des andern subjektiven Glaubens zumindest lebenspraktisch mit dem eigenen Glauben vereinbaren zu können beansprucht.[16]

Von der Möglichkeit interner Kritik ist das Prinzip der Volkskirche, das offene Mit- und Nebeneinander unterschiedlicher Ausdrucksformen des christlichen Glaubens, selbst nicht ausgenommen. Wie erwähnt, gerät auch dieses Prinzip nicht selten in den Verdacht, bequeme Unentschiedenheit zu sein, der Weg des geringsten Widerstands, wenn nicht gar Konfliktvermeidung im Interesse der Bestandeserhaltung. Das aber bedeutet, dass die Volkskirche ein Kirchentypus ist, in welchem die eigene Infragestellung immer schon mit eingebaut ist. Auch hier gilt, dass die interne Kritisierbarkeit nicht eine exklusive Möglichkeit volkskirchlich sich verstehender Kirchen ist. In der Volkskirche ist diese Möglichkeit aber Programm, ein strukturelles Moment ihrer selbst.

3. *Kirche des ‹kleinen Glaubens› (Jürgen Werbick)*:[17] Bei aller Buntheit und Differenziertheit der in der Volkskirche vorfindlichen Formen von Religiosität, die vorherrschende Form ist die distanzierte. Bedient man sich der von

14 Paul Tillich, Systematische Theologie Bd. 1, Stuttgart 1956, 16 und passim.

15 Rainer Forst, Toleranz im Konflikt. Geschichte, Gehalt und Gegenwart eines umstrittenen Begriffs, Frankfurt a. M. 42014, 42–47.

16 Wie Christoph Schwöbel in verschiedenen Arbeiten gezeigt hat, wurzelt theologisch gesehen der Respekt vor anderen Überzeugungen in der passiven Konstitution des Glaubens selbst: Wenn christlicher Glaube sich dem Wirken des Heiligen Geistes verdankt und damit sich selbst entzogen ist, hat er diese ausserhalb des Subjekts liegende Begründung auch bei anderen Menschen zu achten. «Die Unverfügbarkeit der eigenen Glaubensgewissheit begründet den Respekt vor der Unverfügbarkeit anderer Glaubensgewissheiten» (Pluralismus und Toleranz aus der Sicht des Christentums. Eine protestantische Perspektive, in: Ders., Gott im Gespräch. Dogmatische Studien zur Gegenwartsdeutung, Tübingen 2011, 91–112 [107]; vgl. ders., Toleranz aus Glauben. Identität und Toleranz im Horizont religiöser Wahrheitsgewissheit, in: Ders., Christlicher Glaube im Pluralismus. Studien zu einer Theologie der Kultur, Tübingen 2003, 217–243).

17 Vgl. dazu auch den Beitrag in Teil VI von Matthias Zeindler in diesem Band.

Jörg Stolz und seinen Mitarbeiter/innen entwickelten Typologie von *Institutionellen*, *Alternativen*, *Distanzierten* und *Säkularen*,[18] dann sind 66% der katholischen und 70% der reformierten Mitglieder der Schweizer Landeskirchen zu den Distanzierten zu zählen.[19] Die distanzierten Mitglieder der Kirchen weisen einen niedrigen Grad aktiver Partizipation und der Übereinstimmung mit kirchlichen Lehrbeständen auf, sie schätzen die Kirche aber als soziale Akteurin und als Vermittlerin humanitärer Werte. Eine gesellschaftlich auffällige, gar missionarisch aktive Form der Religion lehnen sie ab.[20] Distanzierte Religiosität wirkt nur in einem geringen Masse lebensprägend. Etwa in Fragen der Berufsentscheidung, von Partnerwahl oder bei politischen Positionierungen spielt sie höchst selten eine Rolle. In der Regel ist sie aber auch in einem geringen Masse sprachfähig. Distanzierte Religion ist also weit davon entfernt, im Leben ihrer Vertreter/innen zentral zu sein, normalerweise ist sie eine Nebensache, die nicht stört und einem sicher keine schlaflosen Nächte beschert.

Distanzierte Religiosität kann man deshalb kaum als entschiedenen, klar gebundenen, von seiner Sache in die Pflicht genommenen Glauben bezeichnen. Sie ist in der Regel das, was Jürgen Werbick als «kleinen Glauben» bezeichnet.[21] In seiner Angepasstheit an den *common sense*, seinem Interesse an Bewältigung von Alltagsproblemen und seiner nicht selten rudimentären Reflektiertheit fügt er sich den Vorstellungen einer kirchlichen Organisation, zumal ihres hauptamtlichen Personals, oft schlecht. Und trotzdem ist distanzierte Religiosität der volkskirchliche Normalfall! Eine Ekklesiologie der Volkskirche zeichnet sich auch dadurch aus, dass sie den «kleinen Glauben» als theologisch legitime Form der Präsenz Christi bei den Seinen zu interpretieren und zu würdigen vermag.

4. *Kirche des ‹diskreten Christentums›:* Die vorherrschende volkskirchliche Verhaltensform der distanzierten Kirchlichkeit lässt weitere vertiefte Interpretationen zu. Eine besonders aufschlussreiche hat Kristian Fechtner unter dem Begriff des «Diskreten Christentums» vorgelegt, indem er religiöses Empfinden und religiöse Praxis unter dem Gesichtspunkt der Scham reflektiert. Fechtner setzt ein mit der Beobachtung, dass in der Gegenwart kaum etwas so gut verborgen ist «wie das, woran einer eigentlich glaubt, worauf sie hofft

18 Jörg Stolz u. a., Religion und Spiritualität in der Ich-Gesellschaft. Vier Gestalten des (Un-) Glaubens, Zürich 2014, 65–78.

19 Die Religiosität der Christen in der Schweiz und die Bedeutung der Kirchen in der heutigen Gesellschaft. Forschungsresultate aus ausgewählten Projekten des Nationalen Forschungsprogramms «Religionsgemeinschaften, Staat und Gesellschaft» (NFP 58), Bern 2011, 12. Auch unter den Konfessionslosen gehören 68% zu den Distanzierten (ebd.).

20 Vgl. David Plüss/Adrian Portmann, Säkularisierte Christen und religiöse Vielfalt, Bern 2011.

21 Jürgen Werbick, Vom Wagnis des Christseins. Wie glaubwürdig ist der Glaube?, München 1995, 119.

oder gar was er insgeheim erbittet».[22] Zwar ist allgemein geläufig, dass Religiöses in der Spätmoderne in den Bereich des Persönlichen, Intimen gehört. Dieser Gemeinplatz zeigt sich aber in einem andern Licht, sobald man ihn mit dem Phänomen der Scham in Beziehung setzt. Das Schweigen über die eigene Gläubigkeit, die Zurückhaltung, sich kirchliche Lehrbestände anzueignen, aber auch der bewusst gehaltene Abstand zu kirchlichen Angeboten wird in einer solchen Perspektive lesbar als eine Form religiöser Praxis, in welcher sich das Bedürfnis nach Wahrung der Intimität von Religiosität, nach Einhaltung von mit Religion verbundenen «Schamgrenzen» artikuliert. «Distanzierte Kirchlichkeit erscheint als eine Form des Christentums, das in den Grenzen der Scham gelebt wird.»[23] Eine solche Interpretation nötigt zur Vorsicht, religiöse Zurückhaltung zu schnell mit religiöser Indifferenz zu verwechseln – ein «diskretes Christentum» kann im Gegenteil auch ein waches Empfinden für die Sensibilität der Lebensdimension Religion und für die damit verbundene Verletzbarkeit von Menschen zum Ausdruck bringen.
Für die volkskirchliche Praxis empfiehlt sich deshalb ebendiese Sensibilität für die Nähe des Religiösen zu Gefühlen der Scham und für die Wahrung von Schamgrenzen. Die Einsicht in diese Zusammenhänge kann eine sich als Volkskirche verstehende Kirche aber auch nochmals bestätigen in der Überzeugung, nicht eine zunehmend überholte, sondern im Gegenteil eine in hohem Masse zeitgemässe Form von Kirchlichkeit zu sein. «Diskretes Christentum […] ist eine bestimmte Weise religiösen Erlebens und religiöser Kommunikation. Religion wird in ihm eher in zurückgenommener und abgedeckter Form gelebt.»[24] Volkskirchliche Kirchlichkeit mit ihrer Möglichkeit zu verschiedensten Graden von Nähe und Distanz kann als jene Kirchengestalt verstanden werden, in welcher auch «zurückgenommene» und «abgedeckte» Formen religiöser Praxis ihren Platz haben und als legitime Formen christlicher Existenz gewürdigt werden.

4 Zur Praxis der Volkskirche

Die Praxis der Volkskirche ist vielgestaltig bis zur Unübersichtlichkeit: Angebote für jede Altersstufe von Krabbelgottesdiensten bis Seniorenferien; Gottesdienste an unterschiedlichsten Orten zu allen möglichen Gelegenheiten; eine differenzierte und sich zunehmend weiter differenzierende Seelsorge; ein politisches Spektrum unter Mitarbeitenden wie Mitgliedern von ganz links bis ganz rechts; unzählige soziale und kulturelle Aktivitäten usw. Die Vielfalt von Frömmigkeitsformen, Glaubenshaltungen und Partizipationsweisen wurde bereits mehrmals

22 Kristian Fechtner, Diskretes Christentum. Religion und Scham, Gütersloh 2015, 24.
23 Fechtner, Diskretes Christentum (Anm. 22), 28.
24 Ebd., 177.

erwähnt. Diese Vielgestaltigkeit macht unbestritten eine Stärke der volkskirchlich verfassten Kirche aus, da sie Ausdruck ihrer Nähe zum «Volk», d. h. einer an der realen Pluralität ihrer Mitglieder orientierten kirchlichen Praxis ist. Das weite Dach der Volkskirche bietet vielen Menschen die Möglichkeit eines Kontakts zur Kirche, die ansonsten ohne jeden kirchlichen Bezug blieben.

4.1 Unscharfe Identität

Die Vielgestaltigkeit der Volkskirche ist aber auch eine wichtige Ursache ihrer Schwächen. Als erste Schwäche ist ihre Profillosigkeit und damit ihre *kaum fassbare Identität* zu nennen. In einer Untersuchung zur reformierten Kirche in der Schweiz von 2010 zählt Jörg Stolz als Gründe für deren schwache Identität die folgenden auf: keine klare Abgrenzung über Mitgliedschaftsregeln, fehlende Abgrenzung inhaltlicher Art, keine deutliche Abgrenzung gegenüber anderen Religionen und Konfessionen, aber auch von der modernen säkularen Gesellschaft. Ausserdem wollten Reformierte traditionellerweise ‹Kirche von unten› sein.[25] Ökonomisch und organisationssoziologisch gesehen ist ein derartiges Konglomerat nicht vollzogener Abgrenzungen, so Stolz, «die bare Katastrophe».[26] Weniger drastisch, aber in der Sache kaum weniger klar, drückt sich der Religionssoziologe Roland Campiche aus, wenn er davon spricht, dass die beiden Schweizer Grosskirchen «den Marsch in die Unleserlichkeit angetreten» haben.[27] Von der Soziologie wird hier den Volkskirchen ein klares Profilierungsdefizit diagnostiziert, das sich in einer Gesellschaft, die von religiösem Traditionsverlust und von einem riesigen Überangebot an Information geprägt ist, gleich doppelt negativ auf die Wahrnehmbarkeit von Kirchen auswirkt.

Sowohl Stolz als auch Campiche machen aber auch darauf aufmerksam, dass die Gründe für die kaum fassbare Identität der Volkskirchen – und in besonderem Masse der reformierten – tief in deren Selbstverständnis verankert sind: Die betreffenden Kirchen sind aus guten theologischen Motiven stark integrierende, ökumenisch und interreligiös engagierte und für die zeitgenössische Umwelt sensible Kirchen und sie können diese nicht ohne weiteres im Interesse besserer Profilierung über Bord werfen. Mit diesem Dilemma hängt zusammen, dass stärkere Profilierung und ‹Leserlichkeit› von den meisten Grosskirchen zwar als dringend notwendig erkannt, aber kaum je verwirklicht wird. Man kann deshalb die Volkskirche etwas zugespitzt als *institutionalisierte Identitätskrise* bezeichnen. Eine solche Begrifflichkeit beugt einer oberflächlichen Interpretation der Situation vor, die die Lösung vorrangig in einer verbesserten öffentlichen Kom-

25 Jörg Stolz/Edmée Ballif, Die Zukunft der Reformierten. Gesellschaftliche Megatrends – kirchliche Reaktionen, Zürich 2010, 96–98.

26 Stolz/Ballif, Die Zukunft (Anm. 25), 98.

27 Roland J. Campiche, Die zwei Gesichter der Religion. Faszination und Entzauberung, Zürich 2004, 281.

munikation sehen möchte. Deutet man die Volkskirche, wie es hier geschieht, als Kirchentyp, in welchem zahlreiche für eine Kirche unvermeidliche Spannungen offengehalten werden, dann wird man die Möglichkeiten der schärferen Profilierung von Volkskirchen vorsichtiger einschätzen. Es könnte sein, dass das unklare Profil und die schwer fassbare Identität der Volkskirche die unvermeidliche Kehrseite ihrer Offenheit und ihrer Integrationsfähigkeit sind und dass Profilierung und Identitätsstärkung nur auf deren Kosten realisierbar wären. Und dass deshalb am Ende gerade die unklare Identität die Identität der Volkskirche ausmacht.

4.2 Die offene Frage der Treue zum Auftrag

Die zweite, in der Vielgestaltigkeit der Volkskirche begründete Schwäche, ist die Frage nach der *Treue zu ihrem Auftrag*. Vor der Frage nach der Treue zu ihrem Auftrag – der Verkündigung der Frohen Botschaft von Jesus Christus an alle Welt – steht jede Kirche permanent, und es gibt keine kirchliche Gestalt, durch welche diese Frage ein für alle Male entschieden werden könnte. In jeder kirchlichen Gestalt stellt sich die Frage aber in spezifischer Weise. Die Volkskirche ist jener Kirchentyp, welcher sich um eine grosse Nähe zu möglichst vielen, oftmals sehr heterogenen Teilen der Bevölkerung bemüht, und diesem stellt sich die Frage nach der Treue zum kirchlichen Auftrag unter anderem in der Form, ob die grosse Reichweite der Angebote nicht vor allem darin ihren Grund habe, dass sie vorhandene religiöse, soziale und kulturelle Bedürfnisse bereitwillig erfülle – mit der Folge, dass der Bezug mancher Angebote zum kirchlichen Verkündigungsauftrag überaus locker sei. Von dieser Frage ist der Weg nicht weit zum Vorwurf, die Volkskirche sei von der «Heilsanstalt» zur «Bedürfnisanstalt» degeneriert, sie agiere nachfrage- statt angebotsorientert und unterwerfe sich in ihrem Handeln der allgemein herrschenden Marktlogik.

Nun ist bei der Rede von der Ökonomisierung der Kirche und der Klage über eine zu starke Ausrichtung an sog. Kundenwünschen Vorsicht geboten, denn allzu schnell wird dabei mit Kurzschlüssen operiert. Ralph Kunz weist mit Recht darauf hin, dass Ökonomisierung nicht gleichbedeutend ist mit einer ökonomistischen Geisteshaltung, «die den wirtschaftlichen Erfolg zur absoluten Maxime des Handelns erklärt»[28]; und er macht geltend: «Wer fragt, wie Kirche ihren Nutzen maximiert, ist noch lange kein Vertreter des Ökonomismus.»[29] Ebenso wenig hat, wer in seiner kirchlichen Praxis nach menschlichen Bedürfnissen fragt, diese Praxis schon an eine einlinige Nachfragelogik verraten. Den Kritikern ist darin

28 Ralph Kunz, Grenzen der Vermarktung – Marketing zwischen Ökonomisierung und Gemeindeaufbau, in: Cla Reto Famos/ders. (Hg.), Kirche und Marketing. Beiträge zu einer Verhältnisbestimmung, Zürich 2006, 29–46.40.

29 Kunz, Grenzen der Vermarktung (Anm. 28), 41. Vgl. dazu auch Cla Reto Famos, Kirche zwischen Auftrag und Bedürfnis. Ein Beitrag zur ökonomischen Reflexionsperspektive in der Praktischen Theologie, Münster 2005.

zuzustimmen, dass der Grat zwischen Aufmerksamkeit für die Bedürftigkeit der Menschen und dem Buhlen um deren Aufmerksamkeit schmal ist und es deshalb in der Kirche einer stetigen Unterscheidung der in ihrer Praxis regierenden Geister bedarf. Für eine solche Unterscheidung bedarf es aber einer *theologischen Theorie menschlicher Bedürfnisse*. Eine solche wird davon auszugehen haben, dass die Rücksicht auf diese Bedürfnisse kirchlichem Handeln nicht fremd sein kann, soll sich im betreffenden Handeln ein Gott spiegeln, der nicht an den einzelnen Menschen vorbei oder über sie hinweg, sondern an ihnen und mit ihnen handelt. Der göttliche Heilswille bezieht sich deshalb auf die jeweils konkrete Lebenssituation eines Menschen. Er bezieht sich auf diese Situation und die sich in ihr äussernden menschlichen Bedürfnisse dergestalt, dass er die Betroffenen nicht sich selbst überlässt, sondern sie zur Umkehr ruft und in einen erneuerten Lebensweg einweist. Indem Gott seinen Heilswillen verwirklicht, erfüllt er zwar sehr wohl menschliche Bedürfnisse, er tut dies aber nicht notwendig in der von diesem erwarteten Weise; oder in den Worten von Dietrich Bonhoeffer: «Nicht alle unsere Wünsche, aber alle seine Verheissungen erfüllt Gott.»[30]

Diese dialektische Logik der göttlichen Bezugnahme auf die Bedürfnisse der Menschen muss sich auch im kirchlichen Handeln abbilden: Auch dieses verfehlt seinen Sinn, wo es sich unkritisch als Erfüllung von Kundenwünschen versteht, vielmehr muss es – so Michael Weinrich – deutlich werden lassen, «dass Gott eben darin heilsam wirkt, dass er an *seinen* Bedingungen und Bestimmungen in der Geschichte *seines* Bundes mit den Menschen festhält».[31] Die sorgfältige Unterscheidung zwischen richtig und falsch verstandener Nähe zu den Menschen im Horizont richtig und falsch verstandener Nähe zu Gott[32] dürfte die spezifische Gestalt sein, in der die Frage nach der Treue zu ihrem Auftrag gerade der Volkskirche aufgegeben ist.

4.3 Missionarische Volkskirche?!

Die übliche Form, in welcher die Volkskirche sich reproduziert, ist die generative: Mitglied einer Volkskirche wird man in der überwiegenden Mehrheit der Fälle, indem man in einer Familie geboren wird, die dieser Kirche bereits angehört. Die generative Form der Reproduktion lässt sich an zahlreichen volkskirchlichen

30 Dietrich Bonhoeffer, Widerstand und Ergebung (DBW 8), München 1998, 569.

31 Michael Weinrich, Kirche in der Säkularisation. Konziliarität jenseits von Konzilianz und Weltanschaulichkeit, in: Eberhard Mechels/ders. (Hg.), Kirche im Wort. Arbeitsbuch zur Ekklesiologie, Neukirchen-Vluyn 1992, 222–246, 241.

32 In dieser Formulierung ist der Slogan der reformierten Landeskirche St. Gallen aufgenommen, in welchem diese seit ihrer Vision «St. Galler Kirche 2010» ihr volkskirchliches Selbstverständnis prägnant ausdrückt: «Nahe bei Gott – nahe bei den Menschen». Vgl. «nahe bei Gott – nahe bei den Menschen». Kirche unterwegs. Bericht des Kirchenrates über die Visitation 2007 der Evangelisch-reformierten Kirche des Kantons St. Gallen, St. Gallen 2008, sowie den Beitrag in Teil V von Dölf Weder in diesem Band.

Praxisvollzügen ablesen, die vor allem auf die Bildung eines bereits zugehörigen Nachwuchses und weniger auf die Gewinnung neuer Mitglieder zielen: Kindertaufe, kirchlicher Unterricht, Jugendarbeit, Erwachsenenbildung. Diese Ausrichtung kirchlicher Praxis gerät in die Krise, wo die generative Reproduktion einer Kirche nur noch begrenzt funktioniert, sei es durch eine ungünstige Demographie (tiefe Geburten- und hohe Sterberate), sei es durch vermehrte Austritte. Aktuell leiden viele europäische Volkskirchen unter einem oder beiden Faktoren, und es stellt sich ihnen deshalb dringlich die Frage nach einer kirchlichen Praxis, die der neuen Situation besser angepasst ist. Anders ausgedrückt: Es stellt sich die Frage nach der Mission in der Volkskirche.

Zwar gehört zur volkskirchlichen Breite christlicher Glaubenspraxis, dass sich darin auch Missionsformen aus der pietistischen Tradition wie die Evangelisation oder der werbende Glaubenskurs (v. a. Alpha-Live) finden,[33] vielen Mitgliedern von Volkskirchen sind solche Formen aber fremd. Hinter diesem Befremden steht nicht nur eine zeitgeistige Ablehnung allen «Missionierens», sondern mindestens ebenso stark eine spezifisch volkskirchlich motivierte Sensibilität für die Intimität religiöser Überzeugungen und den notwendigen Respekt vor unterschiedlichen Gestalten christlichen Lebens (s. o). Damit ist gesagt, dass pietistisch geprägte Formen der Mission auch in einer Volkskirche ihren Platz haben können, dass sie als typisch volkskirchlicher missionarischer Weg aber eher nicht in Frage kommen. In diesem Zusammenhang ist auch die Warnung von Ulrike Wagner-Rau zu bedenken, pastorales Handeln zu ausschliesslich «unter die Perspektive des Missionarischen zu stellen» und damit eine Mitgliederentwicklung, die nur «begrenzt durch das kirchliche Handeln beeinflussbar ist», durch eine Wachstumsorientierung korrigieren zu wollen; eine solche Sicht, so die Marburger Praktische Theologin, steht in der starken Gefahr, «Stress und Enttäuschung» zu fördern.[34]

Zu den spezifischen Bedingungen der Volkskirche gehört im Blick auf die Mission weiter, dass in ihr die Unterscheidung von Subjekten und Objekten derselben nicht leicht fällt, ist sie doch charakterisiert durch ein In- und Miteinander von Innen und Aussen, «Gemeinde» und «Welt», Kerngemeinde und Distanzierten – sie ist, wie oben entfaltet, eine Kirche «mit unsauberen Rändern». Verhalten sich die Dinge aber so, ist die Volkskirche immer gleichzeitig Subjekt *und* Objekt von Mission. Ihre Sendung zu «allen Völkern» (Mt 28,19) realisiert sich deshalb grundsätzlich in einer doppelten Bewegung nach innen und nach aussen, als «innere» und «äussere» Mission.

Ist die Volkskirche eine missionarische Kirche, *kann* sie überhaupt missionarische Kirche sein? Die erste Antwort wird lauten müssen: Sie *muss* missionarische

33 Stephan Degen-Ballmer/David Plüss (Hg.), Kann man Glauben lernen? Eine kritische Analyse von Glaubenskursen, Zürich 2008.

34 Ulrike Wagner-Rau, Auf der Schwelle. Das Pfarramt im Prozess kirchlichen Wandels, Stuttgart 2009, 92f.

Kirche sein, denn wo Kirche aufhört, sich im Dienst der Verkündigung des Evangeliums zu sehen, hört sie auf, Kirche zu sein.[35] Dazu sind aber gleich drei Feststellungen zu treffen: Erstens ergibt sich die Verpflichtung auch der Volkskirche zur Mission nicht aus bestimmten Mitgliedschaftstrends, sondern allein aus dem Auftrag der Kirche, wie sie ihn von ihrem Herrn Jesus Christus erhalten hat. Zweitens ist offensichtlich, dass die offene, an möglichst vielen gesellschaftlichen Gruppen orientierte Praxis der Volkskirche bereits eine bestimmte Form der Mission darstellt, werden durch sie doch eine grosse Zahl von Menschen für die Kirche gewonnen oder mindestens bei ihr gehalten.[36] Daraus ergibt sich drittens, dass die Frage nach dem missionarischen Charakter der Kirche keine ist, die sich mit Ja oder Nein beantworten lässt, sondern die Frage nach den in einer bestimmten Situation adäquaten Formen der Mission. Diese Frage wiederum stellt sich jedem Kirchentypus zu jeder Zeit.

Im Blick nicht nur auf die volkskirchliche, sondern jede kirchliche Mission enthält die Unklarheit von Subjekt und Objekt der Mission einen gewichtigen theologischen Hinweis. Denn auch diese Unklarheit ist nicht eine spezifische der Volkskirche, sondern findet sich bei jeder Kirche. So sehr der Missions- oder Verkündigungsauftrag das Wesen der Kirche ausmacht, so sehr ist doch Kirche immer auch selbst *zu missionierende* und *der Verkündigung bedürftige*. Keiner Kirche dürfte dies besser bewusst sein als einer reformatorischen, hat doch Ekklesiologie in reformatorischer Tradition Kirche stets als *creatura Verbi Divini*, als Geschöpf des Wortes Gottes und damit als angewiesen auf das unablässige Hören auf die Bibel verstanden.[37] Kirche ist damit grundsätzlich zuerst Kirche, die sich durch Gottes Wort missionieren lassen muss, um aus dieser Anrede heraus ihrerseits missionierende Kirche zu werden. Die Mission der Kirche vollzieht sich immer aus dem Ineinander von Angesprochenwerden und Ansprechen, von Hören und Sprechen heraus. Kirche, heisst das aber, ist in jedem Falle Subjekt *und* Objekt der Mission, sie wird als Objekt der Mission durch Gottes Wort stets neu zum Subjekt der Mission *gemacht* und vermag missionierende Kirche nur in dem Masse zu bleiben, als sie sich selbst der Mission aussetzt.

Versteht Volkskirche sich in diesem Sinne als missionarisch, wird ihre Mission in doppelter Weise eine *bescheidene* sein. Eine solche Kirche wird stets den

35 In Karl Barths prägnanter Formulierung ist Kirche «notwendig Missionskirche» (Credo. Die Hauptprobleme der Dogmatik, dargestellt im Anschluss an das Apostolische Glaubensbekenntnis, Zollikon-Zürich 1948, 126).

36 Eine Beobachtung, die auch die angebliche Schwäche einer «profillosen» Volkskirche im weltanschaulichen Markt relativiert.

37 Christoph Schwöbel, Das Geschöpf des Wortes. Grundeinsichten der reformatorischen Ekklesiologie, in: Ders., Gott in Beziehung. Studien zur Dogmatik, Tübingen 2002, 345–377; Matthias Zeindler, Gemeinsam unter dem Wort Gottes. Kirche als Interpretationsgemeinschaft der Schrift, in: Marco Hofheinz/Frank Mathwig/ders. (Hg.), Wie kommt die Bibel in die Ethik? Beiträge zu einer Grundfrage theologischer Ethik, Zürich 2011, 323–351.

Ausruf jenes Vaters eines besessenen Knaben im Ohr haben, der Jesus auf dessen Satz, alles sei dem möglich, der glaube, entgegnet: «Ich glaube! Hilf meinem Unglauben!» (Mk 9,24) Glaube ist immer beides, Glaube *und* Unglaube, und sein Reden deshalb gleichermassen Bekenntnis und Verleugnung Gottes. Und Mission der Kirche ist darum oftmals für die von ihr Adressierten eher Verhinderung denn Ermöglichung von Glauben. In diesem Bewusstsein wird volkskirchliche Mission deshalb sicher eine didaktisch und medientheoretisch optimal reflektierte Kommunikation sein wollen; gleichzeitig wird sie aber darum wissen, dass ihr Gelingen ein unverfügbares Geschehen bleibt. Es spricht viel dafür, Mission mit Reinhold Bernhardt «in einem weiten Sinn zu verstehen: Nicht als gezielte Aktion, sondern als Ausstrahlung der christlichen Existenz»[38].

4.4 Zentrifugale und zentripetale Tendenzen in der Volkskirche

Mit ihrem Prinzip der Offenheit und Vielfalt trägt die Volkskirche immer auch eine starke *Tendenz zur eigenen Auflösung* in sich. Die Gründe dafür sind bereits mehrfach genannt worden: Offenheit und Vielfalt sind erkauft durch ein diffuses Profil und die Möglichkeit nur formeller Zugehörigkeit, was diese nicht nur hinsichtlich der öffentlichen ‹Lesbarkeit›, sondern auch hinsichtlich der Tradierung ihrer Inhalte in eine schwache Position manövriert. Denn wer nur locker an eine Überzeugungsgemeinschaft gebunden ist, bringt auch keine hohe Motivation mit, die betreffenden Überzeugungen an andere weiterzugeben. Und selbst wo die Motivation vorliegt, stellt sich die Frage nach der fachlichen Qualifikation, dies zu tun. Untersuchungen bestätigen diese Zusammenhänge, wenn sie zeigen, dass religiöse Sozialisation vor allem bei Angehörigen religiöser Familien funktioniert.[39] In der Generationenfolge nimmt die Distanziertheit von religiösen Inhalten und religiöser Praxis bei kirchenfernen Familien zu, da kirchlicher Religionsunterricht fehlende familiäre Glaubensvermittlung und den ebenfalls immer deutlicheren Rückzug öffentlicher Schulen aus der religiösen Bildung nur schwer kompensieren kann.

Distanzierte Kirchlichkeit und Religiosität, so sehr sie in der Volkskirche respektiert wird und dort eine sichere Heimat findet, beschleunigt die *zentrifugale Tendenz* in dieser Kirche. Das aber bedeutet, dass die Volkskirche für ihre Weiterexistenz einer ebenso starken *zentripetalen Tendenz* bedarf. Nur wo beide Tendenzen einander die Waage halten, hat Volkskirche eine Zukunft. Dann also, wenn es ihr gelingt, immer wieder auch vitale Formen gelebten Glaubens hervorzubringen, eine kraftvolle, begeisternde Verkündigung und eine überzeugende

38 Reinhold Bernhardt, Wahrheit in Offenheit. Der christliche Glaube und die Religionen (SEK Position 8), 2008, 53.

39 Jörg Stolz, Religion und Individuum unter dem Vorzeichen religiöser Pluralisierung, in: Christoph Bochinger (Hg.), Religion, Staat und Gesellschaft. Die Schweiz zwischen Säkularisierung und religiöser Vielfalt, Zürich 2012, 77–107.94.

soziale Praxis. Pointiert ausgedrückt ist distanzierte Kirchlichkeit eine parasitäre Erscheinung, die aus sich heraus nur begrenzt lebensfähig ist und davon zehrt, dass anderswo in engagierter Weise Religion und Kirche gelebt wird. Nur wo es Nachfolge Christi gibt, kann auch blosse Mitgliedschaft überleben.[40]

Natürlich gilt auch die umgekehrte Richtung: Die engagierte Kirchlichkeit wird zu einem guten Teil ermöglicht vom Wohlwollen und der Finanzkraft der grossen Zahl der Distanzierten. Und trotzdem besteht in der Volkskirche kein Gleichgewicht zwischen auflösender Statik und erneuernder Dynamik. So sehr die Zentren «heisser» Religiosität immer eine Minderheit bilden werden, bleiben doch die Gottesdienstgemeinden, die politischen Aktionsgruppen und die Kirchenchöre, die Hauskreise und Kommunitäten, die Theologiekurse und Kindergruppen und verschiedene Ausprägungen von «fresh expressions of church»[41], von denen die Impulse ausgehen, die gelebten Glauben in der Volkskirche erhalten und erneuern. Es ist deshalb auch ekklesiologisch richtig, wenn diesen Zentren selbst in der sich volkskirchlich verstehenden Kirche eine spezielle Aufmerksamkeit zukommt.

In einer sich als Volkskirche verstehenden Kirche gilt es, wenn von den zentripetalen Tendenzen gesprochen wird, auch die stille Kraft von Institutionen und Ritualen im Auge zu behalten. Beides ist unerlässlich dafür, möglichst vielen Menschen die Begegnung mit der frohen biblischen Botschaft zu eröffnen. Die Reichweite von territorial organisierten Kirchgemeinden, die Stetigkeit religiöser Bildungsangebote, die verlässliche Regelmässigkeit des Gottesdienstes oder die offenen Strukturen von Seelsorge bieten die Grundlage dafür, dass die Vermittlung des Evangeliums auch jenseits von individuellem Engagement stattzufinden vermag. Und sorgfältig und professionell gestaltete Rituale in unterschiedlichen Lebenslagen bilden für viele Menschen die oftmals einzigen, häufig aber nachhaltigen Kontakte mit der Kirche und der ihr aufgetragenen Verkündigung. Diese Dimensionen volkskirchlicher Präsenz dürfen gerade in Zeiten äusseren und inneren Innovationsdrucks auf die Kirchen keinesfalls unterschätzt werden.

Das Ziel, die zentripetalen Tendenzen gegenüber den zentrifugalen lebendig zu halten, kann freilich nicht in der blossen Selbsterhaltung der Kirche bestehen, und erst recht nicht in so oberflächlichen Wachstumszielen wie dem, «mehr Leute in den Gottesdienst zu bringen». Ekklesiozentrische Zielsetzungen dieser Art resultieren zwangsläufig in der Erneuerung der nach wie vor nicht überwundenen Hypothek einer jahrhundertelangen Vorherrschaft der Grosskirchen, nämlich im christlichen Glauben «wesentlich eine religiöse und moralische Verpflich-

40 Dieser Zusammenhang wird zu wenig berücksichtigt in Trutz Rendtorffs Klassiker: Christentum ausserhalb der Kirche. Konkretionen der Aufklärung, Hamburg 1969. Vgl. dazu Matthias Zeindler, Gotteserfahrung in der christlichen Gemeinde. Eine systematisch-theologische Untersuchung, Stuttgart 2001, 322f.

41 Vgl. den Beitrag in Teil V von Sabrina Müller in diesem Band.

tung zu sehen statt das radikale Angebot der Liebe».[42] Das Ziel bei der Förderung vitaler Zentren in der Kirche kann nur das Ziel jeglicher Verkündigung und Mission sein, nämlich, die Liebe und Gerechtigkeit Gottes als erneuernde Kraft erfahrbar zu machen. Die Kirche gewinnt Menschen allein dann, wenn sie von sich weg auf Gott weist, *ad maiorem Dei gloria*, zur grösseren Ehre Gottes.

Es ist zuletzt die Erfahrung dieser erneuernden Kraft im Leben von Menschen, von der die Wirkung der christlichen Botschaft ausgeht. Die Botschaft kann ihre Kraft aber nur dort entfalten, wo sie konsequent als Botschaft von der immer noch grösseren Fülle Gottes, von der immer noch reicheren Verheissung des Lebens mit ihm verkündigt wird. Dort und nur dort entfaltet sie ihre einladende, überzeugende Mächtigkeit, und dort und erst dort erschliesst sich ihr Charakter als wahrhaft frohe Botschaft, als Evangelium. Theologisch kann man die Volkskirche auch als Versuch begreifen, dieser einladenden, aber nicht ausschliessenden Fülle des Evangeliums in fragmentarischer Weise ekklesiale Gestalt zu geben.

5 Zu den Akteuren der Volkskirche

5.1 Die Volkskirche als Gemeindekirche

Kirche ist immer beides zugleich und in Spannung zueinander: Organisation und Gemeinschaft, Institution und Bewegung, gebaute Kirche und betende Gemeinde. Auch die Volkskirche ist immer beides zugleich. Indes war den Reformatoren des 16. Jahrhunderts wichtig zu betonen, dass die Kirche mit keiner Organisation und keinem Ordo geweihter Ämter gleichgesetzt und verwechselt werden darf, sondern zuerst und vor allem die Gemeinschaft derer ist, die ihre Hoffnung ungeduldig auf den göttlichen Schalom setzen. Die Ränder dieser Gemeinschaft sind grundsätzlich «unsauber». Die Gemeinschaft der Glaubenden übersteigt die schon bestehenden Kirchengemeinschaften. Denn, so Heinrich Bullinger im Zweiten Helvetischen Bekenntnis,

> «weil Gott von Anfang an wollte, dass die Menschen selig würden und zur Erkenntnis der Wahrheit kämen, muss es immer eine Kirche gegeben haben und muss es jetzt und bis ans Ende der Welt eine Kirche geben, das heisst: eine aus der Welt berufene oder gesammelte Schar der Gläubigen, eine Gemeinschaft aller Heiligen, nämlich derer, die den wahren Gott durch das Wort und den Heiligen Geist in Christus, dem Heiland, wahrhaft erkennen und recht anbeten und im Glauben an allen durch Christus umsonst angebotenen Gütern teilhaben»[43].

Oder mit den Worten Kurt Martis in poetisch verdichteter Gestalt:

42 Robert Leuenberger, Problemlose Kirche? Ein Standpunkt, Zürich 1977, 52.
43 Heinrich Bullinger, Das Zweite Helvetische Bekenntnis (1566), Zürich 1998, 77.

«die kirche / des geistes / sind unsere körper / (schrieb der epileptiker einst nach korinth) // darum dann: / umarmungen küsse / und heilige mähler // erst später: / kirchen aus stein»[44].

Die Kirchen der Reformation des 16. Jahrhunderts versuchten, hinter die Verkrustungen der römischen Amtskirche zurück zur Vitalität der Anfänge zu gelangen und Kirche als Gemeinschaft zu denken und zu leben, als Möglichkeitsraum des Leibes Christi.[45] Auch die spätneuzeitlichen Volkskirchen stehen in dieser Tradition, verstehen sich zunächst und vor allem als Gemeinschaft der Glaubenden. Bekanntlich haben in der Reformationszeit nur die radikalen Gruppen der Spiritualisten und Täufer daraus die Konsequenz gezogen, überkommene Ordnungen gänzlich zu schleifen. Die reformierten Kirchen hielten die Spannung zwischen Ordnung und Gemeinschaft, zwischen Ständeethik, Hausväterpatriarchalismus und dem Priestertum aller Glaubenden aufrecht, wobei sie der Ordnung und Organisation eine dienende, ermöglichende Funktion zuwiesen.

Sowohl die Priorisierung der Gemeinschaft der Glaubenden als auch der spannungsvolle und zuweilen konflikthafte Bezug zur kirchlichen Organisation und Institution sind bis heute von Belang.[46] Die protestantisch geprägte Volkskirche ist zunächst und wesentlich eine *Gemeindekirche*, die als solche aber auf Ordnungen und institutionelle Stabilität angewiesen ist. Die primären Subjekte der Volkskirche sind darum nicht die jeweiligen Kirchenleitungen und -administrationen, sondern die Gemeinden vor Ort, repräsentiert durch Kirchenvorstände und Synoden.

Dass in der Volkskirche ein grosser Teil der Mitglieder ihre Zugehörigkeit zur Gemeinde indes nicht oder nur selten durch aktive Beteiligung, nicht oder nur selten durch «Umarmungen, Küsse und heilige Mähler» (Kurt Marti) zum Ausdruck bringt, stellt diesen Grundsatz nicht in Frage, stellt aber keine geringe Herausforderung dar. Allerdings ist die «Gemeinschaft aller Heiligen» (CHP, Kp. XVII) keine identifizierbare, vereinsförmige Kerngemeinde, sondern Symbol des Leibes Christi, der immer wieder in der Versammlung der Gemeinde, aber auch in der Seelsorge oder in diakonischem Engagement Gestalt gewinnt und zugleich weit darüber hinaus reicht, räumlich wie zeitlich. Die Gemeinschaft der Glaubenden umfasst die verstorbenen Mütter und Väter im Glauben und kommt im

44 Kurt Marti, Abendland. Gedichte, Darmstadt/Neuweid 1980, 57.

45 Dies wird beispielsweise daran deutlich, dass Martin Luther in seiner Vorrede zur Deutschen Messe den gänzlich unliturgischen Gottesdienst derer, «die mit Ernst Christen sein wollen», als die Zielgestalt christlichen Feierns herausstellt (Luther Deutsch, Bd. 6, 86–102.89; vgl. Michael Meyer-Blanck, Liturgie und Liturgik. Der Gottesdienst aus Quellentexten erklärt, Gütersloh 2001, 42).

46 Die historische Genese, die unterschiedlichen Konkretisierungen und die aktuellen Brennpunkte dieser ekklesiologischen Grundspannung hat Jan Hermelink in einer instruktiven Studie, fokussiert auf Deutschland, erhellend dargestellt: Jan Hermelink, Kirchliche Organisation und das Jenseits des Glaubens. Eine praktisch-theologische Theorie, Gütersloh 2011.

himmlischen Festmahl, auf das die Kirche als wanderndes Gottesvolk hofft und an dem sie ihr Handeln orientiert, zu seiner eschatologischen Vollendung.

5.2 Die Volkskirche und das Individuum

Die Volkskirchen hatten seit ihren Anfängen im 19. Jahrhundert eine individualistische Kontur. Sie sind nicht nur Gemeindekirchen, sondern auch und in besonderer Weise Kirchen von Individuen. Der mehr oder weniger religiöse, kirchlich mehr oder weniger engagierte Einzelne stellt zudem in reformatorischer Sicht keine Verfallsgestalt des Christentums dar, die es durch religiöse Kollektivierungsmassnahmen zu überwinden gilt. Vielmehr zeichnet die Jemeinigkeit des christlichen Glaubens diesen gerade aus. Kein geweihtes Amt, keine kirchliche Heilsanstalt können die Einzelne vor Gott vertreten und keine sakrosankte Liturgie kann das Heil vermitteln. Vor ihm steht sie, antwortet auf sein Leben spendendes Wort, allein oder mit anderen, in stiller Andacht oder mit «Gebet und Lobgesang»[47]. «Was ist dein einziger Trost im Leben und im Sterben?», fragt der Heidelberger Katechismus gleich zu Beginn (Frage 1) und meint damit den Trost des und der Einzelnen. Der Glaube an Christus soll ihr für ihr je eigenes Leben wie für das unvertretbare Ende desselben Trost spenden, eine Hilfe sein.[48] Friedrich Schleiermacher, der bekanntlich dem ekklesiologischen Modell «Volkskirche» Pate stand, hat mit seinem Religionsverständnis diese Jemeinigkeit des Glaubens ins Zentrum gestellt und theologisch untermauert. Wenn er Religion als «Sinn und Geschmack fürs Unendliche» oder als «Gefühl schlechthinniger Abhängigkeit»[49] konzipiert, dann sind dieser Sinn und Geschmack und dieses Gefühl Wahrnehmungen, Intuitionen und Emotionen von Individuen.[50]

Allerdings, und auch dies lernen wir beim Reformierten Schleiermacher, bleibt das gläubig-religiöse Individuum nicht bei sich. Zwar ist alles pastorale Handeln in der Volkskirche auf die religiöse Selbstständigkeit und kritische Mündigkeit des Einzelnen gerichtet. Indes schöpft jener seinen «Sinn und Geschmack fürs Unendliche» aus der Gemeinschaft mit Gleichgesinnten, mit ebenfalls religiös Erregten, und drängt wiederum auf die gemeinschaftliche Mitteilung seines Glaubens. Ohne diese Gemeinschaft wird das religiöse Gefühl schal. Anachore-

47 So Martin Luther in seiner Torgauer Kirchweihpredigt: Meyer-Blanck, Liturgie und Liturgik (Anm. 45), 29.

48 Vgl. dazu auch Magdalene L. Frettlöh, Heilsame Zueignung. Frageantworten 1 und 2: das Theorieprogramm des Heidelberger Katechismus für befreite Christenmenschen auf dem Weg zur Mündigkeit, in: Martin Ernst Hirzel/Frank Mathwig/Matthias Zeindler (Hg.), Der Heidelberger Katechismus – ein reformierter Schlüsseltext, Zürich 2013, 51–82.

49 Friedrich Daniel Ernst Schleiermacher, Über die Religion. Reden an die Gebildeten unter ihren Verächtern (1799), Hamburg 1958, 29f.

50 Zum Verhältnis von Religion, Gefühl und Individuum vgl. Fechtner, Diskretes Christentum (Anm. 22), 33–48.

tentum – sprich: durchgängige religiöse Individualisierung und Privatisierung – hält Schleiermacher für ungesund.[51]

Nun hat sich die religiöse Individualisierung seit Schleiermacher deutlich verstärkt. Die Eigenständigkeit, ja Kreativität des je eigenen Glaubensvollzugs wird kaum noch grundsätzlich in Frage gestellt. Allein, auch die Ambivalenzen eines frommen Anachoretentums treten deutlicher zu Tage. Die Volkskirche zeichnet sich gerade dadurch aus, dass ihre Mitglieder ihren Glauben mehrheitlich eigenständig und zuweilen eigenwillig leben. In der Volkskirche stellt diese individuelle Eigenständigkeit grundsätzlich kein Problem dar, sondern ist Teil ihres ekklesiologischen Programms. Sie stellt das Priestertum aller Glaubenden, das sich durch Gottesnähe und religiöse Mündigkeit auszeichnet, auch kybernetisch in Rechnung. Die religiös eigenwilligen Individuen gelten als unabdingbare Akteure der Volkskirche, wobei die grosse Schwierigkeit und Herausforderung darin besteht, dass die Mehrzahl dieser Menschen gerade nicht als kirchliche Akteure in Erscheinung tritt. Ihre religiöse Selbständigkeit und Eigenwilligkeit zeigt sich vielmehr darin, dass sie ihren Glauben diskret leben und vereinsförmige religiöse Praxis eher meiden. Damit geht nicht notgedrungen religiöses Anachoretentum einher. Auch die diskreten Christenmenschen der Volkskirchen suchen sich immer wieder Formen des kollektiven Ausdrucks, stimmige Feierformen ihres Glaubens: sei dies in einer Vesper im Berner Münster mit Gesängen der Kantorei oder in einem liturgisch reichen Weihnachtsgottesdienst in der eigenen Dorfkirche. Und sie wünschen sich, wie verschiedene Studien zeigen, dass die Kirche bei ihren Leisten bleibt: dass sie regelmässig Gottesdienste feiert, in Spitälern und Heimen seelsorgerlich präsent ist und sich diakonisch engagiert, auch wenn sie selber diese Leistungen nicht in Anspruch nehmen.[52] Und sie halten der Kirche als Gemeinschaft der Glaubenden nicht zuletzt dadurch die Treue, dass sie ihre Kirchensteuern entrichten.

In der volkskirchlich verfassten Kirche sind die vielfältigen, weitgehend individualisierten Formen der Beteiligung als Eigenart und Stärke anzuerkennen und nicht als zu beseitigendes Übel zu betrachten. Formen des stimmigen gemeinschaftlichen Ausdrucks für Hochverbundene und für Distanzierte, für politisch Engagierte und für Mystikerinnen, für Musikliebhaberinnen und für Intellektuelle, für Heimatverbundene und für Bildungsinteressierte, für Junge, für Menschen in den mittleren Lebensjahren und für Betagte sind in ihr zu suchen und zu pflegen. Formen *nota bene*, die nicht nur den passiven Konsum animieren, sondern den eigenständigen Ausdruck und das kritische Engagement ermöglichen.

51 Friedrich Daniel Ernst Schleiermacher, Die Praktische Theologie nach den Grundsätzen der evangelischen Kirche im Zusammenhange dargestellt, Berlin 1850, 131.

52 Vgl. dazu David Plüss, Wider die Rhetorik vom sinkenden Schiff. Erwägungen zum kommunizierten Selbstbild der Kirche, in: Albrecht Grözinger/Manfred Bruhn (Hg.): Kirche und Marktorientierung. Impulse aus der Ökumenischen Basler Kirchenstudie, Freiburg i. Ü. 2000, 321–250.

Formen auch, die andere Weisen des Christseins nicht ausschliessen, sondern sie anzuregen und zu bereichern vermögen.

Dass die Taufe in vielen reformierten Kirchen der Schweiz kirchenrechtlich nicht Bedingung für die Mitgliedschaft ist, wird seit vielen Jahren zum Teil heftig kritisiert.[53] Für die ökumenische Verständigung stellt dieser Umstand in der Tat eine nicht geringe Schwierigkeit und oft genug ein Hindernis dar. Unter den vielfältigen Mitgliedern der Volkskirche finden sich nicht nur Getaufte, sondern auch Ungetaufte. Die Komplexität dieser Situation erhöht sich dadurch, dass oft solche Eltern die Taufe ihrer Kinder aufschieben, die zu den kirchlich Engagierten gehören. Ohne die ekklesiologische und ökumenische Schwierigkeit dieses Umstandes klein reden zu wollen, bringen die Mitgliedschaft und das kirchliche Engagement von Ungetauften doch eindrücklich zum Ausdruck, dass die Kirche als ausgezeichneter Möglichkeitsraum der Christuspräsenz zu verstehen und letztlich weder durch sakramentale Vollzüge noch durch Strukturierungsmassnahmen oder Rechtstexte zu administrieren ist.

5.3 Die Volkskirche als Pfarrerinnen- und Pfarrerkirche?

Pfarrerinnen und der Pfarrer sind wichtige Akteure der Volkskirche. Als *Verbi divini ministri* sind sie mit dem Dienst am göttlichen Wort betraut. Sie bezeugen das Evangelium mit ihrem ganzen Leben, mit Wort und Tat, mit Ratschlag und Begleitung. Sie vermitteln es als Kraft, die Menschen befähigt, in Freiheit, Liebe und Gelassenheit zu leben, «zum Besten von Kirche und Welt»[54]. Sie erfüllen ihren Dienst auf unterschiedlichen Arbeitsfeldern, in der Zusammenarbeit mit Freiwilligen, Behörden und anderen Berufsgruppen, in Teams, in Unterrichts- und Beratungssituationen.[55]

Das *Verbi divini ministerium* ist auch ein *Leitungsamt*. Pfarrerinnen und Pfarrer sind mit der geistlichen und theologischen Leitung der Gemeinde betraut und sollen sich, so etwa die Berner Kirchenordnung, dem Kirchgemeinderat als Expertinnen und Berater in theologischen Fragen zur Verfügung stellen,[56] wobei alle Fragen der Gemeindeleitung theologische Implikationen haben.

53 Vgl. dazu Wolfgang Lienemann, Kirchenmitgliedschaft – Entwicklungen und Perspektiven?, in: Alfred Dubach/Wolfgang Lienemann, Aussicht auf Zukunft. Auf der Suche nach der sozialen Gestalt der Kirchen von morgen, Zürich/Basel 1997, 215–241.

54 Vgl. Ordinationsgelübde der Reformierten Kirchen Bern-Jura-Solothurn, Kirchenordnung des Evangelisch-reformierten Synodalverbandes Bern-Jura, Art. 195 Abs. 4.

55 Vgl. dazu das Diskussionspapier «Die Rolle der Pfarrerinnen und Pfarrer in der reformierten Kirche in der Stadt Bern» vom 2. Mai 2014. In diesen Zusammenhang gehört auch die durch die öffentlich-rechtliche Stellung der Schweizer Landeskirchen begründete Möglichkeit ihrer Geistlichen, in Gefängnissen, Krankenhäusern und Spitälern, im Militär und an Schulen als Seelsorgerinnen und Seelsorger zu wirken. Ein Vorrecht, das derzeit angesichts der zunehmenden religiösen Pluralisierung einer verschärften Begründungspflicht unterliegt.

56 Kirchenordnung (Anm. 54), Art. 110, Abs. 1 und 2.

Zugleich ist das Pfarramt in den reformierten Kirchen grundsätzlich ein *Gemeindeamt*. Die Gemeinden wählen ihre Pfarrpersonen. Deren Leitungshandeln ist einerseits auf die Gemeinde bezogen und am Evangelium orientiert, andererseits durch die Gemeinde legitimiert und durch das Presbyterium (Kirchgemeinderat, Kirchenpflege usw.) kontrolliert, wobei die Zuordnung von Pfarramt und Presbyterium in den verschiedenen Kirchen unterschiedlich geregelt ist. Grundsätzlich leiten das Presbyterium und das Pfarramt die Gemeinde gemeinsam.

Das typisch volkskirchliche Beteiligungsverhalten bringt es nun mit sich, dass sich ein beträchtlicher Teil der Mitglieder kaum aktiv einbringt und nur eine verhältnismässig kleine, oft milieuverengte Gruppe sich an der Wahl ihrer Pfarrerinnen und Pfarrer beteiligt. Meist fällt es zudem schwer, die Kirchenbehörden mit geeigneten Mitgliedern zu besetzen. Dadurch erhalten Pfarrpersonen zusätzliches Gewicht. Für viele distanzierte Mitglieder ist es die Pfarrerin, die die Kirche repräsentiert und die lebenspraktischen Gehalte des Glaubens modellhaft verkörpert. Diesen keineswegs neuen, aber akzentuierten Zusammenhang gilt es aufmerksam wahrzunehmen und sowohl seine Chance als auch seine Risiken zu reflektieren. Die Gefahr besteht insbesondere darin, dass Pfarrpersonen in allen Belangen ihrer Tätigkeit zu Solisten werden, zu religiösen Virtuosen, die mit den Pfunden ihrer Authentizität wuchern und ihr persönliches Charisma höher gewichten als Amt und Gemeindebezug.

5.4 Die verschiedenen Ämter der Volkskirche

Neben dem *Verbi divini ministerium* gibt es noch weitere Ämter oder Dienste in der Kirche. Ihr Verständnis sowie ihr Verhältnis untereinander und zum Pfarramt bildet nicht nur einen neuralgischen Streitpunkt der ökumenischen Dialoge mit der römisch-katholischen Kirche, den orthodoxen Kirchen und der anglikanischen Kirchengemeinschaft, sondern auch der innerprotestantischen Ökumene[57]. Verständnisse von Amt und Ämtern bilden keine beliebig ersetzbaren Elemente eines ökumenischen Baukastens. Sie haben eine komplexe Genese, sind tief verwurzelt in lokalen und regionalen «Amtskulturen», in elementar orientierenden kirchlichen Ordnungen, Riten und Bräuchen. Es fragt sich darum: Braucht Volkskirchlichkeit zu ihrem Selbsterhalt eine *bestimmte* Ämterordnung oder setzt sie eine solche aus sich heraus? Und welche wäre das?

Zur Beantwortung sollen zwei historische Beispiele herbeigezogen werden, bei denen jeweils Volkskirchenkonzept und Ämterordnung nebeneinander gestellt werden (wobei der Fokus auf dem Amt der Kirchenleitung, der Episkopé, liegt):

1. Bei Friedrich Schleiermacher diente der Begriff der Volkskirche – wie schon mehrmals erwähnt – als Reformbegriff gegenüber dem etablierten Staatskirchentum

57 Man halte sich schon nur die unterschiedlichen Ansätze im europäischen Protestantismus vor Augen: vgl. Michael Bünker/Martin Friedrich (Hg.), Amt, Ordination, Episkopé und theologische Ausbildung (Leuenberger Texte 13), Leipzig 2013, 118–131 sowie 143ff.

und zur Erweiterung der sozialen Aktionsbasis der Kirche. Schleiermachers Volkskirchekonzept wurde darum auf die Formel «Kirche *durch das Volk*» gebracht[58]. In seiner Schrift «Über die für die protestantische Kirche des preussischen Staates einzurichtende Synodalordnung»[59] wendet er sich entsprechend gegen die bestehende, «von oben» verwaltete Konsistorialverfassung. Er votiert stattdessen für eine demokratisch ausgerichtete, calvinisch geprägte presbyterial-synodale Verfassung, die eine grössere Selbständigkeit der kirchlichen Organe gegenüber dem Staat ermöglicht und auch durch nichtgeistliche Älteste als Vertreter lokaler Presbyterien konstituiert wird.

2. Die Deutschen Christen vertraten eine völkisch orientierte deutsche Nationalkirche, ein Konzept von Volkskirche («Kirche *eines Volkes*»[60]). Sie forderten entsprechend eine neue Kirchenverfassung analog dem *Führerprinzip* mit einem Reichsbischof, ohne demokratisches Wahlsystem. Anders die Barmer Theologische Erklärung (BTE): Sie bekennt Kirche als «Gemeinde von Brüdern (und Schwestern)» (BTE 3), die die freie Gnade Gottes «an alles Volk» (BTE 6) ausrichtet. Das Volkskirchekonzept der BTE wurde deswegen auf die Formel «Kirche *für das Volk*»[61] gebracht. Statt eines einzigen reichsbischöflichen Leitungsamtes votiert die BTE in Anlehnung an die calvinische Tradition für «verschiedene[] Ämter in der Kirche», die unter sich nicht hierarchisch geordnet sind und die «Ausübung des der ganzen Gemeinde anvertrauten und befohlenen Dienstes» vollziehen (BTE 4). Die *Episkopé* wird hier also als ein Dienst verstanden, der der ganzen Gemeinde anvertraut und befohlen ist, auch wenn er von bestimmten Ämtern ausgeübt wird.[62]

Die Beispiele zeigen, dass mit verschiedenen Konzepten von Volkskirche verschiedene Ämterordnungen verbunden werden konnten. Volkskirchlichkeit als solche bedingt noch keine spezifische Ämterordnung. Wie ein Blick auf die gegenwärtigen protestantischen Amtsdiskussionen in Europa und der Schweiz zeigt[63], bildet die *Variabilität der verschiedenen Ämterordnungen* geradezu ein konstitutives Moment von Volkskirchlichkeit.

58 Wolfgang Huber, Art. Volkskirche I, TRE 35, 2003, 249f.

59 Sämmtliche Werke I/5, Berlin 1846, 217–263 u. Nachtrag: ebd., 264–294.

60 Huber, Art. Volkskirche (Anm. 58), 250f.

61 Huber, Art. Volkskirche (Anm. 58), 252.

62 So auch: Jan Rohls, Apostolizität, Episkopé und Sukzession. Die lutherische, reformierte und unierte Tradition, in: Rupert Hoare/Ingolf U. Dalferth (Hg.), Visible Unity and the Ministry of Oversight. The Second Theological Conference held under the Meissen Agreement between the Church of England and the Evangelical Church in Germany. West Wickham, March 1996, London 1997, 303–318, 317.

63 Zu den Diskussionen in der GEKE vgl. Bünker/Friedrich (Hg.), Amt, Ordination, Episkopé (Anm. 57); zu den Diskussionen im schweizerischen Kontext vgl. Matthias D. Wüthrich, Ordination in reformierter Perspektive (Position 10), hg. v. Schweizerischen Evangelischen Kirchenbund SEK, Bern 2007.

Die Variabilität betrifft sowohl das Verständnis der verschiedenen Ämter als auch ihr Verhältnis untereinander und zum Pfarramt. Das lässt sich bereits hinsichtlich der verschiedenen Mitgliedkirchen des Schweizerischen Evangelischen Kirchenbundes SEK beobachten. Das Amt der *Diakone* (bzw. der kirchlichen Sozialarbeiter) und *Katechetinnen* sowie der *Kirchenleitung* (auf lokaler, regionaler und kantonaler Ebene) wird in jeder Mitgliedkirche etwas anders bestimmt. Ausbildung, Anstellungsbedingungen, Akt kirchlicher Beauftragung sowie Kompetenzen, Funktionen und Tätigkeitsfelder der Ämter oder Dienste sind zum Teil sehr unterschiedlich. Verschieden ist auch die Verhältnisbestimmung zum Pfarramt. Der Grund für diese Vielfalt liegt nicht zuletzt in der Heterogenität der reformierten Tradition. Anders als Zwingli, der (wie schon Luther) nur von *einem Amt* der Verkündigung und Sakramentsverwaltung ausging, hat Calvin bekanntlich *vier Ämter* vorgesehen: Pastoren, Doktoren (Lehrer), Älteste (Presbyter, Leitungsamt) und Diakone[64]. Das Amtsverständnis Zwinglis war eng mit dem Zürcher Staatskirchentum verbunden, während sich in Calvins Ämterlehre das Bemühen spiegelt, die Leitung der Kirche (die Episkopé) bereits auf Ebene der Kirchgemeinde möglichst unabhängig von der weltlichen Obrigkeit zu gestalten. Es wäre zu diskutieren, ob und inwiefern das zwinglische Amtsmodell als «volkskirchlicher» angesehen werden kann.[65] Tatsache ist auf jeden Fall, dass gegenwärtig im reformierten Protestantismus der Schweiz verschiedene Mischformen der Tradition Zwinglis und Calvins in modernisierten Abwandlungen nebeneinander existieren.

Die Variabilität volkskirchlicher Ämterordnungen bezieht sich auch auf ihre theologische Begründung. Man kann vom Gedanken des allgemeinen Priestertums aller Glaubenden[66] oder der paulinischen Charismenlehre[67] ausgehen und das Amt, die Ämter oder Dienste als besondere Beauftragung durch die Gemeinde verstehen (Übertragungstheorie). Denkbar ist aber auch, das Amt bzw. die Ämter als göttliche Stiftung, als eine «institutio» Gottes zu verstehen – wie

64 An anderer Stelle findet sich bei Calvin auch eine Ämtertrias bestehend aus Pastoren – Ältesten – Diakonen.

65 Vgl. auch die Beiträge in Teil II von Martin Sallmann und in Teil VI von Peter Opitz in diesem Band.

66 Der heute in vielen kirchlichen Dokumenten prominente Gedanke des *Priestertums aller Glaubenden* findet sich der Sache nach schon bei Martin Luther. Dennoch muss man sagen, dass aus historischer Perspektive das Priestertum aller Gläubigen «kein vorherrschendes Kennzeichen zur Zeit der Reformation» ist, sondern «Resultat einer produktiven Weiterbildung von grundlegenden Impulsen der Reformation» (Bünker/Friedrich [Hg.], Amt, Ordination, Episkopé [Anm. 57], 153). Das gilt erst recht für den reformierten Protestantismus. Weder Calvin noch das Gros der reformierten Bekenntnisschriften begründen ihre Ämterlehre vom Priestertum aller Glaubenden her. Vgl. z. B. Ulrich H. J. Körtner, Wohin steuert die Ökumene? Vom Konsens- zum Differenzmodell, Göttingen 2005, 146f, sowie: Rohls, Apostolizität, Episkopé und Sukzession (Anm. 62), 307.

67 Vgl. den Vorschlag von Ulrich H. J. Körtner, Wohin (Anm. 66), 148f. u. 146f, sowie: Bünker/Friedrich (Hg.), Amt, Ordination, Episkopé (Anm. 57), 156.

das etwa bei Calvin und Bullinger der Fall war (Stiftungstheorie). Gegenwärtig werden – nicht ohne Spannungen – beide Begründungsfiguren gebraucht[68].

Für die hier in Absicht stehende reformierte Ekklesiologie der Volkskirche sind trotz dieser Variabilität *zwei Kriterien* zu nennen, die Ämterordnungen besonders «volkskirchentauglich» machen. Ämterordnungen sind dann der Volkskirche angemessen, wenn sie

- die Zugangsbedingungen zu den kirchlichen Ämtern und Diensten so ansetzen, dass sie auch kirchlich Distanzierten den Zugang ermöglichen, sofern sie bereit sind, sich entsprechend auszubilden, und
- die funktionale Ausrichtung der Ämter (Tätigkeitfelder) so bestimmen, dass dabei ein hoher Öffentlichkeitsbezug mitintendiert wird.

Durch ihren Öffentlichkeitsbezug und ihre Verpflichtung auf organisatorische Transparenz sind Volkskirchen in besonderer Weise dafür sensibilisiert, dass nicht nur das Verständnis des Dienstes ihrer Ämter, sondern auch die Struktur und Umsetzung ihrer Ämterordnungen evangeliumsgemäss sind. Damit ist nicht ein Anspruch auf eine genuine Abbildung des biblischen Amtsverständnisses gemeint. Aus den Schriften des Neuen Testaments lassen sich bekanntlich verschiedene Ämterordnungen ableiten. Gemeint ist damit lediglich der Anspruch, dass sich Inhalt und Form der Evangeliumskommunikation entsprechen.

6 Zur Symbolik der Volkskirche

6.1 Von der Schwierigkeit der Reformierten mit Symbolen und Ritualen

Der Protestantismus ist eine Herzensreligion, eine Religion der Innerlichkeit. Die fromme Andacht, die Luther, aber auch Zwingli und Calvin im Sinn hatten, ist zuallererst eine inwendige und individuelle[69], die sich gleichzeitig auch im Alltag bewährt. «Barmherzigkeit will ich, nicht Opfer» – wenn Jesus im Matthäusevangelium (Mt 12,7) diese polemische Pointe aus dem Propheten Hosea zitiert, bringt er einen zentralen Aspekt reformatorischer Theologie und Frömmigkeit auf den Punkt. Darum wurden in Zürich und anderen reformierten Orten die Altäre und Heiligenstatuen, die Bilder und Orgeln aus den Kirchen entfernt. Der

68 So beruht das ordinierte Amt in der 2. Tampere-These einerseits auf einem besonderen Auftrag Christi, basiert andererseits aber auf dem allgemeinen Priestertum aller Glaubenden (Berufung durch Taufe), siehe: Sakramente, Amt, Ordination (Leuenberger Texte 2), hg. v. Wilhelm Hüffmeier, Frankfurt a. M. 1995, 104f, vgl. dazu auch: Körtner, Wohin (Anm. 66), 152f.164.

69 Vgl. dazu Ralph Kunz, Gottesdienst evangelisch reformiert. Liturgik und Liturgie in der Kirche Zwinglis, Zürich 2001, 70–115 (insbes. 95–100); Ulrich Knellwolf, Die Musik im reformierten Gemeindegottesdienst, in: Insitut für Kirchenmusik der evangelisch-reformierten Landeskirche des Kantons Zürich (Hg.), Musik der evangelisch-reformierten Kirche. Eine Standortbestimmung, Zürich 1989, 45–86, 52.

Gottesdienst soll in die Andacht führen und in keiner Weise von dieser ablenken oder als ein verdienstliches Werk gelten. Jedwede Sakralisierung von Gegenständen und Räumen wurde darum als Häresie beurteilt und abgelehnt.

Die Orgeln sind später wieder in die Kirchen zurückgekehrt, in Zürich später als anderswo, und auch dem Kirchenraum wird bald schon einige Aufmerksamkeit geschenkt. So sollen nach Heinrich Bullinger «die Stätten, an denen die Gläubigen zusammenkommen, [...] würdig und der Kirche Gottes in jeder Hinsicht angemessen sein. Dafür sind geräumige Gebäude und Kirchen zu wählen»[70]. Zwar wohne Gott nicht in Tempeln und Kirchenräumen, dennoch seien diese «nicht gewöhnliche, sondern heilige Orte», und zwar aufgrund der göttlichen Gegenwart in der versammelten Gemeinde.

Seit ihren Anfängen bewegen sich protestantische Theologie und Frömmigkeit im Spannungsfeld von Innerlichkeit und gesellschaftlicher Öffentlichkeit, von stillem Kämmerlein und öffentlichem Gottesdienst wie von Individualität und Gemeinschaft. Daraus folgt ein ambivalentes, oft ungeklärtes oder ideologisch getrübtes Verhältnis zum Sicht- und Greifbaren, zur Leiblichkeit wie zu rituellen und symbolischen Formen religiöser Praxis. Dies zeigt sich nicht zuletzt am erwähnten Umgang mit Kirchenräumen und deren theologischer Bewertung.

Was für Religion ganz grundsätzlich gilt, gilt auch für die Religiosität des Protestantismus: Verbleibt sie in der Innerlichkeit frommer Andacht, verdorrt sie oder verflüchtigt sich. Der Glaube benötigt Orte und Zeiten, Räume und Rhythmen, Symbole und Rituale, und er kultiviert diese. Sie sind seine elementaren Medien, durch die er immer wieder Gestalt gewinnt und sich ausdrücken kann, durch die er reflektiert und vermittelt werden kann, durch die er sich in die Welt hinein inkarniert. Auch der Protestantismus hat vielfältige Formen sicht- und hörbarer Frömmigkeit ausgeprägt, selbst wenn diese im Vergleich zum Katholizismus oder zur Orthodoxie deutlich weniger sinnlich und rituell erscheinen. Zu denken ist an die Kirchengebäude, deren äussere Gestalt und innere Ausstattung mit liturgischen Möbeln und Geräten. Aber auch die Kirchenmusik, die der Protestantismus in grossem Reichtum ausgeprägt hat, gehört dazu, die Liturgien und professionellen Akteure. Körperlich erfahrbare Frömmigkeitsformen wie Segnungen, Salbungen und sakraler Tanz gewinnen zunehmend an Bedeutung.

Auch die spätmoderne Volkskirche benötigt und kultiviert sicht- und hörbare Verdichtungen ihres Glaubens, dingfeste und leibhafte Symbole ihres Kircheseins. Dies gilt unbeschadet des Umstands, dass die Individualisierung und Verinnerlichung des Glaubens in den letzten Jahrzehnten noch zugelegt haben, und das trotz der Tatsache, dass die meisten Mitglieder den sonntäglichen Kirchgang

70 Bullinger, Helvetisches Bekenntnis, (Anm. 43), 119.

gerade nicht als stimmige Gestaltwerdung ihres Glaubens erleben und pflegen – im Unterschied zu den Mitgliedern der Freikirchen.[71]

6.2 Die Symbolik der Kirchenräume

Bei genauer Betrachtung wird deutlich: Die Volkskirche benötigt sichtbare Gestalten des Glaubens und des Kircheseins nicht trotz, sondern aufgrund der forcierten Individualisierung und Privatisierung der Frömmigkeit ihrer Mitglieder. Kirchenräume werden vermehrt aufgesucht, damit man darin zur Ruhe kommen und die Atmosphäre des Raumes auf sich wirken lassen kann, um zu beten oder eine Kerze anzuzünden[72]; aber nicht, um sich eine Predigt anzuhören oder an einer Messe teilzunehmen. Kirchenräume stehen darum seit einigen Jahren vielerorts auch ausserhalb der Gottesdienstzeiten offen und können aufgesucht werden. Auch auf reformierter Seite entwickelt sich eine Spiritualität des Kirchenraumes. Sie entwickelt sich und wird von den Gemeinden aktiv gefördert und gepflegt, etwa indem im Chorraum oder in der Krypta eine Schale zum Anzünden von Kerzen aufgestellt wird. Solche Frömmigkeitsformen sind nicht *tel quel* der spirituellen Allotria, der Werkgerechtigkeit oder gar der Magie zu bezichtigen, sondern stellen für viele Menschen hilfreiche und ausdrucksstarke Symbolisierungen ihres Gottesbezuges dar.

Es sind aber auch die von weit her sichtbaren Kirchtürme, die die Topographie eines Dorfes oder einer Stadt prägenden Kirchengebäude und die weitherum hörbaren Kirchenglocken, die die Volkskirchen als solche repräsentieren. Sie unterscheiden sich damit von den meisten Freikirchen, die ihre Gebäude als Versammlungslokale («Kapellen») verstehen und gestalten, die ausserhalb der Gottesdienstzeiten geschlossen sind, keine Glockentürme haben, kaum auffallen und für eine breitere Öffentlichkeit nicht als Kirchengebäude wahrnehmbar sind.[73] Die öffentlich sicht- und hörbaren Kirchen mit ihren Türmen und Glocken sind nicht nur prominente Marker im öffentlichen Raum, sie repräsentieren für viele Menschen auch *Religion* im öffentlichen Raum. Sie sind *visible religion*, sicht- und hörbare Religion christlicher Prägung.[74] Die religiöse oder zumindest zivilreligiöse, traditionsbezogene und identitätsstabilisierende Bedeutung dieser *visible religion* ist zumeist eine subkutane und unreflektierte. Mit dem Sichtbarwerden bislang fremder Religionskulturen in unseren Städten und Agglomeratio-

71 Vgl. dazu Emmanuelle Buchard, In evangelisch-freikirchlicher Gemeinschaft leben, in: Jörg Stolz u. a. (Hg.), Phänomen Freikirchen. Analysen eines wettbewerbstarken Milieus, Zürich 2014, 109–139.

72 Vgl. dazu Christoph Sigrist, Kirchen – Diakonie – Raum. Untersuchungen zu einer diakonischen Nutzung von Kirchenräumen, Zürich 2014, 61–86.

73 Der weitherum sichtbare Mormonentempel von Zollikofen bei Bern, aber auch die freistehenden Kirchengebäude etwa der Neuapostolischen Kirche stellen Ausnahmen dar, wobei auch bei diesen Türme fehlen und die Gottesdiensträume ausserhalb des Gottesdienstes geschlossen bleiben.

74 Vgl. dazu auch David Plüss, Sichtbarkeit von Religion. Ein vernachlässigter Aspekt von Öffentlichkeit in Theologie und Sozialphilosophie, in: Kunst und Kirche 71 (Heft 4), 2008, 15–20.

nen, insbesondere mit dem sichtbaren Auftreten des Islam wird vielen Menschen die gebaute Sichtbarkeit des Christentums neu bewusst und erhält eine Bedeutung, wenn auch nicht unbedingt eine religiöse. Die Volkskirchen tragen Verantwortung für die Weise, wie christliche Religion im öffentlichen Raum gesehen und gehört wird. Sie tragen Verantwortung für ihre Kirchengebäude und deren Geläut. Und zwar nicht nur für Gestalt und Erhalt, sondern auch für ihre Symbolkraft für die kirchlich Engagierten, für die Distanzierten wie für eine breitere Öffentlichkeit. Sie haben zwar keine Deutungshoheit mehr über ihre öffentlich sicht- und hörbaren Repräsentationen, aber sie müssen die Vielfalt der Zuschreibungen und deren Veränderungen wahrnehmen, sie theologisch reflektieren und sich aktiv in den öffentlichen Diskurs darüber einbringen. Die Volkskirchen haben sich für eine öffentliche Lesbarkeit des Christentums über die gegenwärtigen Traditionsabbrüche hinaus und im Rahmen derselben zu engagieren.

6.3 Die Symbolik des Pfarramtes

Interessanterweise erhält auch das Pfarramt in der spätmodernen Unübersichtlichkeit eine Bedeutung, die über den engen Kreis der Kerngemeinde weit hinausgeht. Zwar ist allenthalben von einem Bedeutungsverlust des Pfarramtes in der Öffentlichkeit die Rede. Gewiss ist, dass sich die über lange Zeit selbstverständliche Amtsautorität in den letzten Jahrzehnten merklich abgeschwächt hat, was allerdings auch damit zusammenhängt, dass im selben Zeitraum von Kirchen- und Theologieseite Pfarrleitbilder propagiert wurden, die gerade nicht auf Sichtbarkeit und öffentlich wahrnehmbare Amtsautorität setzten, sondern auf die sensible Wahrnehmung der Lebenswelt und auf die Empathie mit Notleidenden, auf Authentizität in der Kommunikation und auf seelsorgerliche Begleitung von Menschen in schwierigen Lebenslagen.

Unbeschadet dieser Entwicklung repräsentieren Pfarrerinnen und Pfarrer in der öffentlichen Wahrnehmung Kirche und Christentum in personaler, leibhafter Gestalt und das trotz des Bemühens vieler Pfarrleute, die pastorale Leuchtkraft kleinräumig zu halten. Aufgrund des Traditionsabbruchs und der schwindenden Kirchenbindung werden allerdings auch hier die Zuschreibungen vielfältiger und diffuser. Den spätmodernen Volkskirchen kommt die Aufgabe zu, die – durchaus ambivalente – Symbol- und Leuchtkraft des Pfarramtes wahrzunehmen und verantwortlich zu gestalten. Sie haben insbesondere auch darum besorgt zu sein, dass das Pfarramt nicht nur innerkirchliche Belange repräsentiert, sondern darüber hinaus auch den toleranten, reflektierten und wertschätzenden Umgang der Kirche mit anderen Religionen und Weltanschauungen.

6.4 Die Symbolik des Gottesdienstes

Gottesdienste werden gemeinhin als genuine Elemente der inneren Angelegenheiten der Kirche betrachtet und behandelt. Entsprechend werden die Kirchensteuern juristischer Personen nicht für kultische Zwecke verwendet. Kultisches ist nach dieser Lesart nach innen gerichtet und ohne gesellschaftliche Relevanz.

Einer aufmerksamen Beobachterin fällt indes auf, dass eine solche Kategorisierung der Bedeutung und Wirkung des Gottesdienstes nicht entspricht. Zwar bedarf das gemeinsame Beten und Singen, Hören und Stehen vor Gott eines schützenden Rahmens: Es bedarf des Rahmens eines Kirchenraumes und einer Liturgie, einer festgelegten Zeit und eines verlässlichen Rhythmus. Gottesdienste rhythmisieren für die Beteiligten die Woche und das Jahr, für manche auch den Tag. Gottesdienste tun dies aber nicht nur für die Frommen im Lande, sondern für «alles Volk», weit herum hörbar durch das Glockengeläut und prominent annonciert in der Presse. Wer sich nicht die Ohren verstopft und die Augen verschliesst, nimmt diese rituelle und traditionsreiche Rhythmisierung der Woche und des Jahres wahr, welche von weit her kommt und auf eine tief gründende Ordnung verweist. Sie ist auch denen wahrnehmbar, die religiös unmusikalisch sind, die damit keine spirituelle Praxis verbinden und denen die kulturellen Gedächtnisräume des Christentums zu dunklen Ahnungen abgesunken sind.

Es ist denn auch kein Zufall, dass, wie neuere Studien zeigen, nicht nur die treuen Kirchgängerinnen wöchentlich gefeierte Gottesdienste erwarten und schätzen, sondern auch die Distanzierten, die selber nur selten hingehen. So erwarten erstaunlich viele Menschen, dass möglichst jede Woche in jeder Kirche etwa der Stadt Basel Gottesdienste gefeiert werden.[75] Die genauen Gründe dieser merkwürdigen Erwartung kennen wir nicht, sie wurden nicht erfragt. Unseres Erachtens zeigt sich hier ein zumeist diffuses Bewusstsein für die öffentliche Relevanz des Gottesdienstes weit über die individuelle Erbauung der daran Beteiligten hinaus. Die Religionssoziologin Grace Davie spricht in diesem Zusammenhang von *vicarious religion*, von der stellvertretenden Bedeutung religiöser Vollzüge.[76] Stellvertretend für jene, die selber nicht hingehen, ihre Sinnsuche nicht durch Predigten anregen lassen und keines Segens bedürftig zu sein meinen, die aber gleichwohl wissen oder ahnen, dass es für sie und andere – in welcher Weise auch immer – dienlich ist, wenn da wöchentlich gebetet und gepredigt, gesungen und gesegnet wird. Gottesdienste haben insofern einen beträchtlichen Symbolwert, sind so etwas wie die rituellen Leuchttürme der Volkskirche. Deren Leuchtkraft ist dadurch zu erhalten, dass sie zugänglich bleiben, verständlich und relevant nicht nur für den Habitué, sondern auch für seltene Gäste und kritische Zeitgenossinnen. Wenn das Trost- und Befreiungspotenzial sowie die orientierende

75 Dies belegt etwa die Basler Kirchenstudie von 1999: Manfred Bruhn (Hg.), Ökumenische Basler Kirchenstudie. Ergebnisse einer Bevölkerungs- und Mitarbeitendenbefragung, Basel 1999, vgl. dazu David Plüss, Wider die Rhetorik vom sinkenden Schiff. Erwägungen zum kommunizierten Selbstbild der Kirche, in: Albrecht Grözinger/Manfred Bruhn, Kirche und Marktorientierung. Impulse aus der Ökumenischen Basler Kirchenstudie, Freiburg i. Ü. 2000, 231–250.

76 Vgl. Grace Davie, Vicarious Religion: A Methodological Challenge, in: Nancy T. Ammerman (Hg.), Everyday Religion: Observing Modern Religious Lives, Oxford 2007, 21–35.

Kraft des Evangeliums in rituell verdichteter Weise zur Darstellung gebracht werden, dann soll dieses Licht auf den Leuchter und nicht unter einen Scheffel gestellt werden.

7 Zu den öffentlichen Funktionen der Volkskirche

Zur sich als Volkskirche verstehenden Kirche gehört integrierend auch ihre öffentliche Dimension, so sehr, dass Thomas Schlag dieselbe als Interpretament des Volkskirchebegriffs und als «positive Zukunftsvision» für das damit bezeichnete Kirchenmodell aufgreift: Volkskirche lässt sich verstehen als «öffentliche Kirche», d. h. als «intermediäre Institution im Sinn einer die Gesellschaft kritisch interpretierenden und mitgestaltenden Kirche».[77] Die öffentliche Funktion der Volkskirchen ist ausserordentlich facettenreich, sie erstreckt sich von ihren Integrationsleistungen über soziale und Bildungsarbeit, Entwicklungsarbeit, interreligiösen Dialog oder kritisches Eintreten für Marginalisierte bis hin zu einem reichhaltigen kulturellen Angebot. Es braucht nicht wiederholt zu werden, wie sehr diese breite gesellschaftliche Präsenz zur immer noch breiten Akzeptanz der Kirchen in der Gesellschaft beiträgt. Es ist hier nicht der Ort, die öffentliche Dimension des kirchlichen Handelns im Detail darzustellen und zu reflektieren. Stattdessen sollen einige Felder öffentlicher kirchlicher Präsenz herausgegriffen und daran exemplarisch ekklesiologisch relevante Gesichtspunkte der Öffentlichkeitsdimension der Kirche aufgezeigt werden.

Vorneweg zu bemerken ist allerdings, dass der Öffentlichkeitsbezug der Volkskirche nicht einfach gegeben ist, sondern immer wieder bewährt werden muss. Wie oben erwähnt (Abschnitt 2 in diesem Kapitel) gehört zu den Spannungen, in welchen jede Kirche lebt, diejenige zwischen Offenheit und Abgrenzung. Für die sich als öffentliche Kirche verstehende Volkskirche wird damit die Versuchung signalisiert, sich aus dem Raum der Öffentlichkeit auf den eigenen Binnenraum zurückzuziehen. Diese Versuchung ist durchaus virulent, sie materialisiert sich in unterschiedlichen Formen: als Konzentration auf die Ortsgemeinde auf Kosten übergemeindlicher Gestalten des Kirchenseins auf regionaler, nationaler und globaler Ebene; als Bevorzugung des Modells «Gemeindeaufbau» als Fokus kirchlichen Handelns; als Favorisierung spiritueller und individuell-seelsorgerlicher Aktivitäten gegenüber diakonischen und politischen in der kirchlichen Praxis. Auch hier kennzeichnet sich die Volkskirche dadurch, dass sie nicht jenseits dieser Spannungen steht, sondern sie in der permanenten Verständigung über das rechte Verhältnis von Innen- und Aussenbezug aushält und aktiv austrägt.

77 Thomas Schlag, Öffentliche Kirche. Grunddimensionen einer praktisch-theologischen Kirchentheorie (ThSt NF 5), Zürich 2012, 13f.

7.1 Christliches Erbe erinnern – Gottesfrage offen halten

Die europäische Gesellschaft gründet in hohem Masse auf jüdisch-christlichen Traditionsbeständen. Zentrale Werte der westlichen Kultur – Gerechtigkeit, individuelle Freiheit, Solidarität u. a. m. – sind ohne ihre Herkunft aus der biblischen Überlieferung nicht denkbar, auch wenn sie sich nicht monokausal von dieser ableiten lassen. Dasselbe lässt sich von Literatur, Musik oder bildender Kunst Europas sagen, die ohne ihren Bezug auf die griechische Antike wie auch auf Bibel und Geschichte des Christentums unverständlich bleiben. Auf die Kenntnis der alt- und neutestamentlichen Schriften und ihrer Wirkungen in der abendländischen Kultur kann eine moderne Gesellschaft deshalb nicht verzichten, will sie sich selbst angemessen verstehen können. Die Kirchen gehören mit der akademischen Theologie zu den primären Fürsprecherinnen, wenn es darum geht, dieser Traditionsgeschichte ihren angemessenen Platz in den Bildungsstätten europäischer Staaten zu verschaffen.

Nicht allein aus historischen Gründen haben die Kirchen aber die Aufgabe, in der modernen Gesellschaft an ihr christliches Erbe zu erinnern. Die moderne Gesellschaft bleibt auf dieses Erbe auch aktuell angewiesen, will sie ihre zentralen Werte überlebensfähig halten. Kein Geringerer als Jürgen Habermas hat sich in jüngerer Zeit hinsichtlich der moralbegründenden und zu moralischem Handeln motivierenden Kraft der säkularen Vernunft – in ihrer reflektierten Gestalt, der Philosophie – skeptisch geäussert. Angesichts der überkomplexen Herausforderungen der Weltgesellschaft empfindet er es als ungewiss,

> «ob die Ressourcen einer unverlierbaren, aber nur schwach motivierenden Vernunftmoral, auf die sich auch die verfassungsrechtliche Integration weitgehend säkularisierter Gesellschaften in letzter Instanz stützen muss, ausreichen. Diese Moral darf zwar – und das ist ihre Stärke – mit universalistischem Anspruch auftreten; aber zu solidarischem Handeln kann sie uns nur noch indirekt [...] durch den Appell an das Gewissen jedes einzelnen Individuums verpflichten.»[78]

Die begrenzte moralische Bindungskraft der säkularen Vernunft, aber auch die nicht auszuschliessende Möglichkeit, dass diese auch weiterhin von Gehalten religiöser Überlieferung profitieren könnte, lassen es für die Philosophie deshalb geboten erscheinen, «den Faden einer dialogischen Beziehung zur Religion nicht abreissen zu lassen.»

78 Jürgen Habermas, Politik und Religion, in: Friedrich Wilhelm Graf/Heinrich Meier (Hg.), Politik und Religion. Zur Diagnose der Gegenwart, München 2013, 287–300.299f.

> «Denn wir können nicht wissen, ob sich der bis heute […] andauernde Prozess einer Übersetzung unabgegoltener religiöser Bedeutungspotentiale in die Begrifflichkeit nachmetaphysischen Denkens schon erschöpft hat.»[79]

Auch mit dieser Aufgabe der Kirchen in einer, wie Habermas es nennt, «postsäkularen» Gesellschaft[80] verbleiben wir allerdings in der funktionalen Logik einer Nützlichkeit oder Notwendigkeit von Religion im Interesse von Zwecken, die ihr extern bleiben. Dem christlichen Glauben geht es aber – in einer streng nichtfunktionalen Logik – um Gott selbst. Nun gibt es aber gute Gründe zu vermuten, dass genau im Geltendmachen Gottes selbst auch in einer zunehmend säkularen Gesellschaft eine wichtige öffentliche Aufgabe der Kirche besteht. Auf die Kirche angesprochen, mögen viele Zeitgenossinnen angeben, sie schätzten an ihr vor allem ihr diakonisches und katechetisches Handeln. Es gibt freilich Beobachtungen, welche dieses Bild korrigieren. So kommt etwa die Studie zu «Dienstleistungen, Nutzen und Finanzierung von Religionsgemeinschaften» des Nationalfonds vom Herbst 2010 (kurz FAKIR) zum Ergebnis, dass die Angebotsgruppe «Gottesdienste und Feiern im Lebenslauf» von einer grossen Mehrheit der Befragten, selbst von Nichtmitgliedern, als wichtig beurteilt wird.[81] Daran lässt sich ablesen, dass der Kirche neben ihrer sozialen und pädagogischen Kompetenz vor allem liturgische und theologische Kompetenz zugeschrieben wird, und die von ihr auch erwartet wird. Albrecht Grözinger formuliert die wichtigste homiletische Aufgabe deshalb so: «Die Aufgabe der Predigt […] ist es schlicht und einfach, Gott zur Sprache zu bringen.»[82] Diese Aufgabenstellung kann für das gesamte kirchliche Handeln verallgemeinert werden – die Aufgabe gerade auch der öffentlichen Kirche ist es, die Gottesfrage offenzuhalten. Wo sie dies tut, tut sie nach wie vor das, was die Gesellschaft in erster Linie von ihr erwartet. Und sie soll dies ruhig unter Verzicht auf den Erweis innerweltlicher Nützlichkeit dieses Gottes tun, denn «Gott ist um seiner selbst willen interessant, und zwar allgemein und unbedingt interessant».[83] Denn: Es muss der Kirche zu denken geben, wenn sogar ein «irreligiöser Sympathisant der Religion» wie der Philosoph Her-

79 Habermas, Politik und Religion (Anm. 78), 299. Vgl. ders., Nachmetaphysisches Denken II. Aufsätze und Repliken, Frankfurt a. M. 2012, 102f., 155–159, 326f.

80 Kritisch zu Habermas' Begriff «postsäkular»: Hans Joas, Religion post-säkular? Zu einer Begriffsprägung von Jürgen Habermas, in: Ders., Braucht der Mensch Religion? Über Erfahrungen der Selbsttranszendenz, Freiburg/Basel/Wien 2004, 122–128.

81 Michael Marti/Eliane Kraft/Felix Walter, Dienstleistungen, Nutzen und Finanzierung von Religionsgemeinschaften in der Schweiz, Glarus/Chur 2010, 54.

82 Albrecht Grözinger, Toleranz und Leidenschaft. Über das Predigen in einer pluralistischen Gesellschaft, Gütersloh 2004, 61.

83 Eberhard Jüngel, Gott – um seiner selbst interessant. Plädoyer für eine natürlichere Theologie, in: Ders., Entsprechungen: Gott – Wahrheit – Mensch. Theologische Erörterungen, München 1980, 193–197.196.

bert Schnädelbach sich an der «modernen Funktionalisierung und Instrumentalisierung des Religiösen» stösst.[84]

7.2 Übergänge religiös gestalten

Die Zahlen der Gottesdienstbesucherinnen und -besucher sind länger schon rückläufig, wenn auch nicht in dem dramatischen Masse, wie es gerne dargestellt wird. Signifikant höher ist dagegen seit jeher die Teilnahme an religiösen Feiern anlässlich wichtiger biographischer Übergänge (Hochzeit, Taufe, Konfirmation, Bestattung)[85], also sog. Kasualien.[86] Die Relevanz lebensbegleitender Gottesdienste ist derart hoch, dass es eine Nachfrage danach auch bei Menschen gibt, die aus der Kirche ausgetreten sind[87]. Für die Bedeutung der rituellen Begehung biographischer Übergange spricht daneben auch ein wachsender Markt nichtkirchlicher Ritualbegleitung.

Mag sich Religiosität zunehmend individualisieren und pluralisieren, so finden beide Tendenzen doch ihre Grenze, wo es darum geht, biograpische Übergänge oder Einschnitte zu begehen. Dem «rite des passage» eignet wesenhaft ein ausgesprochen gemeinschaftlicher und traditionsgebundener Charakter, da es bei ihm darum geht, das Individuum in einer unübersichtlichen, offenen und von Kontrollverlust geprägten Situation an einen sozialen Zusammenhang rückzubinden. Feiern an Lebensübergängen lassen sich deshalb nur schwer «erfinden», da ihnen in diesem Falle die konstitutiven Elemente des Gemeinschafts- und des Traditionsbezugs im Ansatz schon fehlen.[88] Dagegen dürfte es gerade die gemeinschaftliche und traditionale Dimension des «rite de passage» sein, der in den Augen vieler Menschen die Volkskirchen noch immer besonders dafür qualifiziert, diese zu vollziehen. Den Volkskirchen eignet jene liturgische Kompetenz und soziale Bindungskraft, die es für eine Mehrheit der Betroffenen noch immer naheliegend erscheinen lässt, sich in der gleichermassen intimen wie öffentlichen Kommunikationssituation Kasualie von ihnen begleiten zu lassen.

84 Herbert Schnädelbach, Religion in der modernen Welt. Vorträge, Abhandlungen. Streitschriften, Frankfurt a. M. 2009, 9.

85 Vgl. den Beitrag in Teil I von Stefan Huber in diesem Band.

86 Die Taufe wird hier zu den Kasualien gezählt, obwohl es sich bei ihr theologisch um ein Sakrament handelt. In der Perspektive der Betroffenen wird auch die Taufe in der Regel als Kasualie wahrgenommen.

87 Dazu Matthias Zeindler, Kirchliche Dienste für Nichtmitglieder? Theologische Überlegungen in einem schwierigen Feld, in: SJKR 12, 2007, 93–112.

88 Die zunehmende Individualisierung besonders bei Trauungen, zunehmend aber auch bei Bestattungen (v. a. bei jüngeren Verstorbenen) bedeutet keinen Widerspruch zu dieser These. Zwar wird hier nicht mehr notwendig auf kirchliche Traditionsbestände zurückgegriffen, umso mehr aber auf solche aus anderen relevanten Gruppen (etwa bei der Musikauswahl) – was den Traditionsbezug von Ritualen eher bestätigt. Bestattungen ohne Gemeinde spiegeln dagegen eine fortschreitende Fragmentierung der Gesellschaft.

Als nicht weniger bedeutsam erweist sich die liturgische Kompetenz der Volkskirche bei nationalen und internationalen Katastrophen wie grossen Unfällen, Lawinen, Erdbeben oder – nach wie vor stark präsent – dem Tsunami von Dezember 2004. Die Tatsache, dass der Wunsch nach einer religiösen Feier dabei nicht selten von politischer Seite kommt, zeigt, wie elementar wichtig für die Bearbeitung von traumatischen Erfahrungen in solchen Momenten öffentliche gottesdienstliche Feiern sein können. Wo Feiern dieser Art gelingen, ermöglichen sie es, Schmerz und Ratlosigkeit Raum zu geben, Solidarität zu erfahren und Hoffnung auf Zukunft zu artikulieren. Durch ihren Öffentlichkeitscharakter leisten sie an einer heiklen Stelle einen Beitrag gegen zunehmende Privatisierung und Isolierung.

Das Gelingen der betreffenden Feiern hängt wesentlich von der Fähigkeit der Verantwortlichen ab, den Ausdruck von Emotionen verbal, dramaturgisch und musikalisch zu gestalten, Symbole behutsam einzusetzen oder religiöse Traditionen situationssensibel zu Wort kommen zu lassen. Für all das versuchen Volkskirchen ausgebildetes und erfahrenes Personal zur Verfügung zu stellen, was sie in die Lage versetzt, in einer Gesellschaft im besten Sinne des Wortes als «Zeremonienmeister» zu fungieren.

7.3 Soziale und kulturelle Leistungen für die Allgemeinheit

Volkskirchliches Handeln ist grundsätzlich öffentlich, nur ein kleiner Teil davon bleibt strikt auf Mitglieder beschränkt. Gottesdienste sind allen zugänglich, Kasualfeiern für Nichtmitglieder möglich, und auch den kirchlichen Unterricht können Kinder von Eltern besuchen, die der Kirche nicht angehören. In besonderem Masse gilt die mitgliedschaftsunabhängige Öffentlichkeit volkskirchlichen Handelns für die soziale und kulturelle Tätigkeit dieser Kirche; von ihr profitiert – direkt oder indirekt – die Gesellschaft in ihrem gesamten Umfang, bis hin zu Angehörigen anderer Religionen und Nichtreligiösen.

Die Volkskirchen erbringen in den Bereichen Soziales und Kultur erhebliche Leistungen. Im Pflichtenheft der Pfarrschaft, vor allem aber des diakonischen kirchlichen Personals, nehmen soziale Aufgaben einen breiten Raum ein. Die Kirchen verfügen über ein eng geknüpftes Netz von Spezialseelsorgen in Spitälern, Heimen, Gefängnissen und in der Armee, dazu über eine Vielzahl von Beratungsinstitutionen für Ehe- und Partnerschaftsfragen, Suchtprobleme, Schuldensanierung oder Sans-Papiers. Care Teams und palliative Pflege werden massgeblich durch die Grosskirchen getragen, ebenso ein grosser Teil der Flüchtlingsbetreuung. Durch ihre Hilfswerke leisten die Kirchen weltweit Entwicklungshilfe. Ähnlich umfassend sind die Kirchen als kulturelle *player* präsent: Sie erhalten wertvolle Kirchengebäude und damit ein historisches Erbe von unschätzbarem Wert; gleichzeitig sind sie als Auftraggeber von Neubauten und Renovationen ein wichtiger Ort für innovative Architektur. Ebenso pflegen die Kirchen ein Jahrhunderte umfassendes musikalisches Erbe und initiieren gleichzeitig die Komposition und Aufführung von zeitgenössischen Werken. Die bildende Kunst steht seit ihrer Herauslösung aus dem sakralen Kontext in einem ebenso spannungsvollen Verhältnis zur Kirche, wie eine lange Reihe von Ausstellungen in den letzten Jahrzehnten zeigt.[89]

Die Öffentlichkeitsorientierung der Volkskirche ist tief in ihrem Selbstverständnis verwurzelt. In ihr findet sich die Überzeugung verwirklicht, «dass das Wort Gottes für alle Bereiche des öffentlichen Lebens, wie Staat und Gesellschaft, Wirtschaft und Kultur gilt» und es deshalb zum Auftrag der Kirche gehört, «alles Unrecht sowie jede leibliche und geistige Not und ihre Ursachen» zu bekämpfen.[90] Während in anderen Kirchentypen der Glaube an die universale Geltung von Gottes Willen sich beispielsweise in einer engagierten Missionsarbeit ausgestaltet, tut er dies in der Volkskirche vorrangig in einer vielgestaltigen gesellschaftlichen Präsenz. Darin vor allem, so die theologische Hintergrundannahme, zeigt sich jene Gegenwart des auferstandenen Christus, die die Grenzen der vorfindlichen Kirche stets transzendiert.

7.4 Akteure für den religiösen Frieden

Auch der religionsneutrale moderne Staat hat die Aufgabe, in seinen Grenzen für den religiösen Frieden zu sorgen und das Grundrecht auf Religionsfreiheit zu schützen. In den sich als Volkskirche verstehenden Kirchen hat er mittlerweile die wohl wirkungsvollste Unterstützung in dieser seiner religionspolitischen Aufgabe. Denn längst ist in den Kirchen das Verständnis dafür gereift, dass die Freiheit der Religionen und deren friedliche Koexistenz in einem Staatswesen für *alle* in diesem Staat lebenden Religionen gewährleistet werden muss und deshalb der Einsatz für die eigene Unabhängigkeit nur als Einsatz für die freie Entfaltung aller Religionsgemeinschaften möglich ist.[91]

Der Beitrag der Volkskirche zum religiösen Frieden vollzieht sich auf mehreren Ebenen, darunter wesentlich auf der ganz *praktischen* der Integration von Religionsgemeinschaften in die ansässige Gesellschaft, sei es durch Integrationsprojekte für Migrantinnen und Migranten, durch Foren für interreligiösen Dialog oder Kontakte zu Migrationskirchen. Eine zweite Ebene religionspolitisch relevanter Tätigkeit der Kirche ist ihre *Bildungsarbeit*. In einer pluralistischen Gesellschaft gehört die Fähigkeit, die politisch, sozial, kulturell und eben auch religiös

89 Erwähnt seien nur die von Wieland Schmied anlässlich zweier Deutscher Katholikentage organisierten Ausstellungen «Zeichen des Glaubens – Zeichen der Avantgarde» (1980 und 1990), «warum! Bilder diesseits und jenseits des Menschen» zum Ökumenischen Kirchentag in Berlin (2003) sowie jüngst die von Isabelle Manz kuratierte Ausstellung «The Problem of God» in Düsseldorf (2015/16).

90 Verfassung der Evangelisch-reformierten Landeskirche des Kantons Bern, Art. 2 (Auftrag der Kirche), Abs. 4.

91 Neben dieser strategischen Motivation gibt es für christliche Kirchen auch starke theologische Gründe, für die Freiheit aller Religionen zu optieren.

Anderen zu verstehen und zu respektieren, zu den unerlässlichen Kompetenzen. Moderne Staaten haben deshalb die Aufgabe, ihre Bürgerinnen und Bürger pluralismusfähig zu machen, weswegen der staatliche Bildungsauftrag auch darin besteht, die Heranwachsenden «auf kulturelle und religiöse Pluralität vorzubereiten».[92] Religionsunterricht und Erwachsenenbildung der Kirchen, die heute weit von einem engen Konfessionalismus entfernt sind, nehmen einen wesentlichen Teil dieser Bildungsaufgabe wahr. Nicht zuletzt bilden die Kirchen in der bildungspolitischen Auseinandersetzung auch eine wichtige Lobby für das Anliegen, die religiösen Aspekte des gesellschaftlichen Lebens in der Gestaltung von Lehrplänen nicht zu vernachlässigen.

Der dritte und vielleicht wichtigste Beitrag der sich als Volkskirche verstehenden Kirche zum religiösen Frieden ist ihre kirchliche Gestalt selbst: die Volkskirchlichkeit. Volkskirche ist *zivilisierte* Religion: Als in einer breiten Bevölkerung verwurzelte, vielfältig präsente und vernetzte, durch eine lange Tradition in einer Gesellschaft inkulturierte Institution stellt sie eine Form religiösen Lebens dar, die in einem hohen Masse gefeit ist vor extremen, gar gewalttätigen Ausformungen. Durch ihre Einbindung ins Gefüge staatlicher Gesetzgebung wird sie auf finanzielle Transparenz und demokratische Strukturen verpflichtet und durch Verträge auf verlässliche Kooperationsformen festgelegt. Durch Volkskirchen ist Religion nicht reine Privatsache, sondern immer auch *res publica*, öffentliche Sache, wodurch vermieden wird, dass sie ins Ghetto, in Parallelgesellschaften und aggressiven Fundamentalismus abdriftet.[93] Nicht zuletzt wird durch eine breit abgestützte Finanzierung der Kirchen vermieden, dass diese einseitig abhängig werden von Einzelpersonen und -unternehmen.

7.5 Theologie an der Universität: Kritische Reflexion gelebter Religion

Pluralismusfähige Religionsgemeinschaften, wie es Volkskirchen zu sein beanspruchen, bedürfen des entsprechend ausgebildeten Personals. Aus diesem Grund betreiben Staaten mit volkskirchlichen Strukturen an ihren Universitäten bis heute theologische Fakultäten, an denen auf der Grundlage aktueller wissenschaftlicher Standards Pfarrerinnen und Pfarrer ihre berufliche Bildung erhalten. Damit wird gesichert, dass das wichtigste kirchliche Personal adäquate historische und hermeneutische Kenntnisse sowie eine theologische Urteilsfähigkeit erwirbt, die es in die Lage versetzen, in unterschiedlichen Situationen und Ge-

92 Rolf Schieder, Sind Religionen gefährlich? Religionspolitische Perspektiven für das 21. Jahrhundert, zweite, erw. Aufl., Berlin 2011, 270.

93 Wie Stefan Huber in einer Untersuchung zum religiösen Fundamentalismus in der Schweiz zeigt, nimmt «mit der Zugehörigkeit zu einer minoritären Kirche und Religionsgemeinschaft die Wahrscheinlichkeit zu, dass eine religiös-fundamentalistische Haltung ausgebildet wird» (Religiöser Fundamentalismus in der Schweiz, Ms. Bern 2015, 20). Was den Umkehrschluss erlaubt, dass Mitglieder volkskirchlich strukturierter Kirchen für religiösen Fundamentalismus weniger anfällig sind.

sprächslagen auskunfts- und kritikfähig zu sein. Man könnte hier vom Erfordernis einer reflektierten religiösen «Mehrsprachigkeit» sprechen.

Anders als die Religionswissenschaft, die mit einer vorrangig deskriptiven Perspektive arbeitet, ist die Theologie auch einem normativ-hermeneutischen Ansatz verpflichtet, mit welchem sie gelebte Religion konstruktiv wie kritisch untersucht und sie damit zur permanenten Selbstreflexion nötigt. Sie tut dies in einem interdisziplinären Horizont, der nicht nur sie selbst herausfordert, sondern wo sie ihrerseits religiöse Fragestellungen in das wissenschaftliche Gespräch einbringt.

8 Zur Zukunft der Volkskirche

Was folgt aus dem bisher Gesagten für die Zukunft der Volkskirche? Wie zukunftsfähig ist die Volkskirche als Programm, als Organisation und als Akteurin auf dem religiösen Markt? Inwiefern ist dieser Typus geeignet, den Auftrag der Kirche für die jeweilige Gegenwart auch in 20 oder 50 Jahren wahrzunehmen? Wo liegen ihre Grenzen für die Wahrnehmung dieses Auftrags? In welcher Richtung müsste die Volkskirche entwickelt werden, um ihrem Kirchesein besser gerecht zu werden?

Die Volkskirche wird in den nächsten Jahren und Jahrzehnten wohl eher schrumpfen als wachsen. Sie wird kleiner, älter und ärmer werden, wie Stolz und Ballif in ihrer vieldiskutierten Studie prognostizieren.[94] Wird sie dann aber noch die Kraft haben, über die Grenzen der Mitgliedschaft hinaus zu leuchten und tätig zu sein? Oder wird sie sich auf die Kerngemeinden und spirituelle Dienstleistungen für ihre Mitglieder beschränken müssen – und damit aufhören, Volkskirche zu sein?

Zunächst ist zu betonen, dass die protestantische Volkskirche eine historisch gewachsene, kulturell geprägte und somit kontingente Gestalt von Kirche darstellt, die sowohl regional als auch global von anderen Kirchenformen zu unterscheiden ist: von Kirchen anderer Denominationen und Konfessionen[95], von vereinsförmig organisierten Freikirchen – konservativen, klassischen und charismatischen[96] – sowie von Migrationskirchen; zudem von anderen Religionsgemeinschaften und Weltanschauungsgruppen mit ihren Glaubenssätzen und Liturgien. Sie ist *eine* mögliche Ausprägung der Kirche Jesu Christi neben andern, die vor ihr waren und wohl auch nach ihr sein werden. Das ekklesiologische Modell und die institutionelle Gestalt der Volkskirche impliziert Stärken und Schwächen,

94 Vgl. Jörg Stolz/Olivier Favre/Emanuelle Buchard, Die Wettbewerbsstärke des evangelisch-freikirchlichen Milieus in der Schweiz, in: Jörg Stolz u. a. (Hg.), Phänomen Freikirchen. Analysen eines wettbewerbsstarken Milieus, Zürich 2014, 25–60.

95 Dass und in welcher Weise auch in der Römisch-katholischen Kirche volkskirchliche Organisationsformen, Programme und Beteiligungsformen feststellbar sind, wird aus dem Beitrag in Teil I von Judith Könemann in diesem Band deutlich.

96 Vgl. Stolz u. a., Phänomen Freikirchen (Anm. 94).

Möglichkeiten und Grenzen. Sie ist auf die Infragestellung und Ergänzung durch andere Formen des Kircheseins angewiesen, ist diesen Formen nie vor-, sondern stets nur beigeordnet. Dies wird gewiss auch in Zukunft so sein – und soll es auch. Es geht uns in diesem Band und in diesem Kapitel nicht um die ekklesiologische Grundlegung eines kirchentheoretischen Passepartouts für alle Zeiten und religiösen Klimazonen. Einen solchen gibt es nicht. Jede Gestalt von Kirche ist der immer begrenzte und hoffentlich bescheidene Versuch, das Licht des Evangeliums leuchten und den Widerspruch gegen die Selbstzerstörungskräfte der jeweiligen Gegenwart (E. Lange) laut werden zu lassen,[97] ihn organisatorisch und institutionell, seelsorgerlich und diakonisch, rhetorisch und rituell zu gestalten. Die Volkskirche ist und bleibt bis auf Weiteres *eine* Gestalt von Kirche neben anderen.

Was zur reflexiven Selbstbescheidung gehört, bisher aber mehrheitlich implizit zur Sprache kam: Die Volkskirche, wie sie in diesem Band diskutiert wird, hat eine unhintergehbare *konfessionelle Kontur*. Wiederholt wurde die Prägung des Begriffs – und teilweise auch des Konzepts – durch Friedrich Schleiermacher zu Beginn des 19. Jahrhunderts erwähnt. Die Volkskirche ist gewissermassen organisch aus dem Neuprotestantismus hervorgegangen und hat im Zeitalter des entstehenden Bürgertums, der Industrialisierung und der sich ausbreitenden Demokratisierung im vorletzten Jahrhundert ihre zwar unterschiedlichen, aber doch typischen Ausprägungen erfahren. Die Volkskirche und der aufgeklärte, zivilgesellschaftliche Protestantismus sind Wahlverwandte. Der römisch-katholischen Kirche wurde die synodal-presbyteriale Struktur der Landeskirchen als eine ihr wesensfremde Gestalt aufgepfropft, was zu einer Doppelstruktur, zu Spannungen und zu grundsätzlichen Infragestellungen von beiden Seiten führte, bis in die Gegenwart und zukünftig wohl noch verschärft. Dass seitens des römisch-katholischen Klerus' und der Kirchenleitung die Zukunft der ‹Volkskirche› anders diskutiert wird als bei den Protestanten, hängt mit einer anders konzipierten Ekklesiologie und dieser Genese zusammen. So ist es kein Zufall, dass in diesem Band die römisch-katholische Perspektive beinahe vollständig fehlt.[98] Die Diskussion müsste auf den meisten Problemfeldern grundlegend anders geführt werden.

Aus dieser historischen und konfessionellen Selbstrelativierung des Volkskirche-Diskurses soll aber nicht nur ekklesiologische Selbstbescheidung folgen. Angesichts des tiefgreifenden Traditionsabbruches, den wir heute in christlich-religiöser Hinsicht erfahren und der die konfessionellen Identitäten und Grenzziehungen für breite Bevölkerungskreise unverständlich und belanglos werden lässt, muss es über die Selbstbescheidung hinaus darum gehen, gemeinsam Kirche zu sein, über die Konfessions- und Denominationsgrenzen hinweg, ohne diese Grenzen zu ignorieren und die Kontroversen zu vermeiden. Oder positiv gewen-

97 Zur Ekklesiologie von Ernst Lange vgl. den Beitrag in Teil IV von David Plüss in diesem Band.
98 Vgl. den Beitrag in Teil I von Judith Könemann in diesem Band.

det: Die nach innen nicht nur tolerierte, sondern als eigener Wert gewürdigte und gepflegte *Vielfalt* gilt es auch gegenüber anderen Kirchen und Konfessionen zu *kultivieren*, in modifizierter Weise auch gegenüber anderen Religionsgemeinschaften und Weltanschauungsgruppen.

Wir greifen im Folgenden einige bereits diskutierte Punkte noch einmal auf, weil sie uns in Bezug auf die Zukunft der Volkskirche zentral scheinen:

Diskretes Christentum statt offensiver Evangelisation: Die Volkskirche wird sich auch in Zukunft dadurch auszeichnen, dass in ihr eine diskrete Gestalt des christlichen Glaubens gepflegt wird. Das diskrete Christentum der Mehrzahl ihrer Mitglieder erachtet sie als legitime und der religionsbezogenen Schamgrenze angemessene Gestalt des Glaubens. Denn Religion ist für die meisten Menschen hierzulande eine persönliche Angelegenheit, über die man nicht viele Worte macht und die man nicht nach aussen kehrt, die weder im Zugsabteil noch am Arbeitsplatz verhandelt wird. Von der Volkskirche wird wohl auch in Zukunft erwartet, dass sie die schambewehrten Belange der Religion kennt und diskret damit umzugehen weiss. Die von ihr erwartete Professionalität hängt nicht zuletzt an der Kompetenz, das Evangelium in plausibler und relevanter, aber diskreter Weise zu kommunizieren. Dies steht in keinem Widerspruch zum Auftrag, Licht der Welt und Salz der Erde zu sein. In die *missio dei* ist auch die Volkskirche involviert, in allen ihren Lebens- und Äusserungsformen, und sie hat immer wieder nach geeigneten Formen der Partizipation an der *missio dei* zu suchen und diese zu pflegen. Aber sie überlässt die offensive Evangelisation arbeitsteilig theologisch anders geprägten Kirchen und Gemeinschaften.

Elastizität statt Profilierung: Während Organisationsberater und neuerdings auch Religionswissenschaftler das fehlende Profil der reformierten Landeskirchen bemängeln, und – mit Blick auf Rom – zu einer Verbesserung der Sichtbarkeit und der medialen Präsenz raten, gilt es unseres Erachtens, auf die mit einer solchen Strategie verbundenen Gefahren hinzuweisen. Das Tafelsilber religiöser Vielfalt und theologischer Reflexivität und Beweglichkeit sollte die Volkskirche nicht vorschnell verscherbeln. Die Orientierungsleistung eines klar kommunizierten religiösen und moralischen Profils anerkennen wir, und es ist verständlich, wenn sich Reformierte mehr Profil und mediale Präsenz wünschen. Sie wären indes schlecht beraten, wenn sie die pluralitätssensible und um Plausibilität bemühte, nachdenkliche und diskrete Religionskultur der Volkskirche für das Linsengericht einer medial formierten Sichtbarkeit und Profilbildung hergeben würden. Die reformierte Kirche stünde in der Gefahr, sowohl ihrer Symbolkraft als auch ihrer gesamtgesellschaftlichen Bedeutung verlustig zu gehen.

Inhalt und Orientierungskraft: Auch wenn sich die Volkskirche durch Diskretion und Vielfalt auszeichnet, hat sie doch eine *message*, steht sie für eine Botschaft. In ihr wird die Geschichte Gottes mit den Menschen erinnert und interpretiert, symbolisch verdichtet und ritualisiert. Sie kommuniziert das Evangelium nicht in Gestalt vorgestanzter Sätze, die von den Rezipienten für wahr zu halten sind, sondern indem sie das Leben der Menschen mitsamt ihren existentiellen Sinnfragen und Sehnsüchten ins Licht der Verheissung rückt (E. Lange[99]). Auch der Typ Volkskirche mit seinen offenen Rändern und seinen schwachen und vielgestaltigen Glaubensformen wird nur solange Teil und Gestalt der Kirche Jesu Christi sein und bleiben, wie er sich selber vom Evangelium in Frage stellen und erleuchten lässt und dem ankommende Gottesreich die Türe hoch und die Tore weit macht.

Kirche sowohl der Distanzierten als auch der Aktiven: Für die Zukunft der Volkskirche wird es entscheidend sein, ob es ihr gelingt, ritueller und intellektueller Möglichkeitsraum, Trost- und Sehnsuchtsraum derjenigen zu sein und zu bleiben, die im Weihnachtsgottesdienst und bei Taufen, bei Abdankungen und Orgelkonzerten erscheinen und darüber hinaus der Kirche ihre Wertschätzung durch ihre Kirchensteuer zum Ausdruck bringen. Dieses typisch volkskirchliche Beteiligungsmuster wird sich in Zukunft kaum dramatisch ändern. Ein Grossteil der Mitglieder hält sich auf Distanz. Diesen selbstbestimmten Modus der Teilnahme gilt es nicht nur mit gerunzelter Stirn zu tolerieren, sondern in seiner typisch protestantischen Eigenständigkeit anzuerkennen. Eine grosse Festgemeinde in der Christnacht sollte die Pfarrerin nicht irritieren, sondern theologisch und liturgisch beflügeln. – Indes gilt es auch in Zukunft, die Distanzierten nicht gegen die Aktiven und vitalen Gruppen in der Kirche auszuspielen. Die Kirche verkäme zu einem tristen Dienstleistungsbetrieb, wenn die Bänke sonntags leer blieben, der Besuchsdienst auf die Freiwilligen verzichten müsste und keine Eltern für die Kinderfeiern zu gewinnen wären. Ein spiritueller Dienstleistungsbetrieb widerspräche auch diametral reformatorischer Ekklesiologie. Die reformierte Kirche ist eine Gemeinde- und nicht eine Pfarrerkirche. Die Gemeinde, bestehend aus Engagierten und Distanzierten, feiert den Gottesdienst. Die Beteiligung von Freiwilligen in spirituellen und religionspädagogischen, seelsorgerlichen und sozialdiakonischen Formen ist zudem nicht nur für das Leben der Kirche von eminenter Bedeutung, sondern auch für die Involvierten sinnstiftend und belebend.

Volkskirche mit Gesicht: Die volkskirchliche Kultur der Vielfalt, der weltzugewandten Offenheit und der religiösen Diskretion wird ermöglicht durch Persönlichkeiten, die diese Kultur selber leben, auszubilden und zu befördern vermögen. Die offene und elastische Volkskirche benötigt Menschen, die ihr ein Gesicht geben, die sie leibhaftig und glaubhaft verkörpern. Sowohl die Distanzierten als auch die Aktiven sind auf solche Menschen angewiesen. Das können Ehrenamtliche sein oder Sigristen, Sozialdiakoninnen oder Katecheten. Oft sind es Pfarrerinnen und Pfarrer, die der Kirche ein Gesicht geben und sie in theolo-

99 Vgl. Ernst Lange, Zur Aufgabe christlicher Rede, in: Rüdiger Scholz (Hg.), Predigen als Beruf. Aufsätze zur Homiletik, Liturgie und Pfarramt, München 1982, 52–67.

gisch reflektierter Weise verkörpern: für Taufeltern und Konfirmandinnen, für von einer schweren Krankheit Betroffene und Heiratswillige, für Medienschaffende und politische Behörden. In der Wahrnehmung vieler Pfarrerinnen und Pfarrer verliert ihr Amt derzeit an Reputation, innerhalb der Gemeinden wie gegen aussen. Konflikte zwischen Kirchgemeinderat und Pfarramt, Konflikte auch zwischen den Berufsgruppen einer Kirchgemeinde beeinträchtigen den Handlungsspielraum und beschädigen das Potenzial, der Kirche ein authentisches Gesicht zu geben, sie leibhaftig zu verkörpern. Von den Amtsträgerinnen und Amtsträgern der Volkskirche werden auch in Zukunft nicht nur professionell erbrachte Dienstleistungen erwartet, sondern – mehr noch! – eine glaubhafte Verkörperung der christlichen Hoffnung. Oder anders gewendet: Die Qualität und Professionalität kirchlicher Handlungen bemisst sich an der Glaubwürdigkeit und Reflexivität der damit betrauten Persönlichkeiten. Damit propagieren wir kein klerikales Modell von Kirche, doch bedarf das allgemeine Priestertum Einzelner, die fähig und willens sind, jenes auszubilden und zu kultivieren.

Traditionserschliessung statt Selbstsäkularisierung: Die Volkskirche der Gegenwart steht in der Gefahr der Selbstsäkularisierung. Um die christliche Sprache verständlicher zu machen, werden oft biblische Begriffe vermieden und traditionelle Glaubenssätze umschifft. Um die Schwelle tief zu halten, werden symbolische Handlungen – wie das Abendmahl oder die Taufe – reduziert und freundlich aufgelockert. Die anrührende Feierlichkeit muss dann einer alltagsnahen Lockerheit weichen, und die Bemühungen, traditionelle Glaubenssprache plausibel zu kommunizieren und kirchliche Feiern niederschwellig zu gestalten, gilt es zu würdigen; denn die Kirche der Zukunft braucht nicht nur die *alten* Lieder – diese wird sie noch lange brauchen! –, sondern immer auch *neue*. Biblische Sprache wie auch die Glaubenssätze der Tradition müssen immer neu übersetzt werden. Taufe und Abendmahl bedürfen der rituellen und theologischen Interpretation. Allerdings laufen alle diese Bemühungen auf eine fatale Selbstbanalisierung der Kirche hinaus, wenn es ihr nicht gelingt, zugleich die religiöse Mündigkeit ihrer Mitglieder zu fördern, ihre christliche Sprach- und theologische Reflexionsfähigkeit zu verbessern, und ihre Symbol- und Ritualkompetenz auszubilden. Um dies zu erreichen, sind auch zukünftig biblische Texte und traditionelle Glaubenssprache, überkommene Rituale und zentrale Symbole in ihrer Fremdheit und Widerständigkeit nicht zu vermeiden, sondern der Gemeinde – auch der mit Distanzierten durchsetzten Gemeinde – zuzumuten. Angesichts des virulenten Traditionsabbruchs ist die Ausbildung der Fähigkeit religiöser Deutung und theologischer Reflexion, des rituellen Ausdrucks und der rituellen Kommunikation ein Gebot der Stunde.

Bei der Frage nach der Zukunft der Volkskirche und den Aspekten, die dieser in besonderer Weise zuträglich sind, gilt es nicht aus dem Blick zu verlieren, dass wir über diese Zukunft nicht verfügen, und zwar in einem theologisch qualifizierten Sinne nicht verfügen: Weil es die Zukunft Gottes ist, die diese Kirche – wie jede Kirche – erhält und belebt, sie richtet und neu schafft. Es ist die Zukunft Gottes, die allem menschlichen Bemühen um die Zukunft der Kirche – dem intellektuellen wie dem strategischen, dem kommunikativen wie sakramentalen, dem seelsorgerlichen wie dem diakonischen – den Weg leuchtet. Der Volkskirche ist somit eine theologisch begründete Gelassenheit eingezeichnet.

Verzeichnis der Autorinnen und Autoren

Aus der Au Christina (1966) ist Dozentin für Medizinethik an der Medizinischen Fakultät der Universität Fribourg und Titularprofessorin für Systematische Theologie an der Theologischen Fakultät der Universität Basel. An der Universität Zürich arbeitet sie zudem als theologische Geschäftsführerin am Zentrum für Kirchenentwicklung. Aus der Au studierte Philosophie und Rhetorik in Tübingen und Evangelische Theologie in Zürich. Sie promovierte 2002 zum Dr. theol. mit einer Arbeit über Umweltethik und wurde 2008 aufgrund einer Arbeit zum Thema Menschenbild und Neurowissenschaften an der Universität Basel habilitiert.

Bernhardt Reinhold (1957) ist Professor für Systematische Theologie (Dogmatik) an der Theologischen Fakultät der Universität Basel und seit 2004 Redaktor der «Theologischen Zeitschrift». Bernhardt studierte Sozialwesen und Evangelische Theologie und promovierte 1989 an der Theologischen Fakultät Heidelberg mit der Dissertation «Der Absolutheitsanspruch des Christentums. Von der Aufklärung bis zur Pluralistischen Religionstheologie», 1998 folgte an derselben Universität seine Habilitation aufgrund einer Arbeit über die Lehre von der Vorsehung Gottes im Blick auf die Diskussion um «Divine Action». Vor seiner Berufung nach Basel war Bernhardt Professor für Systematische Theologie an der Universität Osnabrück.

Bühler Pierre (1950) ist emeritierter Professor für Systematische Theologie, insbesondere Hermeneutik und Fundamentaltheologie und war Mitleiter des Instituts für Hermeneutik und Religionsphilosophie an der Theologischen Fakultät der Universität Zürich. Bühler studierte in Lausanne und Zürich evangelische Theologie mit Nebenfach Philosophie und promovierte 1979 mit einer Arbeit mit dem Titel «Kreuz und Eschatologie. Eine Auseinandersetzung mit der politischen Theologie, im Anschluss an Luthers theologia crucis». Von 1982 bis 1997 lehrte Bühler als Ordinarius für Systematische Theologie an der Theologischen Fakultät der Universität Neuchâtel und ist seit 2006 im Vorstand der Schweizerischen Theologischen Gesellschaft.

Grözinger Albrecht (1949) ist Professor für Praktische Theologie an der Theologischen Fakultät der Universität Basel, Mitglied im Redaktionskollegium der Zeitschrift Praktische Theologie und Leiter der Finanzabteilung im International Board der Societas Homiletica. Von 1993 bis 1997 war Grözinger Professor für Praktische Theologie an der Kirchlichen Hochschule Wuppertal und arbeitete auch als Pfarrer der Evangelischen Landeskirche in Württemberg. Schwerpunktmässig interessiert sich Grözinger für Religionen und Kirchen in pluralistischen Gesellschaften, für Grundsatzfragen der Praktischen Theologie, für Theologische Ästhetik und Homiletik.

Heyden Katharina (1977) ist Professorin für Ältere Kirchengeschichte des Christentums und der interreligiösen Begegnungen an der Theologischen Fakultät der Universität Bern und Mitglied der Association Internationale d'Études Patristiques. Heyden wurde

2008 mit einer Arbeit über die Erzählung des Aphroditian promoviert und arbeitete 2011 bis 2014 als ehrenamtliche Pastorin in der St.-Jacobi-Kirche in Göttingen. Aufgrund einer Arbeit zum Thema «Westliche Christenheit und das Heilige Land in der Antike» wurde Heyden 2013 an der Georg-August-Universität Göttingen habilitiert.

Hofheinz Marco (1973) ist Professor für Systematische Theologie mit Schwerpunkt Ethik am Institut für Theologie und Religionswissenschaft an der Leibniz Universität Hannover. Hofheinz promovierte an der Universität Bern mit der Arbeit «Gezeugt, nicht gemacht. Zur theologischen Wahrnehmung der In-vitro-Fertilisation im Rahmen einer Ethik der Geschöpflichkeit», 2010 folgte an derselben Universität seine Habilitation aufgrund einer Arbeit zur christologischen Grundlegung der Friedensethik Karl Barths. 2011 bis 2012 war Hofheinz Studentenpfarrer an der Universität Siegen, wo er auch für die Betreuung der Schulpraktika der Studierenden zuständig war.

Huber Stefan (1960) studierte in Fribourg Theologie und Psychologie und promovierte mit einer religionspsychologischen Arbeit am Departement für Psychologie an derselben Universität. Nach seiner Habilitation 2008 in Religionswissenschaft arbeitete Huber als Privatdozent am Center for Religious Studies (CERES) an der Ruhr Universität Bochum und ist seit 2012 ausserordentlicher Professor für Empirische Religionsforschung und Theorie der interreligiösen Kommunikation an der Theologischen Fakultät der Universität Bern. Huber forscht unter anderem zu sozialwissenschaftlicher Modellierung von Religion, Religiosität und Spiritualität, die auch für empirisch-theologische Fragestellungen offen ist, und zu religiösen und nicht-religiösen Bedingungen und Effekten von Hochreligiosität.

Juillerat Roger, (1972) ist Jurist bei den Reformierten Kirchen Bern-Jura-Solothurn und Pfarrer in einer bernischen Kirchgemeinde. Juillerat studierte Rechtswissenschaften und Theologie an der Universität Bern und wurde 2008 ordiniert und in den bernischen Kirchendienst aufgenommen. Neben seinem kirchlichen Engagement forscht Juillerat zu Religionsrecht im internationalen und nationalen Vergleich und zum schweizerischen Religionsverfassungsrecht.

Könemann Judith (1962) ist Professorin für Praktische Theologie in der Abteilung Religionspädagogik und Bildungsforschung an der Katholisch-Theologischen Fakultät der Westfälischen Wilhelms Universität Münster und Mitglied im Exzellenzcluster «Religion und Politik». Könemann hat katholische Theologie, Soziologie und Erziehungswissenschaften in Münster und Tübingen studiert und war 2005 bis 2009 Direktorin des Schweizerischen Pastoralsoziologischen Instituts in St. Gallen. Zur selben Zeit war sie auch Geschäftsführerin der Pastoralplanungskommission der Schweizer Bischofskonferenz.

Kundert Lukas (1966) ist Münsterpfarrer und Kirchenratspräsident der Evangelisch-reformierten-Kirche Basel-Stadt. Er studierte Evangelische Theologie in Basel und Judaistik in Jerusalem und promovierte 1997 mit einer Dissertation über die Sühne-Theologie. Nach sechsjähriger Tätigkeit als Industriepfarrer wurde Kundert aufgrund einer Arbeit zur neutestamentlichen Apokalyptik 2004 habilitiert. Seit 2010 ist er Titularprofessor an der Universität Basel und arbeitet schwerpunktmässig an einer neutestamentlichen Ekklesiologie und einer biblischen Sühnetheologie.

Kunz Ralph (1964) ist Professor für Praktische Theologie an der Theologischen Fakultät der Universität Zürich mit den Schwerpunkten Homiletik, Liturgik und Poimenik und forscht zu neuen Gottesdienst- und Predigtformen und zu religionsbezogener Gerontologie. Kunz hat in Basel, Los Angeles und Zürich Theologie studiert und wurde 1997 mit seiner Dissertation zur Theorie des Gemeindeaufbaus zum Dr. theol. promoviert. Nach drei Jahren Oberassistenzzeit in Zürich habilitierte Kunz 2001 in Bonn zum Thema «Gottesdienst evangelisch reformiert» und war von 2000 bis 2001 Beauftragter für den Bereich Gemeindeaufbau bei der Zürcher Landeskirche.

Mathwig Frank (1960) ist Titularprofessor für Ethik an der Theologischen Fakultät der Universität Bern und seit 2005 Beauftragter für Theologie und Ethik am Institut für Theologie und Ethik des Schweizerischen Evangelischen Kirchenbunds. Mathwig studierte Evangelische Theologie und Philosophie in Marburg und Hamburg und wurde 1998 aufgrund einer Arbeit mit dem Titel «Technikethik im Spannungsfeld neuer Technologien und ethischer Tradition. Voraussetzungen, Möglichkeiten und Grenzen Angewandter Ethik in der Technologiegesellschaft» promoviert. Seine Habilitation an der Universität Siegen folgte 2010 aufgrund einer Arbeit zum Thema: «Praktische Ethik zwischen christlicher Freiheit und gesellschaftlicher Liberalität». Mathwig ist Mitglied in der Nationalen Ethikkommission im Bereich Humanmedizin und arbeitet als Vertreter des Schweizerischen Evangelischen Kirchenbundes (SEK) in der Eidgenössischen Kommission gegen Rassismus mit.

Mayordomo Moisés (1966) ist Professor für Neues Testament an der Universität Basel. Er studierte Theologie in Giessen, Heidelberg, London und Bern und promovierte 1997 mit einer Arbeit über Matthäus 1–2 aus leserorientierter Perpspektive (Titel: Den Anfang hören). Von 2000 bis 2006 war Mayordomo Oberassistent an der Universität Bern, wo er 2004 aufgrund einer Arbeit zum Thema «Argumentiert Paulus logisch?» habilitiert wurde. In Bern arbeitete er in den folgenden Jahren als Dozent und später als assoziierter Professor für Neues Testament und Antike Religionsgeschichte. August 2014 wechselte er an die Universität Basel.

Morgenthaler Christoph (1946) ist emeritierter Professor für Seelsorge und Pastoralpsychologie an der Theologischen Fakultät der Universität Bern. Morgenthaler studierte Evangelische Theologie, Psychologie, Psychopathologie und Ethik in Bern, Montpellier (F) und Oxford (GB) und promovierte 1975 zum Dr. theol. mit einer Dissertation über «Sozialisation und Religion. Sozialwissenschaftliche Materialien zur religionspädagogischen Theoriebildung». 1979 folgte seine Promotion in Psychologie zum Thema «Handlungsbegleitete Kognitionen» an der phil.-hist. Fakultät der Universität Bern. Von 1978 bis 1985 war Morgenthaler Pfarrer in der Evangelisch-reformierten Kirchgemeinde Burgdorf.

*Moser Félix (*1953*)* studierte und promovierte zum Dr. theol. an der Universität Neuchâtel, war 1983–1994 Pfarrer in La-Chaux-de-Fonds (NE) und Le Locle (NE) und arbeitete 1994–2004 als Oberassistent an der Theologischen Fakultät der Universität Genf. Seit

2004 ist Moser als Professor für Praktische Theologie an der Universität Neuchâtel tätig und interessiert sich für Rituale, Verbindungen zwischen Theologie und Soziologie, Theologie und Ethnologie, Theologie und Linguistik und kirchliche Randgebiete wie kirchenferne Gläubige und praktizierende Atheisten.

Müller Sabrina (1980) hat in Zürich evangelische Theologie studiert und nach siebenjähriger Pfarramtstätigkeit in Bäretswil (ZH) mit einer Arbeit zu «Fresh Expressions of Church – Ekklesiologische Beobachtungen und Interpretationen einer neuen kirchlichen Bewegung» promoviert. Seit 2012 leitet Müller die ökumenische Bewegung fresh expressions Schweiz und ist Mitarbeiterin in der ökumenischen Bewegung Fresh-X Deutschland. Am Zentrum für Kirchenentwicklung der Universität Zürich habilitiert Müller seit Oktober 2015 zum Thema: «Der urbane Mensch in seiner Gottesbeziehung als Paradigma der Praktischen Theologie. Erfahrung – Konstruktion – Transformation».

Opitz Peter (1957) ist Professor für Kirchen- und Dogmengeschichte von der Reformation bis zur Gegenwart und Leiter des Instituts für Schweizerische Reformationsgeschichte an der Theologischen Fakultät der Universität Zürich. Opitz arbeitet schwerpunktmässig zur Geschichte und Theologie des reformierten Protestantismus (Ulrich Zwingli, Heinrich Bullinger, Johannes Calvin), zur Kirchen- und Theologiegeschichte des 19. Jahrhunderts in der Schweiz und ist in der Karl Barth-Forschung aktiv.

Peng-Keller Simon (1969) ist ausserordentlicher Professor für Spiritual Care an der Theologischen Fakultät der Universität Zürich und Dozent für Theologie des geistlichen Lebens an der Theologischen Hochschule Chur. Peng-Keller promovierte 2002 mit einer Dissertation zur psychologischen Mystikforschung des Arztes Carl Albrecht und arbeitete von 2008 bis 2012 als Dozent für systematische Theologie an der Theologischen Schule Einsiedeln. 2010 folgte seine Habilitation aufgrund einer Arbeit mit dem Titel «Geistbestimmtes Leben. Spiritualität». Seit 2016 ist Peng-Keller Seelsorger im Kompetenzzentrum Palliative Care des Universitätsspitals Zürich.

Plüss David (1964) ist Professor für Homiletik, Liturgik und Kirchentheorie an der Theologischen Fakultät der Universität Bern und Co-Leiter des Kompetenzzentrums Liturgik. Plüss studierte in Bern und Berlin Theologie, war 1997 bis 2005 Assistent/Oberassistent an der Theologischen Fakultät der Universität Basel und promovierte 2000 mit einer Arbeit über Emmanuel Lévinas. Nach seiner Habilitation 2005 zum Thema Gottesdienst und Inszenierung arbeitete er bis 2009 als Assistenzprofessor für Praktische Theologie und Studiendekan an der Theologischen Fakultät der Universität Basel.

Pohl-Patalong Uta (1965) ist Professorin für Religionspädagogik, Homiletik und Kirchentheorie an der Theologischen Fakultät der Christian-Albrechts-Universität zu Kiel. Pohl-Patalong studierte in Kiel, Heidelberg, Jerusalem und München Evangelische Theologie und wurde 1995 mit einer Arbeit über «Seelsorge zwischen Individuum und Gesellschaft» zum Dr. theol. promoviert. Nach vierjähriger Berufspraxis als Pastorin im Ev. Zentrum Rissen folgte 2002 ihre Habilitation zum Thema «Parochialität und Nichtparochialität im Konflikt» an der Evangelisch Theologischen Fakultät der Universität Bonn.

Portmann Adrian (1965) ist Geschäftsführer der Volkshochschule beider Basel. Seit 2007 ist Portmann zudem wissenschaftlicher Mitarbeiter an der Theologischen Fakultät der

Universität Basel und Co-Projektleiter am SNF-Projekt «Religiös Unauffällige im pluralen Umfeld – Religiöses Selbstverständnis und Umgang mit Pluralität in säkularisierten Milieus innerhalb des Christentums». Von 1998 bis 2000 war Portmann an der Ökumenischen Basler Kirchenstudie beteiligt und promovierte 2001 mit einer Arbeit über Essen und Religion.

Sallmann Martin (1963) ist Professor für Neuere Kirchengesichte an der Theologischen Fakultät der Universität Bern. Sallmann studierte Evangelische Theologie an den Universitäten Basel und Bern und promovierte 1997 mit einer Dissertation über Huldrich Zwinglis theologischen Denkweg im «*De vera et falsa religione commentarius*». 1997–2005 war er wissenschaftlicher Oberassistent für Kirchengeschichte an der Theologischen Fakultät Basel und habilitierte dort 2004 mit einer Arbeit mit dem Titel «Predigten in Basel 1580 bis 1650. Städtische Gesellschaft und reformierte Konfessionskultur».

Schlag Thomas (1965) ist Professor für Praktische Theologie an der Theologischen Fakultät der Universität Zürich und Vorsitzender der Leitung des Zentrums für Kirchenentwicklung. Nach dem Studium in Evangelischer Theologie und Politischen Wissenschaften promovierte Schlag 1996 an der Universität München mit einer systematisch-theologischen Arbeit zu Martin von Nathusius (1843–1906) und die Anfänge protestantischer Wirtschafts- und Sozialethik. 2000 bis 2004 war Schlag Studienleiter an der Evangelischen Akademie Bad Boll im Fachbereich Gesellschaftspolitische Jugendbildung/Jugend und Arbeitswelt und wurde aufgrund einer Arbeit zu politischer Bildung als Dimension evangelischer Religionspädagogik 2005 an der Universität Tübingen habilitiert.

Tappenbeck Christian R. (1974) ist stellvertretender Kirchenschreiber und Leiter des Rechtsdienstes der Reformierten Kirchen Bern-Jura-Solothurn. Der Inhaber des freiburgischen Anwaltspatents promovierte mit einer Arbeit über das Bürgerrecht in der Schweiz und seine persönlichkeitsrechtliche Dimension. Tappenbeck hat zu verschiedenen Themen des Religionsrechts publiziert (z. B. religiöse Neutralität des Staates, Kirchensteuern juristischer Personen, Volkskirche). Als freier Mitarbeiter am Institut für Religionsrecht der Universität Freiburg i. Ue forscht er aktuell zum evangelischen Kirchenrecht. Neben seiner Forschungstätigkeit engagiert sich Tappenbeck als Vorstandsmitglied in der Schweizerischen Vereinigung für evangelisches Kirchenrecht.

Troi-Boeck Nadja (1980) ist Jugendpfarrerin in der reformierten Kirchgemeinde Buchs ZH und arbeitet an einer Habilitation zur Bibelrezeption Jugendlicher. Troi-Boeck studierte Evangelische Theologie in Rostock, Claremont/CA und Bern und promovierte 2013 mit einer interdisziplinären Arbeit zum Thema «Konflikt und soziale Identität. Exklusion und Inklusion in einer heutigen Kirchengemeinde und im Matthäusevangelium». Von 2013–2015 leitete sie das Frauen-Mentoring-Programm der Theologischen Fakultät Bern.

Von Sinner Rudolf (1967) ist Professor für Systematische Theologie, Ökumene und Interreligiösen Dialog an der Faculdades EST in São Leopoldo, Prorektor für postgraduierte Studien und Forschung und seit 2014 auch Direktor des Instituts für Ethik. Von Sinner promovierte zum Dr. theol. an der Universität Basel und wurde an der Universität Bern habilitiert. An der Theologischen Fakultät der Universität Stellenbosch (Südafrika) ist von Sinner Professor Extraordinary und forscht schwerpunktmässig zu kontextueller, ökumenischer und interreligiöser Hermeneutik und Theologie sowie öffentlicher Theologie, Säkularisierung und religiösem Pluralismus.

Wabel Thomas (1966) ist Professor für Systematische Theologie und theologische Gegenwartsfragen an der Universität Bamberg. Wabel studierte Evangelische Theologie in Heidelberg, Bonn und Oxfort (GB) und wurde 1996 an der Ruprecht-Karls-Universität Heidelberg mit einer Arbeit zu Luthers theologischer Hermeneutik und Wittgensteins Sprachphilosophie promoviert. 2009 folgte seine Habilitation aufgrund von Studien zu einer protestantischen Ekklesiologie in kulturhermeneutischer Perspektive an der Theologischen Fakultät der Humboldt-Universität zu Berlin.

Weder Dölf (1950) engagiert sich seit 1998 als Kirchenrat der Evangelisch-reformierten Kirche des Kantons St. Gallen und hatte 2000 bis 2014 das Amt als Kirchenratspräsident inne. Weder studierte Wirtschafts- und Sozialwissenschaften, Theologie, Sozialpsychologie und angewandte Informatik an den Universitäten St. Gallen und Zürich und promovierte 1979 in Praktischer Theologie mit einer Dissertation zum Thema «Christliche Jugendarbeit». Bis 1986 war Weder Sekretär des CVJM (Cevi) St. Gallen, arbeitete danach als Gemeindepfarrer in Wil (SG) und wurde 1990 zum Generalsekretär des Europäischen CVJM Bundes, dem europäischen CVJM Dachverband, berufen.

Wüthrich Matthias D. (1972) ist Assistenzprofessor für Systematische Theologie an der Theologischen Fakultät der Universität Zürich. Er studierte in Bern und Heidelberg evangelische Theologie, arbeitete nach seinem Vikariat ab 2000 als Assistent an der Theologischen Fakultät Bern und promovierte dort – nach Studienaufenthalten in Princeton (USA) und Münster – 2006 mit einer Dissertation zum Nichtigen bei Karl Barth. Von 2006 bis 2009 war Wüthrich Beauftragter für Theologie beim Schweizerischen Evangelischen Kirchenbund (SEK). Von 2009 bis anfang 2016 arbeitete Wüthrich als Oberassistent an der Theologischen Fakultät Basel, wo er 2013 mit einer Schrift zur theologischen Raumtheorie habilitiert wurde.

Zeindler Matthias (1958) ist Leiter im Bereich Theologie der Reformierten Kirchen Bern-Jura-Solothurn und Titularprofessor für Dogmatik am Institut für Systematische Theologie der Universität Bern. Zeindler promovierte in Bern, Bonn und Richmond/Virginia zur Theologie der Schönheit und wurde 2000 aufgrund einer Arbeit zur Gotteserfahrung in den christlichen Gemeinden an der Universität Bern habilitiert. Nach seiner Habilitation teilte Zeindler sich 1999 bis 2010 ein Pfarramt mit seiner Ehepartnerin in Erlach BE.

Zogg Hohn Lisbeth (1956) arbeitete während 23 Jahren als Beauftragte für Elternarbeit bei den Reformierten Kirchen Bern-Jura-Solothurn und war Mitbegründerin der «Familien-Generationenkirche». 2010 verselbstständigte sich Zogg Hohn zusammen mit Danielle Cottier und eröffnete das Büro cottier + zogg, Generationenwelten, das Beratungen und Projektplanungen zur Entwicklung von familien- und generationenfreundlichen Strukturen und Angeboten in Kirchgemeinden und anderen Organisationen anbietet.